米脂卧虎湾

战国、秦汉墓地考古发掘报告

（中）

榆林市文物考古勘探工作队
西北大学文化遗产学院
陕西省考古研究院
米脂县博物馆
编著

文物出版社

Wohuwan, Mizhi
the Excavation of the Warring-States and the Qin-Han Cemetery
(II)

by

Yulin Cultural Relics and Archaeology Exploration Team
School of Cultural Heritage, Northwest University
Shaanxi Academy of Archaeology
Mizhi Museum

Cultural Relics Press

二八五　M316

（一）墓葬形制

该墓位于墓群B区北部。开口于②层下，开口距地表0.20～1.00米。

竖穴土坑墓，平面呈长方形，方向0°，口大底小，有生土二层台。上口长3.80、宽2.86米；二层台面距墓口深2.40米，东、西侧台面宽0.56、南侧台面宽0.66、北侧台面宽0.60米；底长2.08、宽1.30米；深3.40米。二层台以上壁面斜直内收，收分明显，二层台以下壁面平直，周壁光滑，平底，无工具加工痕迹。墓内填松散的灰褐色五花土。

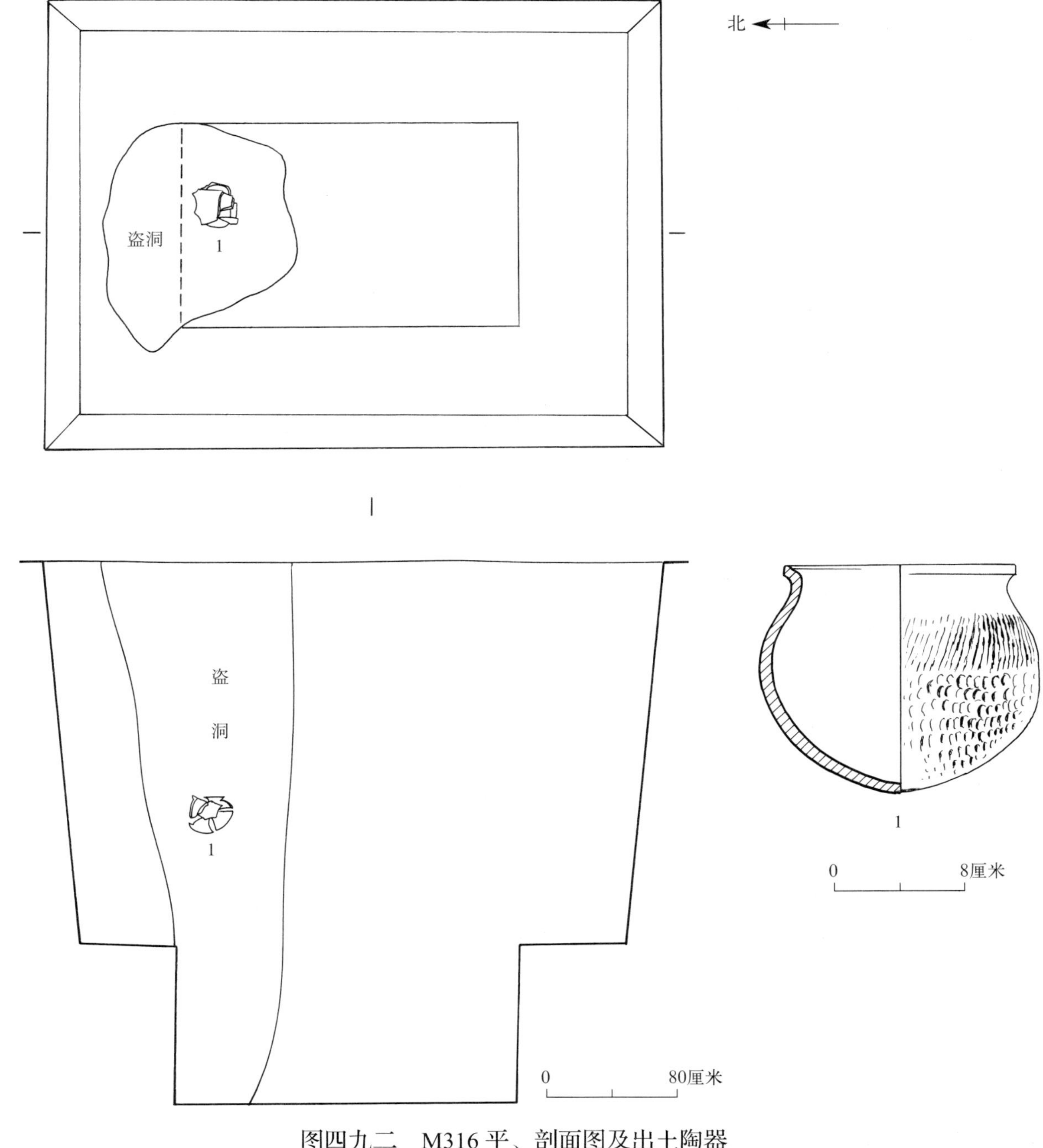

图四九二　M316平、剖面图及出土陶器

1.无耳釜

葬具不详。

葬式不详。

盗洞1个，位于墓葬北侧，自墓顶直通墓底。平面呈不规则形，口大底小，上口长1.45、宽1.20米；底长1.45、宽0.64米。

墓葬内出土陶釜1件（图四九二）。

（二）出土遗物

陶器

1件。

无耳釜　1件。

M316：1，夹砂灰褐陶。侈口，外斜沿，方唇，束颈，弧腹，圜底，最大径位于腹底交接处。腹部饰斜粗绳纹，底部饰戳刺纹，器内壁有轮制痕迹。口径14.4、最大径14.5、高17.2厘米（图四九二，1）。

二八六　M317

（一）墓葬形制

该墓位于墓群B区北部。开口于①层下，开口距地表0.30米。

竖穴土坑墓，平面呈长方形，方向355°，口大底小。上口长3.20、宽2.00米；底长2.88、宽1.40米；深3.00米。1.80米以上壁面斜直内收，收分明显，1.80米以下壁面平直，周壁光滑，平底，无工具加工痕迹。墓内填松散的灰褐色五花土。

葬具不详。

葬式不详。

盗洞1个，位于墓葬西北侧，自墓顶直通墓底。平面呈不规则形，口大底小，上口长1.15、宽0.56米；底长1.45、宽0.85米。

墓葬内出土陶鍪1、石砚1件（图四九三）。

（二）出土遗物

1. 陶器

1件。

带鋬釜　1件。

M317：2，夹砂灰陶。侈口，外斜沿，圆唇，束颈，弧腹，圜底，腹上端附加一器耳，现残缺，形制不明。腹上部饰细绳纹。口径14.0、高13.0厘米（图四九四，1）。

2. 石器

1件。

砚　1件。

M317：1，残。平面呈长方形，截面呈梯形，边棱规整，棱角分明，磨制光滑。长14.2、宽5.2、厚0.5厘米（图四九四，2）。

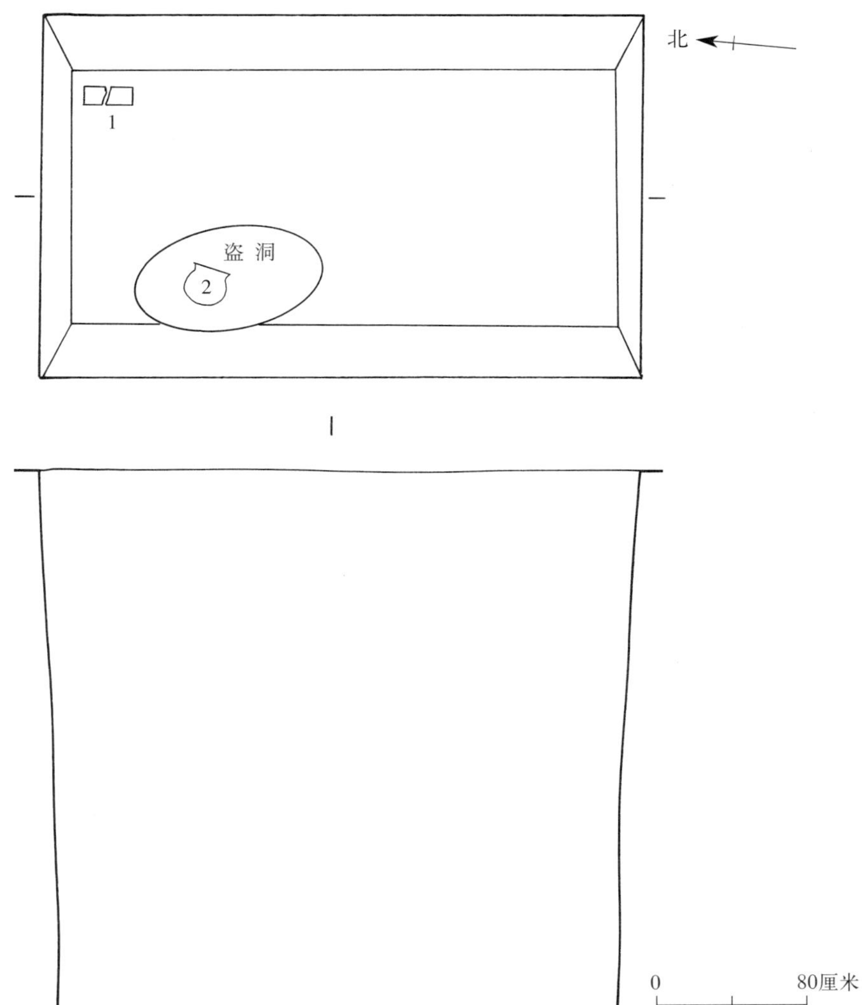

图四九三　M317平、剖面图

1.石砚　2.带鋬陶釜

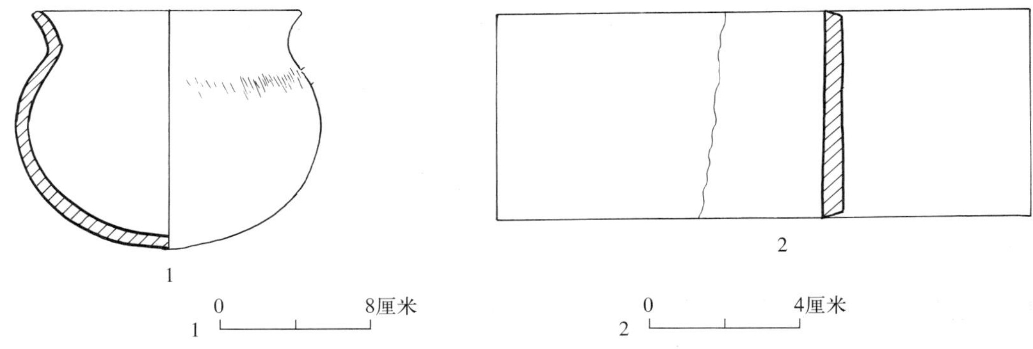

图四九四　M317出土器物

1.带鋬陶釜M317：2　2.石砚M317：1

二八七　M319

（一）墓葬形制

该墓位于墓群 B 区北部。开口于①层下，开口距地表 0.30 米，被 M318 打破。

竖穴土坑墓，平面呈长方形，方向 275°，口底同大。长 2.60、宽 1.40、深 2.00 米。周壁平直、光滑，平底，无工具加工痕迹。墓内填松散的灰褐色五花土，偶有木炭点。

葬具不详。

葬式不详（图四九五）。

（二）出土遗物

无出土器物

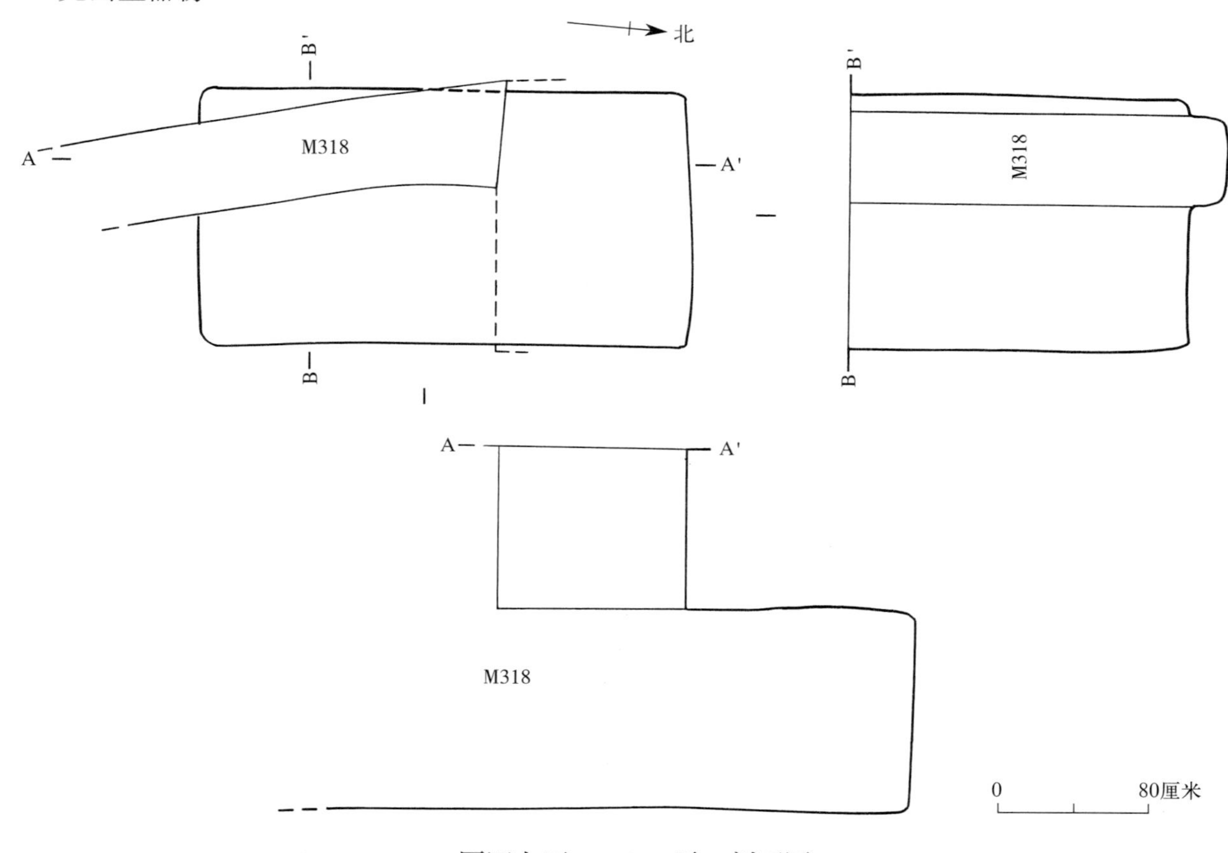

图四九五　M319 平、剖面图

二八八　M320

（一）墓葬形制

该墓位于墓群 B 区北部。开口于②层下，开口距地表 0.70 米。

竖穴土坑墓带壁龛，平面呈长方形，方向 280°，口大底小，有生土二层台。上口长 3.44、宽 2.80 米；二层台面距墓口深 1.50 米，东、西侧台面宽 0.40、南、北侧台面宽 0.60 米；底长 2.10、宽 1.00 米；深 2.60 米。二层台以上壁面斜直内收，收分明显，二层台以下壁面平直，周壁光滑，平底，无工具

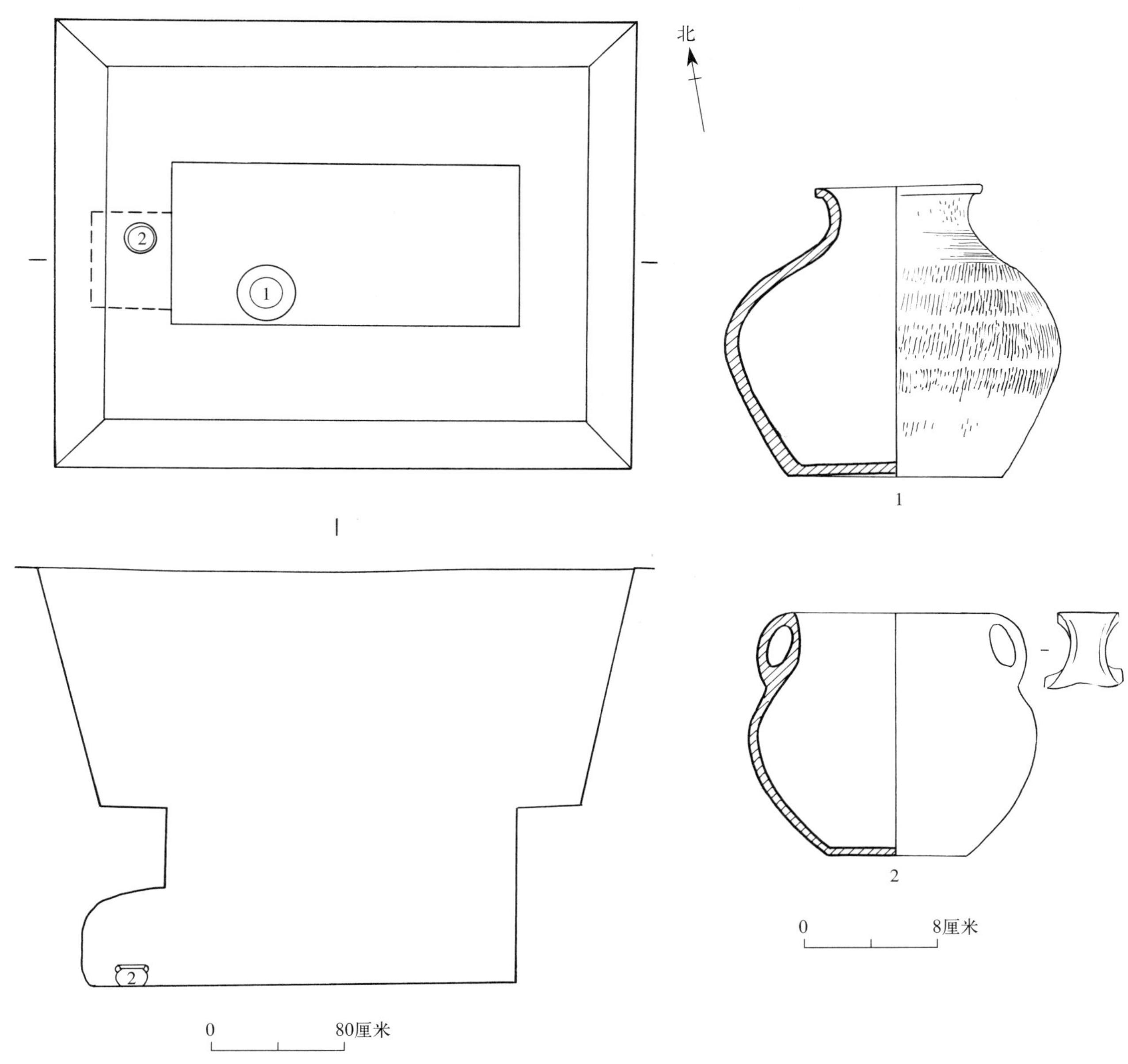

图四九六　M320 平、剖面图及出土陶器

1.小口旋纹罐　2.双耳罐

加工痕迹。壁龛位于二层台西侧壁面中部，平面呈正方形，拱顶。口宽 0.60、进深 0.50、高 0.60 米。墓内填松散的灰褐色五花土。

葬具不详。

葬式不详。

墓葬内出土陶罐 1 件；壁龛内出土陶罐 1 件（图四九六）。

（二）出土遗物

陶器

2 件。

双耳罐　1件。

M320：2，夹砂灰陶。侈口，外斜沿，圆唇，束颈，弧腹，平底。素面，口部对称处附加两器耳，上端接于口部，与沿面齐平，下端接腹上端，相接处贴以泥片加以固定。口径11.4、底径8.4、高15.4厘米（图四九六，2）。

小口旋纹罐　1件。

M320：1，泥质灰陶。侈口，外斜沿，方唇，束颈，溜肩，深弧腹，最大径位于腹上端，底微内凹。器身先饰绳纹，再于其上饰数道弦纹，将之分割成数段，颈部先饰绳纹后抹掉，残留绳纹纹理，颈部有轮制痕迹。口径10.0、最大径20.1、底径13.0、高18.5厘米（图四九六，1）。

二八九　M321

（一）墓葬形制

该墓位于墓群B区南部。开口于①层下，开口距地表0～1.55米。

竖穴土坑墓，平面呈梯形，北宽南窄，方向3°，口大底小。上口残长3.04、宽1.60～1.80；底长2.56、宽1.38～1.44米；深1.98～2.68米。东西两侧墓壁上部斜直内收、下部平直、南北两端壁面斜直内收，收分明显，平底，无工具加工痕迹。墓内填松散的黄褐色五花土，含较多的植物根系，少有木炭屑。

葬具不详。

葬式不详。

盗洞1个，位于墓葬的东南端，自墓顶直通墓底（图四九七）。

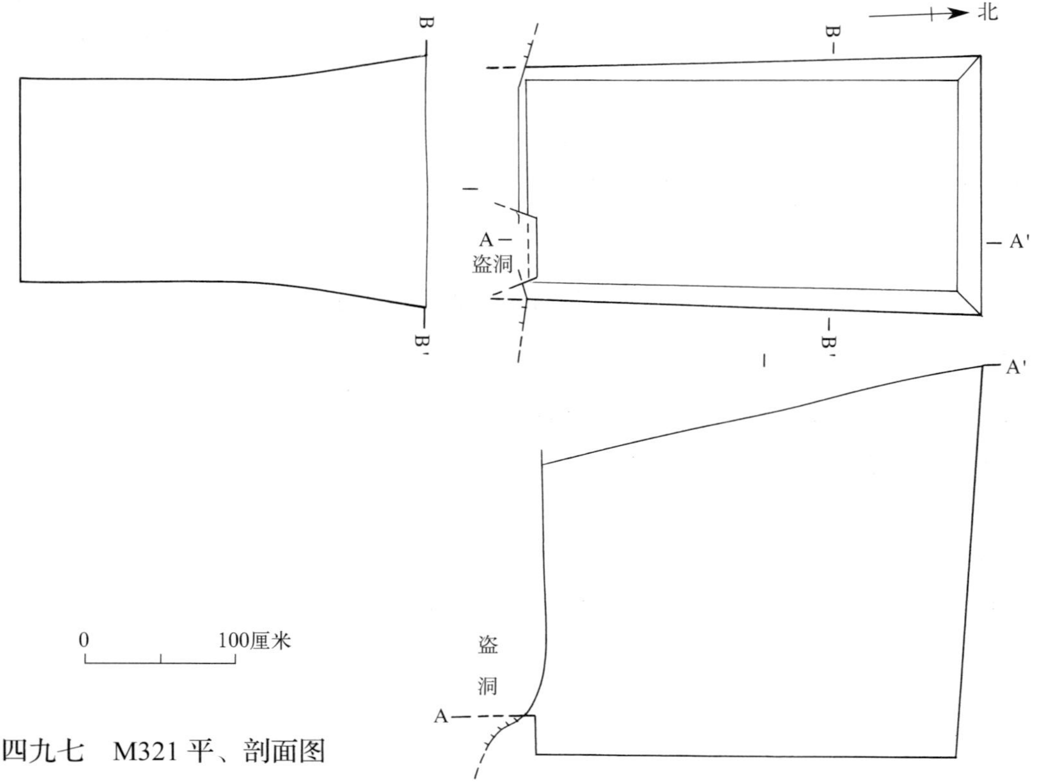

图四九七　M321平、剖面图

（二）出土遗物

无出土器物。

二九〇　M322

（一）墓葬形制

该墓位于墓群B区南部，东距M321约2.30米。开口于①层下，开口距地表0～1.50米，南端被断坎打破。

竖穴土坑墓，平面呈梯形，方向5°。口大底小，上口残长3.00～3.08、东西向北端宽2.00、南端宽1.80、深3.00～3.36米；底长2.88、东西向北端宽1.36、南端宽1.56米，墓壁斜直内收，收分明显，较为规整、光滑，平底，无工具加工痕迹。墓内填松散的黄褐色五花土，含植物根系、木炭屑等。

葬具不详。

葬式不详（图四九八）。

（二）出土遗物

无出土器物。

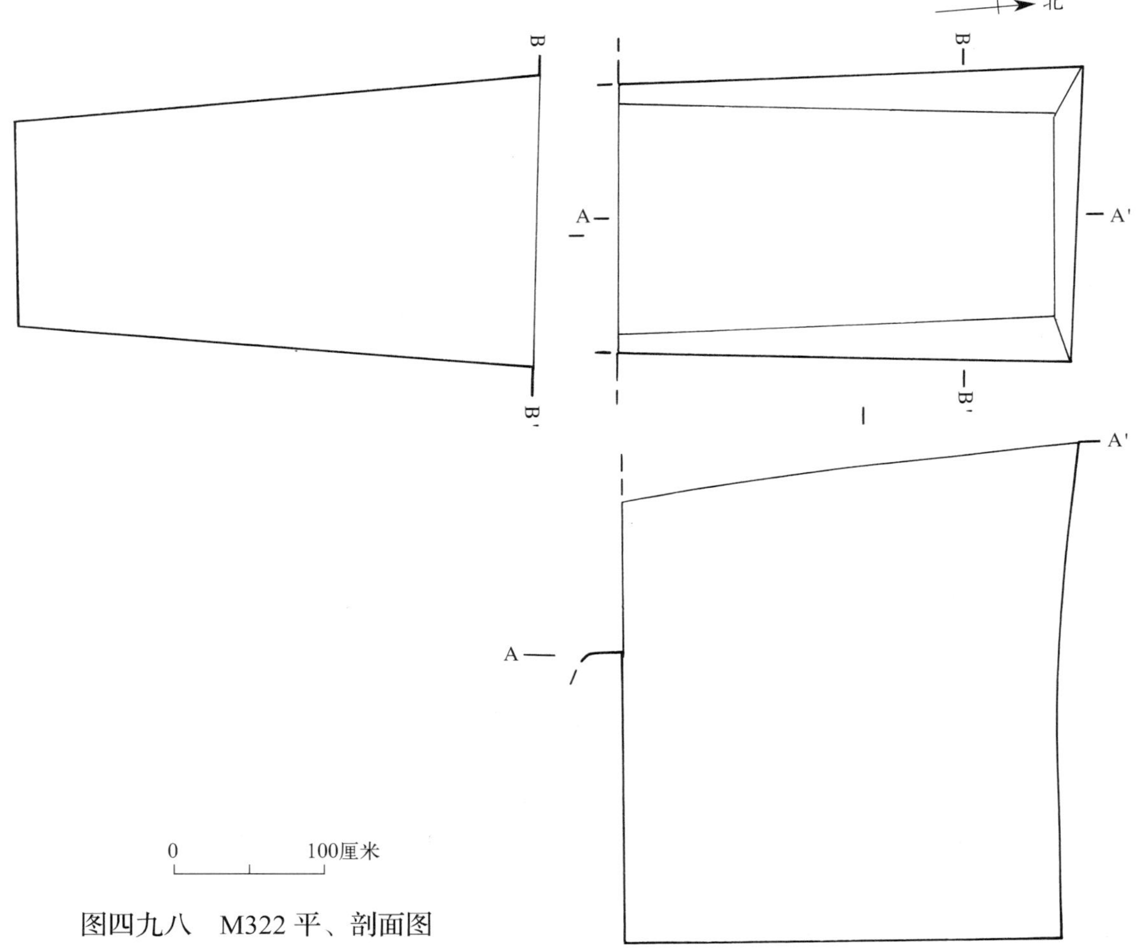

图四九八　M322平、剖面图

二九一 M323

（一）墓葬形制

该墓位于墓群B区南部。开口于②层下，开口距地表2.20米，西端上部被断坎打破。

竖穴土坑墓，平面呈梯形，方向80°。上口残长3.06、南北向东端宽1.80、西端宽1.62、残深1.42～1.78米，底长3.02、南北向东端宽1.44、西端宽1.52。墓壁斜直内收，收分明显，较为平滑，平底，无工具加工痕迹。墓内填松散的黄褐色五花土，包含少量植物根系和陶片碎渣。

葬具不详。

葬式不详。

该墓整体被盗扰（图四九九）。

（二）出土遗物

无出土器物。

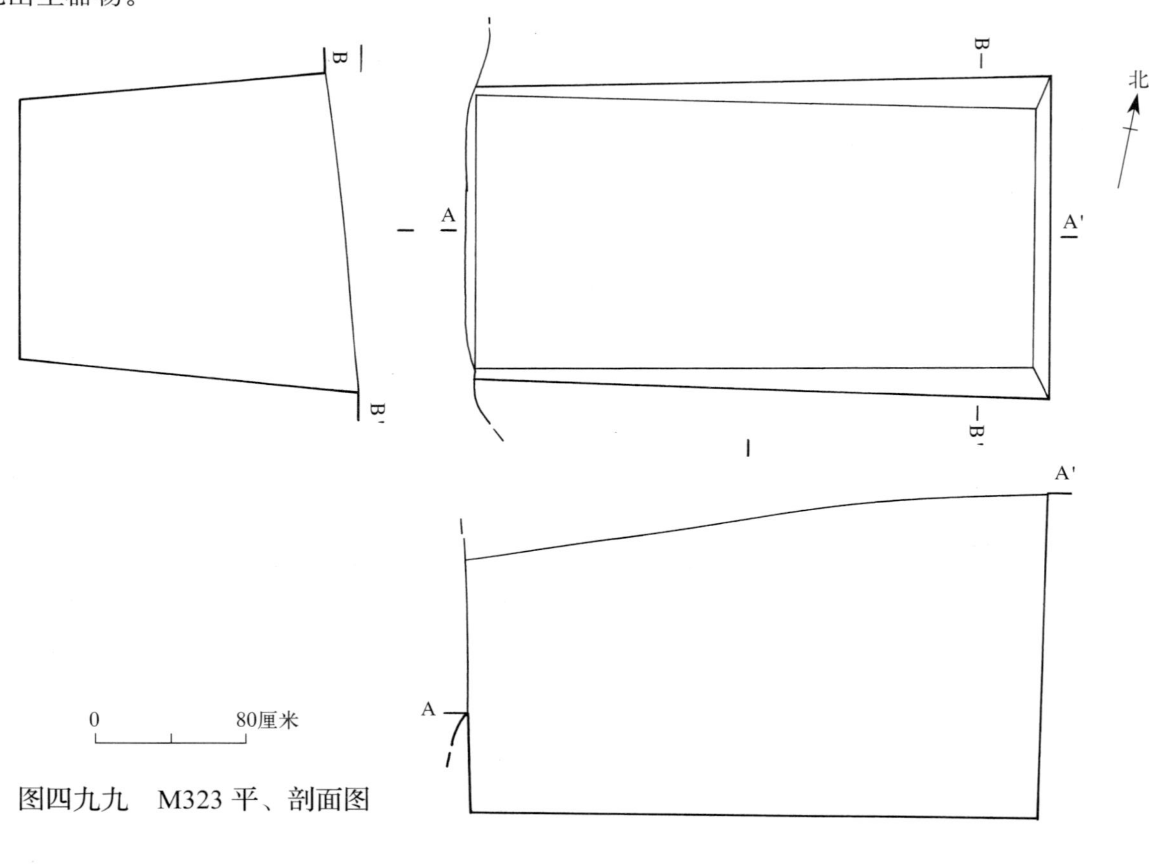

图四九九 M323平、剖面图

二九二 M324

（一）墓葬形制

该墓位于墓群B区南部。开口于②层下，开口距地表2.20米。

竖穴土坑墓，平面呈长方形，方向65°。残长1.30、宽1.80、墓底长2.36、宽1.40、深3.46米。墓壁斜直内收，收分明显，较为平滑，平底，无工具加工痕迹。墓内填松散的黄褐色五花土，包含

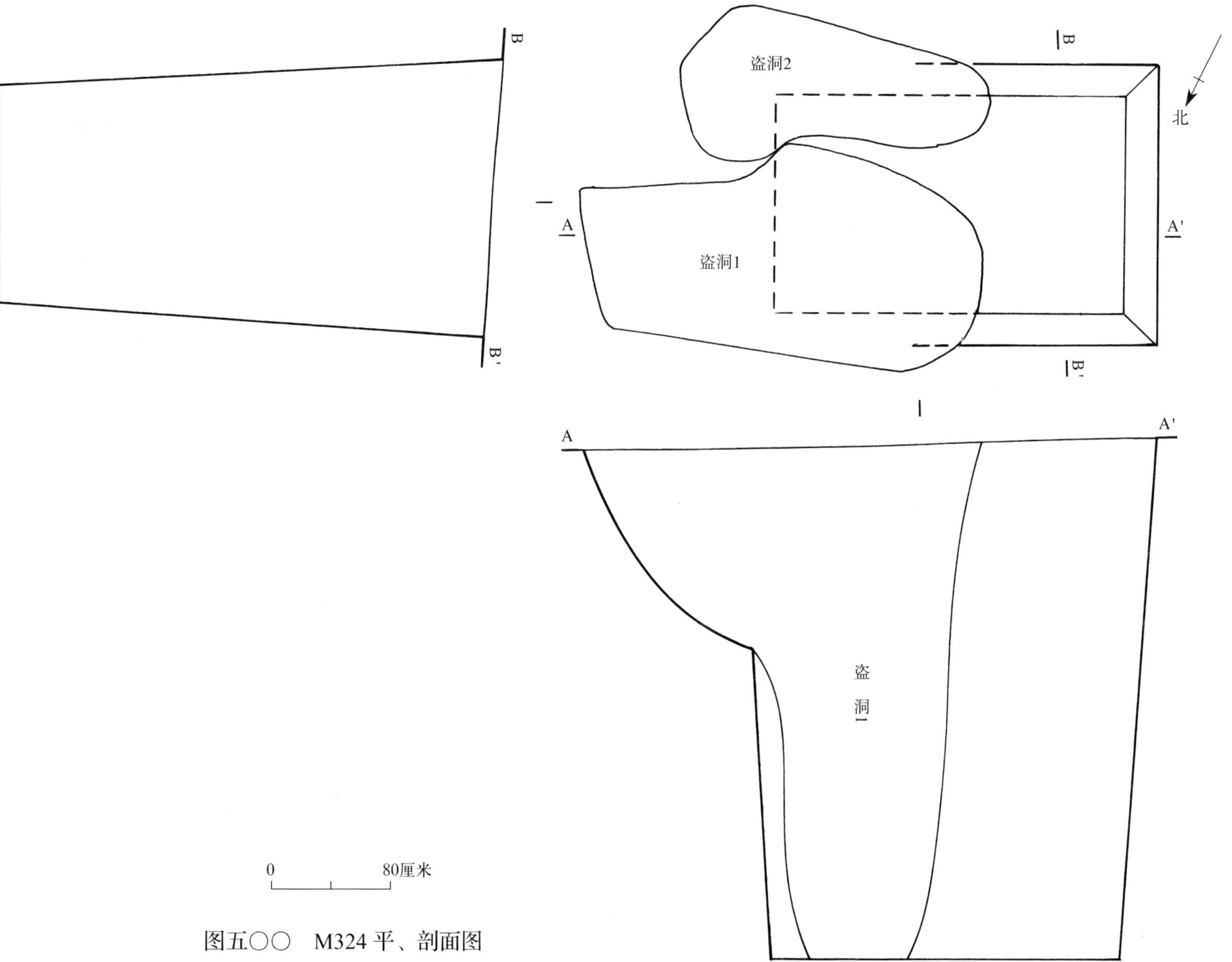

图五〇〇 M324平、剖面图

少量植物根系和陶片。

葬具不详。

葬式不详。

盗洞 2 个，盗洞 1 位于墓葬的西北角，不规则形，长 2.80、宽 1.36 米，自墓顶直通墓底；盗洞 2 位于墓葬的东北角，不规则形，口大底小，口长 2.08、宽 1.03、底长 1.03、宽 0.82 米，自墓顶直通墓底（图五〇〇）。

（二）出土遗物

无出土器物。

二九三　M325

（一）墓葬形制

该墓位于墓群 B 区南部。开口于①层下，开口距地表 0.40 米。

竖穴土坑墓，平面呈梯形，方向 102°。上口长 2.32 ～ 2.44、宽 1.56 米；底长 1.96 ～ 2.04、宽 1.36 米；残深 2.16 ～ 3.24 米。墓壁斜直内收，收分明显，较为平滑，平底，壁面偶尔有工具加工痕迹。墓内填松散的黄褐色五花土，包含少量植物根系和陶片。

葬具不详。

葬式不详。

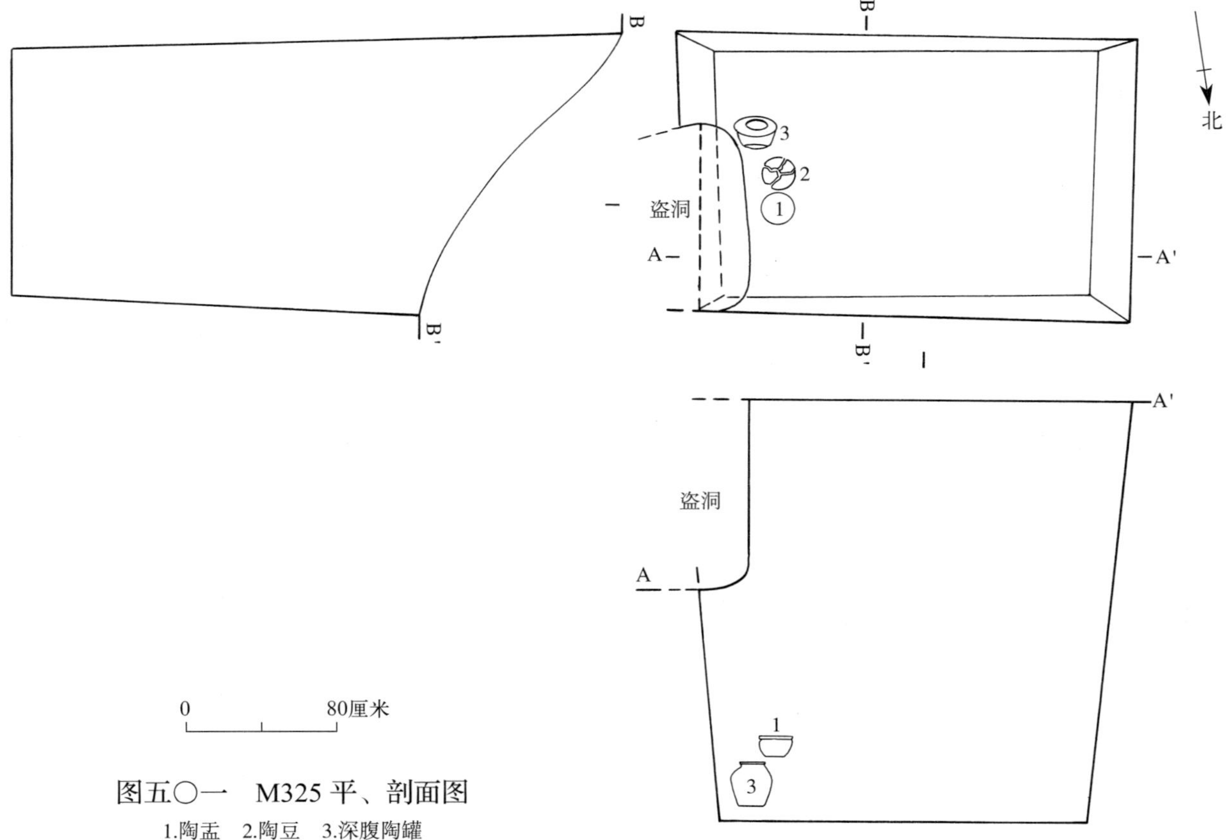

图五〇一　M325 平、剖面图

1.陶盂　2.陶豆　3.深腹陶罐

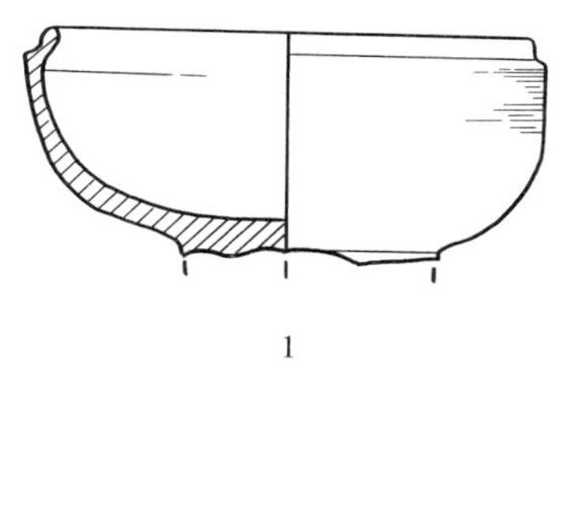

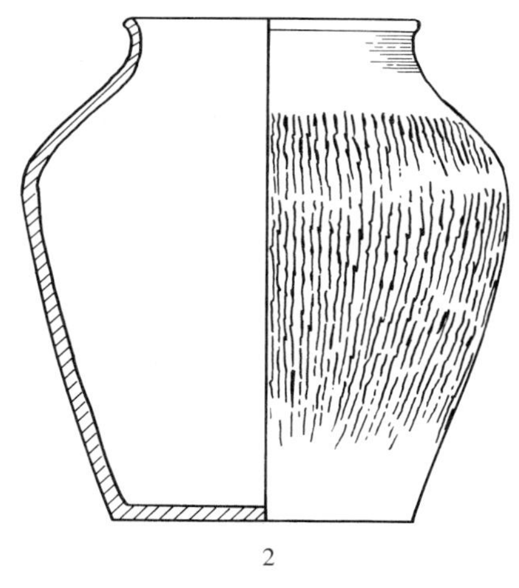

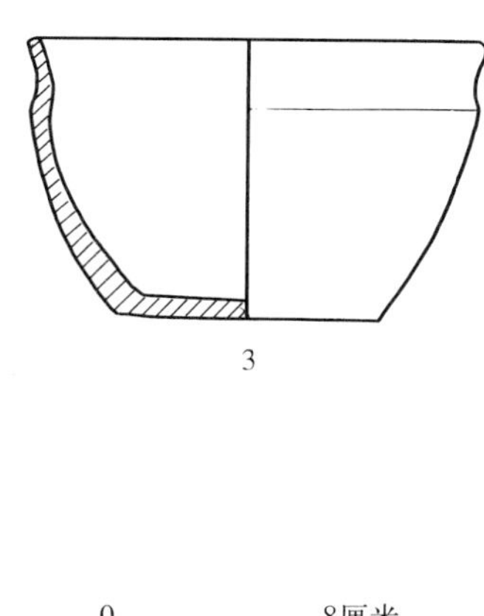

图五〇二　M325出土陶器

1.豆M325：2　2.深腹罐M325：3　3.盂M325：1

盗洞1个，位于墓葬的东北角，自墓顶通至墓葬的中部。平面呈圆角长方形，口小底大，上口长0.88、宽0.66米；底长1.46、宽0.66米；深1.40米。

墓葬内出土陶盂1、陶罐1、陶豆1件（图五〇一）。

（二）出土遗物

陶器

3件。

豆　1件。

M325：2，盘以下缺失，泥质灰陶。豆盘呈子母口，圆唇，深弧腹，最大径位于腹上端。素面。口径16.9、最大径18.6、残高8.3厘米（图五〇二，1）。

深腹罐　1件。

M325：3，泥质灰陶。口微侈，圆唇外翻，矮领，溜肩，深腹，最大径位于肩腹交接处，平底。器表饰竖向粗绳纹，领部有轮制痕迹。口径12.4、最大径20.8、底径12.8、高22.0厘米（图五〇二，2）。

盂　1件。

M325：1，泥质灰陶。敞口，圆唇，敛颈，深弧腹，平底。素面，器身泥条盘筑痕迹明显。口径16.4、底径9.2、高10.4厘米（图五〇二，3）。

二九四　M326

（一）墓葬形制

该墓位于卧虎湾墓群2016年度发掘区扶场南侧二级台地的西部。开口于①层下，开口距地表1.40～2.80米。

竖穴土坑墓，平面呈长方形，方向336°，口底同大。长3.26、宽1.90、深0.88～1.56米。直壁，平底，较为规整，无工具加工痕迹。墓内填土为松散的黄褐色五花土，包含少量骨渣、朽木灰及植物根系等。

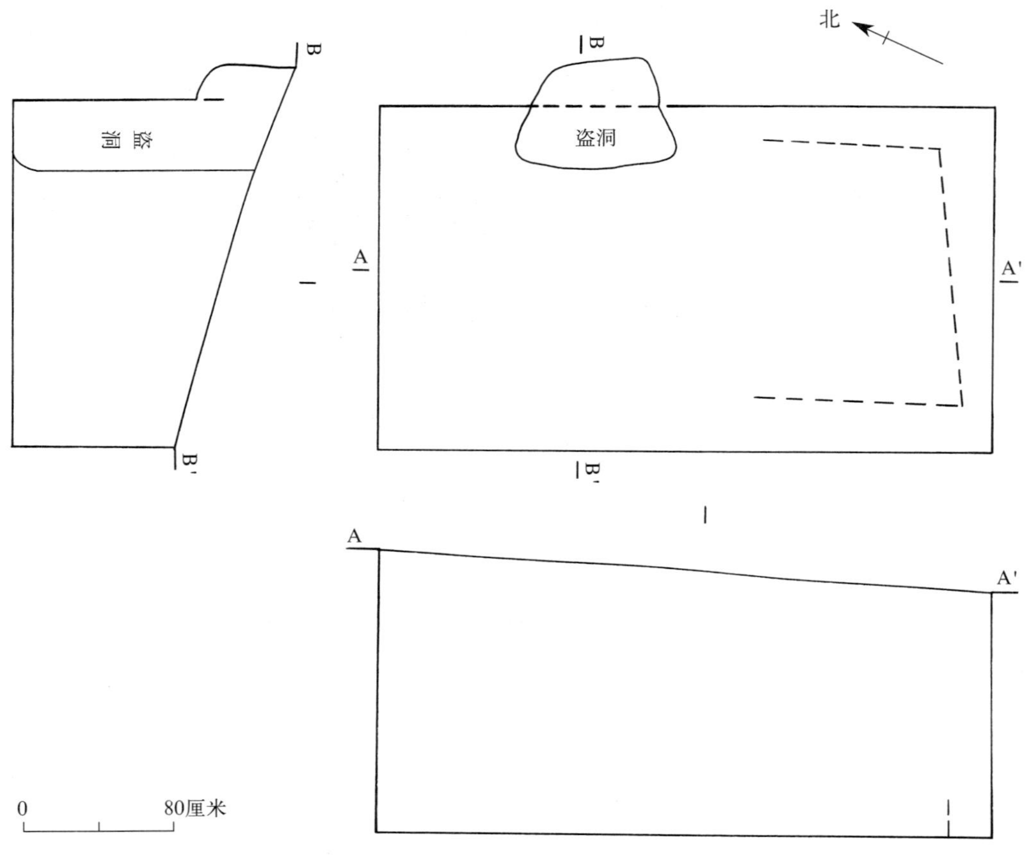

图五〇三　M326平、剖面图

葬具为一椁，残存部分朽痕。残长1.00、宽1.44米，椁板厚度、高度不明。

葬式不详。

盗洞1个，位于墓葬东壁中部偏北，深及墓底。平面呈梯形，长0.57、宽0.50～0.84米（图五〇三）。

（二）出土遗物

无出土器物。

二九五　M327

（一）墓葬形制

该墓位于墓群B区南部。开口于①层下，开口距地表0.60米。

竖穴土坑墓，平面呈梯形，东宽西窄，方向116°，口大底小。上口长2.80、宽1.92～2.01米；底长2.50～2.60、宽1.60米；深3.76米。壁面斜直内收，收分明显，平底，无工具加工痕迹。墓内填土为松散的黄褐色五花土，包含有骨渣、陶片、朽木灰及植物根系等。

葬具为一椁，残存木椁朽痕。长2.22、宽1.20米，高度及椁板厚度不明。

葬式为仰身直肢，头向东，双臂紧靠身侧，双腿并拢，体高约1.85米，头骨已朽，初步推测为男性，

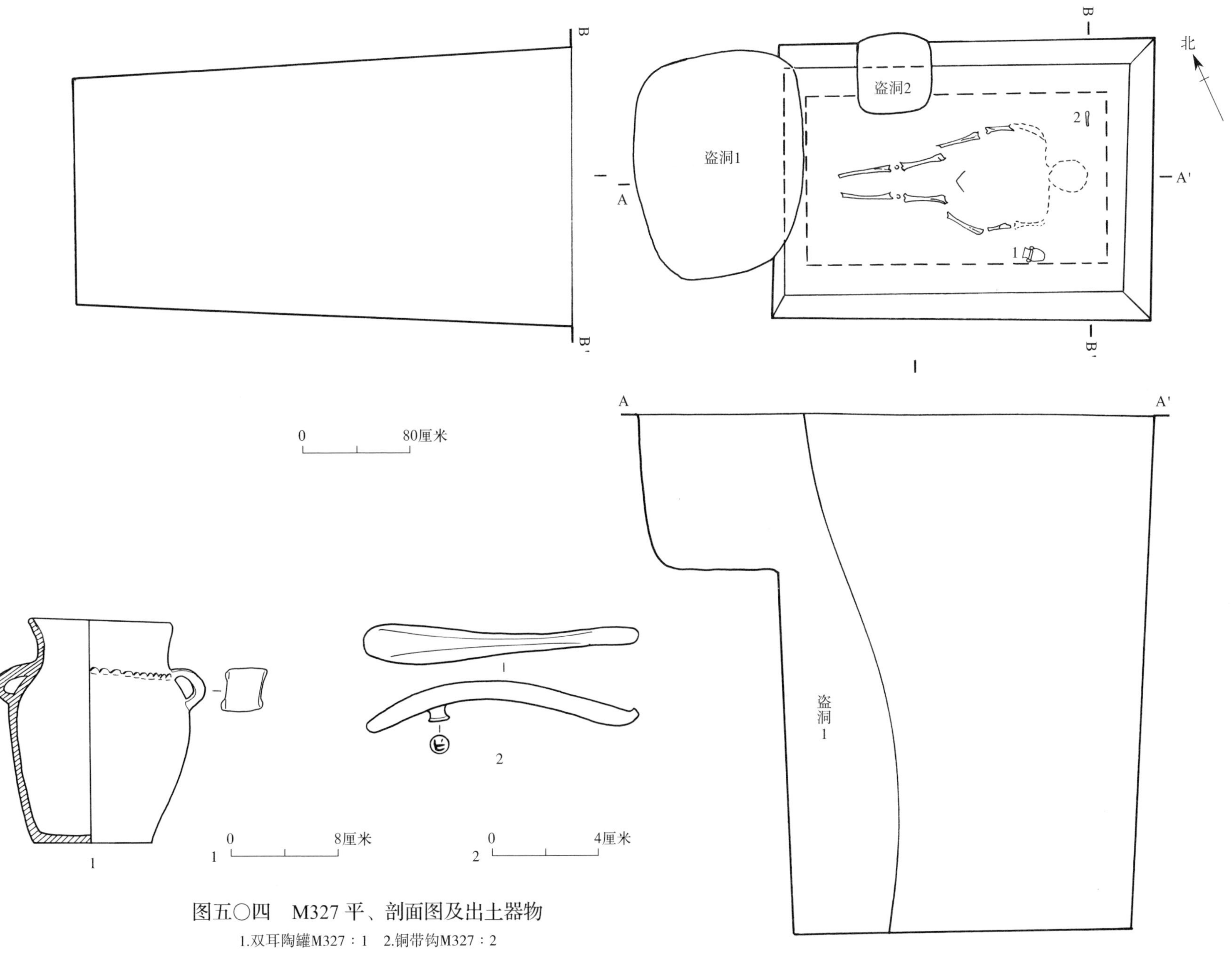

图五〇四　M327平、剖面图及出土器物

1.双耳陶罐M327：1　2.铜带钩M327：2

面向、年龄等不明。

盗洞2个，平面均呈方圆形。盗洞1，位于墓葬西壁中部，自墓口深至110厘米时向东下折进入墓室，长1.57、宽1.23米；盗洞2，位于墓葬北壁偏西，自墓口直通墓底，宽0.57米。

墓葬内出土陶罐1、铜带钩1件（图五〇四）。

（二）出土遗物

1. 陶器

1件。

双耳罐　1件。

M327：1，夹砂褐陶。侈口，圆唇，高领，深弧腹，最大径位于腹上端，平底，腹上部对称处附加两宽带状器耳，上端接于领下端，下端接于腹上部。颈部附加麻花状堆纹，器身有刮抹痕迹。口径10.8、最大径15.6、底径8.8、通高16.0厘米（图五〇四，1；彩版一七一，2）。

2. 铜器

1件。

带钩　1件。

M327：2，残，琵琶形。钩首为头，残损，钩体为身，圆形器纽位于器身下部，器表饰两道弧形凸棱，器纽上有阳刻文字，疑为“司”。残长10.8、纽径0.9厘米（图五〇四，2；彩版一七一，3）。

二九六　M328

（一）墓葬形制

该墓位于墓群B区南部。开口于①层下，开口距地表0.60～0.70米。

竖穴土坑墓，平面呈梯形，方向86°，口大底小。上口长2.60～2.70、宽1.72米；底长2.46～2.50、宽1.52米；深2.70米。壁面斜直内收，收分明显，平底，修建较规整，无工具加工痕迹。墓内填松散的黄褐色五花土，包含有骨渣、陶片、朽木灰及植物根系等。

葬具不详。

葬式不详。

盗洞1个，位于墓葬东南角，深及墓底。平面近圆形，直径0.70米。

墓葬内出土陶盂1、陶罐1、陶豆1、陶器盖4件（图五〇五）。

（二）出土遗物

陶器

7件。

豆　1件。

M328：4，泥质灰陶。豆盘呈子母口，内敛，圆唇，深弧腹，最大径位于腹上端，豆盘正中连接柱状柄，之下为喇叭状底座。素面，器底轮制痕迹明显。口径16.0、最大径17.6、底径10.8、高15.2厘米（图五〇六，1；彩版一七一，4）。

鬲式罐　1件。

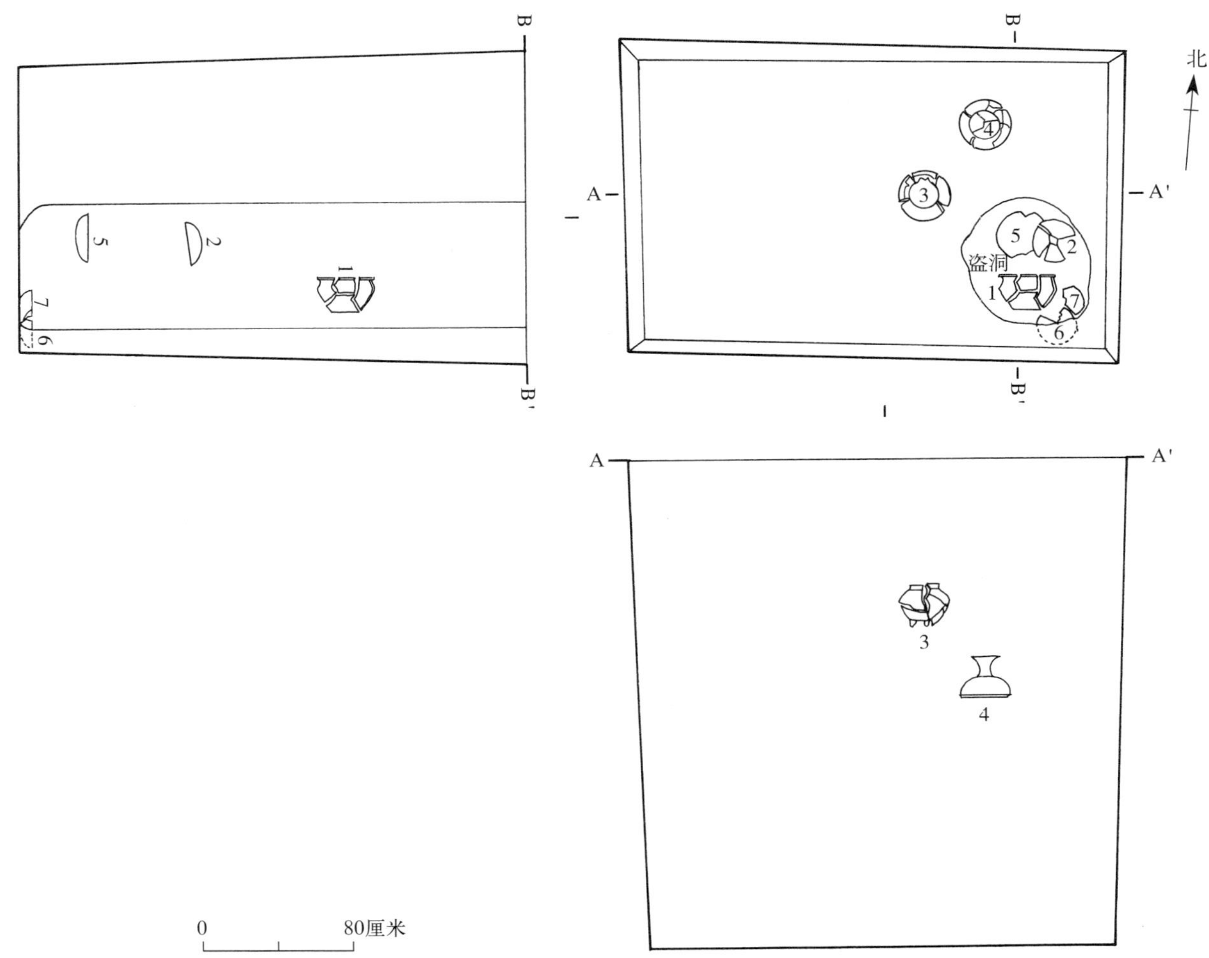

图五〇五　M328 平、剖面图

1.陶盂　2、5～7. 陶器盖　3.鬲式陶罐　4.陶豆

M328∶3，泥质灰陶。直口，圆唇，矮领，圆腹，最大径位于腹上端，平底，底部对称处附加三个三角形片状器足。器身素面。口径 10.4、最大径 17.2、底径 9.4、裆高 2.8、通高 16.4 厘米（图五〇六，2；彩版一七一，5）。

盂　1 件。

M328∶1，泥质灰陶。敞口，窄沿外撇，方唇，敛颈，弧腹，颈、腹交接处折棱明显，平底。口部先饰绳纹后抹掉，残留部分绳纹纹理，器身有刮抹痕迹。口径 21.0、底径 10.0、高 13.5 厘米（图五〇六，3）。

器盖　4 件。

泥质灰陶。形制相同，覆钵形。素面，器身有刮抹痕迹。

M328∶2，口径 12.8、高 3.6 厘米（图五〇六，4）。

M328∶5，口径 18.4、高 4.0 厘米（图五〇六，5）。

M328∶6，口径 13.6、高 3.6 厘米（图五〇六，6）。

M328∶7，口径 16.4、高 3.9 厘米（图五〇六，7）。

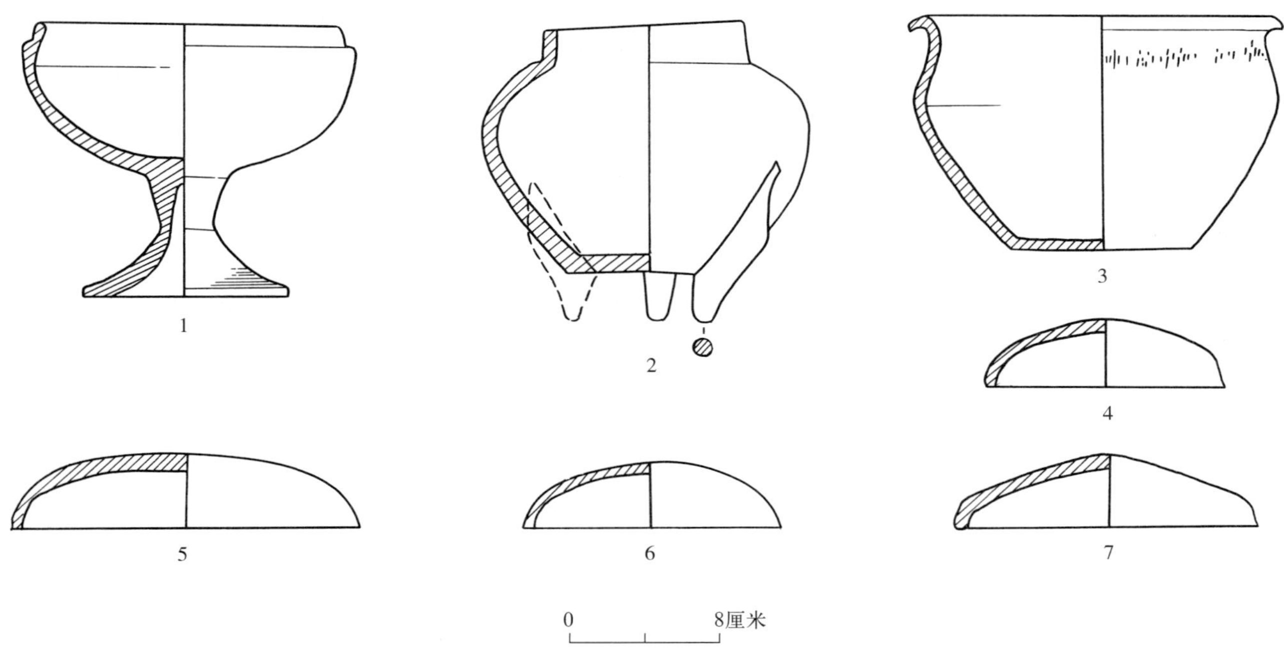

图五〇六　M328出土陶器

1.豆M328：4　2.鬲式罐M328：3　3.盂M328：1　4～7.器盖M328：2、5～7

二九七　M329

（一）墓葬形制

该墓位于墓群B区南部。开口于①层下，开口距地表1.20～2.00米。

竖穴土坑墓，平面呈正方形，方向100°，有生土二层台。上口长4.80～4.92、宽4.62～4.98米；二层台面至墓口残深1.98～2.64米，东侧台面宽0.50～0.62、西侧台面宽0.40～0.51、南侧台面宽0.41～0.46、北侧台面宽0.81～0.90米；底长3.30、宽3.30米；深3.10～4.10米。二层台以上壁面平直，二层台以下壁面斜直内收，收分明显，平底。二层台面西侧中部有一殉葬坑，内置羊骨，墓坑平面呈梯形，南北长0.60～0.86、东西长0.55、深0.26米。墓内填较松散的黄褐色五花土，棺椁内填满淤积土，土质纯净。

葬具为一棺二椁，东西向摆放，残存部分板灰。外椁长2.60～2.80、残高0.60米，椁板厚6～8厘米；内椁长2.58、宽1.90米，高度不详，椁板厚6～8厘米，底板有6块长方形厚方木纵列拼合；木棺残长1.50、宽0.50米，高度不明，棺板厚4厘米。

葬式不详。

盗洞4个。盗洞1位于墓葬东壁偏南部，深及二层台处未至墓底，平面呈圆形，直径1.10米；盗洞2位于墓葬东壁中部，深及墓底，平面呈梯形，长0.80～0.90、宽0.54米，东侧二层台面中部至墓底壁面局部破坏较粗糙；盗洞3位于墓葬西壁中部，东部深0.90米将原壁面破坏较粗糙，之后向东折进入墓底，平面呈南北向四边形，长1.90～2.60、宽1.50米；盗洞4位于墓葬西壁南端，深及墓底，平面呈梯形，长1.20、宽0.50～0.65米。

墓葬内出土陶罐1、陶甑1件（图五〇七）。

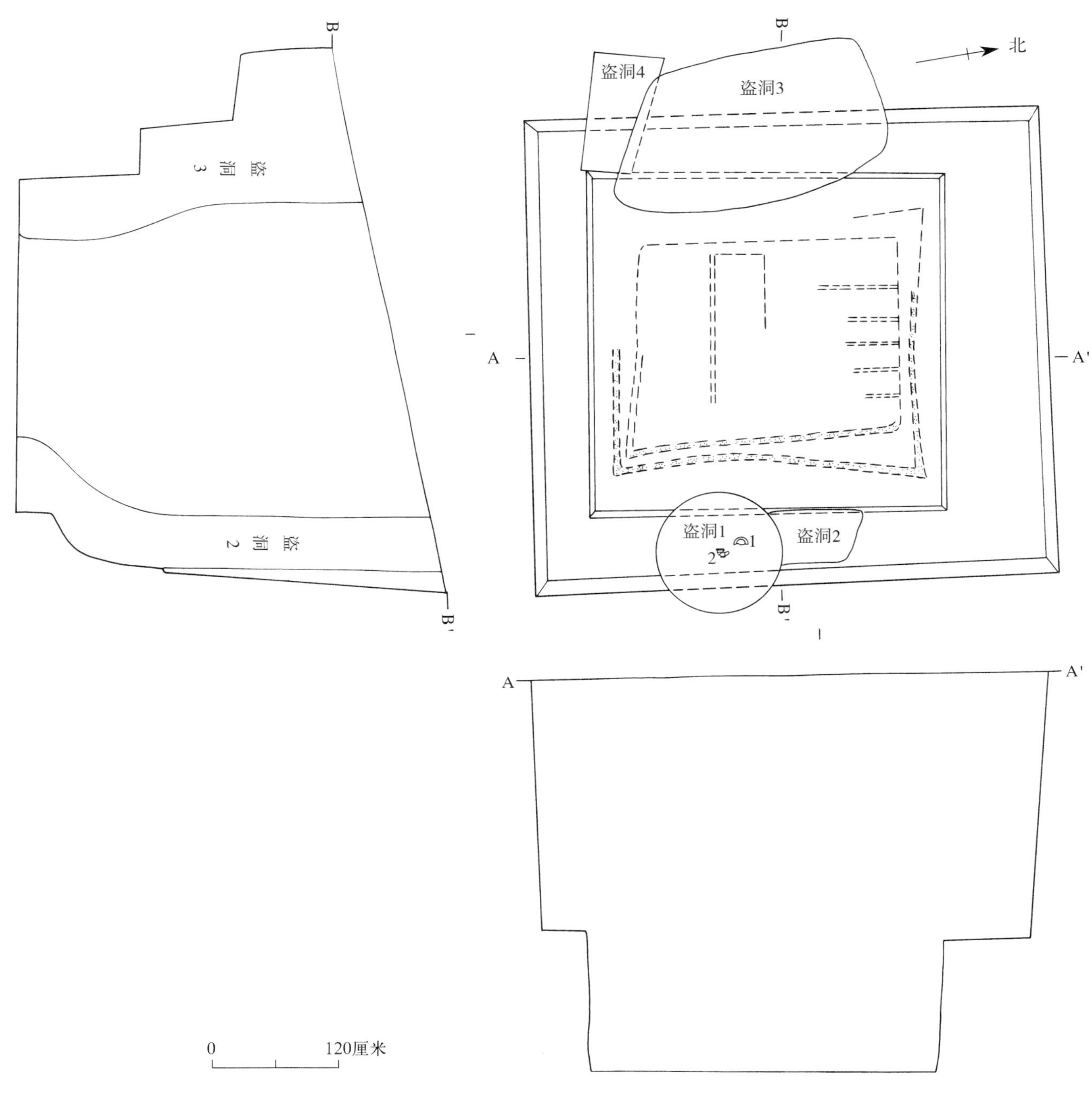

图五〇七　M329 平、剖面图

1.扁腹陶罐　2.簋形陶甑

（二）出土遗物

陶器

2 件。

簋形甑　1 件。

M329∶2，泥质灰陶。敞口，窄平沿，方唇，上腹较直，下腹弧内收，平底，矮圈足，底部镂圆形箅孔，腹上部对称处附加兽形铺首。器身素面，口部有轮制痕迹。口径 24.2、底径 9.6、高 10.6

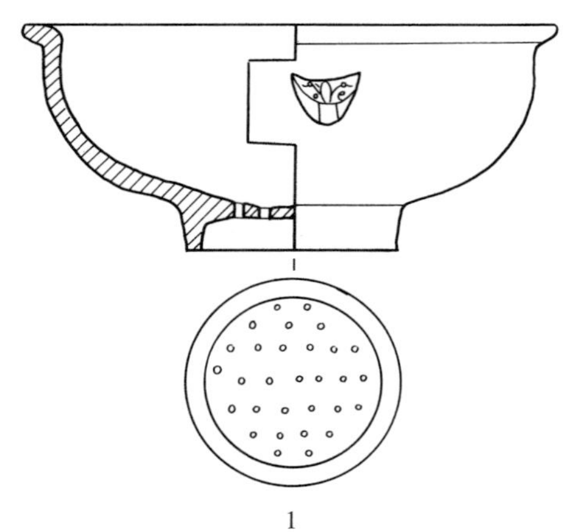
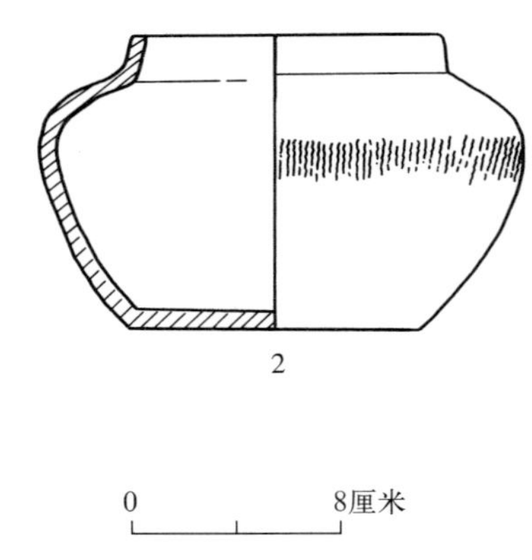

图五〇八　M329 出土陶器

1.簋形甑M329：2　2.扁腹罐M329：1

厘米（图五〇八，1）。

扁腹罐　1 件。

M329：1，泥质灰陶。直口，方唇，矮领较直，溜肩，深弧腹，最大径位于肩腹交接处，平底。腹上部饰竖向细绳纹，领部有轮制痕迹，器身有刮抹痕迹。口径 12.4、最大径 19.6、底径 11.6、高 12.2 厘米（图五〇八，2）。

二九八　M330

（一）墓葬形制

该墓位于墓群 B 区南部。开口于①层下，开口距地表 0.50 米。

斜坡墓道土坑墓，平面呈“凸”字形，总长 7.74 米，方向 268°。由墓道、甬道、墓室三部分组成。墓道位于最西端，西高东低呈斜坡状，坡度 24°，平面呈长方形。残长 4.34、宽 1.10、残深 1.20 ～ 3.20 米。直壁。甬道平面呈梯形。东西进深 1.26、宽 1.10 ～ 1.50、深 3.20 米。直壁，平底。墓室为土坑式，平面呈长方形，口大底小，有生土二层台。上口长 3.30、宽 2.44 米；二层台面至墓口深 1.60 米，南侧台面宽 0.14、北侧台面宽 0.10 ～ 0.12 米，东西两侧无二层台；底长 3.00、宽 1.60 米；深 3.20 米。二层台以上壁面斜直内收，收分明显，二层台以下直壁，平底，平滑，无工具加工痕迹。墓内填松散的黄褐色五花土，含少量植物根系、陶片。

葬具为一椁，东西向摆放，残存朽木痕迹。长 2.75、宽 1.28 米，高度不明，椁板厚 8 ～ 10 厘米。

葬式不详。

盗洞 1 个，位于墓道东端。平面呈不规则形，长 1.80、宽 1.44、深 0.90 米。

椁内出土陶钫 1、陶釜 1、陶罐 2、铜牌饰 1、铁剑 1、铁刀 2、贝器 1 件（图五〇九；彩版一七二，1）。

（二）出土遗物

1. 陶器

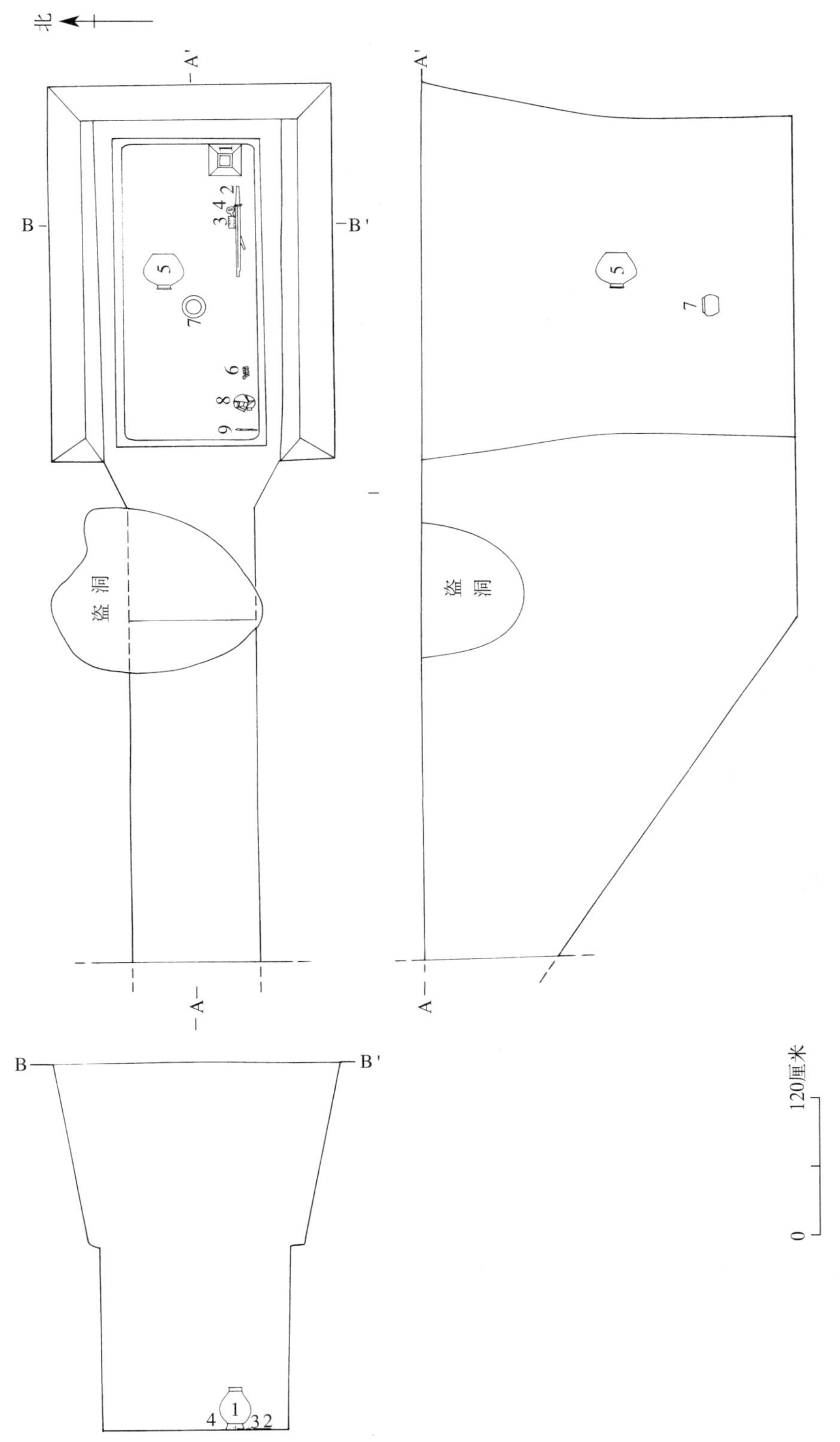

图五〇九　M330平、剖面图

1.陶钫　2.铁剑　3.铜牌饰　4.铁刀　5.小口陶罐　6.贝　7.大口陶罐　8.无耳陶釜　9.铁刀

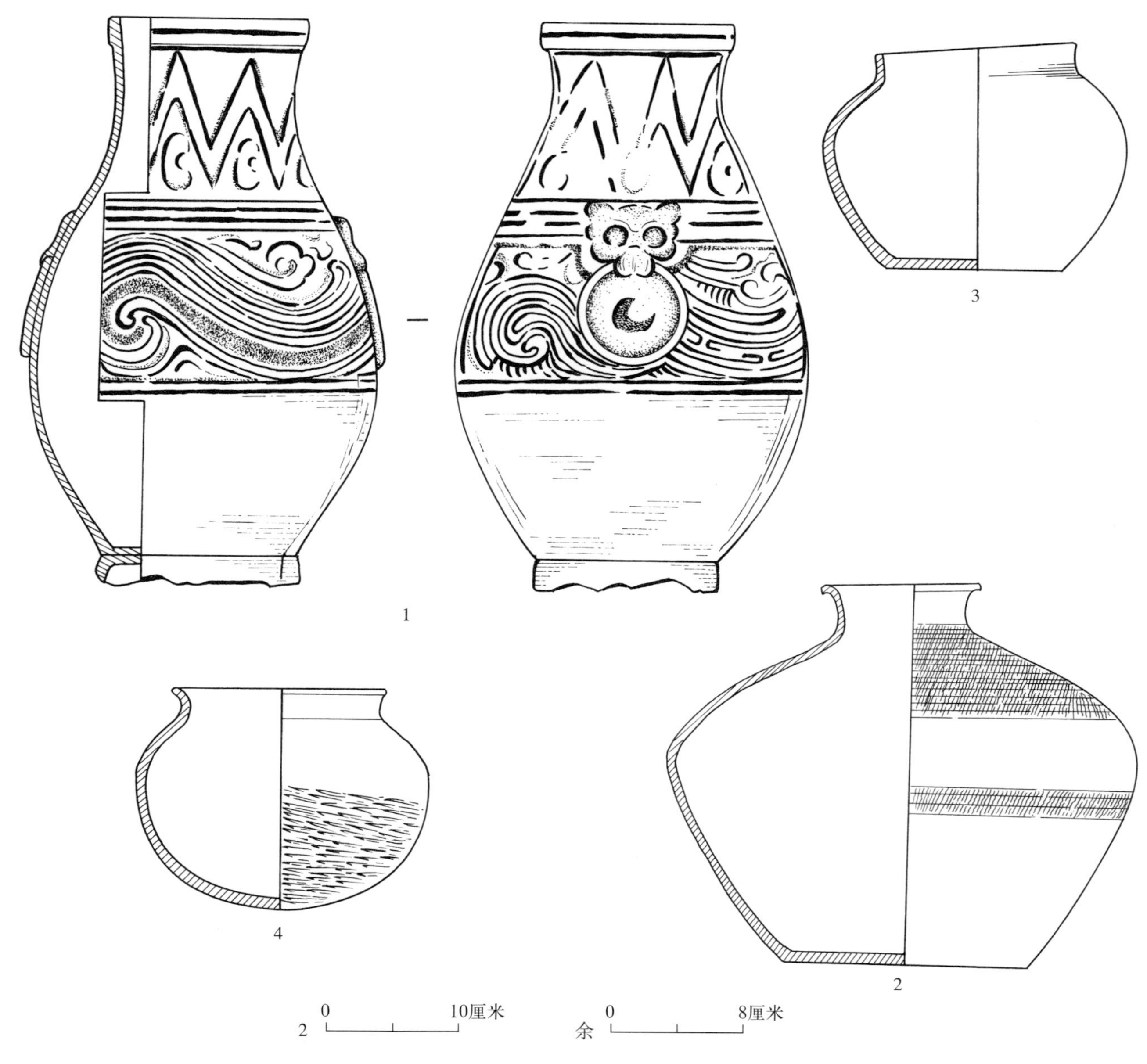

图五一〇　M330出土陶器

1.钫M330∶1　2.小口罐M330∶5　3.大口罐M330∶7　4.无耳釜M330∶8

4件。

钫　1件。

M330∶1，泥质灰陶，施彩绘，盖缺失，底部略残。器身侈口，方唇，高领中部微束，鼓腹，平底，下接方形圈足。腹部两侧对称处饰兽形铺首衔环，器身用红、白彩绘弦纹、三角纹、卷云纹组成的图案，腹下部有刮抹痕迹。口边长12.2、腹边长17.2、圈足底边长22.0、圈足高2.0、通高35.4厘米（图五一〇，1；彩版一七二，4）。

小口罐　1件。

M330∶5，泥质灰陶。侈口，窄沿外翻，方唇，斜领，溜肩，深弧腹，最大径位于肩腹交接处，平底。肩、腹上部先饰竖绳纹，再于其上饰数道弦纹，将之分割成数段，底正中有一方印，领部有轮制痕迹，器身有刮抹痕迹。口径 12.6、最大径 37.4、底径 19.0、高 31.6 厘米（图五一〇，2）。

大口罐　1 件。

M330：7，泥质灰陶。直口，方唇，矮领，溜肩，深弧腹，最大径位于肩、腹交接处，平底。素面，底正中有一方印，领部轮制痕迹明显，器身有刮抹痕迹。口径 12.7、最大径 19.4、底径 10.7、高 15.0 厘米（图五一〇，3）。

无耳釜　1 件。

M330：8，夹砂红陶。侈口，外斜沿，圆唇，矮领较直，圆腹，最大径位于腹中部，圜底。腹下部、底部饰篮纹，口部有轮制痕迹。口径 12.8、最大径 17.6、高 14.0 厘米（图五一〇，4；彩版一七二，2）。

2. 铜器

1 件。

牌饰　1 件。

M330：3，长方形薄片状。器表外围环绕一周麦粒纹，内为两组蟠螭纹，背面对称处有两个方形穿孔。长 10.4、宽 5.1、厚 0.1 厘米（图五一一，1；彩版一七三，1）。

3. 铁器

3 件。

剑　1 件。

M330：2，锈蚀。剑首缺失，剑茎截面呈长方形，铜剑格，剑身中部起脊，断面呈菱形，末端收杀成锋，尖残缺。素面。长 90.5 厘米（图五一一，2）。

刀　2 件。

M330：4，锈残。环首与刃一次性铸成，椭圆形环首，截面呈圆角长方形，削身较直，刃部较宽，截面呈三角形。长 25.5、宽 1.9 ～ 2.1、厚 0.6、环首径 3.3 ～ 4.7 厘米（图五一一，3）。

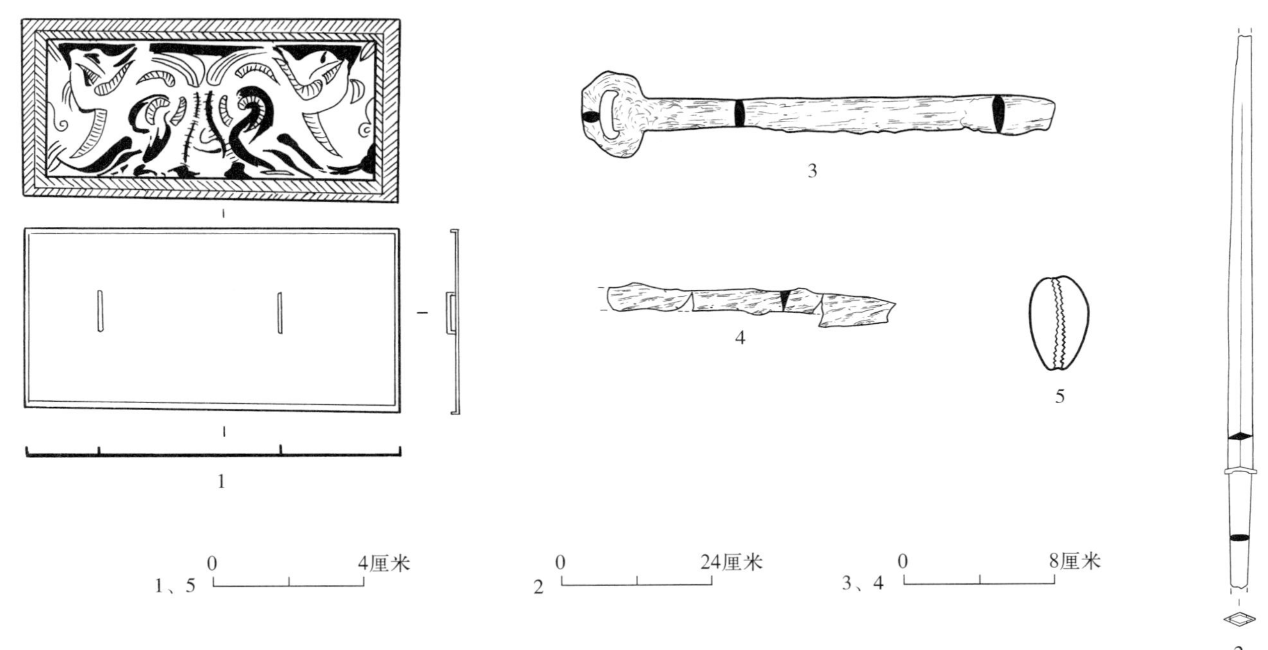

图五一一　M330 出土器物

1.铜牌饰M330：3　2.铁剑M330：2　3、4.铁刀M330：4、9　5.贝M330：6

M330：9，锈残。残存部分削身较直，刃部较宽，截面呈三角形。残长 15.4、宽 1.5 ～ 1.9、厚 0.5 厘米（图五一一，4）。

4. 贝器

1 件

贝　1 组。

M330：6，系用贝壳加工而成，体身中部为锯齿状弧形。长 2.7、宽 1.7 厘米（图五一一，5；彩版一七二，3）。

二九九　M331

（一）墓葬形制

该墓位于墓群 B 区南部。开口于②层下，开口距地表 0.56 ～ 0.70 米。

竖穴土坑墓，平面呈梯形，方向 16°，口大底小。上口长 2.95 ～ 3.20、宽 1.80 米；底长 2.86 ～ 2.90、宽 1.40 ～ 1.50 米；深 2.64 米。壁面斜直内收，收分明显，平底，无工具加工痕迹。墓内填松散的黄褐色五花土，含植物根系、木炭屑及少量陶片。

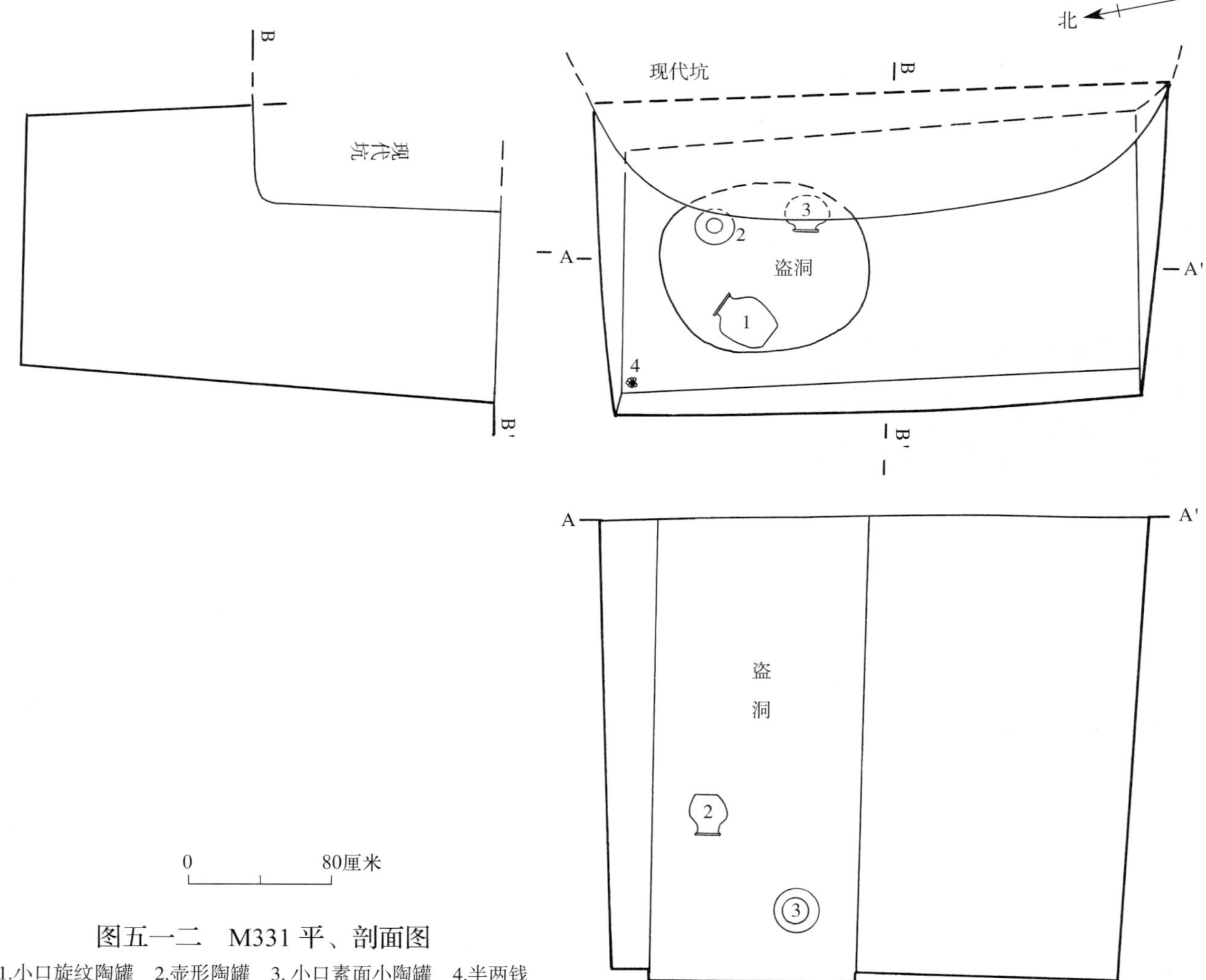

图五一二　M331 平、剖面图

1.小口旋纹陶罐　2.壶形陶罐　3. 小口素面小陶罐　4.半两钱

葬具不详。

葬式不详。

盗洞 1 个，位于墓葬的北端中部，自墓顶直通墓底。平面呈椭圆形，长 1.00 ～ 1.16 米。

墓葬内出土陶罐 3、铜钱 1 件（组）（图五一二）。

（二）出土遗物

1. 陶器

3 件。

壶形罐　1 件。

M331∶2，泥质灰陶。侈口，窄沿外撇，圆唇，高领，圆腹，最大径位于圆腹处，平底。腹上部饰时断时续的绳纹，口部轮制痕迹明显，腹下部刮抹痕迹明显。口径 11.0、最大径 16.8、底径 9.4、高 17.5 厘米（图五一三，1；彩版一七三，2）。

小口旋纹罐　1 件。

M331∶1，泥质灰陶。侈口，外斜沿，方唇唇缘有凹槽，矮领，圆腹，最大径位于圆腹处，平底。肩、腹部先饰绳纹后饰数道凹弦纹，将之分割成数段，底正中有一方印，口部轮制痕迹明显，器身有刮抹痕迹。口径 10.8、最大径 22.0、底径 11.0、高 25.0 厘米（图五一三，2）。

小口素面小罐　1 件。

M331∶3，泥质灰陶。侈口，外斜沿，圆唇，矮领，圆肩，深弧腹，最大径位于肩腹交接处，底内凹。颈部先饰绳纹后抹掉，残留部分绳纹纹理，腹上部饰竖绳纹，底正中有一方印，器身有刮抹痕迹。口径 11.1、最大径 19.2、底径 10.0、高 16.3 厘米（图五一三，3）。

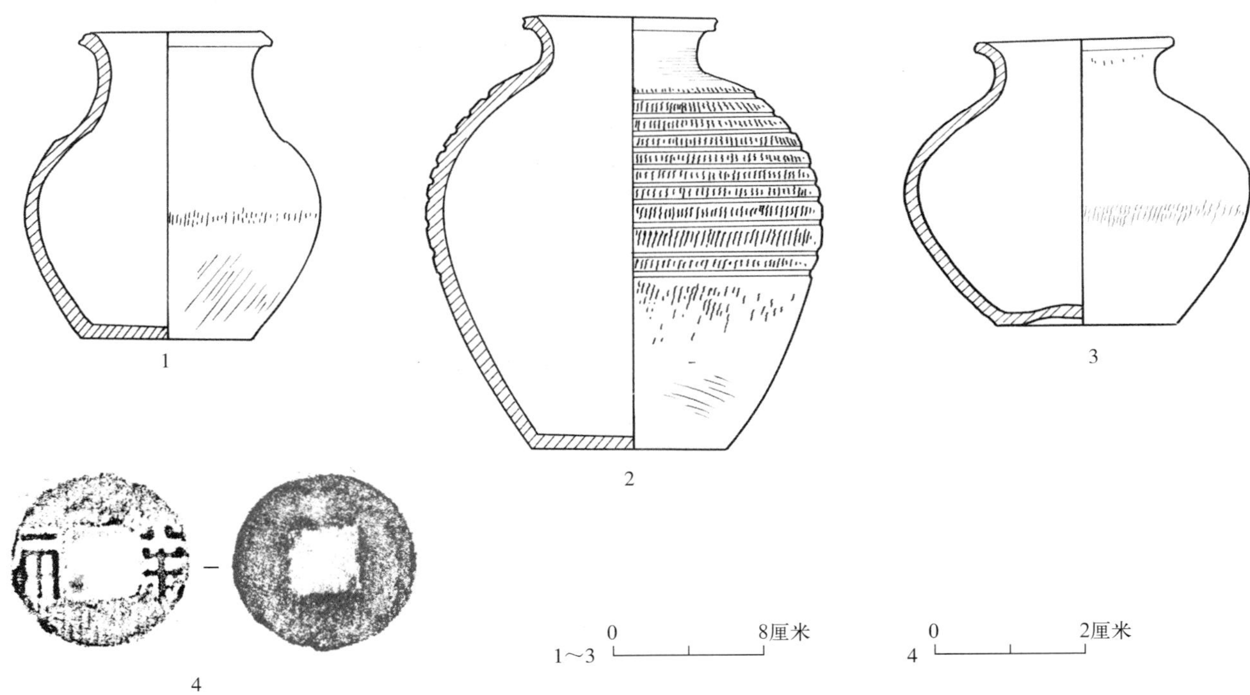

图五一三　M331 出土器物

1.壶形陶罐M331∶2　2.小口旋纹陶罐M331∶1　3.小口素面小陶罐M331∶3　4.半两钱M331∶4

2. 铜器

1 件。

半两钱　1 组。

M331∶4，共 10 枚。圆形方穿，无郭。钱径 2.3 ～ 2.4、穿宽 0.5 ～ 0.9 厘米，重 2.5 ～ 3.4 克（图五一三，4；彩版一七三，3）。

三〇〇　M332

（一）墓葬形制

该墓位于墓群 B 区南部。开口于①层下，开口距地表 0.90 ～ 1.60 米。

竖穴土坑墓，平面呈梯形，方向 83°，口大底小，有生土二层台。上口长 3.55 ～ 3.64、宽 3.08 ～ 3.14

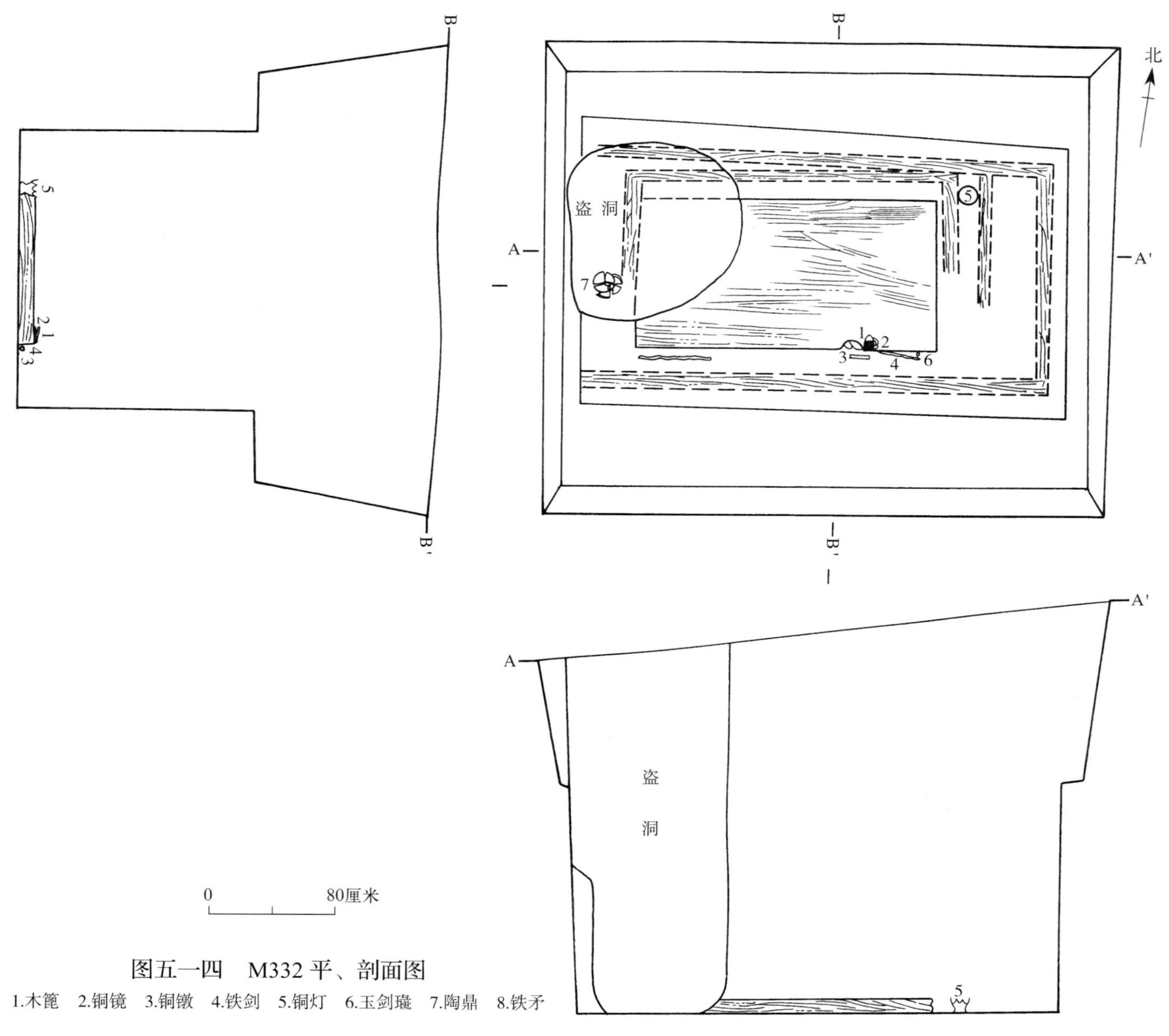

图五一四　M332 平、剖面图

1.木篦　2.铜镜　3.铜镦　4.铁剑　5.铜灯　6.玉剑璏　7.陶鼎　8.铁矛

米；二层台面至墓口残深 0.80 ～ 1.20 米，东侧台面宽 0.14 ～ 0.16、西侧台面宽 0.10 ～ 0.12、南侧台面宽 0.44 ～ 0.54、北侧台面宽 0.30 ～ 0.50 米；底长 3.00 ～ 3.04、宽 1.80 ～ 1.90 米；深 2.30 ～ 2.64 米。二层台以上壁面斜直内收，收分明显，二层台以下壁面平直，周壁规整，壁面残存纵向工具铲修痕迹，平底。二层台面东北角放置有兽骨；二层台下西壁南侧距二层台深 0.80 米处有纵、横两道宽约 0.20 米的外倾凹痕，推测应为埋葬时葬具所致。墓内填较松散的黄褐色五花土，棺椁内填满淤积土，较为湿黏。

葬具为一棺一椁，东西向摆放，残存朽木痕迹。棺位于椁内中部偏北，长 1.88、宽 1.00 米，侧板厚 0.06、挡板厚 0.10 米，棺上偏南侧覆盖一块未完全腐朽木板，长 1.90、宽 1.00、厚 0.10 米，应为棺椁底板；椁长 2.98、宽 1.53 米，高度不明，椁板厚 8 ～ 10 厘米。

葬式不详。

盗洞 1 个，位于墓葬西侧中部，自墓顶直通墓底。平面呈圆形，直径 1.20 米。

葬具内出土陶鼎 1、铜灯 1、铜镜 1、铜镦 1、铁剑 1、铁矛 1、玉剑璏 1、木篦 1 件（图五一四）。

（二）出土遗物

1. 陶器

1 件。

鼎　1 件。

M332 : 7，泥质灰陶。覆钵形器盖，盖顶较均匀的附加三个圆饼状兽形泥饼，器身呈子母口，内敛，圆唇，弧腹，圜底，下接三个蹄形足，较纤细，腹上端有接两附耳的痕迹，现已脱落。器身素面。口径 12.4、腹径 14.8、裆高 2.3、通高 11.0 厘米（图五一五，1；彩版一七四，1）。

2. 铜器

3 件。

灯　1 件。

M332 : 5，锈残。三角形六瓣盘身，盘底正中接喇叭形底座。素面。口径 9.8、底径 5.8、高 8.3 厘米（图五一五，2；彩版一七四，2）。

镜　1 面。

M332 : 2，锈残严重，不可修复。

镦　1 件。

M332 : 3，锈蚀。空心圆柱状。素面。直径 2.6、高 11.5 厘米（图五一五，3；彩版一七四，3）。

3. 铁器

2 件。

剑　1 件。

M332 : 4，锈残。残存末端收杀成锋，截面呈菱形。素面。残长 24.2 厘米（图五一五，4）。

矛　1 件。

M332 : 8，锈残。矛尖残，矛身前部为铁柄，与尖连接处截面为圆形，铁柄尾端为柱状空心圆筒形，用以安装木把，柱状空心圆管底端饰一青铜箍，下有一桥形器纽。素面。残长 26.8 厘米（图五一五，5）。

4. 玉器

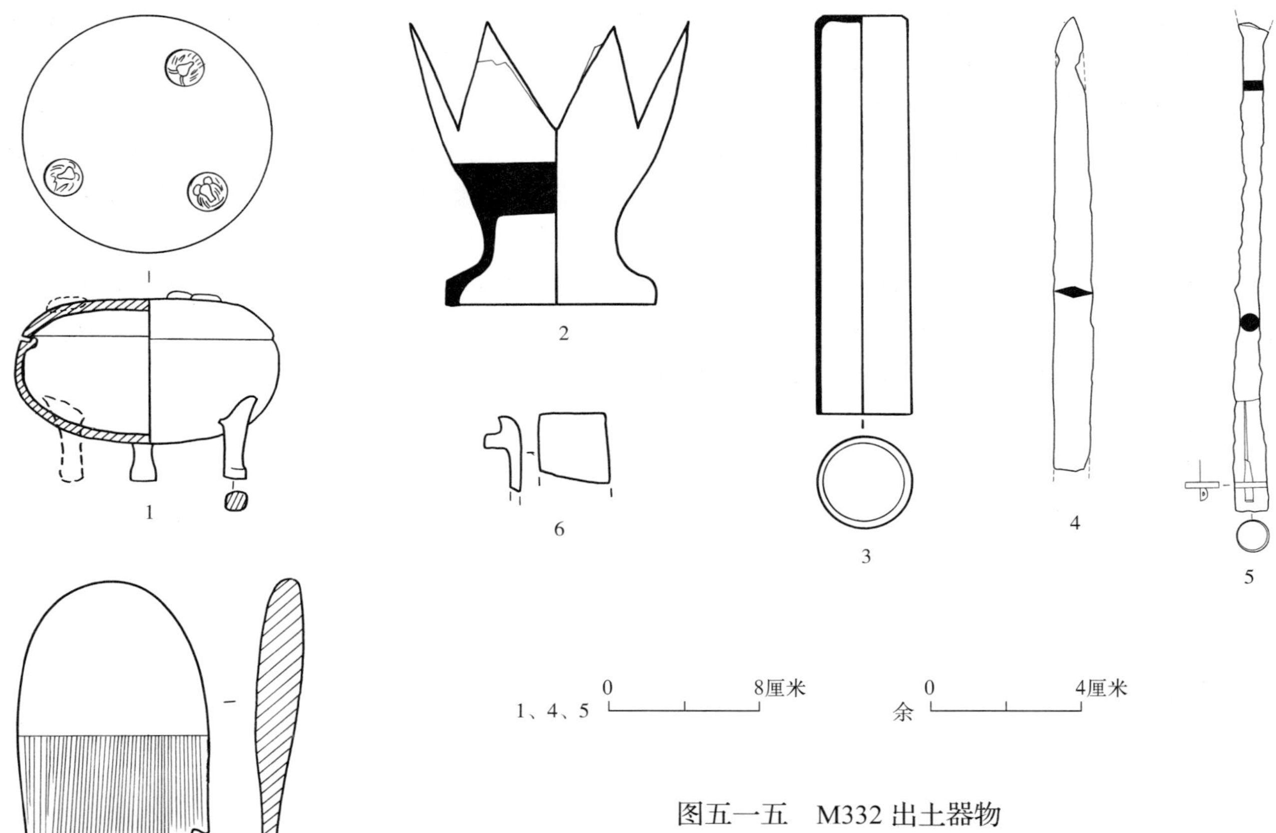

图五一五 M332 出土器物

1.陶鼎M332：7 2.铜灯M332：5 3.铜镦M332：3 4.铁矛M332：8 5.铁剑M332：4 6.玉剑璏M332：6 7.木篦M332：1

1 件。

剑璏 1 件。

M332：6，残。土黄色，不透亮，湿润，残存部分略呈梯形，截面略弧，一端微曲，系带孔缺失。素面。残长 2.0、宽 1.5、厚 1.1 厘米（图五一五，6）。

5. 木器

1 件。

篦 1 件。

M332：1，残。梳背呈半圆形，齿上宽下窄呈梯形薄片状。宽 5.3、厚 1.3、齿长 3.8、通长 8.3 厘米（图五一五，7；彩版一七四，4）。

三〇一 M333

（一）墓葬形制

该墓位于墓群 B 区南部。开口于②层下，开口距地表 0.50 米。

竖穴土坑墓，平面呈梯形，东宽西窄，方向 100°，口大底小，有生土二层台。上口残长 1.40 ～ 3.74、残宽 1.30 ～ 2.60 米；二层台面至开口深 3.00 米，南侧台面宽 0 ～ 0.06、北侧台面宽 0 ～ 0.18 米，东西两侧无二层台；底长 3.30、宽 1.80 米；深 4.70 米。二层台以上壁面斜直内收，收分明显，二层台以下壁面平直，周壁光滑，平底，无工具加工痕迹。墓内填松散的黄褐色五花土，含植物根系、木炭屑、料礓石颗料及石块。

葬具为一棺一椁，东西向放置，均残存板灰。棺长 1.80、宽 0.80 ～ 0.90 米，高度不明，棺板厚 6 厘米；椁长 3.20、宽 1.48 米，高度不明，椁板厚 6 厘米。

葬式不详。

盗洞 2 个。盗洞 1，位于墓葬西南角，自墓口直通墓底，平面呈长方形，长 2.52、宽 1.54 米；盗洞 2，位于墓葬北侧中部，自墓口直通墓底，平面呈梯形，长 2.88、宽 0.60 ～ 1.00 米。

墓葬内出土陶钫盖 1、铜镞 1、铜泡钉 1 件（组）（图五一六）。

（二）出土遗物

1. 陶器

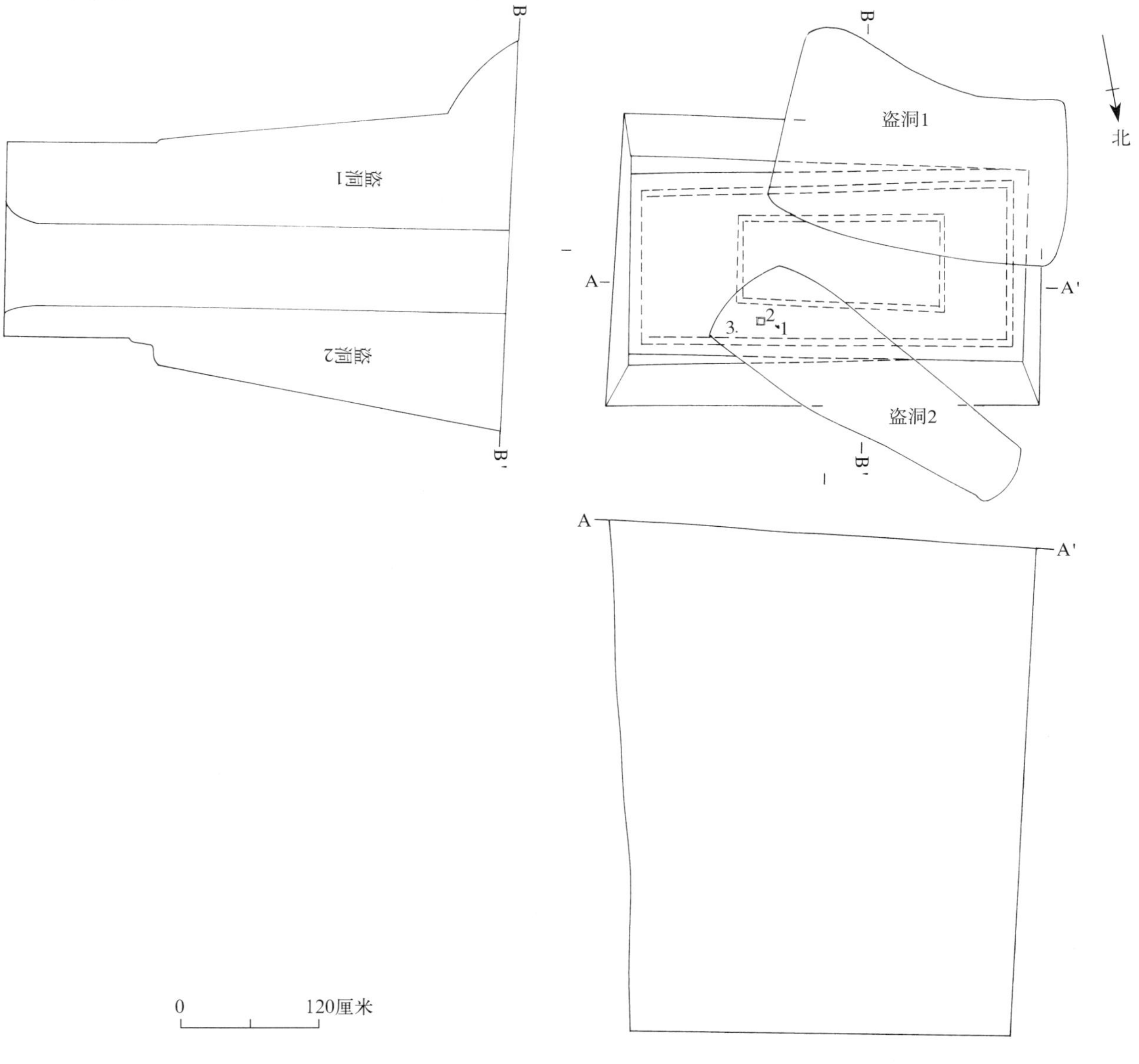

图五一六　M333 平、剖面图

1.铜镞　2.陶钫盖　3.铜泡钉

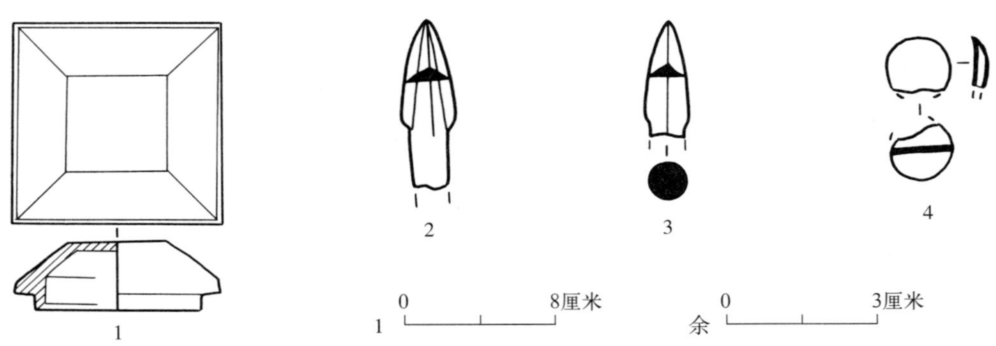

图五一七 M333出土器物

1. 陶钫盖M333：2 2、3.铜镞M333：1-1、1-2 4.铜泡钉M333：3

1件。

钫盖 1件。

M333：2，钫盖，泥质灰陶。正方覆斗形，子母口。素面。顶边长5.6、口边长9.2、高4.0厘米（图五一七，1）。

2. 铜器

2件。

镞 1组。

M333：1，共5个。M333：1-1，锈残。镞尖呈三棱形，刃较锋利，镞尖尖锐，尾端截面呈圆柱形。残长3.6厘米（图五一七，2）。M333：1-2～1-5，锈残。镞尖呈三角形，刃较锋利，镞尖尖锐，尾端截面呈圆柱形。残长2.5厘米（图五一七，3；彩版一七五，1）。

泡钉 1件。

M333：3，残。半圆形，背面有器纽。素面。直径1.3、厚0.3厘米（图五一七，4）。

三〇二 M334

（一）墓葬形制

该墓位于墓群B区南部。开口于②层下，开口距地表1.00～2.60米，上部被M330的墓道打破，西端被断坎打破。

竖穴土坑墓，平面呈长方形，方向90°，口底同大。残长2.48、宽1.26、残深0.05～1.90米。直壁，平底，无工具加工痕迹。墓内填较硬的黄褐色五花土，有夯打现象，夯层、夯筑方法不明。

葬具不详。

葬式不详（图五一八）。

（二）出土遗物

无出土器物。

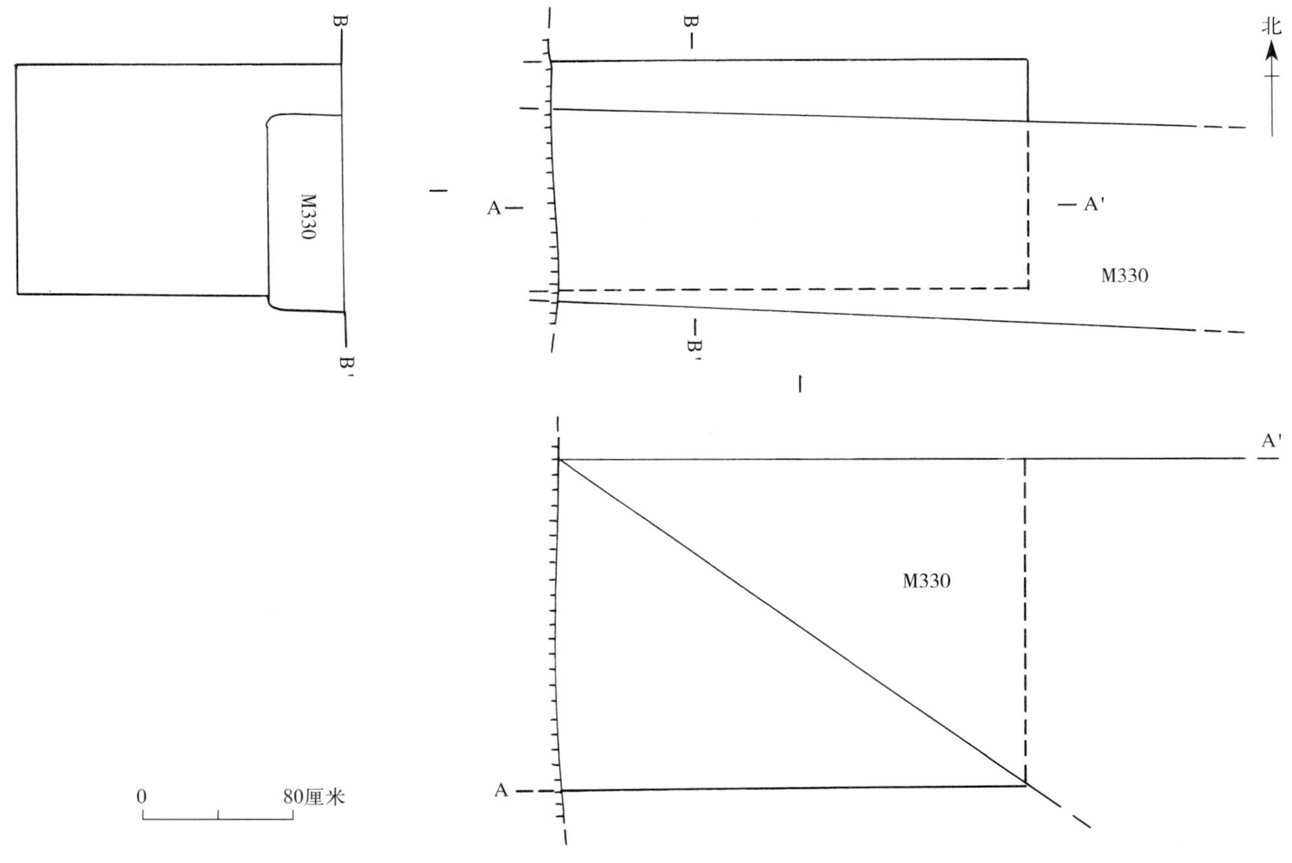

图五一八　M334平、剖面图

三〇三　M335

（一）墓葬形制

该墓位于墓群B区南部。开口于①层下，开口距地表1.17～2.15米，被M332打破。

竖穴土坑墓，平面呈长方形，方向106°，口底同大。长3.68、宽1.71、残深0.32～1.15米。直壁，平底，无工具加工痕迹。墓内填较松散的黄褐色五花土，包含较多朽木、植物根系等。

葬具不详。

葬式不详。

盗洞1个，位于墓葬西南角，自墓顶直通墓底。平面呈椭圆形，长0.75～1.00、深0.62米。

盗洞内出土陶罐2件（图五一九）。

（二）出土遗物

陶器

2件。

扁腹罐　2件。

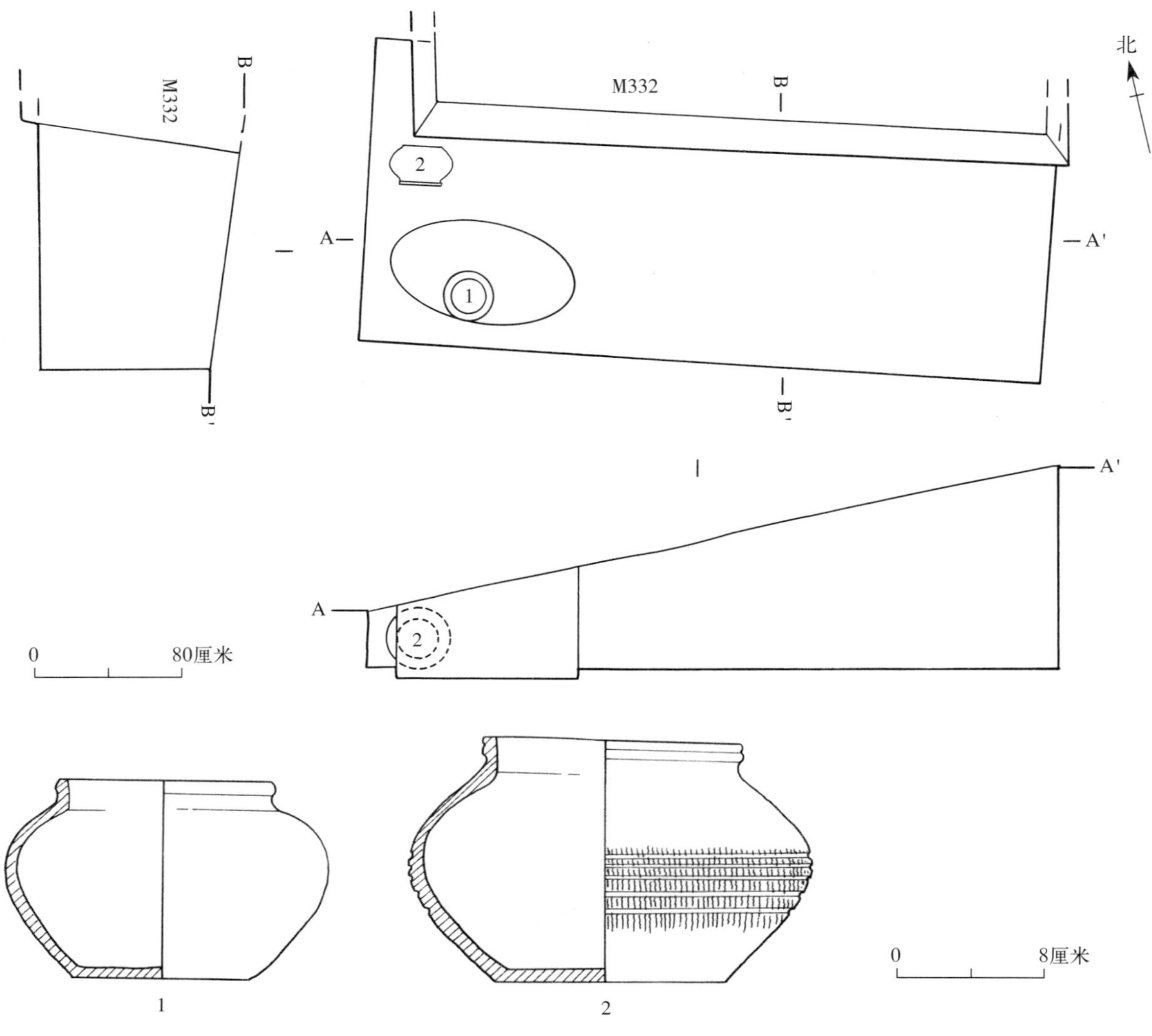

图五一九　M335 平、剖面图及出土陶器

1、2.扁腹罐

M335：1，泥质灰陶。直口，圆唇，矮领较直，领上端有凸棱，圆肩，深弧腹，最大径位于肩腹交接处，平底。素面，口部有轮制痕迹，器身有刮抹痕迹。口径 12.5、最大径 18.6、底径 10.0、高 11.8 厘米（图五一九，1）。

M335：2，泥质灰陶。直口，圆唇，矮领较直，领上端有道凹槽，圆肩，深弧腹，最大径位于肩腹交接处，平底。腹部先饰竖绳纹，再饰数道弦纹，将之分割成数段，底部有一方印，口部有轮制痕迹，器身有刮抹痕迹。口径 14.0、最大径 21.6、底径 12.4、高 14.0 厘米（图五一九，2）。

三〇四　M336

（一）墓葬形制

该墓位于墓群 B 区南部。开口于②层下，开口距地表 2.20 ～ 3.20 米。

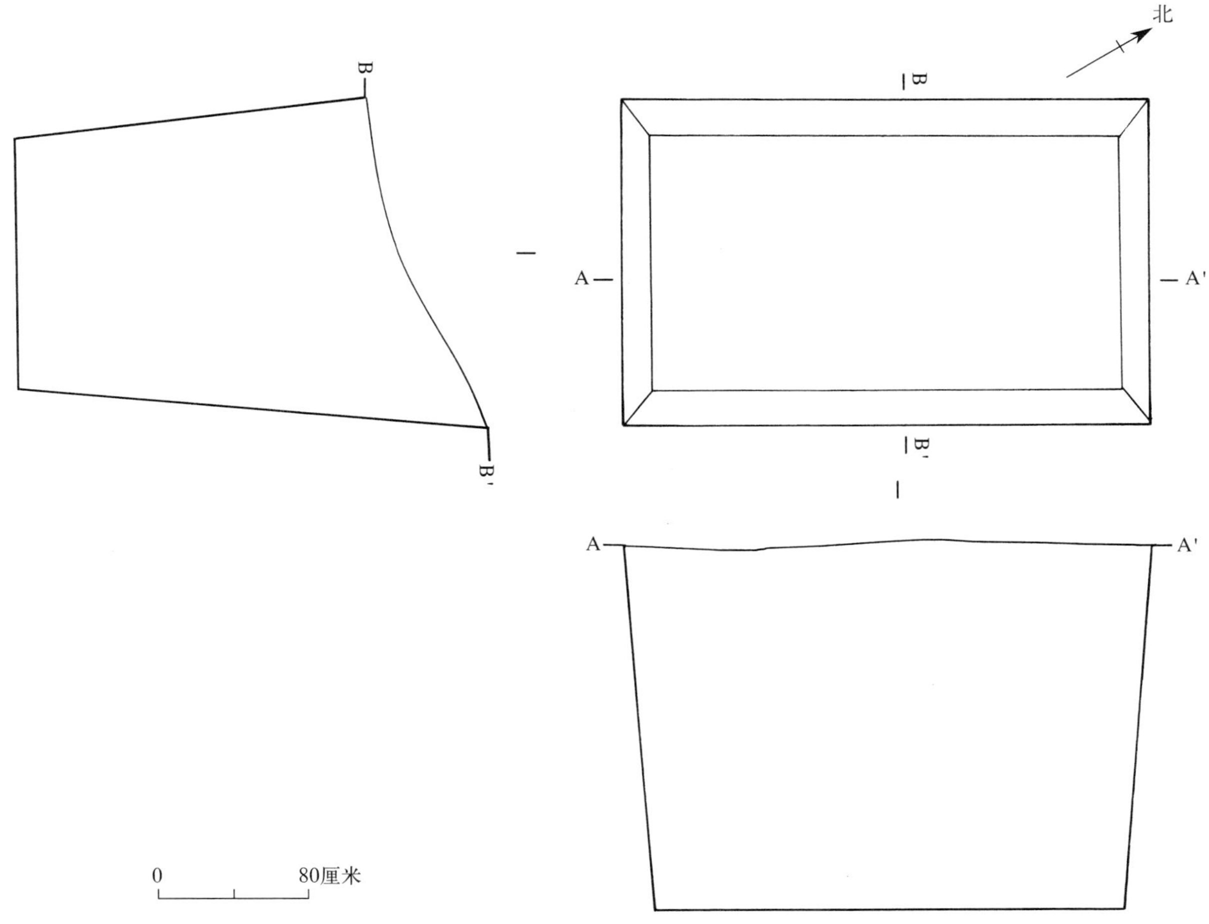

图五二〇　M336平、剖面图

竖穴土坑墓，平面呈长方形，方向30°，口大底小。上口长2.80、宽1.80米；底长2.50、宽1.36米；残深1.85～2.40米。壁面斜直内收，收分明显，平底，较为规整，无工具加工痕迹。墓内填质地较密的深褐色五花土，偶有木炭屑、红烧土点出现。

葬具不详。

葬式不详（图五二〇）。

（二）出土遗物

无出土器物。

三〇五　M337

（一）墓葬形制

该墓位于墓群C区北部。开口于②层下，开口距地表0.85～1.35米，西侧被现代墓葬打破。

竖穴土坑墓，平面呈梯形，方向10°，口大底小，有生土二层台。上口长3.70、宽2.80～3.00米；

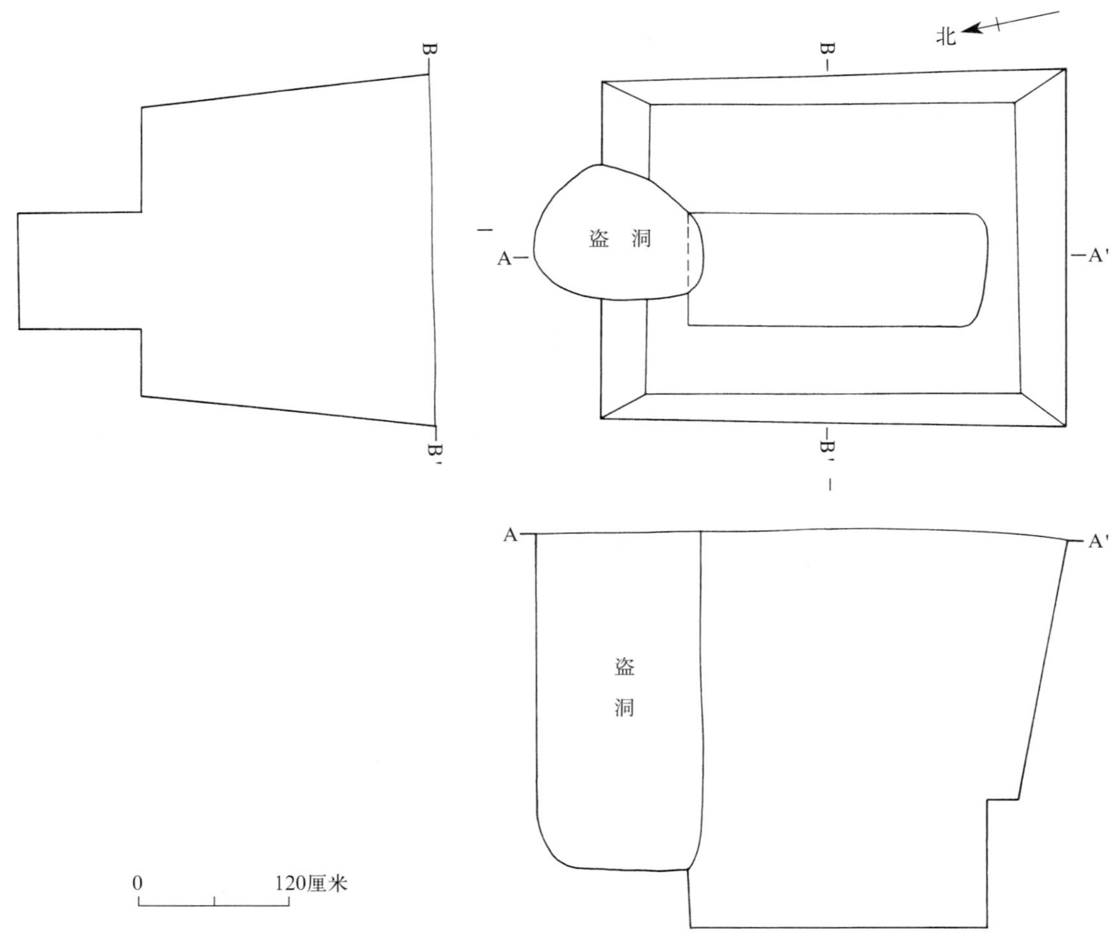

图五二一 M337 平、剖面图

二层台面至开口深 2.22 米，东侧台面宽 0.90、西侧台面宽 0.55、南、北侧台面宽 0.24 米；底长 2.38、宽 0.96 米；深 3.30 米。二层台以上壁面斜直内收，收分明显，二层台以下壁面平直，东侧壁面略有坍塌，周壁光滑，平底，无工具加工痕迹。墓内填较松散的黄褐色五花土，内含红烧土点、木炭点等。

葬具不详。

葬式不详。

盗洞 1 个，位于墓葬的北端中部，自墓顶直通墓底。平面呈椭圆形，长 1.10 ～ 1.36 米（图五二一）。

（二）出土遗物

无出土器物。

三〇六　M340

（一）墓葬形制

该墓位于墓群 B 区南部。开口于②层下，开口距地表 0 ～ 3.40 米，北部被现代坑、M339 打破。

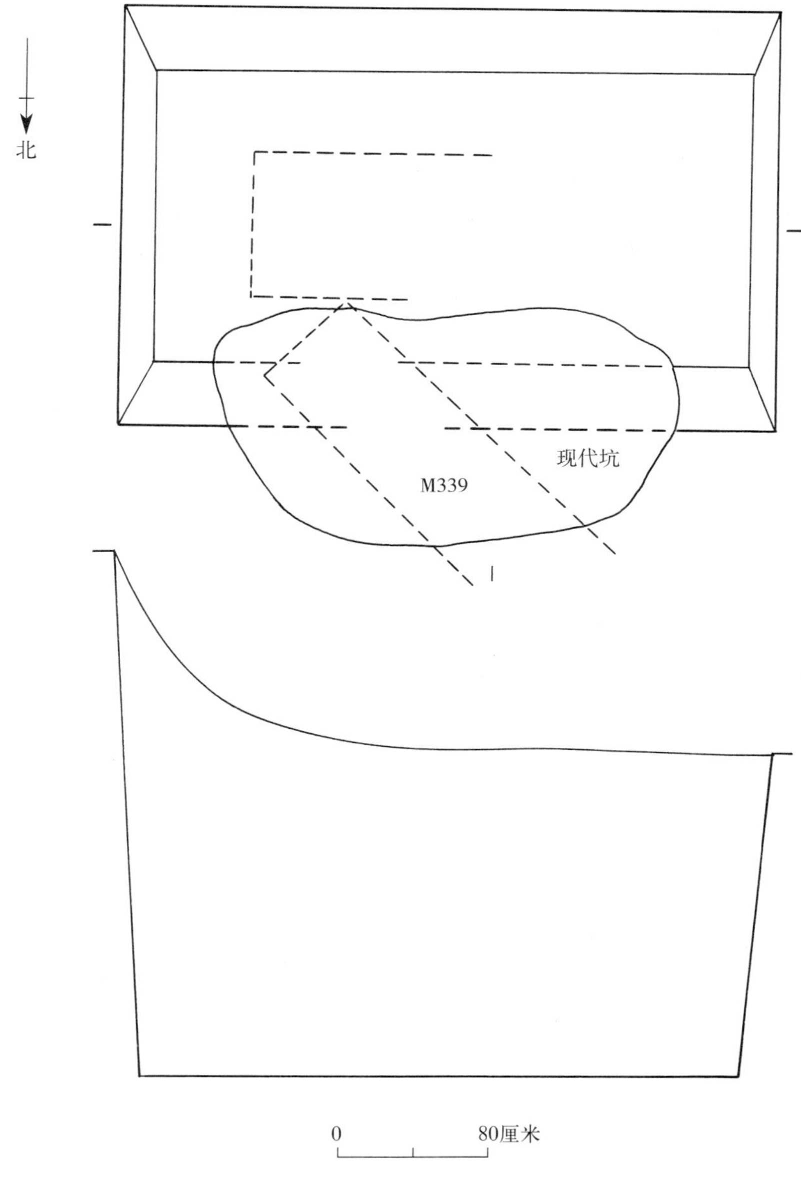

图五二二　M340 平、剖面图

竖穴土坑墓，平面呈长方形，方向 90°，口大底小。上口长 3.50、宽 2.30 米；底长 3.20、宽 1.60 米；残深 1.80 ～ 2.90 米。壁面斜直内收，平底，无工具加工痕迹。墓内填较硬的黄褐色五花土，土质纯净，出土有陶片。

葬具为一棺，东西向摆放，残存部分棺木朽痕。残长 1.00 ～ 1.50、宽 0.80 米，高度及棺板厚度不明。

葬式不详（图五二二）。

（二）出土遗物

无出土器物。

三〇七 M341

（一）墓葬形制

该墓位于墓群C区北部。开口于①层下，开口距地表0.20～0.40米。

竖穴土坑墓，平面呈长方形，方向4°，口大底小，有生土二层台。上口长3.00、宽1.70米；二层台面至墓口深0.80米，东、西侧台面宽0.08米，南北侧无二层台；底长3.00、宽1.50米；深2.00米。二层台以上壁面斜直内收，收分明显，二层台以下直壁，整个壁面规整，平滑，平底，无工具加工痕迹。墓内填松散的黄褐色五花土，内含红烧土点、木炭屑。

葬具不详。

葬式不详。

盗洞1个，位于墓葬西北角，自墓顶直通墓底。平直呈圆形，直径0.93米。

墓葬内出土铜钱1件（图五二三）。

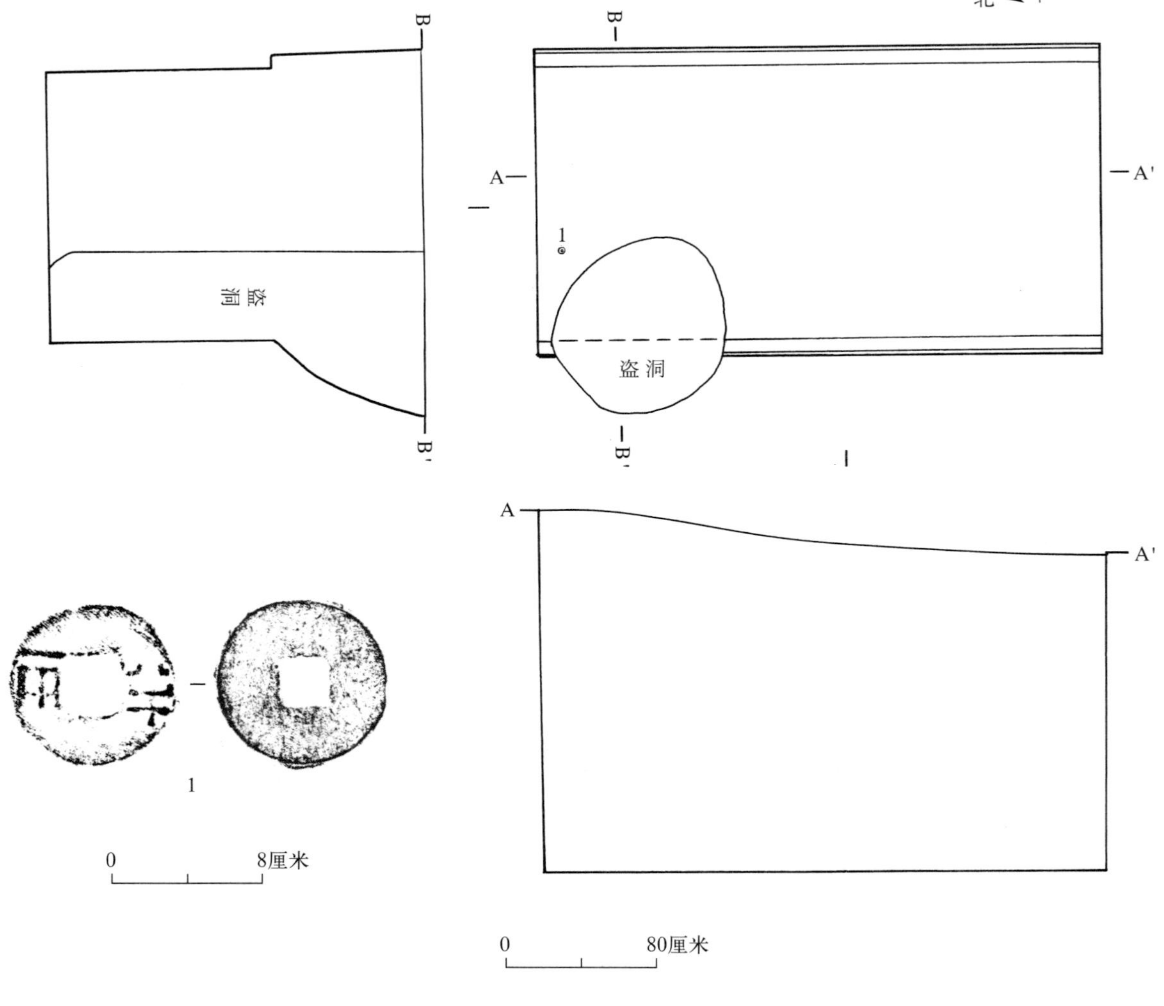

图五二三　M341平、剖面图及出土铜器

1.半两钱

（二）出土遗物

铜器

1 件。

半两钱　1 枚。

M341：1，圆形方穿，无郭。钱径 2.3、穿宽 0.7 厘米，重 2.4 克（图五二三，1）。

三〇八　M342

（一）墓葬形制

该墓位于墓群 C 区北部。开口于①层下，开口距地表 0.20 ～ 0.50 米。

竖穴土坑墓，平面呈长方形，方向 0°，口大底小，有生土二层台。上口长 3.30、宽 2.00 米；二层台面至墓口深 1.00 米，东、西、南侧台面宽 0.10 米，北侧无二层台；底长 3.00、宽 1.60 米；深 2.00 米。二层台以上壁面斜直内收，收分明显，二层台以下壁面平直，周壁光滑，平底，无工具加工痕迹。墓内填松散的黄褐色五花土，含植物根系、木炭屑、料礓石颗料及石块。

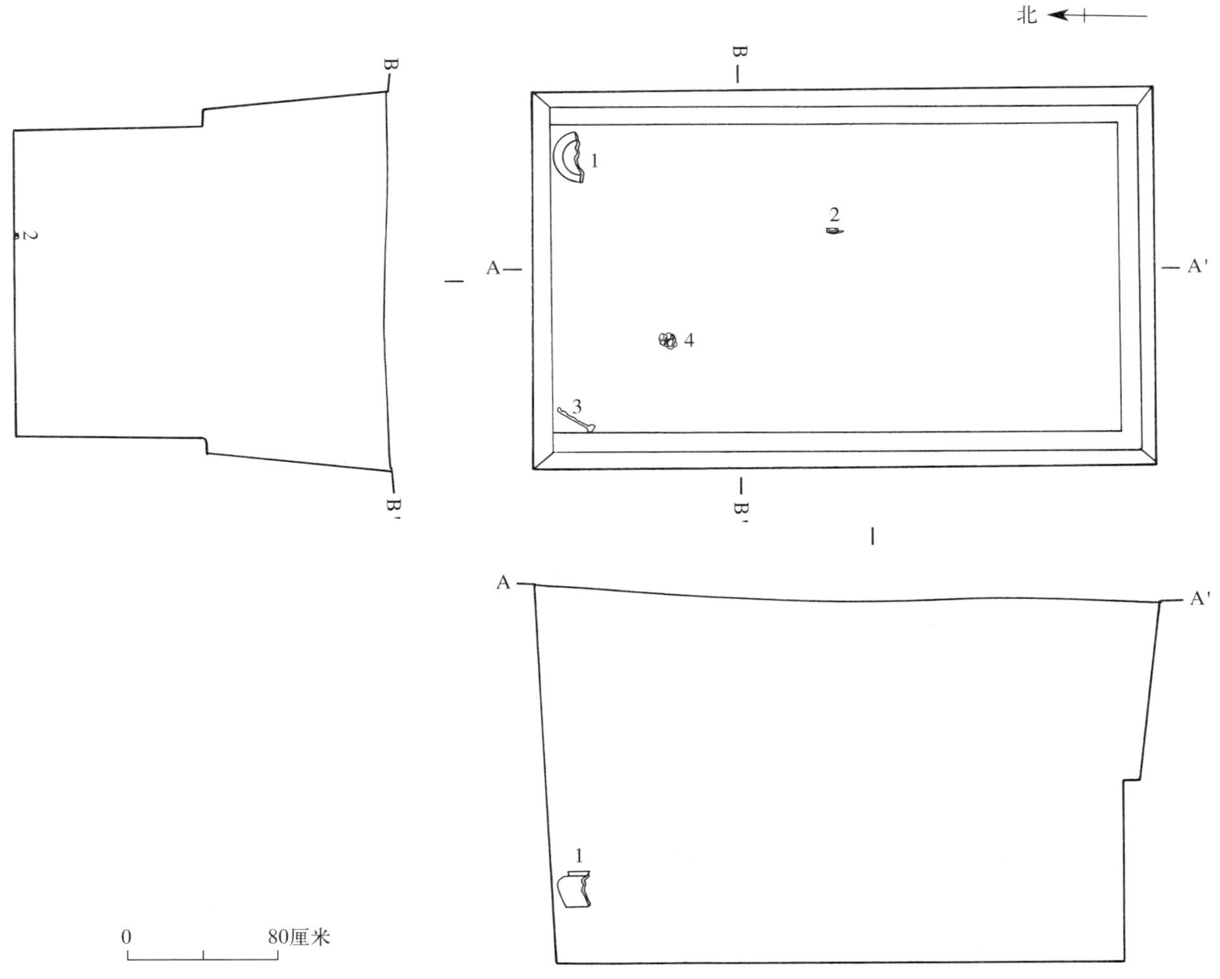

图五二四　M342 平、剖面图

1.扁腹陶罐　2.玉剑璏　3.铁削　4.贝

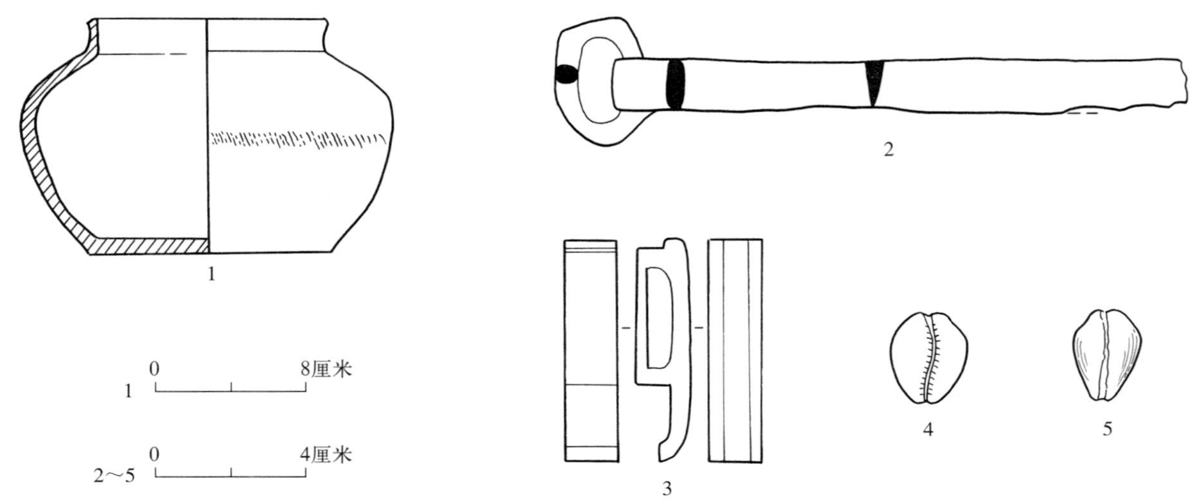

图五二五 M342 出土器物

1.扁腹陶罐M342：1 2.铁削M342：3 3.玉剑璏M342：2 4、5.贝M342：4–1、4–2

葬具不详。

葬式为仰身屈肢，头向西、面向上，双腿向上屈。

墓葬内出土陶罐 1、铁削 1、玉剑璏 1、贝 1 件（组）（图五二四）。

（二）出土遗物

1. 陶器

1 件。

扁腹罐 1 件。

M342：1，泥质灰陶。直口，圆唇，矮领，广肩，弧腹，最大径位于腹上端，平底。腹上部饰数道斜向细绳纹。口径 12.8、最大径 19.6、底径 12.8、高 12.8 厘米（图五二五，1）。

2. 铁器

1 件。

削 1 件。

M342：3，锈残。椭圆形环首，截面呈扁圆形，残存部分削身，截面呈三角形。残长 16.8、环首径 2.1 ～ 2.4 厘米（图五二五，2）。

3. 玉器

1 件。

剑璏 1 件。

M342：2，完整。青灰色，不透亮，湿润，正面呈长方形，截面略弧，两端微曲，系带孔位于背面呈长方形。表面饰两道凹弦纹。长 6.4、宽 1.5、厚 1.5、中孔长 3.9、宽 0.7 厘米（图五二五，3；彩版一七五，2）。

4. 贝器

1 组。

贝　1组。

M342∶4，共2件，乳白色，椭圆形，中部有一锯齿状缝。长2.6、宽1.9厘米（图五二五，4、5）。

三〇九　M343

（一）墓葬形制

该墓位于墓群C区北部。开口于②层下，开口距地表0.30～0.50米，北侧东、西两角分别被M341、M342打破。

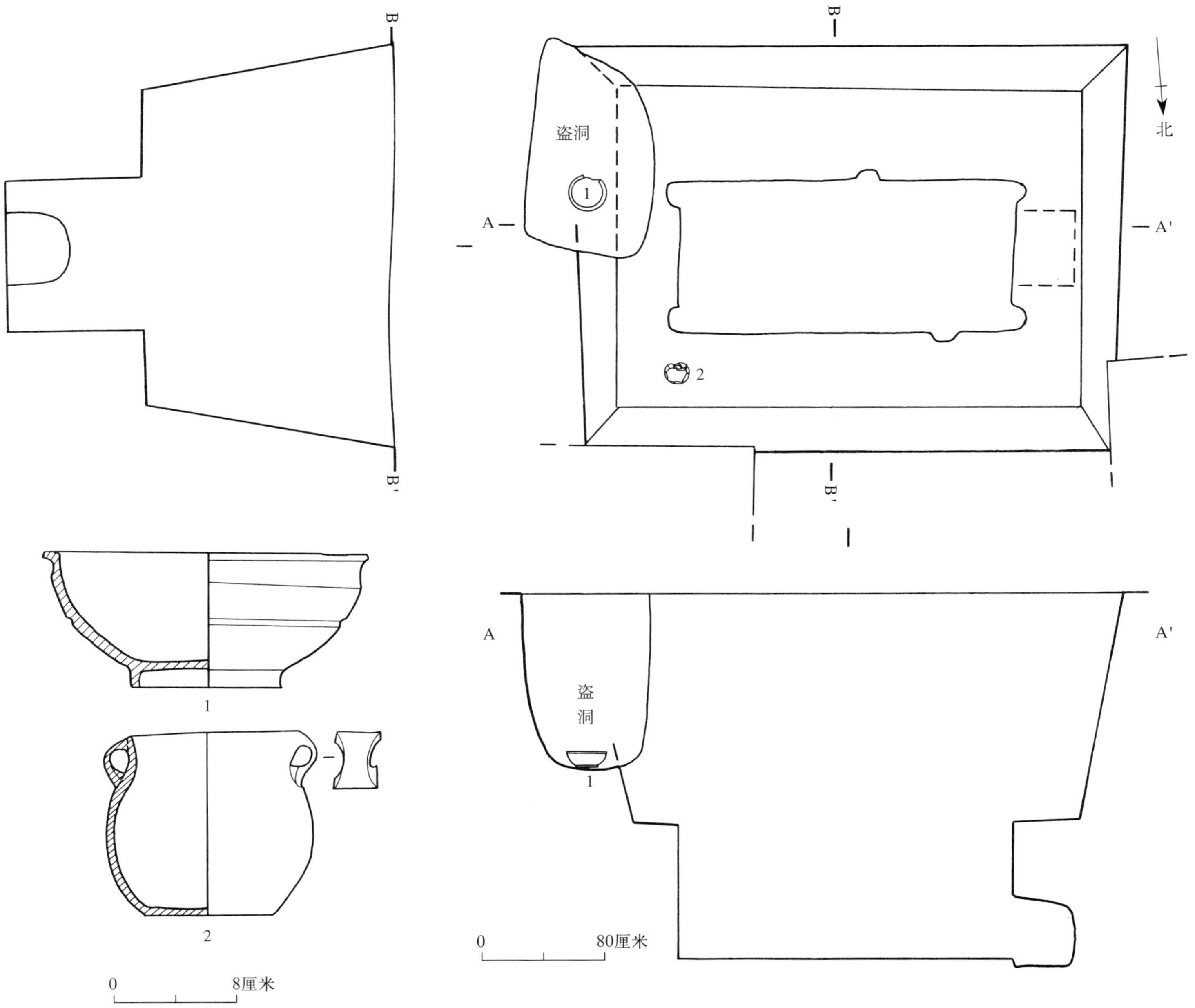

图五二六　M343平、剖面图及出土陶器
1.盆　2.双耳罐

竖穴土坑墓，平面呈梯形，方向95°，口大底小，有生土二层台。上口长3.40～3.52、宽2.65～2.70米；二层台面至墓口深1.52米，东侧台面宽0.40、西侧台面宽0.44、南侧台面宽0.60、北侧台面宽0.50米；底长2.16、宽1.00米；深2.50米。二层台上墓壁斜直内收，收分明显，二层台以下墓壁平直，平底，无工具加工痕迹。二层台下墓坑四周有六个垫木槽，分别位于墓坑四角及南北两侧壁面的西部，宽0.16～0.18、进深0.08米。壁龛位于墓坑底部西端壁面中部，底低于墓底0.05米，弧形顶。长0.50、进深0.40、高0.45米。墓内填松散的黄褐色五花土，内含红烧土点、木炭屑及陶片等。

葬具不详。

葬式不详。

盗洞1个，位于墓葬的东南角，自墓顶通至墓中部。平面呈不规则形，长1.30、宽0.80米。

墓葬内出土陶盆1、陶罐1件（图五二六；彩版一七五，3）。

（二）出土遗物

陶器

2件。

双耳罐　1件。

M343：2，夹砂灰陶。敞口，圆唇，斜领，圆腹，最大径位于腹中部，平底，口部对称处附加两桥形器耳，上端接于口部，与沿面齐平，下端接于腹上端。器身素面。口径11.3、最大径14.0、底径8.7、高13.0厘米（图五二六，2）。

盆　1件。

M343：1，泥质灰陶。敞口，窄平沿，圆唇，敛颈，弧腹，平底，矮圈足。腹中部饰道凹弦纹。口径22.0、底径10.1、圈足高1.1、通高9.5厘米（图五二六，1）。

三一〇　M344

（一）墓葬形制

该墓位于墓群B区南部。开口于②层下，开口距地表0～3.40米。

竖穴土坑墓，平面呈长方形，方向115°，口大底小，有生土二层台。长2.60、宽1.80米；二层台面至开口深2.10米，南侧台面宽0.20、北侧台面宽0.10米，东西两侧无二层台；底长2.40、宽1.20米；深2.70米。二层台上墓壁斜直内收，收分明显，二层台下墓壁平直，整个壁面光滑，平底，无工具加工痕迹。墓内填松散的黄褐色五花土，含植物根系、木炭屑及少量陶片。

葬具不详。

葬式不详。

盗洞1个，位于墓葬东端，自墓顶直通墓底。平面呈长方形，长1.20、宽0.94米。

墓葬内出土陶罐1、陶盂1件（图五二七）。

（二）出土遗物

陶器

2件。

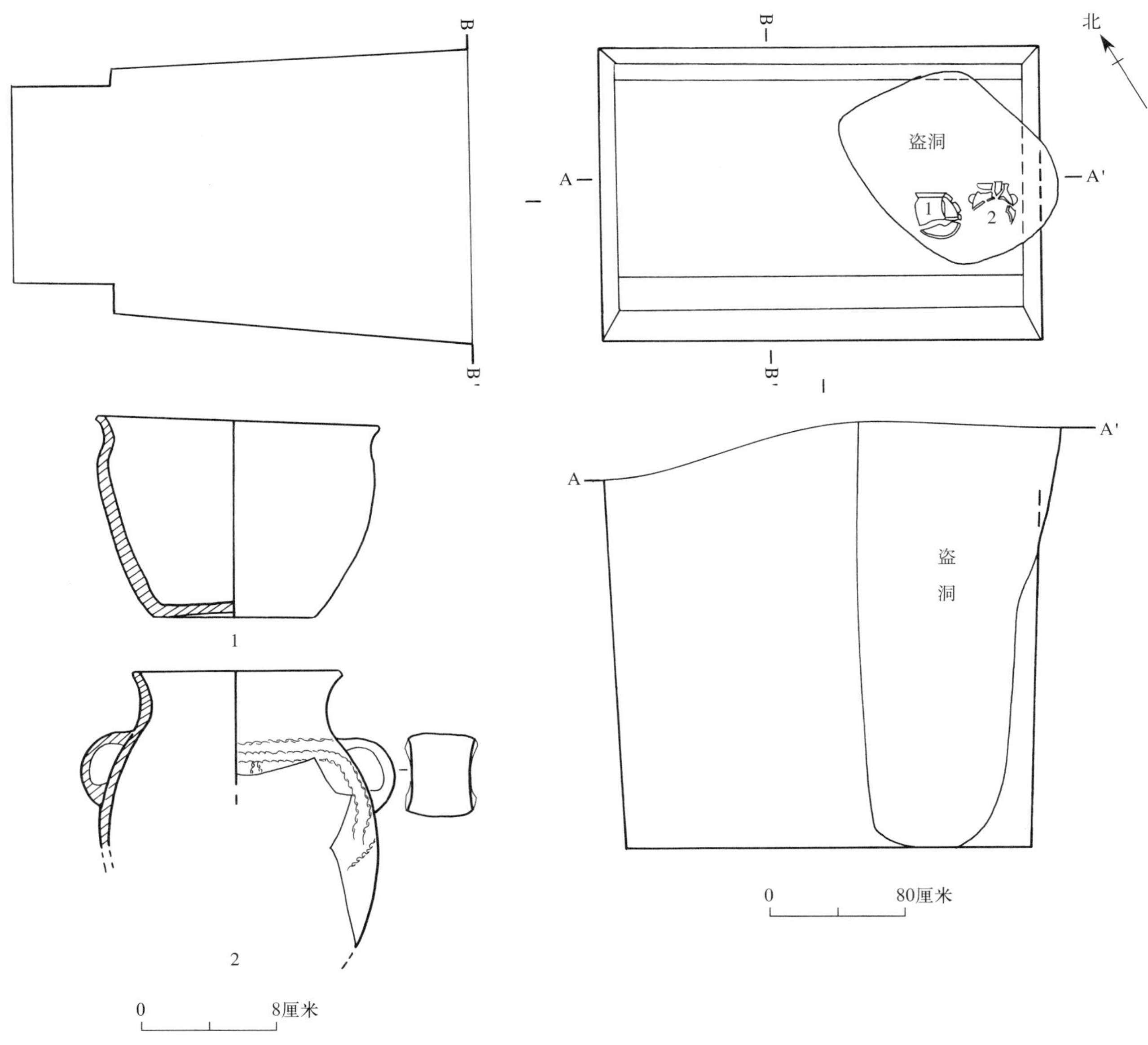

图五二七　M344平、剖面图及出土陶器

1.盂　2.双耳罐

双耳罐　1件。

M344∶2，残，夹砂灰陶。侈口，外斜沿，圆唇，领略高，深弧腹，底缺失，腹上端对称处附加两宽带形器耳，上端接于领下端，下端接于腹上端，相接处贴以泥片加以固定。腹上部附加数道蛇纹，器身刮抹痕迹明显。口径13.0、残高17.8厘米（图五二七，2）。

盂　1件。

M344∶1，泥质灰陶。敞口，外斜沿，圆唇，深弧腹，底内凹。素面，器身有刮抹痕迹。口径17.6、底径10.0、高13.0厘米（图五二七，1；彩版一七六，1）。

三一一　M345

（一）墓葬形制

该墓位于墓群 B 区南部。开口于②层下，开口距地表深 1.20 ～ 2.00 米，西端底部被 M358 的墓室打破。

竖穴土坑墓，平面呈长方形，方向 115°，口大底小，有生土二层台。上口长 3.70、宽 2.50 米；二层台面至墓口深 2.50 米，西侧宽 0.20、南、北侧台面宽 0.10 米，东侧无二层台；底长 2.90、宽 1.50 米；深 3.70 米。二层台上壁面斜直内收，收分明显，二层台以下壁面平直，其中二层台下西端壁面略坍塌，平底，无工具加工痕迹。墓内填较松散的黄褐色五花土，内含植物根系、红烧土点、木炭屑等。

葬具不详。

葬式不详。

墓葬内出土陶壶 1、陶锜 1、陶罐 4、铜饰件 1、钱币 1、玻璃珠 1 件（组）（图五二八）。

（二）出土遗物

1. 陶器

6 件。

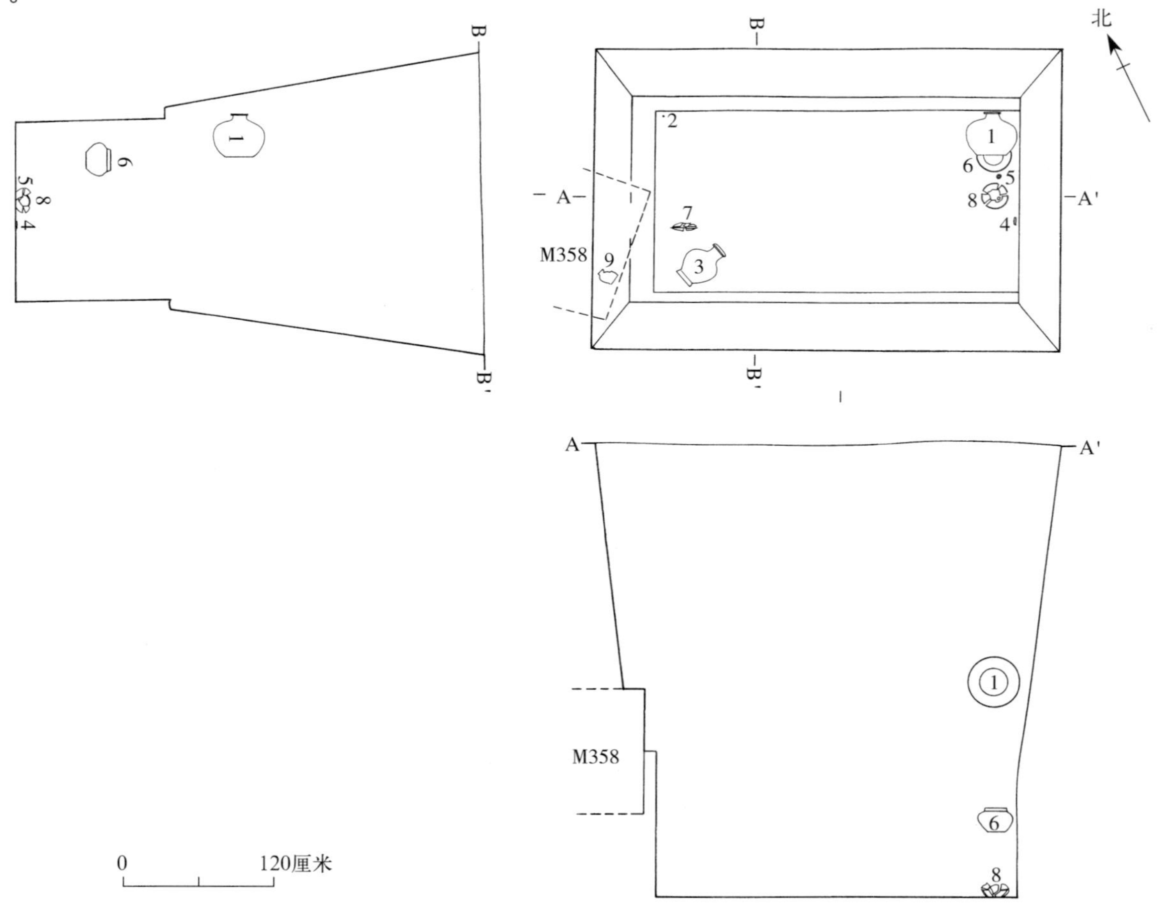

图五二八　M345 平、剖面图

1.小口陶罐　2.玻璃串珠　3.圈足陶壶　4.铜饰件　5.半两钱　6.大口陶罐　7.陶锜　8、9.扁腹陶罐

圈足壶　1件。

M345∶3，泥质灰陶，施彩绘。覆钵形子母口器盖，器身呈喇叭口，方唇，斜高领，圆腹，最大径位于腹中部，平底，高圈足。领上端、领下端、腹中部以红彩绘三道弦纹，领部二道弦纹之间区域以红彩绘三角形，腹上部二道弦纹之间区域以红彩绘云纹。口径13.0、最大径26.5、底径15.5、圈足高3.4、器盖高3.8、通高35厘米（图五二九，1；彩版一七六，2）。

锜　1件。

M345∶7，泥质灰陶。器身似一釜，直口，方唇，矮领，圆腹，圜底。腹中部有一隔棱，最大径位于隔棱处，腹上端对称处附加两兽形铺首衔环。素面。口径7.9、最大径21、隔棱宽1.3、通高10.4厘米（图五二九，2；彩版一七六，3）。

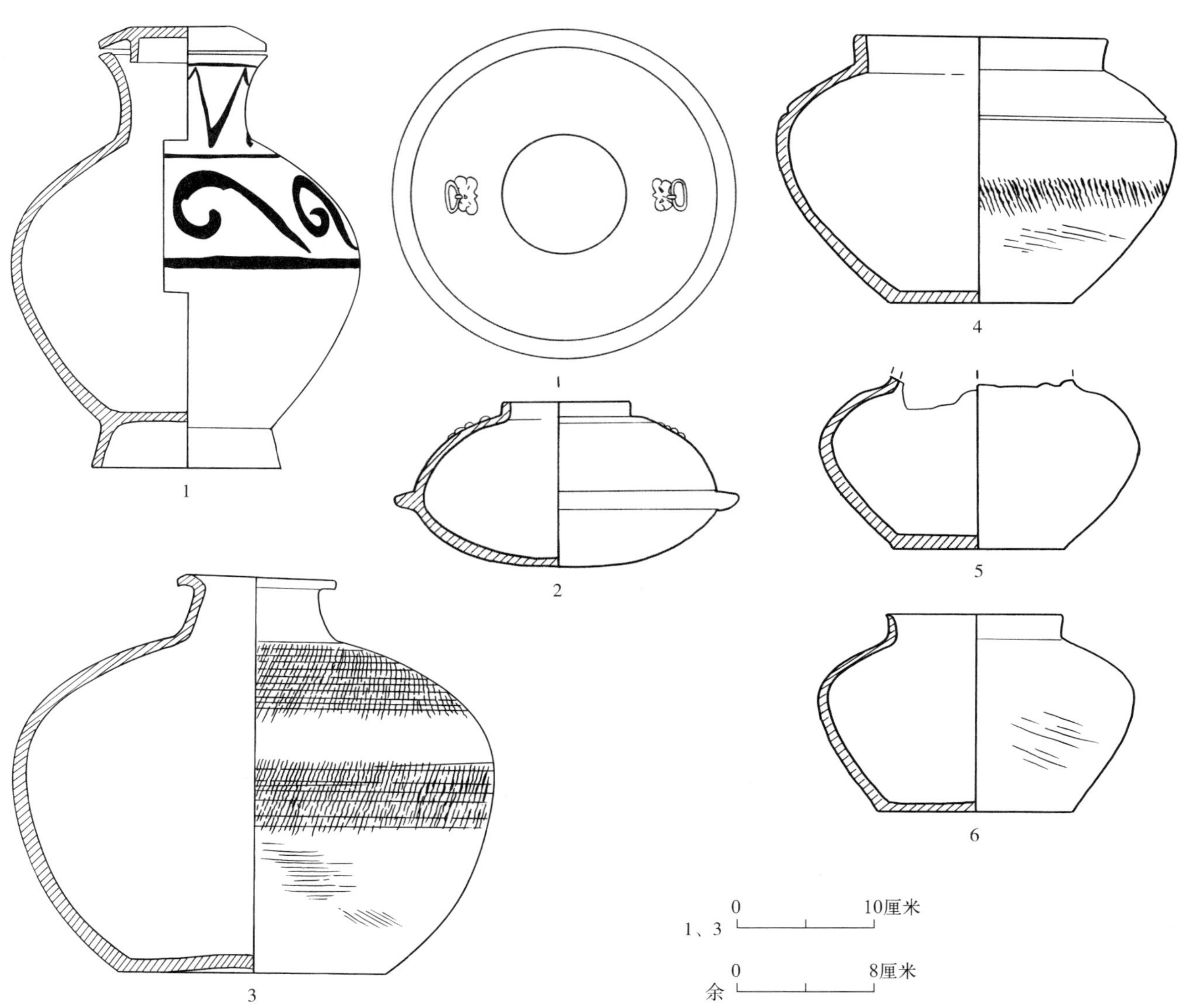

图五二九　M345出土陶器

1.圈足壶M345∶3　2.陶锜M345∶7　3.小口罐M345∶1　4.大口罐M345∶6　5、6.扁腹罐M345∶8、9

小口罐 1 件。

M345：1，泥质灰陶。喇叭口，外斜沿，沿面隆起，方唇，领略高，广肩，深弧腹，最大径位于腹上端，底微内凹。肩、腹上部先饰竖绳纹，再于绳纹之上饰数道凹弦纹，底部有一方印，腹下端刮抹痕迹明显。口径 12.2、最大径 36.3、底径 20.4、高 31.2 厘米（图五二九，3）。

大口罐 1 件。

M345：6，泥质灰陶。直口，方唇，唇缘有凹槽，矮直领，广肩，弧腹，最大径位于腹上端，平底。腹中部饰斜向绳纹，领部有轮制痕迹，腹部刮抹痕迹明显。口径 15.3、最大径 24.4、底径 10.8、高 17.1 厘米（图五二九，4）。

扁腹罐 2 件。

M345：8，口部缺失，泥质灰陶。广肩，弧腹，最大径位于腹上端，平底。素面，腹部有刮抹痕迹。最大径 19.5、底径 10.4、高 10.8 厘米（图五二九，5）。

M345：9，泥质灰陶。直口，圆唇，矮直领，广肩，弧腹，最大径位于腹上端，平底。素面，腹部刮抹痕迹明显。口径 11.0、最大径 19.2、底径 12.0、高 12.4 厘米（图五二九，6）。

2. 铜器

2 件。

半两钱 1 组。

M345：5，共 7 枚。圆形方穿，无郭。钱径 2.3 ～ 2.4、穿宽 0.7 ～ 0.8 厘米，重 0.8 ～ 2.2 克（图五三〇，1；彩版一七六，4）。

饰件 1 件。

M345：4，锈残。柱状管，一端收缩。素面。直径 10.7 ～ 1.4、高 6.3 厘米（图五三〇，2；彩版一七六，5）。

3. 玻璃器

1 件。

串珠 1 件。

M345：2，蜻蜓眼。扁体圆柱形，中部有穿孔。器表饰由蓝色圆圈、白色乳点组成图案。直径 1.3、厚 1.2 厘米（图五三〇，3；彩版一七六，6）。

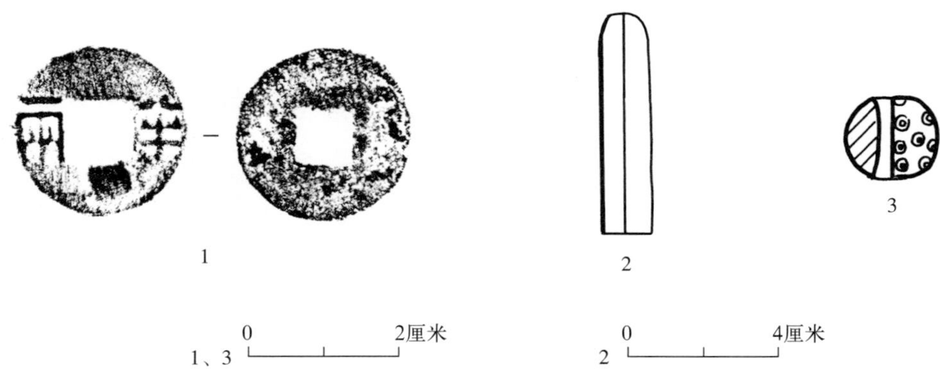

图五三〇 M345 出土铜器、玻璃器

1.半两钱M345：5 2.铜饰件M345：4 3.玻璃串珠M345：2

三一二　M347

（一）墓葬形制

该墓位于墓群B区南部。开口于②层下，开口距地表1.20～2.00米，被M345打破。

竖穴土坑墓，平面呈长方形，方向115°，口大底小，有生土二层台。上口长3.80、残宽1.80米；二层台面至墓口深2.10米，南侧台面宽0.10米，东西北三侧无二层台；底长3.20、宽1.70米；深3.60米。二层台以上壁面斜直内收，收分明显，二层台以下壁面平直，周壁光滑，底略平，无工具加工痕迹。墓内填松散的黄褐色五花土，包含少量料礓石颗粒、石块等。

葬具为一棺，东西向摆放，残存板灰痕迹。长2.02、宽1.18米，高度及棺板厚度不明。

葬式不详（图五三一）。

（二）出土遗物

无出土器物。

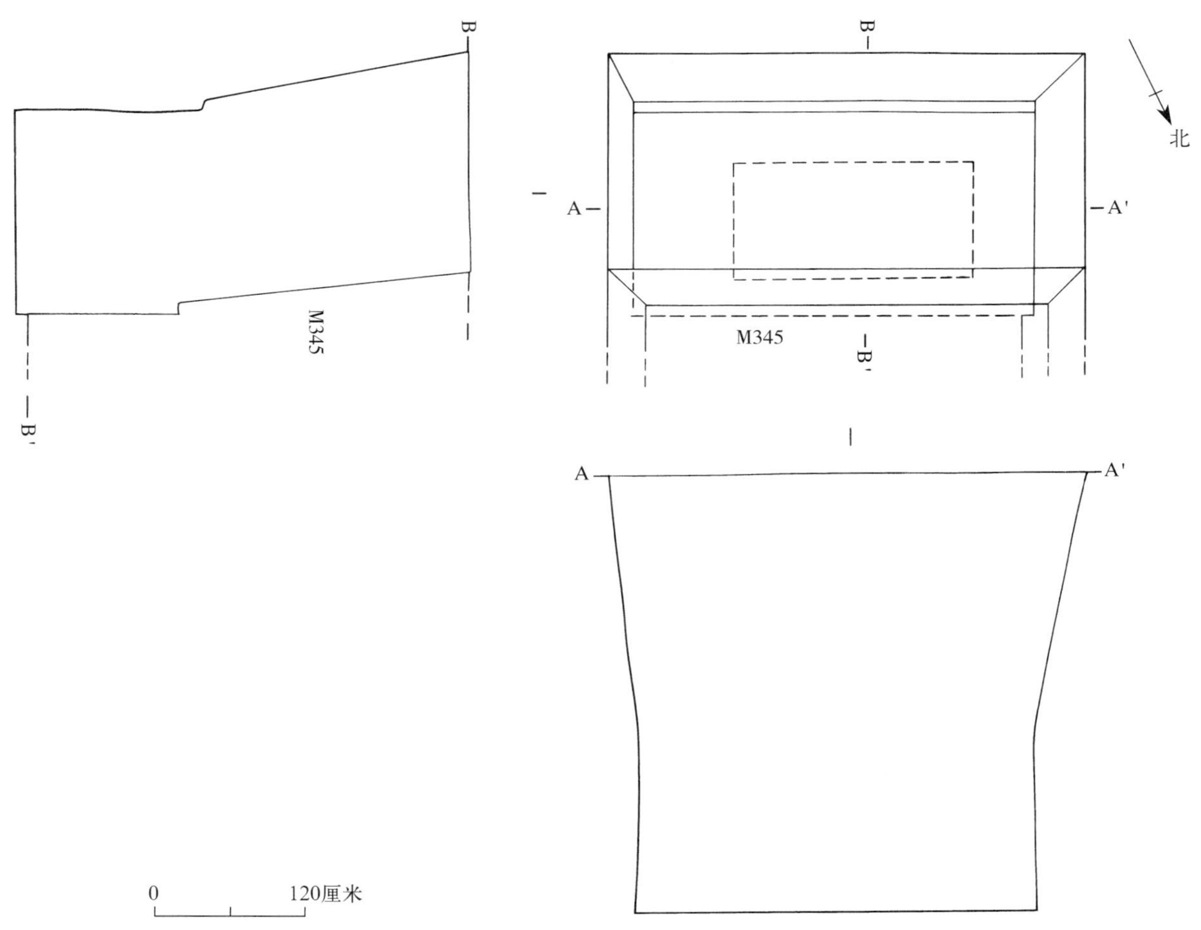

图五三一　M347平、剖面图

三一三 M348

（一）墓葬形制

该墓位于墓群B区南部。开口于②层下，开口距地表1.00米，西端被M347打破。

竖穴土坑墓，平面呈长方形，方向105°，口大底小。上口残长2.80、宽2.00米；底长2.50、宽1.40米；深3.50米。直壁，平底，制作规整，无工具加工痕迹。墓内填松散的黄褐色五花土，含植物根系、木炭屑、料礓石颗粒、红烧土点等。

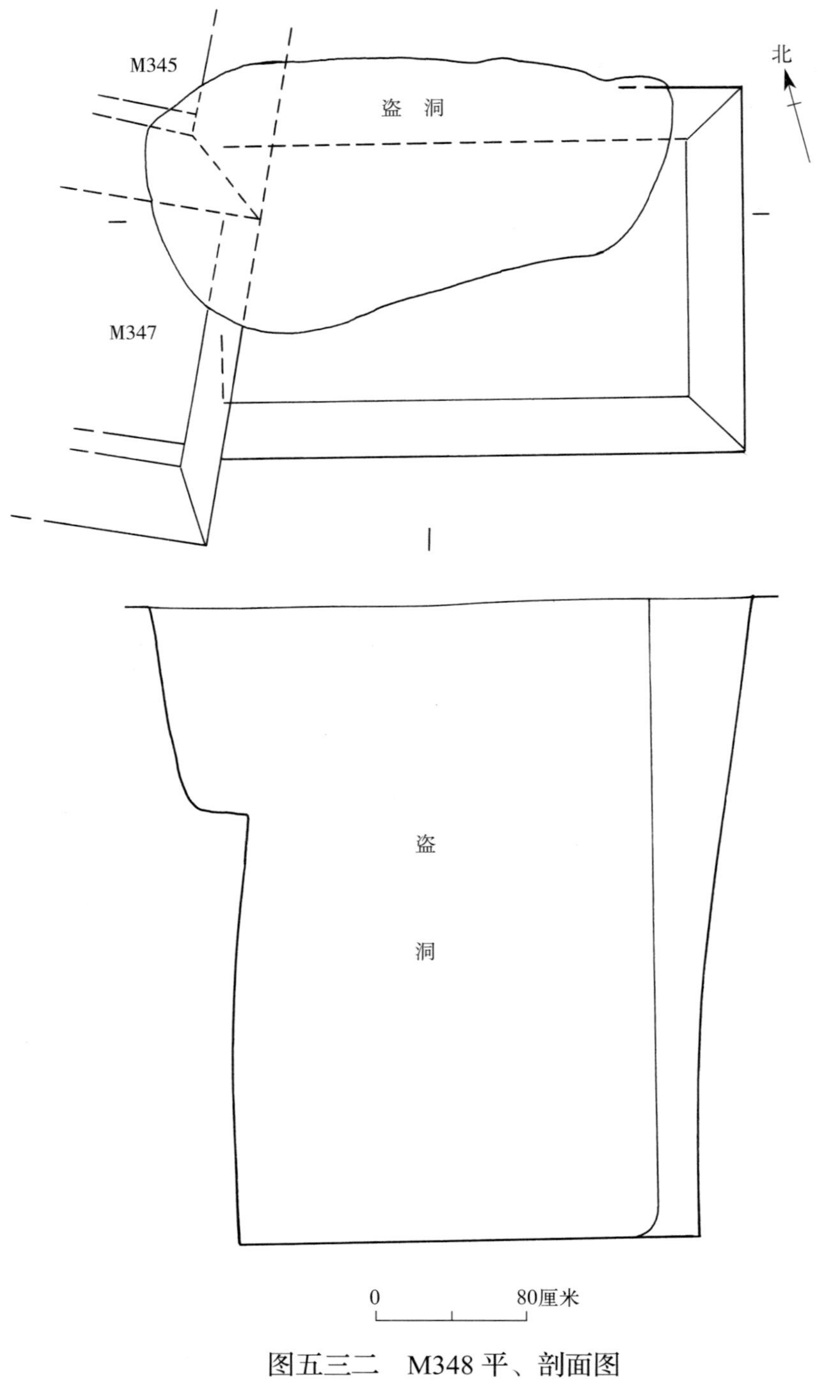

图五三二 M348平、剖面图

葬具不详。

葬式不详。

盗洞 1 个，位于墓葬的北端，自墓顶直通墓底。平面呈椭圆形，长 1.40 ～ 2.80 米（图五三二）。

（二）出土遗物

无出土器物。

三一四　M351

（一）墓葬形制

该墓位于墓群 C 区北部。开口于②层下，开口距地表 0.56 ～ 0.74 米，被 M317 打破。

阶梯墓道土坑墓，平面呈“凸”字形，方向 175°，总长 5.90 米。由墓道、墓室二部分组成。墓道位于墓室的南端，南高北低呈阶梯状。上口长 2.80、宽 0.52 ～ 1.10、残深 0.30 ～ 1.40 米。周壁平直。墓室为土坑式，平面呈长方形，口大底小。上口残长 3.10、宽 1.40 米；底长 2.90、宽 1.40 米；

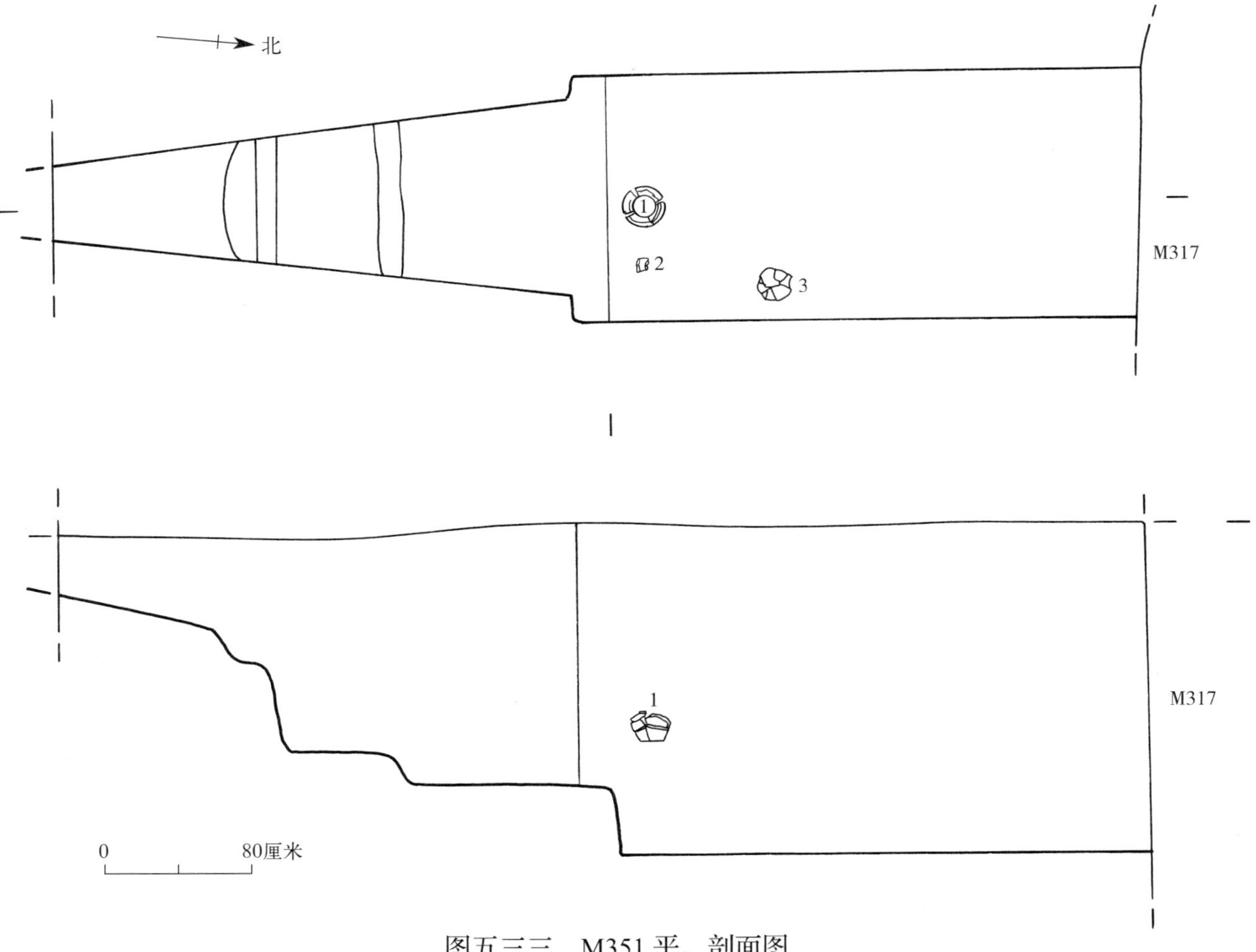

图五三三　M351 平、剖面图

1、2.大口陶罐　3.陶壶

深 1.80 米。周壁平直，平底，低于墓道底 0.40 米，修建规整，无工具加工痕迹。墓内填松散的黄褐色五花土，含大量植物根系、木炭屑、红烧土点等。

葬具不详。

葬式不详。

被盗扰。

墓室内出土陶壶 1、陶罐 2 件（图五三三）。

（二）出土遗物

陶器

3 件。

壶　1 件。

M351：3，口部缺失，泥质灰陶。细领，溜肩，深弧腹，最大径位于腹上端，平底。素面，领部轮制痕迹明显，器身有刮抹痕迹。最大径 19.6、底径 9.0、残高 20.3 厘米（图五三四，1）。

大口罐　2 件。

M351：1，泥质灰陶。直口，窄平沿，尖唇，矮领，广肩，深弧腹，最大径位于腹上端，平底。腹中部饰数道凹弦纹，之下饰斜向右下的竖绳纹，器身有刮抹痕迹。口径 12.4、最大径 21.8、底径 12.7、高 17.4 厘米（图五三四，2）。

M351：2，泥质灰陶。直口，圆唇，矮直领，广肩，弧腹，最大径位于腹上端，平底。素面，器身有刮抹痕迹。口径 10.8、最大径 20.4、底径 14.8、高 10.8 厘米（图五三四，3）。

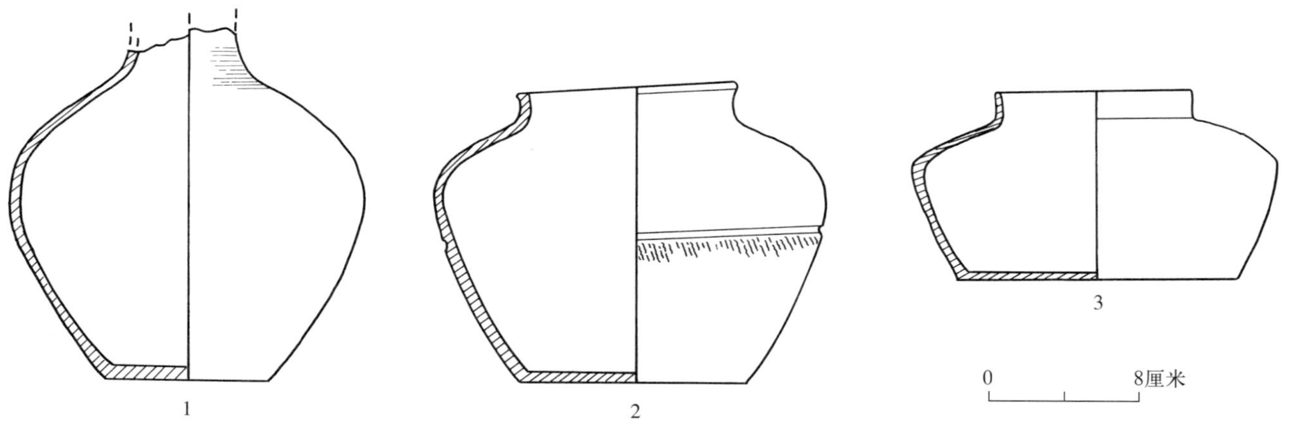

图五三四　M351 出土陶器

1.壶M351：3　2、3.大口罐M351：1、2

三一五　M352

（一）墓葬形制

该墓位于墓群 B 区南部。开口于①层下，开口距地表 1.50 ～ 2.00 米。

竖穴土坑墓，平面呈长方形，方向 175°，口底同大。长 1.90、宽 1.00、残深 0.20 ～ 0.60 米。直壁，平底，无工具加工痕迹。墓内填略硬的黄褐色五花土，含木炭屑、料礓石颗料等。

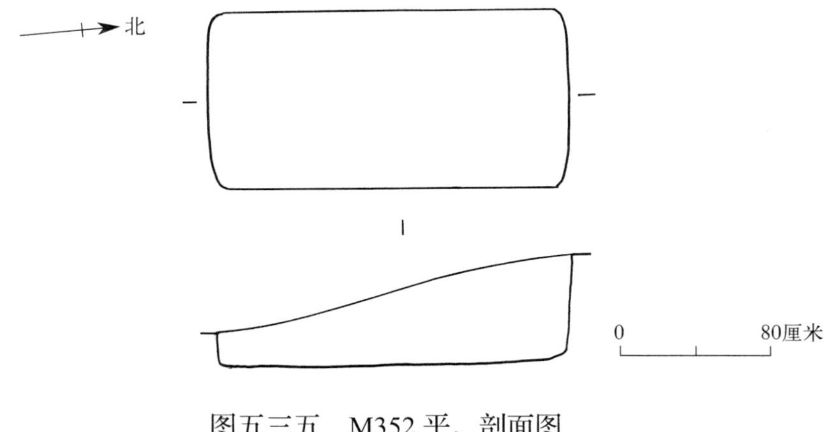

图五三五　M352平、剖面图

葬具不详。

葬式不详（图五三五）。

（二）出土遗物

无出土器物。

三一六　M353

（一）墓葬形制

该墓位于墓群C区北部。开口于②层下，开口距地表1.10～2.80米。

斜坡墓道砖室墓，平面呈“凸”字形，总长11.00米，方向189°。由墓道、甬道、墓室三部分组成。墓道位于墓室的南端，南高北低呈坡状，平面呈梯形，口大底小。上口长7.40、宽1.20～1.86米；底宽1.12～1.36米；深0～3.00米。东西两纵壁斜直内收至底，收分明显。甬道为土洞式，平顶。宽1.00、进深0.20、高1.04米。周壁以青砖砌筑而成。墓室为土坑式，口大底小，上口长3.40、宽3.06米；自墓口深至1.26米之下于方坑内用青砖砌筑墓室，平面呈长方形，拱形顶，长3.04、宽1.98、高1.84米；深3.10米。周壁、顶部、底均以青砖砌筑而成，甬道、墓室底部均铺一层青砖，高于墓道底部0.06米。墓道内填松散的黄褐色五花土，含红烧土点、木炭屑等，墓室内偶有灰黄色淤土，土质较纯净。

葬具不详。

葬式不详。

盗洞2处，墓室顶部北端及封门的东部各有一个形状不规则的豁口。

墓葬内出土陶罐2件（图五三六）。

（二）出土遗物

陶器

2件。

小口罐　1件。

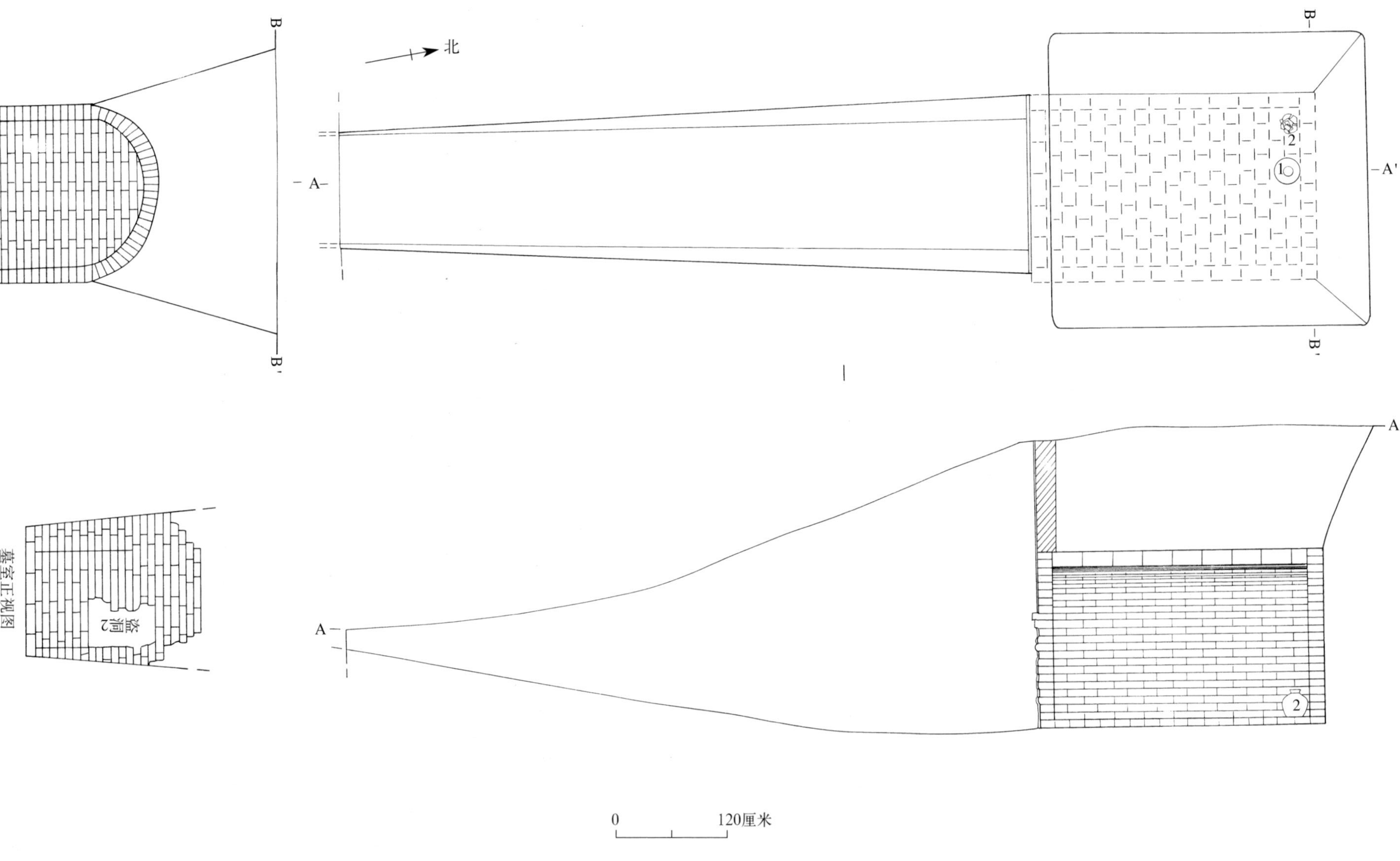

图五三六　M353 平、剖面图

1.异形陶罐　2.小口陶罐

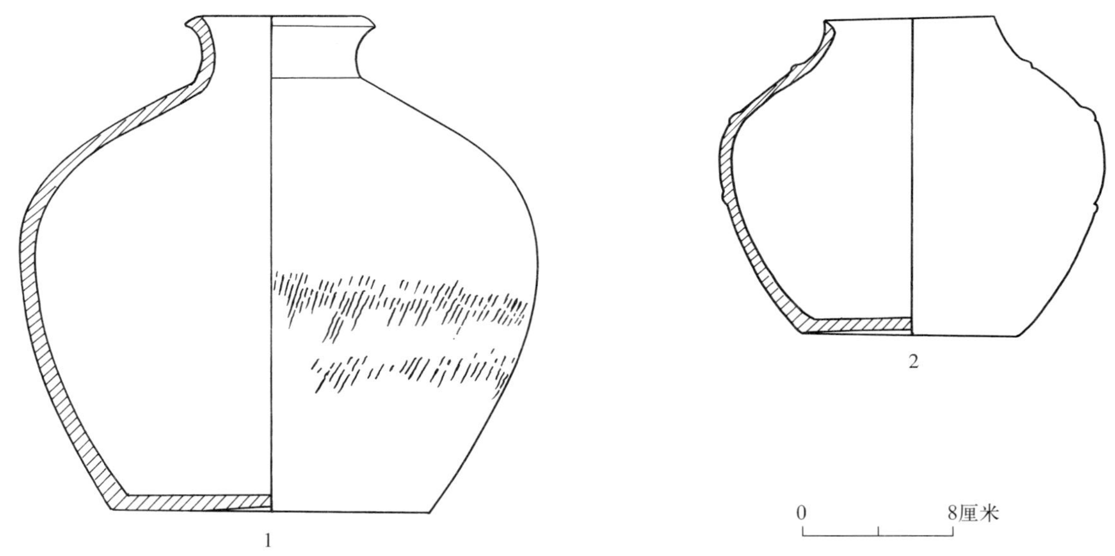

图五三七　M353出土陶器

1.小口罐M353：2　2.异形罐M353：1

M353：2，泥质灰陶。侈口，沿外撇，尖唇，高领，溜肩，深弧腹，最大径位于腹上端，底微内凹。腹中部饰时断时续的竖绳纹，器身有刮抹痕迹。口径10.0、最大径28.6、底径16.8、高27.2厘米（图五三七，1）。

异形罐　1件。

M353：1，泥质灰陶。口微敛，圆唇，矮领，溜肩，弧腹，最大径位于腹上端，底微内凹。肩、腹部饰三道凸弦纹。口径9.6、最大径21.5、底径11.6、高18.4厘米（图五三七，2）。

三一七　M354

（一）墓葬形制

该墓位于墓群C区北部。开口于②层下，开口距地表1.40～2.25米。

竖穴土坑墓，平面呈长方形，方向95°，口大底小，有生土二层台。长4.00、宽3.10米；二层台面至墓口处深3.00米，东侧台面宽0.50、南侧台面宽0.60、北侧台面宽0.90米，西侧无二层台；底长2.90、宽1.10米；深4.00米。二层台以上壁面斜直内收，二层台以下直壁，北侧、西端壁面被破坏，平底，无工具加工痕迹。墓内填松散的褐色五花土，含红烧土点、木炭屑等。

葬具不详。

葬式不详（图五三八）。

（二）出土遗物

无出土器物。

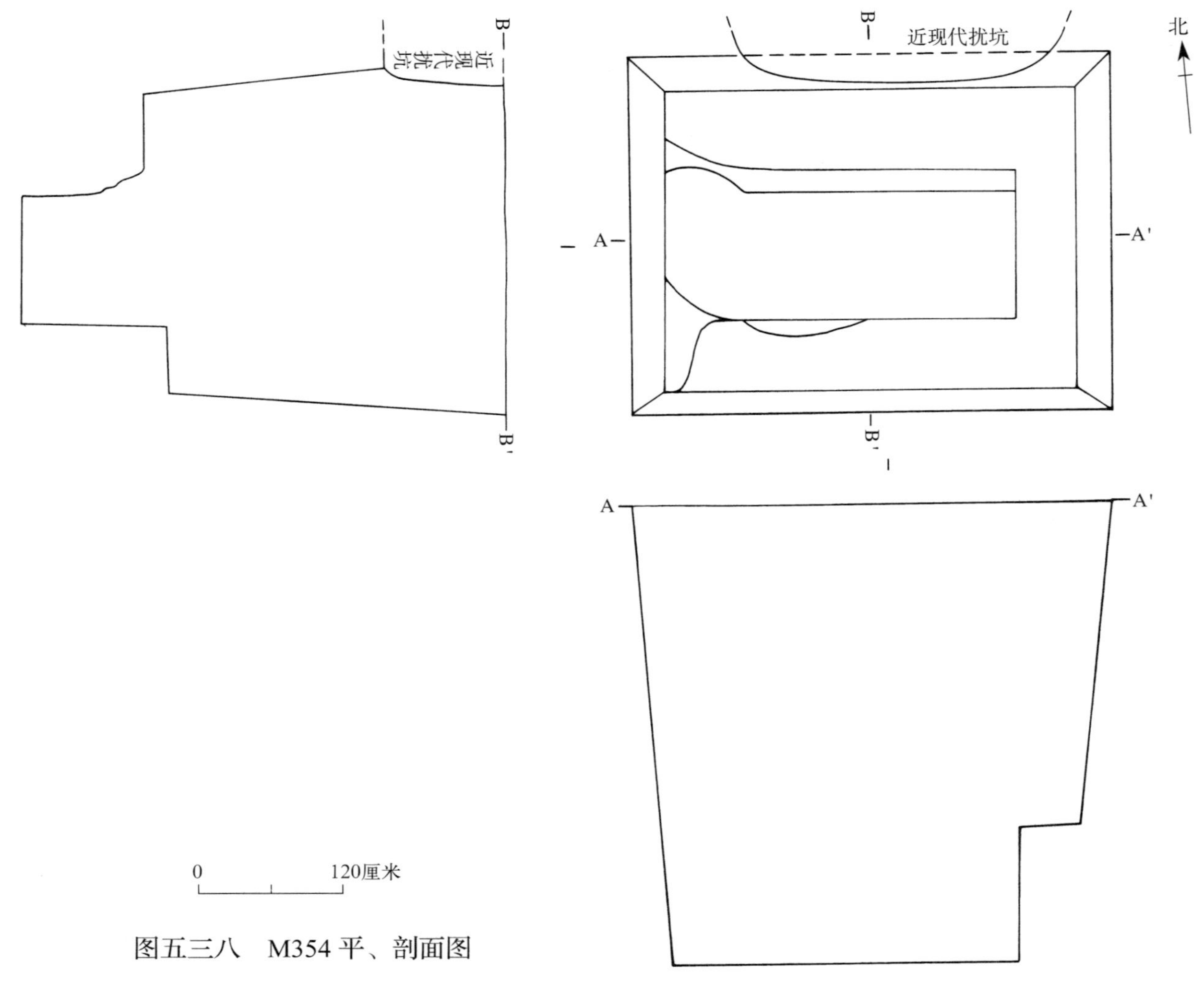

图五三八　M354 平、剖面图

三一八　M355

（一）墓葬形制

该墓位于墓群 C 区北部。开口于②层下，开口距地表 1.00 米，西北角被 M373 打破，北侧被一现代扰坑打破。

竖穴土坑墓，平面呈长方形，方向 90°，口大底小，有生土二层台。上口长 3.88、宽 2.80 米；二层台面至开口深 2.10 ～ 2.20 米，东、西、北侧台面宽 0.50、南侧台面宽 0.60 米；底长 2.40、宽 1.20 米；深 3.30 ～ 3.40 米。二层台以上壁面斜直内收，收分明显，二层台以下壁面平直，周壁光滑，平底，无工具加工痕迹。墓内填较松散的褐色五花土，含红烧土点、木炭屑等。

葬具为一棺一椁，东西向摆放。棺长 1.80、宽 0.56 米、高度及棺板厚度不明；椁残长 2.26、宽 0.80、高 0.20 米，椁板厚度不明。

葬式不详。

墓葬内出土陶罐 1、铁灯 1 件（图五三九）。

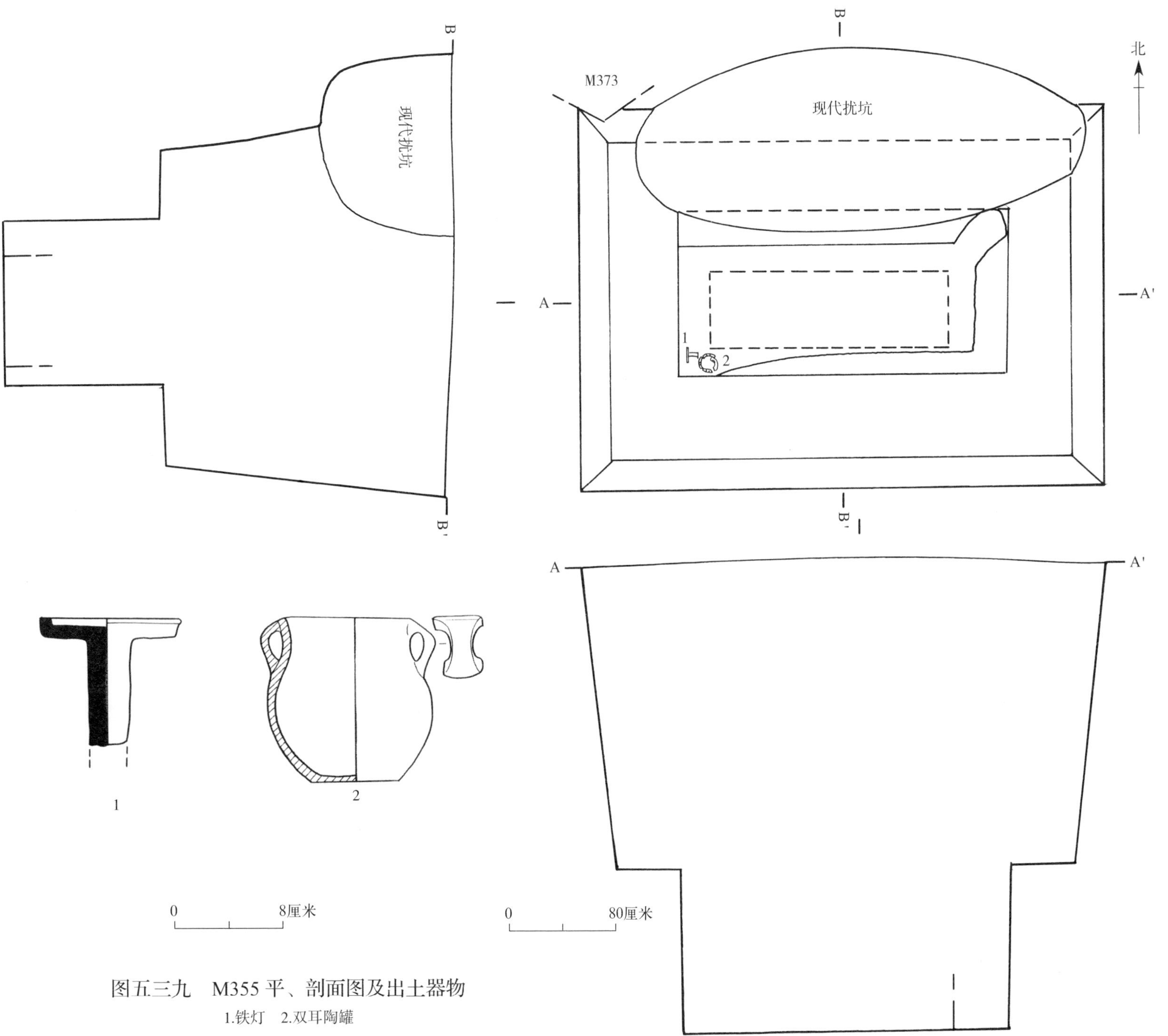

图五三九　M355平、剖面图及出土器物
1.铁灯　2.双耳陶罐

（二）出土遗物

1. 陶器

1 件。

双耳罐 1 件

M355：2，夹砂灰陶。侈口，圆唇，斜领，深弧腹，最大径位于腹中部，平底，口部对称处附加两桥形器耳，上端接于口部，与沿面齐平，下端接于腹上部。素面，器身有刮抹痕迹。口径 9.9、最大径 12.8、底径 6.4、高 12.4 厘米（图五三九，2）。

2. 铁器

1 件。

灯　1 件。

M355：1，锈残。直口，浅盘，平底，盘底正中接圆柱状实心柄，柄较高，中部较粗，底座残缺。口径 10.4、盘高 1.4、柄径 1.5 ～ 1.7、残高 9.3 厘米（图五三九，1）。

三一九　M356

（一）墓葬形制

该墓位于墓群 B 区南部。开口于②层下，开口距地表 0 ～ 2.00 米，墓道西端被断坎打破。

竖穴墓道土坑墓，平面呈“凸”字形，总长 4.50 米，方向 270°。由墓道、墓室二部分组成。

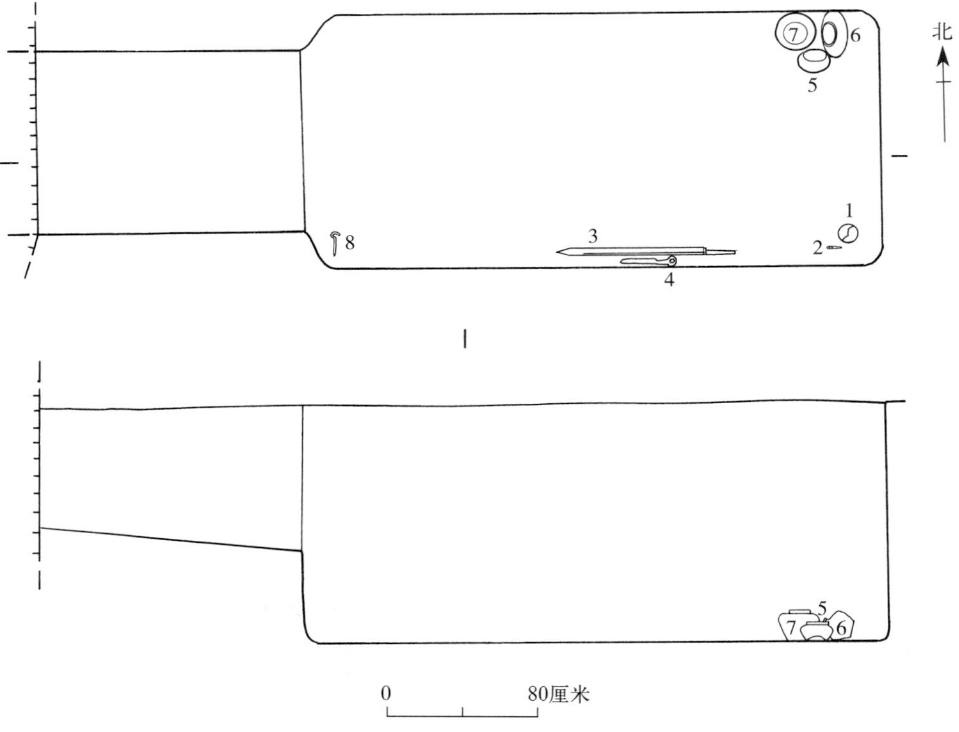

图五四〇　M356 平、剖面图

1.草叶纹铜镜　2.铜带钩　3.铁剑　4.铁刀　5.扁腹陶罐　6.小口陶罐　7.大口陶罐　8.铁锥

墓道位于墓室西端，平面呈长方形，口底同大。残长 1.40、宽 1.00、深 0.65 ～ 0.80 米。周壁平直，底西高东低略呈斜坡状，坡度 5°；墓室为土坑式，平面呈长方形，口底同大。长 3.04、宽 1.40、深 1.30 米。直壁，平底，无工具加工痕迹。墓内填松散的黄褐色五花土，含少量植物根系、红烧土等。

葬具不详。

葬式不详。

墓室内出土陶罐 3、铜镜 1、铜带钩 1、铁剑 1、铁刀 1、铁锥 1 件（图五四〇）。

（二）出土遗物

1. 陶器

3 件。

小口罐　1 件。

M356：6，泥质灰陶。侈口，外斜沿，圆唇，高领，溜肩，深弧腹，最大径位于肩腹交接处，底微内凹。肩部先饰竖绳纹后饰数道弦纹，将之分割成数段，腹中部饰竖绳纹，领部轮制痕迹明显，器身有刮抹痕迹。口径 12.2、最大径 35.0、底径 17.5、高 31.8 厘米（图五四一，1）。

大口罐　1 件。

M356：7，泥质灰陶。口微侈，方唇，矮领，领上端有凸棱，广肩，深弧腹，最大径位于腹上端，平底。器身先饰竖绳纹后抹掉，残留部分绳纹，器身有刮抹痕迹。口径 12.6、最大径 23.6、底径 12.8、高 17.2 厘米（图五四一，2）。

扁腹罐　1 件。

M356：5，泥质灰陶。直口，方唇外撇，矮领较直，广肩，弧腹，最大径位于肩腹交接处，平底。腹中部饰一周竖绳纹，器身有刮抹痕迹。口径 11.9、最大径 18.0、底径 10.5、高 10.4 厘米（图五四一，3）。

2. 铜器

2 件。

草叶纹镜　1 面。

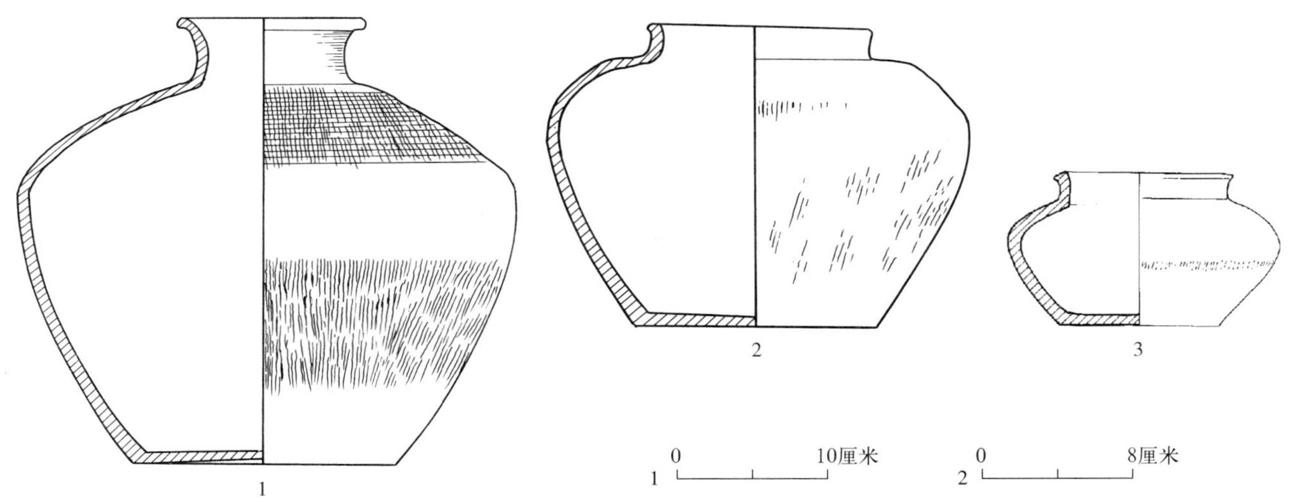

图五四一　M356 出土陶器

1.小口罐M356：6　2.大口罐M356：7　3.扁腹罐M356：5

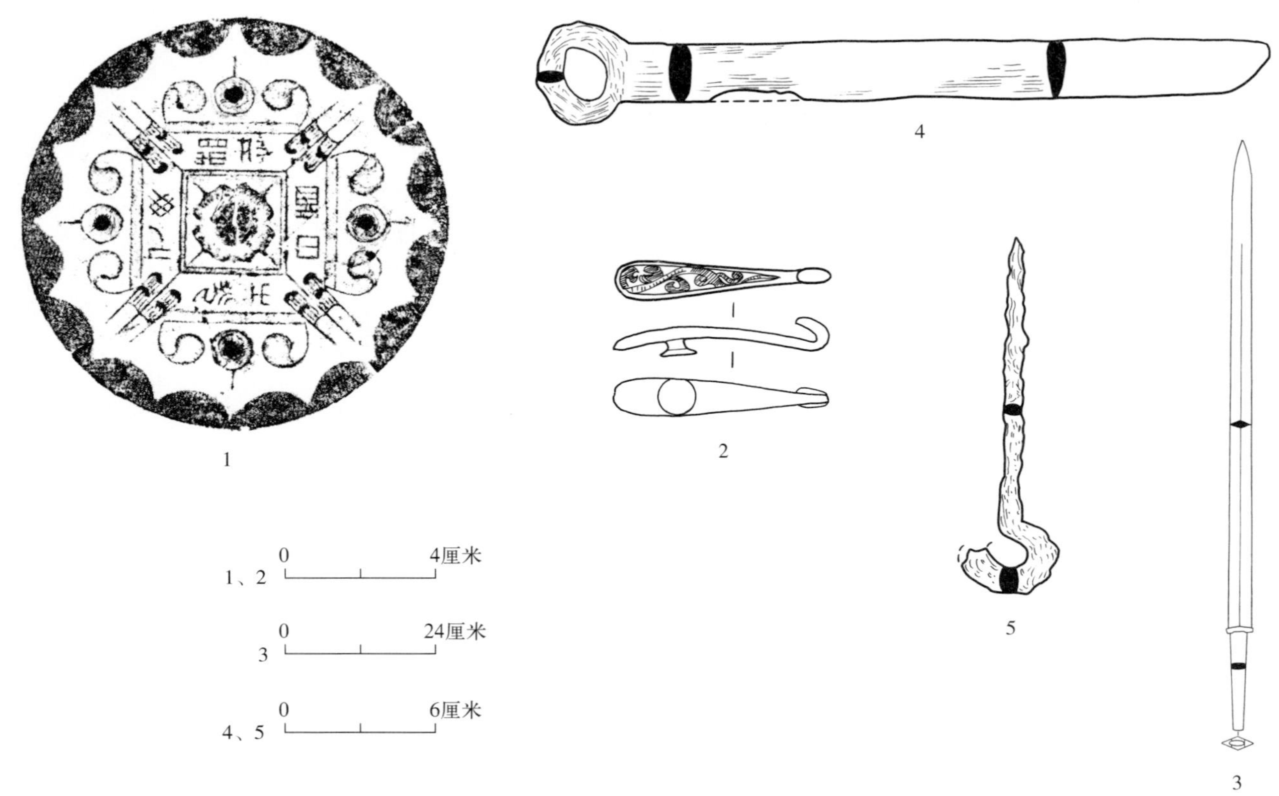

图五四二　M356 出土铜器、铁器

1.草叶纹铜镜M356：1　2.铜带钩M356：2　3.铁剑M356：3　4.铁刀M356：4　5.铁锥M356：8

M356：1，锈残。圆形，镜面平直，圆形纽，四叶方形纽座。座外两重凹面双线方格，外方格内每边两字，外中部各有一带圈乳丁，四角各向外延伸出一双叠草叶纹，两侧各有一花瓣，铭文为“见日之光、长毋相忘”，十六内向连弧外缘。直径 11.4 厘米（图五四二，1；彩版一七七，1）。

带钩　1 件。

M356：2，锈蚀。琵琶形，体肥硕。器表饰卷云纹，圆形纽位于体下部。长 5.8、纽径 1.0 厘米（图五四二，2）。

3. 铁器

3 件。

剑　1 件。

M356：3，锈蚀。剑首缺失，剑茎截面呈长方形，铜剑格，剑身中部起脊，断面呈菱形，末端收杀成锋。素面。长 98.0 厘米（图五四二，3）。

刀　1 件。

M356：4，锈残。环首与刃一次性铸成。椭圆形环首，截面呈圆角长方形，削身微弧，刃部较宽，截面呈三角形。长 29.6、宽 2.2 ～ 2.4、厚 0.8、环首径 3.5 ～ 4.3 厘米（图五四二，4）。

锥　1 件。

M356：8，锈残。椭圆形环首部分残缺，柱状锥身修长，末端尖锐。长 14.8、环首径 3.0 ～ 4.0 厘米（图五四二，5）。

三二〇　M357

（一）墓葬形制

该墓位于墓群 B 区南部。开口于②层下，开口距地表 0 ～ 2.00 米，被 M356 打破。

竖穴土坑墓，平面呈长方形，方向 15°，口大底小。上口长 2.60、宽 1.60 米；底长 2.40、宽 1.40 米；深 3.20 米。斜壁内收，收分明显，平底，无工具加工痕迹。墓内填松散的黄褐色五花土，含少量植物根系。

葬具不详。

葬式不详。

墓葬内出土陶罐 2、陶盂 1、铜带钩 1 件（图五四三）。

（二）出土遗物

1. 陶器

3 件。

小口素面小罐　1 件。

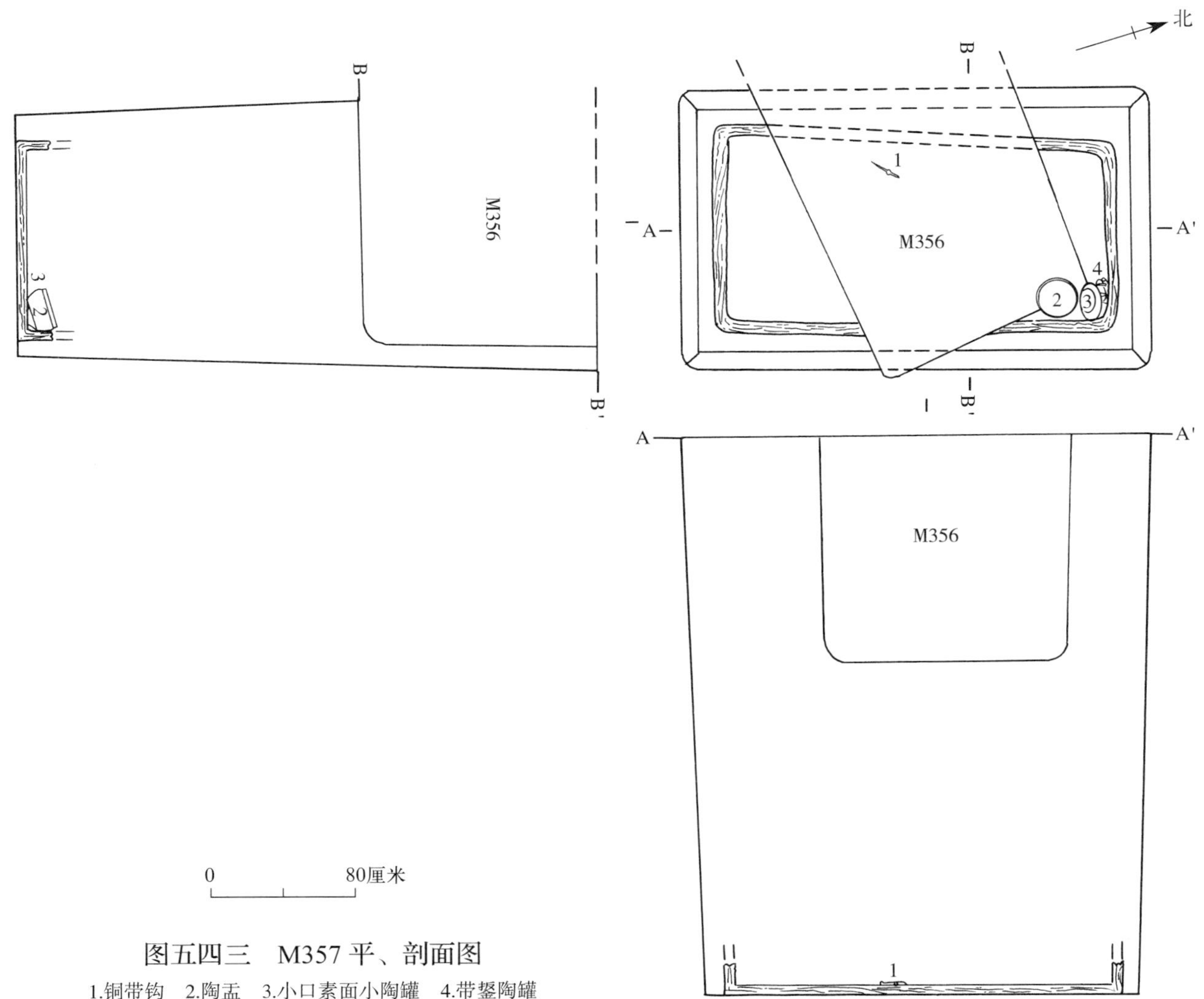

图五四三　M357 平、剖面图

1.铜带钩　2.陶盂　3.小口素面小陶罐　4.带鋬陶罐

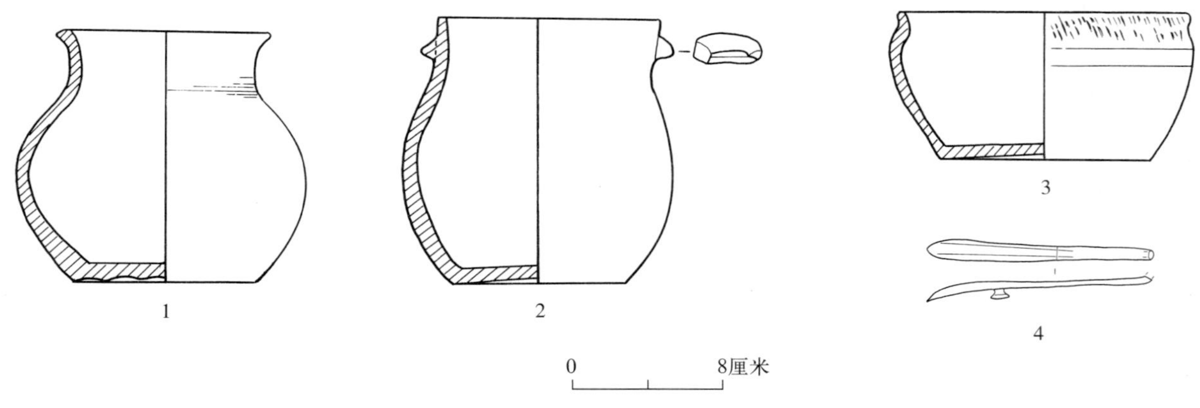

图五四四　M357出土器物

1.小口素面小陶罐M357∶3　2.带鋬陶罐M357∶4　3.陶盂M357∶2　4.铜带钩M357∶1

M357∶3，泥质灰陶。直口，圆唇，斜高领，圆腹，最大径位于腹中部，底凹凸不平。素面，器身有刮抹痕迹。口径12.0、最大径16.2、底径10.3、高14.4厘米（图五四四，1；彩版一七七，2）。

带鋬罐　1件。

M357∶4，夹砂灰陶。直口，圆唇，直领较高，深弧腹，最大径位于腹中部，底内凹，领上部对称处附加两鋬手。器身素面。口径12.2、最大径13.1、底径9.2、高15.4厘米（图五四四，2）。

盂　1件

M357∶2，泥质灰陶。敞口，竖沿，圆唇，上腹圆鼓，下腹斜直内收，最大径位于腹上部，底内凹。口部先饰绳纹后抹掉，残留部分绳纹纹理，器身有刮抹痕迹。口径16.1、最大径17.0、底11.8、高8.4厘米（图五四四，3；彩版一七七，3）。

2. 铜器

1件。

带钩　1件。

M357∶1，钩首残。琵琶形，通体修长、扁平，圆形纽位于体下部。钩体表饰二道凸弦纹。残长12.6、纽径1.1厘米（图五四四，4）。

三二一　M359

（一）墓葬形制

该墓位于墓群B区南部。开口于②层下，开口距地表2.00米，西南部被M350打破。

竖穴土坑墓，平面呈长方形，方向120°，口大底小。上口长2.70、宽1.84米；底长2.50、宽1.36米；深2.60米。壁面斜直内收，收分明显，平底，建造规整，无工具加工痕迹。墓内填较硬的黄褐色五花土，含红烧土点、木炭屑等。

葬具为一椁，东西向放置，残存板灰，结构不明。残长1.80～1.90、宽1.06米、高度及椁板厚度不明。

葬式不详，墓主为仰身，面向上，四肢残缺。

墓葬内出土陶罐1、铜带钩1、铜削1、铜泡钉1件（图五四五）。

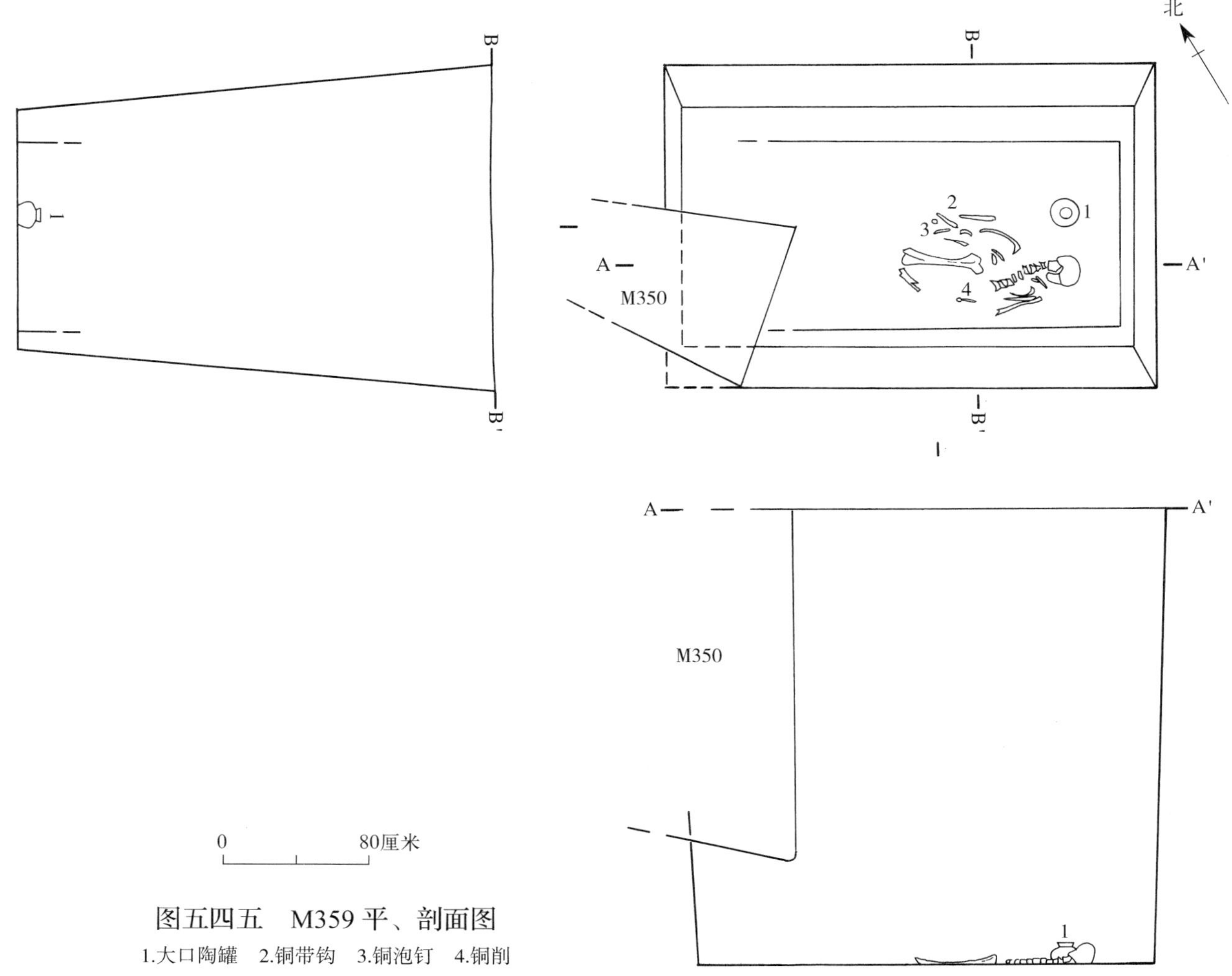

图五四五　M359 平、剖面图
1.大口陶罐　2.铜带钩　3.铜泡钉　4.铜削

（二）出土遗物

1. 陶器

1 件。

大口罐　1 件。

M359：1，泥质灰陶。直口，圆唇，矮领较直，溜肩，弧腹，最大径位于肩腹交接处，底内凹。素面，通体磨光。口径 9.1、最大径 17.4、底径 10.8、高 14.2 厘米（图五四六，1）。

2. 铜器

3 件。

带钩　1 件。

M359：2，钩首残损。体修长纤细，钩体表面有两道凸棱，圆形纽位于体下部。长 12.0、纽径 0.8 厘米（图五四六，2）。

削　1 件。

M359：4，锈残。椭圆形环首，截面呈圆角长方形，体呈弧形，截面呈三角形。长 7.8、环首径 1.5 ～ 1.9 厘米（图五四六，3；彩版一七八，1）。

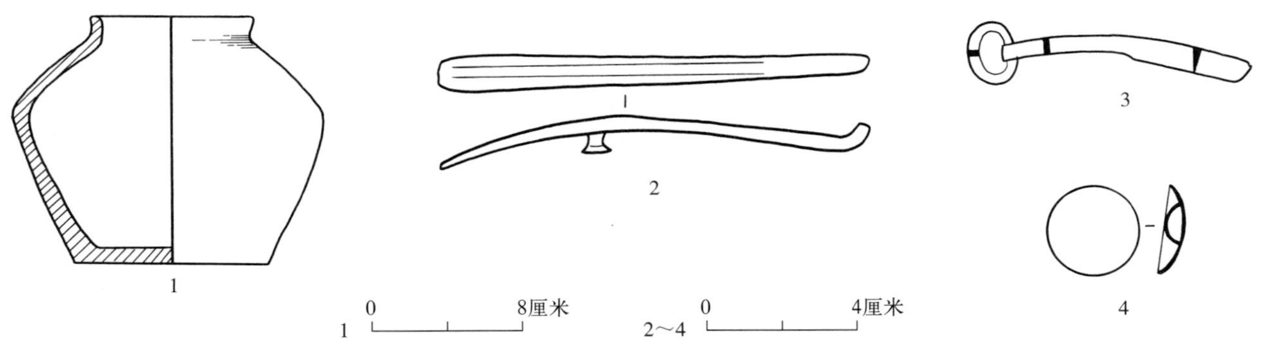

图五四六 M359出土器物

1.大口陶罐M359：1 2.铜带钩M359：2 3.铜削M359：4 4.铜泡钉M359：3

泡钉 1件。

M359：3，半球形，内壁中部有一圆形纽。素面。直径2.6、厚0.6厘米（图五四六，4）。

三二二 M361

（一）墓葬形制

该墓位于墓群B区南部。开口于②层下，开口距地表1.00～2.00米。

竖穴土坑墓，平面呈长方形，方向125°，口底同大。长2.60、宽1.50、深1.20米。直壁，平底，无工具加工痕迹。墓内填松散的黄褐色五花土，含大量植物根系，红烧土点、木炭屑等。

葬具不详。

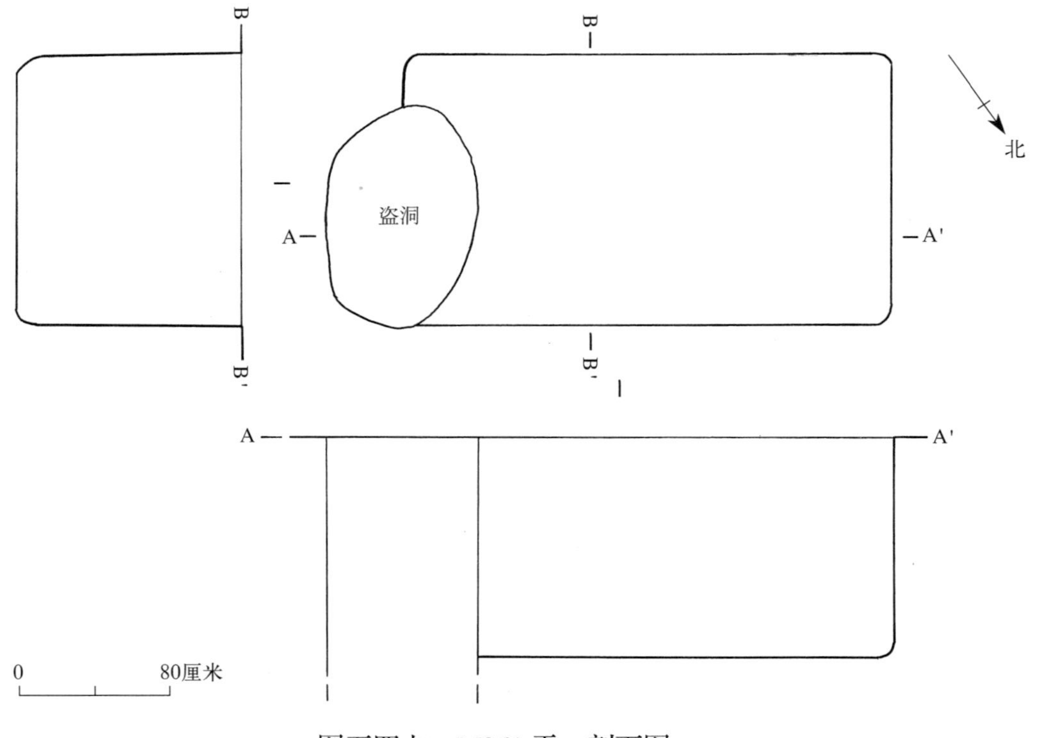

图五四七 M361平、剖面图

葬式不详。

盗洞 1 个，位于墓葬的南端，自墓顶直通墓底。平面呈椭圆形，长 0.80 ～ 1.20 米（图五四七）。

（二）出土遗物

无出土器物。

三二三　M363

（一）墓葬形制

该墓位于墓群 B 区南部。开口于②层下，开口距地表 1.50 ～ 1.60 米，西侧上部被断坎打破。

竖穴土坑墓，平面呈长方形，方向 36°，口大底小，有生土二层台。上口长 5.00、宽 3.40 米；二层台面至墓口处深 0 ～ 1.60 米，东侧台面宽 0.50、西、南侧台面宽 0.60、北侧台面宽 0.70 米；底长 3.30、宽 1.90 米；深 1.50 ～ 3.10。二层台以上壁面斜直内收，收分明显，二层台以下壁面平直，壁面光滑，平底，无工具加工痕迹。墓内填松散的褐色五花土，含红烧土点、木炭屑等。

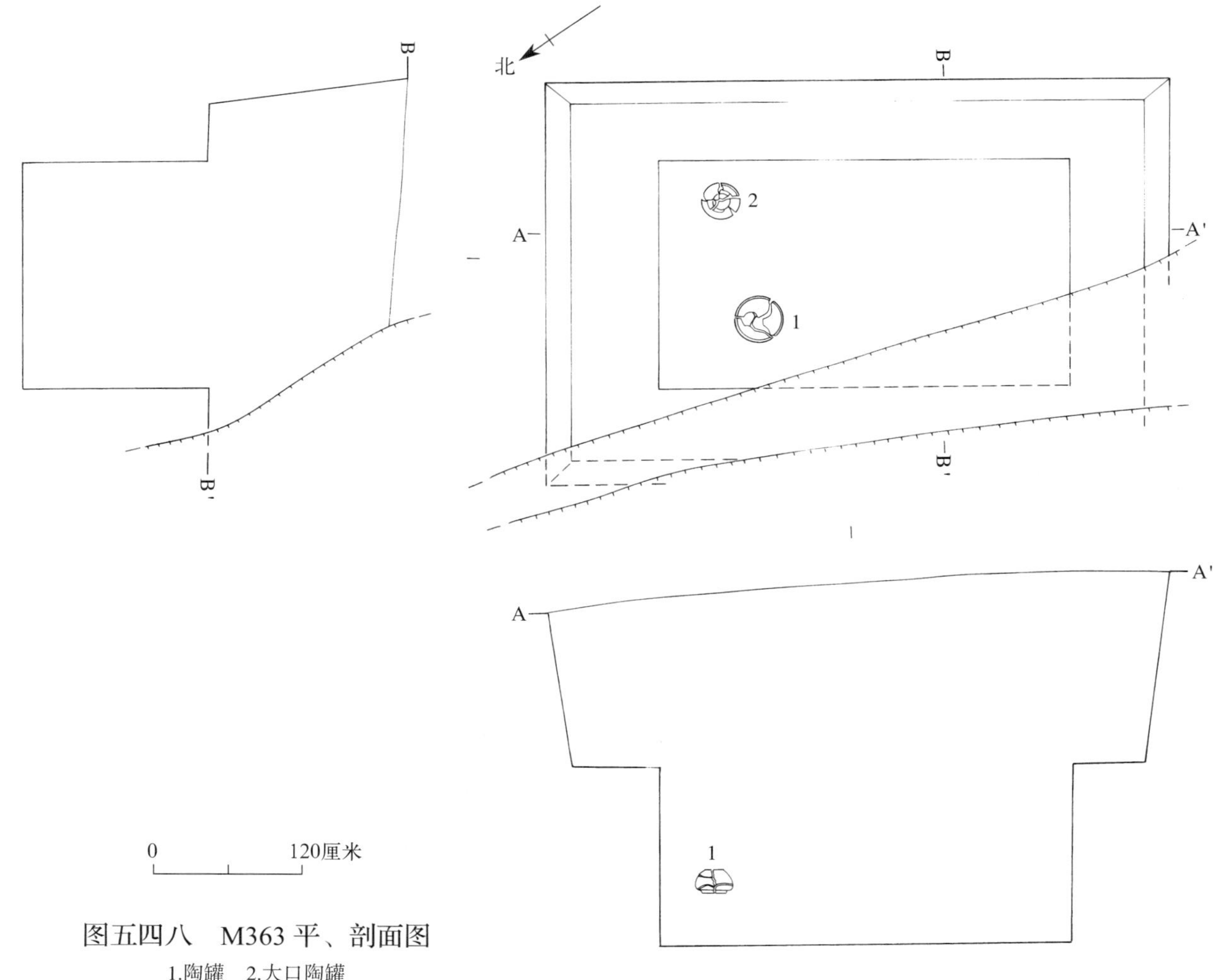

图五四八　M363 平、剖面图

1.陶罐　2.大口陶罐

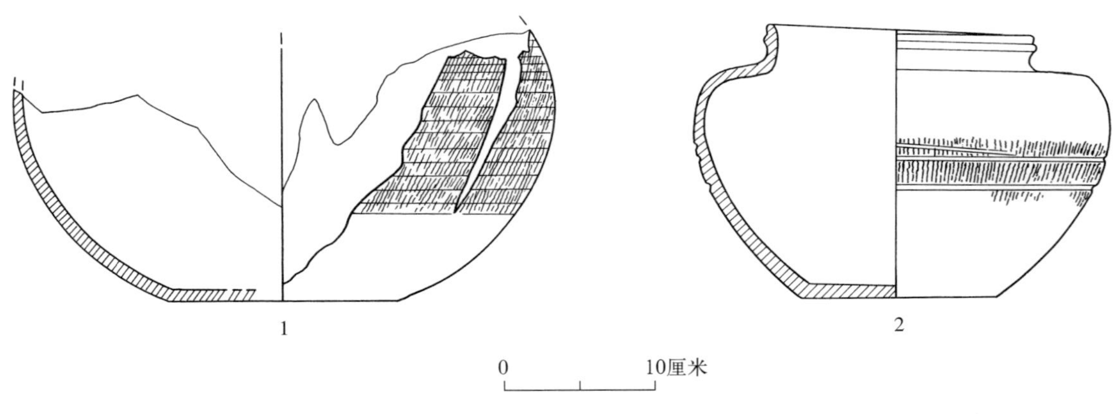

图五四九　M363出土陶器

1.罐M363：1　2.大口罐M363：2

葬具不详。

葬式不详。

墓葬内出土陶罐2件（图五四八）。

（二）出土遗物

陶器

2件。

大口罐　1件。

M363：2，泥质灰陶。直口，圆唇，矮领较直，领上部有凸棱，肩较平，深弧腹，最大径位于腹上端，平底。腹中部先饰竖绳纹，再于绳纹之上饰数道弦纹将之分割成数段，器身有刮抹痕迹。口径18.2、最大径27.5、底径13.2、高19.8厘米（图五四九，2）。

罐　1件。

M363：1，口、肩部缺失，泥质灰陶。弧腹，最大径位于腹中部，平底。腹中部先饰竖绳纹，再于绳纹之上饰数道弦纹将之分割成数段，底部有一方印，器身有刮抹痕迹。最大径35.5、底径15.2、残高22.2厘米（图五四九，1）。

三二四　M364

（一）墓葬形制

该墓位于墓群B区南部。开口于②层下，开口距地表1.50米，被M363打破。

竖穴土坑墓，平面呈长方形，方向36°，口大底小，有生土二层台。上口长4.20、残宽1.54米；二层台面至开口深2.20米，东侧台面宽0.34、北侧台面宽0.60米，西南两侧无二层台；底长3.30、宽1.70米；深4.00米。二层台以上壁面斜直内收，收分明显，二层台以下壁面平直，墓壁光滑，平底，无工具加工痕迹。墓内填松散的褐色五花土，包含红烧土点、木炭屑、料礓石颗粒等。

葬具不详。

葬式不详（图五五〇）。

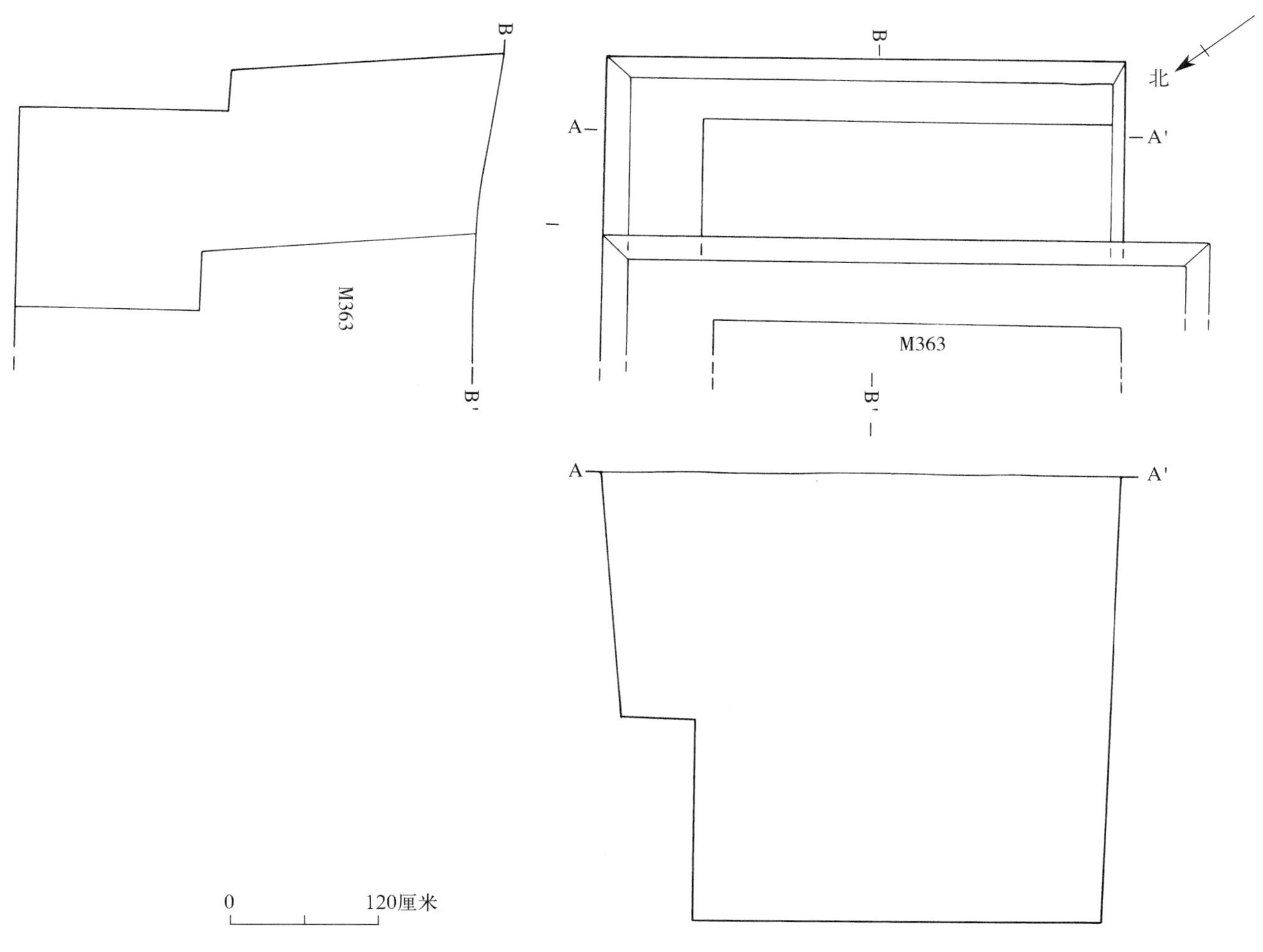

图五五〇　M364平、剖面图

（二）出土遗物

无出土器物。

三二五　M365

（一）墓葬形制

该墓位于墓群B区南部。开口于②层下，开口距地表1.00米，墓道被晚期地层打破。

斜坡墓道土坑墓，平面呈“凸”字形，总长4.00米，方向320°。由墓道、墓室两部分组成。墓道位于墓室西部，西高东低呈坡状，坡度12°，平面呈长方形，口底同大。残长1.20、宽1.00、残深0.78～1.00米。周壁平直。墓室为土坑式，平面呈长方形，口底同大。长2.80、宽1.65、残深1.50米，直壁，平底，底低于墓道东端底0.50米，修建规整，无工具加工痕迹。墓内填松散的褐色五花土，含红烧土点、木炭屑、植物根系等。

葬具不详。

葬式不详。

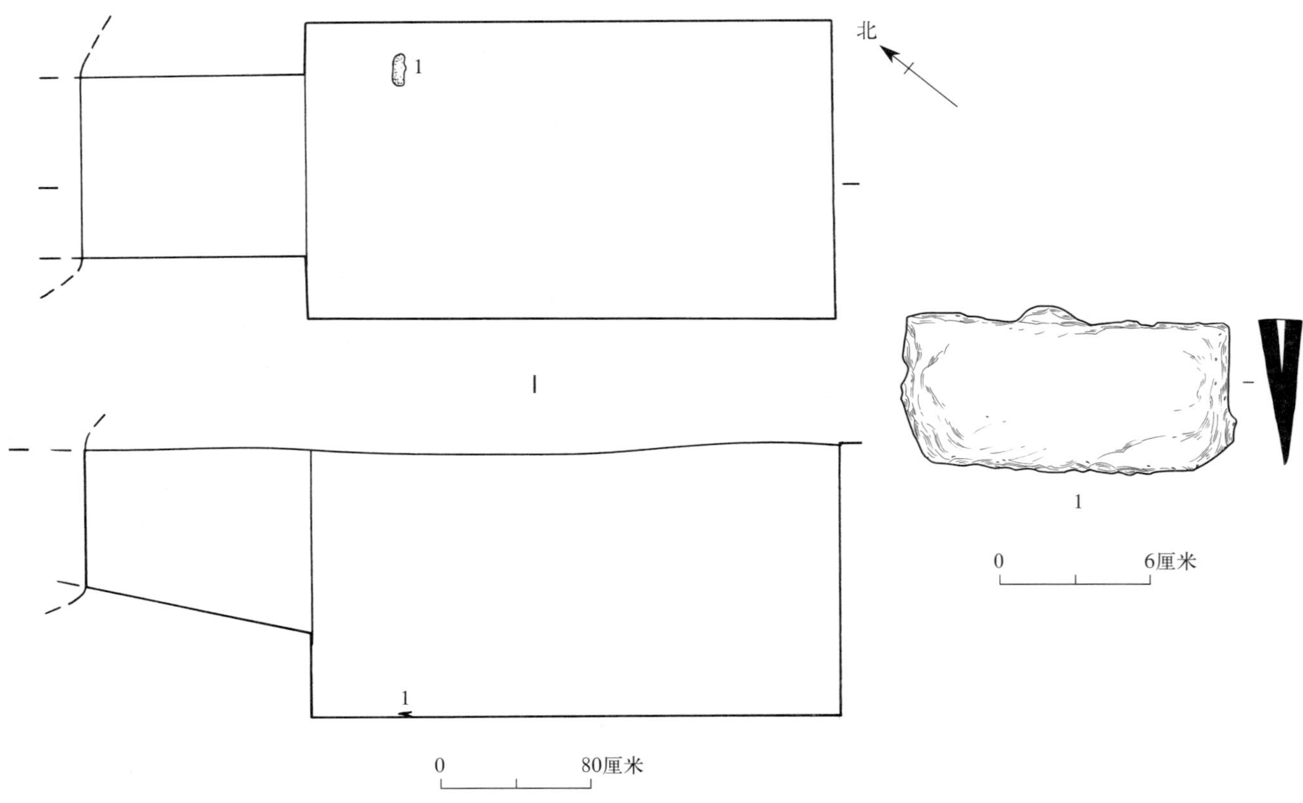

图五五一　M365平、剖面图及出土器物

1.铁錾

被盗扰。

墓葬内出土铁錾1件（图五五一）。

（二）出土遗物

铁器

1件。

錾　1件。

M365：1，锈蚀。平面呈圆角长方形，纵截面呈三角形，顶端、两侧棱规整，双面刃两端弧收，顶端有镶木柄銎。长13.9、宽7.3厘米（图五五一，1）。

三二六　M366

（一）墓葬形制

该墓位于墓群B区南部。开口于②层下，开口距地表0～1.60米。

竖穴土坑墓，平面呈长方形，方向90°，口大底小，有生土二层台。上口长3.50、宽2.70米；二层台面至墓口深1.40米，西侧台面宽0.30、南、北两侧台面宽0.20米，东侧无二层台；底长2.90、宽1.50米；深2.20米。壁面斜直内收，收分明显，平底，无工具加工痕迹。墓内填松散的褐色五花土，

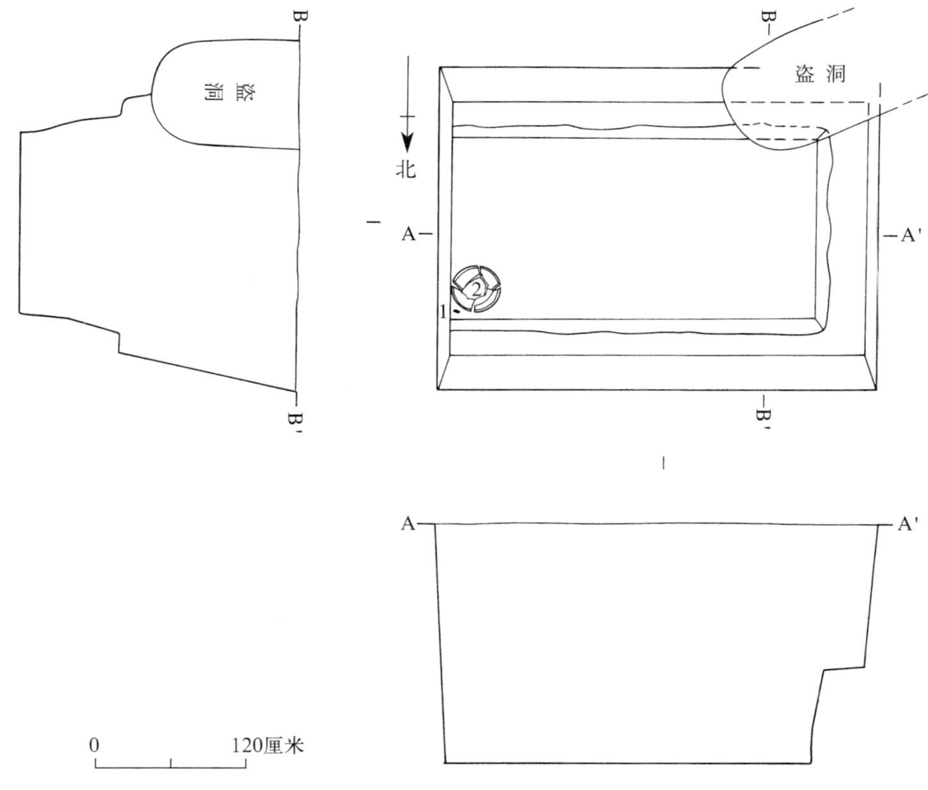

图五五二　M366 平、剖面图
1.骨质棋子　2.陶罐

偶有红烧土点、木炭屑等。

葬具不详。

葬式不详。

盗洞 1 个，位于墓葬的西南角，自墓顶直通墓底。平面呈长方形。

墓葬内出土陶罐 1、骨质棋子 1 件（组）（图五五二）。

（二）出土遗物

1. 陶器

1 件。

罐　1 件。

M366：2，口部缺失，泥质灰陶。深弧腹，最大径位于腹中部，平底。腹部先饰竖绳纹，再于绳纹之上饰数道弦纹，将之分割成数段，器底有一方印，器身有刮抹痕迹。最大径 36.2、底径 14.6、残高 19.3 厘米（图五五三，1）。

2. 骨器

1 组。

棋子　1 组。

M366：1，共 2 枚。形制相同，长方体，素面。M366：1-1，长 2.1、宽 1.3、厚 0.8 厘米（图五五三，2）。M366：1-2，长 2.2、宽 1.2、厚 0.6 厘米（图五五三，3）。

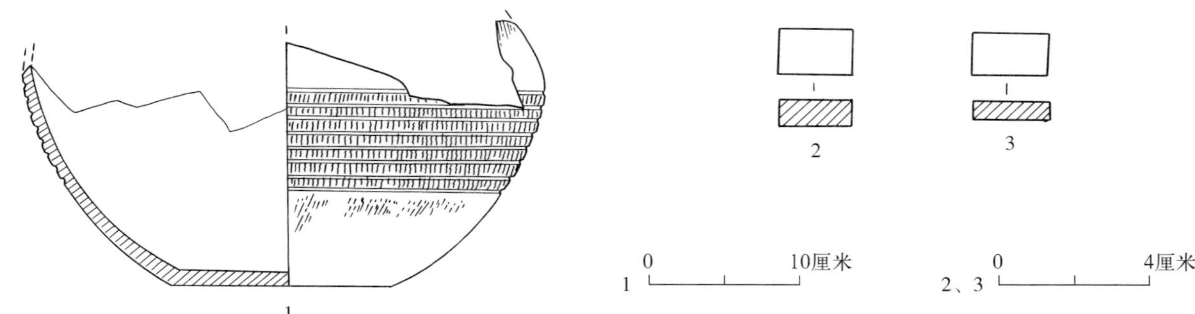

图五五三　M366出土器物

1.陶罐M366：2　2、3.骨质棋子M366：1-1、1-2

三二七　M367

（一）墓葬形制

该墓位于墓群B区南部。开口于②层下，开口距地表1.00米，东端中部被M365打破。

竖穴土坑墓，平面呈长方形，方向155°，口大底小。上口长3.60、宽1.70米；底长3.24、宽1.10米；深1.80米。壁面斜直内收，收分明显，平底，无工具加工痕迹。墓内填较硬的黄褐色五花土，

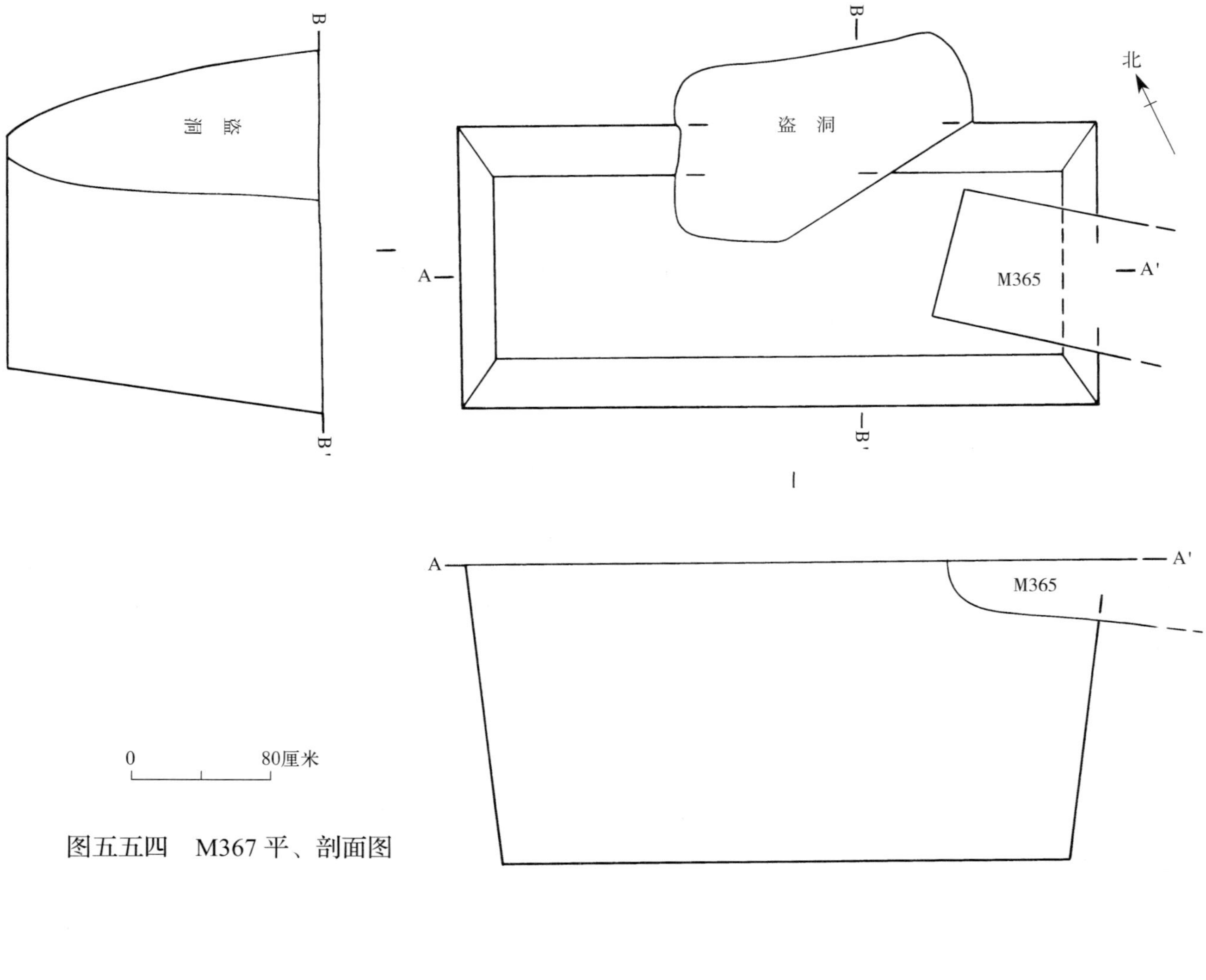

图五五四　M367平、剖面图

出土有陶片。

葬具不详。

葬式不详。

盗洞 1 个，位于墓葬的北部偏东，自墓顶直通墓底。平面呈不规则形，长 1.70、宽 1.10 米（图五五四）。

（二）出土遗物

无出土器物。

三二八　M368

（一）墓葬形制

该墓位于墓群 B 区南部。开口于②层下，开口距地表 1.00 米。

竖穴土坑墓，平面呈长方形，方向 135°，口大底小，有生土二层台。上口长 3.90、宽 3.10 米；二层台面至墓口深 2.60 米；东侧台面宽 0.12 ～ 0.20、西、南侧台面宽 0.20、北侧台面宽 0.30 米；底

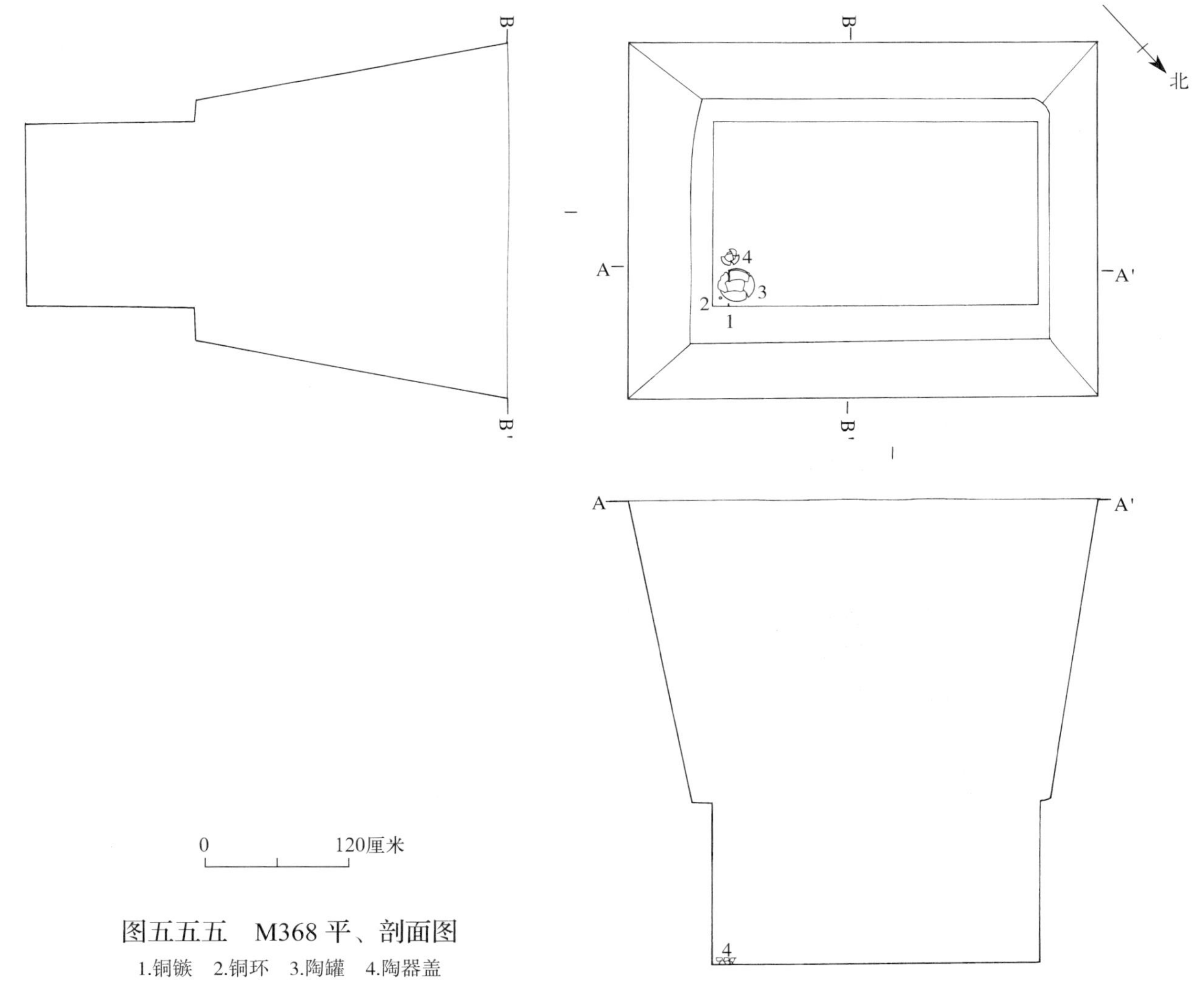

图五五五　M368 平、剖面图

1.铜镞　2.铜环　3.陶罐　4.陶器盖

长 2.70、宽 1.60 米；深 4.00 米。二层台以上壁面斜直内收，收分明显，二层台以下壁面平直，周壁光滑，平底，无工具加工痕迹。墓内填松散的黄褐色五花土，含少量的红烧土点、木炭屑、石块。

葬具不详。

葬式不详。

被盗扰。

墓葬内出土陶罐 1、陶器盖 1、铜镞 1、铜环 1 件（图五五五）。

（二）出土遗物

1. 陶器

2 件。

罐　1 件。

M368：3，口部缺失，泥质灰陶。溜肩，深弧腹，最大径位于肩、腹交接处，底内凹。肩、腹部先饰竖绳纹，再于绳纹之上饰数道弦纹，将之分割成数段，器身有刮抹痕迹。最大径 29.6、底径 13.3、残高 22.0 厘米（图五五六，1）。

器盖　1 件。

M368：4，泥质灰陶。覆钵形。素面，器身有刮抹痕迹。底径 17.4、高 5.7 厘米（图五五六，2）。

2. 铜器

2 件。

镞　1 件。

M368：1，锈残。镞尖呈三棱形，刃较锋利，镞尖尖锐，尾端截面呈圆柱形。残长 5.6 厘米（图五五六，3）。

环　1 件。

M368：2，锈蚀。截面呈圆形。外径 1.6、内径 1.2 厘米（图五五六，4）。

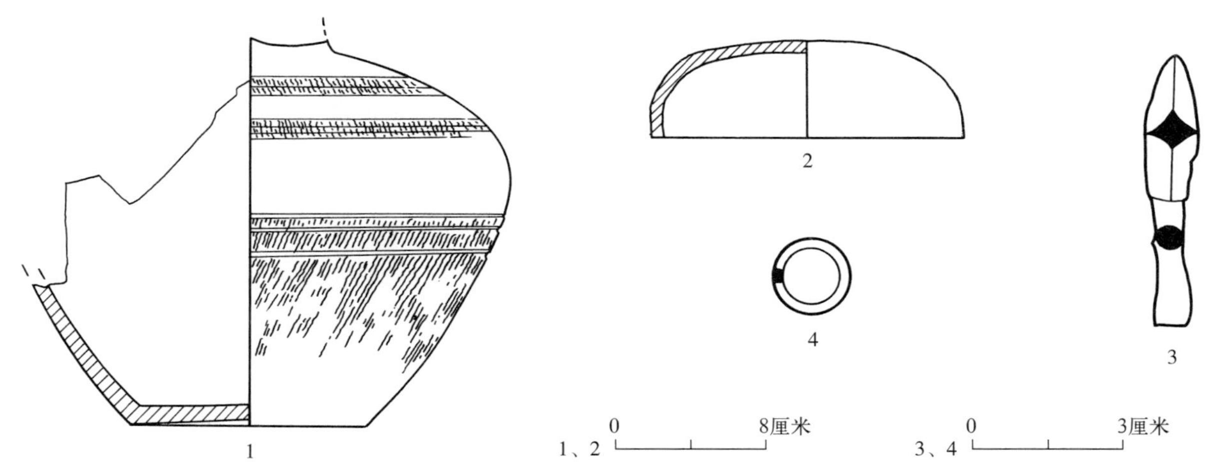

图五五六　M368 出土器物

1.陶罐M368：3　2.陶器盖M368：4　3.铜镞M368：1　4.铜环M368：2

三二九　M369

（一）墓葬形制

该墓位于墓群 B 区南部。开口于②层下，开口距地表 1.00 米，被 M368 打破。

竖穴土坑墓，平面呈长方形，方向 135°，口大底小，有生土二层台。上口长 3.90、残宽 1.80 米；二层台面至墓口深 2.70 米，东、西侧台面宽 0.30、南侧台面宽 0.50 米，北侧无二层台；底长 2.60、宽 1.50 米；深 4.00 米。二层台以上壁面斜直内收，收分明显，二层台以下壁面平直，周壁光滑，平底，无工具加工痕迹。墓内填松散的黄褐色五花土，含少量的红烧土点、木炭屑、石块等。

葬具不详。

葬式不详。

被盗扰（图五五七）。

（二）出土遗物

无出土器物。

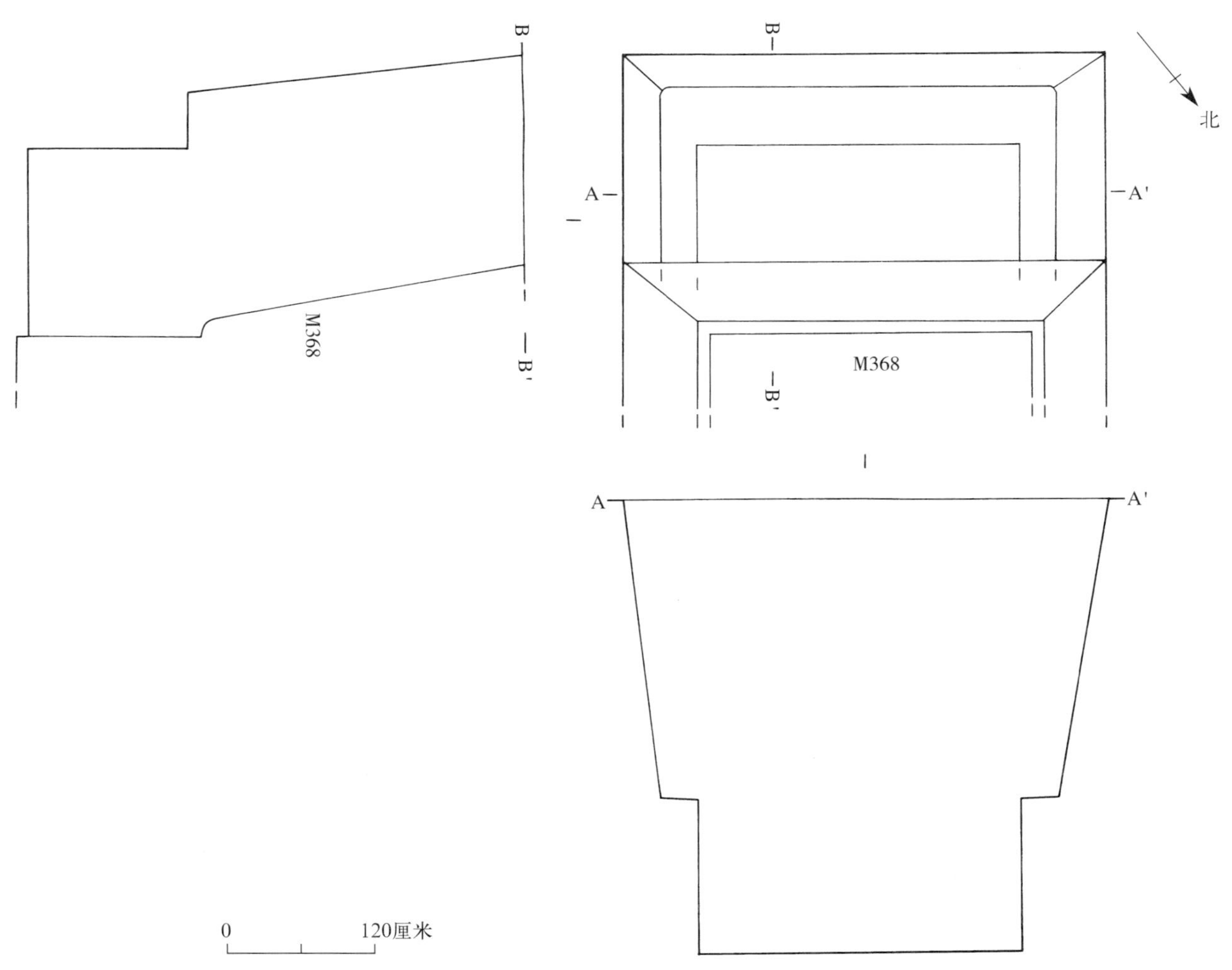

图五五七　M369 平、剖面图

三三〇　M370

（一）墓葬形制

该墓位于墓群B区南部。开口于②层下，开口距地表1.50米，上部被一冲沟打破。

斜坡墓道土坑墓，平面呈“凸”字形，总长2.80米，方向325°。由墓道、墓室两部分组成。墓道位于最西端，西高东低呈坡状，坡度5°，平面呈梯形，口底同大。长1.10、宽0.70～0.90、残深0～0.76米。直壁。墓室为土坑式，平面呈长方形，口底同大。长1.70、宽1.00、深0.86～1.80米。直壁，平底，底低于墓道底东端0.10米，周壁光滑，无工具加工痕迹。墓内填松散的褐色五花土，含少量石块。

葬具不详。

葬式不详。

被盗扰（图五五八）。

（二）出土遗物

无出土器物。

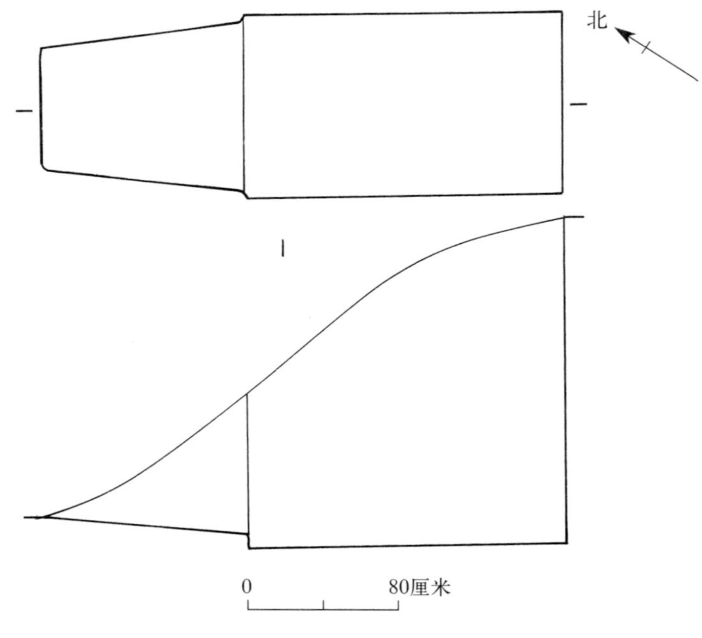

图五五八　M370平、剖面图

三三一　M371

（一）墓葬形制

该墓位于墓群B区南部。开口于②层下，开口距地表2.00米。

竖穴土坑墓，平面呈长方形，方向115°，口大底小。上口长2.75、宽1.60米；底长2.35、宽1.20

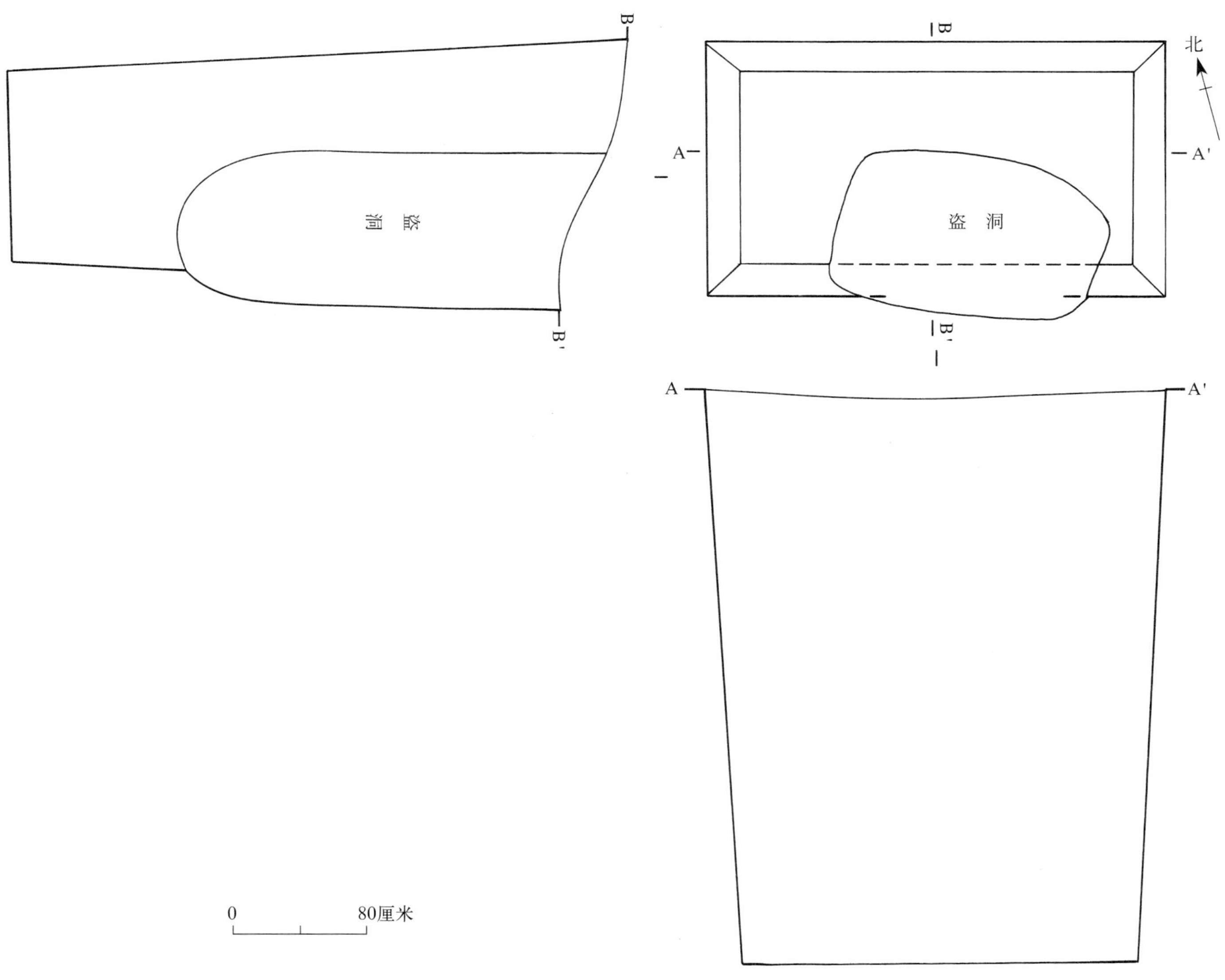

图五五九　M371平、剖面图

米；深2.28～3.70米。壁面斜直内收，收分明显，周壁光滑，平底，无工具加工痕迹。墓内填松散的黄褐色五花土，含少量的红烧土点、木炭屑、碎石块。

葬具不详。

葬式不详。

盗洞1个，位于墓葬东南部，自墓顶直通墓底。平面呈圆角长方形，长1.56、宽1.00米（图五五九）。

（二）随葬器物

无出土器物。

三三二　M372

（一）墓葬形制

该墓位于墓群 B 区南部。开口于②层下，开口距地表 0 ～ 2.20 米，墓道东北角被 M344 打破，墓室中部被 M346 打破。

斜坡墓道土坑墓，平面呈“凸”字形，总长 7.10 米，方向 345°。由墓道、墓室两部分组成。墓道位于墓室北端，北高南低呈斜坡状，坡度 5°，平面呈梯形，南宽北窄，口大底小。上口长 4.00、残宽 0.30 ～ 1.32 米；底残宽 0.26 ～ 1.20 米；墓残深 0.54 ～ 2.50 米。壁面斜直内收。墓室为土坑式，平面呈梯形，南宽北窄，口大底小。上口长 3.10、宽 1.78 ～ 2.10 米；底长 2.90、宽 1.62 ～ 1.90 米；深 3.04 ～ 3.20 米。斜壁直收，平底，底低于墓道底南端 0.50 米，墓壁修建规整，无工具加工痕迹。墓内填松散的黄褐色五花土，含大量植物根系、少量碎石块及陶片。

葬具不详。

葬式不详（图五六〇）。

（二）随葬器物

无出土器物。

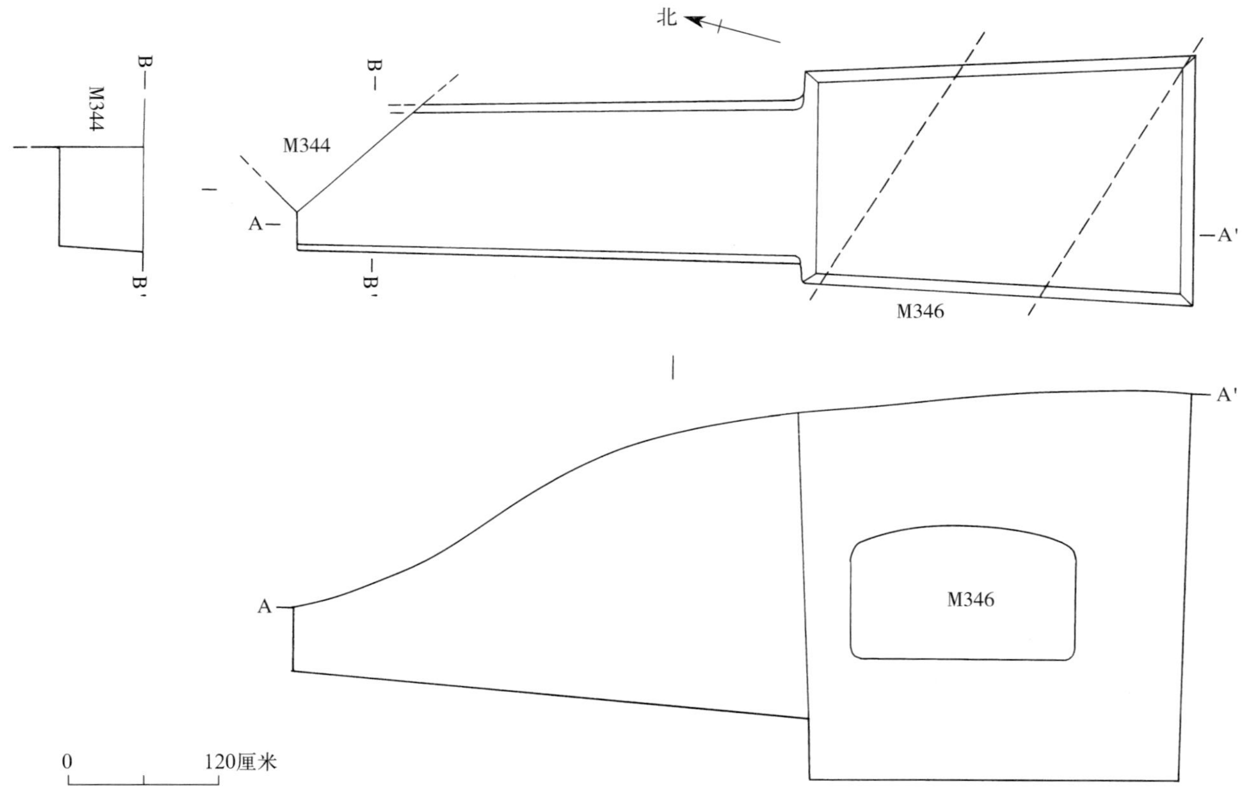

图五六〇　M372 平、剖面图

三三三　M373

（一）墓葬形制

该墓位于墓群C区北部。开口于②层下，开口距地表0.60～0.70米。

斜坡墓道土坑墓，平面呈“刀把形”，方向197°。由墓道和墓室两部分组成。墓道位于墓室南端，南高北低呈斜坡状，坡度9°，平面呈梯形，北宽南窄，口大底小。上口长8.56、宽1.30～2.66米；底宽1.30～1.62米；深0.15～1.84米。东侧壁面斜直内收，收分明显；西侧壁面1.00米以上平直、光滑、北部有0.70米宽的平台，其下斜直内收、收分明显；南侧壁面平直、光滑。墓室为土坑式，平面呈梯形，南宽北窄，口大底小，有生土二层台。上口长3.32、宽3.70～4.20米；二层台面距墓口深1.40米，东侧台面宽0～0.18、西侧台面宽0.10米，南北侧无二层台；底长3.12、宽3.04～3.74米；深2.60米。二层台以上壁面斜直内收，收分明显，其下壁面平直，周壁光滑，墓底较平，底低于墓道0.06米，无工具加工痕迹。墓内填松散的褐色五花土，含大量植物根系、少量碎石块、红烧土点、木炭屑及陶残片。

葬具不详。

葬式不详。

墓道内出土陶釜1、陶罐2件；墓室内出土铜剑柄1件（图五六一）。

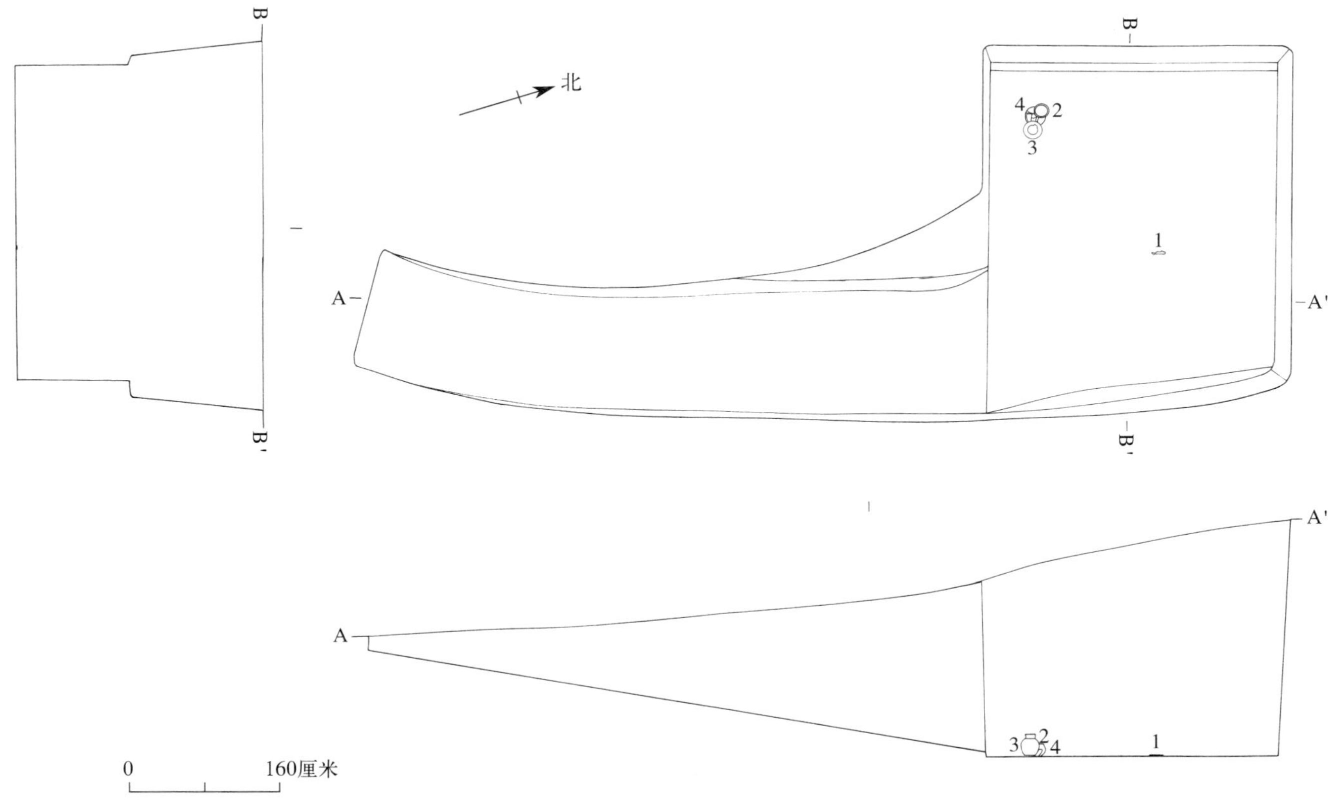

图五六一　M373平、剖面图

1.铜剑柄　2.无耳陶釜　3.小口旋纹陶罐　4.陶罐

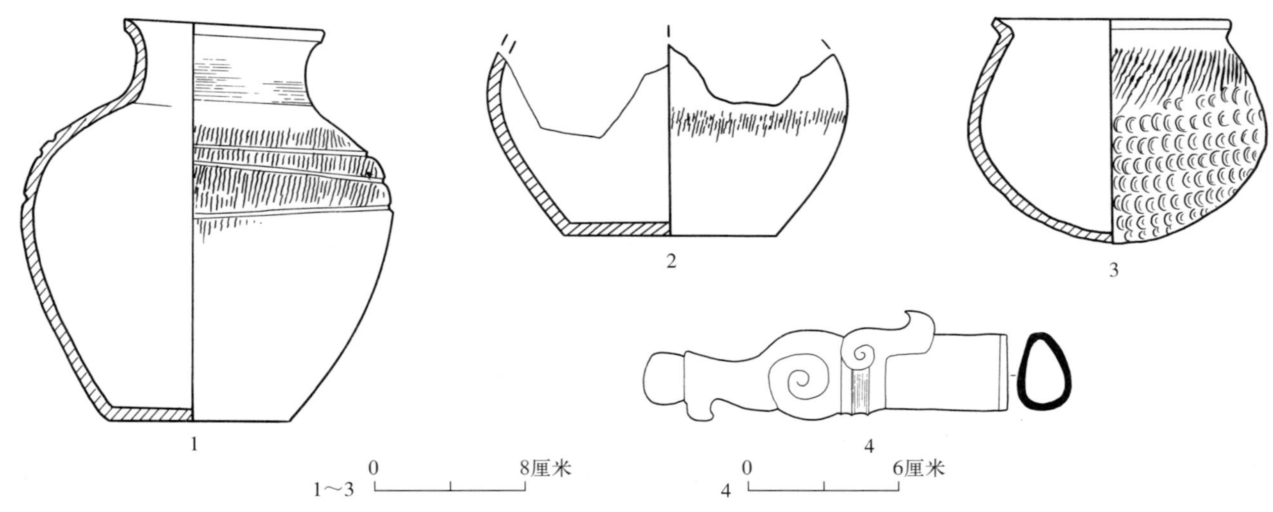

图五六二　M373 出土器物

1.小口旋纹陶罐M373：3　2.陶罐M373：4　3.无耳陶釜M373：2　4.铜剑柄M373：1

（二）出土遗物

1. 陶器

3 件。

小口旋纹罐　1 件。

M373：3，泥质灰陶。侈口，外斜沿，方唇，高领，溜肩，深弧腹，最大径位于腹上端，底微内凹。肩部先饰竖向细绳纹，再于其上饰三道凹弦纹，将之分割成四段，领部轮制痕迹明显。口径 10.8、最大径 19.6、底径 8.8、高 22.2 厘米（图五六二，1）。

罐　1 件。

M373：4，残，口、肩部缺失，泥质灰陶。深弧腹，最大径位于腹上端，平底。腹部饰竖向暗绳纹，器身有轮制痕迹。最大径 20.2、底径 11.6、残高 10.5 厘米（图五六二，2）。

无耳釜　1 件。

M373：2，夹砂灰陶。侈口，外斜沿，方唇，束颈，弧腹，最大径位于腹中部，圜底。腹上部饰斜向粗绳纹，腹下部及底部饰圆形戳刺纹。口径 12.8、最大径 15.6、高 12.0 厘米（图五六二，3；彩版一七八，2）。

2. 铜器

1 件。

剑柄　1 件。

M373：1，错金。体近扁圆筒状，中空，截面近圆角三角形。上部饰卷云纹图案，中部有一带状套环，一侧饰卷云纹图案，套环中部错金。长 14.4、孔径 1.5 ～ 2.7 厘米（图五六二，4；彩版一七八，3）。

三三四　M374

（一）墓葬形制

该墓位于墓群 C 区北部。开口于②层下，开口距地表 1.10 ～ 1.30 米，被 M373 打破。

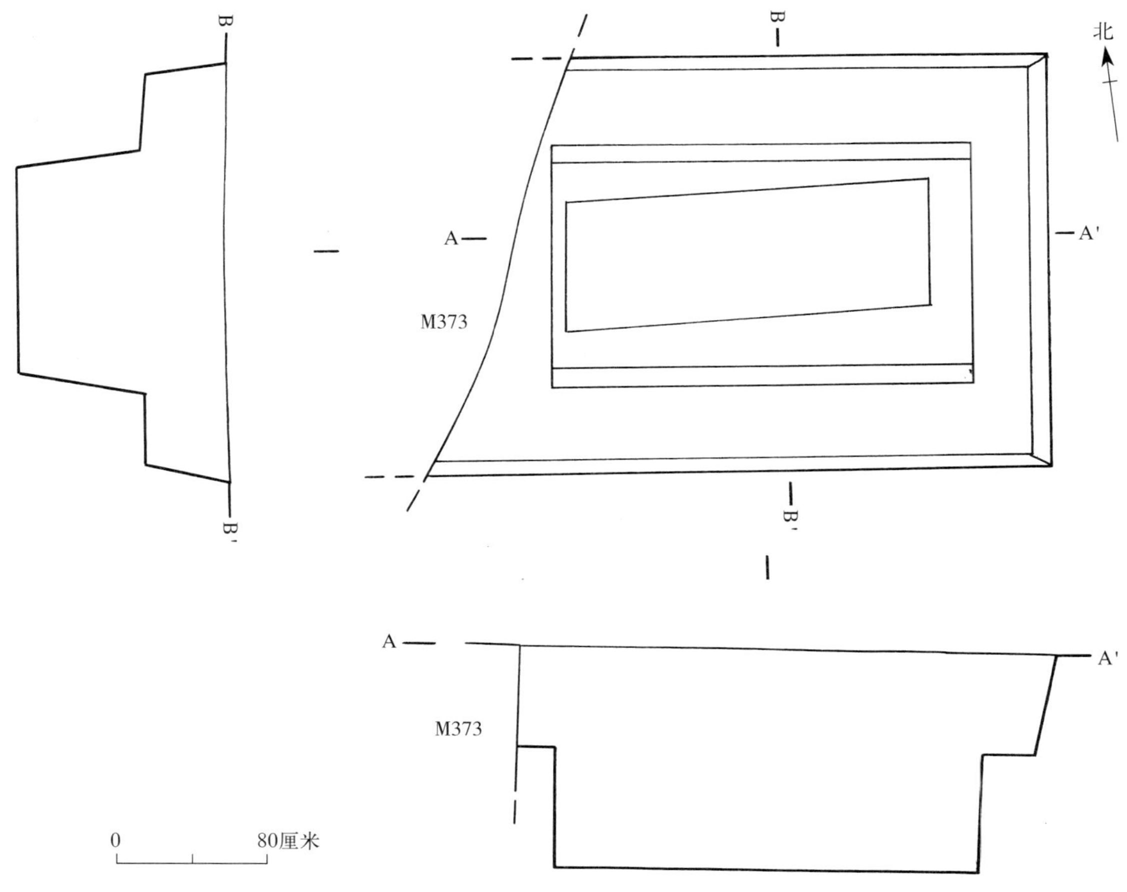

图五六三　M374平、剖面图

竖穴土坑墓，平面呈长方形，方向95°，口大底小，有生土二层台。上口长2.50～3.25、宽2.14米；二层台面距墓口深0.54米，东侧台面宽0.30、西侧台面宽0.08～0.62、南、北侧台面宽0.40米；底长2.20、宽1.10米；深1.20米。二层台以上壁面斜直内收，收分明显，二层台以下东、西侧壁面平直、光滑，南、北侧壁面斜直内收，收分明显，平底，无工具加工痕迹。墓内填松散的黄褐色五花土，含大量植物根系、少量红烧土点、木炭屑、碎石块及陶片。

葬具不详。

葬式不详（图五六三）。

（二）出土遗物

无出土器物。

三三五　M375

（一）墓葬形制

该墓位于墓群B区南部。开口于②层下，开口距地表1.20米，被现代扰坑打破。

竖穴土坑墓，平面呈长方形，方向140°。口大底小，有生土二层台。上口长3.80、宽2.30米；

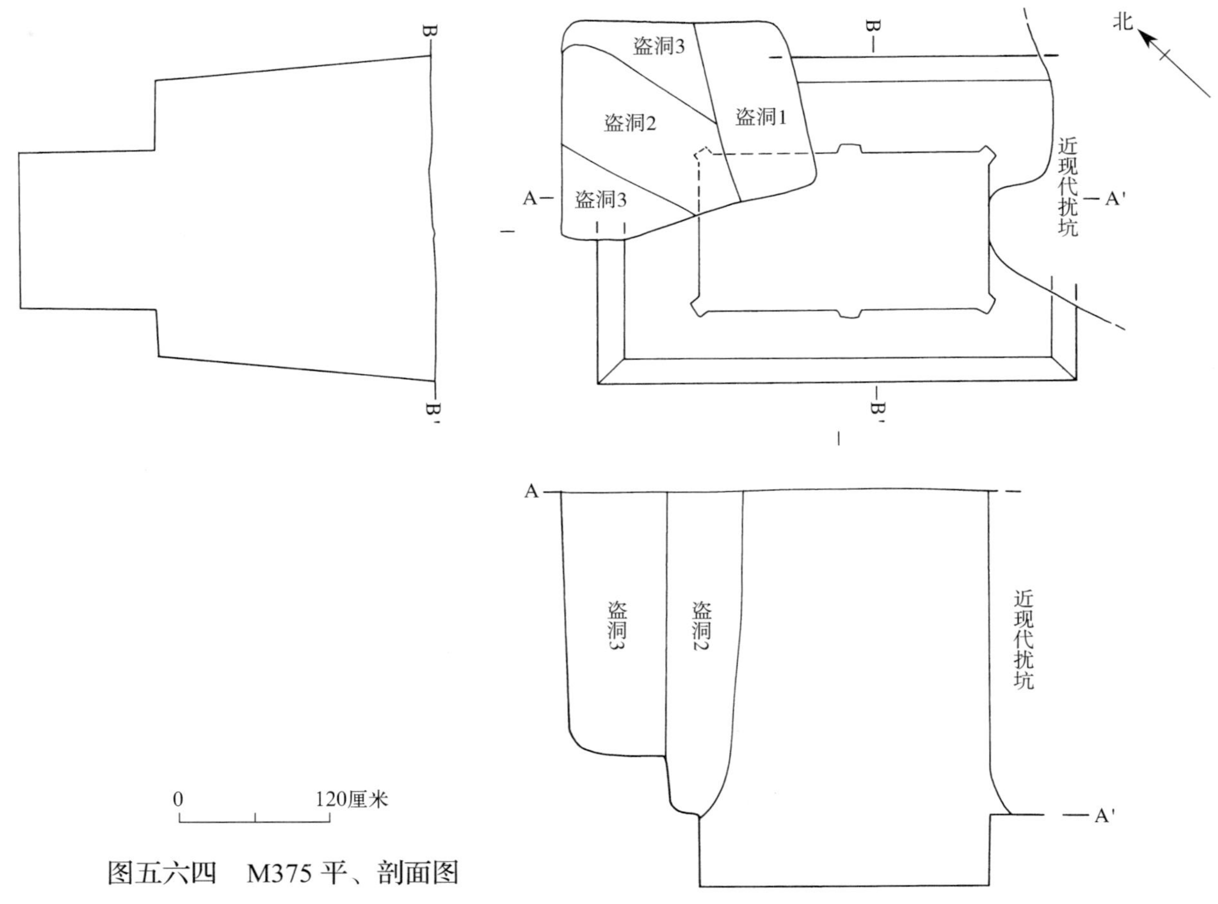

图五六四　M375 平、剖面图

二层台面距墓口深 2.20 米，东、北侧台面宽 0.60、西侧台面宽 0.40、南侧台面宽 0.50 米；底长 2.30、宽 1.26 米；深 3.30 米。二层台以上壁面斜直内收，收分明显，二层台壁面平直，周壁光滑，墓底较平，无工具加工痕迹。墓内填松散的黄褐色五花土，含红烧土点、木炭屑等。

葬具不详。

葬式不详。

盗洞 3 个，自墓顶直通墓底，均位于墓葬的东北角。盗洞 1 打破盗洞 2、盗洞 3，平面略呈长方形，长 1.50、宽 0.70 米；盗洞 2 打破盗洞 3，平面呈长方形，长 1.70、宽 0.80 米；盗洞 3 平面呈不规则形，长 2.00、宽 1.80 米（图五六四）。

（二）出土遗物

无出土器物。

三三六　M376

（一）墓葬形制

该墓位于墓群 B 区南部。开口于①层下，开口距地表 0.40 米，被现代扰坑打破。

竖穴土坑墓，平面呈长方形，方向 120°，口大底小。上口长 0 ～ 1.40、宽 1.44 米；底长 1.60、

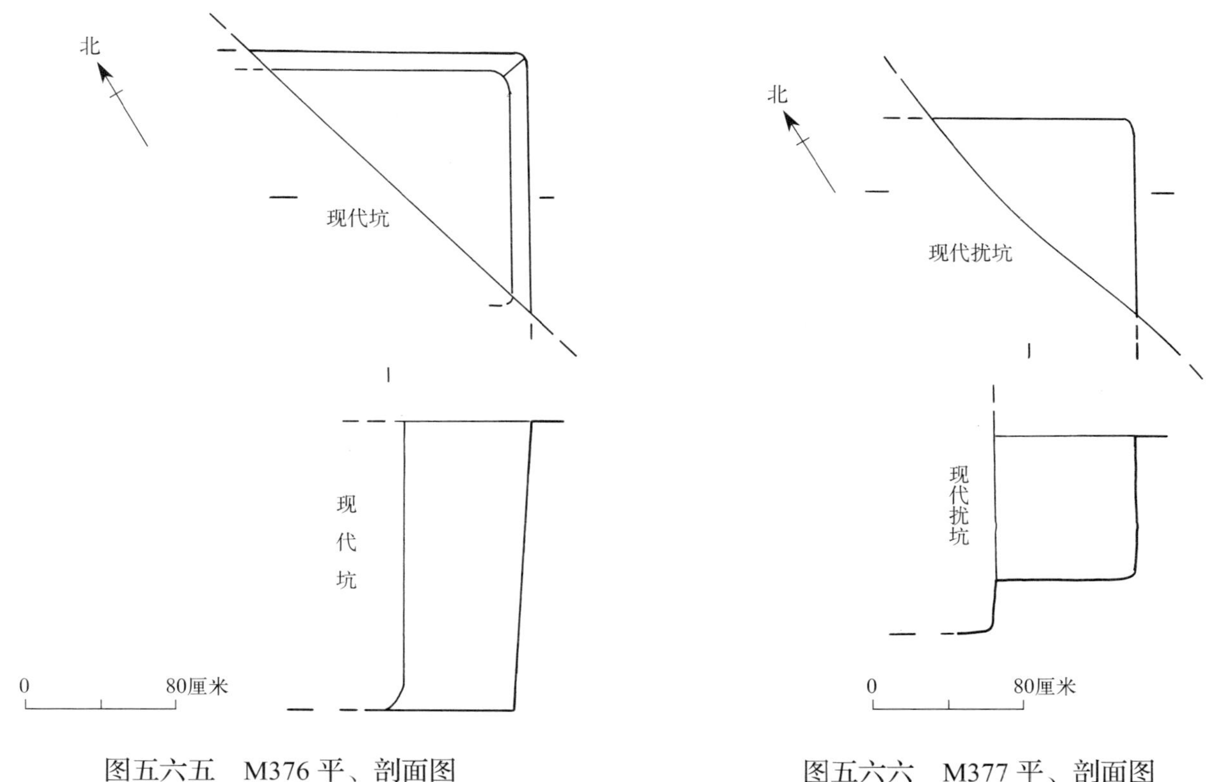

图五六五　M376 平、剖面图　　　图五六六　M377 平、剖面图

宽 1.30 米；深 1.60 米。壁面斜直内收，收分明显，平底，无工具加工痕迹。墓内填松散的褐色五花土，含少量的红烧土点、木炭屑、料礓石颗粒，出土有陶片。

葬具不详。

葬式不详（图五六五）。

（二）出土遗物

无出土器物。

三三七　M377

（一）墓葬形制

该墓位于墓群 B 区南部。开口于①层下，开口距地表 2.00 米，被现代扰坑打破。

竖穴土坑墓，残存平面呈三角形，方向 120°，口底同大。长 1.04、宽 1.10 米，深 0.80 米。周壁平直、光滑，平底，无工具加工痕迹。墓内填松散的褐色五花土，含少量的红烧土点、木炭屑、料礓石颗粒，出土有陶片。

葬具不详。

葬式不详（图五六六）。

（二）出土遗物

无出土器物。

三三八　M378

（一）墓葬形制

该墓位于墓群 B 区南部。开口于②层下，开口距地表 1.00 米，被 M375 打破。

竖穴土坑墓，平面呈长方形，方向 20°，口大底小。上口长 2.30、宽 1.50 米；底长 2.10、宽 1.10 米；深 2.70 米。壁面 1.70 米以上斜直内收，收分明显，其下周壁平直、光滑，平底，无工具加工痕迹。墓内填较硬的黄褐色五花土，含红烧土点、木炭屑等。

葬具不详。

葬式不详。

盗洞 1 个，自墓顶直通墓底，位于墓葬北部，平面呈长方形，残长 1.28 ～ 2.48、宽 0.76 米。

墓葬内出土陶罐 3、陶豆 3 件（图五六七；彩版一七九，1）。

（二）出土遗物

陶器

6 件。

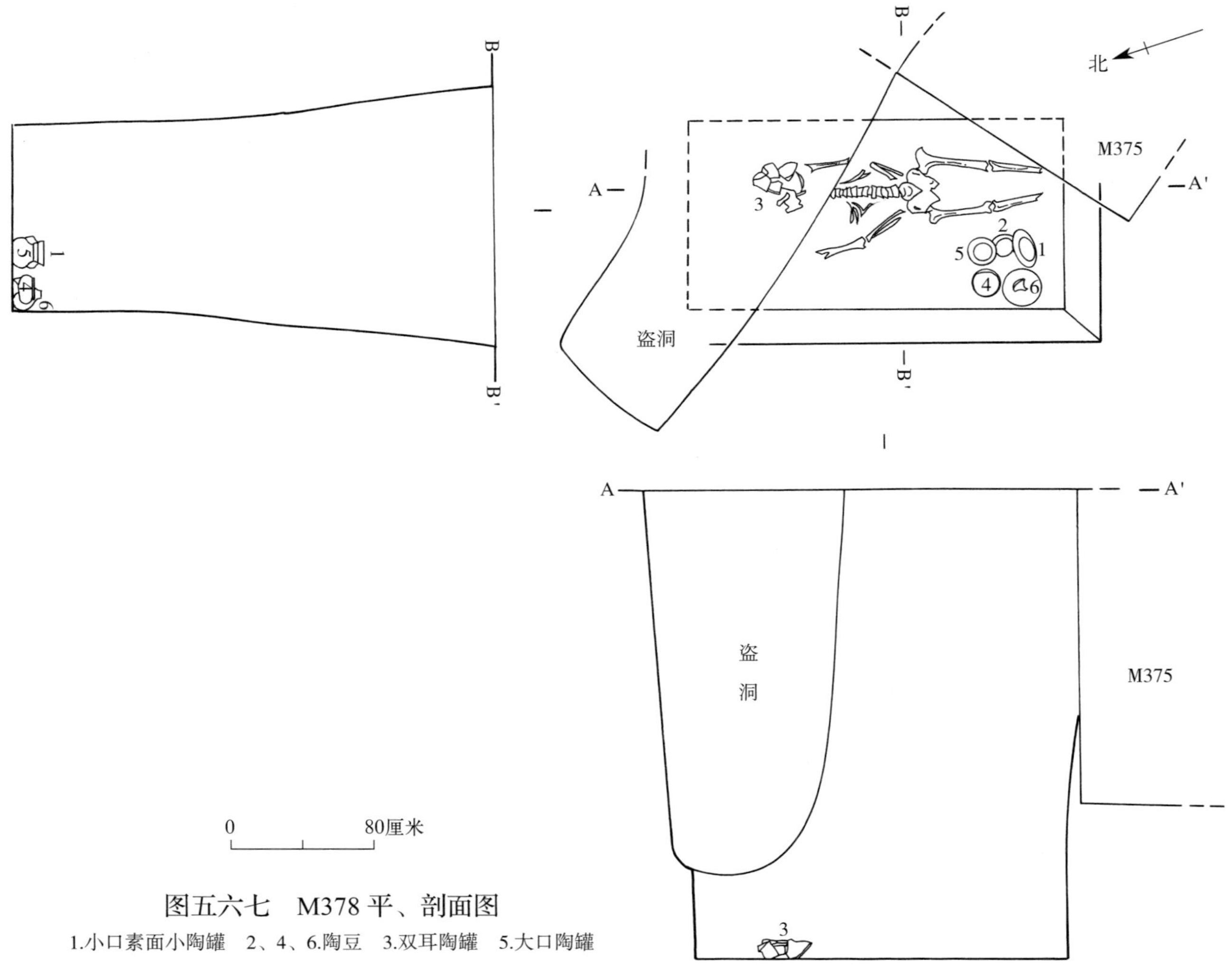

图五六七　M378 平、剖面图

1.小口素面小陶罐　2、4、6.陶豆　3.双耳陶罐　5.大口陶罐

豆　3件。

M378：2，泥质灰陶。盘呈子母口，圆唇，深弧腹，最大径位于腹上部，平底，盘底正中连接喇叭形底座。素面，器身有轮制痕迹。口径15.3、最大径17.7、底径10.8、高14.6厘米（图五六八，1）。

M378：4，泥质灰陶。豆盘呈敞口，圆唇，弧腹，盘底正中连接喇叭形底座。素面，器身有轮制痕迹。口径18.8、底径8.8、高8.6厘米（图五六八，2）。

M378：6，泥质灰陶。豆盘呈子母口，圆唇，深弧腹，最大径位于腹中部，盘底正中连接喇叭形底座。腹部饰四道凹弦纹，器身轮制痕迹明显。口径15.3、最大径18.6、底径10.8、高13.5厘米（图五六八，3）。

双耳罐　1件。

M378：3，夹砂灰陶。侈口，方唇，斜领，深弧腹，最大径位于腹中部，平底，腹部对称处附加两宽带状器耳，上端接于领下端，下端接于腹上部。腹上端附加三道波浪纹，器身有刮抹痕迹。口径8.3、最大径11.4、底径6.5、高13.4厘米（图五六八，4）。

小口素面小罐　1件。

M378：1，泥质灰陶。侈口，外斜沿，方唇，束颈，溜肩，斜腹直内收，最大径位于肩腹交接处，底内凹。素面，器身有轮制痕迹。口径10.5、最大径17.3、底径10.4、高17.6厘米（图五六八，5）。

大口罐　1件。

M378：5，泥质灰陶。直口，圆唇，直领，溜肩，斜腹直内收，最大径位于肩腹交接处，平底。素面，口部轮制痕迹明显。口径13.5、最大径20.2、底径12.4、高18.5厘米（图五六八，6）。

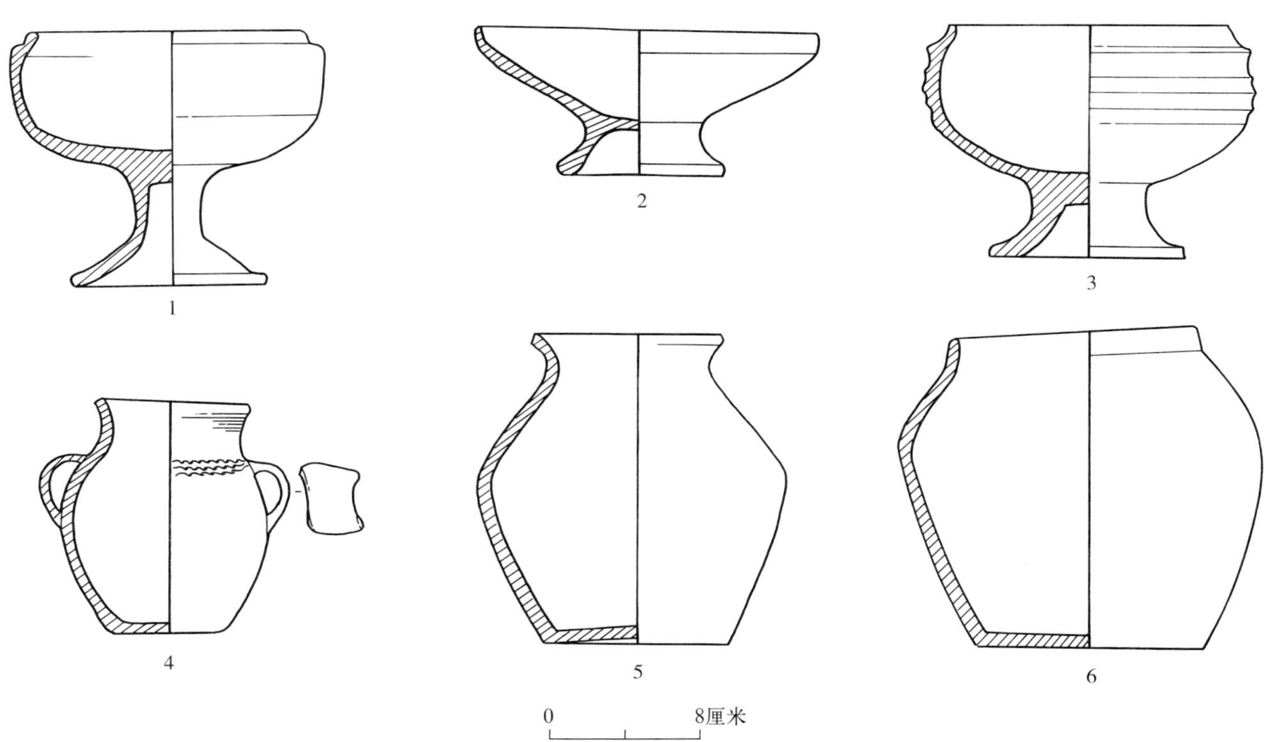

图五六八　M378出土陶器

1～3.豆M378：2、4、6　4.双耳罐M378：3　5.小口素面小罐M378：1　6.大口罐M378：5

三三九　M379

（一）墓葬形制

该墓位于墓群B区南部。开口于②层下，开口距地表1.50米。

竖穴土坑墓，平面呈长方形，方向25°。口大底小，有生土二层台。上口长4.10、宽2.60米；二层台面距墓口深2.64米，东、南侧台面宽0.10、西侧台面宽0.40、北侧台面宽0.60米；底长3.20、宽1.90米，深3.70米。二层台以上壁面斜直内收，收分明显，其下壁面平直，周壁光滑，平底，无工具加工痕迹。墓内填松散的黄褐色五花土，含红烧土点、木炭点等。

葬具为一椁，南北向放置，残存板灰，结构不明。残长2.54、宽1.64、高0.60米，椁板厚6～10厘米。

葬式不详。

盗洞2个，均自墓顶直通墓底。盗洞1位于墓葬东北部，平面略呈长方形，残长1.08、宽0.54米；盗洞2位于墓葬西北角，平面呈不规则形，残长1.50～2.88、宽1.80米。

墓葬内出土铜带钩1件（图五六九）。

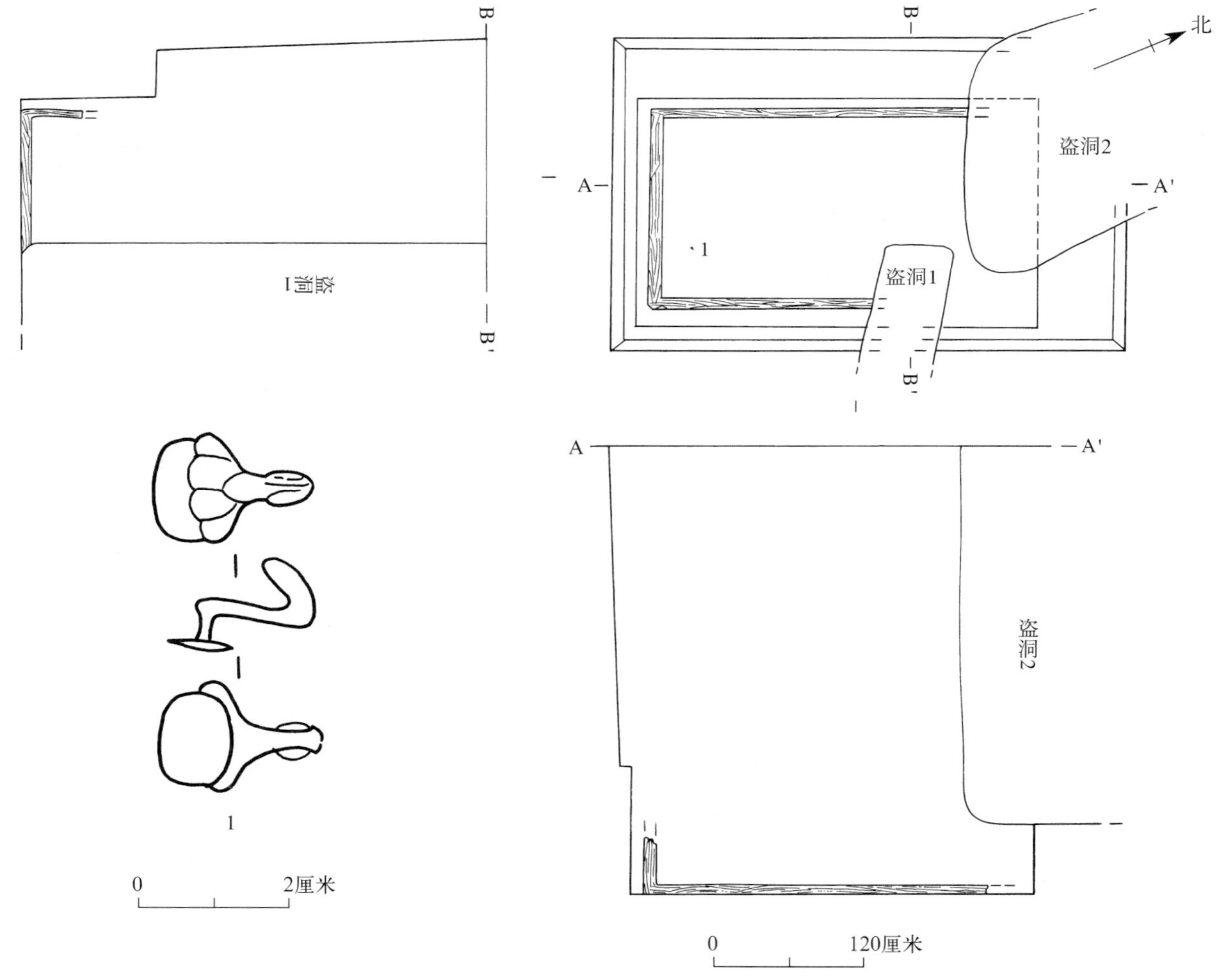

图五六九　M379平、剖面图及出土铜器

1.带钩

（二）出土遗物

铜器

1 件。

带钩　1 件。

M379：1，动物形，体短小肥硕，椭圆形纽位于尾部。素面。长 2.1、纽径 0.9 ～ 1.2 厘米（图五六九，1）。

三四〇　M380

（一）墓葬形制

该墓位于墓群 B 区南部。开口于②层下，开口距地表 1.30 米，被 M379 打破。

竖穴土坑墓，平面呈长方形，方向 110°，口大底小。上口长 3.10、宽 2.00 米；底长 2.40、宽 1.50 米；深 4.20 米。壁面 3.20 米以上斜直内收，收分明显，其下周壁平直、光滑，平底，无工具加工痕迹。墓内填较硬的黄褐色五花土，含红烧土点、木炭屑等。

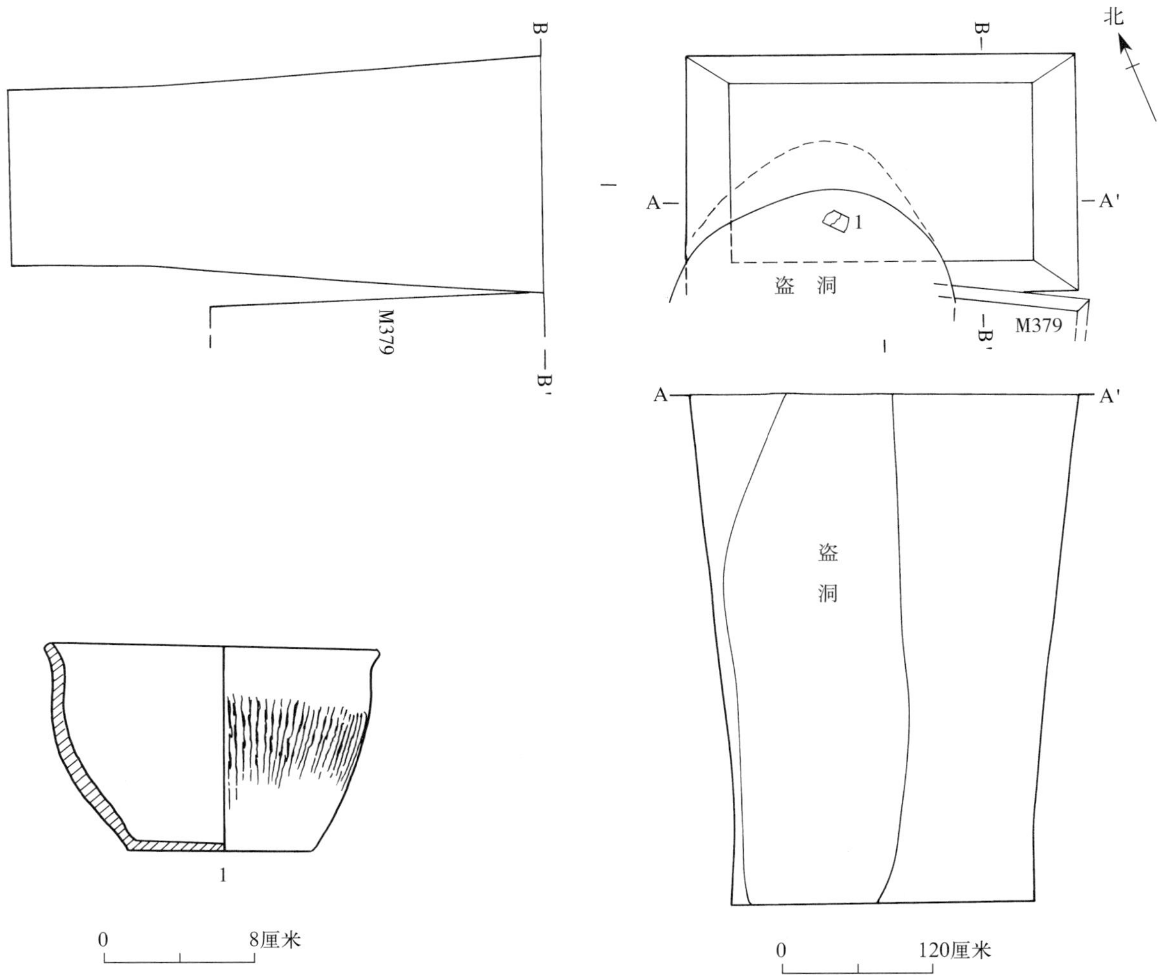

图五七〇　M380 平、剖面图及出土陶器

1.盂

葬具不详。

葬式不详。

盗洞1个，自墓顶直通墓底，位于墓葬西南部，平面呈圆形，直径1.41米。

墓葬内出土陶盂1件（图五七〇）。

（二）出土遗物

陶器

1件。

盂　1件。

M380∶1，泥质灰陶。敞口，圆唇，敛颈，上腹较直，下腹弧内收，平底。腹部饰竖向粗绳纹，器身有刮抹痕迹。口径18.6、底径10.0、高12.0厘米（图五七〇，1）。

三四一　M381

（一）墓葬形制

该墓位于墓群B区南部。开口于②层下，开口距地表0.50～0.70米，被现代扰坑打破。

竖穴土坑墓，残存平面呈三角形，方向130°，口大底小。上口长1.00、宽0.80米；底长1.00、宽0.36米；深2.60米。壁面斜直内收，收分明显，平底，无工具加工痕迹。墓内填较硬的褐色五花土，见少许木炭屑。

葬具不详。

葬式不详（图五七一）。

（二）出土遗物

无出土器物。

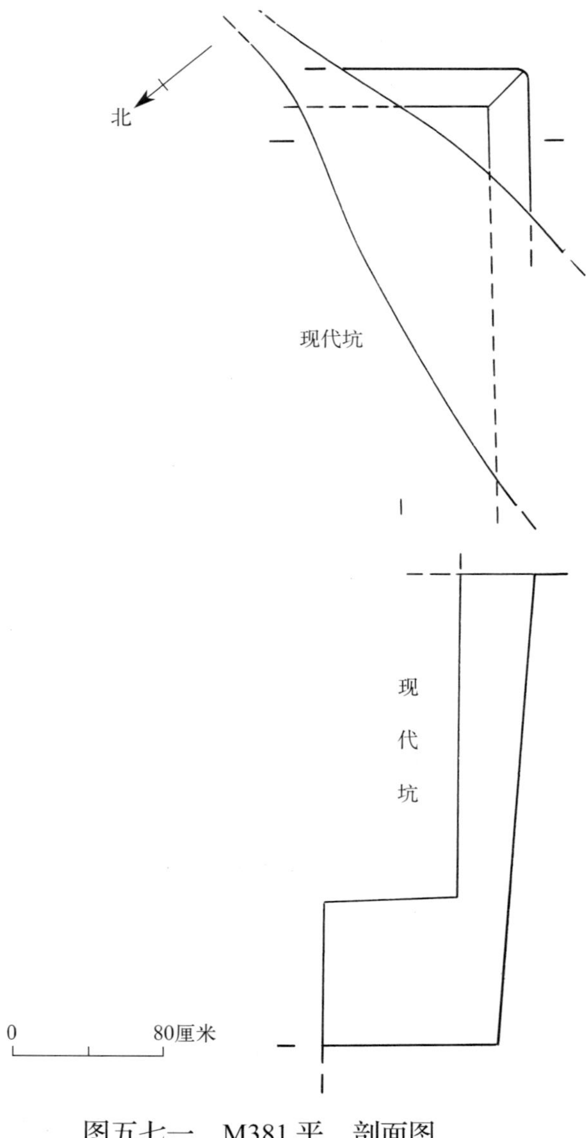

图五七一　M381平、剖面图

三四二　M382

（一）墓葬形制

该墓位于墓群B区北部。开口于①层下，开口距地表0.40米。

斜坡墓道土坑墓，平面呈“凸”字形，方向275°。由墓道和墓室两部分组成。墓道位于墓室的西端，西高东低呈斜坡状，坡度为15°，平面呈梯形，口底同大。长2.16、宽0.96～1.36、深0～0.60米。周壁平直、光滑，平底，无工具加

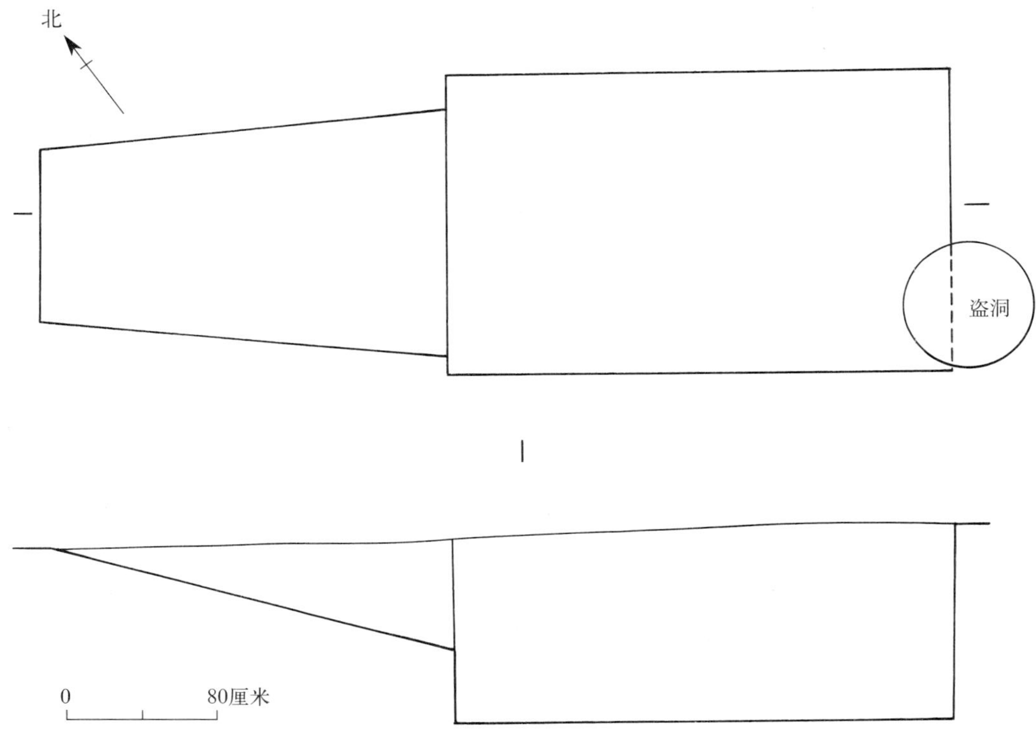

图五七二　M382平、剖面图

工痕迹。墓室为土坑式，平面呈长方形，口底同大。宽1.64、进深2.64米，高1.00～1.10米。周壁平直、光滑，平底，底低于墓道0.40米，无工具加工痕迹。墓内填松散的褐色五花土，含少量植物根系，出土较少量陶片。

葬具不详。

葬式不详。

盗洞1个，自墓顶直通墓底，位于墓葬的东端，平面略呈圆形，直径0.86～0.90米（图五七二）。

（二）出土遗物

无出土器物。

三四三　M383

（一）墓葬形制

该墓位于墓群B区东北部。开口于②层下，开口距地表0.70米。

竖穴墓道土洞墓，平面呈"凸"字形，方向200°。由墓道和墓室两部分组成。墓道位于墓室的南端，平面呈长方形，口底同大。长2.20、宽1.36米，深1.12米。周壁平直、光滑，平底，无工具加工痕迹。墓室为土洞式，平面呈长方形，顶部损毁，口底同大。宽1.56、进深2.44米，高1.28米。周壁平直、光滑，平底，底低于墓道0.20米，无工具加工痕迹。墓道内填较硬的褐色五花土，含植物根系、

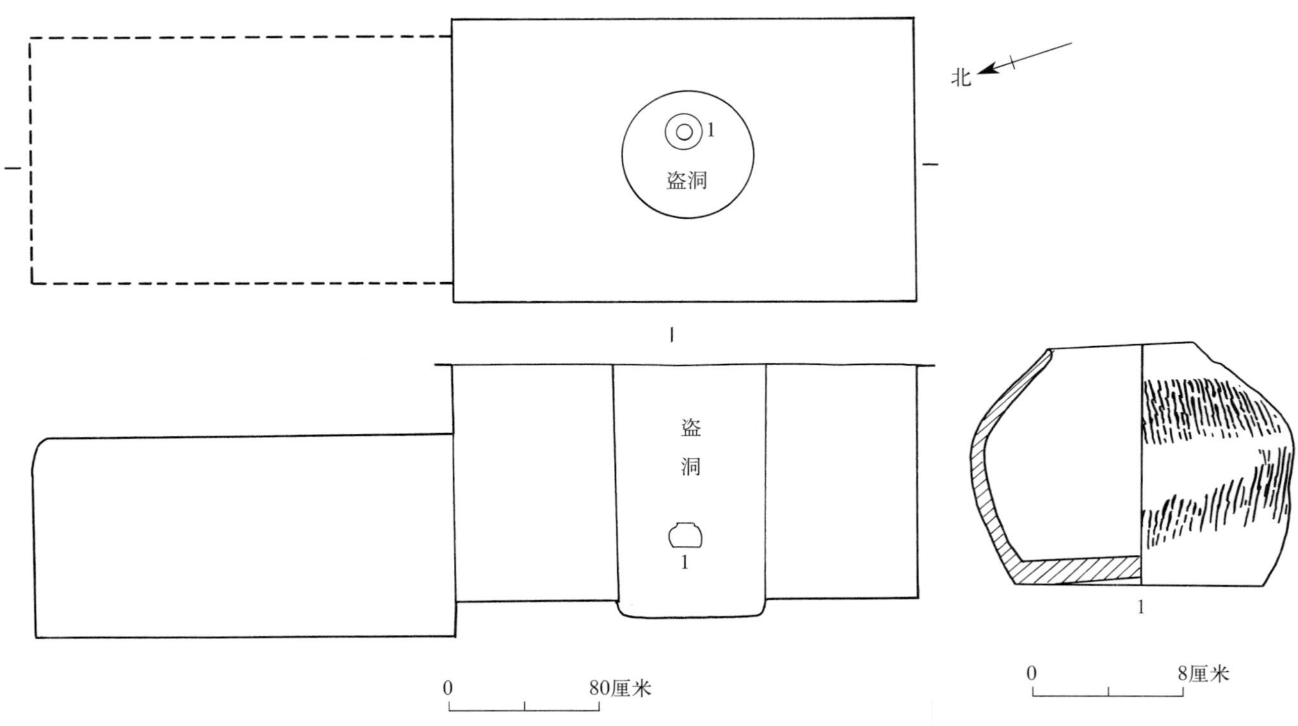

图五七三　M383 平、剖面图及出土陶器
1.异形罐

木炭点等；墓室内填略硬的灰黄淤土，较纯。

葬具不详。

葬式不详。

盗洞 1 个，自墓顶直通墓底，位于墓葬的中部，平面呈椭圆形，长 0.70 ～ 0.80 米。

墓道内出土陶罐 1 件（图五七三）。

（二）出土遗物

陶器

1 件。

异形罐　1 件。

M383∶1，泥质灰陶。敛口，圆唇，溜肩，深弧腹，最大径位于肩、腹交接处，平底内凹。肩、腹部饰竖向粗绳纹，部分被抹光，器身有刮抹痕迹。口径 8.1、最大径 18.2、底径 13.6、高 13.8 厘米（图五七三，1）。

三四四　M384

（一）墓葬形制

该墓位于墓群 B 区北部。开口于②层下，开口距地表 0.70 ～ 1.60 米。

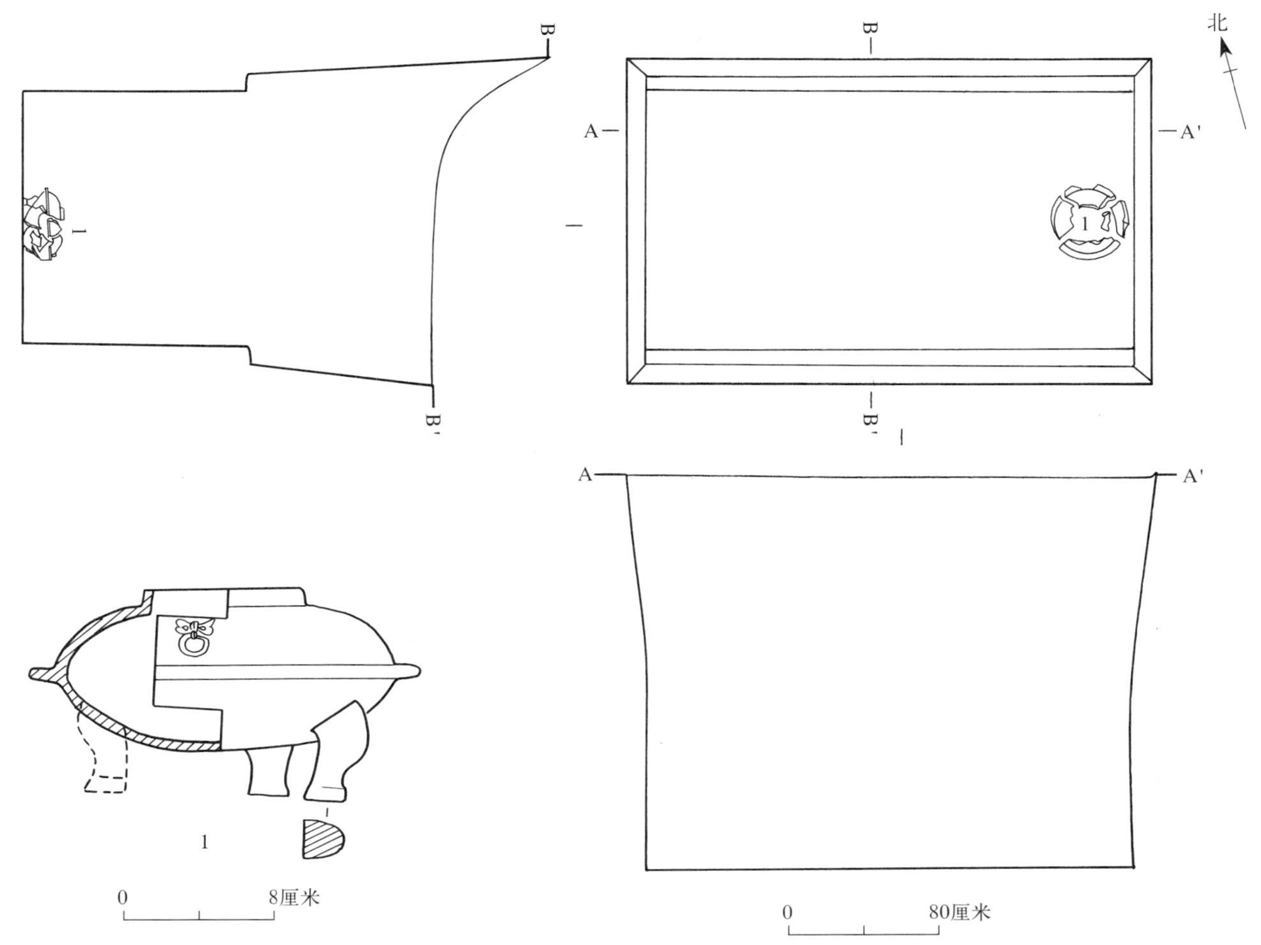

图五七四　M384平、剖面图及出土陶器
1. 锜

竖穴土坑墓，平面呈长方形，方向115°，口大底小。上口长2.80、宽1.80米；底长2.60、宽1.60米；深2.20～2.80米。壁面1.00～1.60米以上斜直内收，收分明显，其下周壁平直、光滑，平底，无工具加工痕迹。墓内填松散的褐色五花土，含少量植物根系，出土较少量陶片。

葬具不详。

葬式不详。

墓葬内出土陶锜1件（图五七四）。

（二）出土遗物

陶器

1件。

锜　1件。

M384∶1，泥质灰陶。器身似一釜，直口，方唇，矮领，圆肩，浅腹，圜底，三蹄足较为肥硕，腹部有一隔棱，最大径位于隔棱处，肩部对称处附加两兽形铺首衔环。素面。口径8.8、最大径20.4、隔棱宽1.4、裆高2.6、通高12.2厘米（图五七四，1）。

三四五　M385

（一）墓葬形制

该墓位于墓群 B 区北部。开口于②层下，开口距地表 1.00 米。

竖穴土坑墓带壁龛，平面呈长方形，方向 345°。口大底小，有生土二层台。上口长 4.20、宽 3.20 米；二层台面距墓口深 1.80 米，东、西侧台面宽 0.40、南侧台面宽 0.10 米；底长 3.00、宽 1.90 米，深 3.20 米。二层台以上壁面斜直内收，收分明显，二层台以下壁面平直，周壁光滑，墓底较平，无工具加工痕迹。壁龛位于二层台北侧壁面中部，平面呈长方形，拱顶。口宽 0.50、进深 0.30、高 0.60 米。墓内填松散的褐色五花土，含少量植物根系、木炭屑等。

葬具不详。

葬式不详。

被盗扰，二层台以下西、北两壁面破坏严重。

墓葬内出土陶罐 1、铜饰件 1、铜管 1 件（图五七五）。

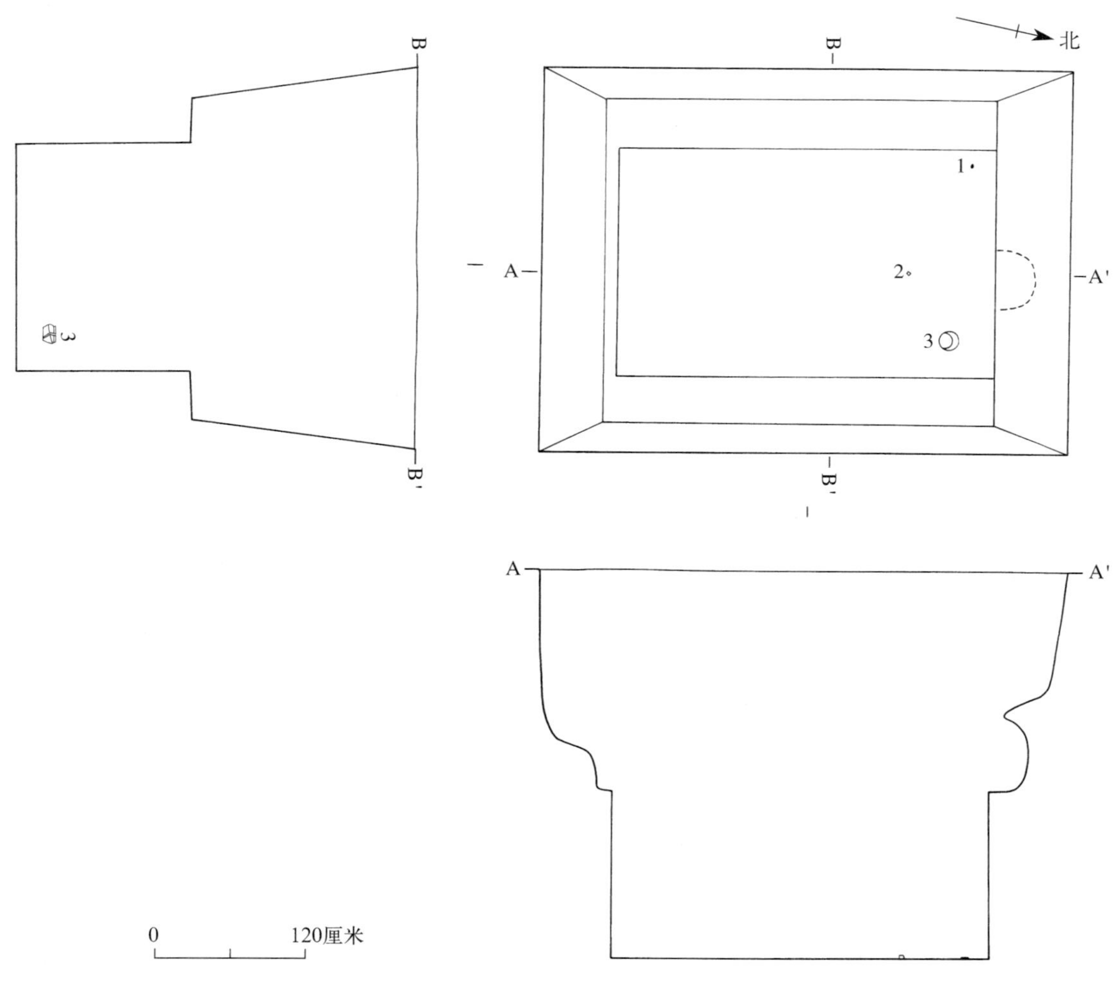

图五七五　M385 平、剖面图

1.铜饰件　2.铜管　3.敞口小陶罐

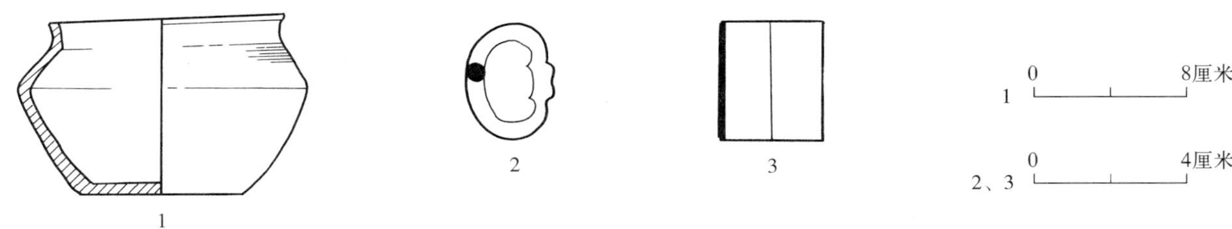

图五七六　M385 出土器物

1.敞口小陶罐M385：3　2.铜饰件M385：1　3.铜管M385：2

（二）出土遗物

1. 陶器

1 件。

敞口小罐　1 件。

M385：3，泥质灰陶。直口，方唇，矮领，溜肩，深弧腹，最大径位于肩、腹交接处，平底。素面，器底有一方印，肩上端轮制痕迹明显，器身有刮抹痕迹。口径 12.9、最大径 16、底径 8.8、高 10.2 厘米（图五七六，1）。

2. 铜器

2 件。

饰件　1 件。

M385：1，残存椭圆形环首。截面呈圆形。素面。环首径 2.0 ～ 2.9 厘米（图五七六，2）。

管　1 件。

M385：2，锈残。柱状管，素面。直径 2.6、高 3.0 厘米（图五七六，3）。

三四六　M386

（一）墓葬形制

该墓位于墓群 B 区北部。开口于②层下，开口距地表 2.50 米。

竖穴墓道土洞墓，平面呈“凸”字形，方向 225°。由墓道和墓室两部分组成。墓道位于墓室的西南端，平面呈长方形，口大底小。上口长 2.60、宽 1.84 米；底长 2.00、宽 1.40 米；深 3.60 米。壁面斜直内收，收分明显，平底，无工具加工痕迹。墓室为土洞式，平面呈长方形，顶部坍塌，宽 1.40、进深 2.24 米，高 2.20 米。周壁平直、光滑，平底，无工具加工痕迹。墓道内填松散的褐色五花土，含红烧土点、木炭屑等；墓室内填较硬的灰黄色淤土，较纯净。

葬具不详。

葬式不详。

被盗扰。

墓道内出土陶罐 1、陶豆 2 件（图五七七）。

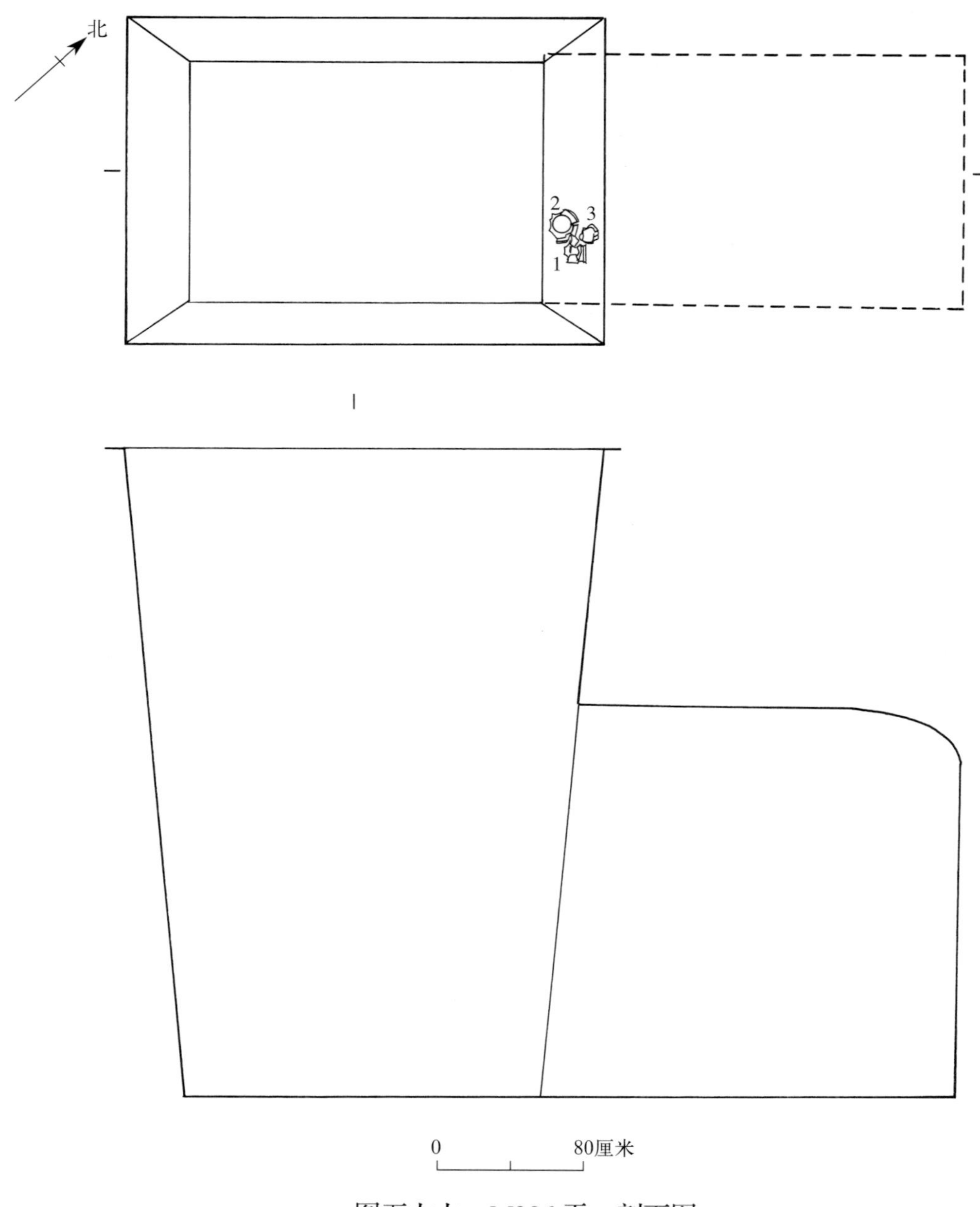

图五七七　M386平、剖面图

1、2.陶豆　3.双耳陶罐

（二）出土遗物

陶器

3件。

豆　2件。

M386：1，泥质灰陶。豆盘呈子母口内敛，圆唇，深弧腹，最大径位于腹上部，盘底正中接喇叭形底座。腹部饰四道凹弦纹，器身有轮制痕迹。口径18.3、最大径20.4、底径10.4、高12.8厘米（图五七八，1）。

M386：2，泥质灰陶。豆盘呈子母口内敛，圆唇，深弧腹，最大径位于腹中部，盘底正中接喇

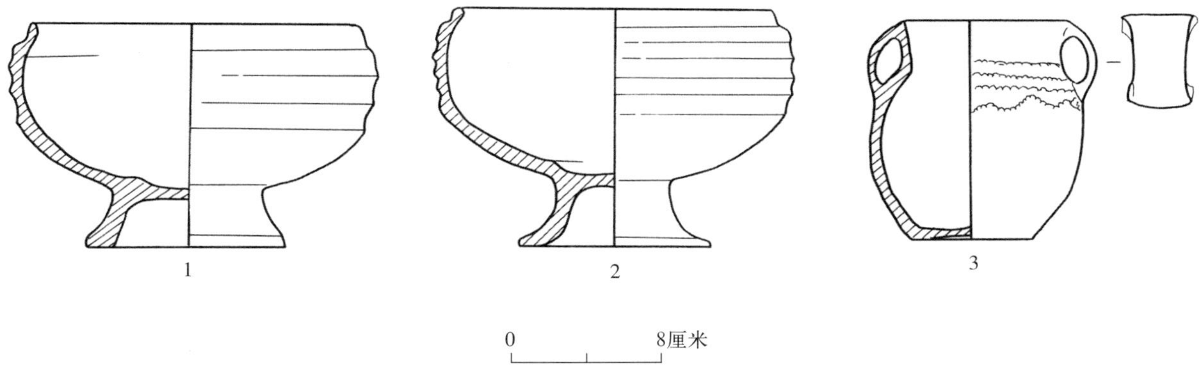

图五七八　M386 出土陶器
1、2.豆M386：1、2　3.双耳罐M386：3

叭形底座。腹部饰四道凹弦纹，器身有轮制痕迹。口径 17.4、最大径 20.2、底径 10.5、高 13.8 厘米（图五七八，2）。

双耳罐　1 件。

M386：3，泥质灰陶。口微侈，圆唇，直领，深弧腹，最大径位于腹中部，平底微内凹，口部对称处附加两宽带状器耳，上端接于口部，与沿面齐平，下端接于腹上端，相接处贴以泥片加以固定。腹上端饰三周蛇纹，之下饰一道波浪状蛇纹，器身有刮抹痕迹。口径 9.0、最大径 11.8、底径 6.5、高 12.5 厘米（图五七八，3）。

三四七　M387

（一）墓葬形制

该墓位于墓群 B 区东北部。开口于②层下，开口距地表 0.60 米。

竖穴土坑墓，平面呈长方形，方向 350°。口大底小，有生土二层台。上口长 3.30、宽 2.30 米；二层台面距墓口深 1.60 米，东侧台面宽 0.20、西侧台面宽 0.25 米，南北两侧无二层台；底长 3.06、宽 1.60 米；深 2.60 米。二层台以上壁面斜直内收，收分明显，其下壁面平直，周壁光滑，墓底较平，无工具加工痕迹。

墓内填松散的褐色五花土，出土少量陶片。

葬具不详。

葬式不详。

盗洞 1 个，位于墓葬的东侧中部，平面呈椭圆形，长 1.10 ～ 1.30、深 0.70 米。

墓葬内出土陶罐 2、骨锥 1 件（组）（图五七九）。

（二）出土遗物

1. 陶器

2 件。

小口罐　1 件。

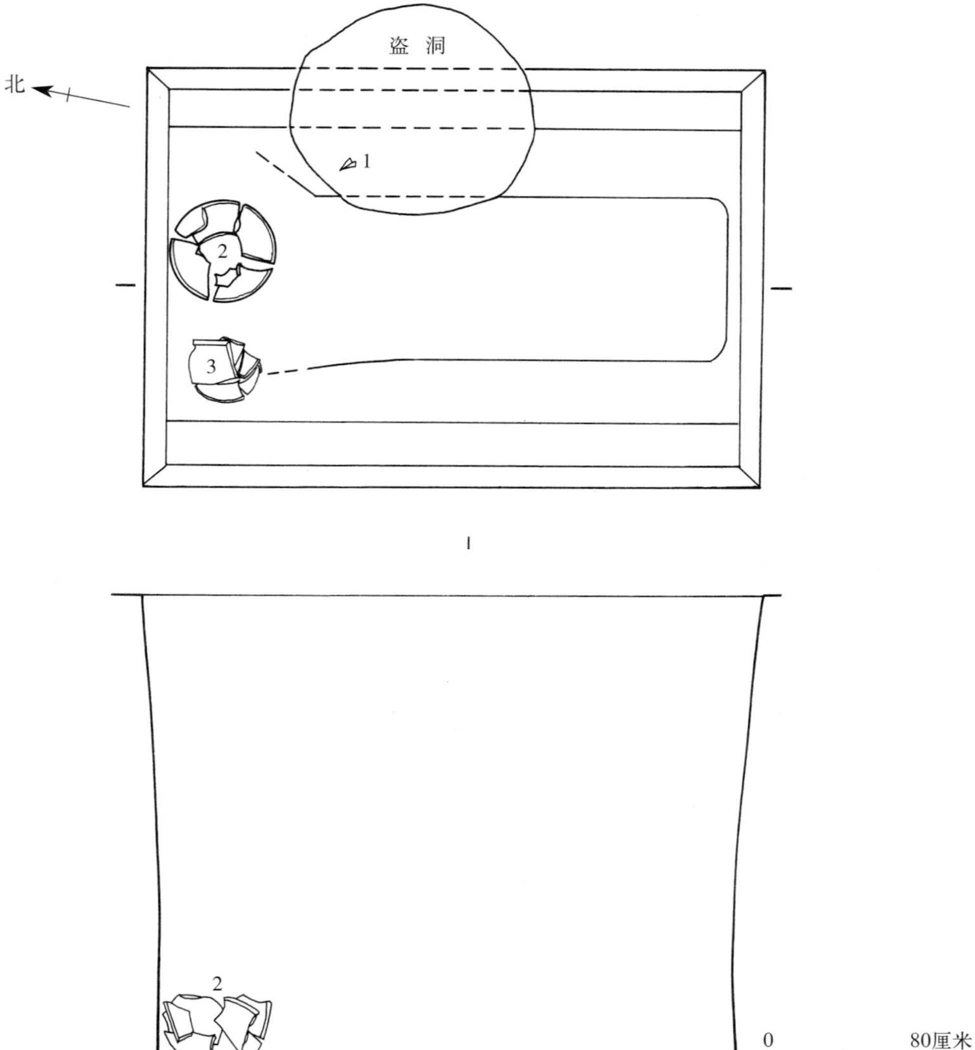

图五七九 M387平、剖面图

1.骨锥 2.小口陶罐 3.扁腹陶罐

M387：2，残，口部缺失，泥质灰陶。圆腹，最大径位于腹中部，平底。腹上部先饰竖绳纹，再于其上饰数道凹弦纹，将之分割成数段，腹底部有刮抹痕迹。最大径34.4、底径17.3、高21.0厘米（图五八〇，1）。

扁腹罐 1件。

M387：3，泥质灰陶。直口，圆唇，矮领，领上部有凸棱，广肩，深弧腹，最大径位于腹上端，平底。腹上部先饰竖绳纹后于其上饰三道弦纹，器身有刮抹痕迹。口径13.0、最大径23.2、底径12.0、高15.6厘米（图五八〇，2）。

2. 骨器

1件。

锥 1组。

M387：1，共2件。用动物残骨骼加工而成，以关节为顶端，末端经磨制，较尖锐。M387：1-1，长4.2厘米（图五八〇，3）。M387：1-2，长5.0厘米（图五八〇，4）。

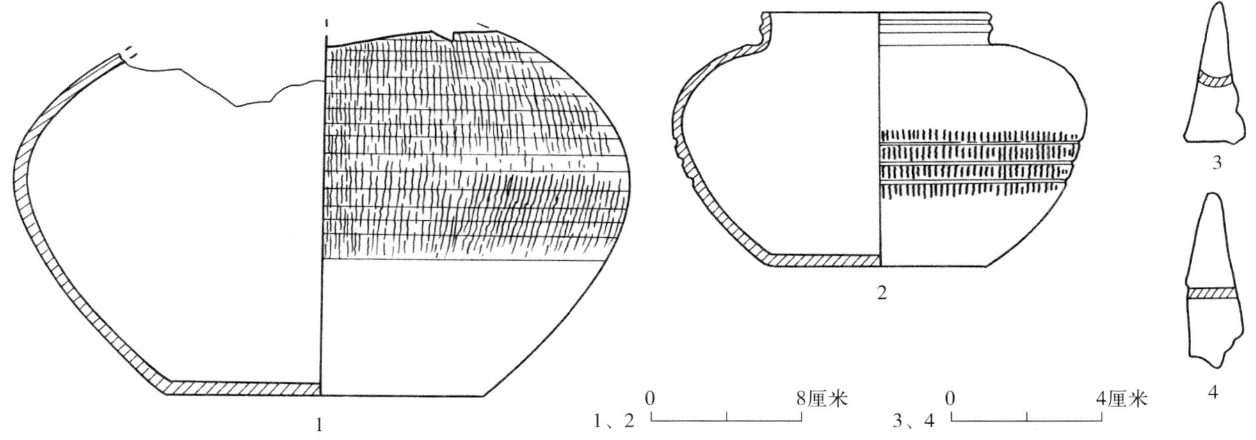

图五八〇　M387 出土器物

1.小口陶罐M387：2　2.扁腹陶罐M387：3　3、4.骨锥M387：1-1、1-2

三四八　M388

（一）墓葬形制

该墓位于墓群 B 区东北部。开口于①层下，开口距地表 0.30 米。

竖穴土坑墓，平面呈长方形，方向 90°，口底同大。长 2.40、宽 1.40 米，深 0.40 米。周壁平直、光滑，平底，无工具加工痕迹。墓内填松散的黄褐色五花土，含少量植物根系、木炭点等。

葬具不详。

葬式不详（图五八一）。

（二）出土遗物

无出土器物。

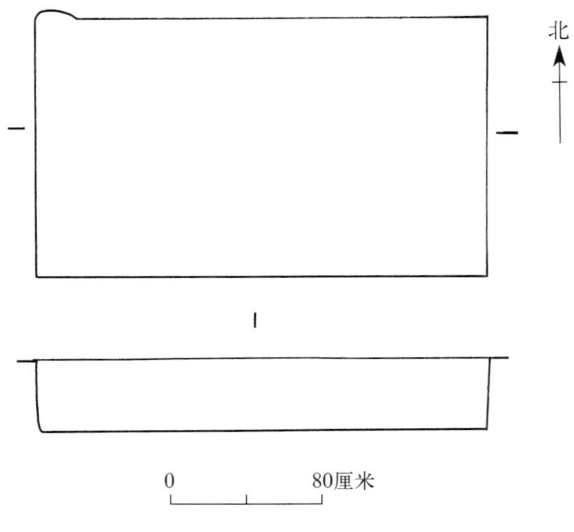

图五八一　M388 平、剖面图

三四九 M389

（一）墓葬形制

该墓位于墓群 B 区东北部。开口于②层下，开口距地表 1.20 米。

竖穴墓道土洞墓，平面呈“凸”形，方向 140°。由墓道和墓室两部分组成。墓道位于墓室的南端，平面呈长方形，口大底小。上口长 2.40 ～ 2.80、宽 2.34 米；底长 2.12、宽 1.60 米；深 1.40 ～ 2.00 米。壁面斜直内收，收分明显，平底，无工具加工痕迹。墓室为土洞式，平面呈长方形，弧顶，口底同大，宽 1.64、进深 3.40 米，高 1.30 米。周壁平直、光滑，平底，无工具加工痕迹。墓道内填松散的褐色五花土，含少量植物根系、红烧土点、木炭屑等；墓室内填较硬的灰黄色淤土，较为纯净。

葬具不详。

葬式不详。

墓室内出土陶鼎 1、陶壶 1、陶锜 1、陶甑 1、陶罐 2、陶熏炉 1、陶器盖 1、铜铃 6、铜镜 1、铜钱 1、铜带钩 3、骨质棋子 1 件（组）（图五八二；彩版一七九，2）。

（二）出土遗物

1. 陶器

8 件。

鼎 1 件。

M389：14，泥质灰陶。子母口内敛，圆唇，弧腹，圜底，下接三蹄足，蹄足肥硕，足跟外鼓，下部微外撇，腹上端接两附耳，耳上端外撇。其中一耳侧面有阴刻三角形图案，腹中部有一道凸棱。口径 15.7、腹径 19.8、裆高 2.4、通高 13.6 厘米（图五八三，1；彩版一八〇，1）。

假圈足壶 1件。

M389：13，泥质灰陶。覆钵形子母口器盖，盖顶附加三个圆饼状兽形泥饼，器身呈盘口，细高领，溜肩，圆腹，最大径位于腹上端，平底，高圈足，肩部对称处附加两个兽形铺首衔环。器身素面，器身有轮制痕迹。口径 11.2、最大径 20.4、底径 11.7、圈足高 3.0、通高 31.2 厘米（图五八三，2；彩版一八〇，2）。

锜 1 件。

M389：16，泥质灰陶。器身似一釜，直口，圆唇，矮领，平肩，折腹，圜底，三蹄足纤细较高，腹部有一隔棱，最大径位于隔棱处，隔棱之上对称处附加两兽形铺首衔环。素面。器身有轮制痕迹。口径 7.6、最大径 20.0、隔棱宽 1.2、裆高 2.2、通高 9.6 厘米（图五八三，3；彩版一八〇，3）。

盘形甑 1 件。

M389：19，泥质灰陶。盆形甑，敞口，宽沿微外撇，方唇，斜腹直内收，平底，矮圈足，底部镂圆形箅孔。器身素面。口径 17.3、底径 7.5、圈足高 0.8、通高 4.7 厘米（图五八三，4）。

小口旋纹罐 1 件。

M389：12，泥质灰陶。侈口，外斜沿，方唇，束颈，溜肩，圆腹，最大径位于圆腹处，平底。肩、腹上部先饰竖绳纹，再于其上饰数道凹弦纹，将之分割成数段，颈部轮制痕迹明显，器身有刮抹痕迹。口径 11.6、最大径 20.6、底径 10、高 22.2 厘米（图五八三，5）。

扁腹罐 1 件。

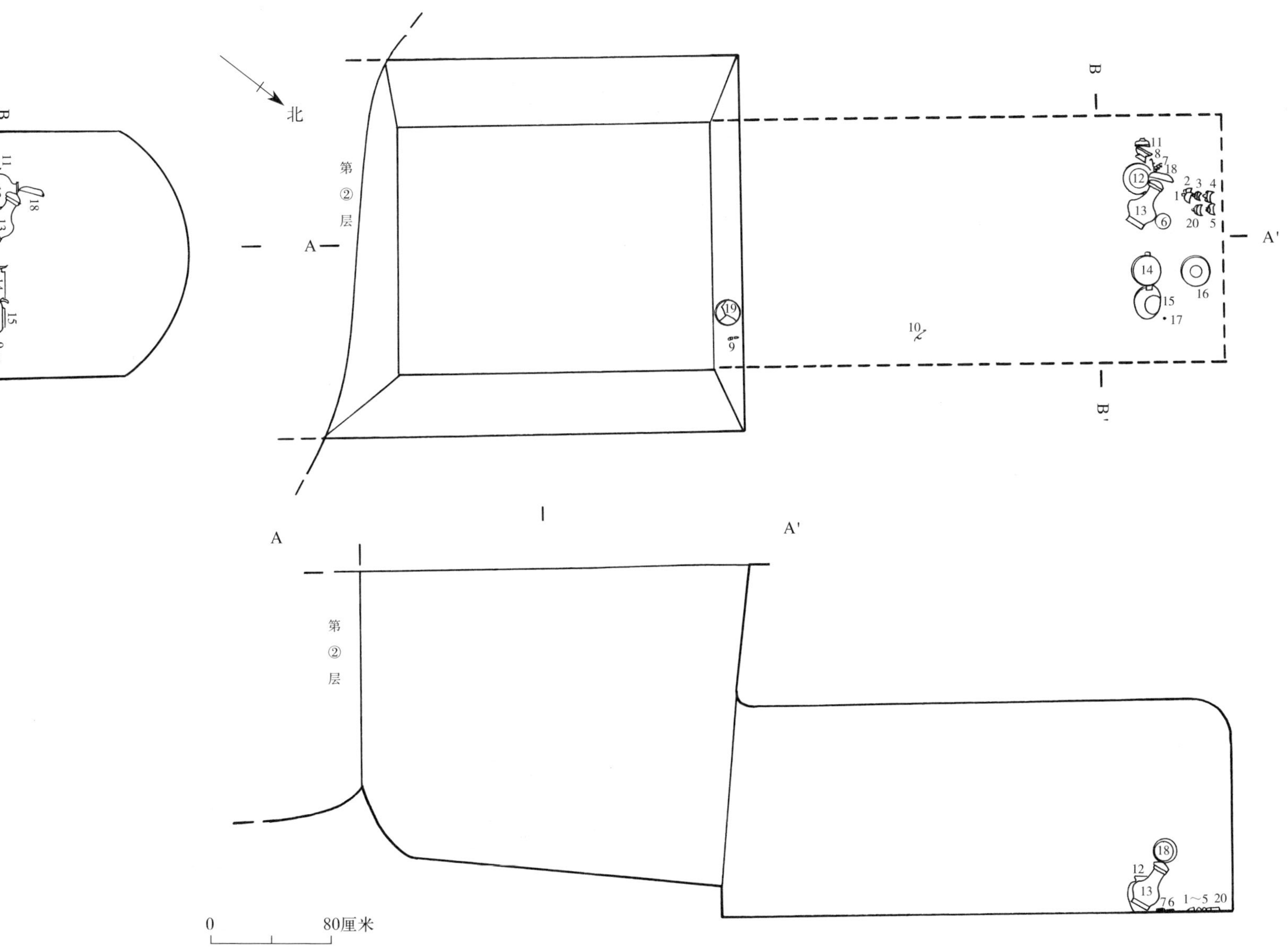

图五八二　M389平、剖面图

1～5、20.铜铃　6.素面铜镜　7.半两钱　8～10.铜带钩　11.陶熏炉　12.小口旋纹陶罐　13.假圈足陶壶　14.陶鼎　15.扁腹陶罐　16.陶锜　17.骨质棋子　18. 陶器盖　19.盘形陶甑

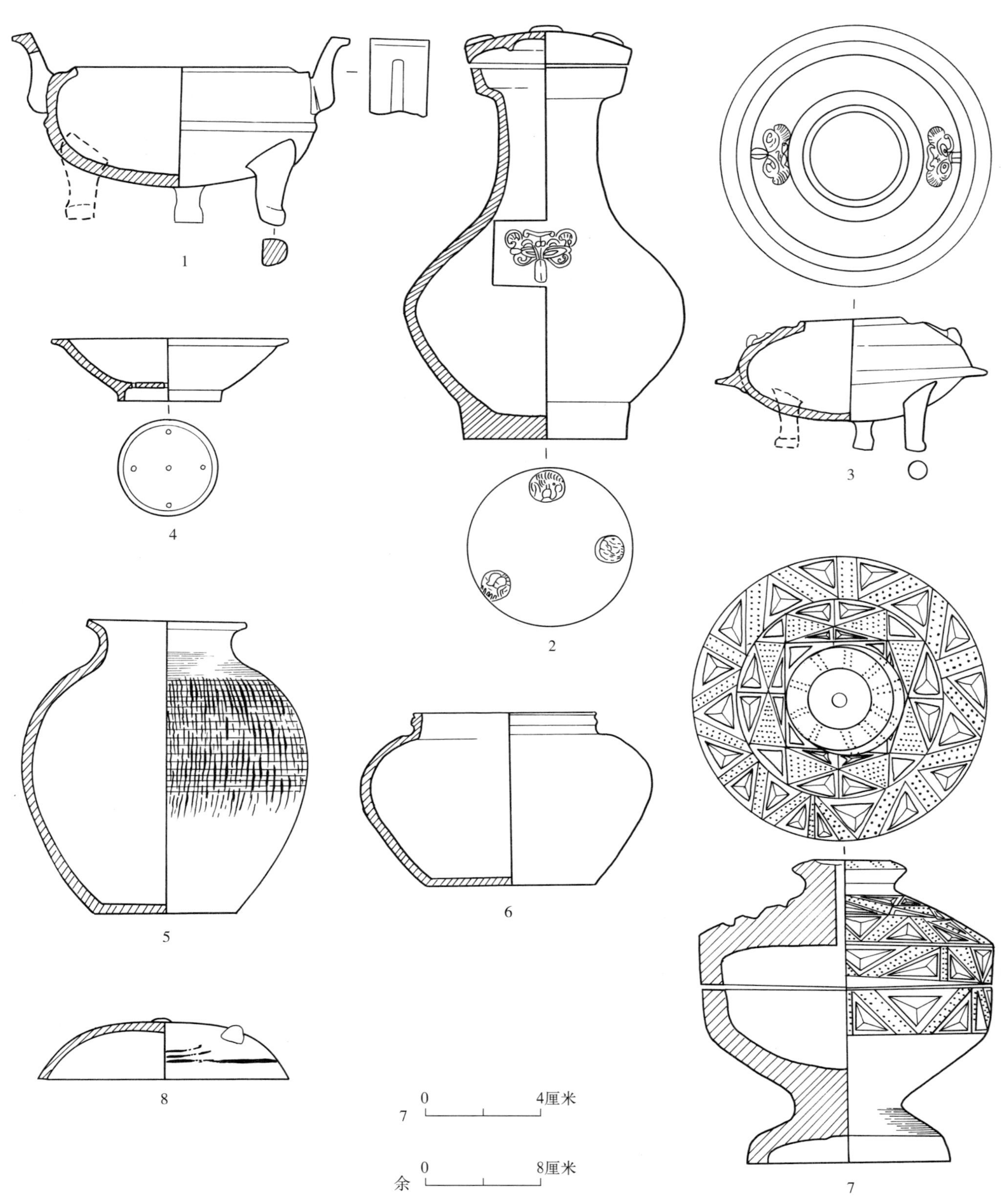

图五八三　M389出土陶器

1.鼎M389：14　2.假圈足壶M389：13　3.锜M389：16　4.盘形甑M389：19　5.小口旋纹罐M389：12　6.扁腹罐M389：15　7.熏炉M389：11　8.器盖M389：18

M389：15，泥质灰陶。直口，圆唇，矮领，领上端有凸棱，广肩，弧腹，最大径位于腹上端，平底。素面，器身有刮抹痕迹。口径13.2、最大径21.3、底径12.0、高13.0厘米（图五八三，6）。

熏炉 1件。

M389：11，泥质灰陶。覆钵形器盖，顶端有一喇叭形器纽，灯盘呈敞口，方唇，浅腹，正中接一喇叭形底座。器盖顶部及器身腹部镂刻三角形，间以戳刺纹，盖顶部对称处八个三角形镂空，器底轮制痕迹明显。口径10.6、底径7.4、高11.3厘米（图五八三，7；彩版一八〇，4）。

器盖 1件。

M389：18，泥质灰陶，施彩绘。覆钵形器盖，盖顶较均匀分布三个乳丁，器身用红彩绘三道弦纹、之上彩绘图案不明，器身有轮制痕迹。口径17.2、高4.4厘米（图五八三，8）。

2. 铜器

11件。

素面镜 1面。

M389：6，镜面平直，三弦纽，圆座。主纹区内外缘各饰一道弦纹，素缘。直径10.2厘米（图五八四，1；彩版一八一，1）。

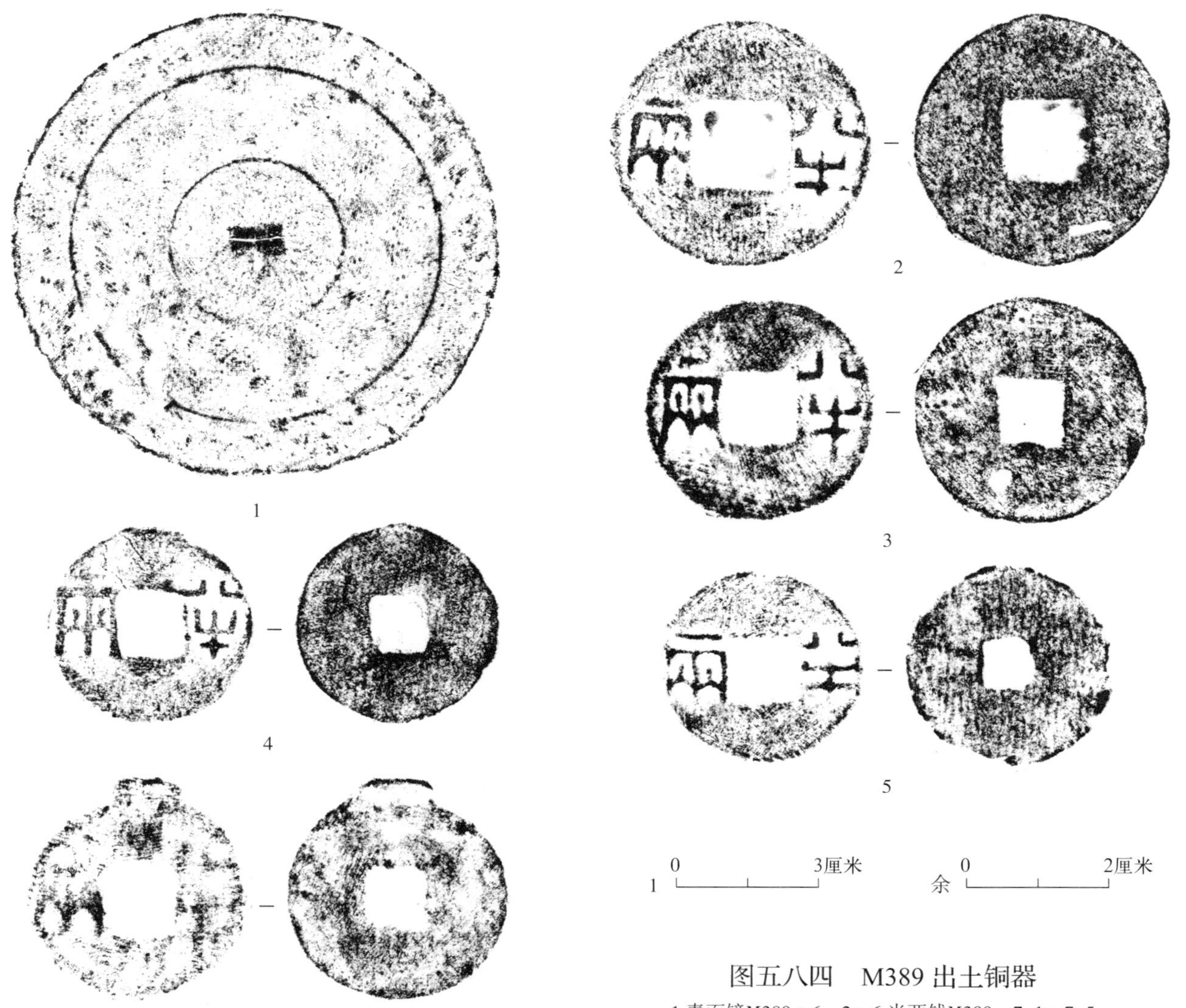

图五八四 M389出土铜器

1.素面镜M389：6 2～6.半两钱M389：7-1～7-5

半两钱　1组。

M389∶7，共11枚。圆形方穿，无郭。钱径2.7～3.6、穿宽0.7～1.2厘米，重量2.8～6.8克（图五八四，2～6；彩版一八一，2）。

带钩　3件。

M389∶8，琵琶形，钩首为头，钩体为身，圆形纽位于体下部。素面。长5.8、纽径0.9厘米（图五八五，1）。

M389∶9，残。曲棒形，钩首为头，残损，钩体为身，椭圆形纽位于体下部。素面。长4.8、纽径0.6～0.9厘米（图五八五，2）。

M389∶10，琵琶形，钩首为头，钩体为身，圆形纽位于体下部。钩体表面饰三组“回”字形弦纹。长8.7、纽径1.7～1.9厘米（图五八五，3）。

铃　6件。

M389∶1，残。半环形纽，身较圆，上宽下窄，两铣下垂，舌缺失。素面。舞宽2.2、铣宽3.4、体高2.7、通高3.6厘米（图五八五，4）。

M389∶2，残。方形纽，身较扁，上宽下窄，两铣下垂，其中一铣残损，舌缺失。舞部素面，钲部饰菱形网格纹间以乳点。舞宽4.0、铣残宽5.4、体高3.3、通高4.8厘米（图五八五，5）。

M389∶3，残，纽缺失。身较扁，上宽下窄，两铣下垂，舌残损。舞部素面，钲部饰云纹、三角纹间以乳点，钲部左右饰菱形网格纹间以乳点。舞宽3.6、铣宽7.0、体高3.6、残高3.8厘米（图五八五，6）。

M389∶4，方形纽，身较扁，上宽下窄，两铣下垂，舌缺失。舞部素面，钲部饰菱形网格纹间以乳点。舞宽4.0、铣宽7.1、体高3.8、通高5.3厘米（图五八五，7）。

M389∶5，残。半环形纽，身较圆，上宽下窄，两铣下垂，舌缺失。素面。舞宽2.2、铣宽2.4、

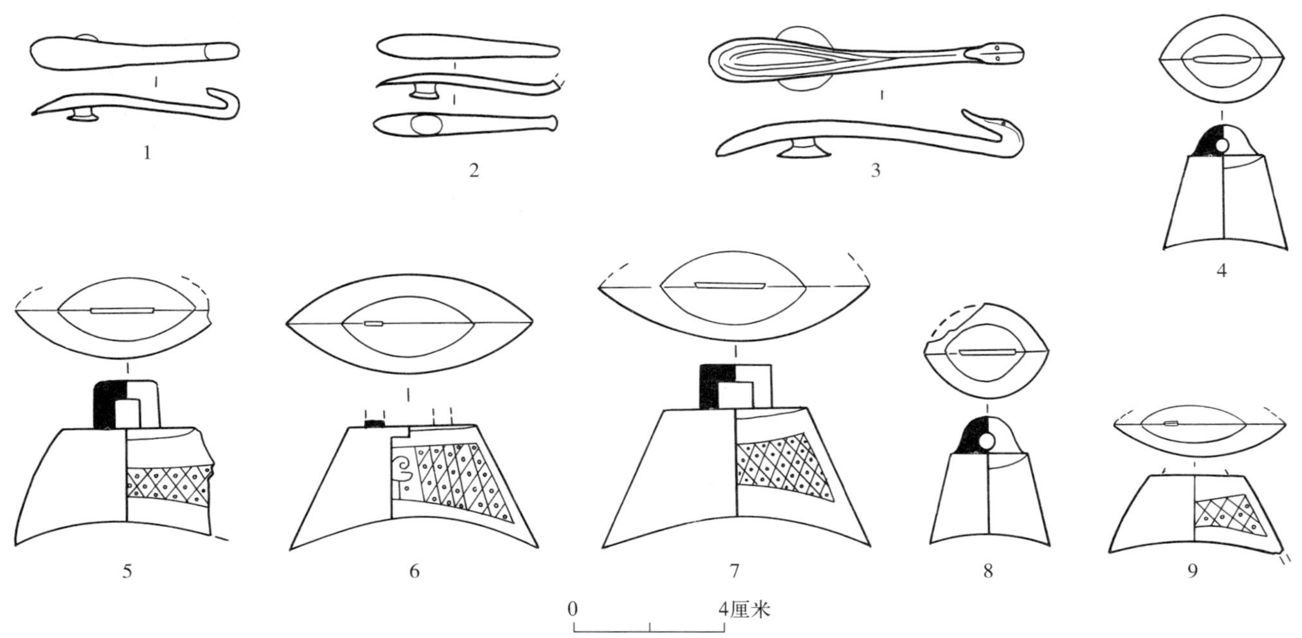

图五八五　M389出土铜器

1～3.带钩M389∶8～10　4～9.铃M389∶1～5、20

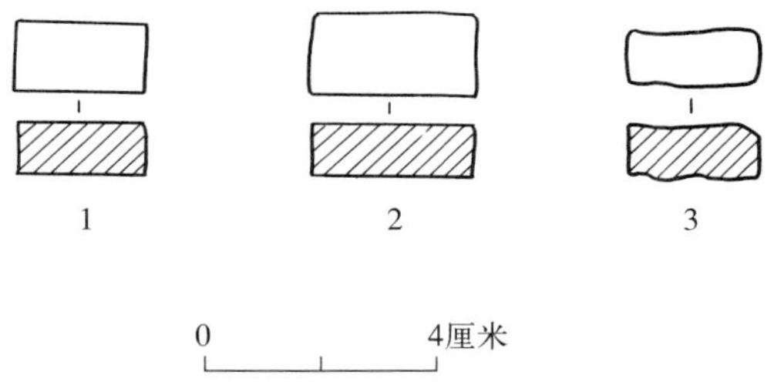

图五八六　M389出土骨器

1～3.棋子M389：17-1、17-2、17-7

体高 2.2、通高 3.2 厘米（图五八五，8）。

M389：20，残存一面。纽缺失，身较圆，上宽下窄，两铣下垂，舌缺失。钲部饰菱形网格纹间以乳点。舞宽 2.4、铣宽 4.6、体高 1.8 厘米（图五八五，9）。

3. 骨器

1 组。

棋子　1 组。

M389：17，共 7 枚。形制相同，长方体。素面。M389：17-1，长 2.4、宽 1.3、厚 1.0 厘米（图五八六，1）。M389：17-2 ～ 17-6，长 3.0、宽 1.5、厚 1.0 厘米（图五八六，2）。M389：17-7，长 2.5、宽 1.0、厚 1.0 厘米（图五八六，3；彩版一八一，3）。

三五〇　M390

（一）墓葬形制

该墓位于墓群 B 区东北部。开口于②层下，开口距地表 1.00 米。

竖穴土坑墓，平面呈长方形，方向 330°。口大底小，有生土二层台。上口长 3.50、宽 2.60 米；二层台面距墓口深 2.80 米，东、西侧台面宽 0.30、南侧台面宽 0.25 米，北侧无二层台；底长 2.86、宽 1.60 米；深 4.00 米。二层台以上壁面斜直内收，收分明显，其下壁面平直，周壁光滑，墓底较平，无工具加工痕迹。墓内填松散的黄褐色五花土，含少量植物根系、红烧土点、木炭屑等，出土较少的陶片。

葬具一椁，东西向摆放，残存板灰，结构不明，残长 2.00、宽 0.96 米，椁板厚度、高度不明。

葬式不详。

盗洞 1 个，自墓顶直通墓底，位于墓葬的北端，平面呈不规则形，长 2.00、宽 1.20 米。

墓葬内出土陶盆 1、陶甑 1、陶罐 4、陶鍪 1 件（图五八七）。

（二）出土遗物

陶器

7 件。

大陶甑　1 件。

M390：2，泥质灰陶。敞口，窄沿外撇，方唇，上腹较直，下腹斜直内收，平底，底部饰圆形箅孔。器腹上部饰三道凸弦纹，之下饰竖绳纹，器身有刮抹痕迹。口径 45.0、底径 16.5、高 22.5 厘米（图

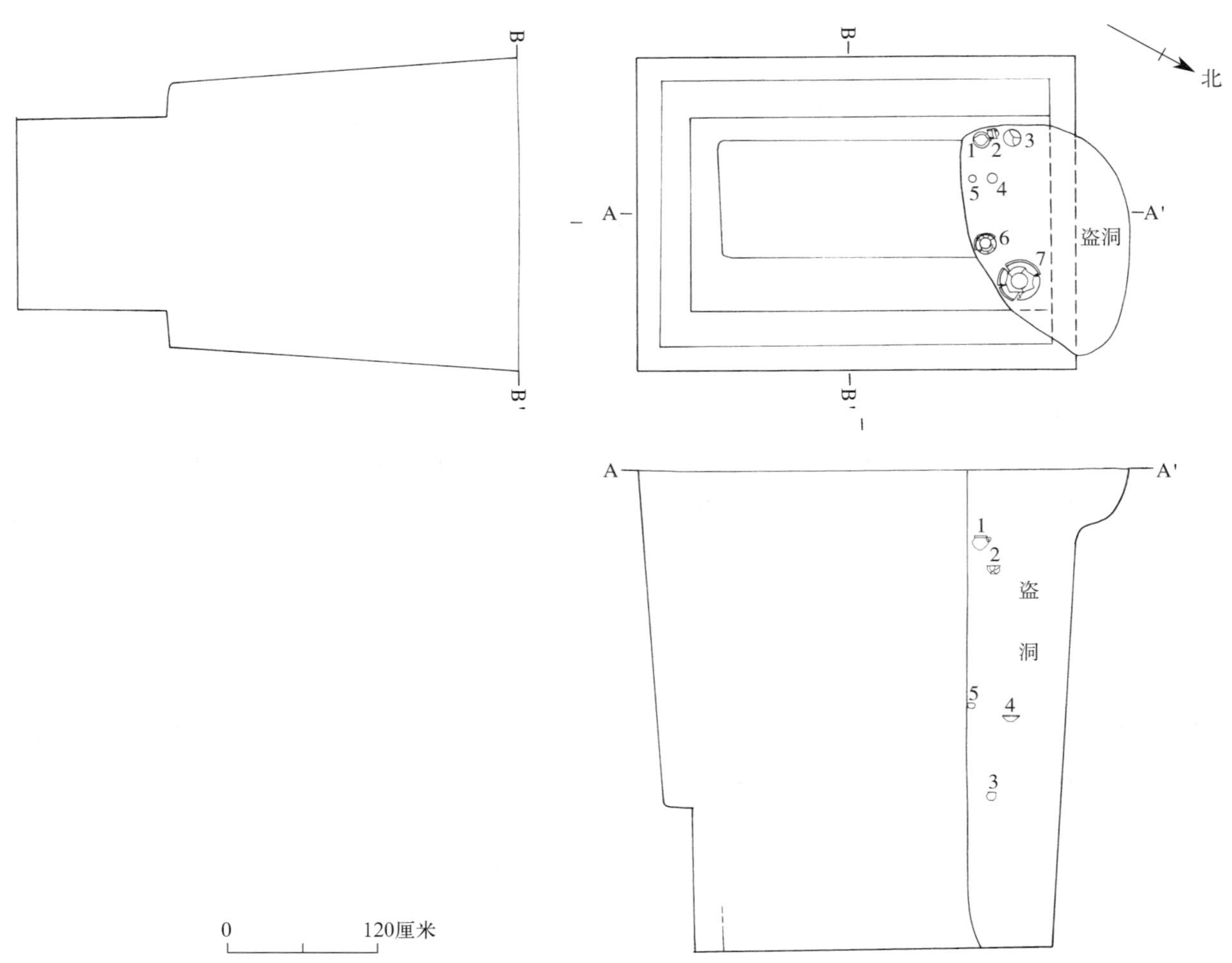

图五八七　M390 平、剖面图

1.带耳陶鍪　2.大陶甑　3.小陶盆　4、5.小陶罐　6.壶形陶罐　7.小口陶罐

五八八，1）。

壶形罐　1 件。

M390：6，泥质灰陶。侈口，外斜沿，方唇，高领，溜肩，圆腹，最大径位于腹上端，平底。腹部饰时断时续的斜向竖绳纹，器身有刮抹痕迹。口径 10.6、最大径 19.1、底径 10.0、高 20.5 厘米（图五八八，2）。

小口罐　1 件。

M390：7，泥质灰陶。侈口，窄平沿，方唇，矮领，溜肩，深弧腹，最大径位于肩腹交接处，平底。肩、腹上部先饰竖绳纹，再于其上饰数道弦纹，将之分割成数段，领部有轮制痕迹，器身有刮抹痕迹。口径 10.5、最大径 33.5、底径 16.5、高 30.8 厘米（图五八八，3）。

小陶罐　2 件。

M390：4，泥质灰陶。侈口，外斜沿，尖唇，圆腹，最大径位于腹中部，平底。素面，器身有刮抹痕迹。推测为模型明器。口径 6.4、最大径 8.1、底径 3.7、高 6.4 厘米（图五八八，4）。

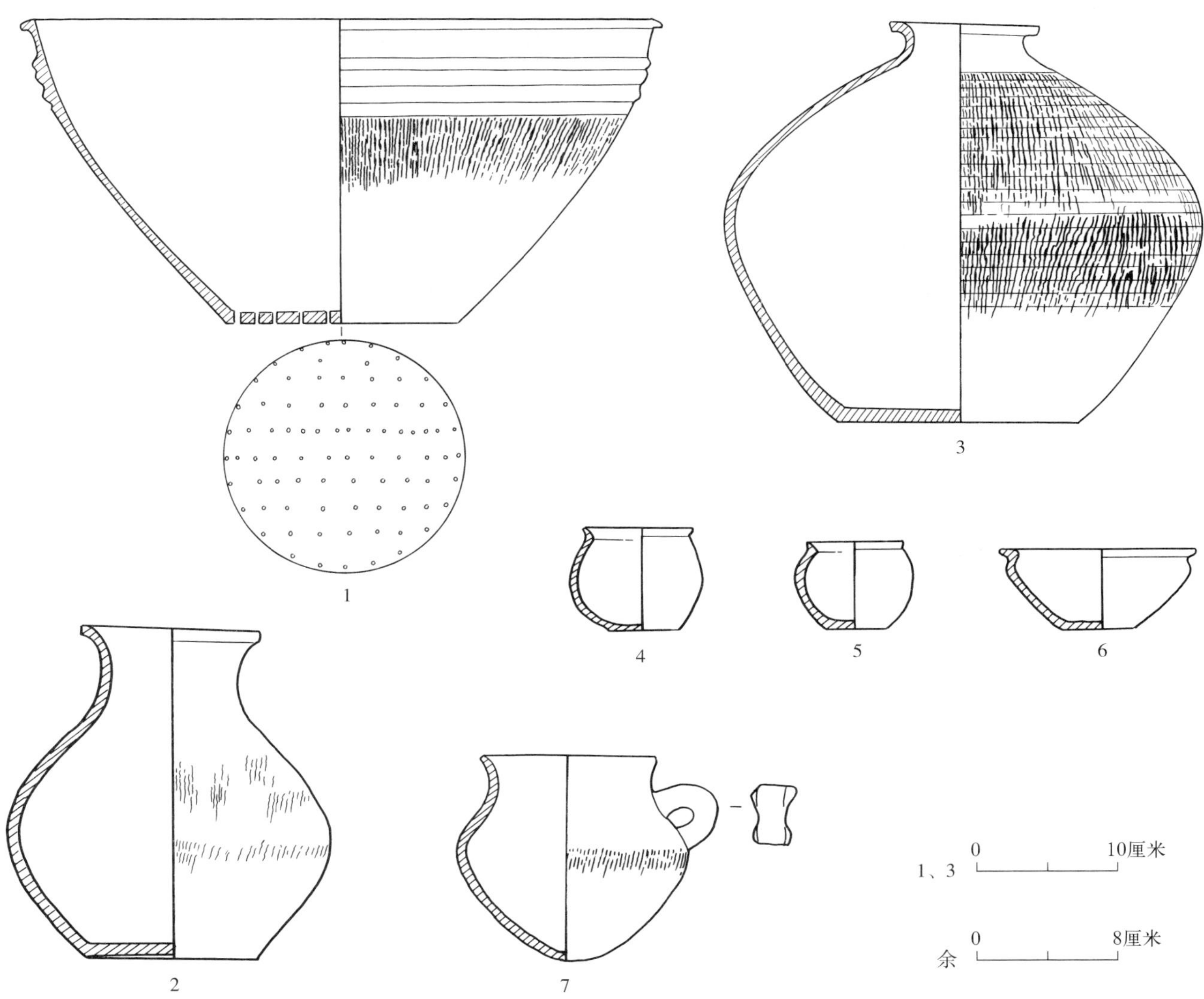

图五八八　M390 出土陶器

1.大陶甑M390：2　2.壶形罐M390：6　3.小口罐M390：7　4、5.小陶罐M390：4、5　6.小陶盆M390：3　7.带耳鋬M390：1

M390：5，泥质灰陶。侈口，外斜沿，尖唇，圆腹，最大径位于腹中部，平底。素面，器身有刮抹痕迹。推测为模型明器。口径 5.6、最大径 7.2、底径 3.1、高 5.4 厘米（图五八八，5）。

小陶盆　1 件。

M390：3，泥质灰陶。敞口，宽平沿，圆唇，敛颈，斜腹弧内收，平底。素面，器身有刮抹痕迹。推测为模型明器。口径 11.6、底径 4.0、高 5.0 厘米（图五八八，6）。

带耳鋬　1 件。

M390：1，夹砂灰陶。侈口，圆唇，束颈，鼓腹，最大径位于鼓腹处，圜底，颈下端附加一环形器耳。腹中部饰竖绳纹，器身有刮抹痕迹。口径 10.6、最大径 13.8、高 12.4 厘米（图五八八，7）。

三五一　M391

（一）墓葬形制

该墓位于墓群 B 区东北部。开口于②层下，开口距地表 1.70 米，被现代扰坑打破。

斜坡墓道土洞墓，平面呈“凸”形，方向 170°。由墓道和墓室两部分组成。墓道位于墓室的南端，南高北低呈斜坡状，坡度为 14°。平面呈梯形，北窄南宽，口大底小。上口长 2.70、宽 1.40 ～ 1.56 米；底长 0.80、宽 0.80 ～ 1.15 米；深 0.80 ～ 1.46 米。壁面斜直内收，收分明显，平底，无工具加工痕迹。墓室为土洞式，平面呈长方形，顶部坍塌，宽 1.10、进深 2.40 米，高 0.50 米。周壁平直、光滑，平底，底高于墓道 0.12 米，无工具加工痕迹。墓道内填松散的褐色五花土，含少量植物根系、红烧土点、木炭屑等；墓室内填较硬的灰黄色淤土，较为纯净。

葬具不详。

葬式不详。

被盗扰。

墓道内出土陶盆 1、陶罐 4、陶鋬 1、铁刀 2 件（图五八九）。

（二）出土遗物

1. 陶器

6 件。

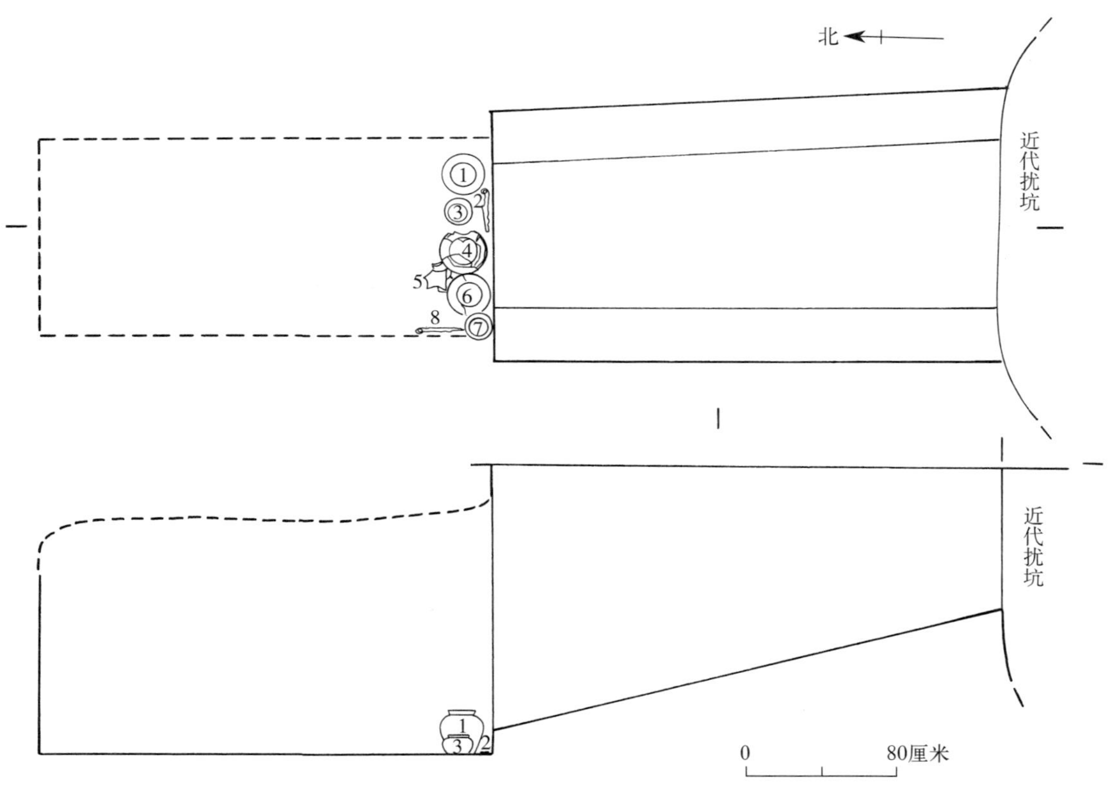

图五八九　M391 平、剖面图

1、4、6.大口陶罐　2、8.铁刀　3.扁腹陶罐　5.大陶盆　7.无耳无鋬陶鋬

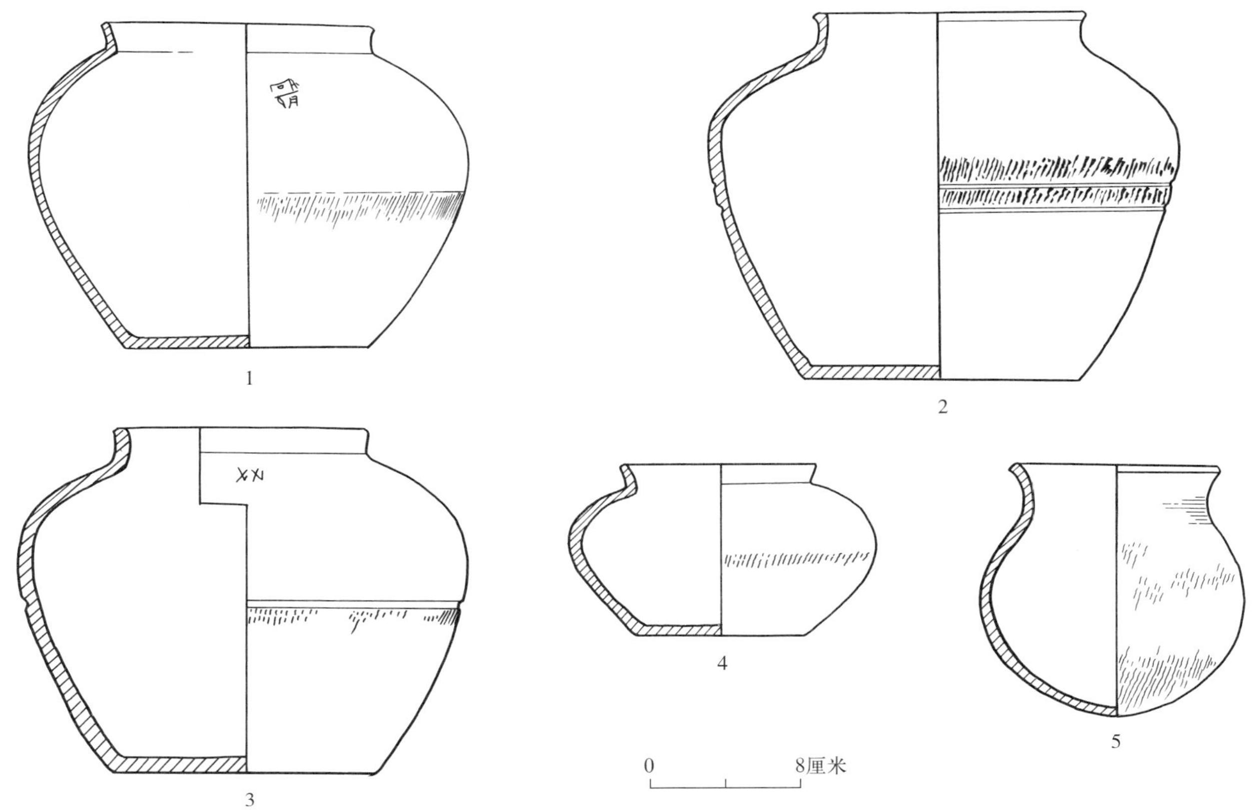

图五九〇　M391出土陶器

1～3.大口罐M391：1、4、6　4.扁腹罐M391：3　5.无耳无錾鍪M391：7

大口罐　3件。

M391：1，泥质灰陶。侈口，方唇，矮领外斜，广肩，弧腹，最大径位于肩、腹交接处，平底。肩部有阴刻“□阴”字样，腹上部饰竖绳纹，器身有刮抹痕迹。口径15.4、最大径25.2、底径14、高25厘米（图五九〇，1）。

M391：4，泥质灰陶。口微侈，圆唇，矮领，领上端有凸棱，广肩，深弧腹，最大径位于腹上端，平底。腹上部先饰竖绳纹后于其上饰二道弦纹，器身有刮抹痕迹。口径15.3、最大径26.8、底径15.2、高21.5厘米（图五九〇，2）。

M391：6，泥质灰陶。直口，方唇，矮领，圆肩，深弧腹，最大径位于腹上端，平底。肩部有阴刻符号，腹上部饰弦纹，之下饰时断时续的斜向竖绳纹，颈部有刮抹痕迹。口径14.4、最大径25.6、底径14.8、高20.2厘米（图五九〇，3）。

扁腹罐　1件。

M391：3，泥质灰陶。侈口，方唇，矮领外斜，广肩，弧腹，最大径位于腹上端，平底。腹中部饰竖绳纹，器身有刮抹痕迹。口径11.0、最大径17.4、底径9.6、高10.1厘米（图五九〇，4）。

大陶盆　1件。

M391：5，泥质灰陶。敞口，宽平沿，方唇，上腹较直，下腹斜直内收，平底。上下腹交接处有一折棱明显，素面，腹上端轮制痕迹明显。口径54.0、底径22.0、高28.6厘米（图五九一，1）。

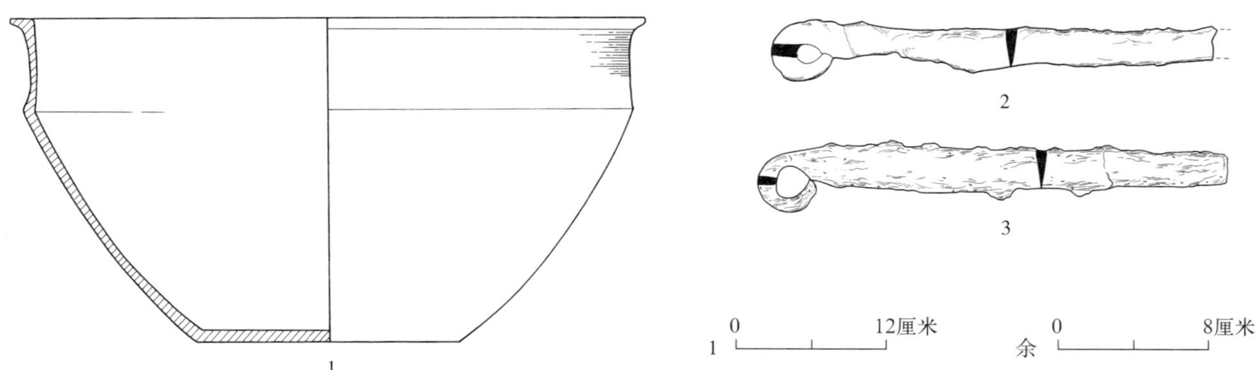

图五九一　M391 出土陶器、铁器

1.大陶盆M391：5　2、3.铁刀M391：2、3

无耳无鋬鍪　1 件。

M391：7，夹砂灰陶。侈口，外斜沿，方唇，束颈，圆腹，最大径位于腹中部，圜底。器身饰斜向细绳纹，口部有轮制痕迹。口径 11.6、最大径 14.8、高 14.4 厘米（图五九〇，5）。

2. 铁器

2 件。

刀　2 件。

M391：2，锈蚀，残。椭圆形环首，截面呈圆角长方形，残存部分削身，截面呈三角形。残长 23.2、环首径 1.2 ～ 3.2 厘米（图五九一，2；彩版一八二，1）。

M391：8，锈蚀，残。椭圆形环首，截面呈圆角长方形，削身钎细修长，截面呈三角形。长 24.8、环首径 2.0 厘米（图五九一，3）。

三五二　M393

（一）墓葬形制

该墓位于墓群 B 区东北部。开口于②层下，开口距地表 1.20 米，被 M392 打破。

竖穴土坑墓，平面呈长方形，方向 350°。口大底小，有生土二层台。上口长 2.40、宽 1.30 米；二层台面距墓口深 0.60 米，台面均宽 0.10 米；底长 2.20、宽 1.10 米；深 1.50 米。二层台以上壁面斜直内收，收分明显，二层台以下壁面平直，周壁光滑，

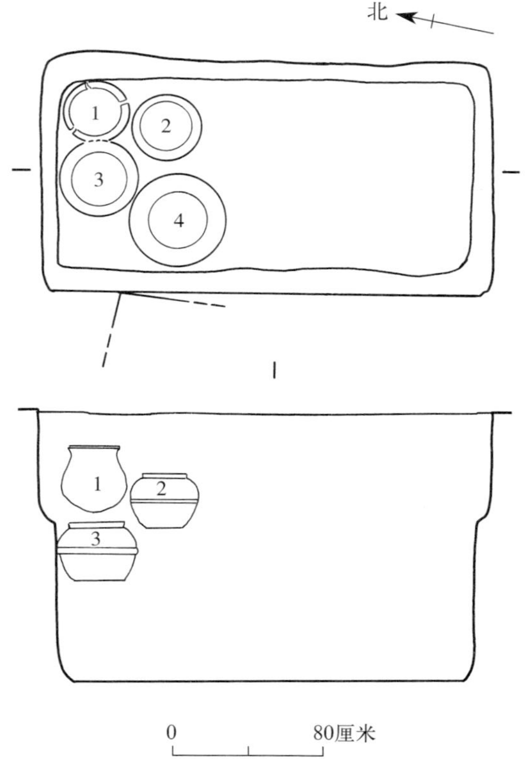

图五九二　M393 平、剖面图

1.无耳无鋬陶鍪　2～4.大口陶罐

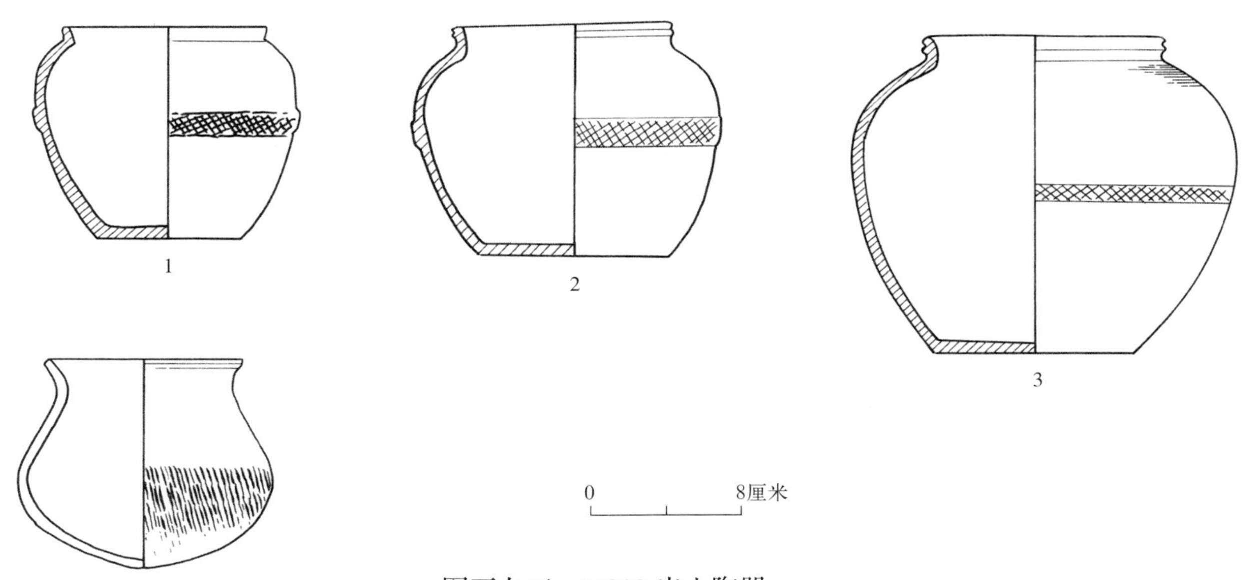

图五九三　M393出土陶器

1～3.大口罐M393：2、3、4　4.无耳无鋬鍪M393：1

墓底较平，无工具加工痕迹。墓内填松散的褐色五花土，含少量植物根系、红烧土点、木炭屑等，出土较多的陶片。

葬具不详。

葬式不详。

被盗扰。

墓葬内出土陶罐3、陶鍪1件（图五九二）。

（二）出土遗物

陶器

4件。

大口罐　3件。

M393：2，泥质灰陶。侈口，圆唇，矮领外斜，溜肩，深弧腹，最大径位于腹上端，平底。腹上部饰网格纹，器身有轮制痕迹。口径10.8、最大径12.0、底径7.2、高11.6厘米（图五九三，1）。

M393：3，泥质灰陶。直口，圆唇，矮领，领上端有凸棱，广肩，深弧腹，最大径位于腹上端，平底。腹部饰方格纹，器身有刮抹痕迹。口径11.6、最大径16.0、底径10.0、高12.8厘米（图五九三，2）。

M393：4，泥质灰陶。直口，圆唇，矮领，领上端有道凸棱，广肩，深弧腹，最大径位于腹上端，平底。腹上部饰网状方格纹，之下饰暗绳纹，口部轮制痕迹明显。口径13.1、最大径20.8、底径10.8、高18.2厘米（图五九三，3）。

无耳无鋬鍪　1件。

M393：1，泥质灰陶。侈口，外斜沿，圆唇，束颈，溜肩，圆腹，最大径位于腹上端，圜底。器身饰斜向细绳纹，口部有轮制痕迹。口径10.4、最大径13.6、高11.6厘米（图五九三，4）。

三五三　M394

（一）墓葬形制

该墓位于墓群 B 区东北部。开口于②层下，开口距地表 1.20 米，被 M392 打破。

竖穴土坑墓，平面呈长方形，方向 334°，口大底小。上口长 3.04、宽 1.40 米；底长 2.84、宽 1.20 米；深 2.40 米。周壁斜直内收，收分明显，平底，无工具加工痕迹。墓内填松散的褐色五花土，含少量植物根系、红烧土点、木炭屑等。

葬具不详。

葬式不详。

墓葬内出土陶罐 3、棺饰 1、铜钱 1 件（组）（图五九四）。

（二）出土遗物

1. 陶器

3 件。

小口罐　1 件。

M394：2，泥质灰陶。侈口，窄沿外翻，方唇，高领，广肩，深弧腹，最大径位于腹上端，平

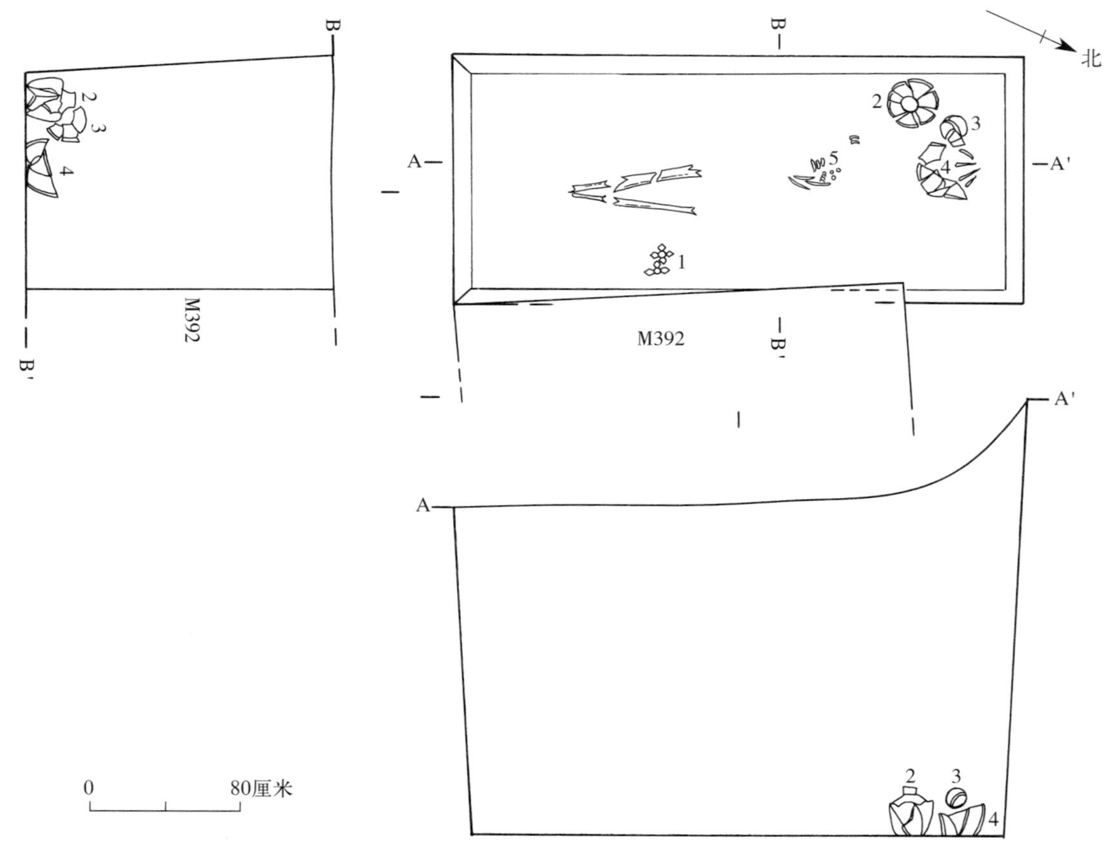

图五九四　M394 平、剖面图

1.铜棺饰　2.小口陶罐　3、4.大口陶罐　5.五铢钱

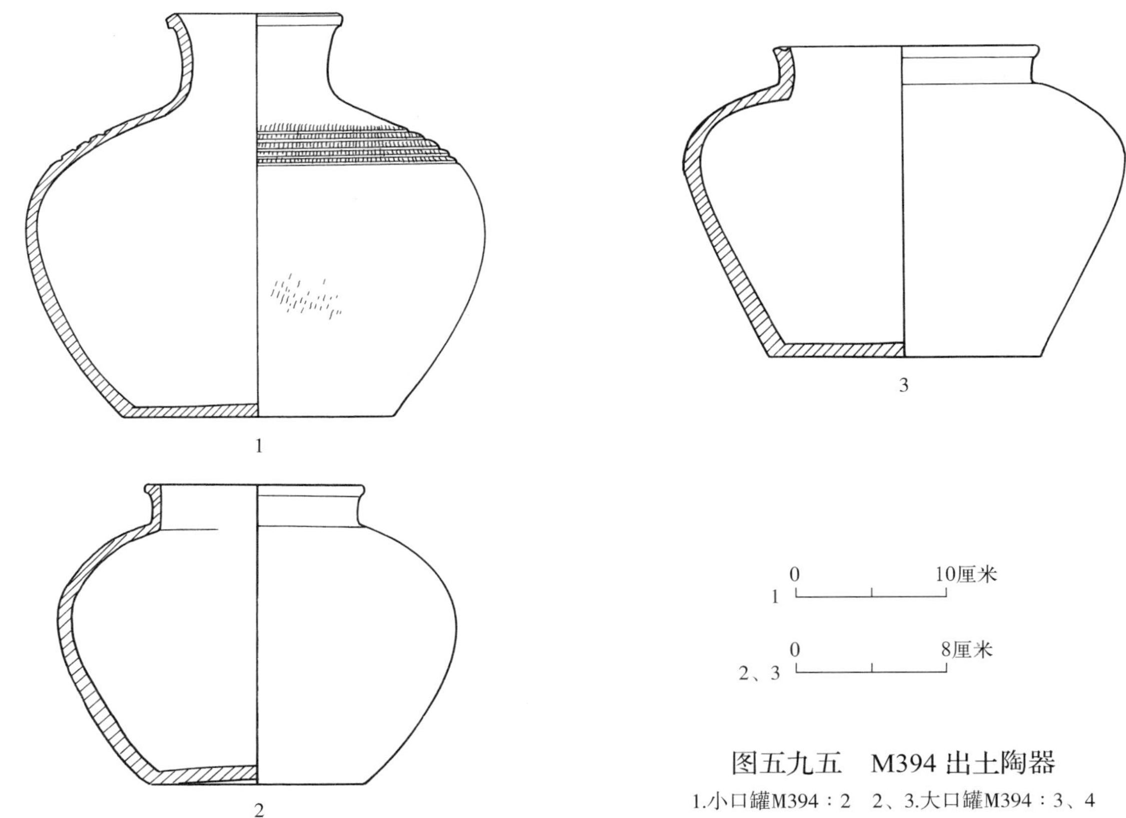

图五九五 M394出土陶器

1.小口罐M394：2 2、3.大口罐M394：3、4

底。颈部先饰竖绳纹，再于绳纹之上饰数道凹弦纹，将之分割成数段，腹部饰暗绳纹，底部有一方印，颈部轮制痕迹明显，器身有刮抹痕迹。口径12.3、最大径31.8、底径18.6、高29.0厘米（图五九五，1）。

大口罐 2件。

M394：3，泥质灰陶。直口，窄沿，方唇，矮直领，广肩，深弧腹，最大径位于腹上端，底内凹。素面，器身有轮制痕迹。口径14.0、最大径23.2、底径14.4、高17.3厘米（图五九五，2）。

M394：4，泥质灰陶。直口，窄沿，沿中部有凹槽，圆唇，矮直领，广肩，深弧腹，最大径位于腹上端，平底。素面，底部有一方印，器身有轮制痕迹。口径11.6、最大径21.2、底径11.2、高16.4厘米（图五九五，3）。

2. 铜器

2件。

棺饰 1组。

M394：1，共2件。鎏金。四个柿叶较对称的分布于四周，中央有一圆形穿孔，泡钉位于中央，素面。M394：1-1，柿叶最大径7.6、泡径2.2厘米（图五九六，1）。M394：1-2，柿叶最大径4.0、泡径1.4厘米（图五九六，2）

五铢钱 1组。

M394：5，共17枚。圆形方穿，有郭。钱径2.5～2.6、穿宽0.9～1.0厘米，重3.1～4.7克（图五九六，3、4；彩版一八二，2）。

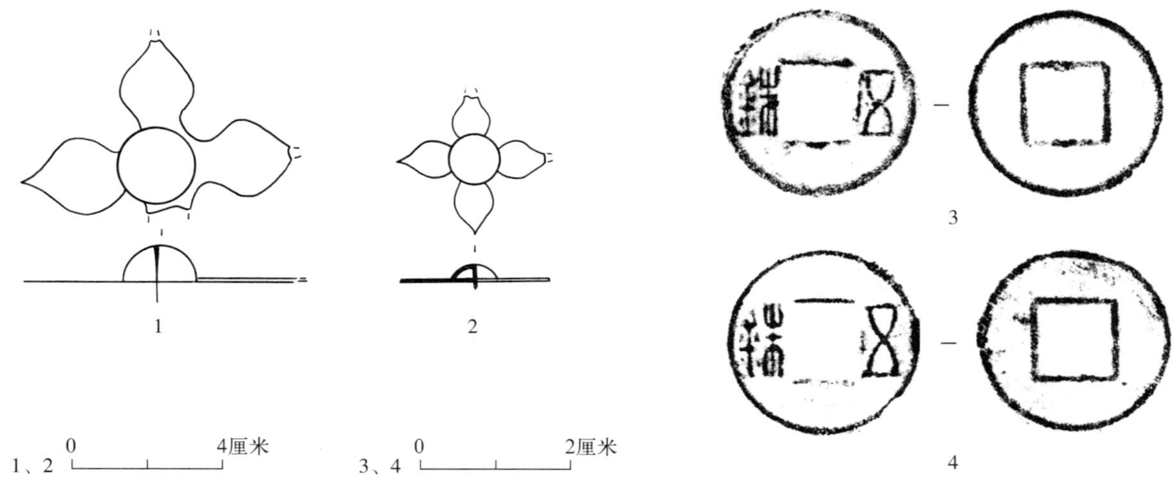

图五九六 M394 出土铜器

1、2.棺饰M394：1-1、1-2 3、4.五铢钱M394：5-1、5-2

三五四 M395

（一）墓葬形制

该墓位于墓群 B 区北部。开口于②层下，开口距地表 2.50 米。

竖穴土坑墓，平面呈长方形，方向 330° 。口大底小，有生土二层台。上口长 3.60、宽 2.10 米；二层台面距墓口深 0.60 米，东侧台面宽 0.30、南侧台面宽 0.50、西侧台面宽 0.40 米，北侧无二层台；底长 2.70、宽 1.80 米；深 2.10 米。周壁平直、光滑，墓底较平，无工具加工痕迹。墓内填松散的黄褐色五花土，含少量植物根系、红烧土点、木炭屑等，出土较少的陶片。

葬具不详。

葬式不详。

盗洞 2 个，自墓顶直通墓底。盗洞 1 位于墓葬的东北角，平面呈不规则形，长 1.50、宽 0.90 米；盗洞 2 位于墓葬的西部，平面呈椭圆形，长 1.60 ～ 2.70 米。

墓葬内出土陶罐 2 件（图五九七）。

（二）出土遗物

陶器

2 件。

小口旋纹罐 2 件。

M395：1，泥质灰陶。侈口，外斜沿，方唇，束颈，溜肩，圆腹，最大径位于圆腹处，平底。颈部先饰绳纹后抹掉，残留部分绳纹纹理，肩、腹上部先饰竖绳纹，再于绳纹之上饰数道凹弦纹，将之分割成数段，颈部轮制痕迹明显，器身有刮抹痕迹。口径 10.5、最大径 21.0、底径 10.7、高 22.4 厘米（图五九七，1）。

M395：2，泥质灰陶。侈口，外斜沿，方唇，束颈，溜肩，弧腹内收，最大径位于腹上端，底

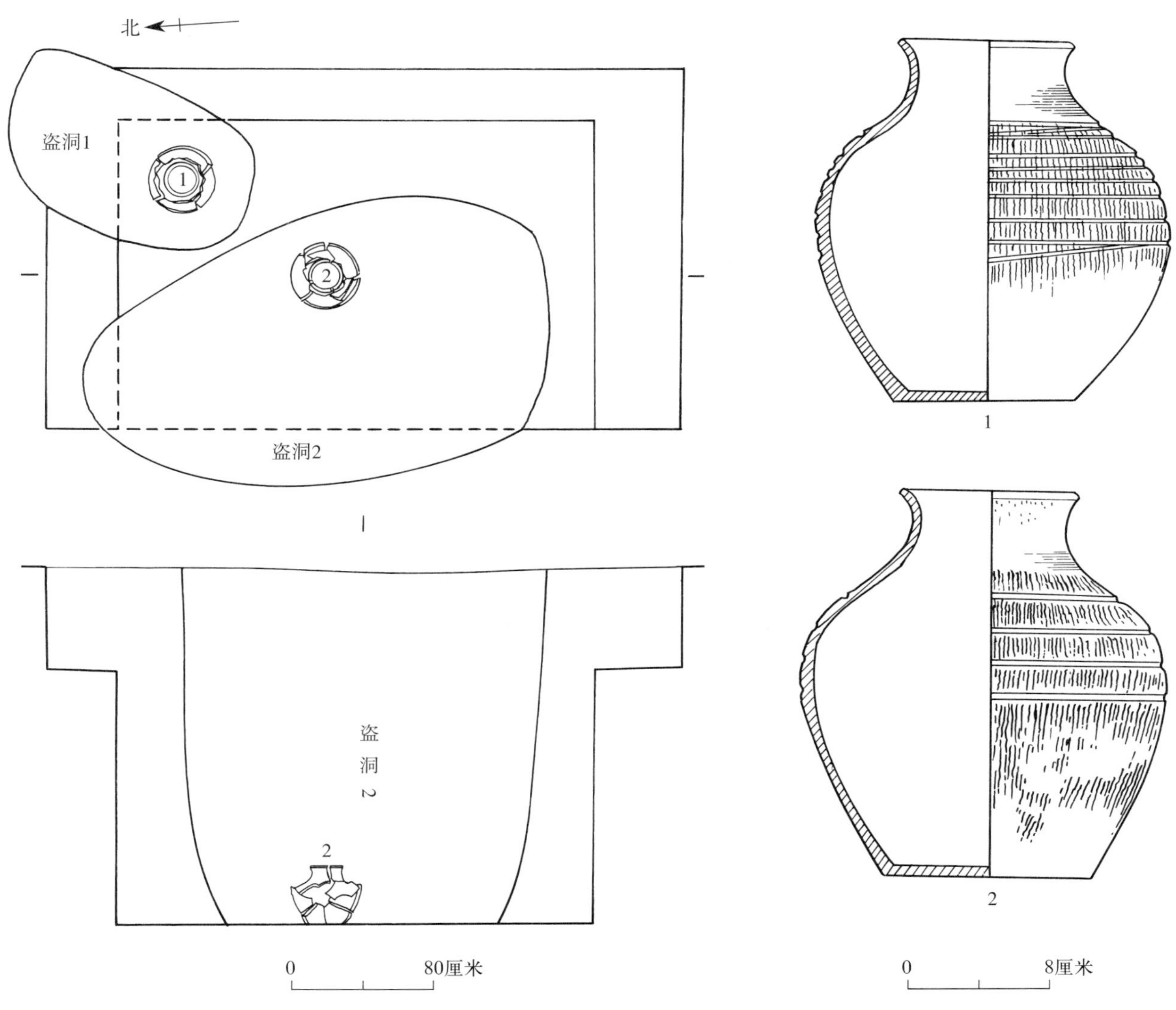

图五九七　M395平、剖面图及出土陶器

1、2.小口旋纹罐

凹凸不平。颈部先饰绳纹后抹掉，残留部分绳纹纹理，肩、腹部先饰竖绳纹，再于绳纹之上饰数道凹弦纹，将之分割成数段，颈部轮制痕迹明显，器身有刮抹痕迹。口径10.7、最大径21.6、底径12.4、高23.8厘米（图五九七，2）。

三五五　M396

（一）墓葬形制

该墓位于墓群B区北部。开口于②层下，开口距地表1.00米。

竖穴土坑墓，平面呈梯形，南窄北宽，方向175°，口大底小。上口长2.50、宽1.23～1.36米；底长2.50、南宽1.10～1.36米；深0.60米。东、西壁面斜直内收，收分明显，南、北壁面平直、光滑，平底，无工具加工痕迹。墓内填松散的黄褐色五花土，含少量植物根系、红烧土点、木炭屑等，出土较少的陶片。

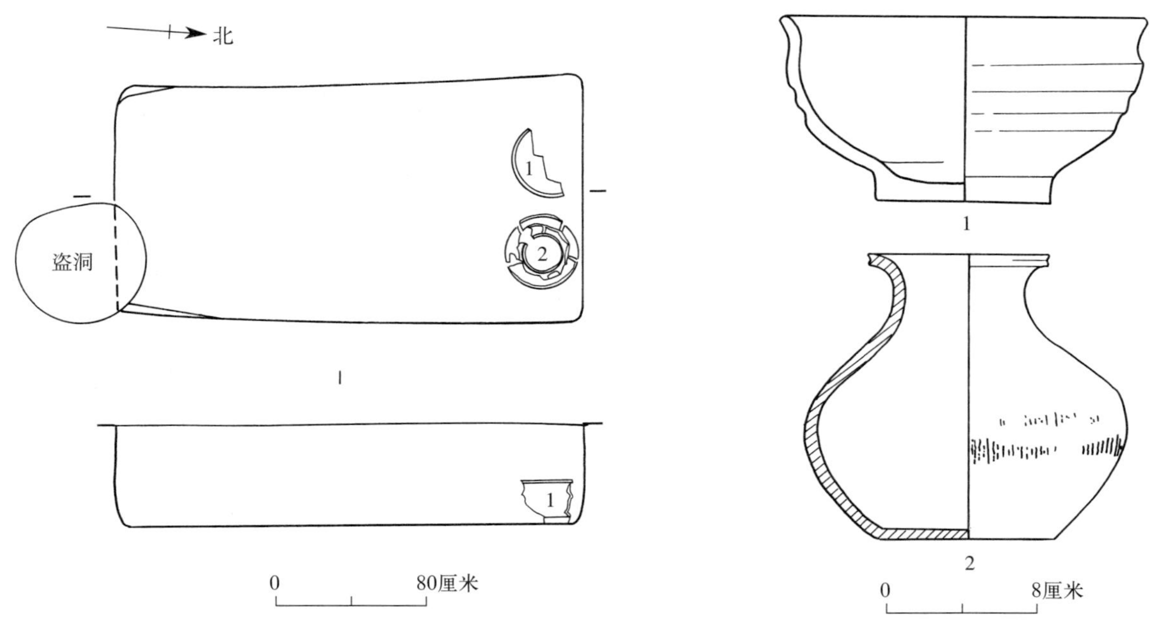

图五九八　M396平、剖面图及出土陶器

1.陶盆　2.壶形陶罐

葬具不详。

葬式不详。

盗洞1个，自墓顶直通墓底。位于墓葬的东南角，平面呈圆形，直径0.70米。

墓葬内出土陶盆1、陶罐1件（图五九八）。

（二）出土遗物

陶器

2件。

壶形罐　1件。

M396∶2，泥质灰陶。喇叭口，外斜沿，方唇，唇缘有凹槽，高领，溜肩，弧腹内收，最大径位于腹上端，平底。腹部饰暗绳纹，器身有刮抹痕迹。口径10.1、最大径18.2、底径9.9、高16.4厘米（图五九八，2）。

盆　1件。

M396∶1，泥质灰陶。敞口，圆唇，敛颈，弧腹，平底，柄足。腹部饰二道凹弦纹，器身有轮制痕迹。口径20.6、底径9.8、柄足高1.6、通高10.6厘米（图五九八，1）。

三五六　M397

（一）墓葬形制

该墓位于墓群B区北部。开口于①层下，开口距地表0.40米，被现代扰坑打破。

竖穴土坑墓，平面呈长方形，方向340°，口底同大。长2.80、宽1.40米，深1.50米。壁面平直、光滑，平底，无工具加工痕迹。墓内填松散的褐色五花土，含少量植物根系、红烧土点、木炭屑等，

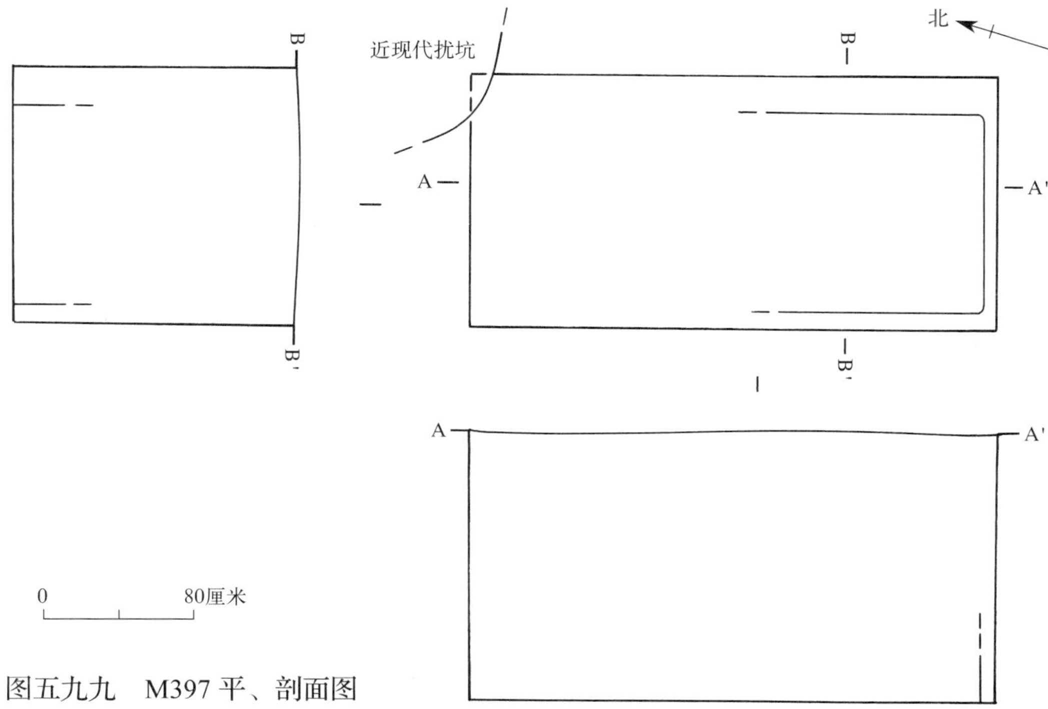

图五九九　M397平、剖面图

出土较少的陶片。

葬具不详。

葬式不详（图五九九）。

（二）出土遗物

无出土器物。

三五七　M398

（一）墓葬形制

该墓位于墓群B区北部。开口于②层下，开口距地表1.80米。

斜坡墓道土坑墓，平面呈"凸"字形，方向260°。由墓道和墓室两部分组成。墓道位于墓室的西端，西高东低呈斜坡状，坡度为20°。平面呈长方形，口底同大。长3.10、宽1.20、深0.45～1.14米。周壁平直、光滑，平底，无工具加工痕迹。墓室为土坑式，平面呈梯形，东宽西窄，口底同大。宽1.33～1.40、进深2.90米，高1.15米。墓室周壁平直、光滑，平底，底低于墓道0.05米，无工具加工痕迹。墓内填松散的褐色五花土，含少量植物根系、红烧土点、木炭屑等，出土较少的陶片。

葬具不详。

葬式不详（图六〇〇）。

（二）出土遗物

无出土器物。

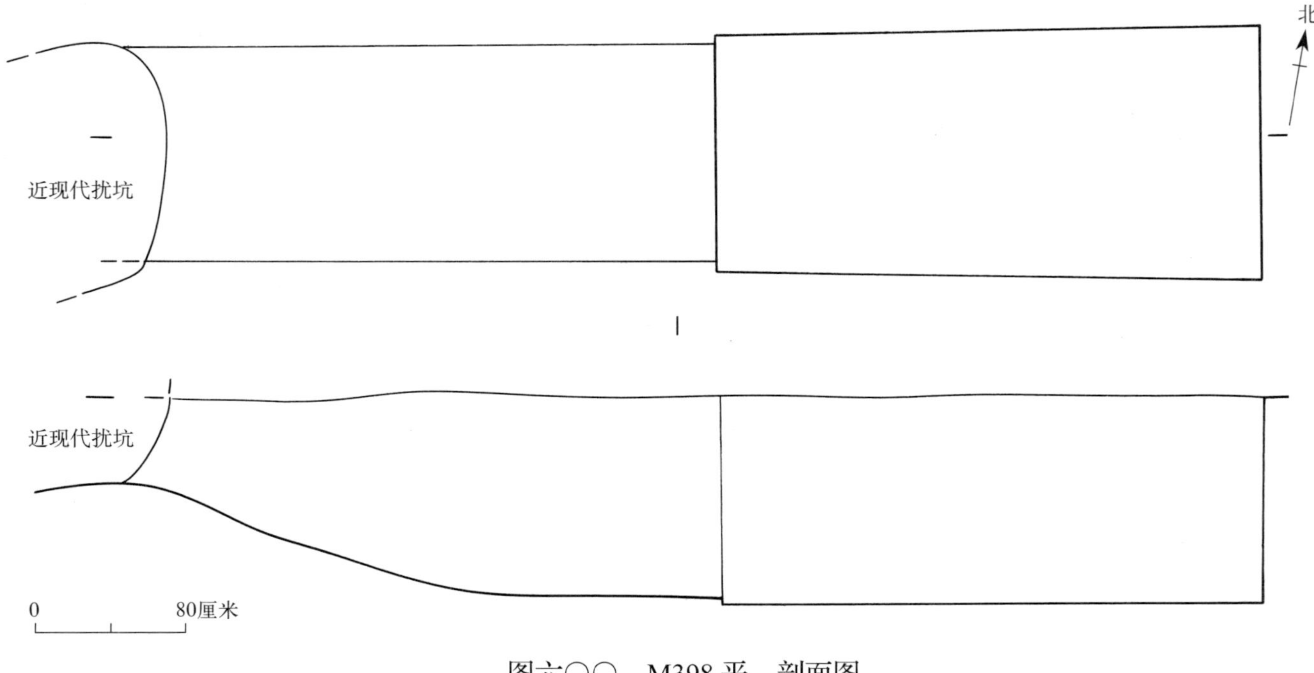

图六〇〇 M398平、剖面图

三五八 M399

（一）墓葬形制

该墓位于墓群B区北部。开口于②层下，开口距地表1.80米。

竖穴墓道土洞墓，平面呈“凸”字形，方向185°。由墓道和墓室两部分组成。墓道位于墓室的南端，平面呈长方形，口底同大。长1.95、宽1.20、深0.14～0.20米。周壁平直、光滑，平底，无工具加工痕迹。墓室平面呈长方形，顶部损毁，口底同大，宽0.80、进深2.05米，高0.20米。墓室周壁平直、

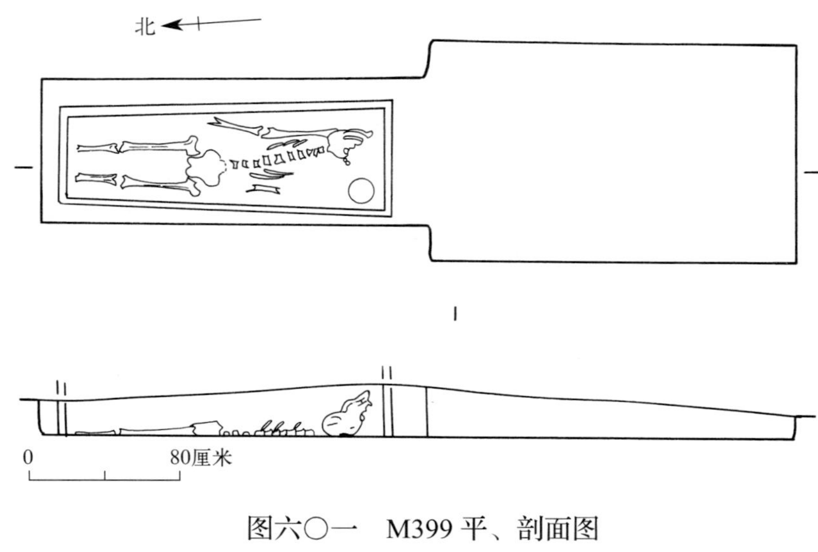

图六〇一 M399平、剖面图

1.草叶纹铜镜 2.半两钱

光滑，平底，无工具加工痕迹。墓内填松散的褐色五花土，含少量植物根系、红烧土点、木炭屑等，出土较少的陶片。

葬具为一棺，东西向摆放，残存板灰，结构不明，南北长 1.76、宽 0.52 ～ 0.66、残高 0.20、椁板厚 4 厘米。

葬式为仰身直肢，头朝南，面向、性别、年龄不明。

墓室内出土铜镜 1、半两钱 1 件（图六〇一；彩版一八三，1）。

（二）出土遗物

铜器

2 件。

草叶纹镜　1 面。

M399：1，锈蚀，镜面粘有麻布残片。圆形，镜面平直，半圆形纽，四叶方形纽座。座外两个凹面双线方格，外方格四角内各有一个双线方格，方格内有对称斜线纹，每边两字，外方格四角外伸出双瓣一苞花枝纹，四乳丁及桃花苞两侧各一对称的二叠草叶纹，铭文为“见日之光、长毋相忘”，内向十六连弧纹外缘。直径 13.8 厘米（图六〇二，1；彩版一八三，2）。

半两钱　1 组。

M399：2，共 4 枚，圆形方穿，无郭。钱径 2.4 ～ 2.5、穿宽 0.8 ～ 1.0 厘米，重 2.3 ～ 3.1 克（图六〇二，2、3）。

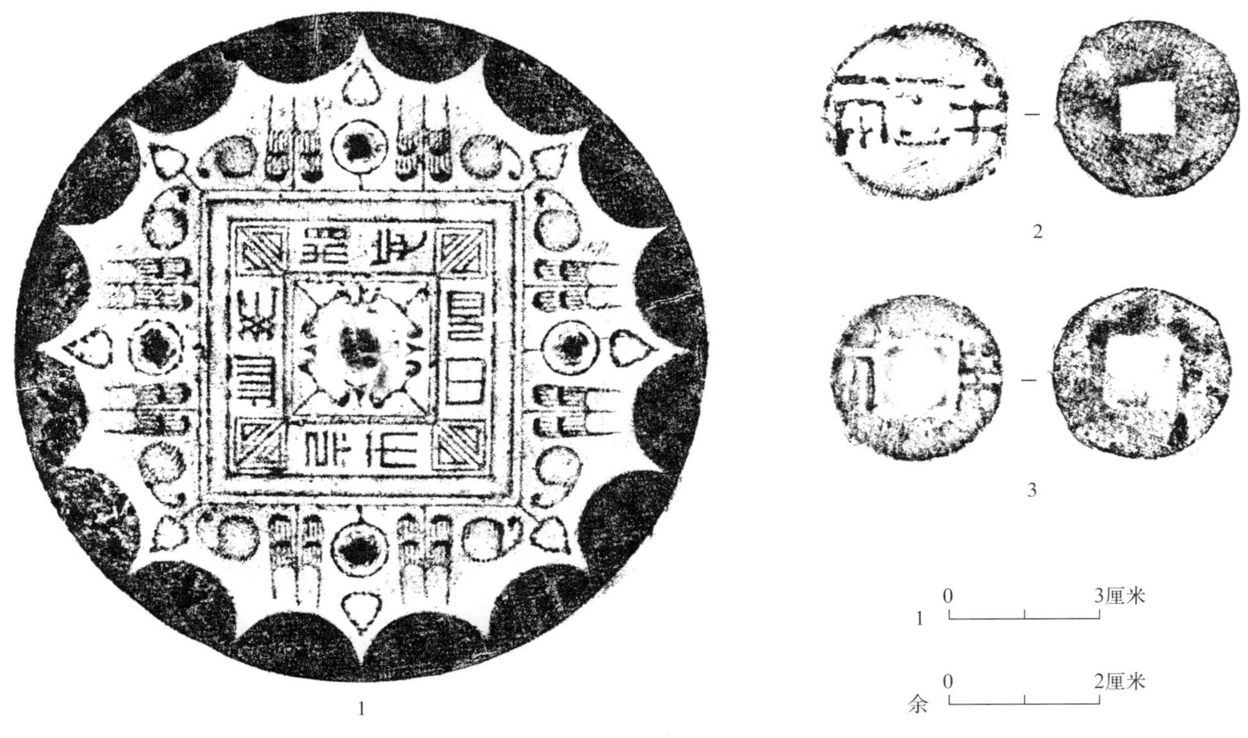

图六〇二　M399 出土铜器

1.草叶纹镜M399：1　2、3.半两钱M399：2-1、2-2

三五九 M400

（一）墓葬形制

该墓位于墓群 B 区北部。开口于②层下，开口距地表 0.50 ～ 0.80 米。

竖穴土坑墓，平面呈梯形，方向 115°，西窄东宽，口大底小。上口长 2.46、宽 1.10 ～ 1.20 米；底长 1.92、宽 1.04 米；深 1.60 ～ 2.10 米。壁面斜直内收，收分明显，平底，无工具加工痕迹。墓内填松散的褐色五花土，含少量植物根系、红烧土点、木炭屑等，出土较少的陶片。

葬具不详。

葬式不详（图六〇三）。

（二）出土遗物

无出土器物。

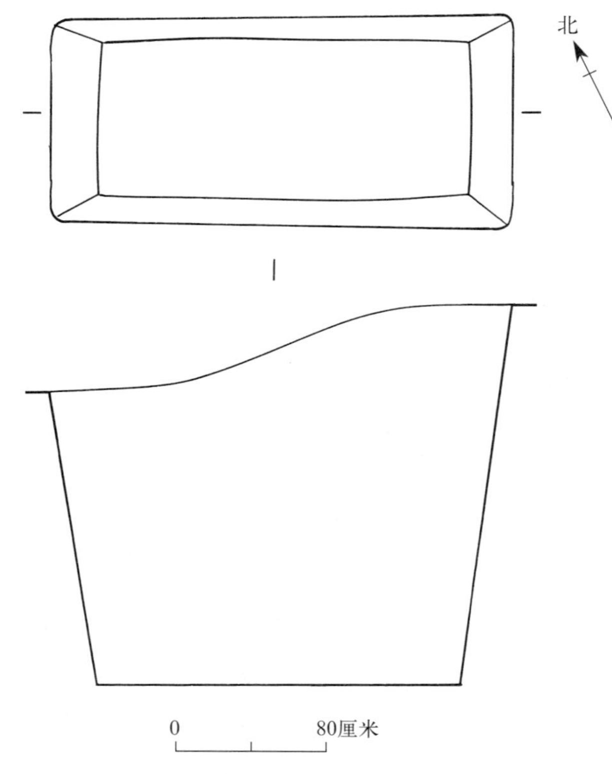

图六〇三　M400 平、剖面图

三六〇 M401

（一）墓葬形制

该墓位于墓群 B 区北部。开口于①层下，开口距地表 0.30 米。

竖穴土坑墓，平面呈长方形，方向 10°，口大底小。上口长 2.40、宽 1.40 米；底长 2.00、宽 1.10 米；深 2.70 米。壁面粗糙，斜直内收，收分明显，平底，无工具加工痕迹。墓内填松散的褐色五花土，含红烧土点、木炭屑等。

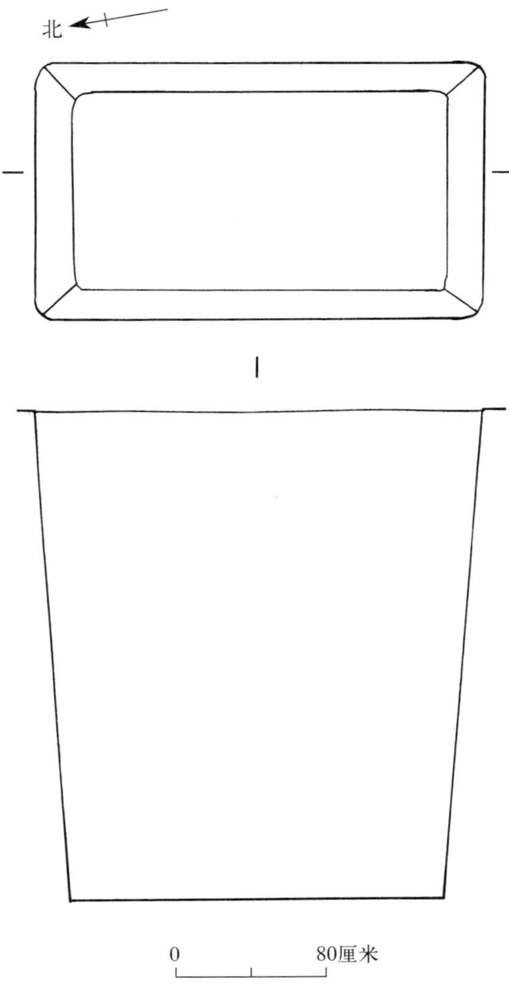

图六〇四　M401 平、剖面图

葬具不详。

葬式不详（图六〇四）。

（二）出土遗物

无出土器物。

三六一　M402

（一）墓葬形制

该墓位于墓群 B 区北部。开口于②层下，开口距地表 0.60 ～ 0.80 米。

斜坡墓道土坑墓，平面呈“凸”字形，方向 170°。由墓道和墓室两部分组成。

墓道位于墓室的南端，南高北低，坡度为 13°。平面呈梯形，南窄北宽，口底同大。长 3.54、宽 0.84 ～ 1.20 米，深 0.90 ～ 2.00 米。周壁平直、光滑，平底，无工具加工痕迹。墓室为土坑式，平面呈长方形，口大底小，宽 1.56、进深 2.82 米，高 2.90 米。壁面 2.00 米以上斜直内收、收分明显，

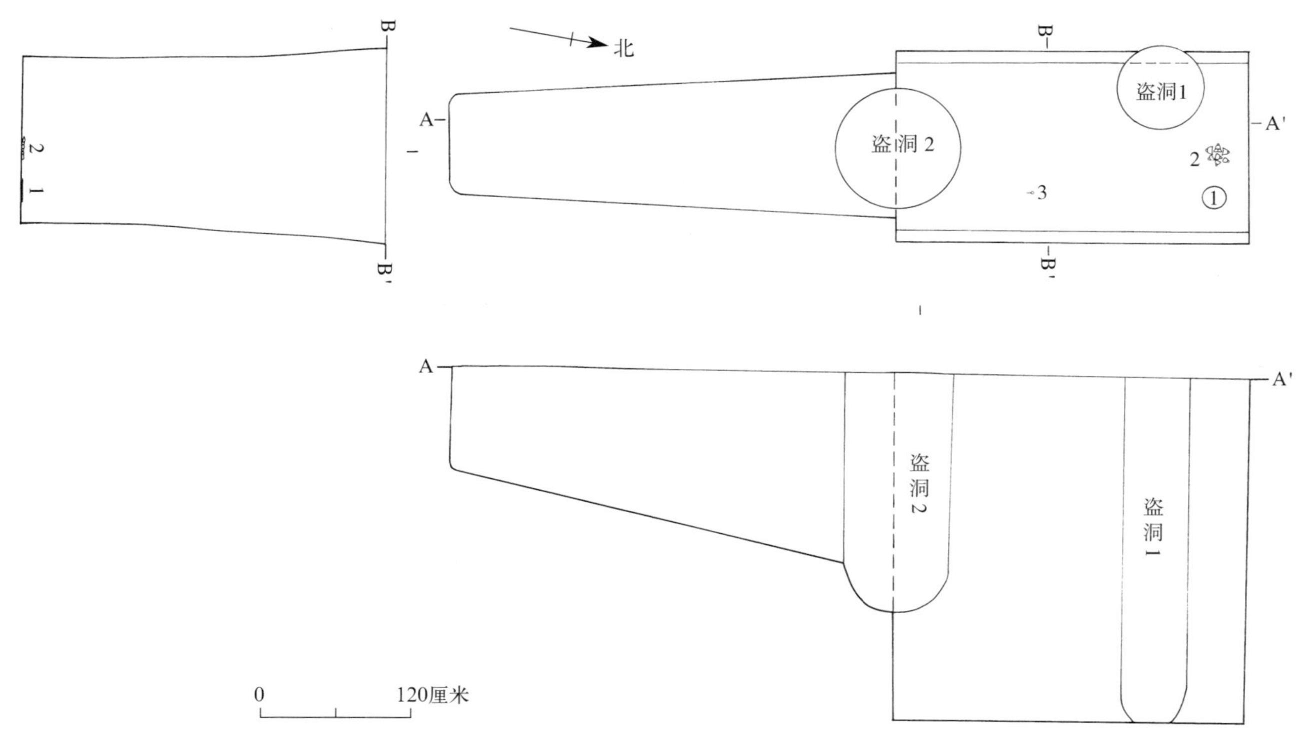

图六〇五　M402 平、剖面图

1.铜博局镜　2.铜铃　3.铁带钩

其下周壁平直、粗糙，平底，底低于墓道 0.90 米，无工具加工痕迹。墓内填松散的褐色五花土，含红烧土点、木炭屑等，出土少量陶片。

葬具不详。

葬式不详。

盗洞 2 个。盗洞 1 自墓顶直通墓底，位于墓室西北角，平面呈圆形，直径 0.75 米；盗洞 2 位于墓道北端中部，平面呈椭圆形，长 0.90 ～ 1.00 米，深 2.00 米。

墓道内出土铜铃 1、铜镜 1、铁带钩 1 件（图六〇五；彩版一八四，1）。

（二）出土遗物

1. 铜器

2 件。

博局镜　1 件。

M402∶1，锈蚀。圆形，镜面平直，圆形纽，四叶方形纽座，其外饰方形素面弦纹带，主纹区为带圈四乳间以博局纹，之间饰有密集的蟠螭纹，之外为十六内向连弧外缘。直径 18.2 厘米（图六〇六，1）。

铃　1 组。

M402∶2，共 7 个。M402∶2-1，半环形纽，身较扁，上宽下窄，两铣下垂，内有舌。舞部素面，钲部饰云纹间以乳点，钲部左右饰菱形纹间以乳点。舞宽 3.4、铣宽 4.2、体高 3.2、通高 4.2 厘米（图

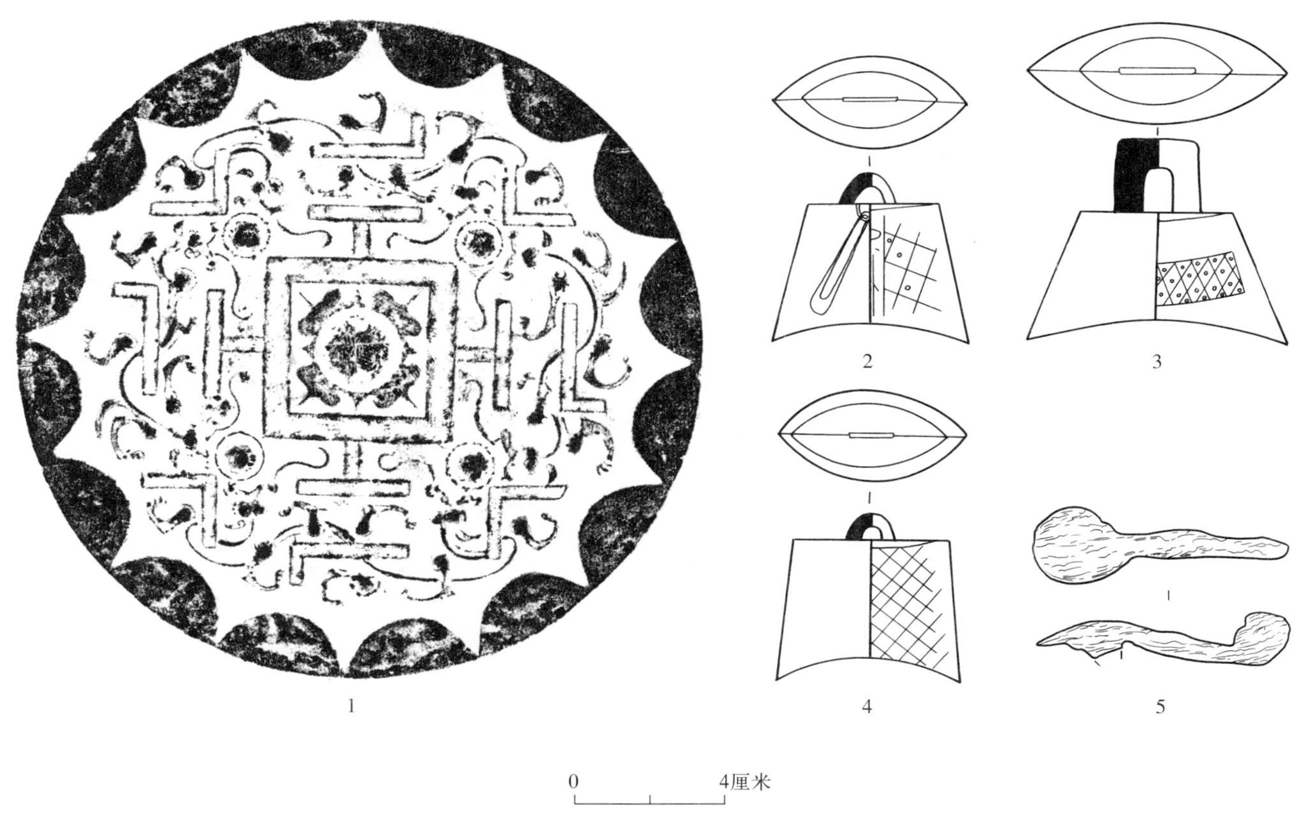

图六〇六　M402 出土器物

1.博局镜M402：1　2～4.铜铃M402：2-1、2-2、2-7　5.铁带钩M402：3

六〇六，2）。M402：2-2 ～ 2-6，残。半环形纽，上宽下窄，两铣下垂，舌缺失。舞部素面，钲部饰菱形网格纹间以乳点。舞宽 4.4、铣宽 5.7、体高 4.3、通高 5.0 厘米（图六〇六，3）。M402：2-7，残。圆角方形纽，身较扁，上宽下窄，两铣下垂，舌缺失。舞部素面，钲部饰菱形网格纹间以乳点。舞宽 4.3、铣宽 5.0、体高 3.2、通高 5.4 厘米（图六〇六，4；彩版一八四，2）。

2. 铁器

1 件。

带钩　1 件。

M402：3，锈蚀。胡琴形，体修长，钩首残损，末端肥硕而圆润，器纽缺失。素面。残长 6.8 厘米（图六〇六，5）。

三六二　M403

（一）墓葬形制

该墓位于墓群 B 区北部。开口于②层下，开口距地表 0.30 ～ 0.60 米。

竖穴土坑墓，平面呈长方形，方向 15°，口大底小。上口长 2.80、东宽 1.90 米；底长 2.50、宽 1.30 米；深 3.60 米。壁面粗糙，斜直内收，收分明显，平底，无工具加工痕迹。墓内填松散的褐色五花土，含红烧土点、木炭屑等。

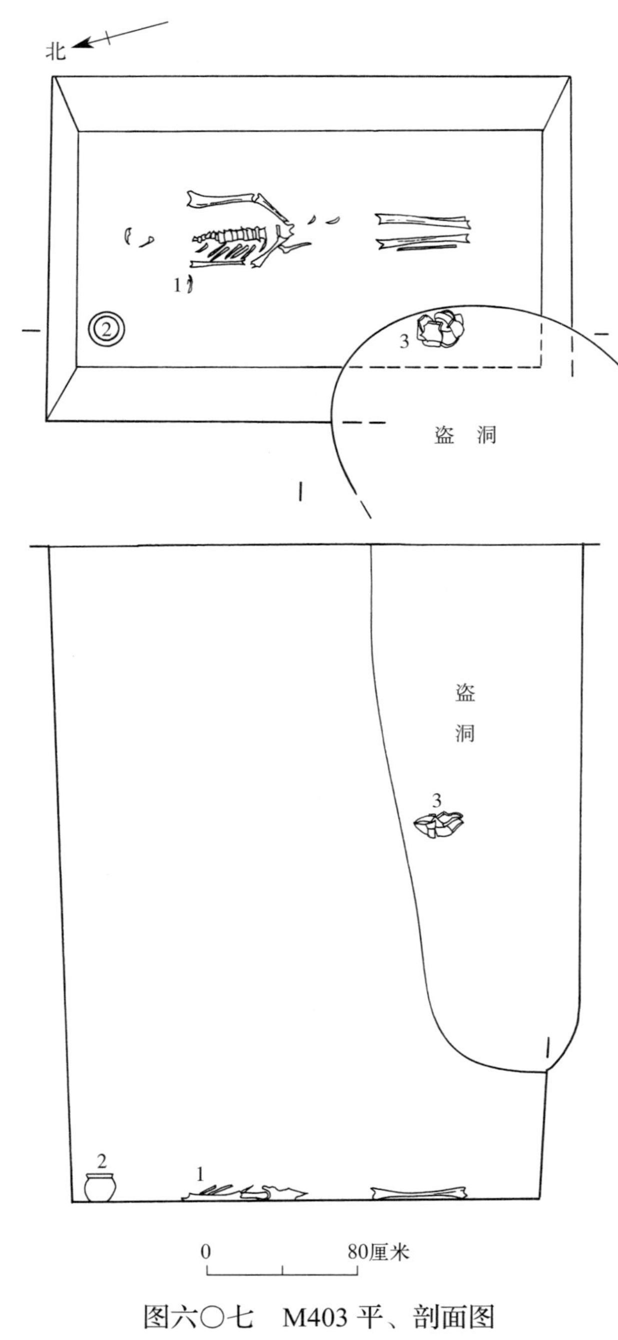

图六〇七 M403 平、剖面图

1.铜带钩 2.陶盂 3.扁腹陶罐

葬具不详。

葬式为仰身直肢，残存部分骨骼，头骨残损，头朝北，面向不明，年龄、性别均不明。

墓葬内出土陶罐 1、陶盂 1、铜带钩 1 件（图六〇七；彩版一八五，1）。

（二）出土遗物

1. 陶器

2 件。

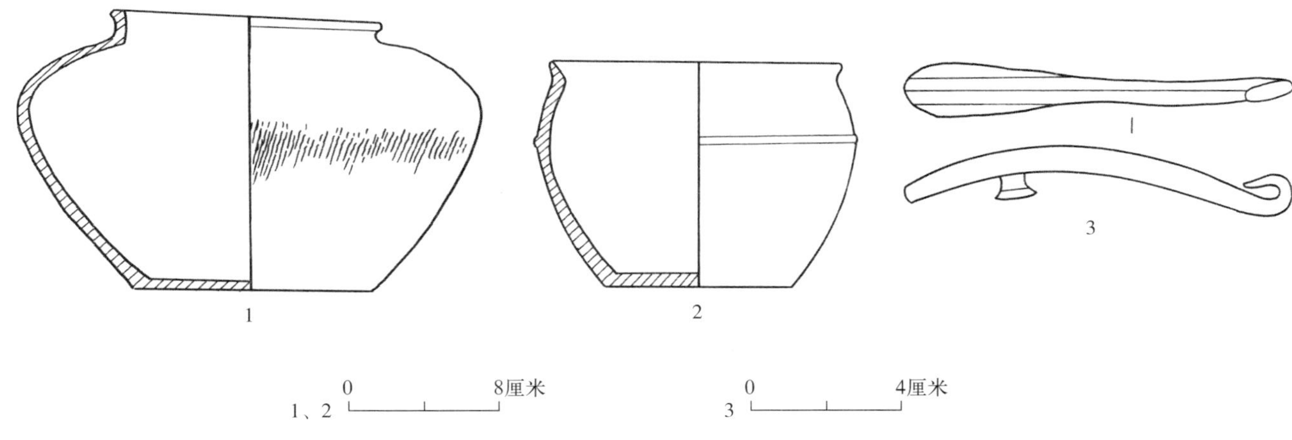

图六〇八　M403 出土器物

1.扁腹陶罐M403：3　2.陶盂M403：2　3.铜带钩M403：1

扁腹罐　1 件。

M403：3，泥质灰陶。直口，窄平沿，方唇，矮领，广肩，弧腹，最大径位于腹上端，平底。腹中部饰周斜向竖绳纹，器身有刮抹痕迹。口径 15、最大径 25.6、底径 12.8、高 16 厘米（图六〇八，1）。

盂　1 件。

M403：2，泥质灰陶。敞口，外斜沿，尖唇，敛颈，弧腹，最大径位于腹上部，平底，腹上部有道凸棱。口径 15.6、最大 16.8、底径 10.1、高 12.0 厘米（图六〇八，2）。

2. 铜器

1 件。

带钩　1 件。

M403：1，琵琶形，体修长，钩首残损，末端较肥硕，圆形纽位于体身中部偏下。器表饰两道弦纹。残长 10.2、纽径 1.0 厘米（图六〇八，3）。

三六三　M404

（一）墓葬形制

该墓位于墓群 B 区北部。开口于①层下，开口距地表 0.40 米，被 M397 打破。

斜坡墓道土坑墓，平面呈“刀”字形，方向 355°。由墓道和墓室两部分组成。墓道位于墓室的北端，北高南低，坡度为 17°。平面呈梯形，南窄北宽，口大底小。上口长 5.70、宽 1.35 ～ 1.40 米；底宽 0.10 ～ 1.28 米；残深 0.40 ～ 1.70 米。周壁斜直内收，收分明显，平底，无工具加工痕迹。墓室为土坑式，平面呈梯形，南窄北宽，口大底小。宽 1.38 ～ 1.50、进深 2.70 米，高 1.74 ～ 1.92 米。壁面斜直内收，收分明显，平底，底低于墓道 0.30 米，无工具加工痕迹。墓内填松散的褐色五花土，含红烧土点、木炭屑等，出土少量陶片。

葬具不详。

葬式不详（图六〇九）。

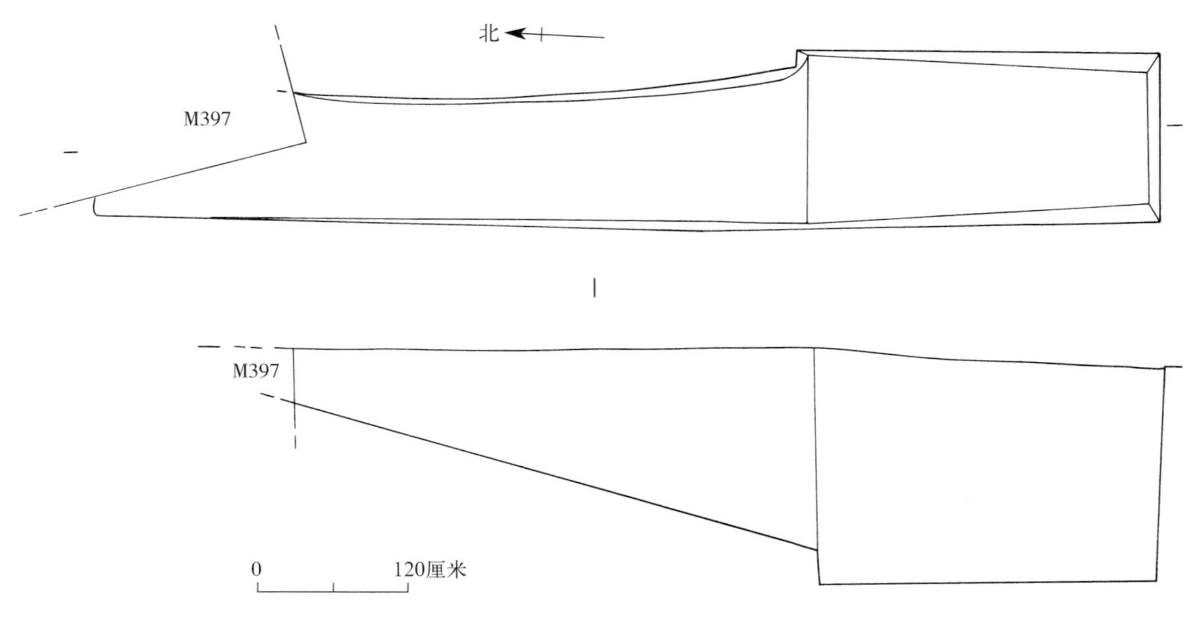

图六〇九 M404 平、剖面图

（二）出土遗物

无出土器物。

三六四 M405

（一）墓葬形制

该墓位于墓群 B 区北部。开口于②层下，开口距地表 1.00 ～ 1.40 米。

竖穴墓道土洞墓，平面呈“凸”字形，方向 180°。由墓道和墓室两部分组成。墓道位于墓室的南端，平面呈长方形，口大底小。上口长 2.20、宽 1.50 米；底长 2.00、宽 1.30 米；深 0.60 ～ 1.00 米。周壁斜直内收，收分明显，平底，无工具加工痕迹。墓室为土洞式，平面呈长方形，顶部损毁。宽 1.00、进深 2.30 米，残高 0.50 ～ 0.60 米。周壁平直、光滑，平底，无工具加工痕迹。墓道内填松散的褐色五花土，含红烧土点、木炭屑等，出土少量陶片；墓室内填较硬的灰黄色淤土，较纯净。

葬具不详。

葬式为仰身直肢，头朝南，面向上，性别、年龄不明。

墓道出土玉残片 1 件；墓室内出土铜镜 1 件（图六一〇）。

（二）出土遗物

1. 铜器

1 件。

连弧纹镜 1 面。

M405：1，锈蚀，残损，镜面平直，器纽缺失，圆座。座外为两周素面纹饰带，外纹饰带上装

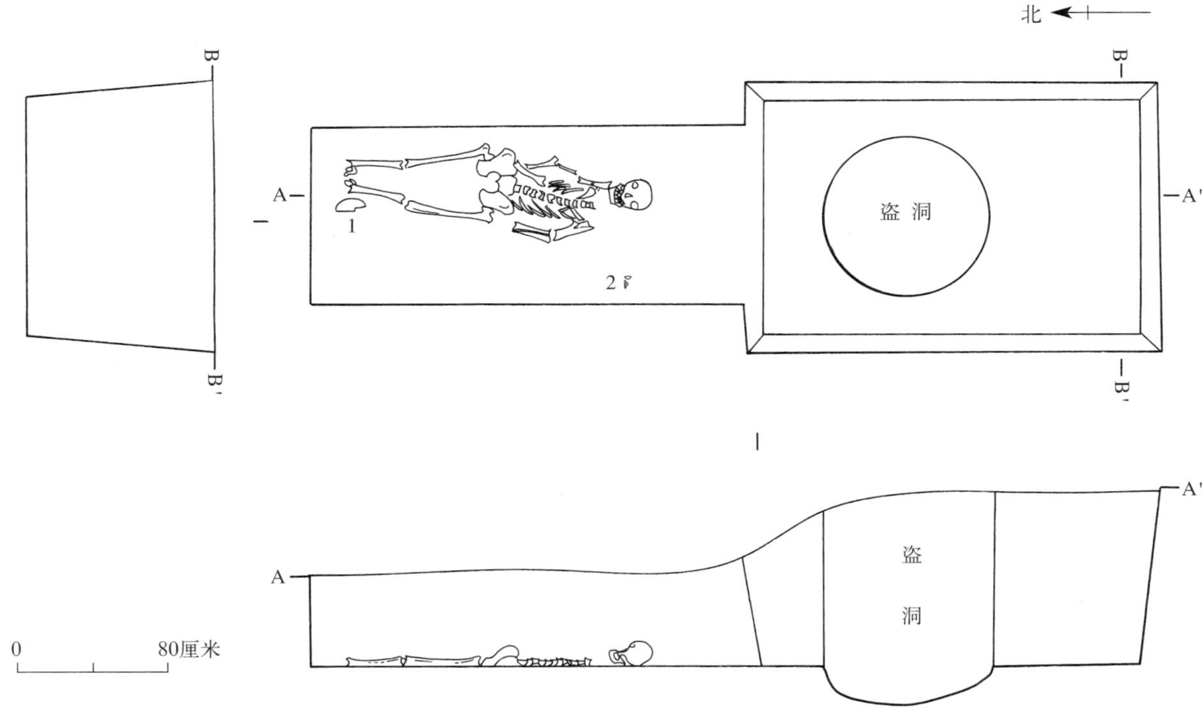

图六一〇　M405 平、剖面图

1.连弧纹铜镜　2.玉片

饰有乳丁，其外为内向连弧纹，素缘外翻。直径 14.4 厘米（图六一一，1）。

2. 玉器

1 件。

玉片　1 组。

M405：2，共 2 片。残，青绿色。透亮，湿润，形状不规则，截面呈长方形，器表两侧阴刻弦纹、圆圈。M405：2-1，残长 3.3、宽 1.4、厚 0.5 厘米（图六一一，2）。M405：2-2，残长 2.3、宽 1.6、厚 0.5 厘米（图六一一，3）。

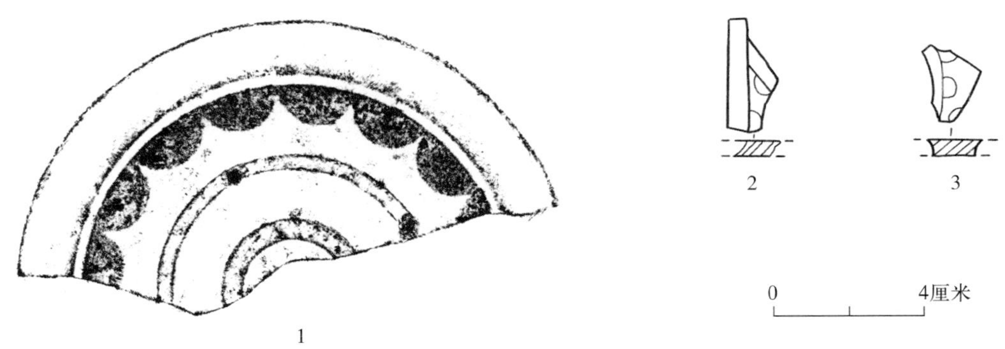

图六一一　M405 出土器物

1.连弧纹铜镜M405：1　2、3.玉片M405：2-1、2-2

三六五　M406

（一）墓葬形制

该墓位于墓群B区北部。开口于②层下，开口距地表1.40米。

竖穴土坑墓，平面呈长方形，方向353°，口大底小。上口长3.20、宽1.60米；底长2.90、宽1.30米；深3.40米。壁面粗糙，斜直内收，收分明显，平底，无工具加工痕迹。墓内填松散的褐色五花土，含红烧土点、木炭屑等。

葬具不详。

葬式不详。

盗洞1个，位于墓葬西南部，自墓顶直通墓底，平面呈不规则形，长2.10、宽1.90米。

墓葬内出土陶罐2、陶盘1、铜残片1、铁削1、铁熨斗1件（图六一二）。

（二）出土遗物

1. 陶器

3件。

盘　1件。

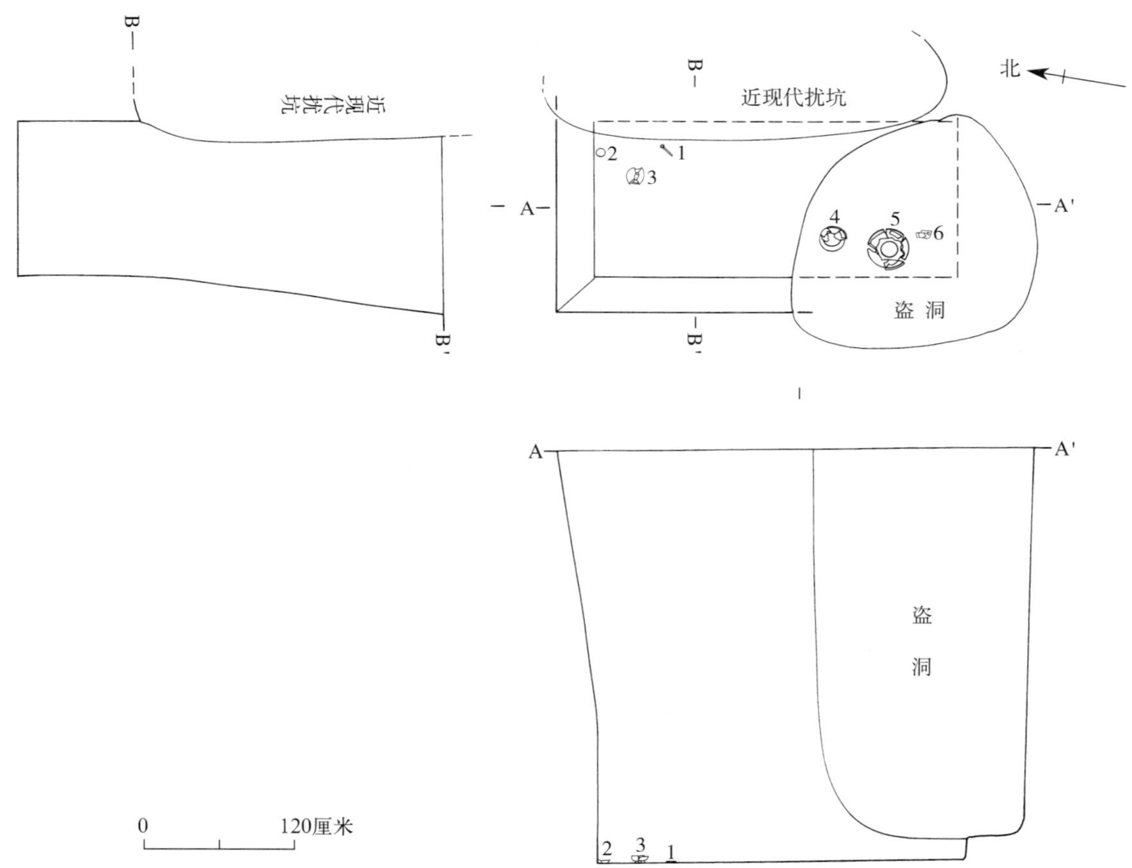

图六一二　M406平、剖面图

1.铁削　2.铁熨斗　3.陶盘　4.扁腹陶罐　5.小口陶罐　6.铜器残片

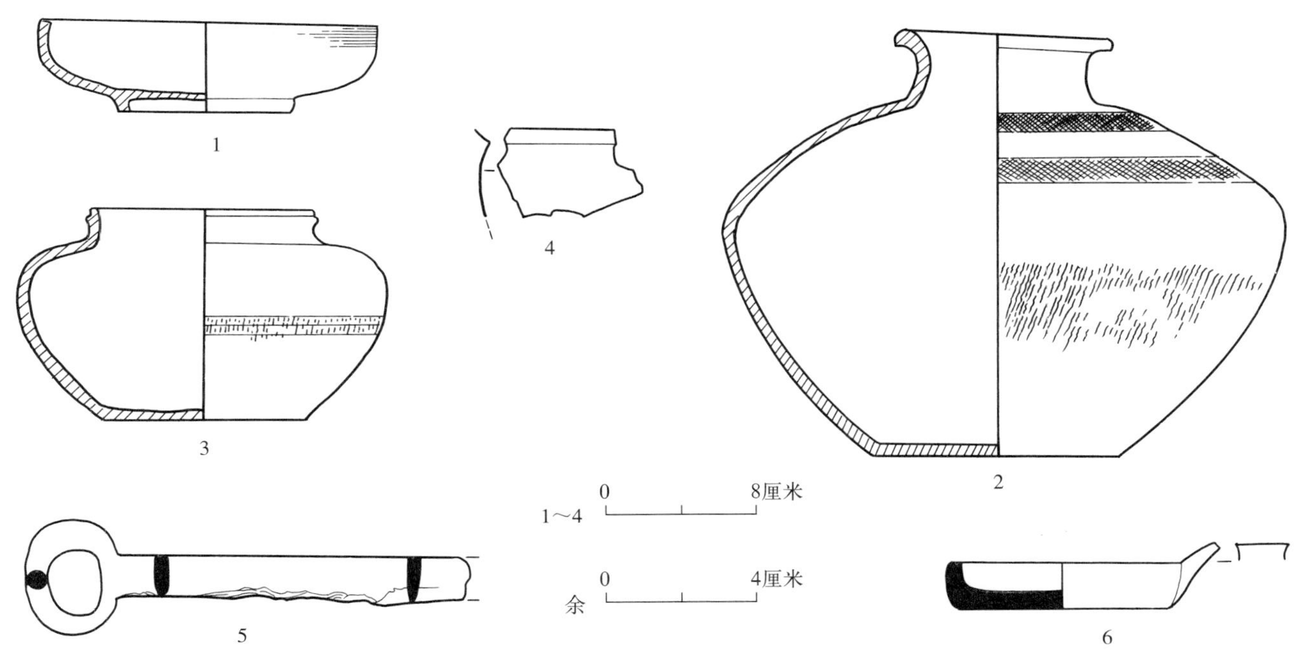

图六一三　M406出土器物

1.陶盘M406：3　2.小口陶罐M406：5　3.扁腹陶罐M406：4　4.铜器残片M406：6　5.铁削M406：1　6.熨斗M406：2

M406：3，泥质灰陶。敞口，方唇，直腹，下腹斜直内收，平底，矮圈足。素面，口部轮制痕迹明显。口径18.6、底径9.7、圈足高0.8、通高5.4厘米（图六一三，1）。

小口罐　1件。

M406：5，泥质灰陶。侈口，窄沿外撇，方唇，高领，溜肩，深弧腹，最大径位于肩腹交接处，平底。肩部饰二周菱形网格纹，腹部饰竖斜向绳纹，部分被抹掉，领部轮制痕迹明显，器身有刮抹痕迹。口径11.6、最大径29.6、底径12.8、高23.2厘米（图六一三，2）。

扁腹罐　1件。

M406：4，泥质灰陶。直口，圆唇，矮领，领上端有道凸棱，广肩，圆腹，最大径位于腹上端，平底。腹中部饰斜向竖绳纹，绳纹之上饰三道弦纹。口径12.9、最大径20.5、底径11、高12.2厘米（图六一三，3）。

2. 铜器

1件。

残片　1件。

M406：6，锈蚀，仅残存口沿。侈口，外斜沿，弧腹，底缺失。素面。壁厚0.1、残高5.0厘米（图六一三，4）。

3. 铁器

2件。

削　1件。

M406：1，锈残。椭圆形环首，截面呈扁圆形，削身部分缺失，截面呈三角形。残长11.8、环首径2.5～3.3厘米（图六一三，5）。

熨斗 1件。

M406∶2，残存部分器身。敞口，浅盘，平底，一端向外延伸出手柄。素面。口径6.0、残高2.0厘米（图六一三，6）。

三六六 M407

（一）墓葬形制

该墓位于墓群B区北部。开口于②层下，开口距地表1.50米。

竖穴土坑墓，平面呈长方形，方向0°，口底同大。长1.45～1.60、宽0.86米，深0.20～0.70米。壁面平直、光滑，平底，无工具加工痕迹。墓内填松散的褐色五花土，含红烧土点、木炭屑等。

葬具为一棺，残存板灰，结构不明，南北向摆放。长1.37、宽0.57、残高0.15米，棺板厚2～5厘米。

葬式为侧身屈肢，头朝北，面向东，左臂直伸，右臂屈肢，右手放于喉部，双腿向东屈收，年龄、性别不明。

盗洞1个，位于墓葬北部，自墓顶直通墓底，不规则形，残长0.76～2.00、宽1.92米。

墓葬内出土陶罐2件（图六一四）。

（二）出土遗物

陶器

2件。

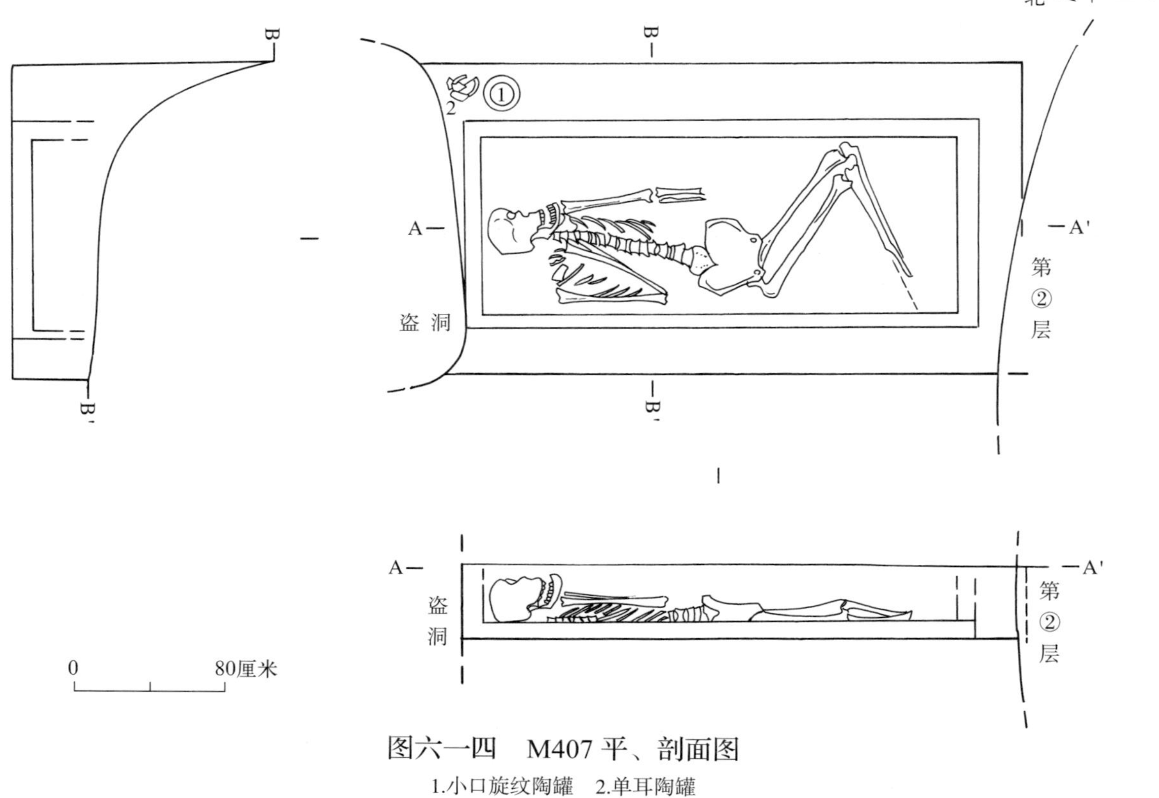

图六一四 M407平、剖面图

1.小口旋纹陶罐 2.单耳陶罐

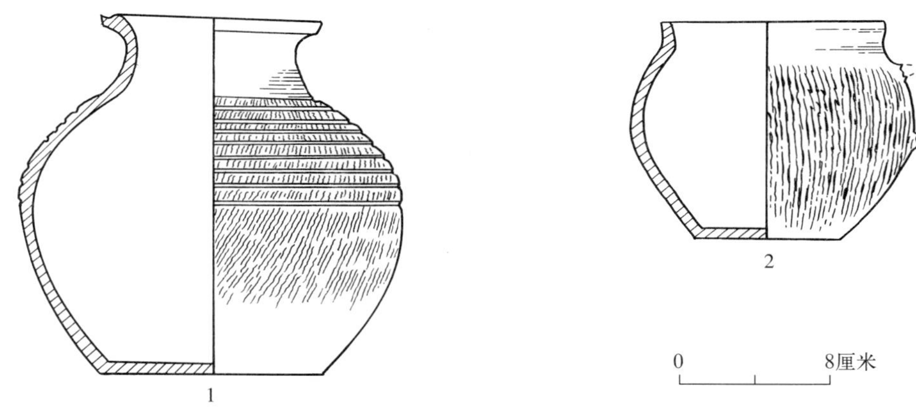

图六一五　M407出土陶器

1.小口旋纹罐M407：1　2.单耳罐M407：2

单耳罐　1件。

M407：2，残，泥质灰陶。侈口，圆唇，矮领，深弧腹，最大径位于腹上部，平底。领部有附加器耳的痕迹，肩、腹部饰竖绳纹，领部有轮制痕迹。口径12.0、最大径15.7、底径8.0、高12.4厘米（图六一五，1）。

小口旋纹罐　1件。

M407：1，泥质灰陶。侈口，宽平沿，沿面外侧有凹槽，方唇，斜领，广肩，圆腹，最大径位于腹上部，平底。肩、腹上部先饰竖绳纹，再于其上饰数道弦纹，将之分割成数段，领部轮制痕迹明显，器身有刮抹痕迹。口径12.5、最大径20.5、底径12.6、高20.6厘米（图六一五，2）。

三六七　M408

（一）墓葬形制

该墓位于墓群B区北部。开口于②层下，开口距地表1.50米。

竖穴土坑墓，平面呈长方形，方向100°，口大底小。上口长2.64、宽2.24米；底长2.50、宽1.76米；深4.40米。壁面3.20米以上斜直内收、收分明显，其下壁面平直、光滑，平底，无工具加工痕迹。墓内填松散的褐色五花土，含红烧土点、木炭屑等，出土较多陶片。

葬具不详。

葬式不详。

盗洞3个，自墓顶直通墓底。盗洞1位于墓葬西南角，平面呈圆形，直径0.96米；盗洞2位于墓葬北侧中部偏西，平面呈椭圆形，长0.85～0.95米；盗洞3位于墓葬的东北角，平面呈圆形，直径0.85米。

墓葬内出土陶鼎1、陶罐2、陶豆3、陶器盖2件（图六一六）。

（二）出土遗物

陶器

8件。

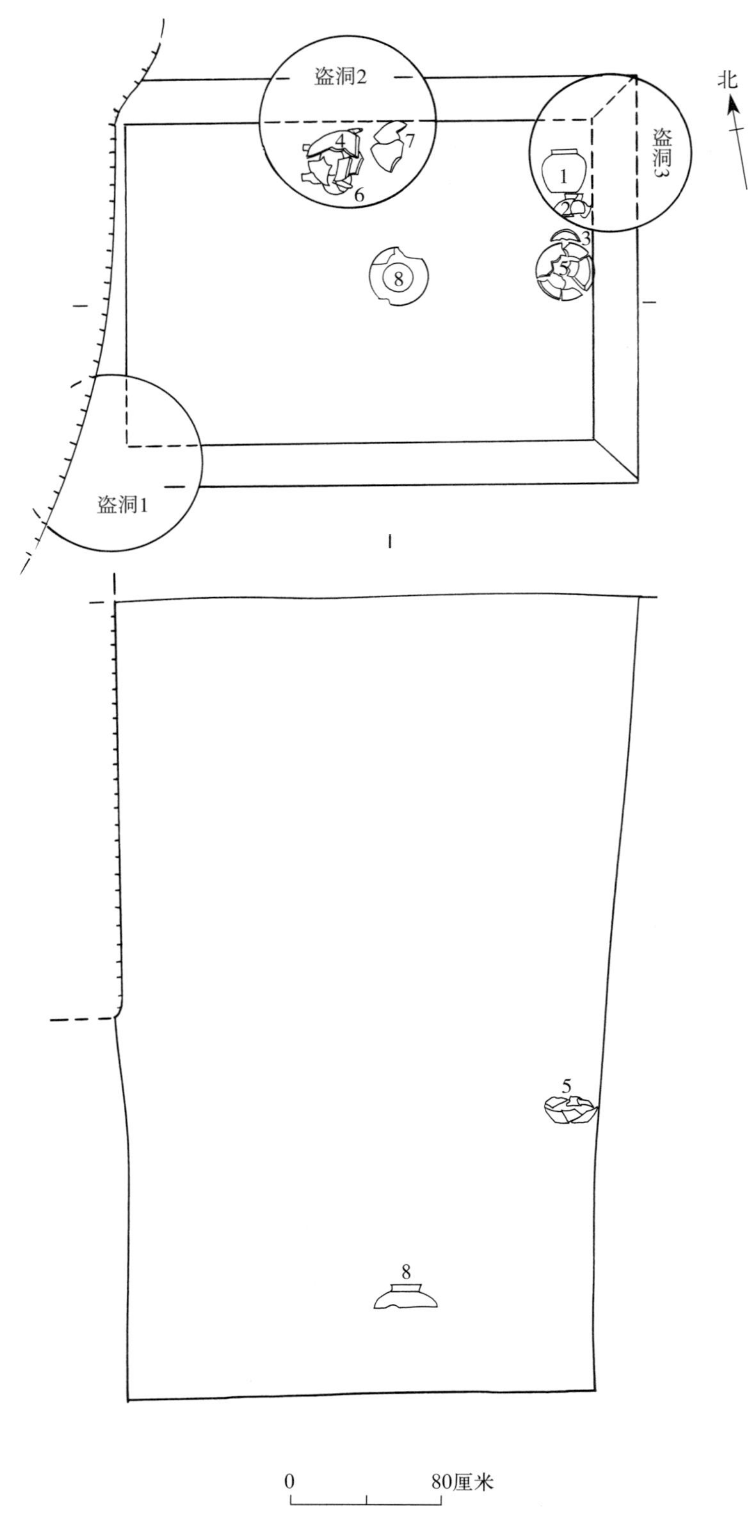

图六一六　M408平、剖面图

1.深腹罐　2、3、8.陶豆　4.陶鼎　5.扁腹陶罐　6、7.陶器盖

鼎　1件。

M408：4，泥质灰陶。子母口内敛，圆唇，深弧腹，最大径位于腹中部，圜底，下接三方形柱足，足跟外鼓，腹上端接两附耳，耳上端外撇。腹下端、底部饰交错绳纹，器表较粗糙。口径18.3、最大径24、裆高1.7、通高22.5厘米（图六一七，1；彩版一八五，2）。

豆　3件。

M408：2，泥质灰陶。豆盘呈敞口，方唇，深弧腹，盘底正中连接喇叭形底座。素面，器身有轮制痕迹。口径20.4、底径9.9、高8.8厘米（图六一七，2）。

M408：3，盘以下缺失，泥质灰陶。豆盘呈子母口，圆唇，深弧腹，最大径位于腹中部。盘外壁饰三道凹弦纹，器身有轮制痕迹。口径16.8、最大径18.8、残高9.2厘米（图六一七，3）。

M408：8，泥质灰陶。豆盘呈敞口，方唇，深弧腹，盘底正中连接喇叭形底座。腹部饰三道凹弦纹，器身有轮制痕迹。口径21.4、底径10.5、高8.4厘米（图六一七，4）。

扁腹罐　1件。

M408：5，残，口部缺失，泥质灰陶。广肩，弧腹，最大径位于肩腹交接处，平底。腹上部饰

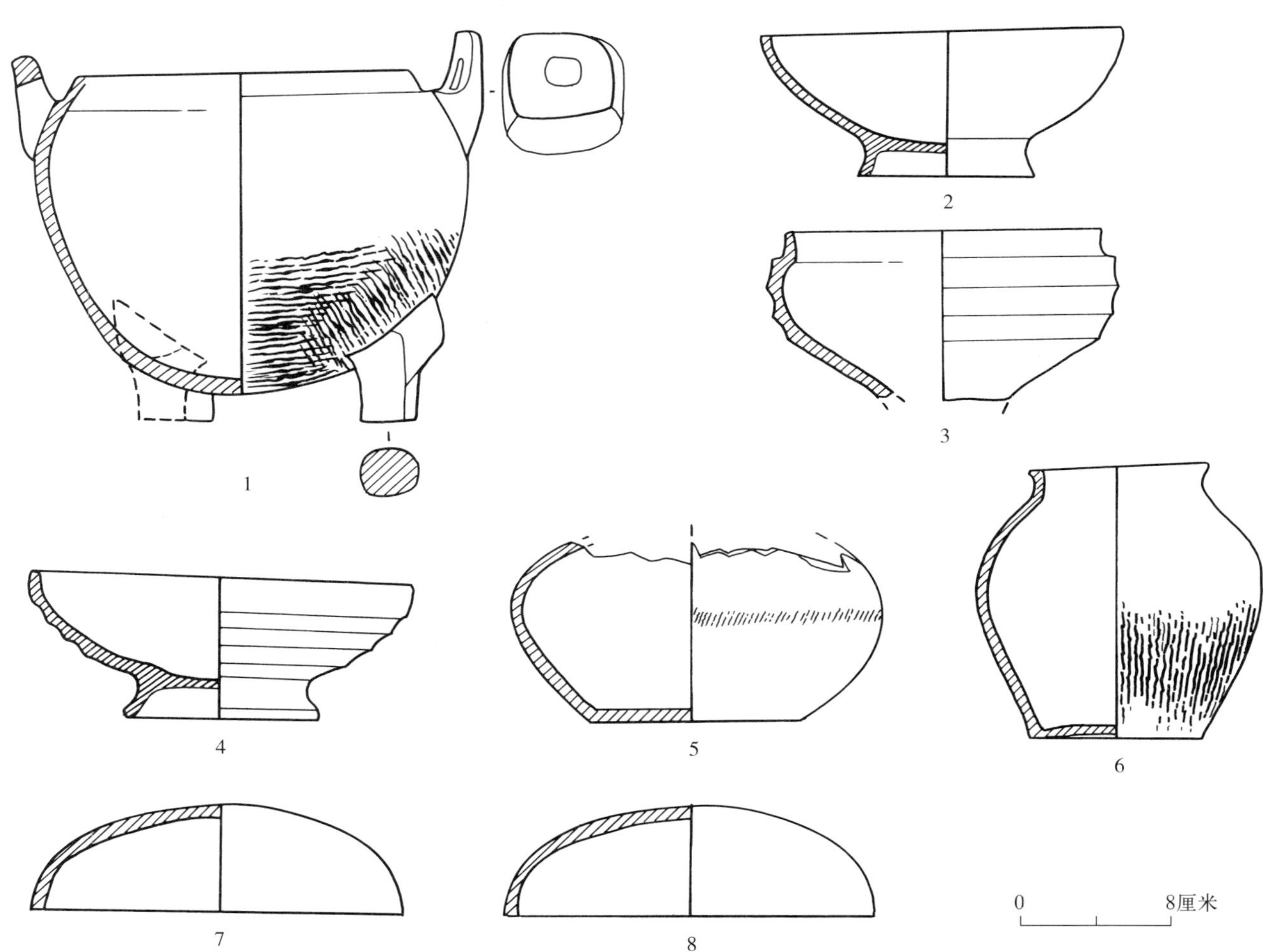

图六一七　M408出土陶器

1.鼎M408：4　2～4.豆M408：2、3、8　5.扁腹罐M408：5　6.深腹罐M408：1　7、8.器盖M408：6、7

周斜向竖绳纹，器底部有刮抹痕迹。最大径 21、底径 11.6、高 10.4 厘米（图六一七，5）。

深腹罐　1 件。

M408：1，夹砂灰陶。口微侈，窄沿，圆唇，矮领，溜肩，弧腹，最大径位于肩腹交接处，平底微内凹。腹下部饰竖向绳纹，器身有刮抹痕迹。口径 9.9、最大径 16.0、底径 9.5、高 15.8 厘米（图六一七，6）。

器盖　2 件。

形制相同，残，泥质灰陶。覆钵形。素面，器身有轮制痕迹。

M408：6，口径 19.6、高 6.0 厘米（图六一七，7）。

M408：7，口径 19.6、高 6.0 厘米（图六一七，8）。

三六八　M409

（一）墓葬形制

该墓位于墓群 B 区北部。开口于②层下，开口距地表 1.50 米。

竖穴土坑墓，平面呈长方形，方向 170°。口大底小，有生土二层台。上口长 3.48、宽 2.50 米；二层台面距墓口深 2.80 米，东、西侧台面宽 0.10 米，南北两侧无二层台；底长 2.80、宽 1.50 米；深 4.30 米。二层台以上壁面斜直内收，收分明显，二层台以下壁面平直，平底，无工具加工痕迹。墓内填松散的褐色五花土，含红烧土点、木炭屑等，出土较少的陶片。

葬具不详。

葬式不详。

盗洞 1 个，位于墓葬的东南角，自墓顶直通墓底，平面呈不规则方形，残长 1.02 ～ 1.68、宽 1.44 米。

墓葬内出土陶鼎 1、陶钫 1、陶甑 1 件（图六一八）。

（二）出土遗物

陶器

3 件。

鼎　1 件。

M409：1，泥质灰陶，施彩绘。覆钵形器盖，盖顶附加三个乳丁形器纽，器身子母口内敛，圆唇，深弧腹，圜底近平，下接三蹄足，较为肥硕，足跟外鼓，腹上端接两附耳，耳上端外撇。器身口部施一周红色彩绘弦纹，腹中部折棱明显，器身有轮制痕迹。口径 18.0、腹径 20.0、裆高 4.0、通高 17.0 厘米（图六一八，1；彩版一八五，3）。

钫　1 件。

M409：2，残损严重，形制不明。

簋形甑　1 件。

M409：3，泥质灰陶。敞口，宽平沿，方唇，深弧腹，平底，矮圈足，底部饰麦粒状箅孔。素面，器身有刮抹痕迹。口径 23.6、底径 9.6、圈足高 1.7、通高 15.6 厘米（图六一八，3）。

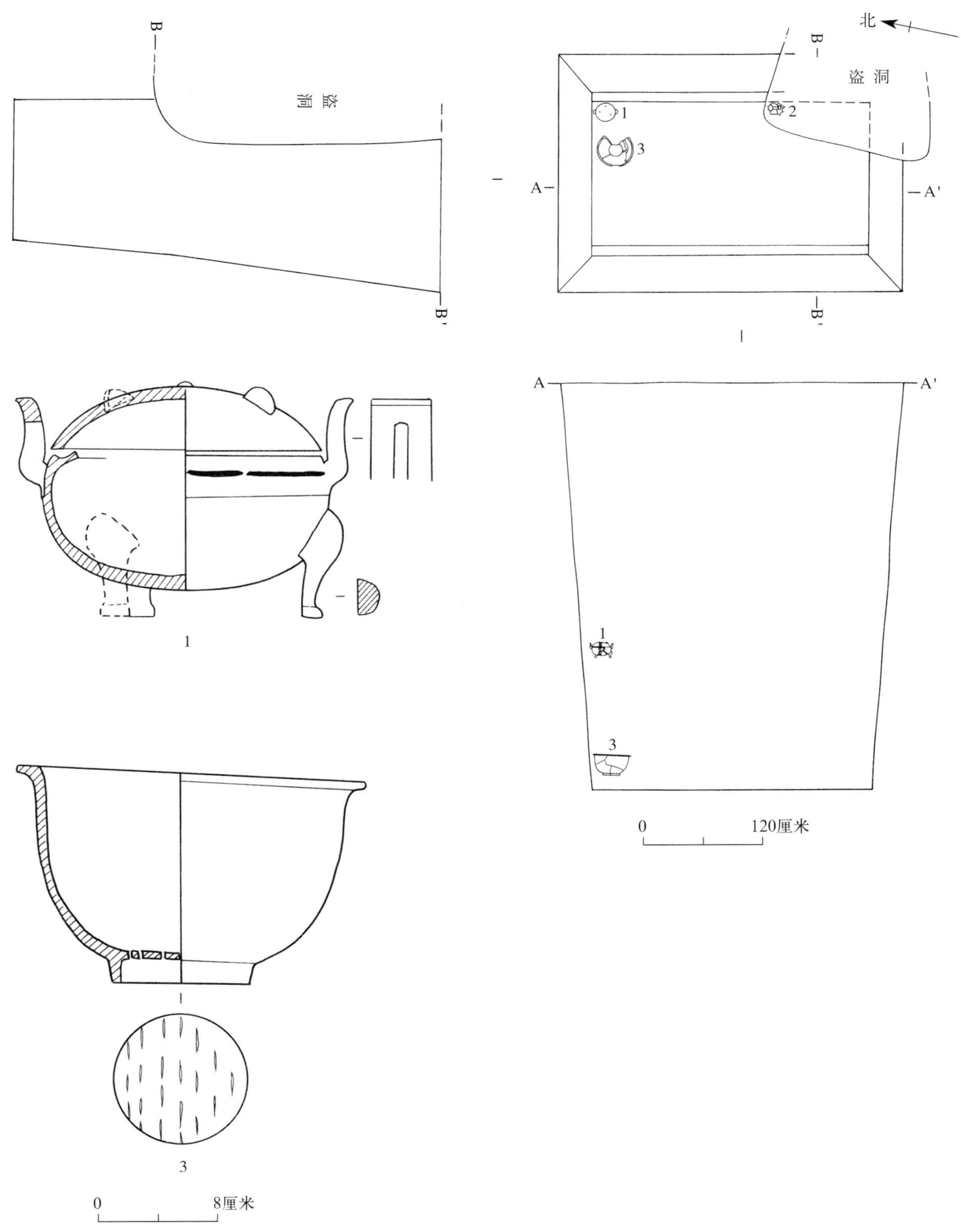

图六一八　M409平、剖面图及出土陶器

1.鼎　2.钫　3.簋形甑

三六九　M410

（一）墓葬形制

该墓位于墓群 B 区北部。开口于②层下，开口距地表 0.50 米，被 M404 打破。

竖穴土坑墓，平面呈梯形，南宽北窄，方向 15°，口大底小。上口长 2.80、宽 1.70 ～ 1.90 米；底长 2.40、宽 1.36 ～ 1.42 米；深 2.90 ～ 3.10 米。壁面 2.00 ～ 2.20 米以上斜直内收、收分明显，其下壁面平直、光滑，平底，无工具加工痕迹。墓内填松散的褐色五花土，含红烧土点、木炭屑等，出土较少的陶片。

葬具为一椁一棺，均残存板灰，结构不明，呈南北向摆放。椁长 2.16、宽 1.12 ～ 1.20 米，残高 0.46 厘米，椁板厚度不明；棺长 1.60、宽 0.88 厘米，棺板厚度、高度不明。

葬式不详。

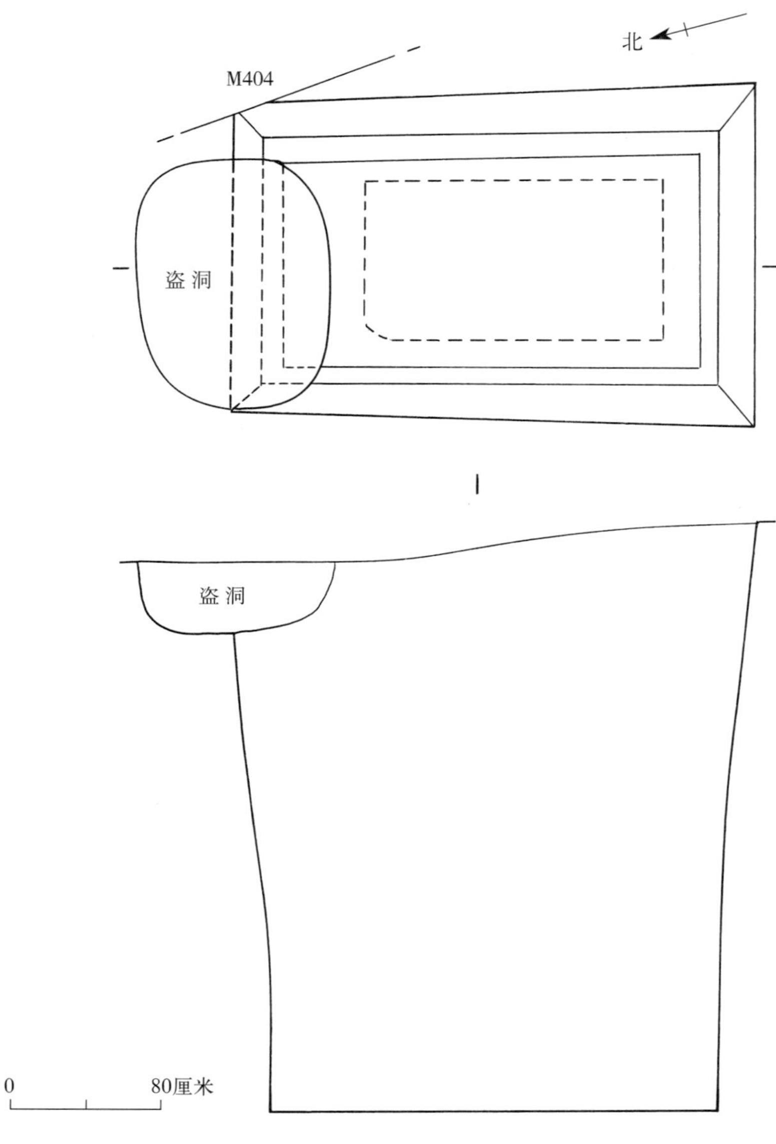

图六一九　M410 平、剖面图

盗洞 1 个，位于墓葬的西北部，平面呈圆角长方形，长 1.40、宽 1.04 米，深 0.40 米（图六一九）。

（二）出土遗物

无出土器物。

三七〇　M411

（一）墓葬形制

该墓位于墓群 B 区北部。开口于②层下，开口距地表 1.80 米。

竖穴土坑墓，平面呈长方形，方向 125°，口大底小。上口长 2.30、宽 1.28 米；底长 2.20、宽 1.20 米；深 0.90 ～ 1.10 米。壁面斜直内收、收分明显，平底，无工具加工痕迹。墓内填松散的褐色五花土，含红烧土点、木炭屑等，出土较少的陶片。

墓具不明。

葬式不详。

被盗扰（图六二〇）。

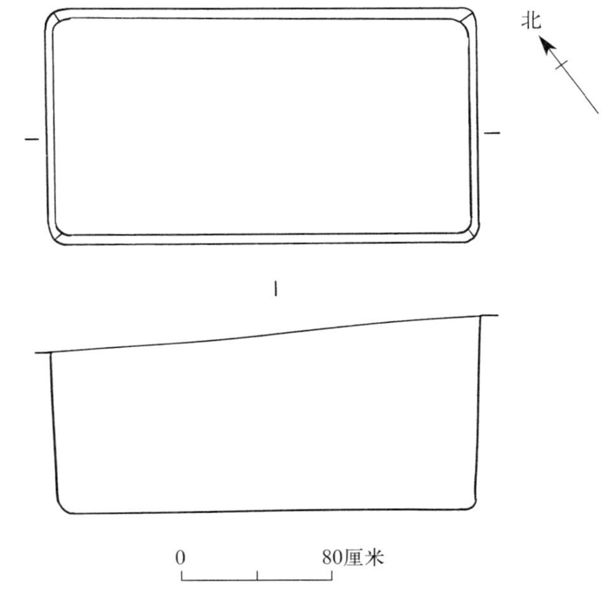

图六二〇　M411 平、剖面图

（二）出土遗物

无出土器物。

三七一　M412

（一）墓葬形制

该墓位于墓群 B 区北部。开口于②层下，开口距地表 1.70 米。

竖穴土坑墓，平面呈梯形，南宽北窄，方向 180°。口大底小，有生土二层台。上口长 2.90、宽 1.82 ～ 1.98 米；二层台面距墓口深 1.10 米，东侧台面宽 0.04 ～ 0.06、南侧台面宽 0.06 ～ 0.14 米，西侧和北侧无二层台；底长 2.70、宽 1.30 米，深 1.90 米。二层台以上壁面斜直内收，收分明显，二层台以下壁面平直，平底，无工具加工痕迹。墓内填松散的褐色五花土，含红烧土点、木炭屑等，出土较少的陶片。

葬具不详。

葬式不详。

盗洞 1 个，位于墓葬的西侧中部偏北，自墓顶直通墓底。平面呈圆形，直径 0.80 米。

墓葬内出土陶罐 2 件（图六二一）。

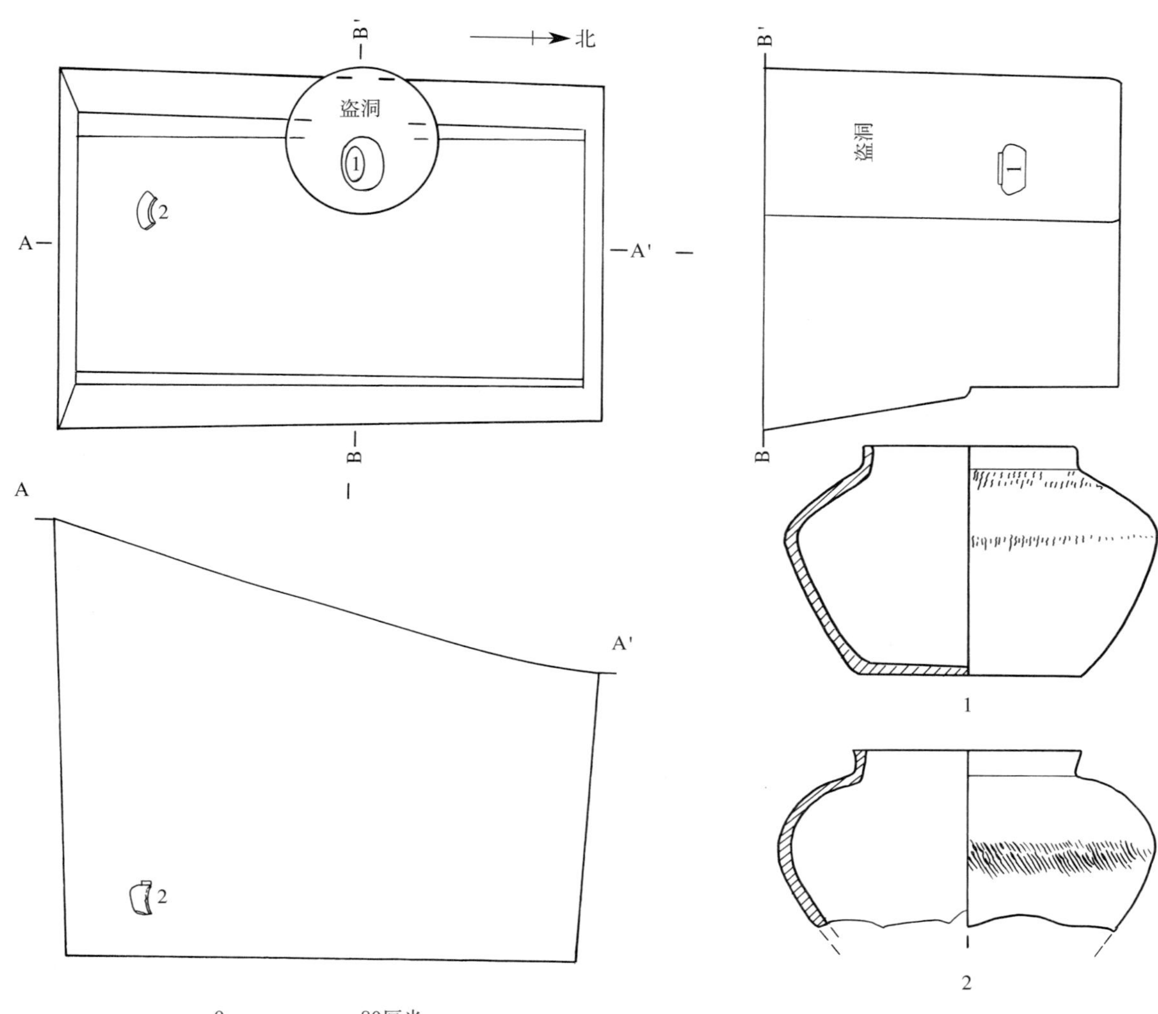

图六二一　M412 平、剖面图及出土陶器

1、2.大口罐

（二）出土遗物

陶器

2 件。

大口罐　2 件。

M412∶1，泥质灰陶。直口，圆唇，矮领，溜肩，弧腹，最大径位于肩腹交接处，平底。肩部先饰竖绳纹后抹掉，残留绳纹纹理，腹上部饰时断时续的竖绳纹，器身有刮抹痕迹。口径 12.6、最大径 21、残高 10.5 厘米（图六二一，1）。

M412∶2，残，泥质灰陶。直口，窄平沿，矮领，溜肩，弧腹，最大径位于肩腹交接处，底缺失。领部先饰绳纹后抹掉，残留部分绳纹纹理，腹上部饰斜向右下的竖绳纹，器身有刮抹痕迹。口径 12、最大径 20.6、底径 12.5、高 13.2 厘米（图六二一，2）。

三七二　M413

（一）墓葬形制

该墓位于墓群B区北部。开口于①层下，开口距地表0.40米。

竖穴土坑墓，平面呈长方形，方向170°，口大底小。上口长3.00、宽1.70米；底长2.70、宽1.40米；深2.60米。壁面1.60米以上斜直内收、收分明显，其下壁面平直，平底，无工具加工痕迹。墓内填松散的褐色五花土，含红烧土点、木炭屑等，出土较少陶片。

墓具不明。

葬式不详。

墓葬内出土陶盂1件（图六二二）。

（二）出土遗物

陶器

1件。

盂　1件。

M413：1，泥质灰陶。敞口，外斜沿，圆唇，敛颈，深腹斜直内收，最大径位于腹上端，平底。素面，器身有刮抹痕迹。口径16.6、最大径17.4、底径10.4、高12厘米（图六二二，1）。

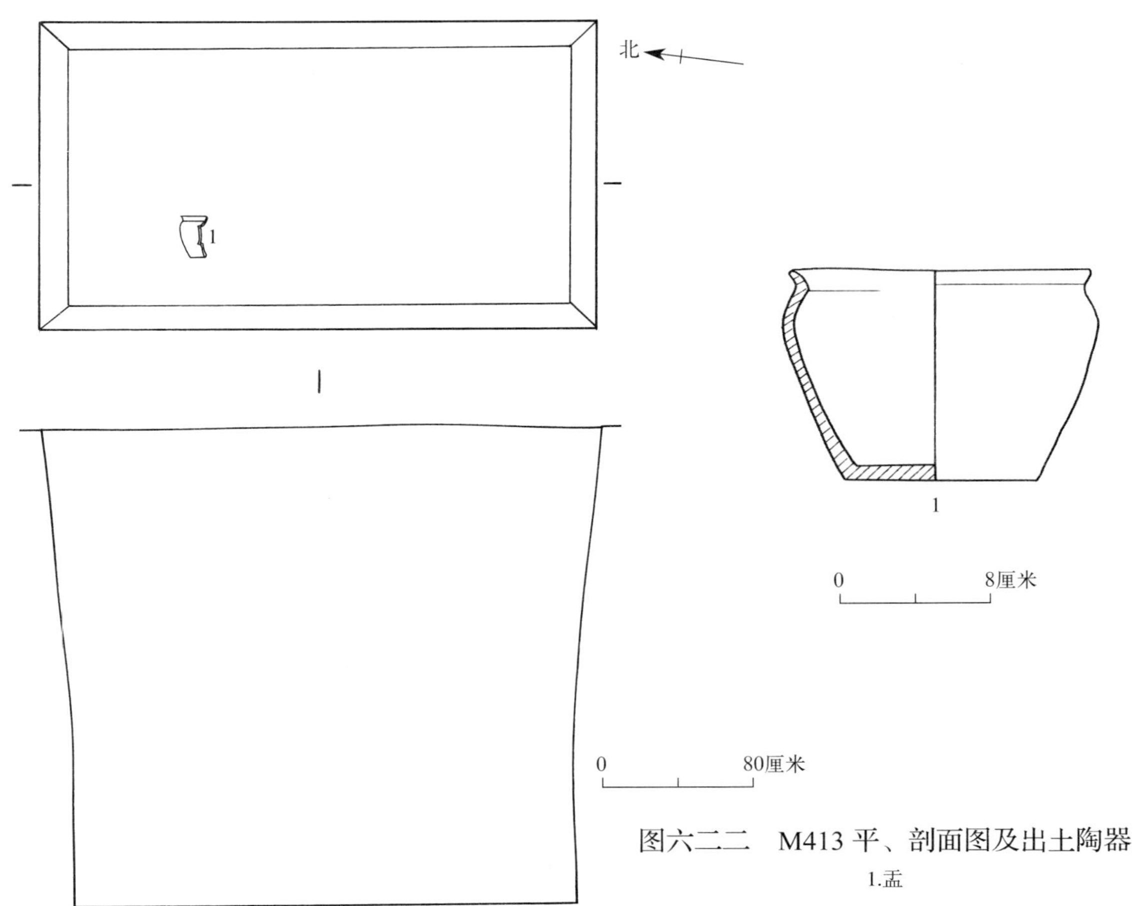

图六二二　M413平、剖面图及出土陶器

1.盂

三七三　M414

（一）墓葬形制

该墓位于墓群 B 区北部。开口于②层下，开口距地表 1.00 ～ 1.70 米。

竖穴土坑墓，平面呈长方形，方向 160°。口大底小，有生土二层台。上口长 2.32、宽 0.96 米；二层台面距墓口深 0.55 米，东、南侧台面宽 0.25 米，西、北侧无二层台；底长 3.10、宽 1.56 米，深 1.40 米。二层台以上壁面斜直内收，收分明显，二层台以下壁面平直，平底，无工具加工痕迹。墓内填松散的褐色五花土，含红烧土点、木炭屑等。

葬具不详。

葬式不详。

墓葬内出土陶罐 4、铜弩机 1、铜带钩 1 件（图六二三；彩版一八六，1）。

（二）出土遗物

1. 陶器

4 件。

小口旋纹罐　1 件。

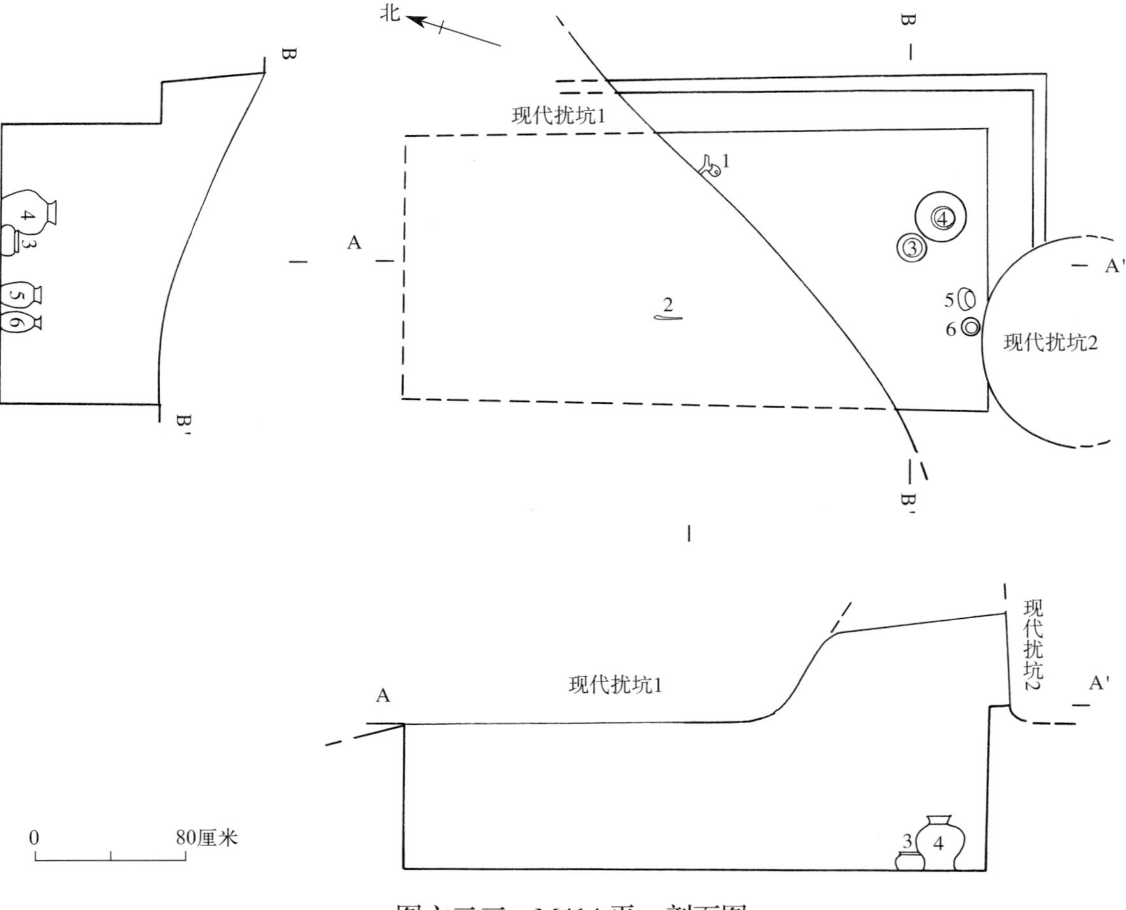

图六二三　M414 平、剖面图

1.铜弩机　2.铜带钩　3.扁腹陶罐　4.小口旋纹陶罐　5、6.瓶形陶罐

M414∶4，泥质灰陶。侈口，窄沿外撇，圆唇，溜肩，弧腹内收，最大径位于腹中部，平底。肩、上腹部饰数道弦纹，下腹部及底部饰交错绳纹。口径 13.2、最大径 29.2、底径 11.9、高 33.2 厘米（图六二四，1）。

扁腹罐 1 件。

M414∶3，泥质灰陶。直口，窄沿，矮领，广肩，弧腹内收，最大径位于腹上端，平底。下腹部饰斜向左下的篮纹，口部轮制痕迹明显。口径 10.5、最大径 14.6、底径 8、高 9.4 厘米（图六二四，2）。

瓶形罐 2 件。

M414∶5，泥质灰陶。侈口，外斜沿，方唇，斜领，溜肩，深弧腹，最大径位于腹上部，平底。腹中部饰斜向左下的细绳纹，领部先饰绳纹后抹掉，残留部分绳纹纹理，领部轮制痕迹明显，腹下部刮抹痕迹明显。口径 10.6、最大径 16.8、底径 10、高 24.6 厘米（图六二四，3）。

M414∶6，泥质灰陶。侈口，外斜沿，方唇，斜领，溜肩，深弧腹，最大径位于腹上部，平底。腹中部饰斜向左下的细绳纹，领部先饰绳纹后抹掉，残留部分绳纹纹理，领部轮制痕迹明显。口径 10.6、最大径 16.6、底径 8.8、高 24.8 厘米（图六二四，4）。

2. 铜器

2 件。

带钩 1 件。

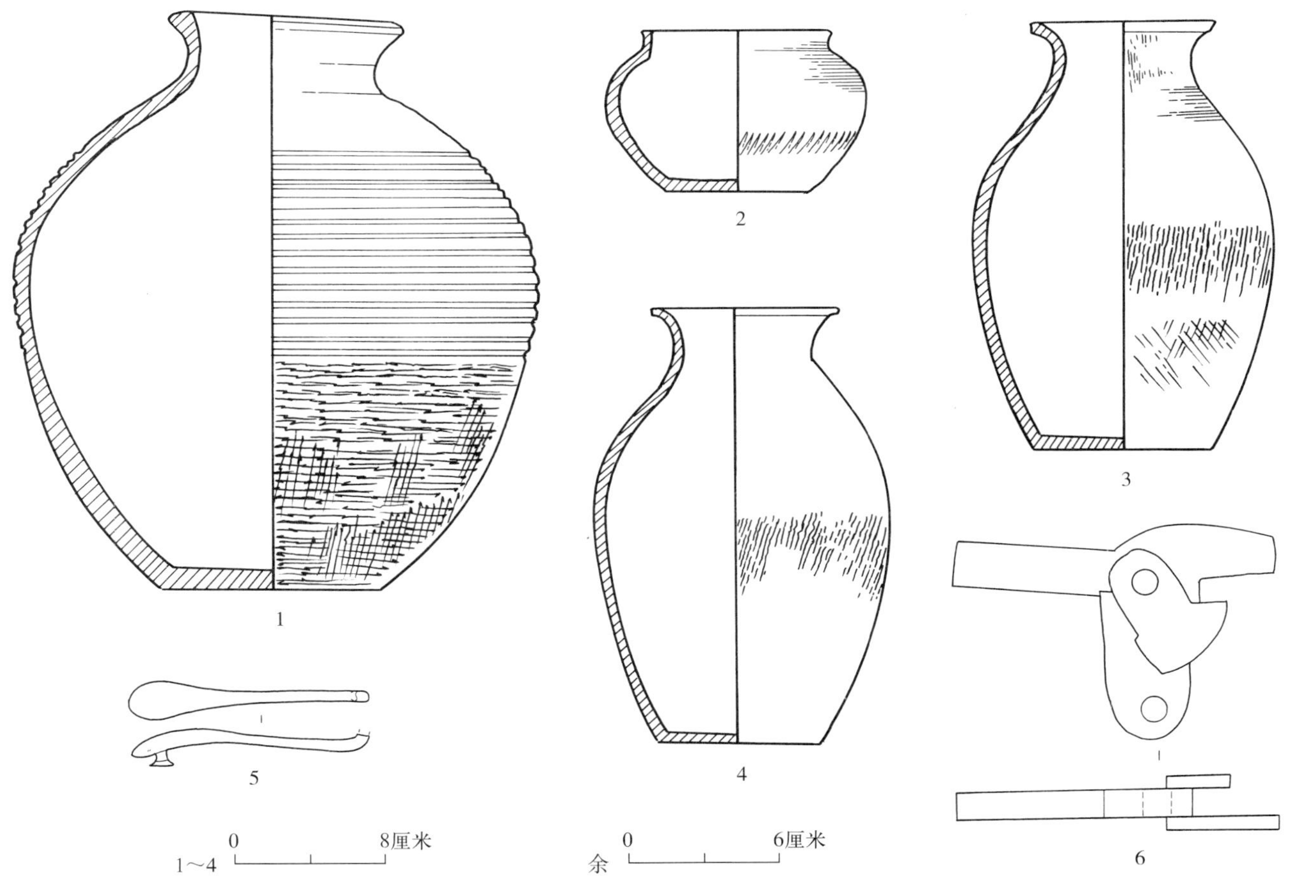

图六二四 M414 出土器物

1.小口旋纹陶罐M414∶4 2.扁腹陶罐M414∶3 3、4.瓶形陶罐M414∶5、6 5.铜带钩M414∶2 6.铜弩机M414∶1

M414：2，琵琶形，钩首残缺，钩体为身，椭圆形纽位于体身下部。素面。长10、纽径1.2厘米（图六二四，5）。

弩机 1件。

M414：1，残存牙、牛、悬刀三部分。牙前部有两齿，后部有一望山，下部后端有穿，前端有枢轴，高6.7、宽5.4、厚2.4厘米；牛窄长，前端有两齿、上部短、下部长，后端有穿，长6.6、宽1厘米；悬刀长方形，上端有穿，与牙部穿相固定，之下有一卡槽，用以卡牛下齿，悬刀长9.1厘米（图六二四，6；彩版一八六，2）。

三七四 M415

（一）墓葬形制

该墓位于墓群B区北部。开口于②层下，开口距地表1.70米。

竖穴土坑墓，平面呈长方形，方向180°。口大底小，有生土二层台。上口长2.70、宽1.56米；二层台面距墓口深0.40米，东、南侧台面宽0.10米，西、北侧无二层台；底长2.60、宽1.25米，深1.40米。二层台以上壁面斜直内收，收分明显，二层台以下壁面平直，平底，无工具加工痕迹。墓内填松散的褐色五花土，含红烧土点、木炭屑等。

葬具不详。

葬式不详（图六二五）。

（二）出土遗物

无出土器物。

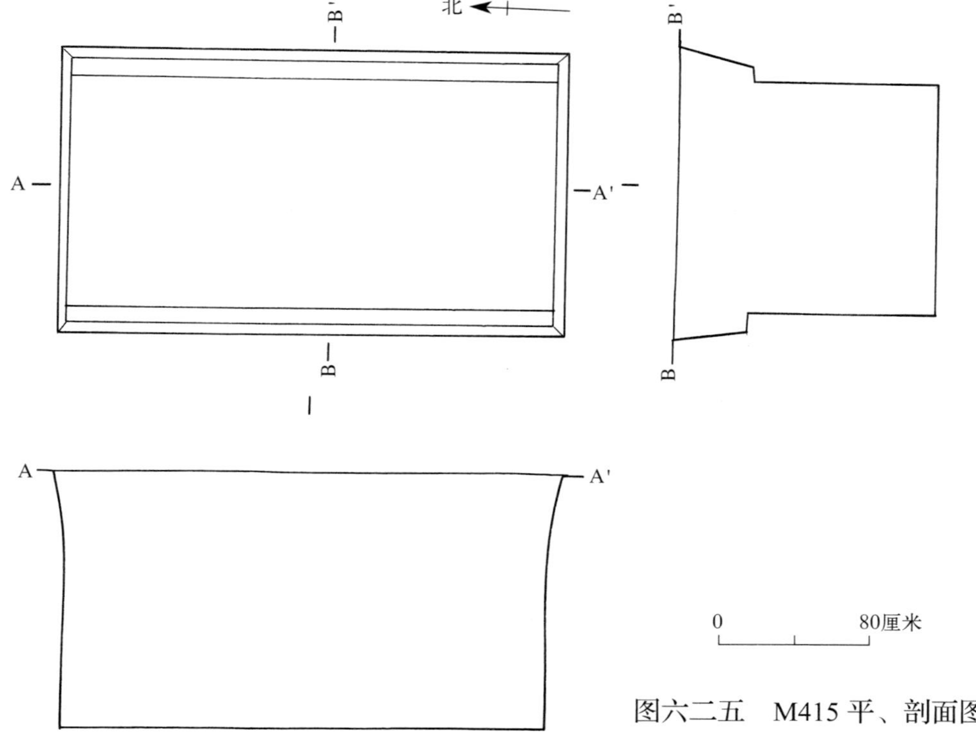

图六二五 M415平、剖面图

三七五　M416

（一）墓葬形制

该墓位于墓群 B 区北部。开口于②层下，开口距地表 1.70 米，被 M409 打破。

竖穴土坑墓，平面呈长方形，方向 170°。口大底小，有生土二层台。上口长 3.46、宽 1.46 米；二层台面距墓口深 2.90 米，西侧台面宽 0.20、南侧台面宽 0.10 米；底长 2.60、宽 1.30 米，深 3.80 米。二层台以上壁面斜直内收，收分明显，二层台以下壁面平直，平底，无工具加工痕迹。墓内填松散的褐色五花土，含红烧土点、木炭屑等。

葬具不详。

葬式不详。

墓葬内出土陶鼎 1、陶钫 1、陶锜 1、陶甑 1、陶罐 3、铜镜 1 件（图六二六；彩版一八七，1）。

（二）出土遗物

1. 陶器

7 件。

鼎　1 件。

M416：4，泥质灰陶，施彩绘。覆钵形器盖，盖顶附加三个乳丁形器纽，器身子母口，圆唇，

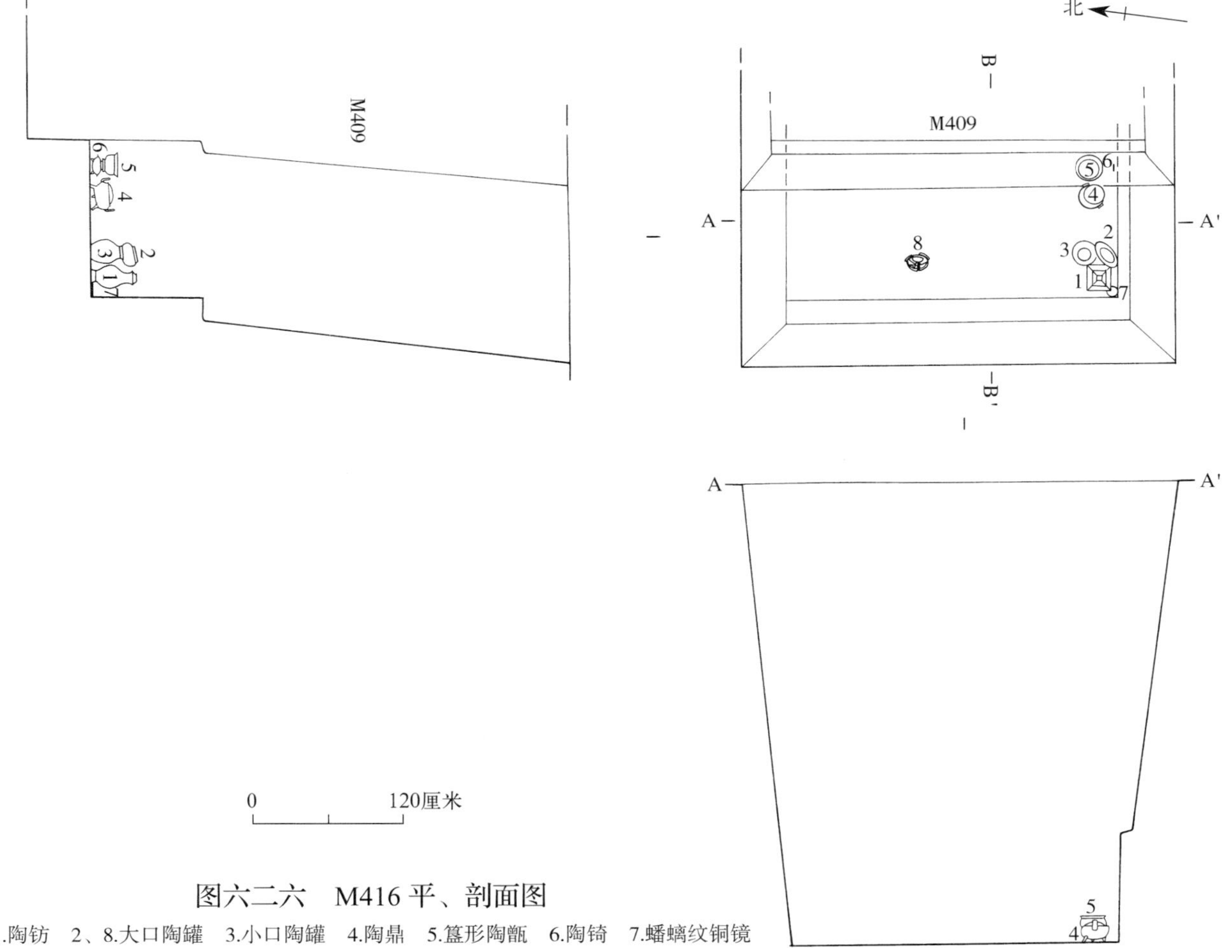

图六二六　M416 平、剖面图

1.陶钫　2、8.大口陶罐　3.小口陶罐　4.陶鼎　5.簋形陶甑　6.陶锜　7.蟠螭纹铜镜

深弧腹，圜底近平，下接三蹄足，较为肥硕，足跟外鼓，腹上端接两附耳，耳上端外撇。盖底部以红色彩绘一道弦纹，之上以红、白两色彩绘图案，脱落不明，器身口部施一周红、白两色彩绘弦纹，腹中部饰一道凸棱，器耳侧棱以红彩绘直线纹，器身有轮制痕迹。口径 18.0、腹径 19.0、裆高 2.6、通高 15.8 厘米（图六二七，1）。

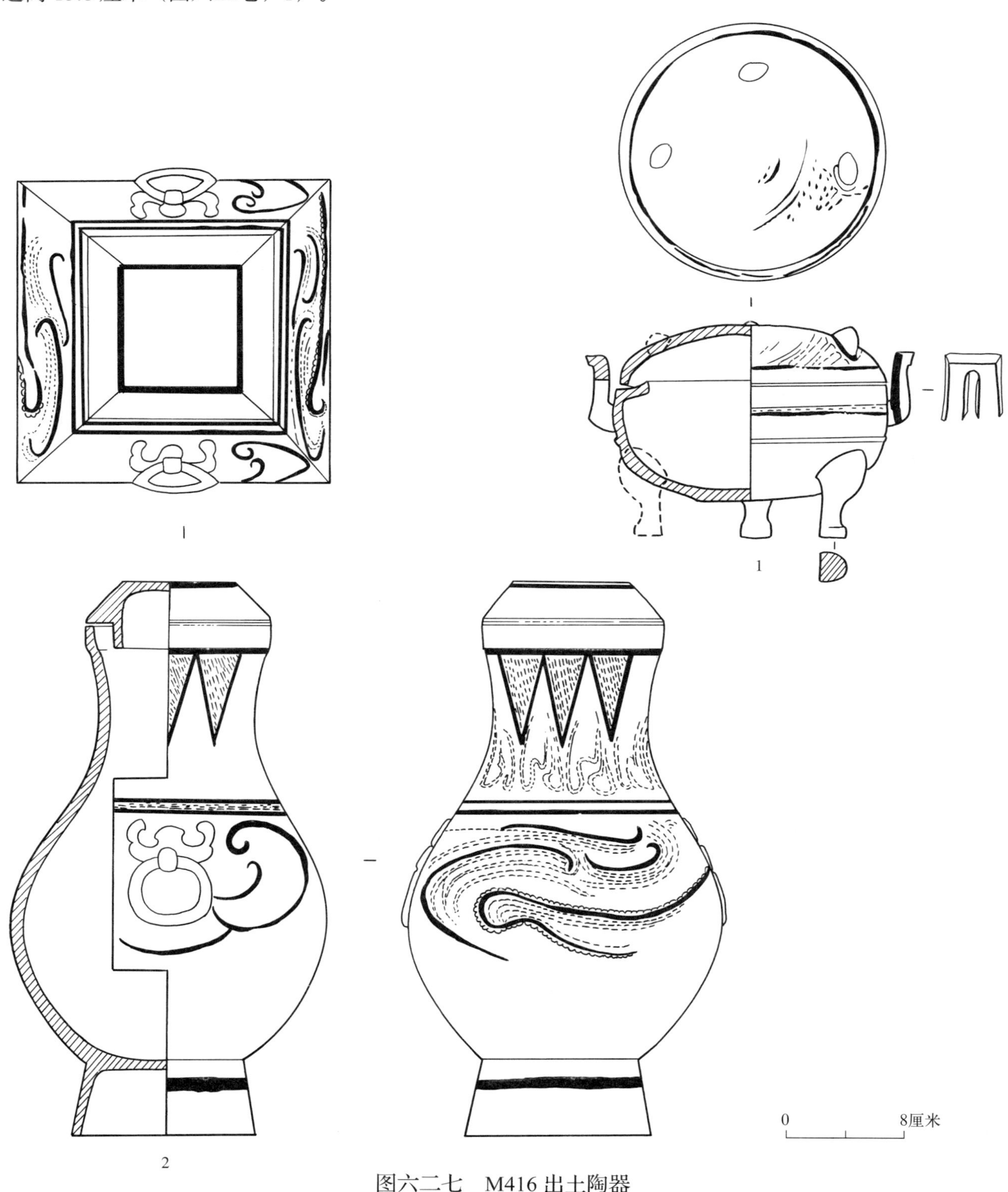

图六二七　M416 出土陶器

1.鼎M416：4　2.钫M416：1

钫　1件。

M416：1，泥质灰陶，施彩绘。正方覆斗形子母口器盖，器身略呈侈口，方唇，高领，鼓腹，平底，下接方形高圈足，腹部两侧对称处附加两兽形铺首衔环。盖以红彩绘“回”字形纹，器身领部上端以红彩绘“回”字形纹，之下以红、白色两彩绘三角纹，三角纹之下以白彩绘云纹，上腹部先以红、白两彩绘“回”字纹，之下以红、白、蓝、紫四彩绘云纹，圈足上部以红彩绘“回”字纹，器身有刮抹痕迹。口边长 13.2、腹边长 22.2、圈足底边长 13、圈足高 5.6、通高 40.4 厘米（图六二七，2；

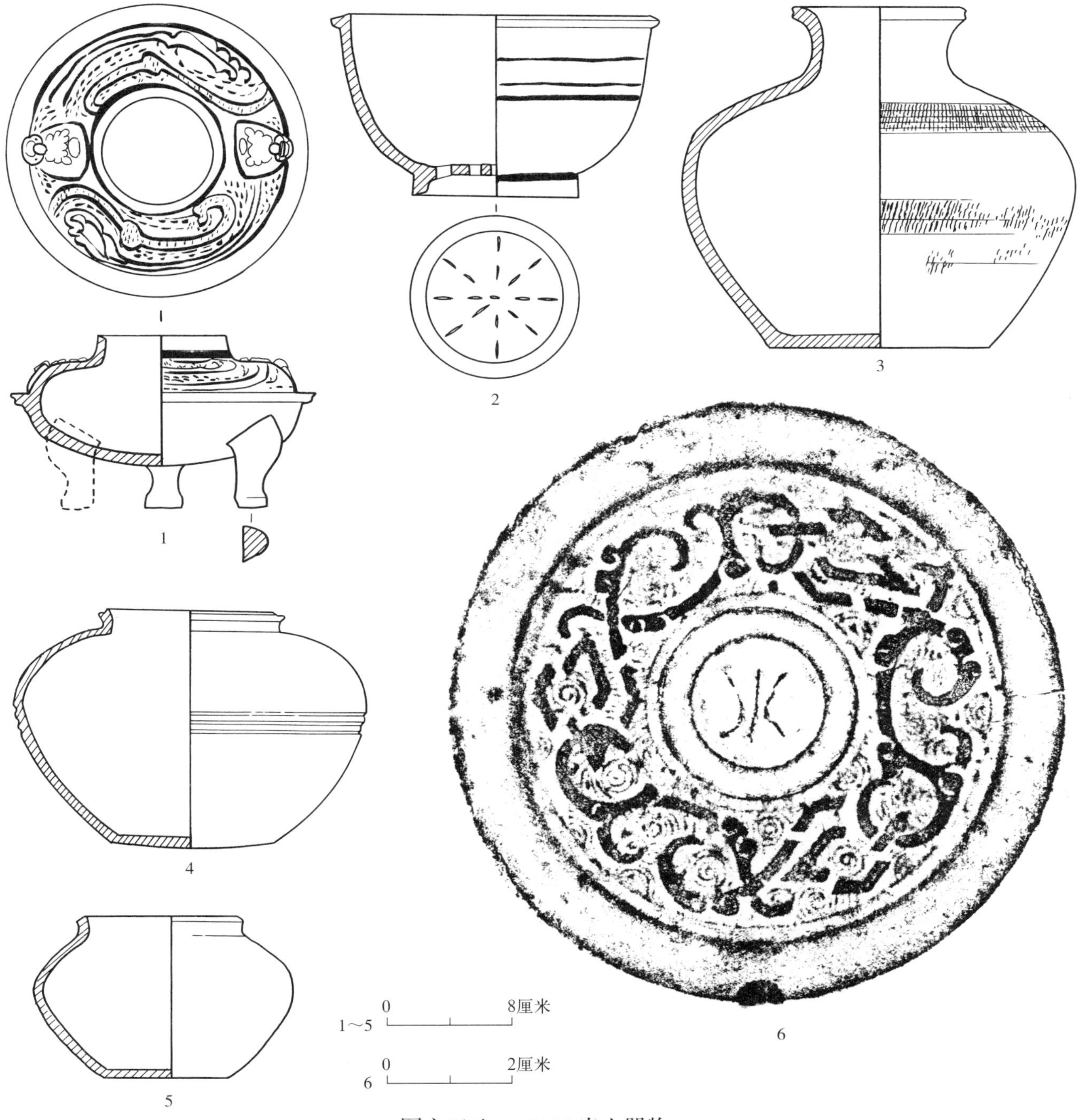

图六二八　M416 出土器物

1.陶锜M416：6　2.簋形陶甑M416：5　3.小口陶罐M416：3　4、5.大口陶罐M416：2、8　6.蟠螭纹铜镜M416：7

彩版一八六，3）。

锜　1件。

M416：6，泥质灰陶，施彩绘。器身似一釜，直口，方唇，矮领，平肩，折腹以上腹壁略直，以下斜腹弧内收，圜底，三蹄足肥硕较高，足跟宽扁并外撇，腹部有一隔棱，最大径位于隔棱处，隔棱之上对称处附加两兽形铺首衔环。隔棱之上施红色彩绘弦纹，弦纹之上以红、白、紫三色彩绘卷云纹图案，器身有轮制痕迹。口径8.6、最大径20.6、隔棱宽1.6、裆高2.8、通高11.4厘米（图六二八，1；彩版一八七，2）。

簋形甑　1件。

M416：5，泥质灰陶，施彩绘。敞口，宽沿外撇，方唇，深弧腹，平底，矮圈足，底部有麦粒状箅孔。内壁通体施红色彩绘，器表以红色彩绘四道弦纹，器身有轮制痕迹。口径22.4、底径11.2、高12.4厘米（图六二八，2；彩版一八七，2）。

小口罐　1件。

M416：3，泥质灰陶。侈口，外斜沿，方唇，唇缘有凹槽，矮领，溜肩，深弧腹，最大径位于腹上端，平底。肩、腹中部先饰竖绳纹，再饰数道弦纹，将之分割成数段，器身有刮抹痕迹。口径11.0、最大径26.4、底径14.4、高23.6厘米（图六二八，3）。

大口罐　2件。

M416：2，泥质灰陶。直口，方唇，唇缘有凹槽，矮领，广肩，深弧腹，最大径位于肩、腹交接处，平底。腹上部先饰竖向细绳纹，再于其上饰三道弦纹，将之分割成四段，器身有刮抹痕迹。口径11.6、最大径22.4、底径10.4、高15.4厘米（图六二八，4）。

M416：8，泥质灰陶。直口，方唇，矮领，溜肩，弧腹，最大径位于肩、腹交接处，平底。素面，领部轮制痕迹明显，器身有刮抹痕迹。口径11、最大径16.4、底径7.9、高10.6厘米（图六二八，5）。

2. 铜器

1件。

蟠螭纹镜　1面。

M416：7，锈蚀。圆形，镜面平直，三弦纽，圆座。外有一圈素面纹饰带，两圈弦纹构成主纹饰区，内饰蟠螭纹、云地纹，素缘，直径9.8厘米（图六二八，6；彩版一八七，3）。

三七六　M417

（一）墓葬形制

该墓位于墓群B区北部。开口于①层下，开口距地表0.40米。

竖穴土坑墓，平面呈长方形，方向80°，口底同大。长1.90、宽1.35米，深1.00米。壁面平直，平底，无工具加工痕迹。墓内填松散的褐色五花土，含红烧土点、木炭屑等。

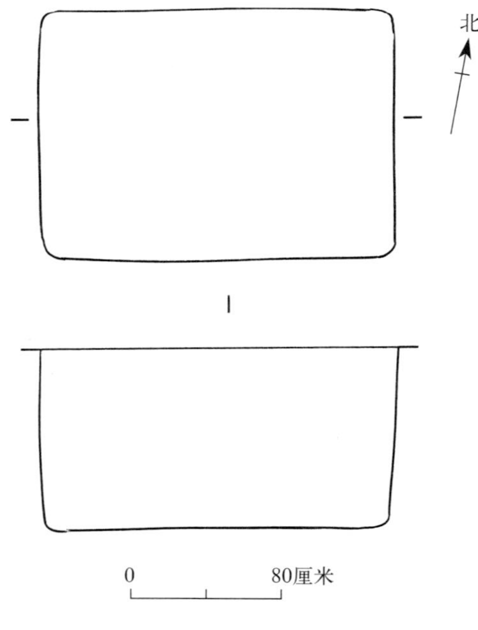

图六二九　M417平、剖面图

墓具不明。

葬式不详（图六二九）。

（二）出土遗物

无出土器物。

三七七　M418

（一）墓葬形制

该墓位于墓群 B 区北部。开口于②层下，开口距地表 0.60 米。

斜坡墓道土坑墓，平面呈“曲尺形”，方向 185°。由墓道和墓室两部分组成。

墓道位于墓室的南端，台阶延伸至墓底，南高北低，坡度为 30°，平面呈梯形，北宽南窄，口大底小。上口长 3.70、南宽 0.90 ～ 1.90、深 0.30 ～ 2.50 米。周壁壁面斜直内收，收分明显。墓室为土坑式，平面呈长方形，口大底小，有生土二层台。上口长 3.50、宽 2.26 米；二层台面距墓口深 1.80

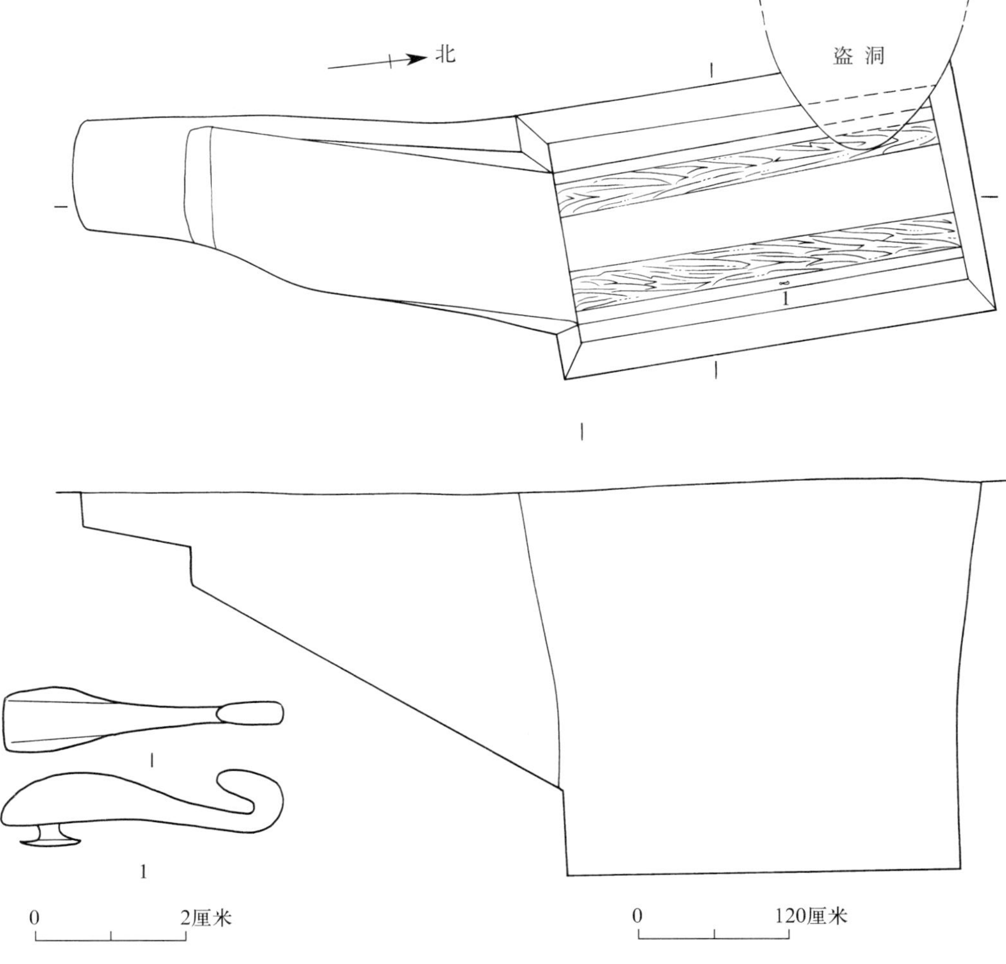

图六三〇　M418 平、剖面图及出土铜器

1.带钩

米，东侧台面宽 0.14、西侧台面宽 0.08 米，南、北两侧无二层台；底长 3.10、宽 1.44 米，深 3.20 米。二层台以上壁面斜直内收，收分明显，二层台以下壁面平直，周壁光滑，墓底较平，底低于墓道 0.70 米，无工具加工痕迹。墓内填松散的褐色五花土，含红烧土点、木炭屑等，出土较少陶片。

葬具不详。

葬式不详。

墓道内出土铜带钩 1 件（图六三〇）。

（二）出土遗物

铜器

1 件。

带钩　1 件。

M418∶1，琵琶形，钩首为头，钩体为身，椭圆形纽位于体身下部。素面。长 7.8、纽径 1.2 ～ 1.9 厘米（图六三〇，1；彩版一八八，1）。

三七八　M419

（一）墓葬形制

该墓位于墓群 B 区北部。开口于①层下，开口距地表 1.50 米，被 M409 打破。

竖穴土坑墓，平面呈长方形，方向 95°，口大底小。上口长 3.30、宽 2.40 米；底长 2.60、宽 1.50 米；深 4.80 米。壁面 4.10 米以上斜直内收、收分明显，其下壁面平直，平底，无工具加工痕迹。墓内填松散的褐色五花土，含木炭屑、红烧土点等，出土极少量的陶片。

葬具不详。

葬式不详。

盗洞 2 个。盗洞 1 自墓顶直通墓底，位于墓葬西端，平面呈椭圆形，长 0.94 ～ 1.40 米；盗洞 2 位于墓葬东端，平面呈椭圆形，长 2.54 ～ 2.80 米。

墓葬内出土陶盂 1、玉环 1 件（图六三一）。

（二）出土遗物

1. 陶器

1 件。

盂　1 件。

M419∶2，泥质灰陶。侈口，外斜沿，方唇，圆腹，最大径位于腹中部，平底。腹中部饰凹弦纹，器身有刮抹痕迹。口径 8.6、最大径 11.4、底径 4.4、高 6.0 厘米（图六三一，2）。

2. 玉器

1 件。

环　1 件。

M419∶1，玛瑙质，完整。乳白色，较温润，透亮，圆环形，截面略呈菱形。素面。外径 4.8、内径 3.3、厚 0.8 厘米（图六三一，1；彩版一八八，2）。

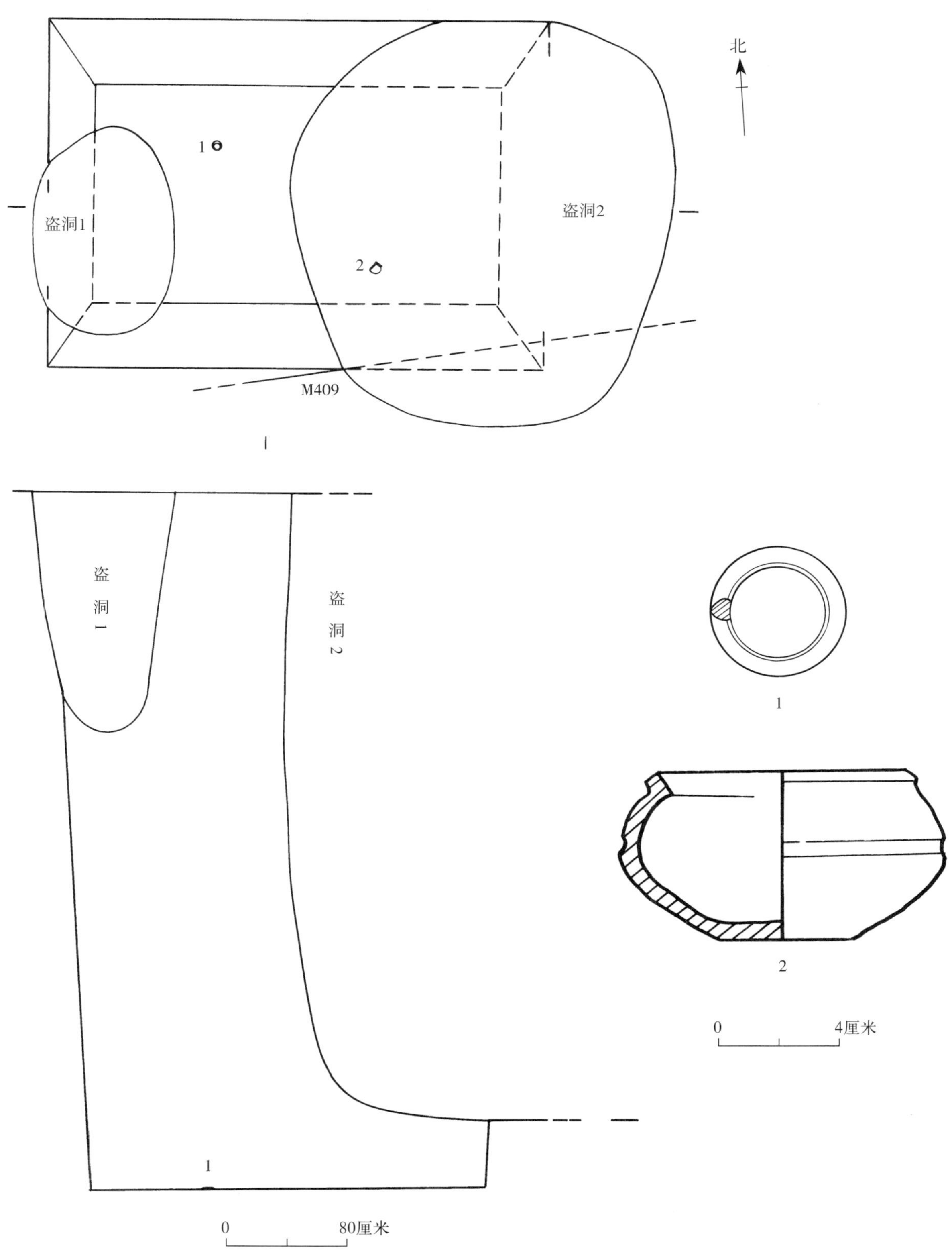

图六三一　M419平、剖面图及出土器物
1.玉环　2.陶盂

三七九　M420

（一）墓葬形制

该墓位于墓群 B 区北部。开口于②层下，开口距地表 1.50 米。

竖穴土坑墓，平面呈长方形，方向 90°，口大底小。上口长 3.60、宽 2.46 米；底长 2.70、宽 1.68 米；深 3.78 米。壁面 2.75 米以上斜直内收、收分明显，其下壁面平直，平底，无工具加工痕迹。墓内填松散的褐色五花土，含木炭屑、红烧土点等。

墓具为一椁一棺，东西向摆放，残存朽痕，结构不明，椁长 2.40、宽 1.44、残高 0.55 米，椁板厚度不明；棺长 2.04、宽 0.72 米，高度及棺板厚度不明。

葬式为单人仰身直肢，头朝东，面向南，年龄、性别不明。

墓葬内出土陶鼎 2、陶壶 2、陶豆 3、陶盆 1、陶器盖 1、铜饰件 1 件（图六三二）。

（二）出土遗物

1. 陶器

9 件。

鼎　2 件。

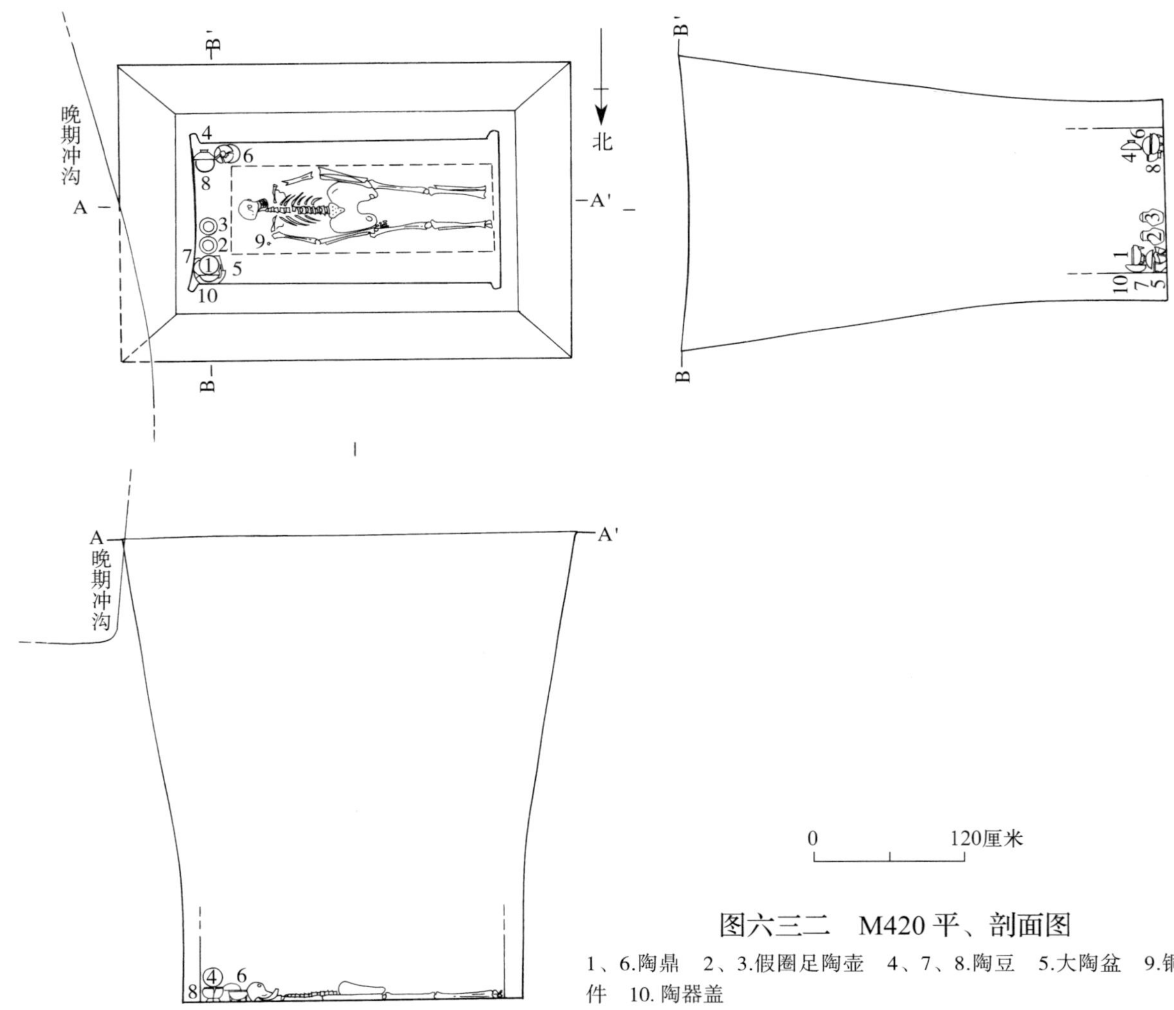

图六三二　M420 平、剖面图

1、6.陶鼎　2、3.假圈足陶壶　4、7、8.陶豆　5.大陶盆　9.铜饰件　10. 陶器盖

M420：1，泥质灰陶。子母口内敛，圆唇，深弧腹，圜底，下接三个柱状器足。素面，器身有刮抹痕迹。口径 16.4、腹径 19.1、裆高 1.8、通高 11.2 厘米（图六三三，1；彩版一八八，1）。

M420：6，泥质灰陶。覆钵形器盖，盖顶附加三个乳丁，器身呈子母口内敛，圆唇，深弧腹，最大径位于腹上部，圜底，下接三个锥状器足。腹部有凹弦纹，器身有轮制痕迹，器足表面刮削痕迹明显。口径 17.3、腹径 19.6、裆高 1.4、通高 18.6 厘米（图六三三，2；彩版一八八，2）。

豆　3 件。

M420：4，泥质灰陶。豆盘呈敞口，沿内敛，弧腹，盘底正中连接喇叭形底座。腹部饰二道凹弦纹，器身有轮制痕迹。口径 17.2、底径 7.2、高 8.4 厘米（图六三一，3）。

M420：7，泥质灰陶。豆盘呈敞口，浅腹，盘底正中连接喇叭形底座。素面，器身轮制痕迹明显。口径 18.0、底径 8.0、高 7.2 厘米（图六三三，4）。

M420：8，泥质灰陶。豆盘呈子母口，内敛，深弧腹，最大径位于腹上端，盘底正中连接喇叭形底座。腹部饰两道凹弦纹，器身有轮制痕迹。口径 15.2、最大径 17.6、底径 10.4、高 11.2 厘米（图六三三，5）。

假圈足壶　2 件。

M420：2，泥质灰陶。覆钵形子母口器盖，器身呈侈口，方唇，斜高领，溜肩，圆腹，最大径位于腹上端，平底。器盖饰数道凹弦纹，器身素面，领部有轮制痕迹，器身有刮抹痕迹。口径 9.6、最大径 16.4、底径 9.2、高 20.0 厘米（图六三三，6；彩版一八八，5）。

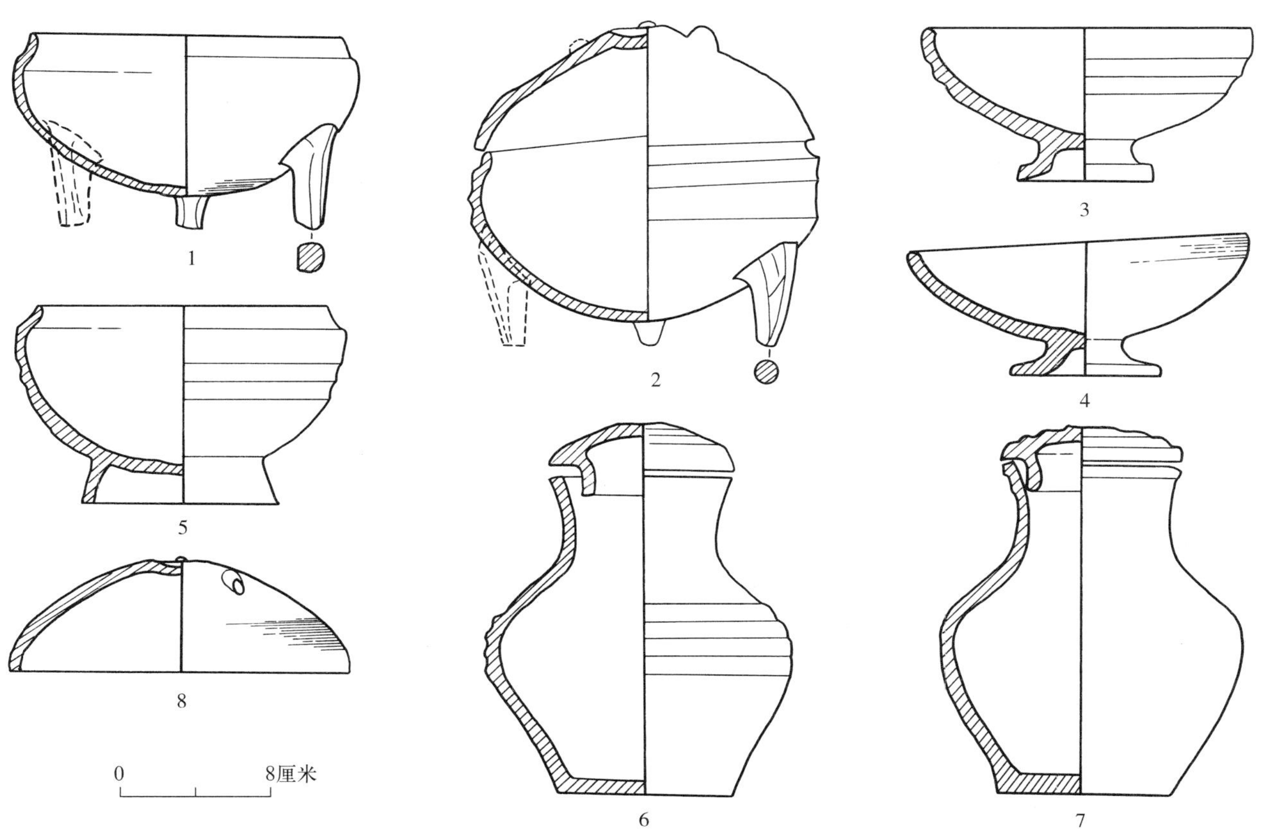

图六三三　M420 出土陶器物

1、2.鼎M420：1、6　3～5.豆M420：4、7、8　6、7.假圈足壶M420：2、3　8.器盖M420：10

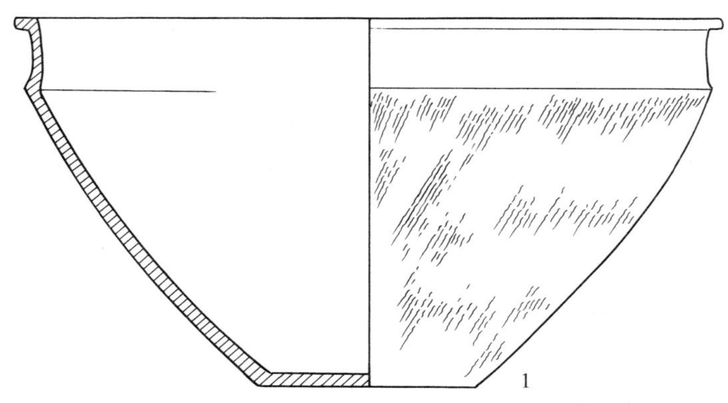

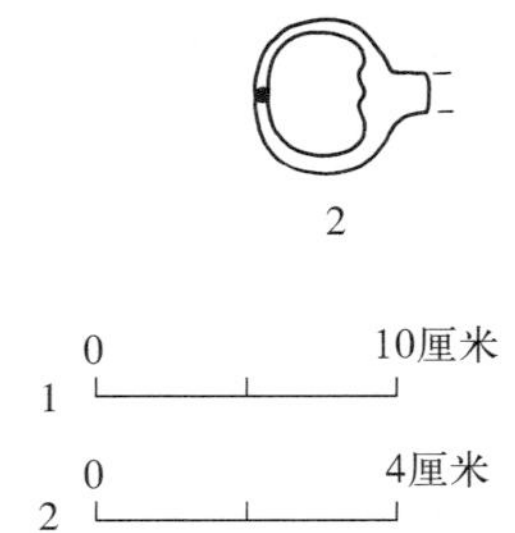

图六三四　M420 出土器物
1.大陶盆M420：5　2.铜饰件M420：9

M420：3，泥质灰陶。覆钵形子母口器盖，器身呈侈口，方唇，斜高领，溜肩，圆腹，最大径位于腹上端，平底。器盖及器身肩部均饰数道凹弦纹，领部有轮制痕迹，器身有刮抹痕迹。口径 9.2、最大径 16.0、底径 9.2、高 21.4 厘米（图六三三，7）。

大陶盆　1 件。

M420：5，泥质灰陶。敞口，宽平沿，方唇，敛颈，深腹斜直内收，小平底。腹部饰斜向细绳纹，器身有刮抹痕迹。口径 45.2、底径 14.4、高 24.4 厘米（图六三四，1；彩版一八九，1）。

器盖　1 件。

M420：10，泥质灰陶。覆钵形，盖顶附加三个乳丁状器纽，正中微内凹。素面，器身轮制痕迹明显。口径 18.0、高 6.6 厘米（图六三三，8）。

2. 铜器

1 件。

饰件　1 件。

M420：9，残存椭圆形环首，截面呈扁平状，削身缺失。素面。环首径 2.4 ～ 2.8 厘米（图六三四，2）。

三八〇　M421

（一）墓葬形制

该墓位于墓群 B 区北部。开口于②层下，开口距地表 2.00 米。

竖穴土坑墓，平面呈长方形，方向 180°。口底同大，有生土二层台。该墓北部为第一次使用，长 4.50、宽 5.20 米；二层台面距墓口深 3.80 米，西侧台面宽 0.56 米，东、南、北侧无二层台；底长 3.90、宽 2.26 米；深 3.90 ～ 4.80 米。东侧壁面斜直内收，收分明显，西、南、北侧壁面平直，平底，无工具加工痕迹。该墓南部为第二次使用，其位置与第一次使用稍有偏差，并对二层台进行了重新修建，长 4.50、宽 2.96 米；二层台面距墓口深 1.50 ～ 1.80 米，东侧台面宽 0.10、西侧台面宽 0.14、南侧台面宽 0.24 米；底长 3.84、宽 2.56 米，深 3.10 ～ 3.40 米。西侧壁面三级台阶直通墓底，东、南、北侧壁面平直，平底，无工具加工痕迹。墓内填较硬的黄褐色五花土，经夯打，夯层不明。

葬具为一椁，东西向摆放，因腐朽严重，仅残存板灰，结构不明，椁残长 2.16 ～ 3.33、宽 2.38、残高 0.90 米，椁板厚度不明。

葬式不详。

盗洞 3 个，自墓顶直通墓底。盗洞 1 位于墓葬的西南角，平面呈长方形，宽 0.72 米；盗洞 2 位

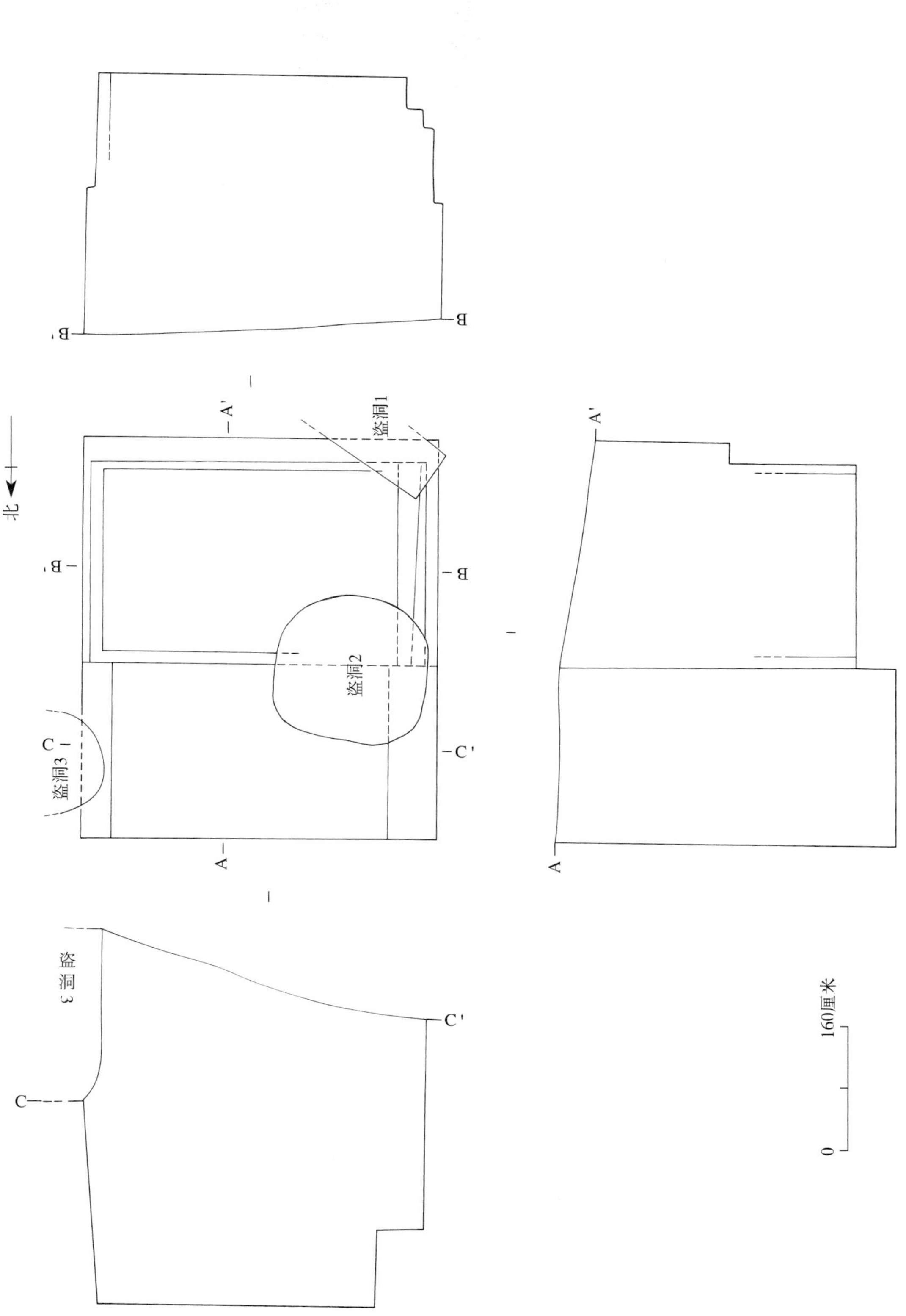

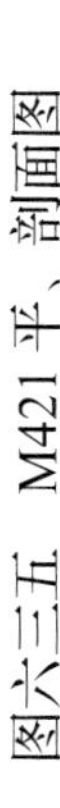

图六三五 M421 平、剖面图

于墓葬的西侧中部，平面呈圆形，直径 1.92 米；盗洞 3 位于墓葬的东北角，平面呈圆形，直径 1.34 米（图六三五）。

（二）出土遗物

无出土器物。

三八一　M422

（一）墓葬形制

该墓位于墓群 B 区北部。开口于②层下，开口距地表 2.00 米。

竖穴土坑墓，平面呈长方形，方向 170°，口大底小。上口长 3.10、宽 2.00 米；底长 3.10、宽 1.40 米；深 2.16 米。东、西、北侧壁面 1.16 米以上壁面斜直内收、收分明显，西侧壁面平直，平底，无

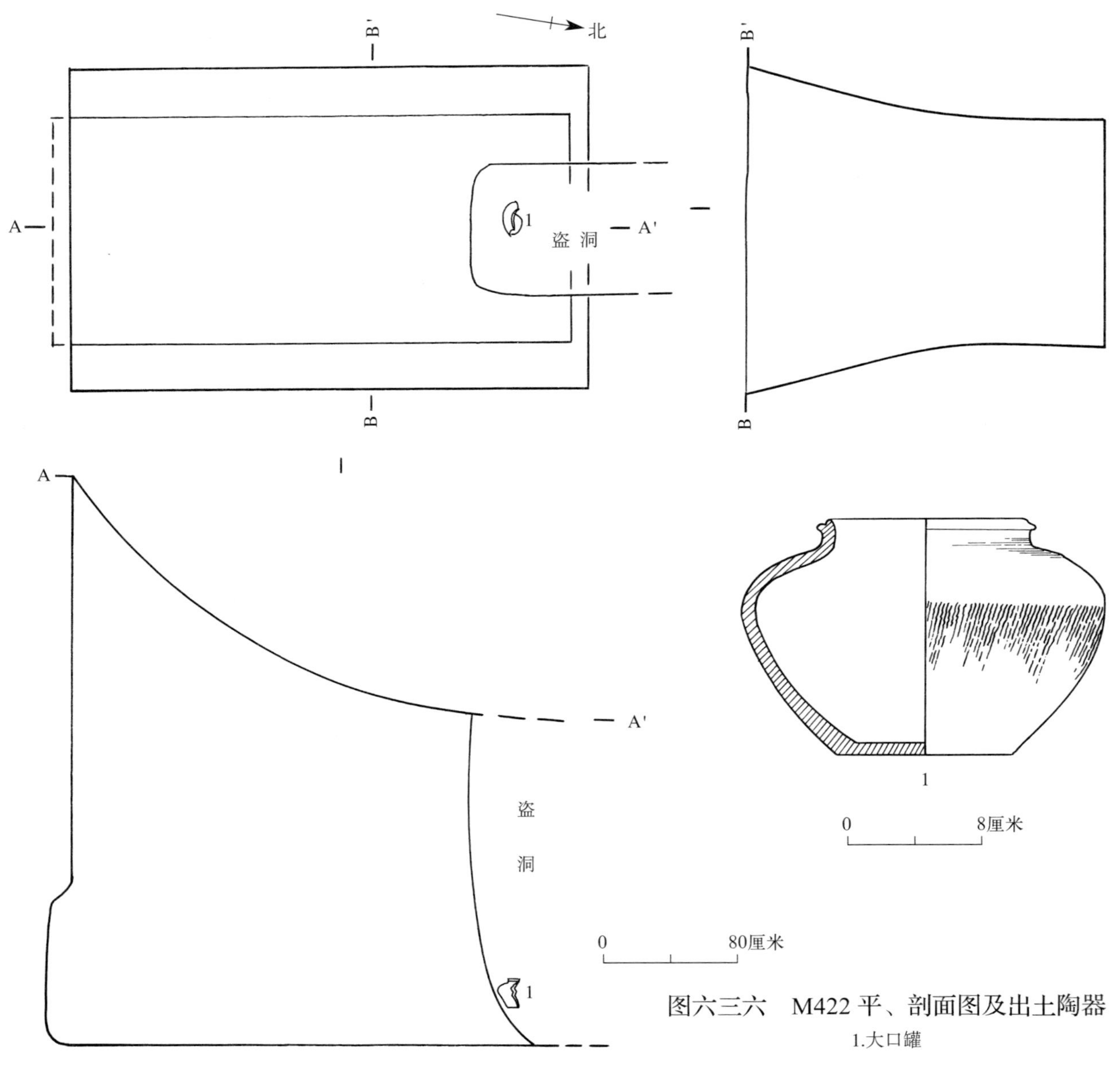

图六三六　M422 平、剖面图及出土陶器

1.大口罐

工具加工痕迹。墓内填较硬的褐色五花土，含红烧土点、木炭屑等，出土较少的陶片。

墓具不明。

葬式不详。

墓葬内出土陶罐 1 件（图六三六）。

（二）出土遗物

陶器

1 件。

大口罐　1 件。

M422：1，泥质灰陶。直口，窄沿外撇，沿面有凹槽，圆唇，矮领，广肩，弧腹内收，最大径位于腹上端，平底。腹部饰斜向左下的绳纹，口部轮制痕迹明显。口径 13.2、最大径 21.6、底径 10.4、高 14.4 厘米（图六三六，1）。

三八二　M423

（一）墓葬形制

该墓位于墓群 B 区北部。开口于②层下，开口距地表 2.00 米。

竖穴土坑墓，平面呈长方形，方向 160° ，口大底小。上口长 3.10、宽 2.20 米；底长 2.70、宽 1.60 米；深 3.36 米。壁面斜直内收、收分明显，平底，无工具加工痕迹。墓内填松散的褐色五花土，含红烧土点、

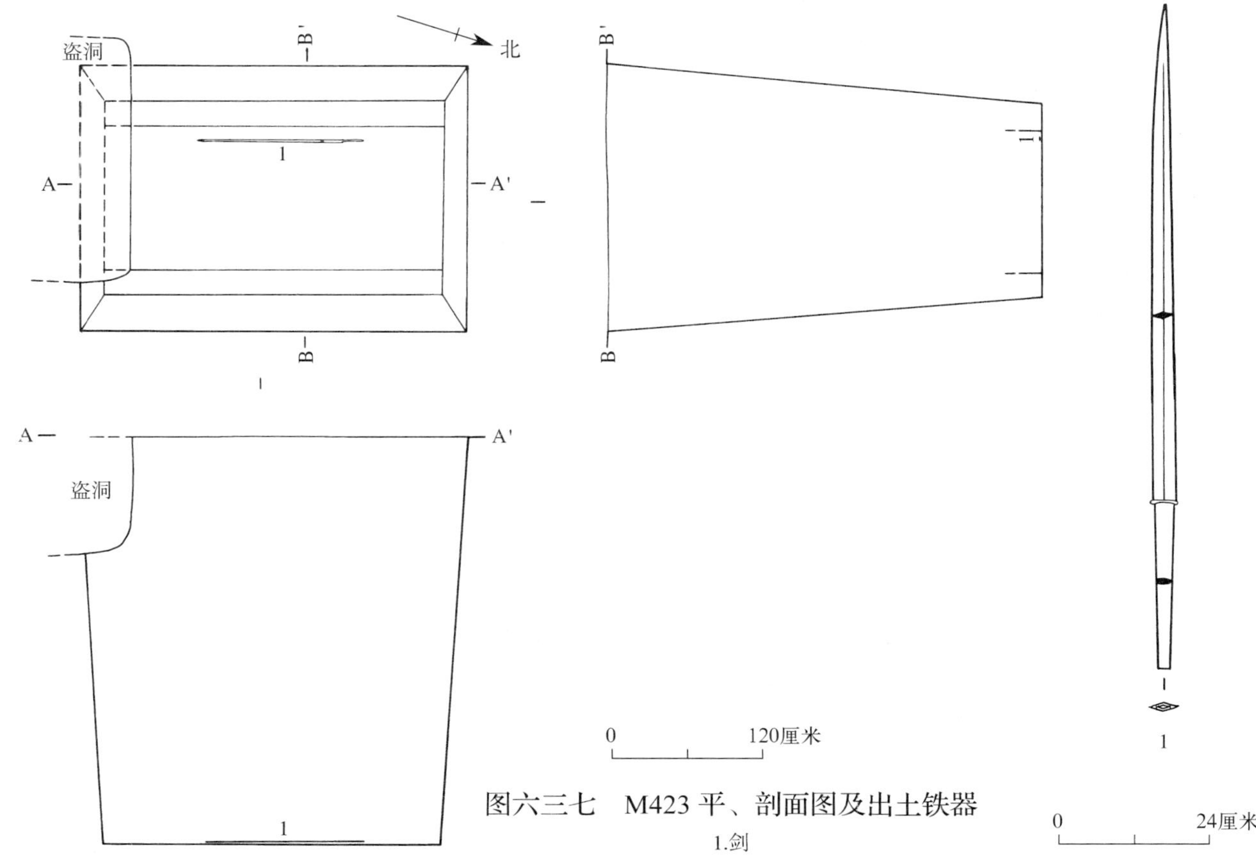

图六三七　M423 平、剖面图及出土铁器

1.剑

木炭屑等，出土较少的陶片。

墓具为一椁，南北向摆放，残存板灰，结构不明。长 2.46、宽 1.20、残高 0.20 米，椁板厚度不明。

葬式不详。

盗洞 1 个，位于墓葬南端，自墓顶直通墓底，平面呈圆角长方形，残存长 0.28 ～ 0.52、宽 1.32 米（图六三七）。

墓葬内出土铁剑 1 件。

（二）出土遗物

铁器

1 件。

剑　1 件。

M423 : 1，锈蚀，剑首缺失。剑茎截面呈长方形，铜剑格，剑身中部起脊，断面呈菱形，末端收杀成锋。素面。长 110.0 厘米（图六三七，1；彩版一八九，2）。

三八三　M424

（一）墓葬形制

该墓位于墓群 B 区北部。开口于②层下，开口距地表 1.50 米。

竖穴土坑墓，平面呈长方形，方向 175°。口大底小，有生土二层台。上口长 3.68、宽 2.80 米；二层台面距墓口深 2.70 米，东侧台面宽 0.16、西侧台面宽 0.14、南、北侧台面宽 0.10 米；底长 2.90、宽 1.50 米，深 3.76 米。二层台以上壁面斜直内收，收分明显，二层台以下壁面平直，平底，无工具加工痕迹。墓内填松散的褐色五花土，含红烧土点、木炭屑等，出土较少的陶片。

葬具不详。

葬式不详。

盗洞 3 个，均自墓顶直通墓底。盗洞 1 位于墓葬的西南角，平面呈椭圆形，长 1.35 ～ 1.60 米；盗洞 2 位于墓葬的东北部，平面呈椭圆形，长 1.10 ～ 1.20 米；盗洞 3 位于墓葬的东北部，平面呈长方形，残长 2.36、宽 0.56 米（图六三八）。

墓葬内出土陶鼎 1、陶罐 2 件。

（二）出土遗物

陶器

3 件。

鼎　1 件。

M424 : 1，泥质灰陶。子母口内敛，圆唇，弧腹，圜底，下接三蹄足，蹄足纤细，足跟外鼓，下部微外撇，腹上端接两附耳，耳上端外撇。器身素面。口径 13.2、腹径 19.4、裆高 2.2、通高 13.4 厘米（图六三九，1；彩版一八九，3）。

扁腹罐　2 件。

M424 : 2，泥质灰陶。口微敛，圆唇，矮领，广肩，弧腹，最大径位于肩腹交接处，平底。素面，

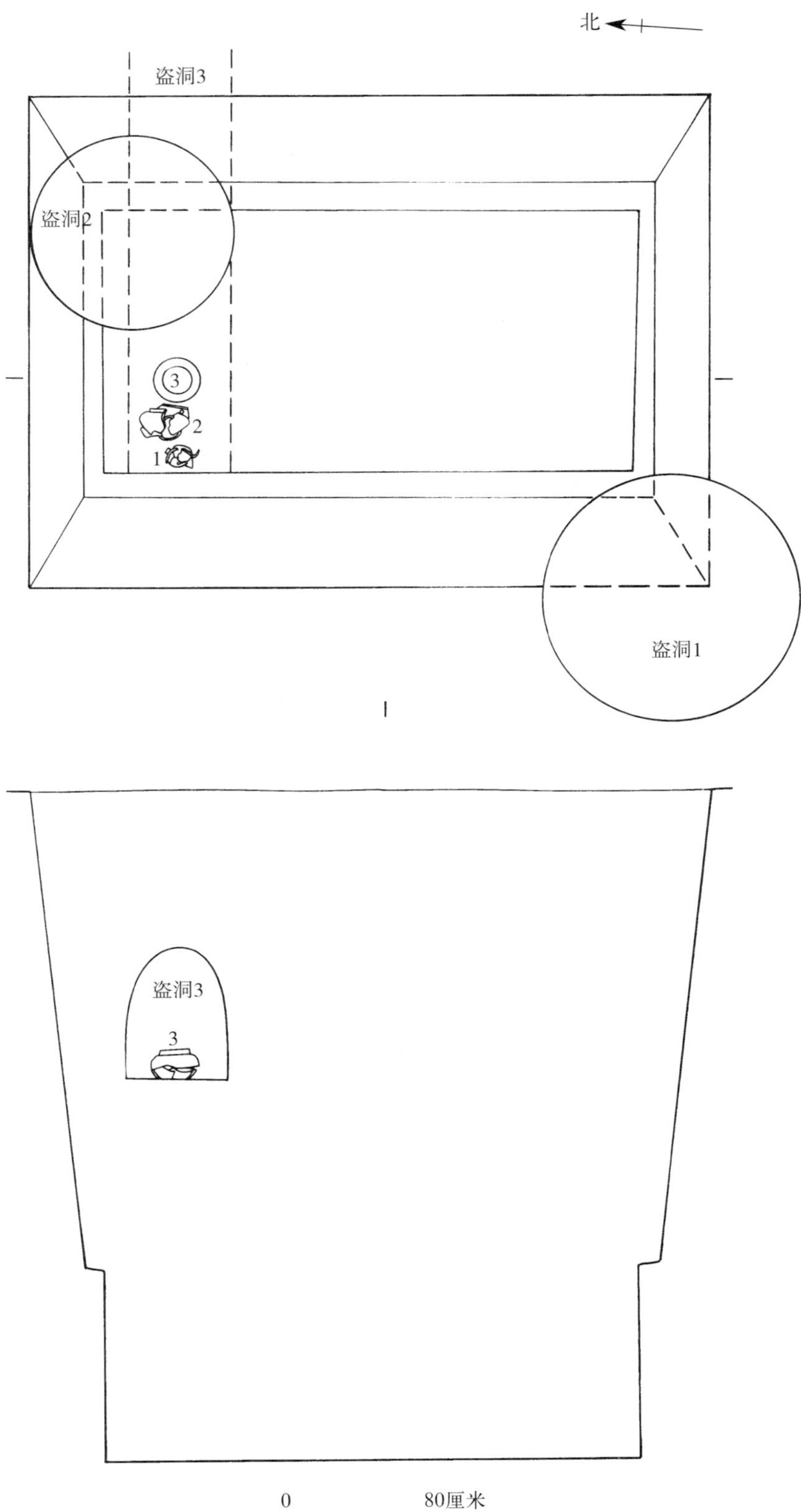

图六三八　M424平、剖面图

1.陶鼎　2、3.扁腹陶罐

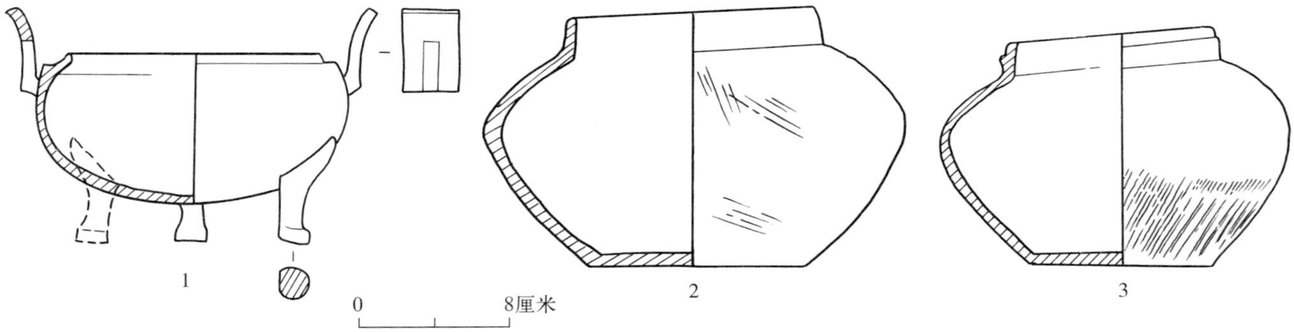

图六三九 M424出土陶器

1.鼎M424：1 2、3.扁腹罐M424：2、3

器身有刮抹痕迹。口径13.7、最大径22.4、底径11.2、高14.0厘米（图六三九，2）。

M424：3，泥质灰陶。直口，方唇，矮领，领上端有道凸棱，广肩，圆腹，最大径位于腹上部，平底。腹下部饰时断时续的竖绳纹及斜向左下的篮纹，领上端有轮制痕迹，器身有刮抹痕迹。口径11.2、最大径18.4、底径9.6、高12.8厘米（图六三九，3）。

三八四 M425

（一）墓葬形制

该墓位于墓群B区北部。开口于②层下，开口距地表1.50米，被M418打破。

竖穴土坑墓，平面呈长方形，方向120°，口底同大。长2.20、宽1.40米，深0.20～1.50米。壁面平直、光滑，平底，无工具加工痕迹。墓内填松散的褐色五花土，含红烧土点、木炭屑等，出土较少的陶片。

葬具不详。

葬式不详（图六四〇）。

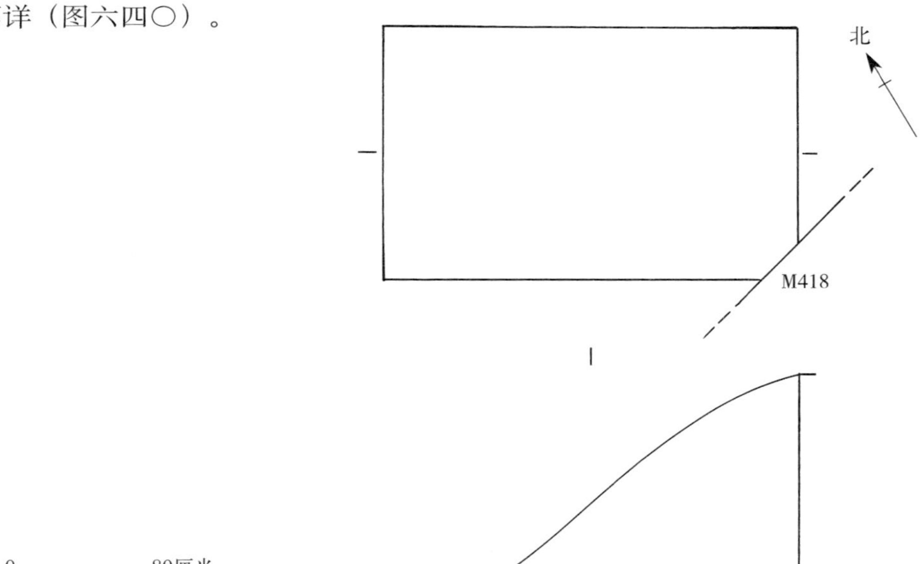

图六四〇 M425平、剖面图

（二）出土遗物

无出土器物。

三八五 M426

（一）墓葬形制

该墓位于墓群B区北部。开口于②层下，开口距地表3.00米。

竖穴墓道土洞墓，平面呈凸字形，方向195°。由墓道和墓室两部分组成。墓道位于墓室的南端，平面呈长方形，口底同大。长2.20、宽1.10米，深0.30米。壁面平直、光滑，平底，无工具加工痕迹。墓室为土洞室，平面呈长方形，弧顶，口底同大。宽1.26、进深2.00米，高0.30米。周壁平直、光滑，平底，无工具加工痕迹。墓内填松散的褐色五花土，含红烧土点、木炭屑等，出土较少的陶片。

葬具不详。

葬式不详。

盗洞1个，自墓顶直通墓底，位于墓道的东南部，平面呈圆角长方形，残长0.84、宽1.04米。

墓室内出土陶罐4、陶豆3件（图六四一）。

（二）出土遗物

陶器

7件。

豆 3件。

M426：1，泥质灰陶。豆盘呈子母口，内敛，圆唇，深弧腹，最大径位于腹上端，盘底正中接高柄喇叭形底座。素面，器身有刮抹痕迹。口径16.0、最大径18.2、底径10.2、高12.0厘米（图六四二，1）。

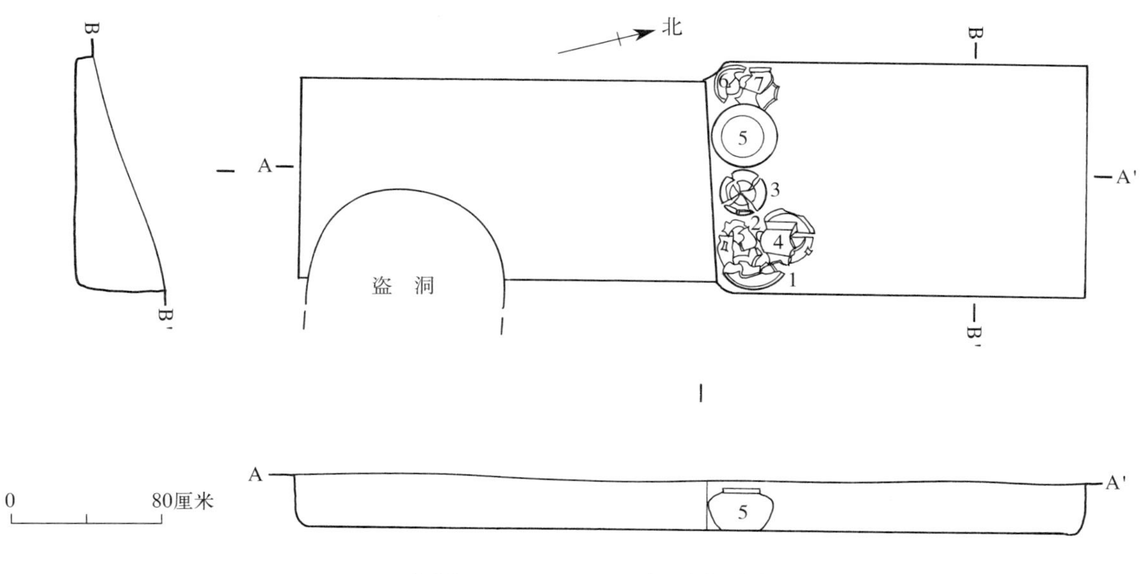

图六四一 M426平、剖面图

1、6、7.陶豆 2～4.双耳陶罐 5.大口陶罐

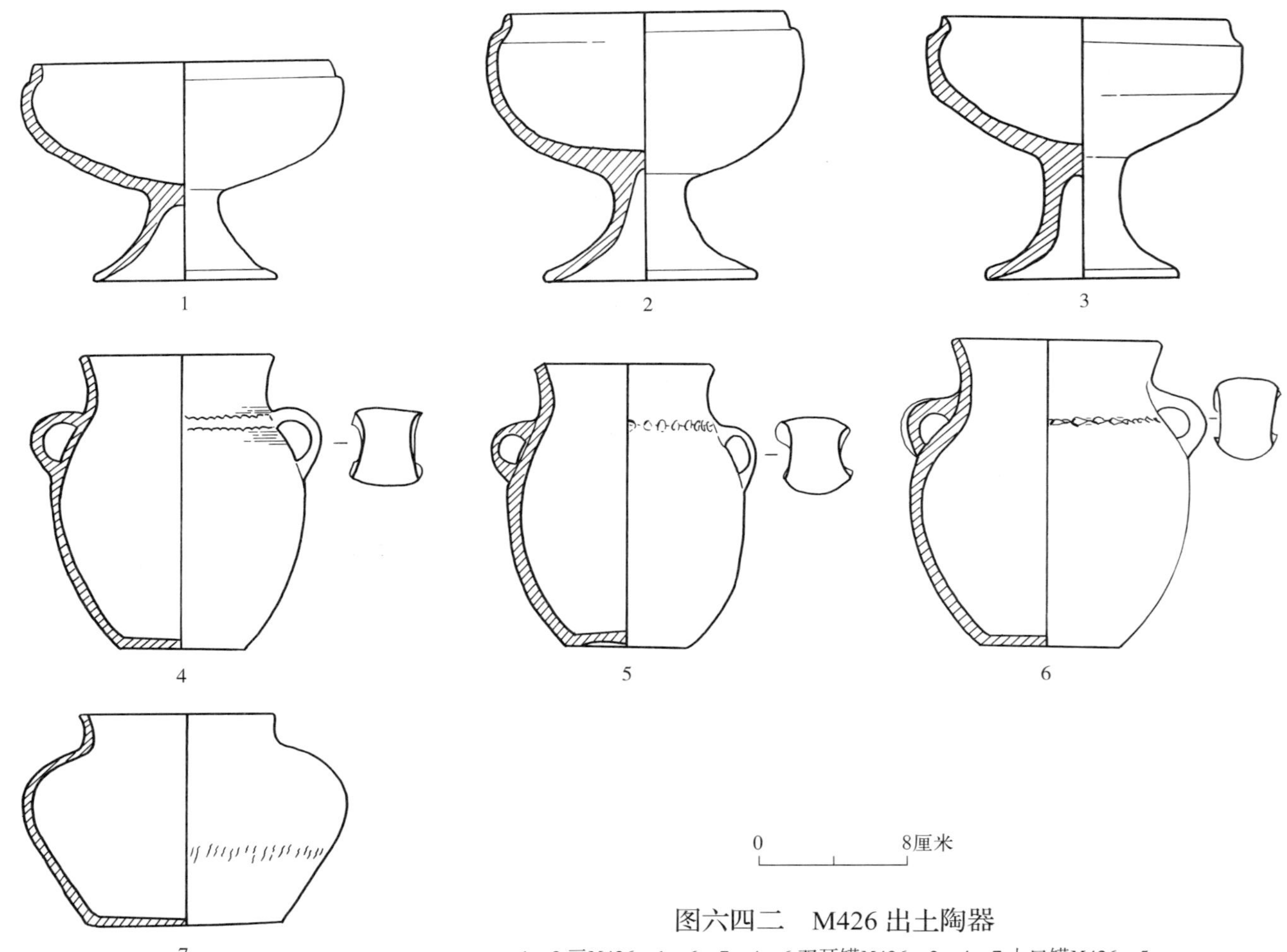

图六四二　M426出土陶器

1～3.豆M426：1、6、7　4～6.双耳罐M426：2～4　7.大口罐M426：5

M426：6，泥质灰陶。豆盘呈子母口，圆唇，深弧腹，最大径位于腹上端，盘底正中接高柄喇叭形底座。素面，器身有刮抹痕迹。口径15.2、最大径17.9、底径11.6、高14.8厘米（图六四二，2；彩版一八九，4）。

M426：7，泥质灰陶。豆盘呈子母口，内敛，圆唇，深弧腹，最大径位于腹上端，盘底正中接高柄喇叭形底座。素面，器身有刮抹痕迹。口径15.2、最大径18.2、底径10.4、高14.4厘米（图六四二，3）。

双耳罐　3件。

M426：2，夹砂褐陶。侈口，圆唇，高领，深弧腹，最大径位于腹中部，平底，腹上端对称处附加两宽带状器耳，上端接于领下端，下端接于腹上端。领下端附加二道波浪纹，器身有刮抹痕迹。口径10.6、最大径13.6、底径6.6、高16.4厘米（图六四二，4；彩版一九〇，1）。

M426：3，夹砂褐陶。侈口，方唇外撇，矮领，深弧腹，底内凹，腹上端对称处附加两宽带状器耳，上端接于领下端，下端接于腹上端。领下端附加一道麻花状堆纹，口部有刮抹痕迹。口径9.6、底径6.8、高15.6厘米（图六四二，5；彩版一九〇，2）。

M426：4，夹砂褐陶。侈口，圆唇，矮领，深弧腹，最大径位于腹上端，平底，领部对称处附加两宽带状器耳。领下端附加一道麻花状堆纹，器身有刮抹痕迹。口径11.2、最大径15.2、底径7.6、高 17.2 厘米（图六四二，6）。

大口罐　1 件。

M426：5，泥质灰陶。口微侈，方唇，矮领，广肩，弧腹，最大径位于腹上端，平底。腹下部饰暗绳纹，器身有刮抹痕迹。口径 10.4、最大径 17.6、底径 11.0、高 12.4 厘米（图六四二，7）。

三八六　M427

（一）墓葬形制

该墓位于墓群 B 区北部。开口于②层下，开口距地表 1.70 米。

竖穴墓道土洞墓，平面呈凸字形，方向 225°。由墓道和墓室两部分组成。墓道位于墓室的南端，平面呈长方形，口大底小。上口长 2.74、宽 1.74 米；底长 2.28、宽 1.50 米；深 1.80 米。壁面斜直内收，收分明显，平底，无工具加工痕迹。墓室为土洞式，平面呈长方形，弧顶。宽 1.38、进深 1.90 米，高 1.04 米。周壁平直、光滑，平底，底低于墓道 0.16 米，无工具加工痕迹。墓道内填较硬的褐色五花土，含红烧土点、木炭屑等，墓室内填略硬的灰黄色淤土，较为纯净。

葬具不详。

葬式不详。

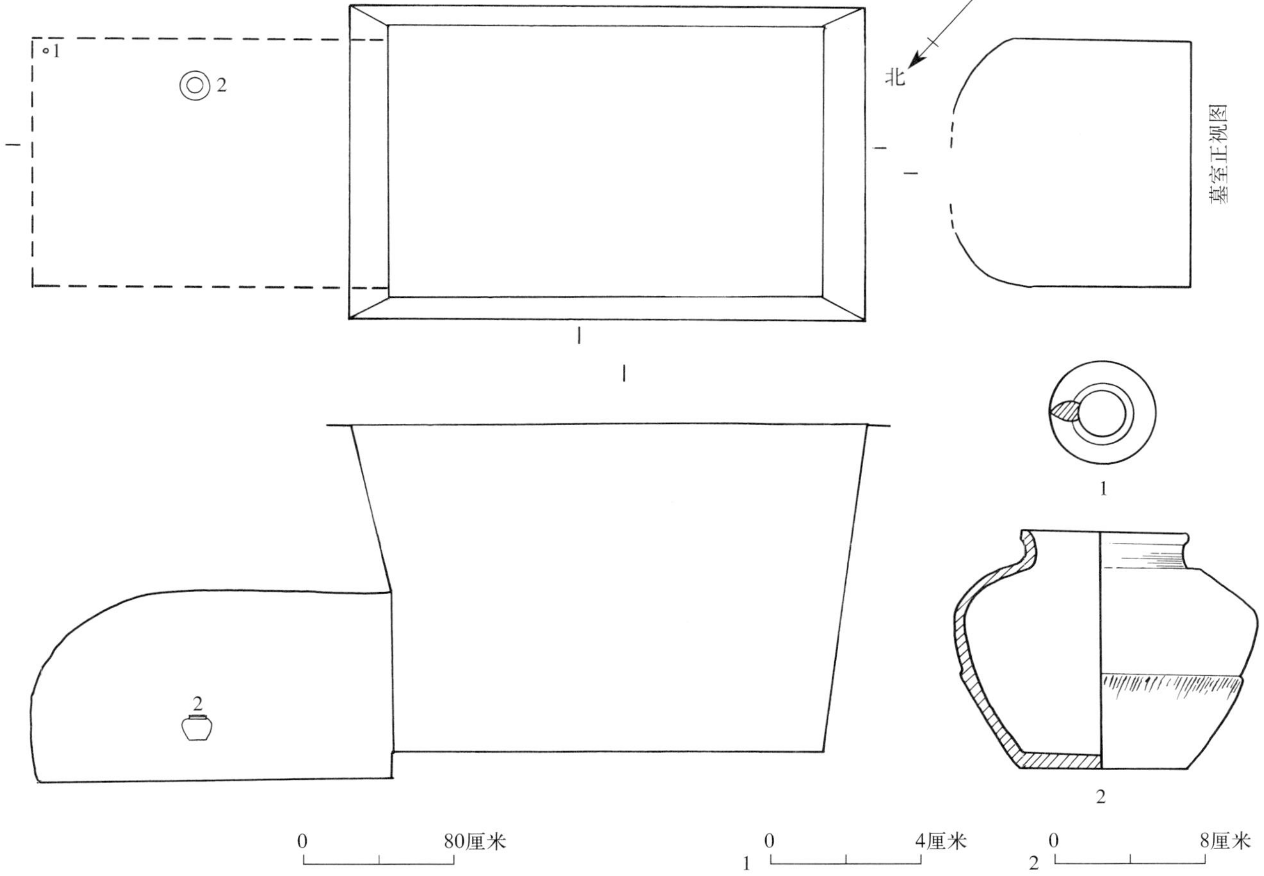

图六四三　M427 平、剖面图及出土器物

1.玉环　2.大口陶罐

墓葬内出土陶罐 1、玉环 1 件（图六四三）。

（二）出土遗物

1. 陶器

1 件。

大口罐　1 件。

M427 : 2，泥质灰陶。口微侈，外斜沿，方唇，矮领，广肩，深弧腹，最大径位于肩腹交接处，平底。腹中部饰弦纹，之下饰时断时续的斜绳纹，领部轮制痕迹明显，器身有刮抹痕迹。口径 8.8、最大径 16.0、底径 8.8、高 12.8 厘米（图六四三，2）。

2. 玉器

1 件。

环　1 件。

M427 : 1，截面呈菱形，灰白色。素面。外径 3.0、内径 1.5、厚 0.6 厘米（图六四三，1；彩版一九〇，3）。

三八七　M428

（一）墓葬形制

该墓位于墓群 B 区北部。开口于②层下，开口距地表 1.40 米。

竖穴土坑墓，平面呈梯形，南宽北窄，方向 355°，口大底小。上口长 3.00、宽 2.00 ～ 2.08 米；底长 2.60、北宽 1.50 ～ 1.60 米；深 3.20 米。壁面斜直内收，收分明显，平底，无工具加工痕迹。墓内填松散的褐色五花土，含红烧土点、木炭屑等，出土较少的陶片。

葬具不详。

葬式不详。

墓葬内出土陶罐 1、陶器盖 1、铜带钩 1 件（图六四四）。

（二）出土遗物

1. 陶器

2 件。

壶形罐　1 件。

M428 : 1，泥质灰陶。侈口，外斜沿，圆唇，矮领，溜肩，弧腹，最大径位于肩、腹交接处，平底。素面，领部轮制痕迹明显。口径 11.2、最大径 20.8、底径 10.8、高 20.4 厘米（图六四五，1）。

器盖　1 件。

M428 : 2，泥质灰陶。钵形，敞口，圆唇，浅腹，圜底，底部镂箅孔。口径 13.2、高 4.4 厘米（图六四五，2）。

2. 铜器

1 件。

带钩　1 件。

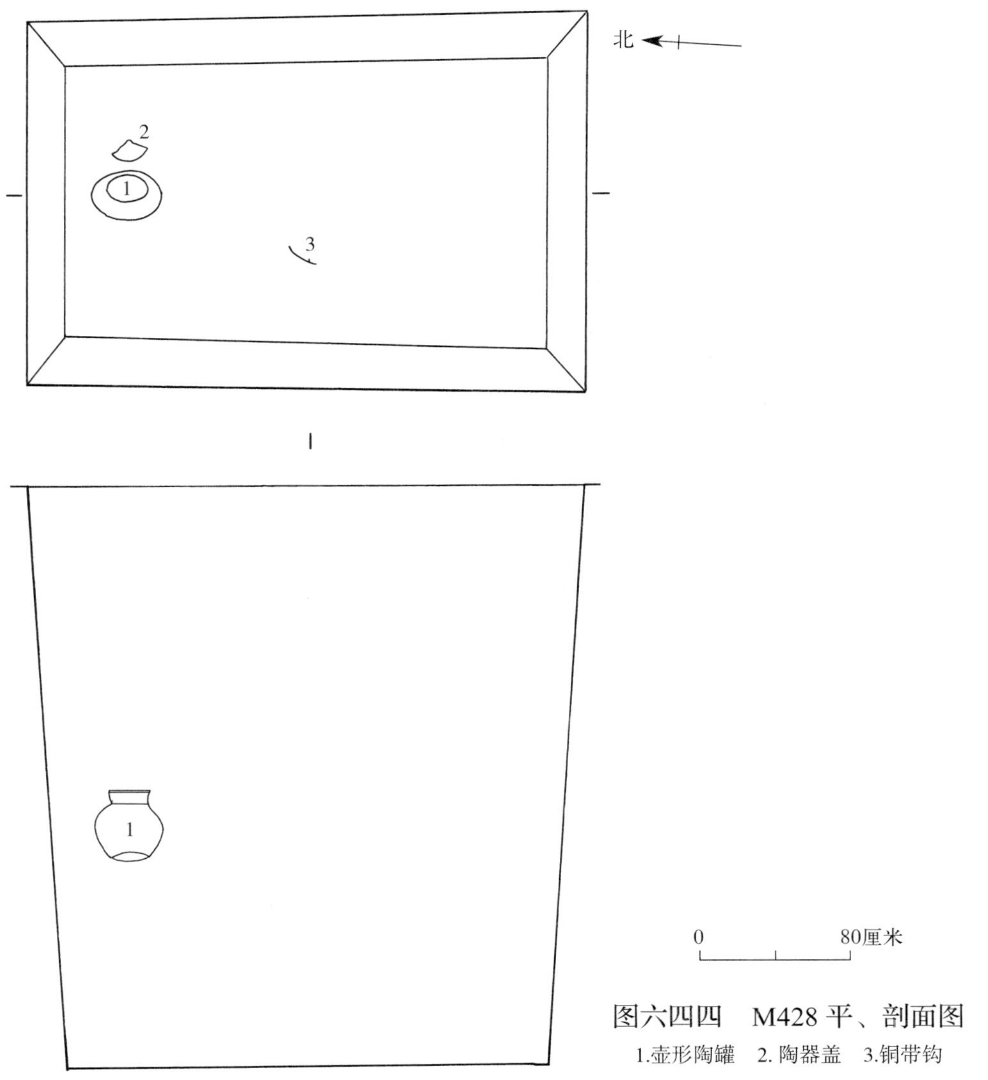

图六四四　M428平、剖面图
1.壶形陶罐　2.陶器盖　3.铜带钩

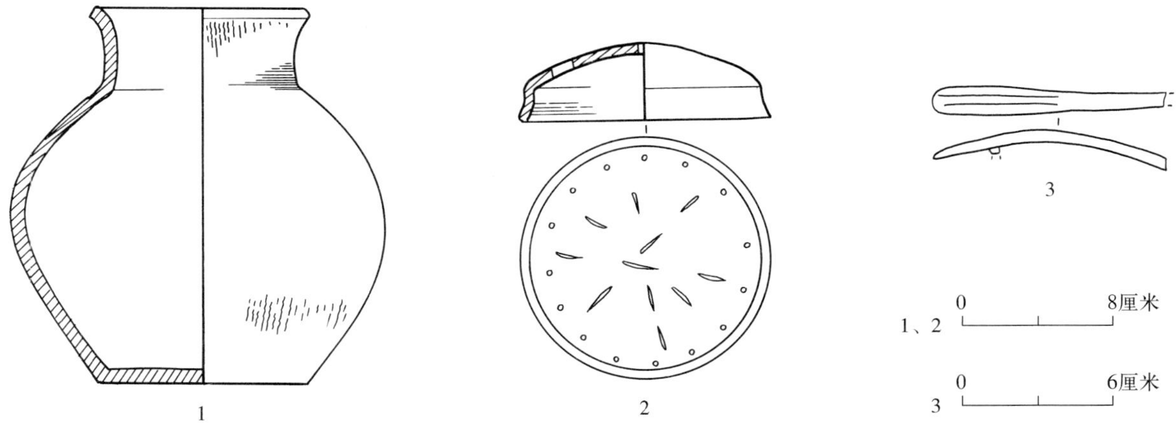

图六四五　M428出土器物
1.壶形陶罐M428：1　2.陶器盖M428：2　3.铜带钩M428：3

M428：3，锈残。通体修长纤细，钩首残缺，器表有两道凸棱，纽缺失，器身中部偏下残存纽痕迹。残长 9.3 厘米（图六四五，3）。

三八八　M429

（一）墓葬形制

该墓位于墓群 B 区北部。开口于②层下，开口距地表 1.50 米，被 M428 打破。

竖穴土坑墓，平面呈长方形，方向 355°。口大底小，有生土二层台。上口长 3.64、宽 2.40 米；二层台面距墓口深 0 ～ 1.50 米，东侧台面宽 0.54 米，其余三侧无二层台；底长 3.00、宽 1.40 米；深 1.20 ～ 2.70 米。二层台以上壁面斜直内收，收分明显，二层台以下壁面平直，平底，无工具加工痕迹。墓内填松散的褐色五花土，含红烧土点、木炭屑等，出土较少的陶片。

葬具不详。

葬式不详。

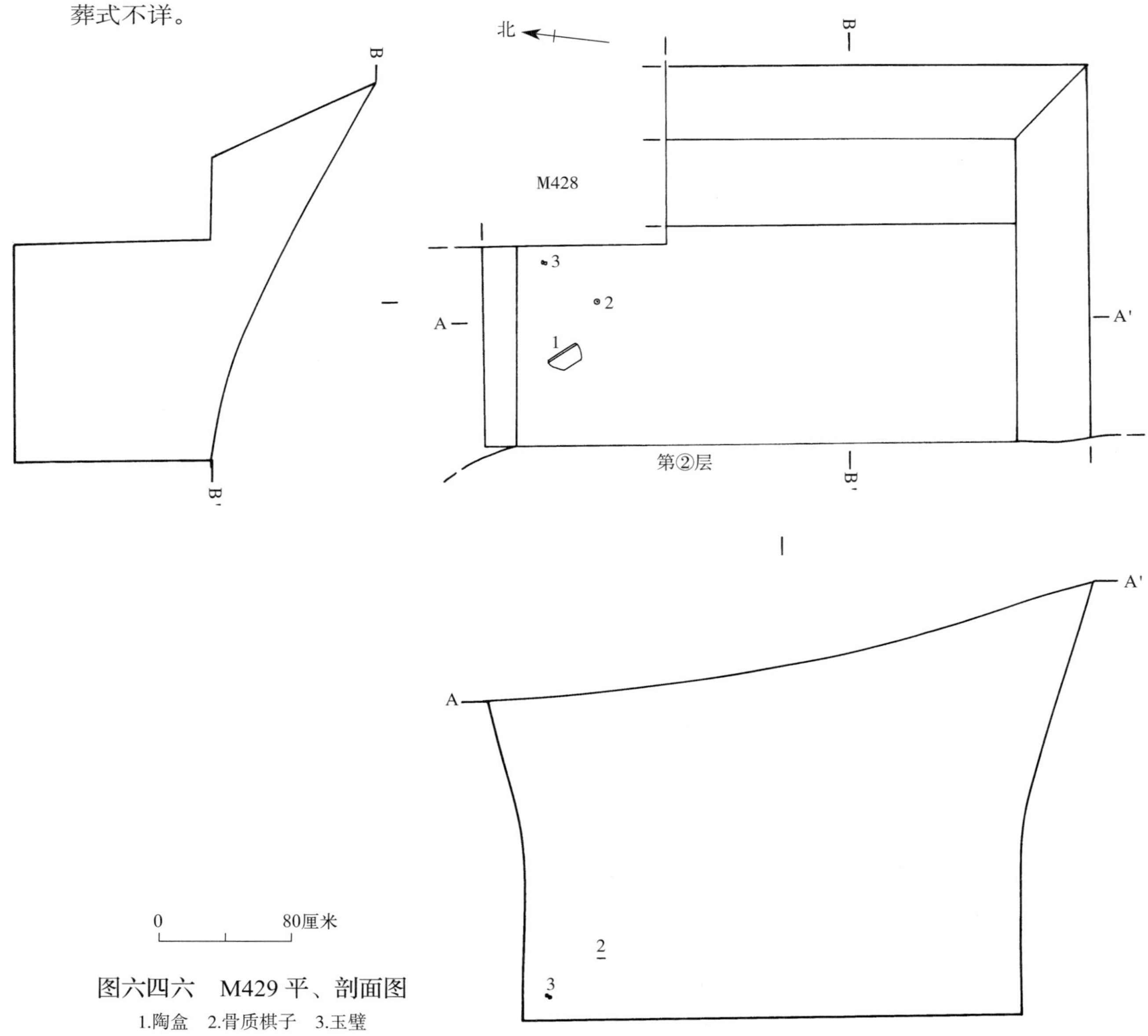

图六四六　M429 平、剖面图

1.陶盒　2.骨质棋子　3.玉璧

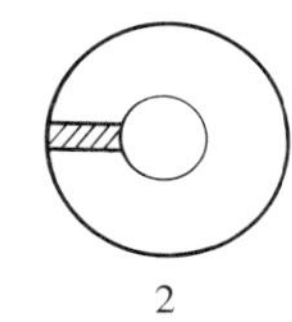

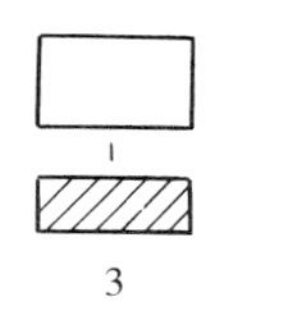

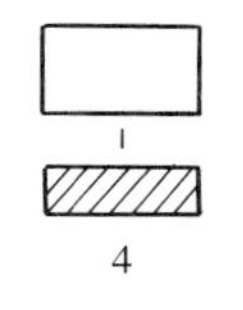

图六四七　M429 出土器物

1.陶盒M429：1　2.玉璧M429：3　3、4.骨质棋子M429：2-1、2-2

被盗扰。

墓葬内出土陶盒 1、玉璧 1、骨质棋子 1 件（组）（图六四六）。

（二）出土遗物

1. 陶器

1 件。

盒　1 件。

M429：1，泥质灰陶。子母口内敛，圆唇，深弧腹，最大径位于腹上端，平底。腹上部饰凸弦纹，器身有刮抹痕迹。口径 16.8、最大径 18.0、底径 9.5、高 9.6 厘米（图六四七，1）。

2. 玉器

1 件。

璧　1 件。

M429：3，青灰色，部分氧化成白色，圆饼形，中部穿孔，截面呈长方形。素面。外径 3.4、内径 1.2、厚 0.4 厘米（图六四七，2；彩版一九〇，4）。

3. 骨器

1 组。

棋子　1 组。

M429：2，共 2 枚。形制相同，长方体，素面。M429：2-1，长 2.2、宽 1.4、厚 0.8 厘米（图六四七，3）。M429：2-2，长 2.2、宽 1.3、厚 0.7 厘米（图六四七，4；彩版一九〇，5）。

三八九　M430

（一）墓葬形制

该墓位于墓群的 B 区北部。开口于②层下，开口距地表 2.00 米。

竖穴土坑墓，平面呈长方形，方向 13°，口大底小。上口长 2.80、宽 1.80 米；底长 2.40、宽 1.50 米；深 1.70 ～ 2.13 米。壁面斜直内收，收分明显，平底，无工具加工痕迹。墓内填松散的褐色五花土，含红烧土点、木炭屑等，出土较少的陶片。

葬具不详。

葬式不详。

墓葬内出土陶豆 4、陶壶 1、陶罐 1、铜鼎 1、玉残片 1、砺石 1 件（图六四八）。

（二）出土遗物

1. 陶器

6 件。

豆　4 件。

M430 : 2，泥质灰陶。豆盘呈敞口，方唇，浅弧腹，盘底正中连接喇叭形底座。腹部饰二道凹弦纹，器身轮制痕迹明显。口径 18.0、底径 8、高 6.4 厘米（图六四九，1）。

M430 : 3，泥质灰陶。豆盘呈敞口，圆唇，浅腹，盘底正中连接喇叭形底座。素面，器身有轮制痕迹。口径 18.0、底径 9.2、高 9.6 厘米（图六四九，2；彩版一九一，1）。

M430 : 8，泥质灰陶。豆盘呈子母口内敛，圆唇，深弧腹，最大径位于腹上端，盘底正中连接喇叭形底座。素面，器身有轮制痕迹。口径 15.2、最大径 19、底径 10.8、高 11.2 厘米（图六四九，3；彩版一九一，2）。

M430 : 9，泥质灰陶。豆盘呈子母口内敛，圆唇，深弧腹，最大径位于腹上端，盘底正中连接喇叭形底座。腹部饰三道凸棱，腹上端饰波浪纹。口径 15.6、最大径 17.6、底径 11.2、高 18.3 厘米（图六四九，4）。

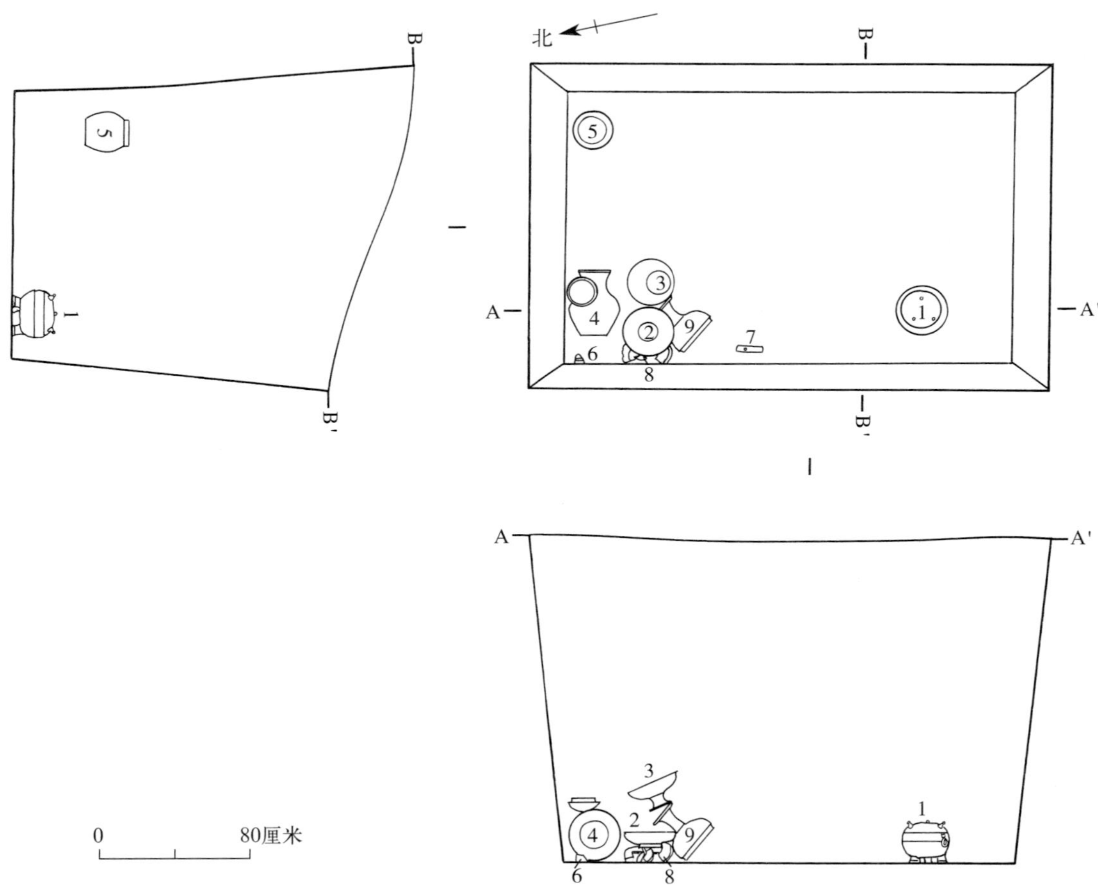

图六四八　M430 平、剖面图

1.铜鼎　2、3、8、9.陶豆　4.平底陶壶　5.深腹陶罐　6.玉器残件　7.砺石

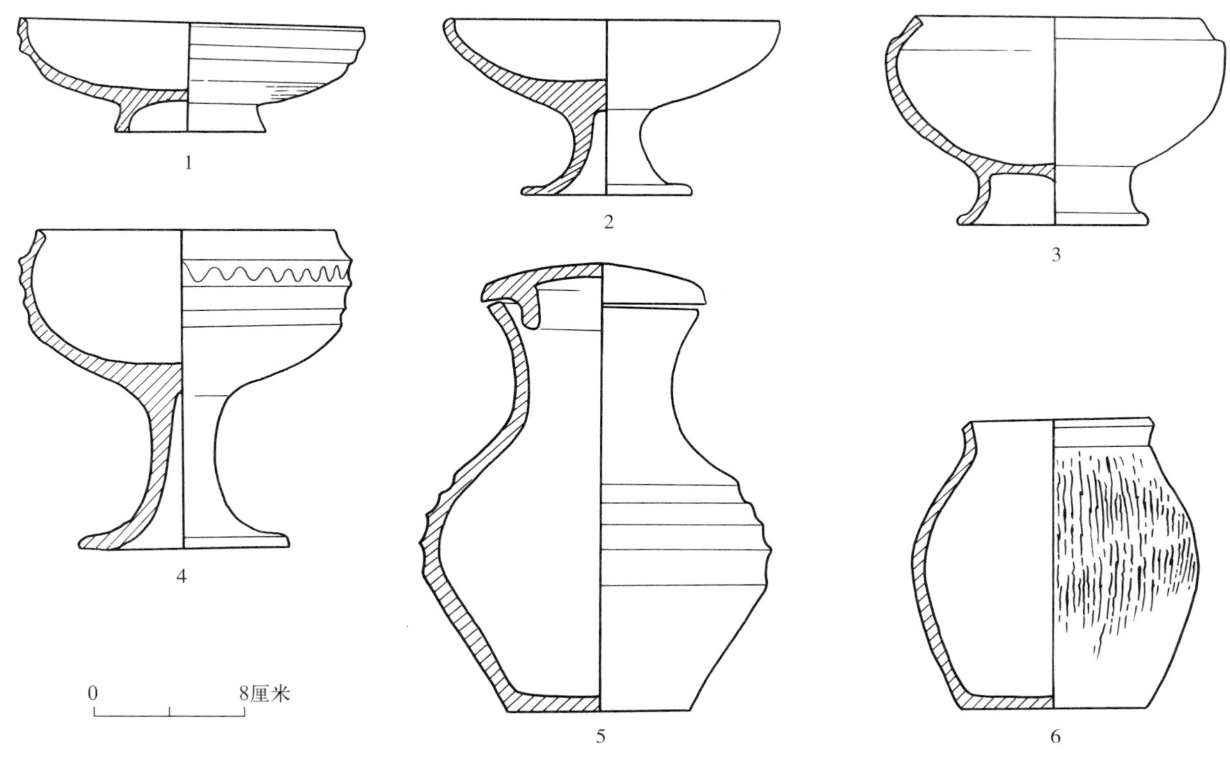

图六四九　M430出土陶器

1～4.豆M430：2、3、8、9　5.平底壶M430：4　6.深腹罐M430：5

平底壶　1件。

M430：4，泥质灰陶。覆钵形子母口器盖，器身呈侈口，方唇，斜高领，溜肩，圆腹，最大径位于腹上端，平底。器身腹部饰四道凹弦纹，领部有轮制痕迹，器身有刮抹痕迹。口径11.2、最大径16.8、底径11.6、高24.8厘米（图六四九，5；彩版一九一，3）。

深腹罐　1件。

M430：5，泥质灰陶。侈口，方唇外翻，束颈，溜肩，弧腹，最大径位于肩腹交接处，平底。底正中有一方印，器身饰时断时续的竖绳纹，器身有刮抹痕迹。口径9.6、最大径15.2、底径10.0、高16.0厘米（图六四九，6）。

2. 铜器

1件。

鼎　1件。

M430：1，锈残。浅腹弧壁覆钵形器盖，盖顶有三个环形纽，纽顶端有圆形帽，器身子母口内敛，窄平沿，深弧腹，圜底近平，下接三兽形矮蹄足，较为肥硕，蹄足足跟外鼓，下部微外撇。腹上部对称处附加两兽形铺首衔环，腹中部饰凸棱。口径14.8、腹径19.2、裆高2.3、通高15.6厘米（图六五〇，1；彩版一九一，4）。

3. 玉器

1件。

残片　1件。

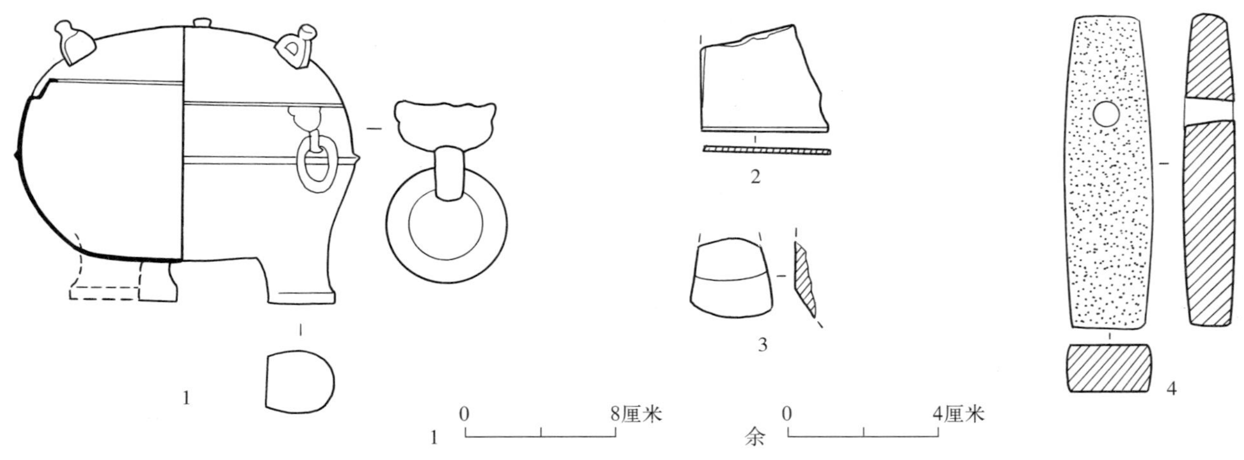

图六五〇　M430 出土器物

1.铜鼎M430：1　2、3.玉器残件M430：6–1、6–2　4.砺石M430：7

M430：6，残损。青绿色，素面。M430：6-1，平面略呈梯形，截面呈长方形，残长 3.6、残宽 3.1、厚 0.1 厘米（图六五〇，2）。M430：6-2，平面略呈弧边梯形，截面呈三角形。残长 2.2、宽 2.3、厚 0.5 厘米（图六五〇，3）。

4. 石器

1 件

砺石　1 件。

M430：7，质地为紫红色砂岩。平面呈弧边长方形，截面呈长方形，器身一端有单钻穿孔。素面。长 8.6、宽 2.4、厚 1.4 厘米（图六五〇，4；彩版一九一，5）。

三九〇　M431

（一）墓葬形制

该墓位于墓群 B 区北部。开口于②层下，开口距地表 3.00 米，西北角被晚期地层打破。

竖穴土坑墓，平面呈长方形，方向 345°。口底同大，下有生土二层台。上口长 4.38、宽 4.10 米，二层台东北侧略有坍塌，台面至墓口残深 0 ～ 0.70 米，东侧台面宽 0.50、南侧台面宽 0.54、西侧台面宽 0.60、北侧台面宽 0.40 米。底长 3.40、宽 3.00 米；残深 0.70 ～ 2.40 米。直壁，平底，整个墓葬修建规整，无工具加工痕迹。墓内填松散的褐色五花土，含红烧土点、木炭屑等，出土较少的陶片。

葬具不详。

葬式不详。

盗洞 1 个，位于墓葬西北部，自墓顶直通墓底，平面呈圆形。

墓葬内出土铜锜 1、铜镜 1、铜釦器 2、铁削 1 件（图六五一）。

（二）出土遗物

1. 铜器

4 件。

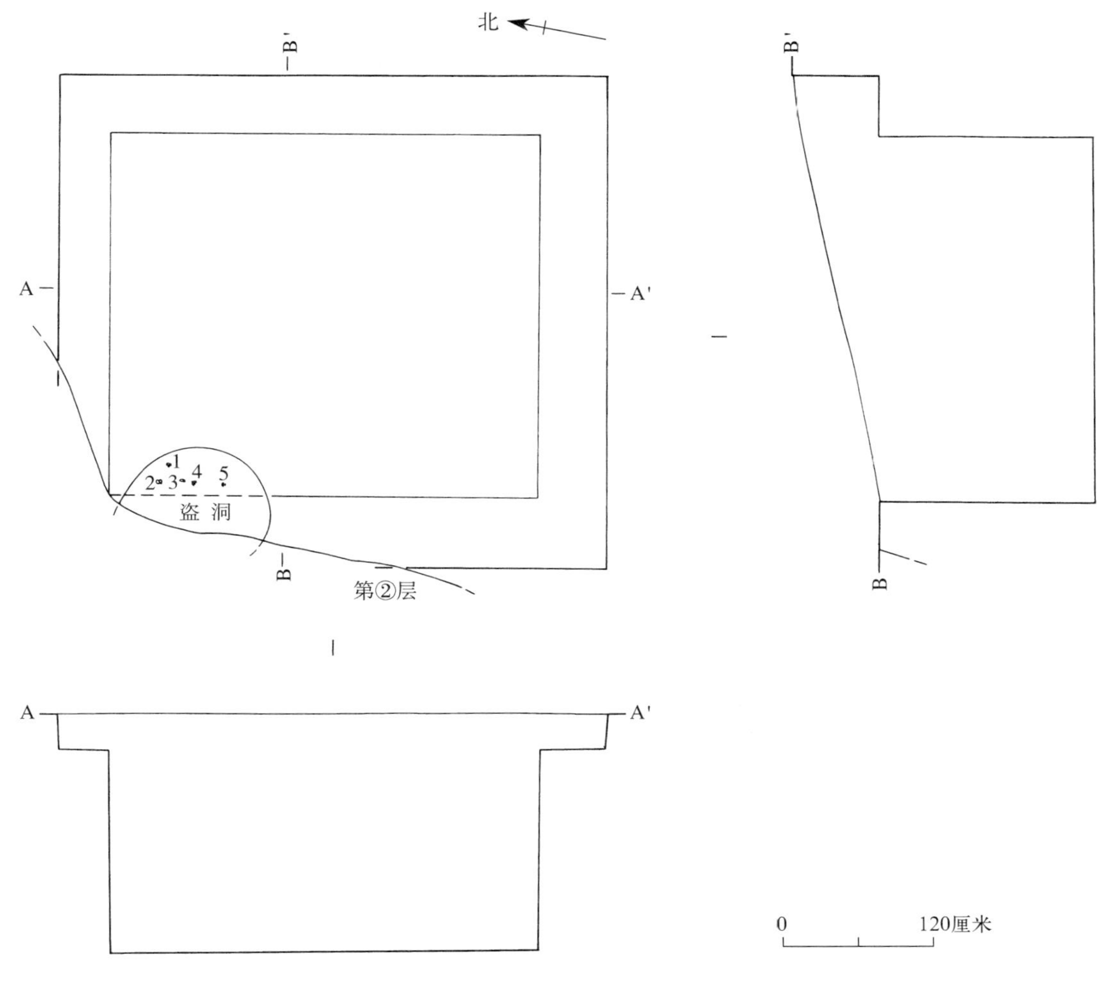

图六五一　M431 平、剖面图

1、3. 铜釦器　2.铜锜　4.铜镜　5.铁削

锜　1 件。

M431∶2，锈蚀严重，仅存腹部残片。素面，隔棱宽 1.5 厘米。

镜　1 面。

M431∶4，锈残，仅可辨别器形。

釦器　2 件。

M431∶1，蹄足，截面呈半圆形。素面。残高 4.2 厘米（图六五二，1）。

M431∶3，器身环形片状，似一箍，一端向外延伸出二长方形薄片，二薄片上各有一穿孔，另一端向外延伸起一较宽的薄片，末端略呈三角形。长 3.8、环径 1.7 厘米（图六五二，2）。

2. 铁器

1 件。

削　1 件。

M431∶5，锈残。椭圆形环首，截面呈圆形，削身缺失。残长 3.4、宽 1.1、厚 0.5、环首径 1.4 ～ 2.8 厘米（图六五二，3）。

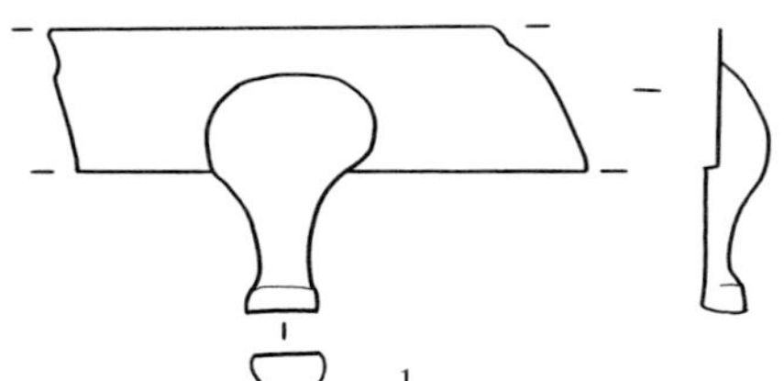

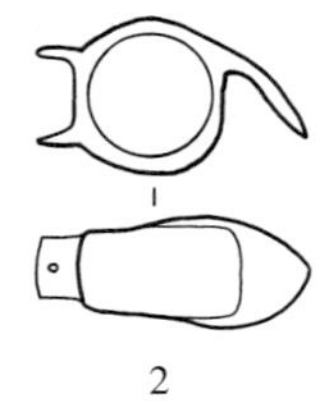

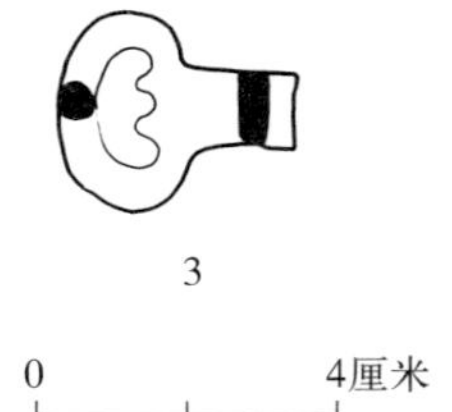

图六五二　M431出土器物

1、2.铜釦器M431：1、3　3.铁削M431：5

三九一　M432

（一）墓葬形制

该墓位于墓群B区北部。开口于②层下，开口距地表2.10米，东端被M423打破。

竖穴土坑墓，平面呈长方形，方向345°，口大底小。上口残长3.00～3.10、宽2.66米；底长2.70、宽1.86米；残深1.80～3.84米。壁面斜直内收，收分明显，平底，整个墓葬修建规整，无工具加工痕迹。墓内填松散的褐色五花土，含红烧土点、木炭屑等，出土较少的陶片。

葬具不详。

葬式不详。

被盗扰严重。

墓葬内出土陶盂1、陶豆8、陶壶1、陶鼎2、陶盆状器2件（图六五三）。

（二）出土遗物

陶器

14件。

鼎　2件。

M432：6，泥质灰陶。子母口内敛，圆唇，深弧腹，圜底，下接三蹄足，腹上端接两附耳，腹中部轮制痕迹明显。口径16.4、腹径19.2、裆高2.8、通高14.0厘米（图六五四，1；彩版一九二，1）。

M432：7，泥质灰陶。子母口内敛，圆唇，深弧腹，最大径位于腹上端，圜底，下接三柱状器足，腹上端接两附耳。腹中部饰凸棱，口部轮制痕迹明显，器身有刮抹痕迹。口径16.8、腹径19.6、裆高2、通高14.0厘米（图六五四，2；彩版一九二，2）。

豆　8件。

M432：2，泥质灰陶。豆盘呈敞口，方唇，浅腹，盘底正中连接喇叭形底座。素面，器身有刮抹痕迹。口径19.2、底径5.6、高8.4厘米（图六五五，1）。

M432：3，泥质灰陶。豆盘呈子母口，圆唇，深弧腹，最大径位于腹上部，盘底正中连接喇叭形底座。腹上部饰三道凹弦纹，器身有刮抹痕迹。口径16.8、最大径20、底径9.6、高11.6厘米（图六五五，2）。

M432：4，残，泥质灰陶。豆盘呈子母口，圆唇，深弧腹，最大径位于腹上端，盘底正中接柱状柄，底座残缺。素面，口部轮制痕迹明显，器身有刮抹痕迹。口径16.8、最大径20、残高14.0厘米（图六五五，3；彩版一九二，3）。

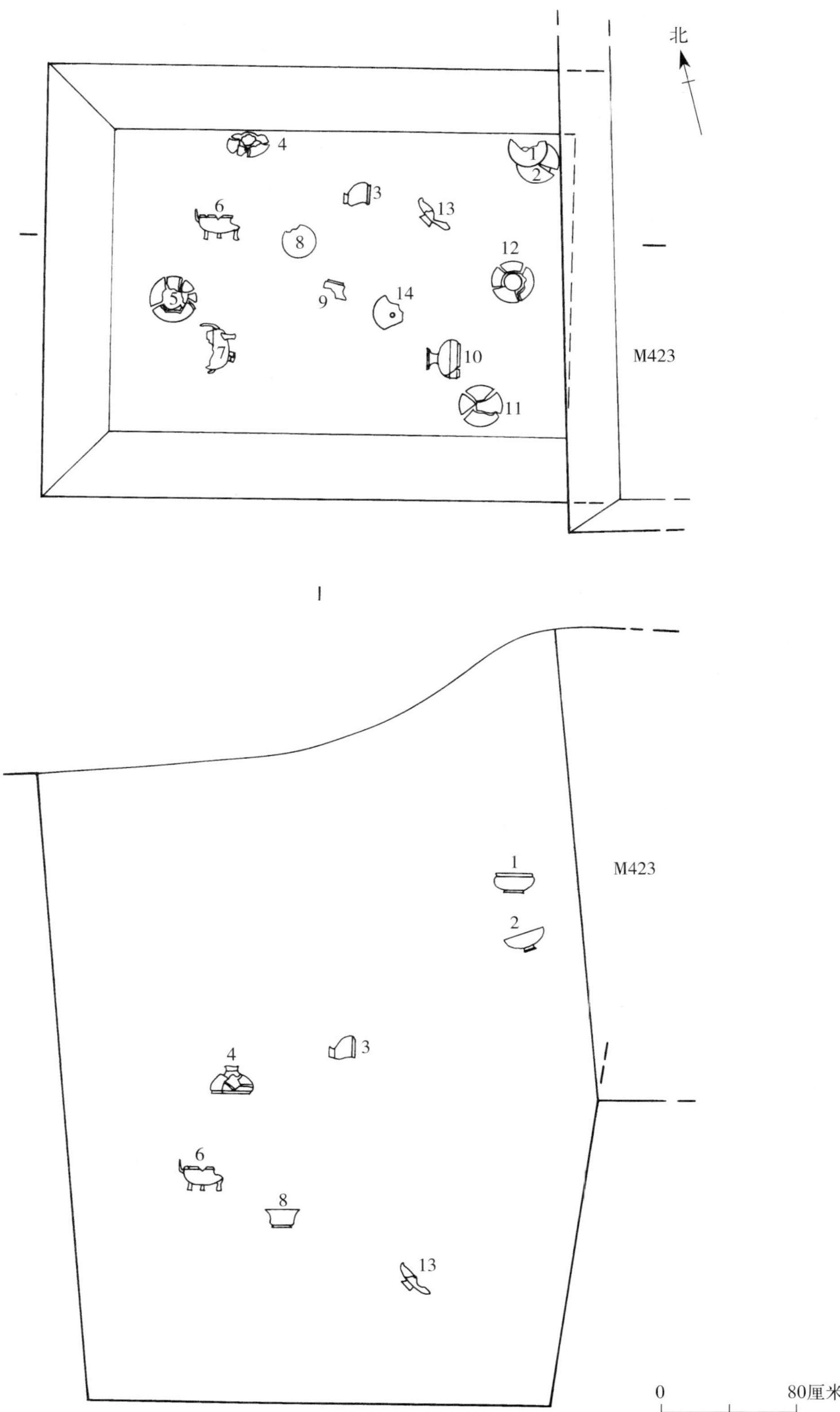

图六五三　M432平、剖面图

1.陶盂　2～4、10～14.陶豆　5.平底陶壶　6、7.陶鼎　8、9.盆状陶器

M432：10，泥质灰陶。豆盘呈子母口，圆唇，深弧腹，最大径位于腹中部，平底，盘底正中连接柱状柄，之下为喇叭形底座。腹中部有道凸棱，器身有刮抹痕迹。口径 16.0、最大径 19.6、底径 10.8、高 14.4 厘米（图六五五，4）。

M432：11，泥质灰陶。豆盘呈敞口，圆唇，浅腹，平底，盘底正中连接喇叭形底座。素面，器身有刮抹痕迹。口径 19.2、底径 6.8、高 6.8 厘米（图六五五，5）。

M432：12，泥质灰陶。豆盘呈敞口，方唇，浅腹，平底，盘底正中连接喇叭形底座。素面，器身有刮抹痕迹。口径 19.6、底径 7.2、高 6.8 厘米（图六五五，6）。

M432：13，泥质灰陶。豆盘呈敞口，方唇，浅腹，平底，盘底正中连接喇叭形底座。素面，器身有刮抹痕迹。口径 19.2、底径 6.4、高 6.8 厘米（图六五五，7）。

M432：14，残，泥质灰陶。豆盘呈敞口，圆唇，浅腹，平底，盘底正中连接豆柄，柄以下部分残损。素面，器身有刮抹痕迹。依材质及尺寸推测该器物为 M432：3 的器盖。口径 18.0、残高 5.2 厘米（图六五五，8）。

平底壶　1 件。

M432：5，残，泥质灰陶。高领，溜肩，圆腹，最大径位于腹中部，平底。领下端饰三道凸弦纹，腹部饰二道凸弦纹，器身有刮抹痕迹。口径 9.6、最大径 21.3、底径 9.2、残高 20.2 厘米（图六五四，3）。

盂　1 件。

M432：1，泥质灰陶。敞口，方唇，敛颈，上腹较直，下腹斜弧内收，最大径位于上下腹交接处，平底，柄足。上下腹交接处饰凹弦纹。口径 16.8、最大径 17.2、底径 8.0、柄足高 1.2、通高 8.8 厘米

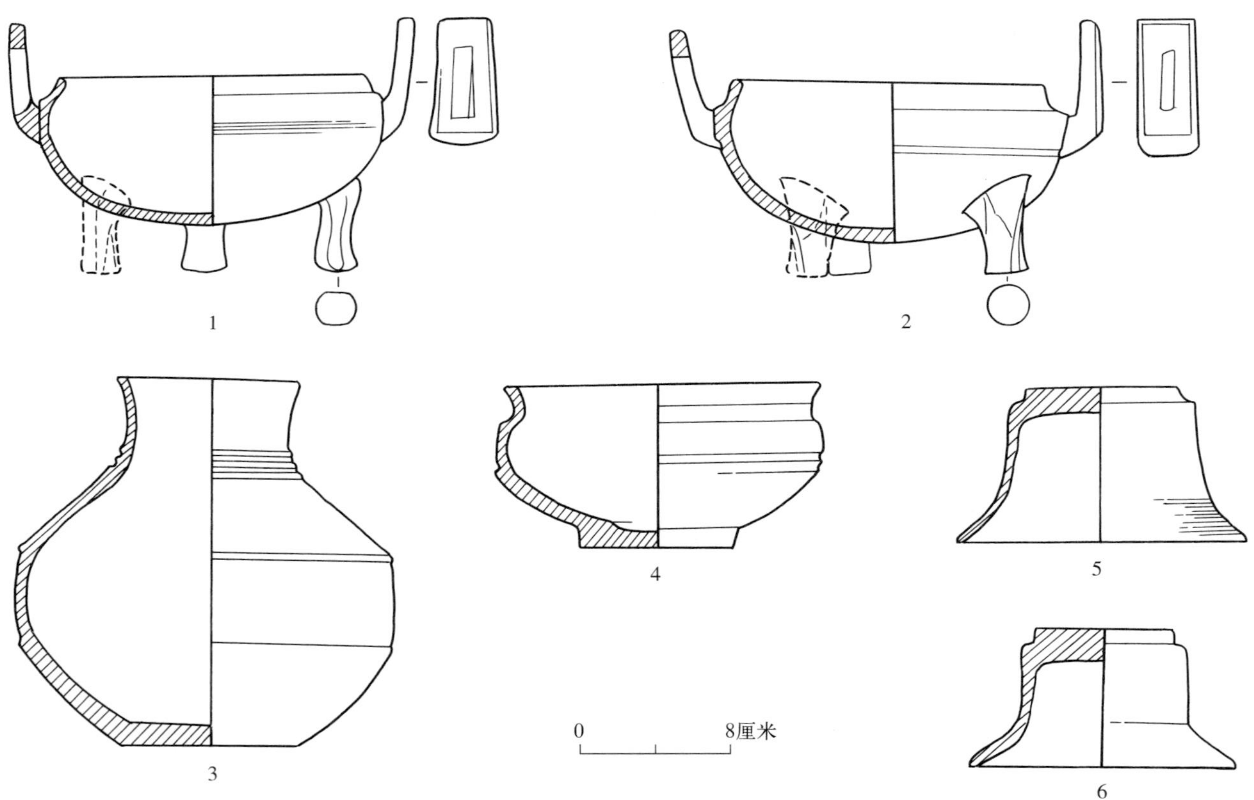

图六五四　M432 出土陶器

1、2.鼎M432：6、7　3.平底壶M432：5　4.盂M432：1　5、6.盆状器M432：8、9

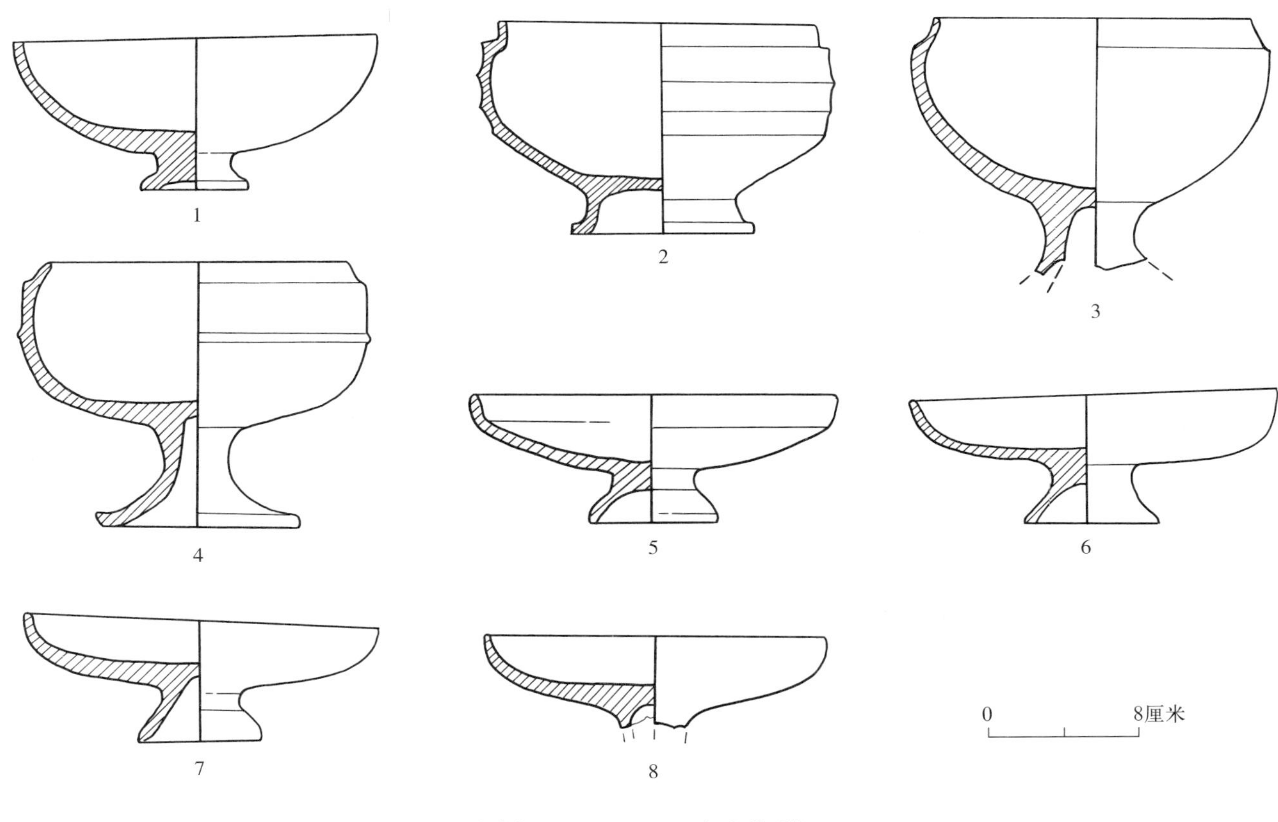

图六五五　M432 出土陶器

1～8.豆M432：2～4、10～14

（图六五四，4；彩版一九二，4）。

盆状器　2 件。

形制相同，泥质灰陶，形如喇叭倒置，顶端附加一圆饼状器纽。素面，器身轮制痕迹明显。

M432：8，底径 15.2、纽径 8.0、高 8.4 厘米（图六五四，5）。

M432：9，底径 14.0、纽径 7.2、高 7.6 厘米（图六五四，6）。

三九二　M433

（一）墓葬形制

该墓位于墓群 B 区北部。叠压于②层下，开口距地表 1.00 米，南端被 M440 打破。

竖穴墓道土坑墓，平面呈“凸”字形，方向 350°，残长 2.92 ～ 3.14 米，由墓道、墓室二部分组成。墓道位于墓室南端，平面呈长方形，口底同大。残长 1.26 ～ 1.44、宽 0.50、残深 0.20 ～ 0.32 米。直壁，平底。墓室为土坑式，平面呈长方形，口底同大。长 1.66、宽 0.90、残深 0.32 ～ 0.60 米。直壁，平底，底与墓道底齐平，整个墓葬修建规整，无工具加工痕迹。墓内填松散的褐色五花土，含红烧土点、木炭屑等，出土较少的陶片。

葬具不详。

葬式不详。

被盗扰严重（图六五六）。

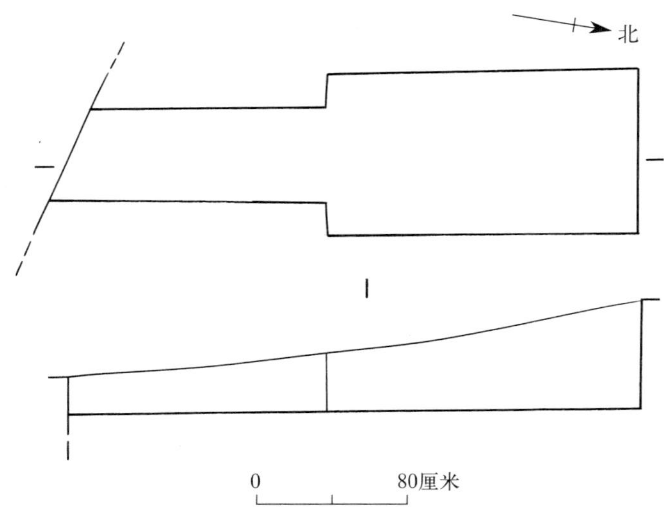

图六五六　M433 平、剖面图

（二）出土遗物

无出土器物。

三九三　M434

（一）墓葬形制

该墓位于墓群 B 区北部。开口于②层下，开口距地表 3.50 米。

竖穴土坑墓，平面呈长方形，方向 35°，口大底小。上口残长 3.00、宽 1.80 米；底长 2.50、宽 1.40 米；深 1.88 米。壁面斜直内收，收分明显，平底，整个墓葬修建规整，无工具加工痕迹。墓内填松散的黄褐色五花土，含红烧土点、木炭屑等，出土较少的陶片。

葬具不详。

葬式不详。

该墓整体被盗扰（图六五七）。

墓葬内出土陶罐 1、陶盂 1 件。

（二）出土遗物

陶器

2 件。

大口罐　1 件。

M434∶1，泥质灰陶。直口，圆唇，矮领，溜肩，弧腹，最大径位于腹上部，平底。素面，器身有刮抹痕迹。口径 9.2、最大径 13.2、底径 5.6、高 10.0 厘米（图六五七，1）。

盂　1 件。

M434∶2，泥质灰陶。敞口，外斜沿，圆唇，敛颈，斜腹直内收，底内凹。素面，器身有刮抹痕迹。口径 20、底径 11.2、高 10.8 厘米（图六五七，2）。

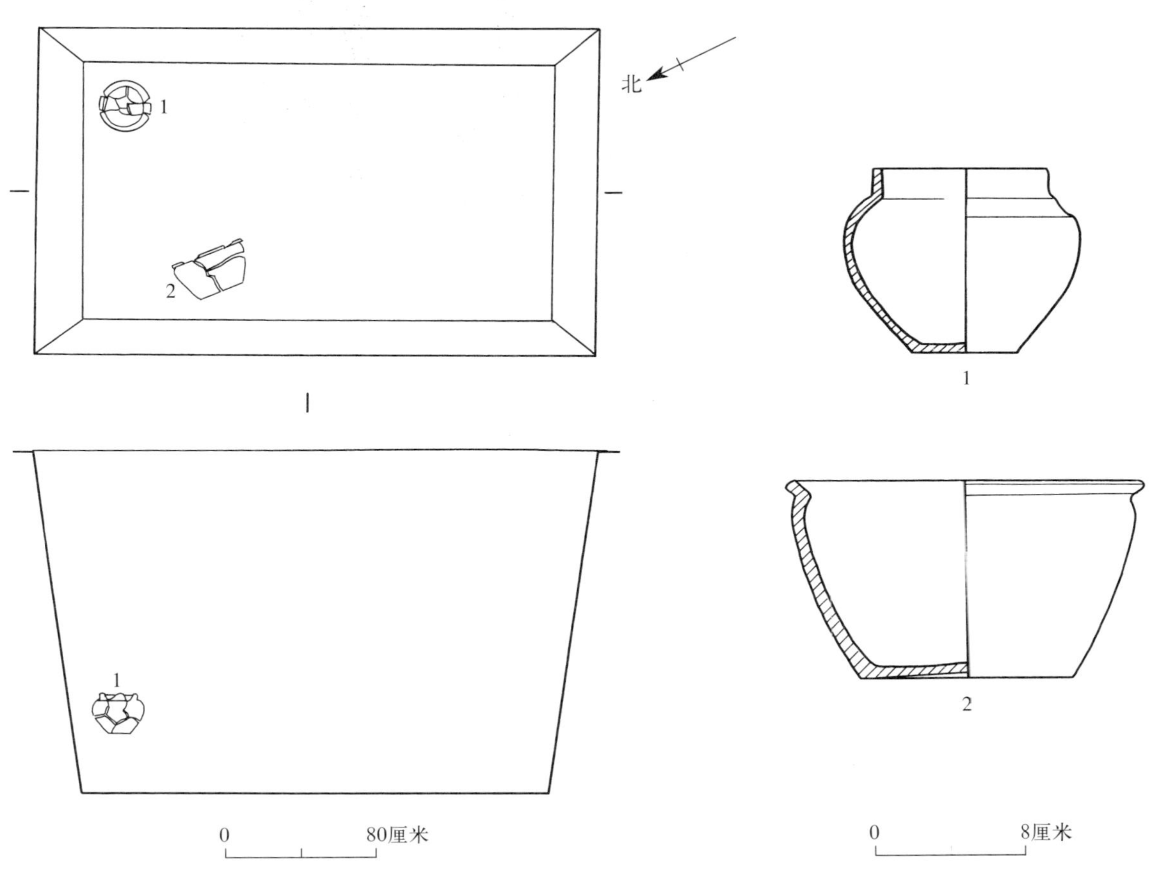

图六五七　M434平、剖面图及出土陶器

1.大口罐　2.盂

三九四　M435

（一）墓葬形制

该墓位于墓群B区北部。开口于②层下，开口距地表2.10米。

竖穴土坑墓，平面呈长方形，方向106°，口大底小。上口残长0.82～2.60、宽2.10米；底长2.46、宽1.40米；深1.60～3.90米。壁面斜直内收，收分明显，平底，整个墓葬修建规整，无工具加工痕迹。墓内填松散的褐色五花土，含红烧土点、木炭屑等，出土较少的陶片。

葬具不详。

葬式不详。

盗洞2个，均自墓顶直通墓底。盗洞1，位于墓葬西北角，平面呈圆角长方形；盗洞2，位于墓葬西南角，平面呈圆角长方形，含红烧土点等（图六五八）。

墓葬内出土陶壶1、陶器盖1件。

（二）出土遗物

陶器

2件。

平底壶　1件。

M435：1，泥质灰陶。喇叭口，方唇，斜高领，溜肩，深弧腹，最大径位于腹上端，平底。素面，口部轮制痕迹明显，器身有刮抹痕迹。口径13.7、最大径19.6、底径10.1、高24.0厘米（图六五八，1）。

器盖　1件。

M435：2，泥质灰陶。覆钵形，素面，器身有刮抹痕迹。口径17.2、高4.2厘米（图六五八，2）。

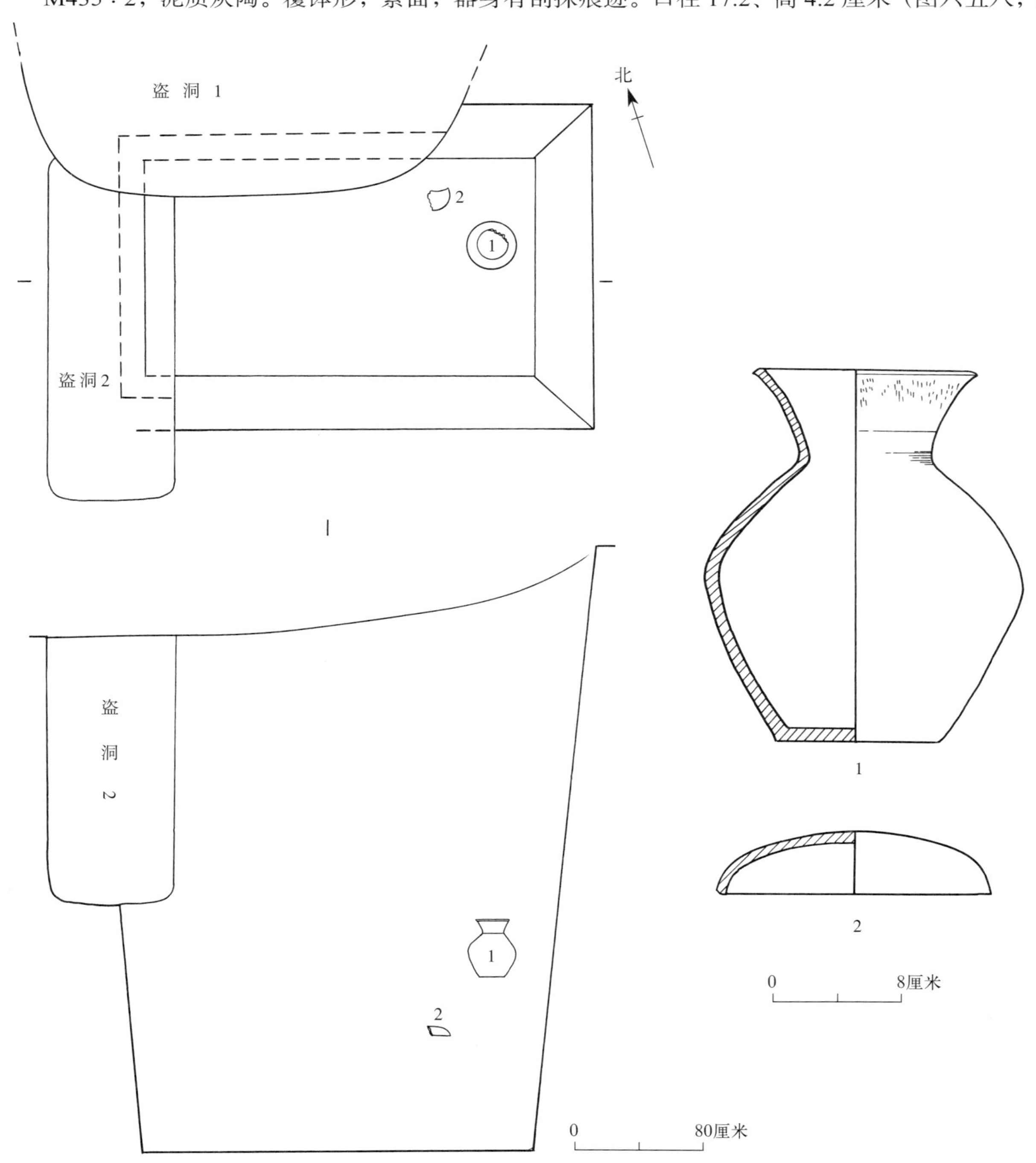

图六五八　M435平、剖面图及出土陶器

1.平底壶　2.器盖

三九五　M436

（一）墓葬形制

该墓位于墓群B区北部。开口于②层下，开口距地表2.10米，东端被M432打破。

竖穴土坑墓，平面呈长方形，方向355°，口底同大。长2.70、宽1.60、残深1.00～1.40米；直壁，平底，整个墓葬修建规整，无工具加工痕迹。墓内填松散的褐色五花土，含红烧土点、木炭屑等，出土较少的陶片。

葬具不详。

葬式不详。

盗洞1个，位于墓葬西南角，自墓顶直通墓底。平面呈圆角长方形，内为松散的灰黄色填土（图六五九）。

（二）出土遗物

无出土器物。

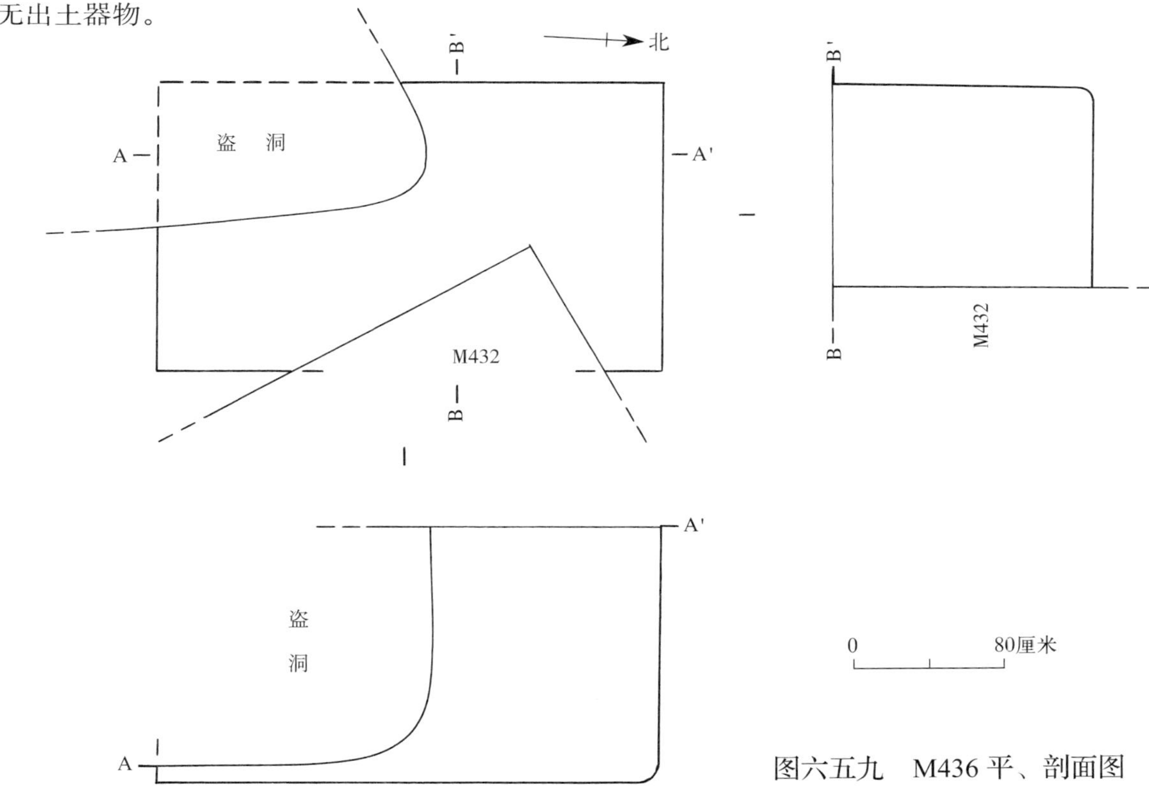

图六五九　M436平、剖面图

三九六　M438

（一）墓葬形制

该墓位于墓群B区北部。开口于①层下，开口距地表0.20米。

竖穴土坑墓，平面呈长方形，方向20°，口大底小。上口长2.90、宽1.64米；底长2.70、宽1.40米；深1.30～1.60米。壁面斜直内收，收分明显，平底，整个墓葬修建规整，无工具加工痕迹。墓

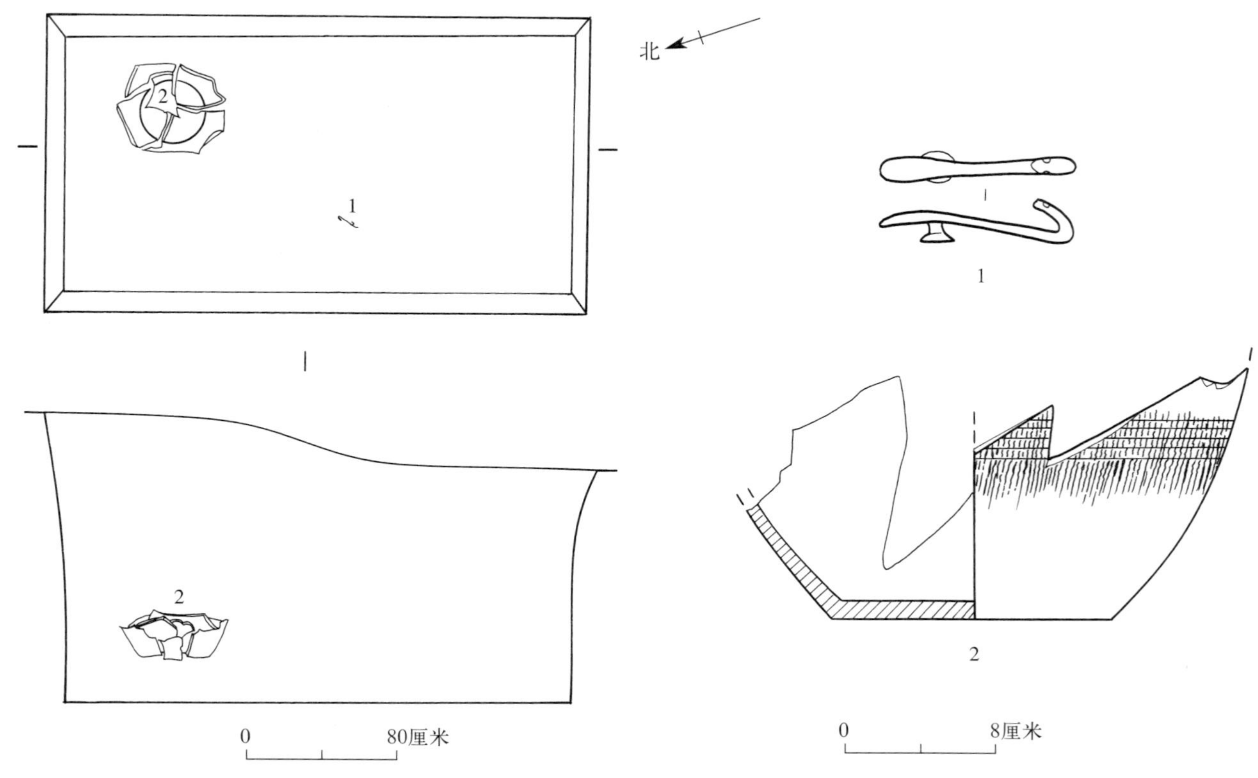

图六六〇　M438平、剖面图及出土器物

1.铜带钩　2.陶罐

内填较硬的褐色五花土，经夯筑，夯筑方法不明，内含红烧土点、木炭屑等，出土较少的陶片。

葬具不详。

葬式不详。

墓葬内出土陶罐1、铜带钩1件（图六六〇）。

（二）出土遗物

1. 陶器

1件。

罐　1件。

M438：2，残，口、肩部缺失，泥质灰陶。腹部斜直内收，平底。腹部先饰竖向细绳纹，再于其上饰数道弦纹，将之分割成数段，器身有刮抹痕迹，底径14.8、残高14.4厘米（图六六〇，2）

2. 铜器

1件

带钩　1件。

M438：1，锈残。琵琶形，钩首为头，体为身，圆形器纽位于底部。素面。长10.4、纽径1.6厘米（图六六〇，1）。

三九七　M439

（一）墓葬形制

该墓位于墓群 B 区北部。开口于②层下，开口距地表 2.00 米。

竖穴土坑墓，平面呈长方形，方向 105°，口底同大。长 2.70、东西宽 1.30、深 1.00 ～ 1.20 米。直壁，平底，整个墓葬修建规整，无工具加工痕迹。墓内填松散的褐色五花土，含红烧土点、木炭屑等，出土较少的陶片。

葬具不详。

葬式不详。

盗洞 1 个，位于墓葬西北角，自墓顶直通墓底。平面呈椭圆形。长 0.86 ～ 1.44 米，内为松散的灰黄色填土。

墓葬内出土陶罐 3 件（图六六一）。

（二）出土遗物

陶器

3 件。

大口罐　2 件。

M439：1，泥质灰陶。直口，方唇外撇，矮领，溜肩，弧腹，最大径位于腹上端，平底。素面，口部有轮制痕迹，器身有刮抹痕迹。口径 12.4、最大径 20.8、底径 12.4、高 14.4 厘米（图六六二，1彩版一九三，1）。

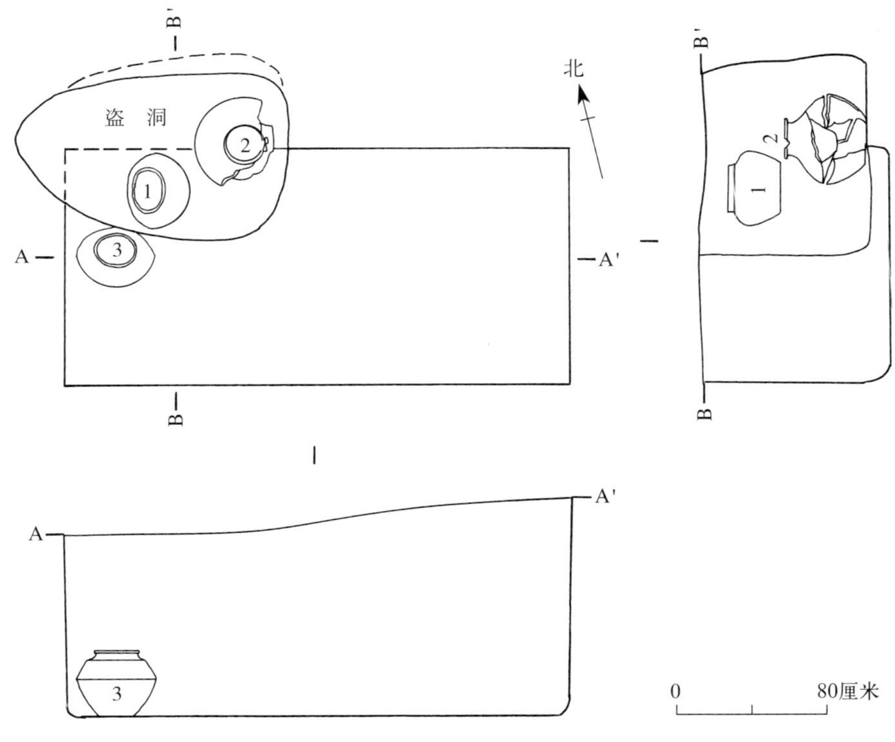

图六六一　M439 平、剖面图

1、3.大口陶罐　2.小口陶罐

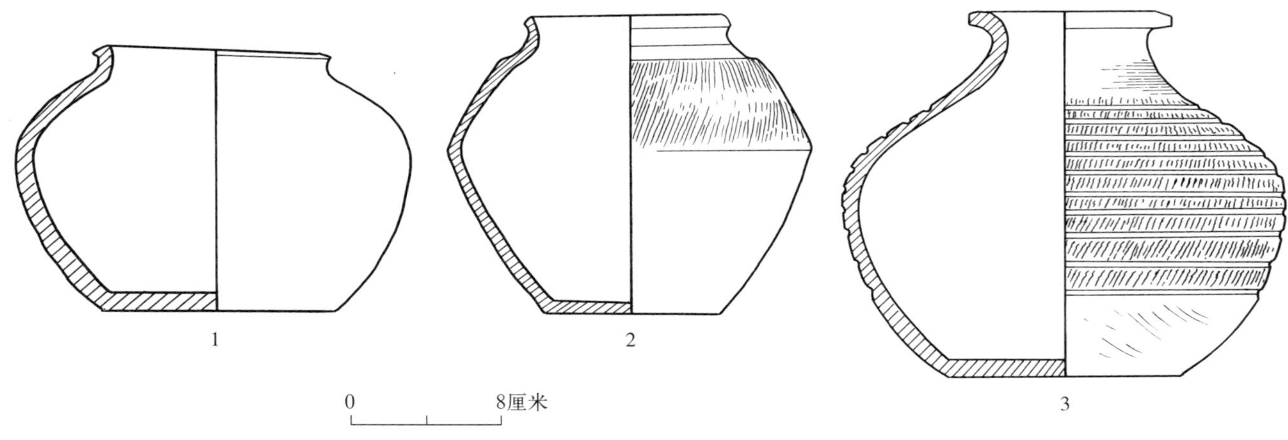

图六六二　M439 出土陶器

1、3.大口罐M439：1、3　2.小口罐M439：2

M439：3，残，泥质灰陶。侈口，外斜沿，圆唇，束颈，溜肩，弧腹，最大径位于肩腹交接处，底缺失。肩部饰竖向细绳纹，器身有刮抹痕迹。口径 11.0、最大径 19.2、底径 9.2、高 16.4 厘米（图六六二，2）。

小口罐　1 件。

M439：2，残，泥质灰陶。侈口，外斜沿，沿面微隆，方唇，束颈，溜肩，弧腹，最大径位于腹上端，底缺失。肩、腹部先饰斜向竖绳纹，后于绳纹之上饰数道凹弦纹，将之分割成数段，口部轮制痕迹明显，器身刮抹痕迹明显。口径 10.8、最大径 23.6、底径 12.0、高 21.1 厘米（图六六二，3）。

三九八　M440

（一）墓葬形制

该墓位于墓群 B 区北部。叠压于②层下，开口距地表 0.50 米。

竖穴墓道土洞墓，方向 190°，总长 5.10 米，由墓道、墓室二部分组成。

墓道位于墓室南端，平面呈梯形，南宽北窄，口大底小。上口长 3.00、宽 1.96 ～ 2.32 米；底长 2.40、宽 1.30 ～ 1.68 米；深 2.70 ～ 2.92 米。斜壁内收，收分明显，底南高北低略呈斜坡，坡度 2.5°。墓室为土洞式，平面呈梯形，北宽南窄，拱形顶略有坍塌。宽 1.60 ～ 2.08、进深 2.56、高 1.20 米。直壁，平底，底低于墓道北端底 10 厘米；整个墓葬修建规整，无工具加工痕迹。墓道内填松散的褐色五花土，含红烧土点、木炭屑等，墓室内填较硬的灰黄色淤土，土质纯净无杂物。

葬具不详。

葬式不详。

墓室内出土陶鼎 2、陶壶 2、陶罐 1、陶豆 3 件（图六六三；彩版一九三，2）。

（二）出土遗物

陶器

8 件。

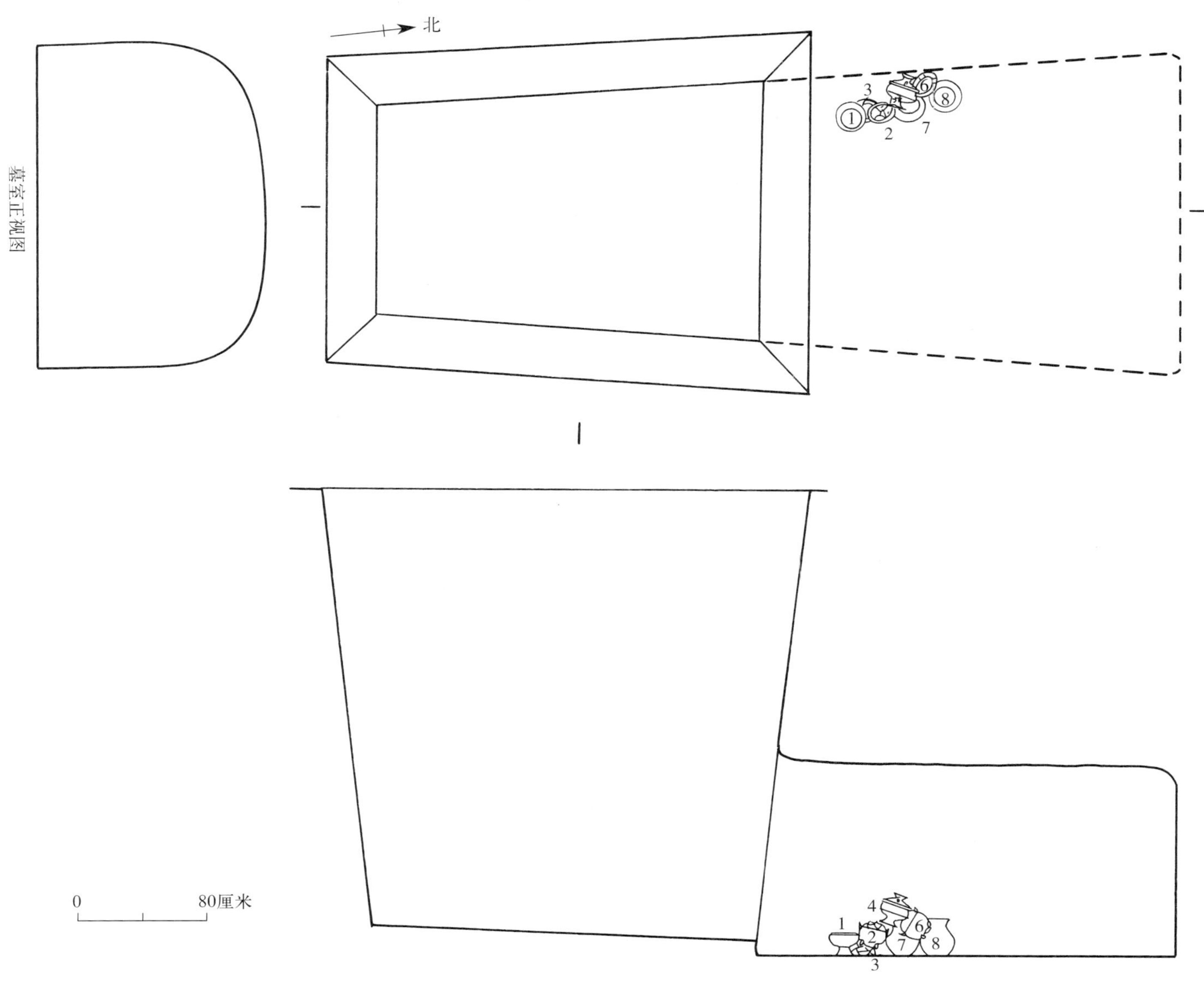

图六六三　M440平、剖面图

1、4、5.陶豆　2、6.陶鼎　3.大口陶罐　7、8.平底陶壶

鼎　2件。

M440：2，泥质灰陶。覆钵形器盖，盖顶附加三个乳丁状器纽，器身子母口内敛，圆唇，深弧腹，圜底，下接三个三角形器足，腹上端接两附耳，耳上端外撇。腹中部饰凸棱。口径13.2、腹径16.8、裆高0.5、通高16.0厘米（图六六四，1）。

M440：6，泥质灰陶。覆钵形器盖，盖顶附加三个鋬手状器纽，器身子母口内敛，圆唇，深弧腹，平底，下接三个三角形器足，腹上端接两附耳，耳上端外撇。腹中部饰凸棱。口径14.0、腹径17.2、裆高1.6、通高17.2厘米（图六六四，2；彩版一九三，3）。

豆　3件。

M440：1，泥质灰陶。豆盘呈子母口内敛，圆唇，深弧腹，最大径位于腹下部，盘底正中连接喇叭形底座。盘腹部等间距饰数道竖弦纹及菱形方格纹，器身轮制痕迹明显。口径15.5、最大径

18.6、底径 12.0、高 13.6 厘米（图六六四，3）。

M440∶4，泥质灰陶。豆盘呈子母口内敛，圆唇，上腹较直，下腹斜弧内收，最大径位于上腹部，盘底正中连接喇叭形底座。上腹部饰菱形方格纹，下腹部饰三道凹弦纹，器身轮制痕迹明显。口径 16.4、最大径 19.6、底径 12.4、高 14.0 厘米（图六六四，4）。

M440∶5，泥质灰陶。圆唇，浅盘，盘底正中连接喇叭形底座。上腹部素面，下腹部饰三道凹弦纹，器身有刮抹痕迹。依材质、形制及尺寸推测该器物为 M440∶4 的器盖。口径 18.0、底径 8.8、高 7.5 厘米（图六六四，5）。

平底壶　2 件。

M440∶7，泥质灰陶。喇叭口，方唇，斜高领，溜肩，弧腹，最大径位于腹上部，平底。肩、腹部各饰一道凸弦纹，肩及腹上部饰菱形网格纹，底部饰交错绳纹，口部轮制痕迹明显，器身有刮

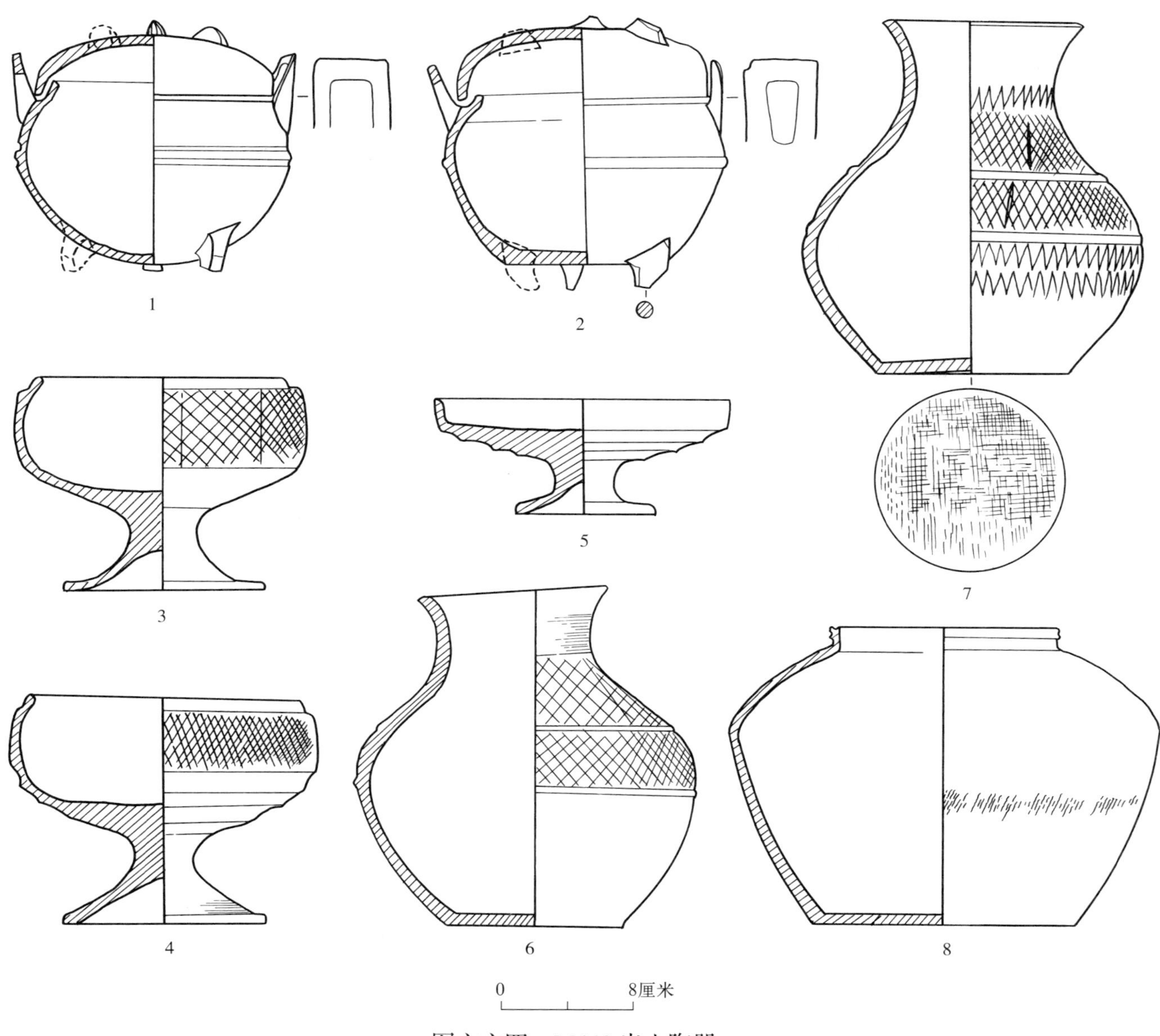

图六六四　M440 出土陶器

1、2.鼎M440∶2、6　3～5.豆M440∶1、4、5　6、7.平底壶M440∶7、8　8.大口罐M440∶3

抹痕迹。口径 11.6、最大径 20.8、底径 10.4、高 21.6 厘米（图六六四，6）。

M440：8，泥质灰陶。喇叭口，窄平沿，尖唇，斜高领，溜肩，弧腹，最大径位于腹上部，底内凹。肩、腹部各饰一道凸弦纹，领上端及腹下部饰波浪纹，波浪纹之间区域饰菱形方格纹，底部饰交错绳纹，底部阴刻人形纹饰，器身有刮抹痕迹。口径 12.0、最大径 20.4、底径 11.8、高 22.0 厘米（图六六四，7）。

大口罐　1 件。

M440：3，泥质灰陶。直口，方唇，唇缘有凹槽，矮领，领上端有凹槽，溜肩，弧腹，最大径位于腹上部，平底。腹中部饰时断时续的斜向细绳纹，器身有刮抹痕迹。口径 14.0、最大径 26.0、底径 15.6、高 18.8 厘米（图六六四，8）。

三九九　M441

（一）墓葬形制

该墓位于墓群 B 区北部。叠压于①层下，开口距地表 0.20 米。

竖穴墓道土洞墓，方向 0°，总长 4.60 米，由墓道、墓室二部分组成。墓道位于墓室北端，平面呈长方形，口大底小。上口长 2.50、宽 1.80 米；底 2.20、宽 1.50 米；深 1.00 ～ 2.00 米。斜壁内收，收分明显，底北高南低略呈斜坡状，坡度 23°。墓室平面呈长方形，顶部坍塌，进深 2.10、宽 1.20、残高 1.08 米。直壁，其中西壁坍塌严重，平底，底与墓道南端底齐平；整个墓葬修建规整，无工具加工痕迹。墓道内填松散的褐色五花土，含红烧土点、木炭屑等，墓室内填较硬的灰黄色淤土，出土较少的陶片。

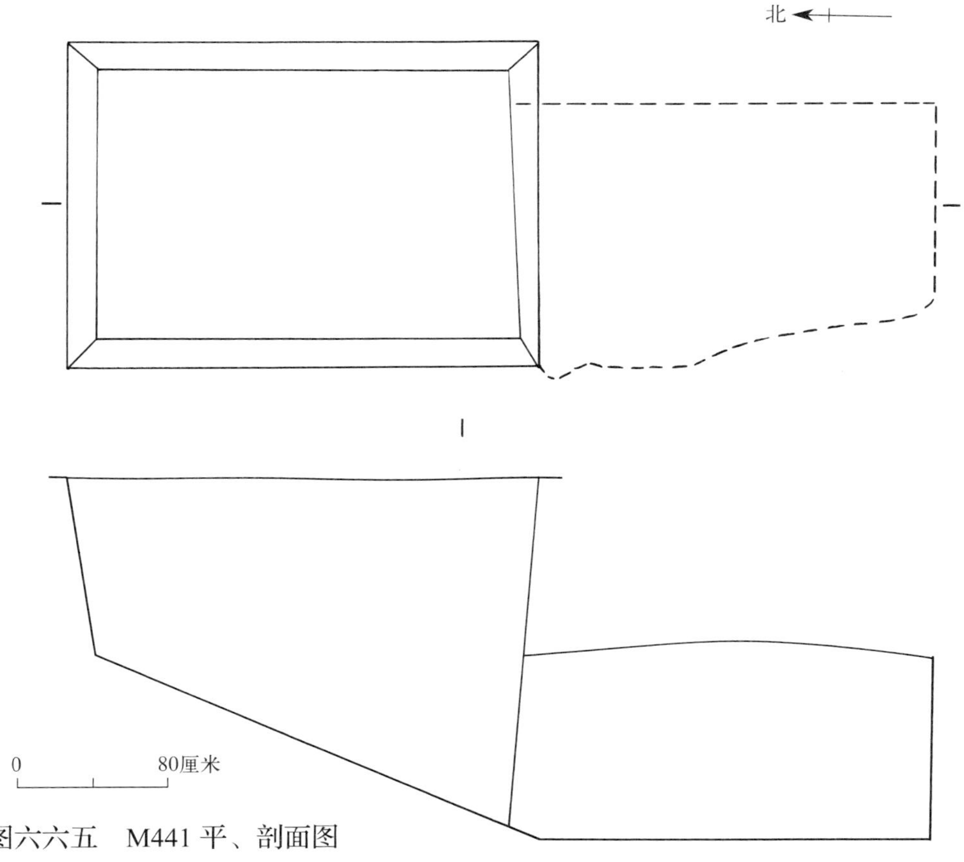

图六六五　M441 平、剖面图

葬具不详。

葬式不详（图六六五）。

（二）出土遗物

无出土器物。

四〇〇 M442

（一）墓葬形制

该墓位于墓群B区北部。开口于①层下，开口距地表0.10米，东南部被M438打破，北端被M441打破。

竖穴土坑墓，平面呈长方形，方向340°，口大底小。上口长3.76、宽2.80米；底长3.44、宽2.60米；深1.88米。斜壁内收，收分明显，平底，整个墓葬修建规整，无工具加工痕迹。墓道内填松散

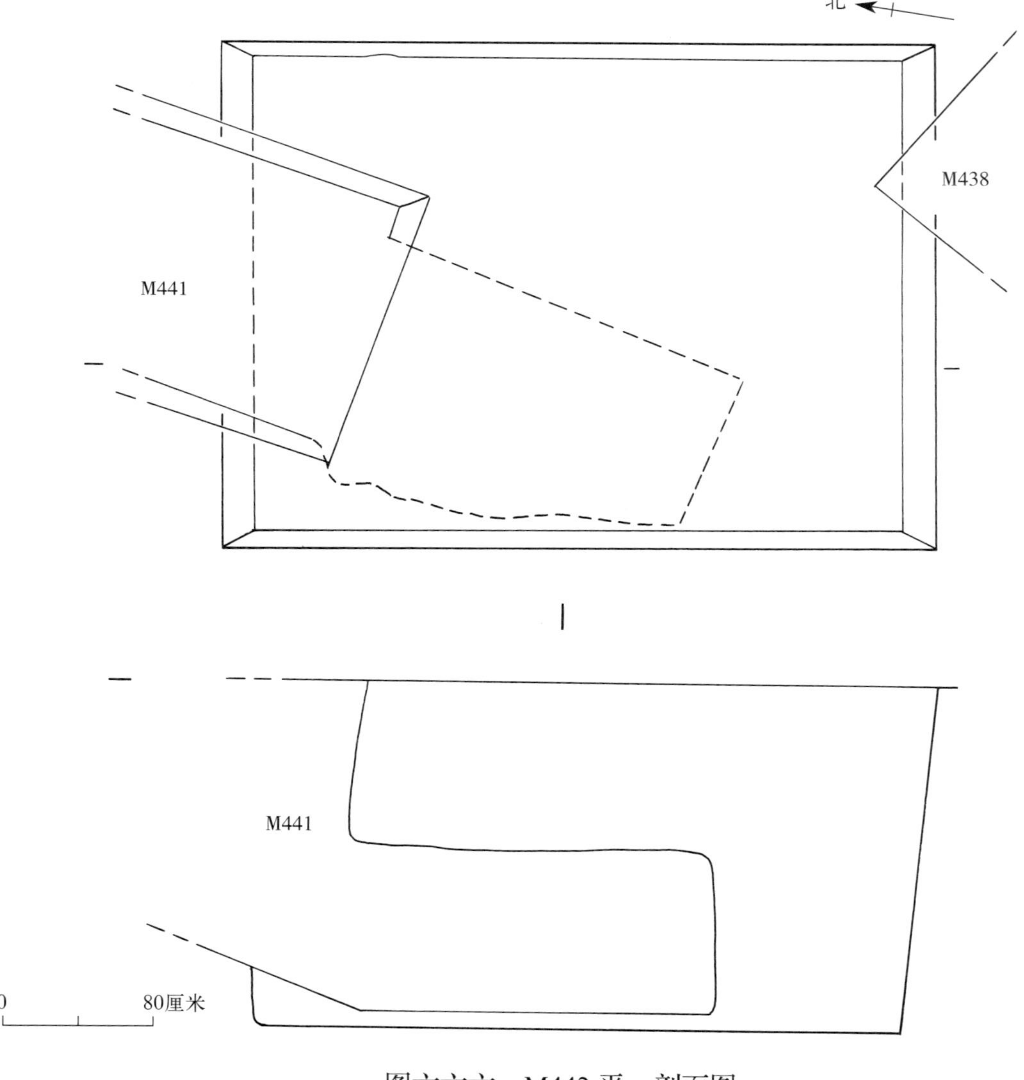

图六六六 M442平、剖面图

的褐色五花土，含红烧土点、木炭屑等，出土较少的陶片。

葬具不详。

葬式不详。

整体被盗扰（图六六六）。

（二）出土遗物

无出土器物。

四〇一　M443

（一）墓葬形制

该墓位于墓群B区北部。叠压于①层下，开口距地表0.10米，北侧被M441、M442打破。

竖穴墓道土洞墓，方向195°，总长4.80米，由墓道、墓室二部分组成。墓道位于墓室南端，平面呈梯形，东窄西宽，口大底小。口部南北向残长0.30～1.88、宽2.00米；底长2.00～2.20、宽1.40米；深2.90米。斜壁内收，收分明显，平底。墓室为土洞式，平面呈长方形，顶部坍塌。进深2.30、宽1.26、残高1.10米。直壁，平底，底与墓道南端底齐平，墓壁修建规整，无工具加工痕迹。

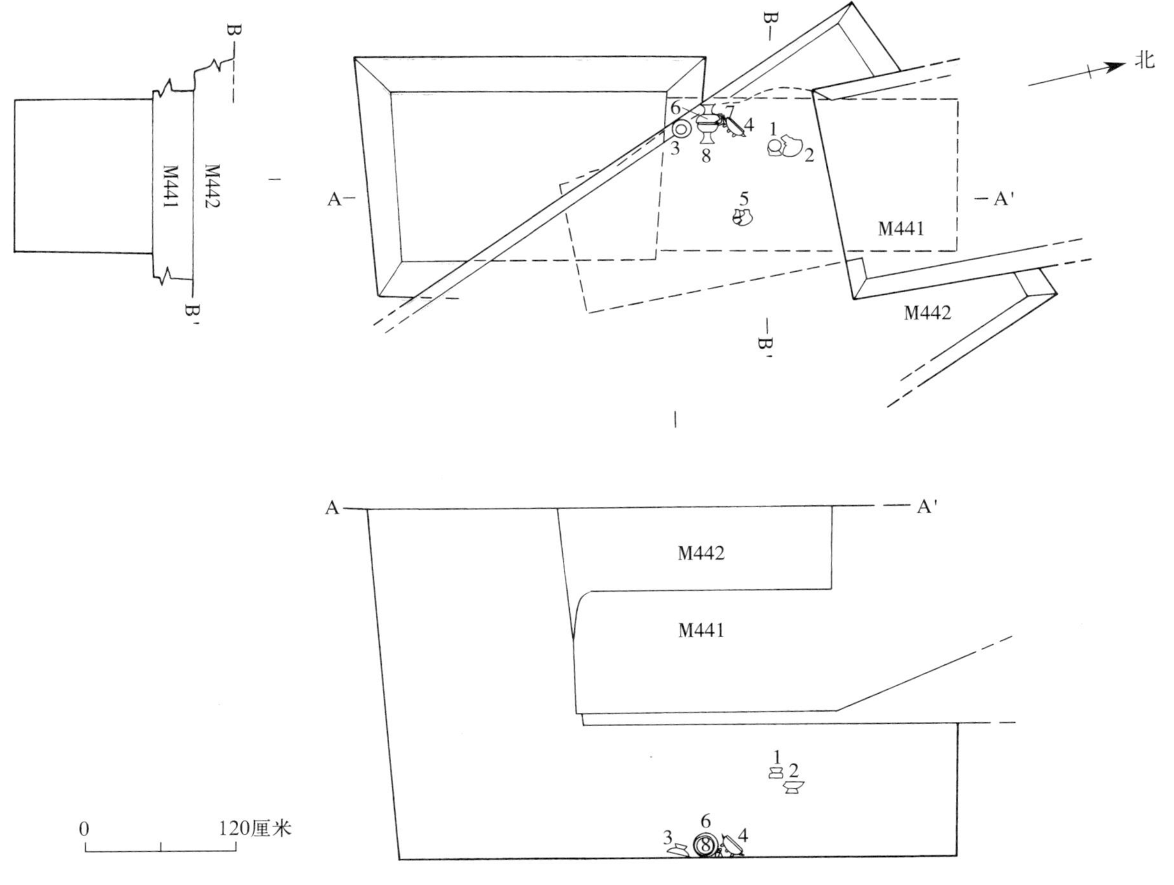

图六六七　M443平、剖面图

1～3、6、8.陶豆　4.陶鼎　5.无耳无鋬陶鍪　7.陶器盖

墓道内填松散的褐色五花土，含红烧土点、木炭屑等，墓室内填较硬的灰黄色淤土，出土较少陶片。

葬具不详。

葬式不详。

墓室内出土陶鼎 1、陶豆 5、陶鍪 1、陶器盖 1 件（图六六七）。

（二）出土遗物

陶器

8 件。

鼎　1 件。

M443∶4，泥质灰陶。子母口内敛，圆唇，弧腹，最大径位于腹上端，圜底，下接三圆锥状器足，腹上端接两鋬手。素面，器内壁轮制痕迹明显。口径 14.8、最大径 17.2、裆高 2.4、通高 10.4 厘米（图六六八，1；彩版一九四，1）。

豆　5 件。

M443∶1，泥质灰陶。豆盘呈敞口，圆唇，浅腹，盘底正中连接喇叭形底座。素面，器身有刮抹痕迹。口径 17.6、底径 8.8、高 7.4 厘米（图六六八，2）。

M443∶2，泥质灰陶。豆盘呈敞口，圆唇，浅腹，盘底正中连接喇叭形底座。素面，器身有刮抹痕迹。口径 17.6、底径 9.6、高 9.0 厘米（图六六八，3）。

M443∶3，泥质灰陶。豆盘呈敞口，圆唇，浅腹，盘底正中连接喇叭形底座。素面，器身有刮抹痕迹。

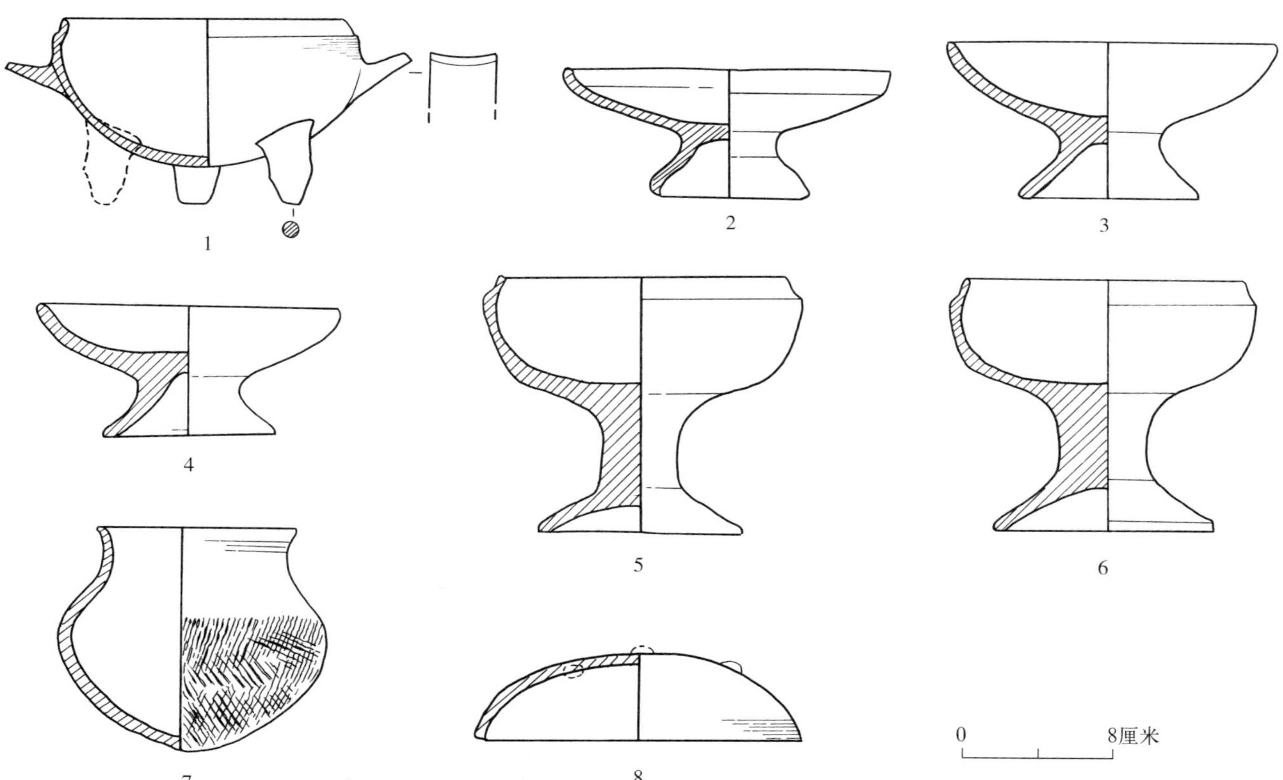

图六六八　M443 出土陶器

1.鼎M443∶4　2～6.豆M443∶1～3、6、8　7.无耳无鋬鍪M443∶5　8.器盖M443∶7

口径 16.0、底径 9.2、高 7.6 厘米（图六六八，4）。

M443∶6，泥质灰陶。豆盘呈子母口内敛，圆唇，深弧腹，最大径位于腹上端，盘底正中连接柱状柄，之下为喇叭形底座。素面，器身有刮抹痕迹。口径 15.2、最大径 17.8、底径 10.8、高 14.0 厘米（图六六八，5）。

M443∶8，泥质灰陶。豆盘呈子母口内敛，圆唇，深弧腹，最大径位于腹上端，盘底正中连接柱状柄，之下为喇叭形底座。素面，器身有刮抹痕迹。口径 14.8、最大径 17.1、底径 11.6、高 13.6 厘米（图六六八，6）。

无耳无鋬鍪　1 件。

M443∶5，夹砂褐陶。侈口，外斜沿，圆唇，高颈，圆腹，最大径位于腹上部，圜底。腹部以下饰交错绳纹，口部有轮制痕迹。口径 10.4、最大径 15.2、高 12.4 厘米（图六六八，7）。

器盖　1 件。

M443∶7，泥质灰陶。覆钵形，盖顶附加三个乳丁，器身轮制痕迹明显。口径 19.6、高 5.2 厘米（图六六八，8）。

四〇二　M444

（一）墓葬形制

该墓位于墓群 B 区北部。叠压于②层下，开口距地表 2.10 米，墓室西北角被一扰坑打破。

竖穴墓道土坑墓，方向 270°，总长 4.46 米，由墓道、墓室二部分组成。墓道位于墓室西端，平面呈长方形，口底同大。长 1.65 ～ 1.70、南北宽 0.84、残深 0 ～ 0.64 米。直壁，底西高东低略呈斜坡状，坡度 18°。墓室为土坑式，平面呈梯形，东宽西窄。进深 2.70 ～ 2.82、宽 1.32 ～ 1.40、残深 0.80 ～ 1.63 米。直壁，平底，底低于墓道东端 14 厘米，整个墓葬修建规整，无工具加工痕迹。

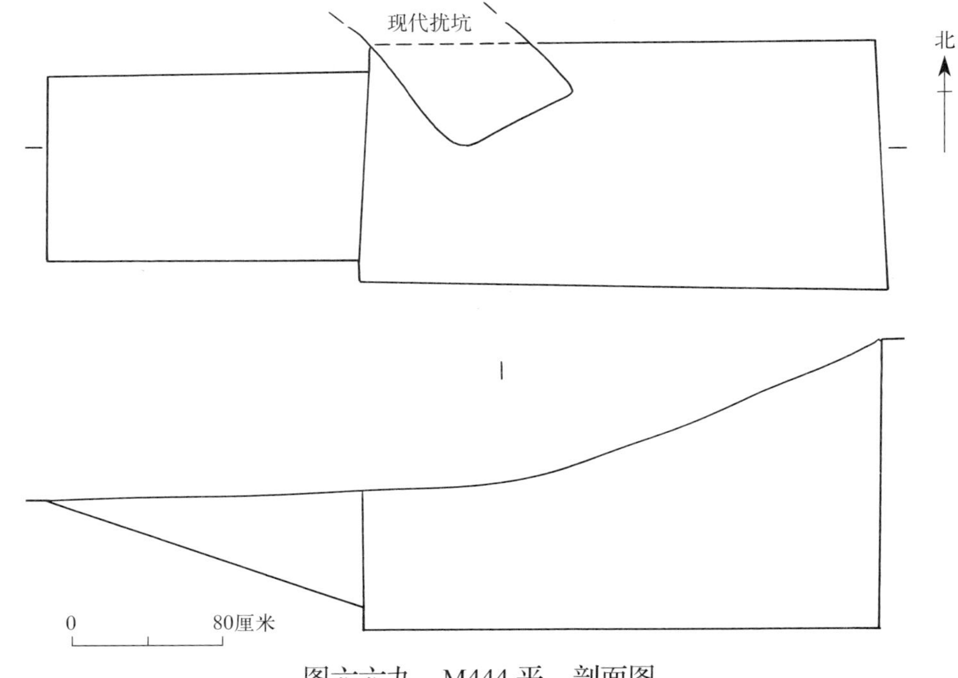

图六六九　M444 平、剖面图

墓内填松散的褐色五花土，含红烧土点、木炭屑等，出土较少陶片。

葬具不详。

葬式不详（图六六九）。

（二）出土遗物

无出土器物。

四〇三 M445

（一）墓葬形制

该墓位于墓群B区北部。开口于①层下，开口距地表0.40米，东南角被M428打破。

竖穴土坑墓，平面呈长方形，方向175°，口大底小。上口长3.24、宽2.10米；自墓口深至1.00～1.20米处平面呈梯形，北宽南窄，长2.92、南宽1.50～1.60米，之下直壁；深1.90～2.10米；墓葬上部壁面斜直内收，收分明显，下部壁面平直，平底，整个墓葬修建规整，无工具加工痕迹。墓

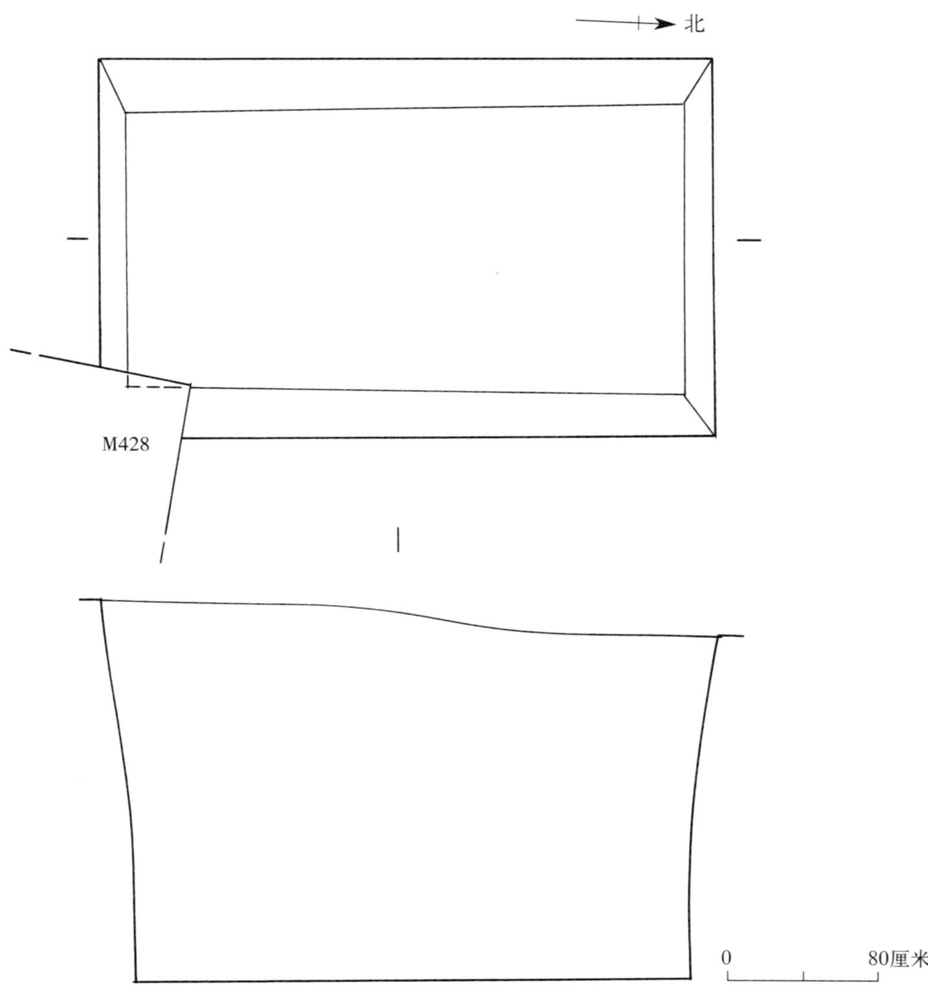

图六七〇 M445平、剖面图

内填松散的褐色五花土，含红烧土点、木炭屑等，出土较少的陶片。

葬具不详。

葬式不详（图六七〇）。

（二）出土遗物

无出土器物。

四〇四　M446

（一）墓葬形制

该墓位于墓群B区北部。开口于②层下，开口距地表2.60米。

竖穴土坑墓，平面呈长方形，方向170°，口底同大。长3.20、宽1.80、深1.70米。直壁，其中东、南两壁坍塌严重，平底，整个墓葬修建较为粗糙，无工具加工痕迹。墓内填松散的褐色五花土，含红烧土点、木炭屑等，出土较少陶片。

葬具不详。

葬式不详。

墓葬内出土陶罐1件（图六七一）。

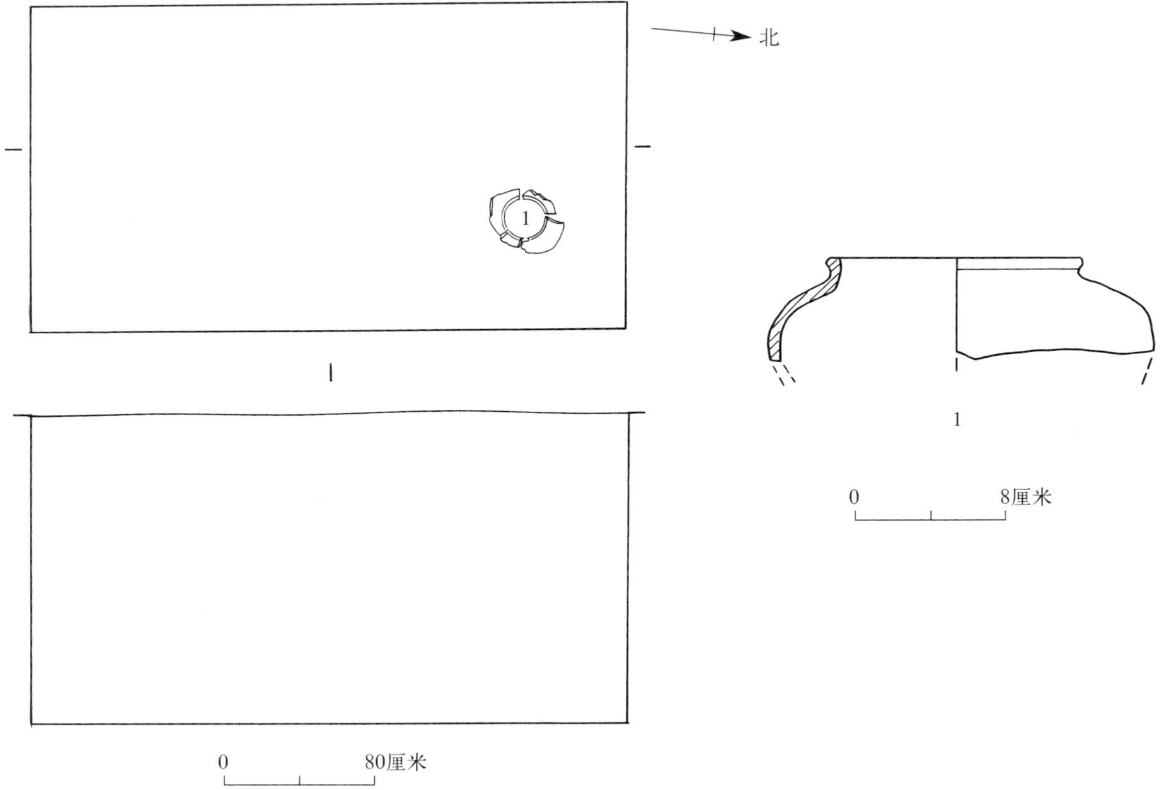

图六七一　M446平、剖面图及出土陶器

1.罐

（二）出土遗物

陶器

1 件。

罐　1 件。

M446：1，残，泥质灰陶。直口，方唇，矮领，领上端凸起，溜肩，肩以下部分缺失。素面，器身有轮制痕迹。口径 13.6、残高 5.6 厘米（图六七一，1）。

四〇五　M447

（一）墓葬形制

该墓位于墓群 B 区北部。开口于②层下，开口距地表 2.40 米。

竖穴土坑墓带壁龛，平面呈长方形，方向 180°，口大底小。上口长 3.00、宽 1.90 米，自墓口深至 2.90 米处南北长 2.40、宽 1.40 米；深 3.80 米；整个墓葬上部壁面斜直内收，收分明显，下部壁面平直，平底，修建规整，无工具加工痕迹。壁龛位于墓葬南壁中部，平面呈长方形，弧形顶，底距墓底高 0.90 米。宽 1.10、进深 0.20、高 0.30 米；墓内填松散的褐色五花土，含红烧土点、木炭屑等，出土较少的陶片。

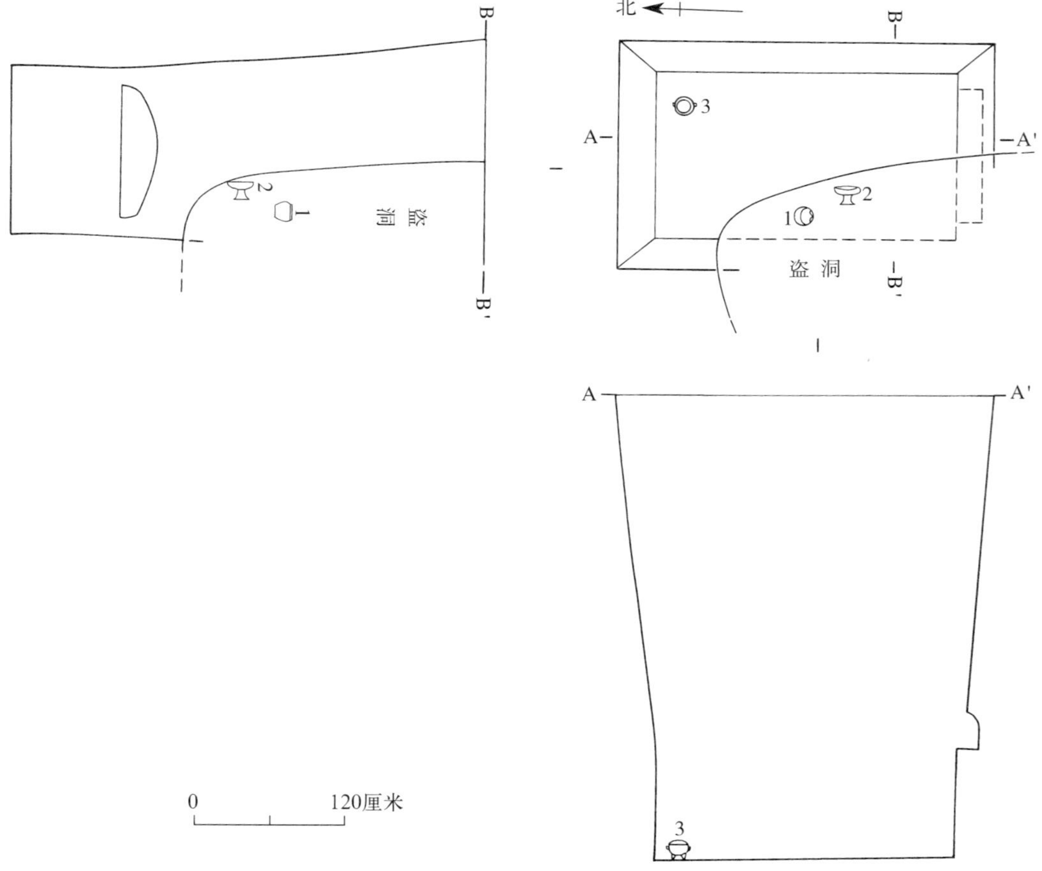

图六七二　M447 平、剖面图

1.敞口小陶罐　2.陶豆　3.陶鼎

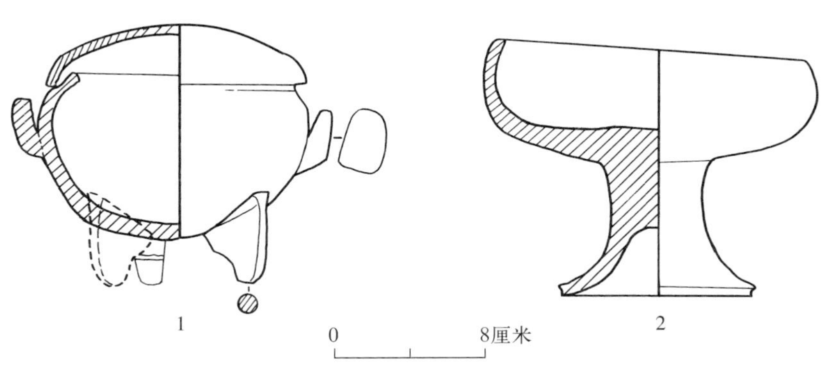

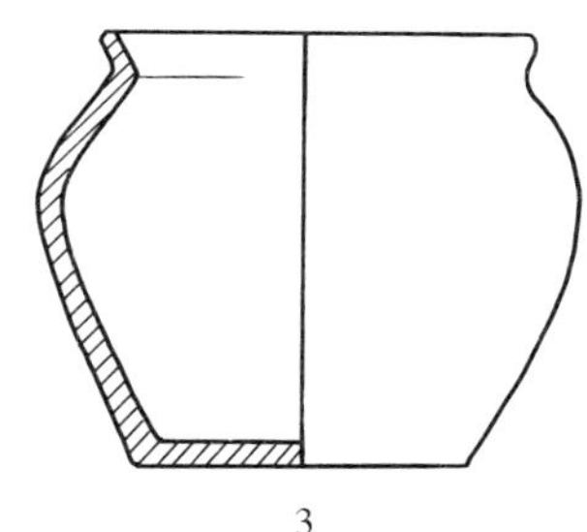

图六七三　M447出土陶器

1.鼎M447：3　2.豆M447：2　3.敞口小罐M447：1

葬具不详。

葬式不详。

盗洞1个，位于墓葬西南角，墓顶直通墓底，平面呈圆角长方形，内填松散的灰黄色土。

墓葬内出土陶鼎1、陶罐1、陶豆1件（图六七二）。

（二）出土遗物

陶器

3件。

鼎　1件。

M447∶3，泥质灰陶。覆钵形器盖，器身呈子母口，内敛，圆唇，弧腹，圜底，下接三角形片状器足，腹上端接两附耳。器身素面。口径11.6、腹径14.8、裆高2.6、通高14.4厘米（图六七三，1；彩版一九四，2）。

豆　1件。

M447∶2，泥质灰陶。豆盘呈敛口，圆唇，深弧腹，最大径位于腹中部，盘底正中连接柱状柄，柄下端为喇叭形底座。素面，器身有刮抹痕迹。口径16.4、最大径18.6、底径10.4、高13.6厘米（图六七三，2；彩版一九四，3）。

敞口小罐　1件。

M447∶1，泥质灰陶。侈口，外斜沿，圆唇，溜肩，斜腹直内收，最大径位于肩腹交接处，平底。素面，器身有刮抹痕迹。口径12.0、最大径14.8、底9.5、高12.4厘米（图六七三，3）。

四〇六　M448

（一）墓葬形制

该墓位于墓群B区北部。叠压于②层下，开口距地表2.60～3.40米。

斜坡墓道洞室墓，平面呈“凸”字形，方向350°，总长4.50米，由墓道、墓室二部分组成。墓道位于墓室北端，平面呈长方形，口大底小。上口长2.80、宽2.00米；底长2.20、宽1.38米；深1.50～2.00米。斜壁内收，收分明显，底北高南低略呈斜坡状，坡度12°。墓室为土洞式，平面呈长方形，拱形顶。宽 1.06、进深 1.88、高 1.10 米，于 0.60 米高处开始起拱。直壁，平底，底与墓道南端底齐平，整个墓葬修建规整，无工具加工痕迹。墓道内填松散的褐色五花土，含红烧土点、木炭屑等，墓室内填较硬的灰黄色淤土，出土较少陶片。

葬具不详。

葬式不详。

盗洞 1 个，位于墓道的东北角，自墓顶直通墓底，平面呈圆形长方形，该盗洞即为 M447 中发现的盗洞。

墓道内出土陶罐 1 件（图六七四）。

（二）出土遗物

陶器

1 件。

大口罐　1 件。

M448：1，泥质灰陶。侈直口，方唇，唇缘有凹槽，矮领，广肩，斜腹直内收，最大径位于肩腹交接处，平底。腹中部饰竖向细绳纹，器身刮抹痕迹明显。口径 9.6、最大径 17.2、底 9.4、高 11.6 厘米（图六七四，1）。

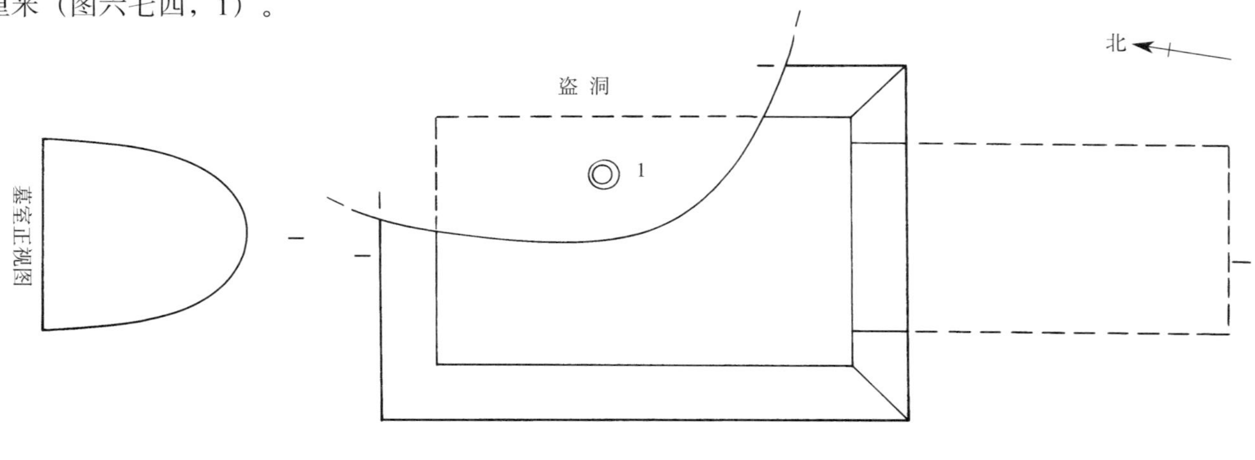

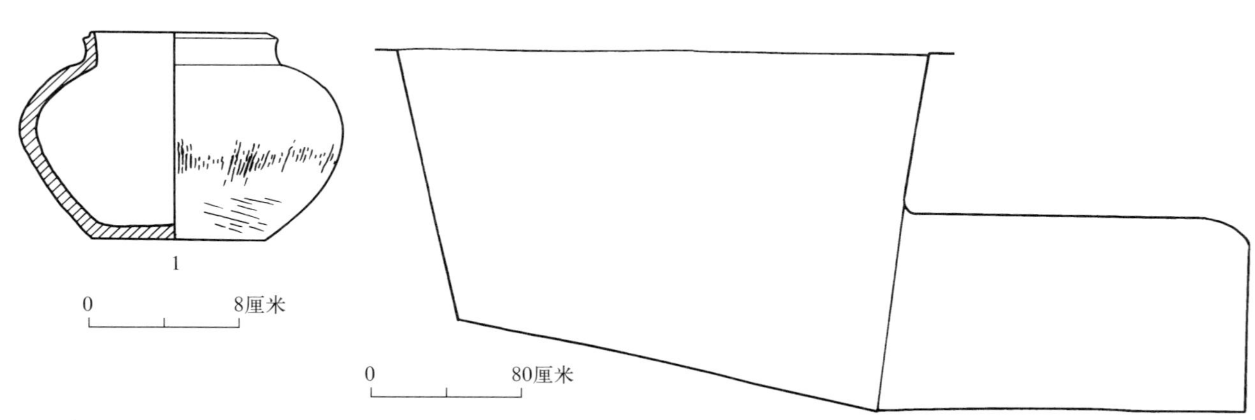

图六七四　M448 平、剖面图及出土陶器

1.大口罐

四〇七 M449

（一）墓葬形制

该墓位于墓群 B 区北部。开口于②层下，开口距地表 0.60 米。

竖穴土坑墓，平面呈长方形，方向 95°，口大底小。上口长 3.30、宽 1.70 米；底长 2.80、宽 1.40 米；深 3.60 米。斜壁内收，收分明显，平底，整个墓葬修建规整，无工具加工痕迹。墓内填松散的褐色五花土，含红烧土点、木炭屑等，出土较少陶片。

葬具不详。

葬式不详。

墓葬内出土陶平底壶 1、陶豆 1、陶器盖 7、陶匜 1、陶鸽 2、铜带钩 1 件（图六七五）。

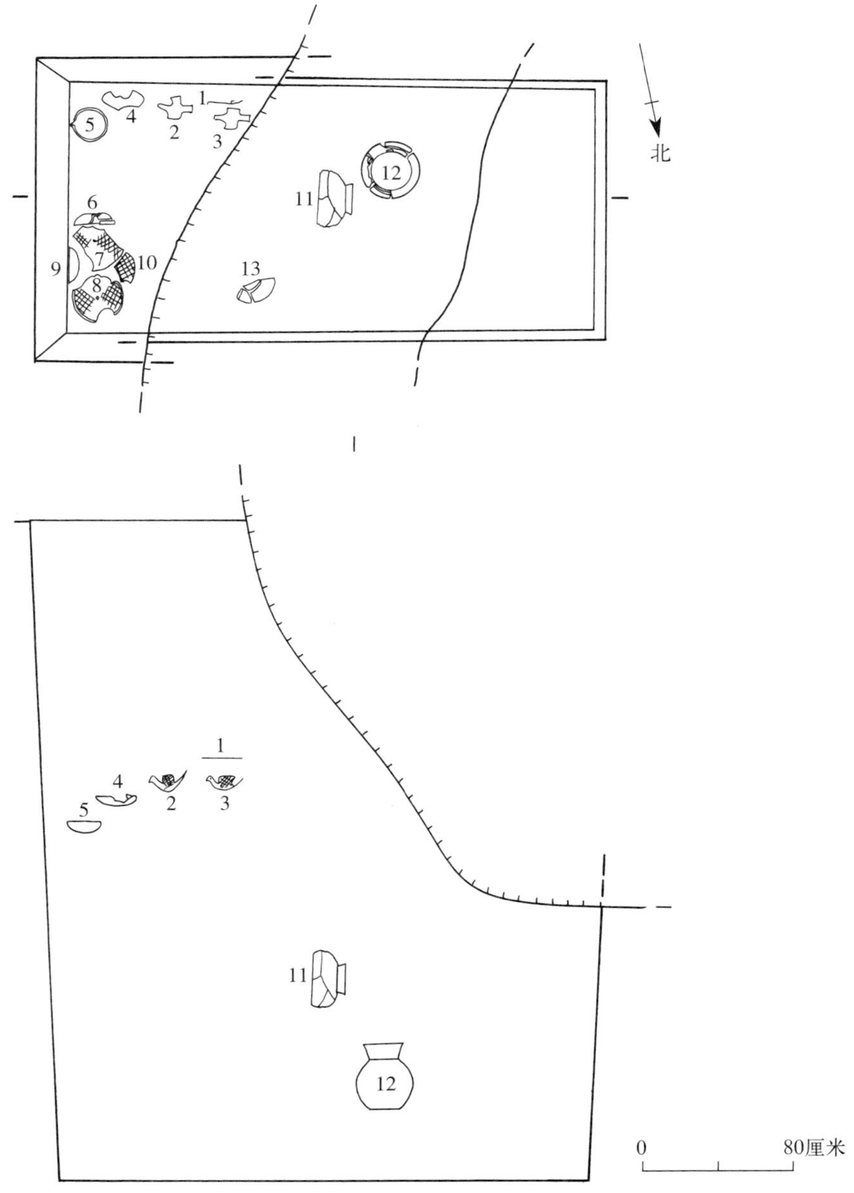

图六七五 M449 平、剖面图

1.铜带钩 2、3.陶鸽 4、6～10、13.陶器盖 5.陶匜 11.陶豆 12.平底陶壶

（二）出土遗物

1. 陶器

12件。

豆　1件。

M449：11，泥质灰陶。豆盘呈子母口内敛，圆唇，弧腹内收，最大径位于腹上端，盘底正中连接喇叭形底座。腹上部饰三道凹弦纹，上部二道弦纹之间区域内饰波浪纹，器身有轮制痕迹。口径16.4、最大径19.7、底径10.0、高11.2厘米（图六七六，1）。

平底壶　1件。

M449：12，泥质灰陶。喇叭口，方唇外翻，斜高领，溜肩，弧腹，最大径位于肩腹交接处，平底。素面。口径13.2、最大径19.7、底径9.6、高22.0厘米（图六七六，2）。

器盖　7件。

形制相同，泥质灰陶。覆钵形，正中有一圆形穿孔。素面，器身有刮抹痕迹。

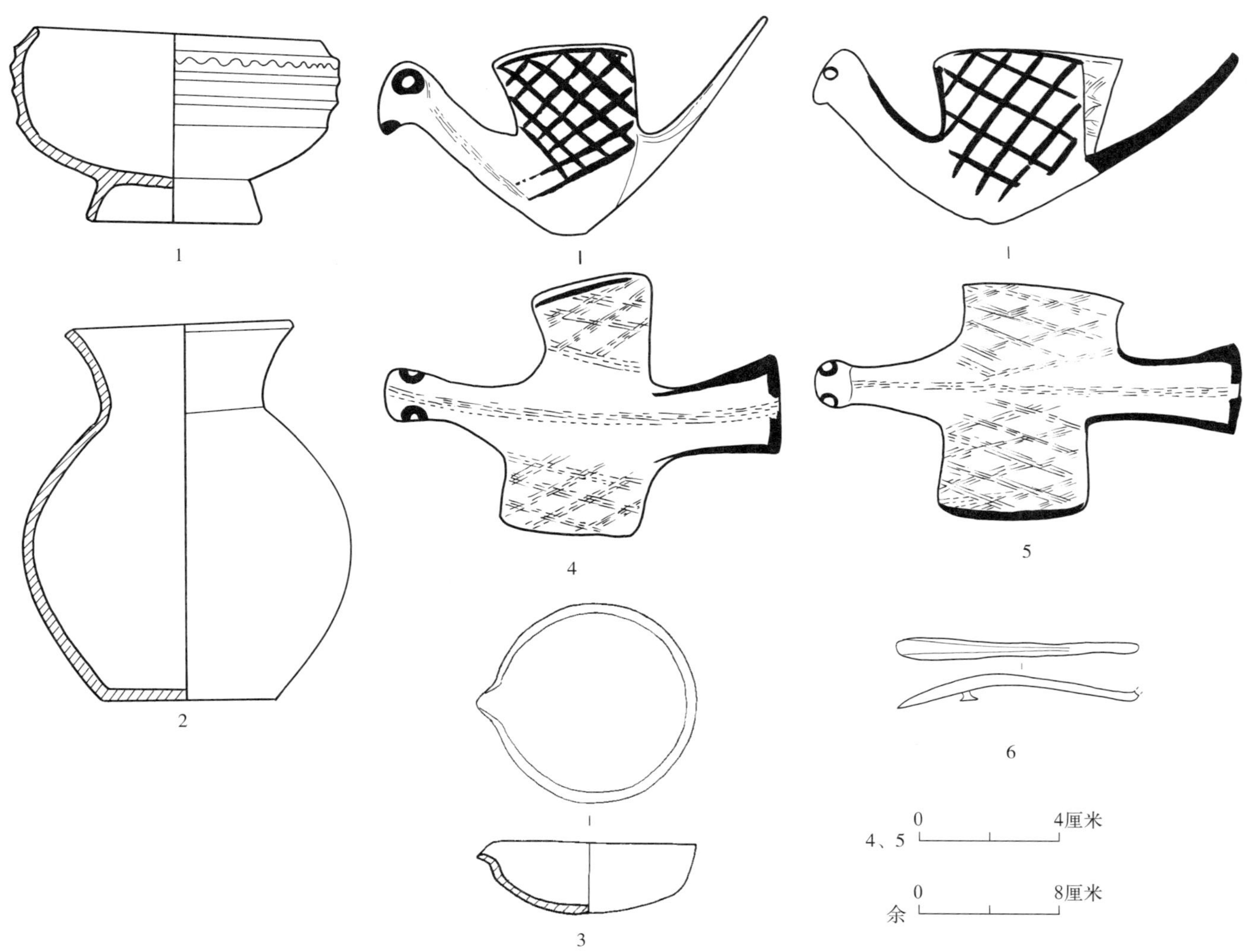

图六七六　M449出土器物

1.陶豆M449：11　2.平底陶壶M449：12　3.陶匜M449：5　4、5.陶鸽M449：2、3　6.铜带钩M449：1

M449：4，口径 13.6、高 4.0 厘米（图六七七，1）。

M449：6，口径 13.6、高 4.0 厘米（图六七七，2）。

M449：7，口径 16.8、高 4.4 厘米（图六七七，3）。

M449：8，口径 15.6、高 4.1 厘米（图六七七，4）。

M449：9，口径 12.8、高 3.8 厘米（图六七七，5）。

M449：10，口径 13.6、高 3.6 厘米（图六七七，6）。

M449：13，口径 15.2、高 3.6 厘米（图六七七，7）。

匜　1 件。

M449：5，泥质灰陶。敞口，方唇，浅腹，圜底，口部有一圆角三角形流。素面，器身有刮抹痕迹。口径 11.6、高 4.2 厘米（图六七六，3）。

鸽　2 件。

M449：2，泥质灰陶，带彩绘。鸽首高昂，嘴尖锐，两翼展开，尾向上翘。两眼眶、嘴、背两侧用红彩绘而成，两翼外侧用红彩绘网格纹，两翼内侧用白彩绘网格纹，脊梁用白彩绘而成，底部中间有穿孔。长 11.7、宽 8.2、高 6.6 厘米（图六七六，4；彩版一九四，4）。

M449：3，泥质灰陶，带彩绘。鸽首高昂，嘴尖锐，两翼展开，尾向上翘。两眼眶、嘴、背两侧用红彩绘而成，两翼外侧用红彩绘网格纹，两翼内侧用白彩绘网格纹，脊梁用白彩绘而成，底部中间有穿孔。长 12.7、宽 7.3、高 5.5 厘米（图六七六，5；彩版一九四，5）。

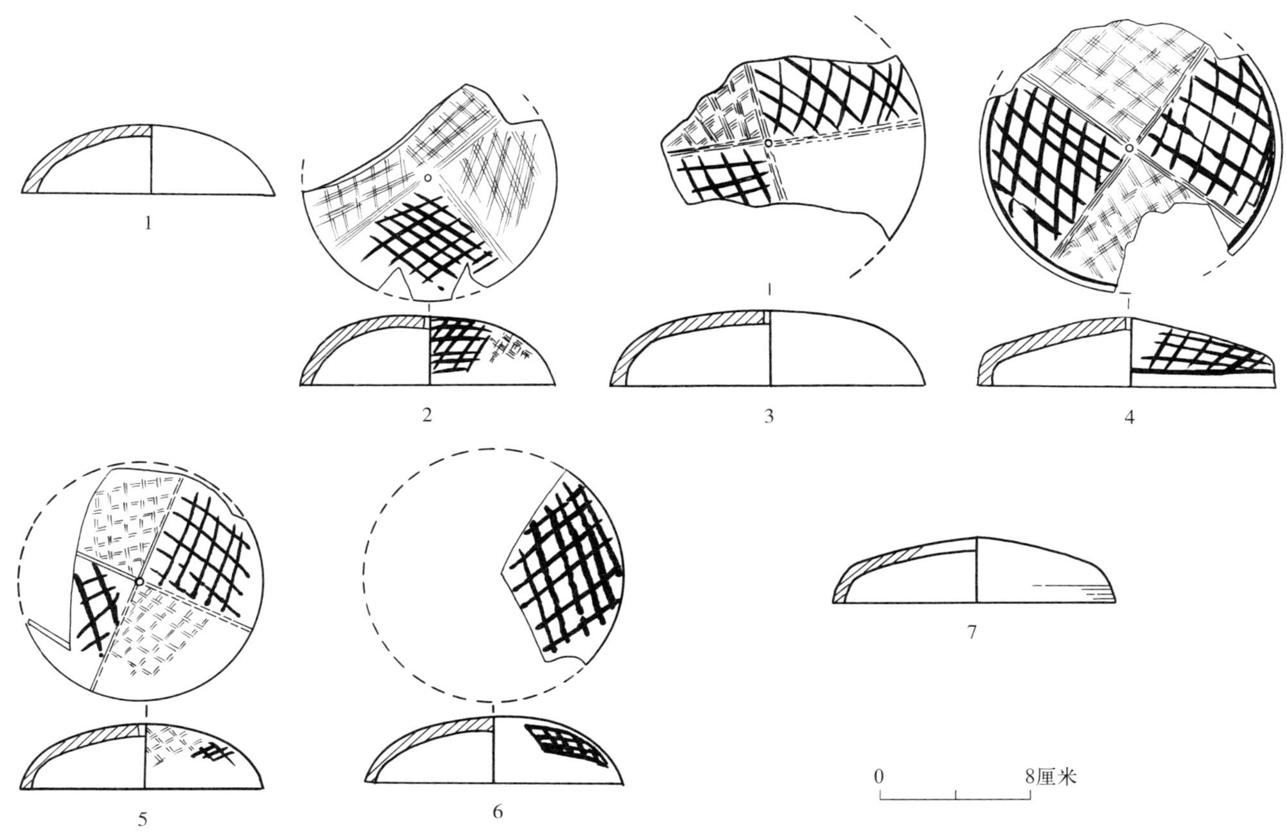

图六七七　M449 出土陶器

1～7.器盖M449：4、6～10、13

2. 铜器

1件。

带钩　1件。

M449：1。通体修长纤细，钩首残缺，锈残。器表有两道凸棱，圆形纽位于器身中部偏下。残长13.6、纽径0.8厘米（图六七六，6）。

四〇八　M450

（一）墓葬形制

该墓位于墓群B区北部。叠压于②层下，开口距地表60厘米，打破生土层。

竖穴土坑墓，墓葬平面呈长方形，方向95°，口大底小。上口长3.30、南北宽1.70米；底长3.00、宽1.50米；深1.50米。斜壁内收，收分明显，平底，整个墓葬修建规整，无工具加工痕迹。墓内填松散的褐色五花土，含红烧土点、木炭屑等，出土较少的陶片。

葬具不详。

葬式不详（图六七八）。

（二）出土遗物

无出土器物。

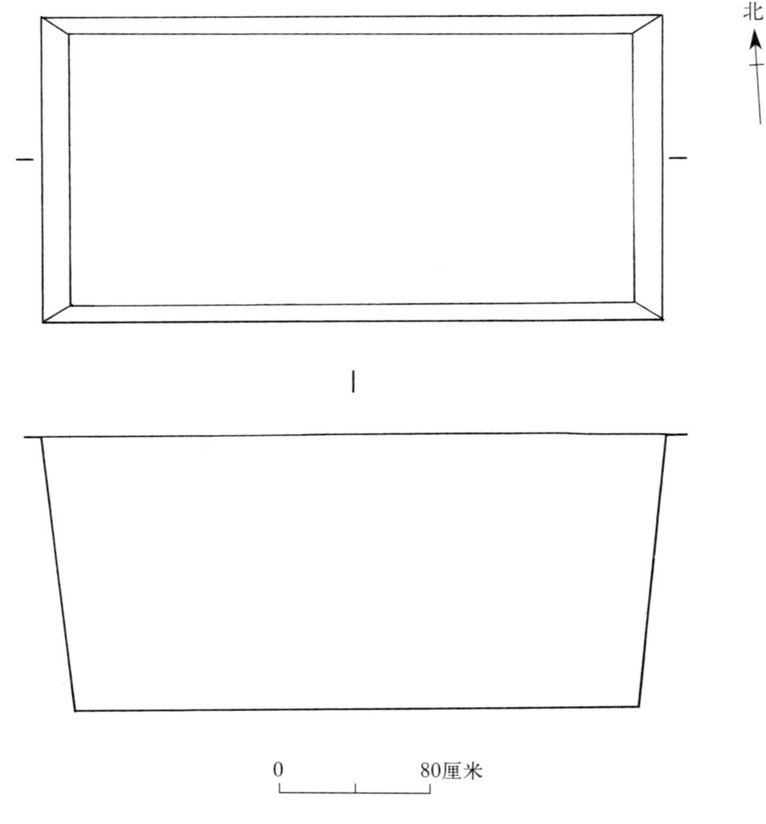

图六七八　M450平、剖面图

四〇九　M451

（一）墓葬形制

该墓位于墓群 B 区北部。开口于①层下，开口距地表 0.20 米。

竖穴土坑墓，平面呈长方形，方向 180°，口大底小。上口长 2.60、宽 1.50 米；底长 2.60、宽 1.20 ～ 1.30 米；深 1.50 米。南、北两端壁面平直，东、西两纵壁上部壁面内收，收分明显，下部直壁，平底，修建规整，无工具加工痕迹。墓内填松散的褐色五花土，含红烧土点、木炭屑以及少量陶片等。

葬具不详。

葬式不详。

盗洞 1 个，位于墓葬西南角，自墓顶直通墓底。平面呈圆角长方形，残长 0.88、宽 0.72 米。

墓葬内出土陶罐 1、铁带钩 1 件（图六七九）。

（二）出土遗物

1. 陶器

1 件。

大口罐　1 件。

M451：2，泥质灰陶。直口，方唇外撇，矮领，广肩，深弧腹，最大径位于腹上端，平底。腹中部饰暗向斜绳纹，口部有轮制痕迹。口径 13.2、最大径 24.0、底径 12.0、高 15.6 厘米（图六七九，2）。

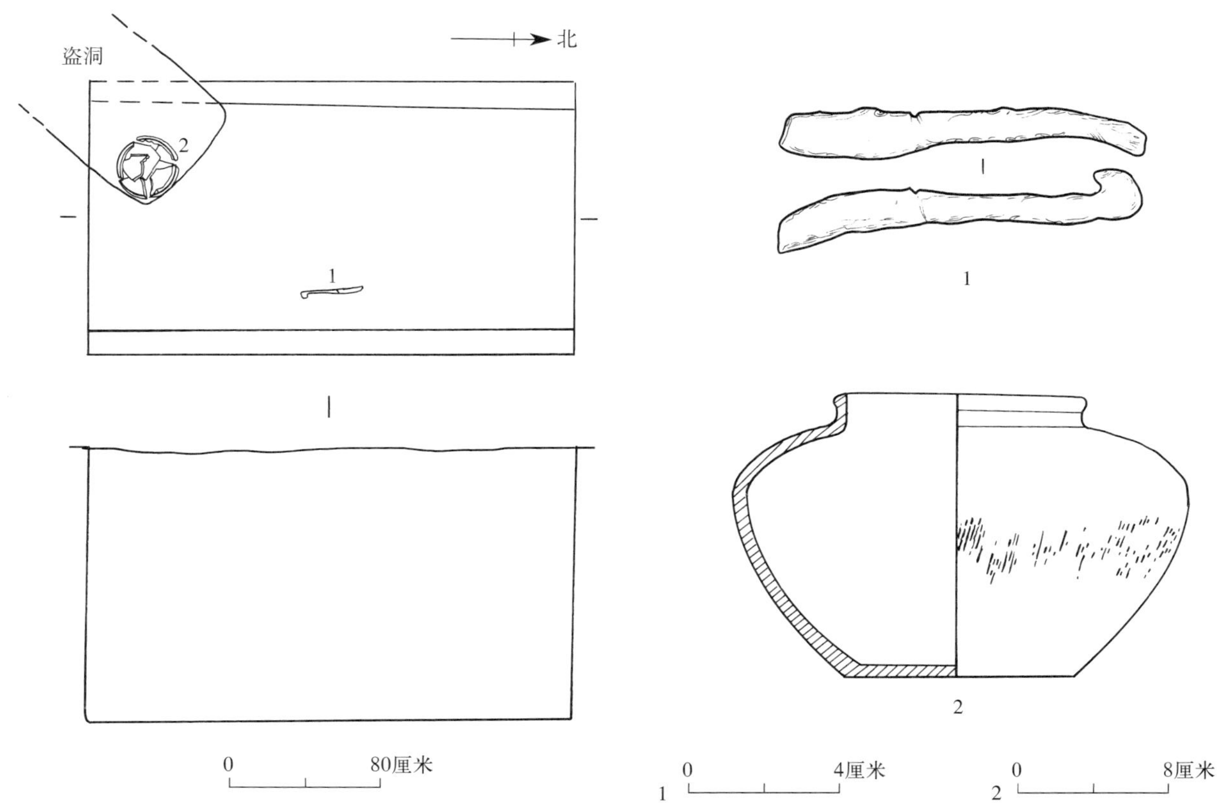

图六七九　M451 平、剖面图及出土器物

1.铁带钩　2.大口陶罐

2. 铁器

1 件。

带钩 1 件。

M451∶1，锈蚀。钩首残损，纽缺失，体较肥硕。素面。残长 9.6 厘米（图六七九，1）。

四一〇 M452

（一）墓葬形制

该墓位于墓群 B 区北部。开口于①层下，开口距地表 0.25 ～ 0.37 米。

竖穴土坑墓，平面呈长方形，方向 113°，口底同大。长 2.30、宽 1.50 米；深 1.15 米。直壁，平底，修建较为粗糙，无工具加工痕迹。墓内填松散的褐色五花土，含红烧土点、木炭屑以及少量陶片等。

葬具一椁，东西向摆放，残存板灰。长 2.30、宽 1.50、残高 0.55 米，椁板厚 6 厘米。

葬式不详。

墓葬内出土陶罐 1 件（图六八〇）。

（二）出土遗物

陶器

1 件。

单耳罐 1 件。

M452∶1，夹砂灰陶。侈口，圆唇，矮领，深弧腹，最大径位于腹中部，底凹凸不平，腹部附加一宽带形器耳，上端接于领下端，下端接于腹中部。素面，器身有轮制痕迹。口径 10.0、最大径 12.2、底径 6.6、高 14.0 厘米（图六八〇，1）。

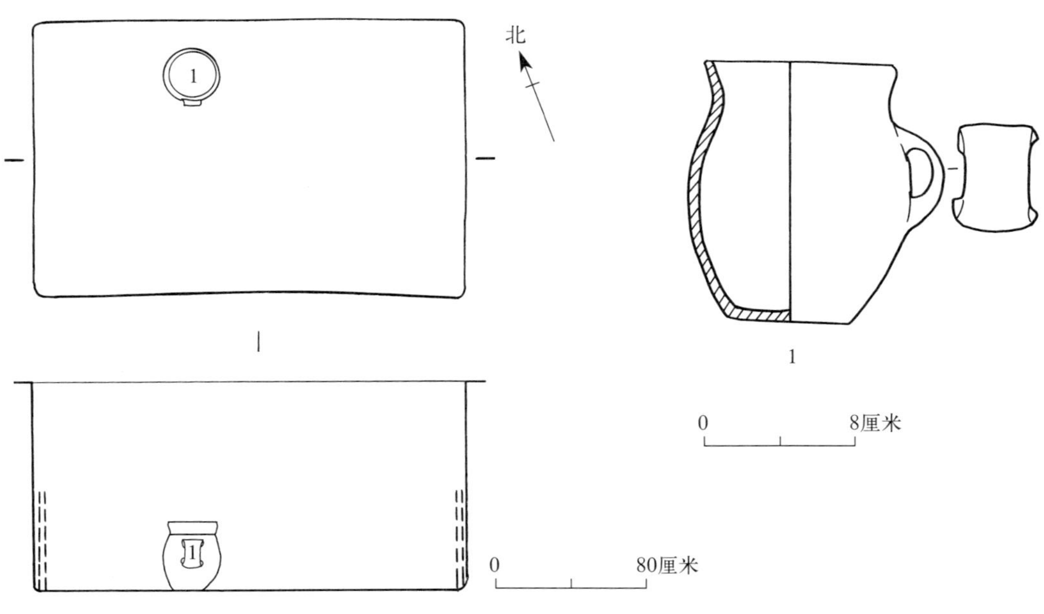

图六八〇 M452 平、剖面图及出土陶器

1.单耳罐

四一一　M453

（一）墓葬形制

该墓位于墓群 B 区北部。开口于①层下，开口距地表 0 ～ 1.86 米，西端被断坎破坏。

竖穴土坑墓，平面呈长方形，方向 101°，口底同大。长 2.16 ～ 2.36、宽 1.48 米；深 3.14 米。直壁，北壁上部坍塌严重，平底，修建规整，无工具加工痕迹。墓内填松散的褐色五花土，含红烧土点、木炭屑等，出土少量陶片。

葬具不详。

葬式不详。

墓葬内出土陶罐 2 件（图六八一）。

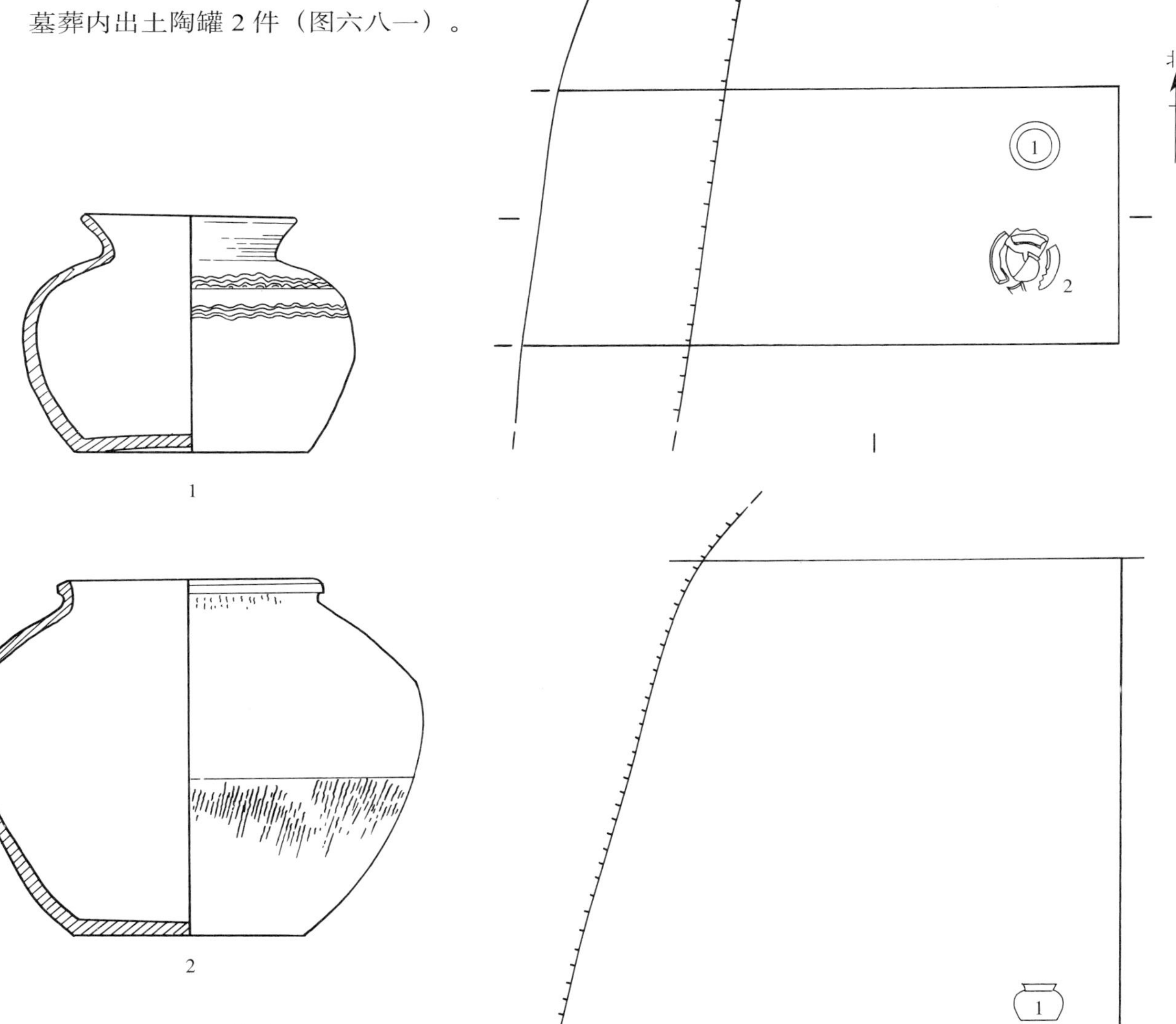

图六八一　M453 平、剖面图及出土陶器

1.异形罐　2.大口罐

（二）出土遗物

陶器

2件。

大口罐 1件。

M453∶2，泥质灰陶。直口，窄沿外翻，圆唇，矮领，溜肩，深弧腹，最大径位于腹上端，平底。口部先饰绳纹后抹掉，残留部分绳纹纹理，腹中部饰弦纹，之下饰斜向竖绳纹，口部轮制痕迹明显，器身有刮抹痕迹。口径17.5、最大径26.4、底径13.0、高21.4厘米（图六八一，2）。

异形罐 1件。

M453∶1，泥质灰陶。侈口，外斜沿，圆唇，束颈，广肩，圆腹，最大径位于腹上端，底内凹。肩中部、腹上端各饰两周波浪纹，口部轮制痕迹明显。口径12.8、最大径19.4、底径13.5、高14.4厘米（图六八一，1）。

四一二 M454

（一）墓葬形制

该墓位于墓群B区北部。开口于②层下，开口距地表2.48米，西端被断坎破坏。

竖穴土坑墓，平面呈梯形，东宽西窄，方向69°，口大底小。上口长2.88、宽1.82～2.24米；底长2.54、宽1.52米；深0.95～4.32米。斜壁内收，平底，无工具加工痕迹。墓内填松散的褐色五花土，含红烧土点、木炭屑等，出土少量陶片。

葬具为一椁一棺，东西向摆放，残存板灰。椁长2.32、宽1.16、残高0.62米，椁板厚12厘米；棺长1.96、宽0.60、残高0.60米，棺板厚4厘米。

葬式为侧身直肢，人骨一具，头向东，面向南，上身向南侧，四肢直伸，年龄、性别不明。

盗洞1个，位于墓葬西端，自墓顶直通墓底。平面呈不规则形，长1.85、宽1.66米。

墓葬内出土陶罐1、陶盆1件（图六八二）。

（二）出土遗物

陶器

2件。

双耳罐 1件。

M454∶2，夹砂灰陶。侈口，圆唇外翻，矮领，溜肩，深弧腹，底内凹，肩部对称处附加两个条形器耳，上端接于领下端，下端接于腹上部。素面。口径13.9、底径9.6、高18.4厘米（图六八二，2）。

盆 1件。

M454∶1，泥质灰陶。敞口，圆唇，深腹，平底，柄足。素面，器身轮制痕迹明显。口径17.4、底径7.3、柄足高1.8、通高11.4厘米（图六八二，1）。

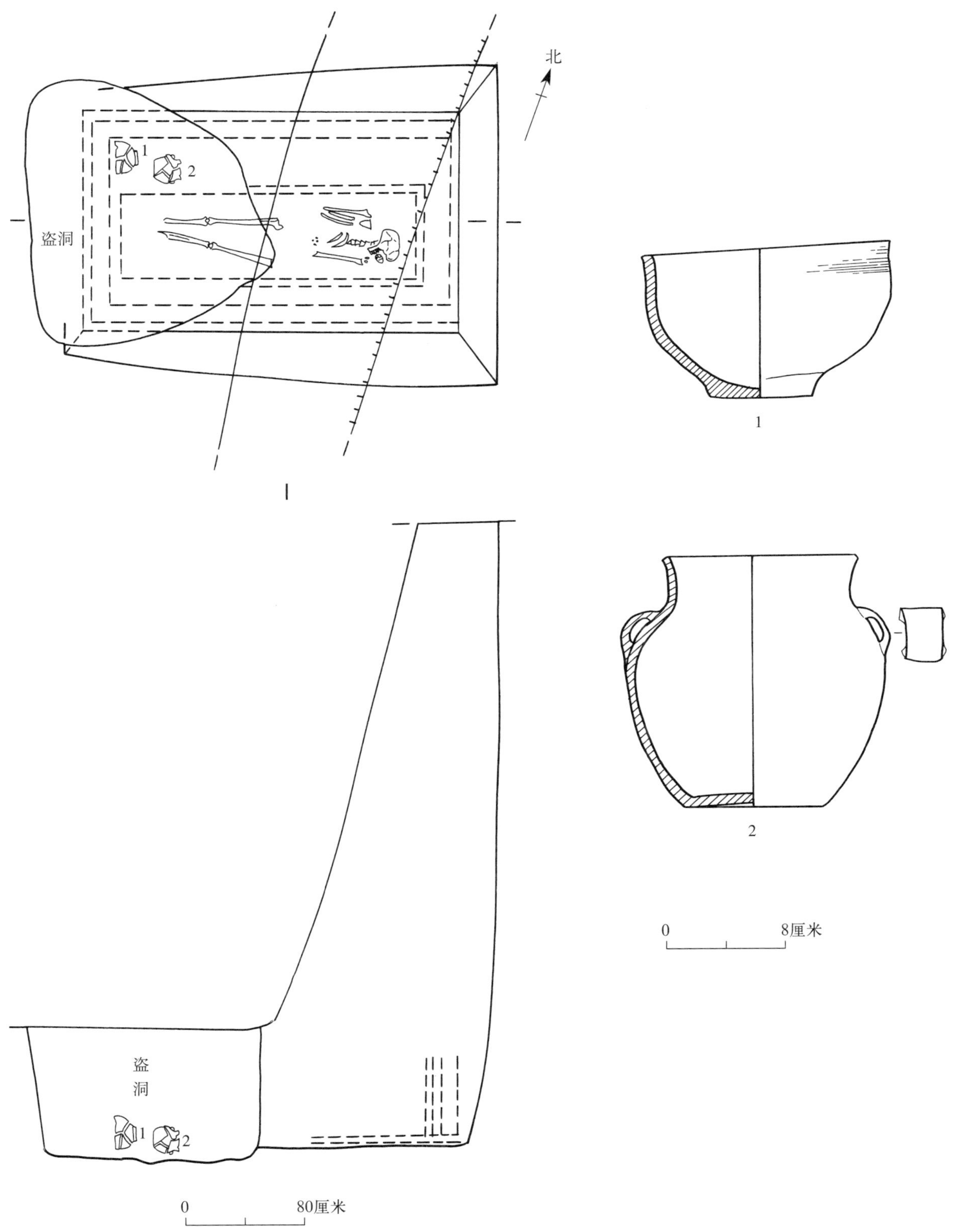

图六八二　M454平、剖面图及出土陶器

1.陶盆　2.双耳陶罐

四一三　M455

（一）墓葬形制

该墓位于墓群 B 区北部。开口于①层下，开口距地表 0 ～ 1.70 米，西端被断坎破坏。

竖穴土坑墓，平面呈长方形，方向 100°，口大底小。上口长 3.34、宽 2.32 米；底长 2.70、宽 1.56 米；深 2.20 ～ 4.70 米。斜壁内收，收分明显，平底，修建规整，无工具加工痕迹。墓内填较硬的褐色五花土，经夯筑，夯筑方法不明，夯层厚 18 ～ 22 厘米，含红烧土点、木炭屑等，出土少量的陶片。

葬具不详。

葬式不详。

墓葬内出土陶器盖4、陶鸽1件（图六八三）。

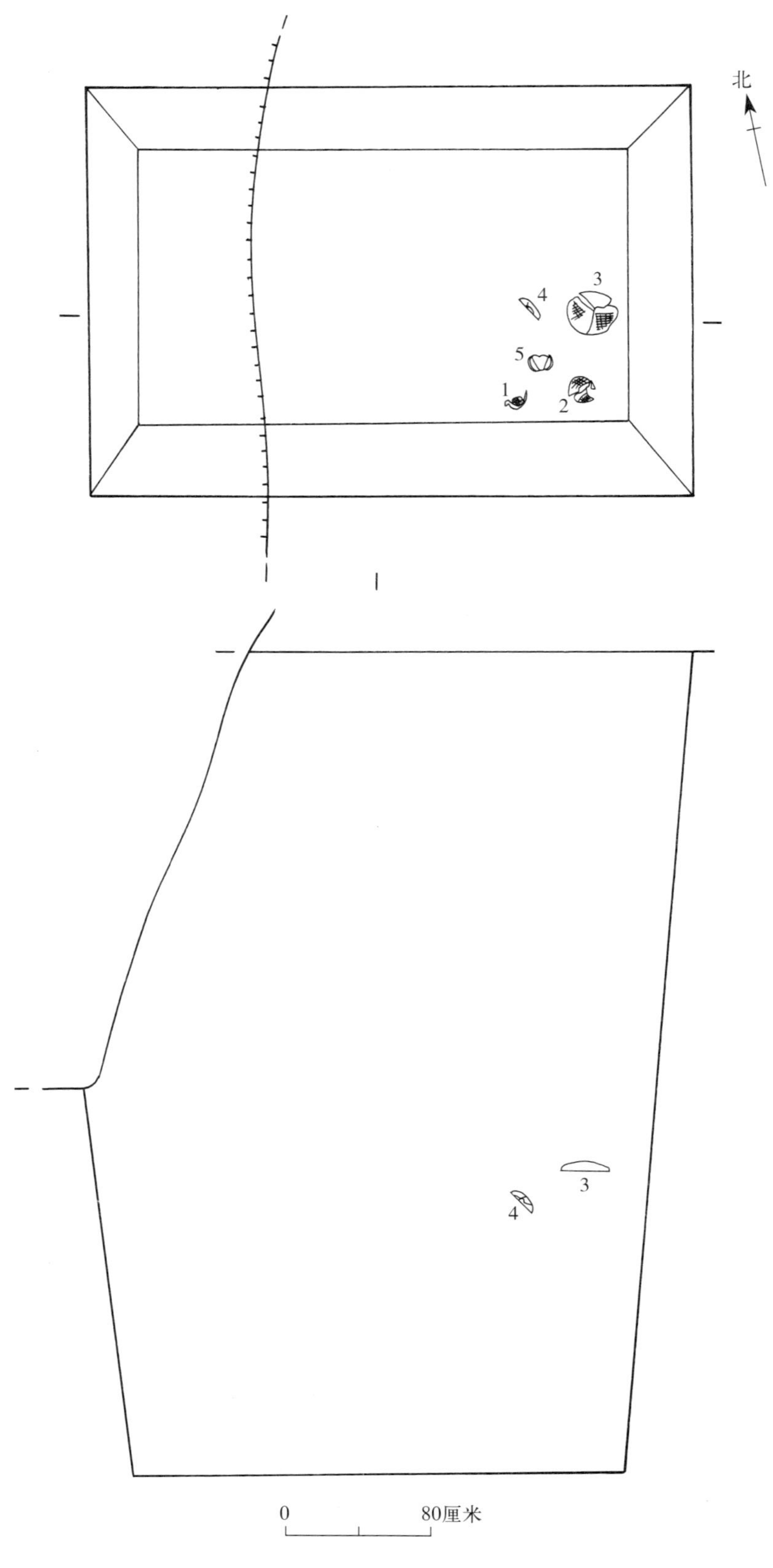

图六八三　M455平、剖面图
1.陶鸽　2～5.陶器盖

（二）出土遗物

陶器

5 件。

器盖　4 件

M455∶2，泥质灰陶，施彩绘。覆钵形。器表用红彩绘网格状图案，部分脱落，器身有刮抹痕迹。口径 13.0、高 3.2 厘米（图六八四，1）。

M455∶3，泥质灰陶，施彩绘。覆钵形，顶正中有一圆形穿孔。器表用红、白两彩绘网格状图案，部分脱落，器身有刮抹痕迹。口径 16.8、高 4.2 厘米（图六八四，2）。

M455∶4，泥质灰陶，施彩绘。覆钵形，顶正中有一圆形穿孔。器表用红彩绘网格状图案，部分脱落，器身有刮抹痕迹。口径 12.8、高 3.0 厘米（图六八四，3）。

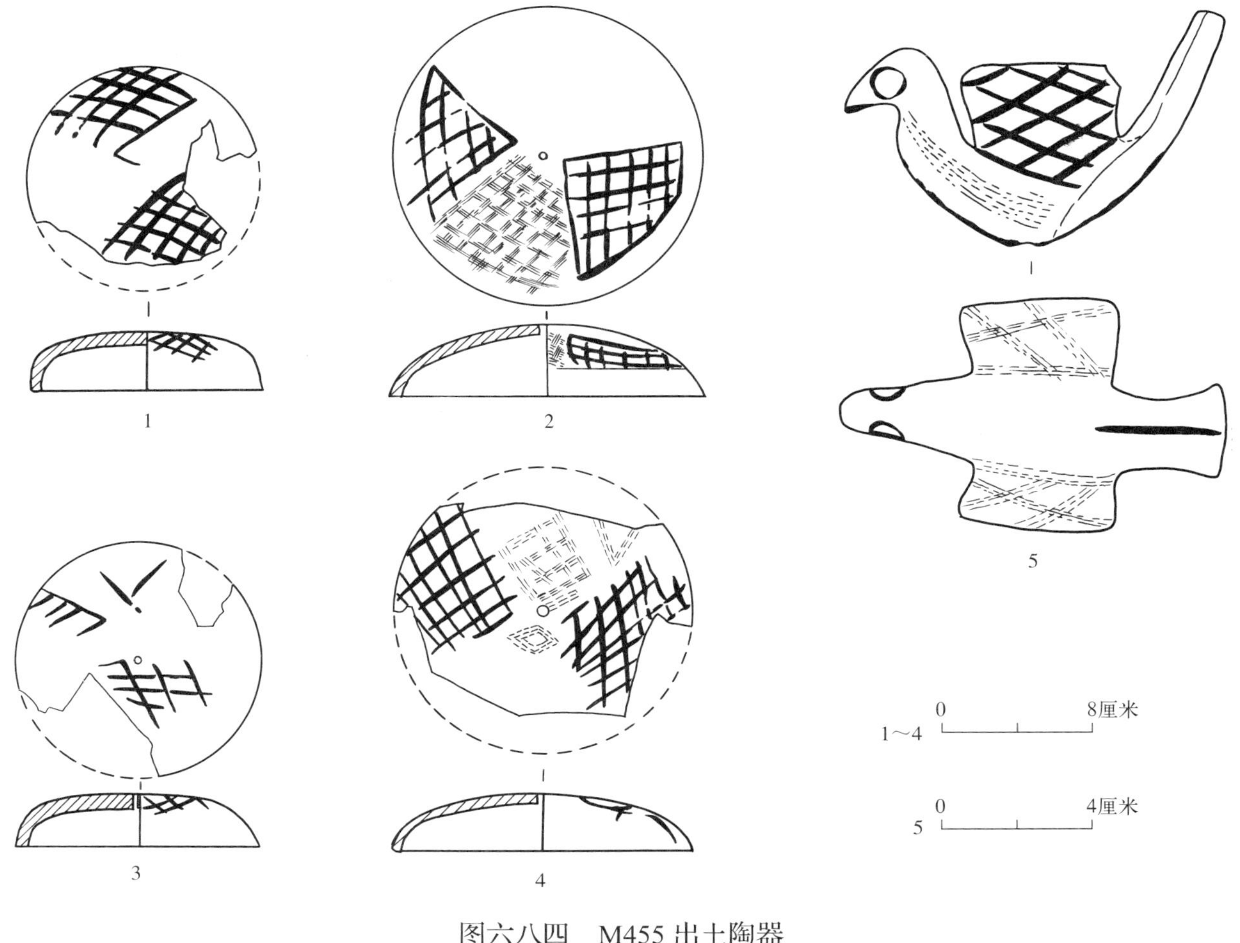

图六八四　M455 出土陶器

1～4.器盖M455：2～5　5.鸽M455：1

M455：5，泥质灰陶，施彩绘。覆钵形，顶正中有一圆形穿孔。器表用红、白两彩绘网格状图案，部分脱落，器身有刮抹痕迹。口径 16.0、高 3.2 厘米（图六八四，4）。

鸽　1 只

M455：1，泥质灰陶，带彩绘。鸽首高昂，嘴尖锐，两翼展开，尾向上翘，肚底部中间有穿孔。两眼眶、嘴、背两侧用红彩绘而成，两翼外侧用红彩绘网格纹，两翼内侧用白彩绘网格纹，肚子用白彩绘而成。长 10.2、宽 6.4、高 6.8 厘米（图六八四，5；彩版一九四，6）。

四一四　M456

（一）墓葬形制

该墓位于墓群 B 区北部。开口于①层下，开口距地表 0.20 ～ 0.24 米，东北角被 M452 打破。

竖穴土坑墓，平面呈梯形，东宽西窄，方向 252°，口底同大。长 3.00、宽 1.40 ～ 2.04 米；深 0.40 米。直壁，平底，无工具加工痕迹。墓内填松散的褐色五花土，含红烧土点、木炭屑等，出土少量陶片。

葬具为一椁一棺，东西向摆放，残存部分板灰。椁残长 1.10 ～ 1.80、宽 1.08 ～ 1.26、残高 0.05 米，椁板厚 6 厘米，东、南两侧椁板中部略内弧；棺长 1.48、宽 0.64、残高 0.05 米，棺板厚 6 厘米。

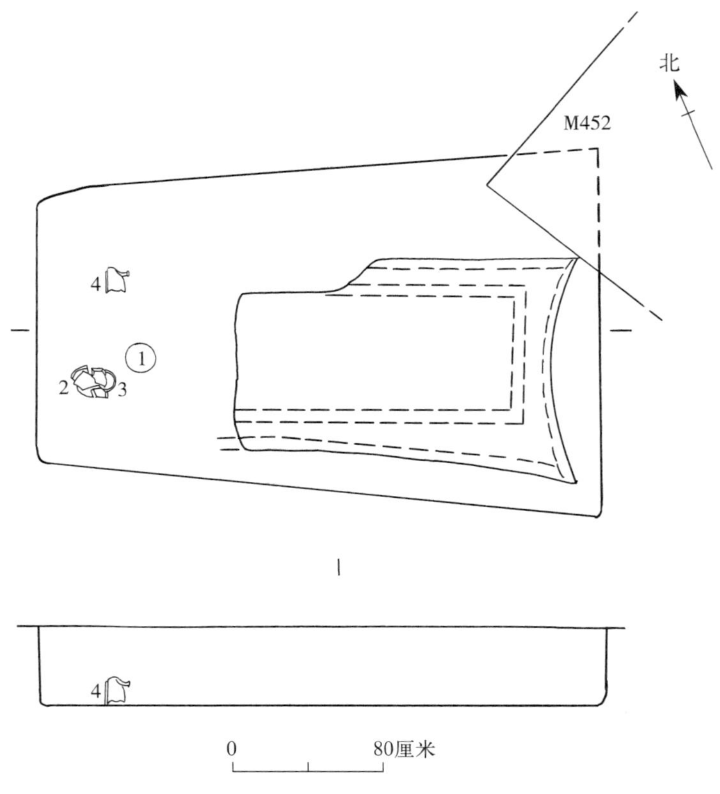

图六八五　M456平、剖面图
1.蟠螭纹铜镜　2.单耳陶罐　3. 陶器盖　4.陶鼎

葬式不详。

墓室内出土陶鼎 1、陶罐 1、陶器盖 1、铜镜 1 件（图六八五）。

（二）出土遗物

1. 陶器

3 件。

鼎　1 件。

M456∶4，泥质灰陶。子母口内敛，圆唇，上腹较直，下弧腹内收，最大径位于上中部，圜底，下接三兽形蹄足，蹄足纤细，足跟外鼓。上下腹交接处饰凹弦纹。口径 13.6、最大径 15.5、裆高 1.5、通高 8.0 厘米（图六八六，1；彩版一九五，1）。

单耳罐　1 件。

M456∶2，夹砂灰陶。直口，圆唇，矮领，深弧腹，平底。口部附加一宽带状器耳，上端接于口部，略高于口沿，下端接于腹上端。腹上端附加三道波浪纹，器身有刮抹痕迹。口径 7.2、底径 5.6、高 11.2 厘米（图六八六，2）。

器盖　1 件。

M456∶3，泥质灰陶。覆钵形器盖，盖顶附加三个圆饼状兽形泥饼，器身有刮抹痕迹。底径 13.2、高 2.8 厘米（图六八六，3）。

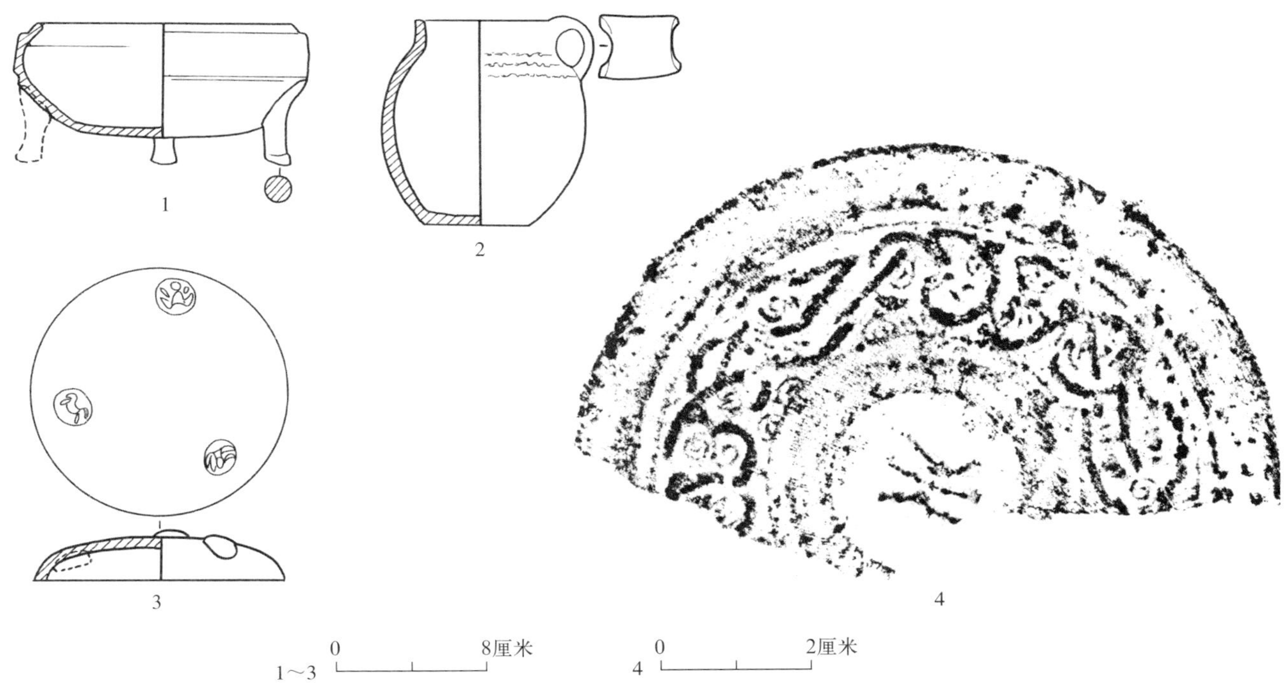

图六八六　M456 出土器物

1.陶鼎M456：4　2.单耳陶罐M456：2　3. 陶器盖M456：3　4蟠螭纹铜镜M456：1

2. 铜器

1 件。

蟠螭纹镜　1 面。

M456：1，残损。圆形，镜面平直，三弦纽，圆形纽座。外饰一圈带状纹，其外两条弦纹构成主纹饰带，三菱形将其平均分为三部分，每部分饰以蟠螭纹、云雷地纹，素缘。直径 9.4 厘米（图六八六，4）。

四一五　M457

（一）墓葬形制

该墓位于墓群 B 区东北部。开口于①层下，开口距地表 0.40 ～ 0.88 米。

竖穴墓道土洞墓，平面呈“凸”字形，总长 4.80 米，方向 187°。由墓道、墓室二部分组成。墓道位于墓室南端，平面呈长方形，口底同大。长 2.04、宽 1.08 米；残深 0.50 ～ 0.72 米。直壁，平底。墓室为土洞式，平面呈长方形，长 2.76、东西宽 1.64 米；深 1.00 ～ 1.20 米。直壁，平底，底低于墓道底 0.20 米，修建规整，无工具加工痕迹。墓内填松散的褐色五花土，含红烧土点、木炭屑等，出土少量陶片。

葬具为一椁一棺，南北向摆放，残存板灰。椁长 2.70、宽 1.48、残高 0.68 ～ 0.88 米，椁板厚 8 厘米；棺长 1.90、宽 0.56、残高 0.28 米，棺板厚 4 厘米。

葬式为仰身直肢，人骨一具，头向北，面向西，双壁直伸，双手放于盆骨上，年龄、性别不明。

墓室内出土陶罐 2 件（图六八七；彩版一九五，2）。

（二）出土遗物

陶器

2 件。

大口罐　2 件。

M457∶1，泥质灰陶。直口，圆唇，矮领，广肩，深弧腹，最大径位于腹上端，平底。素面，领部轮制痕迹明显，器身有刮抹痕迹。口径 11.1、最大径 18.6、底径 9.9、高 14.5 厘米（图六八七，1）。

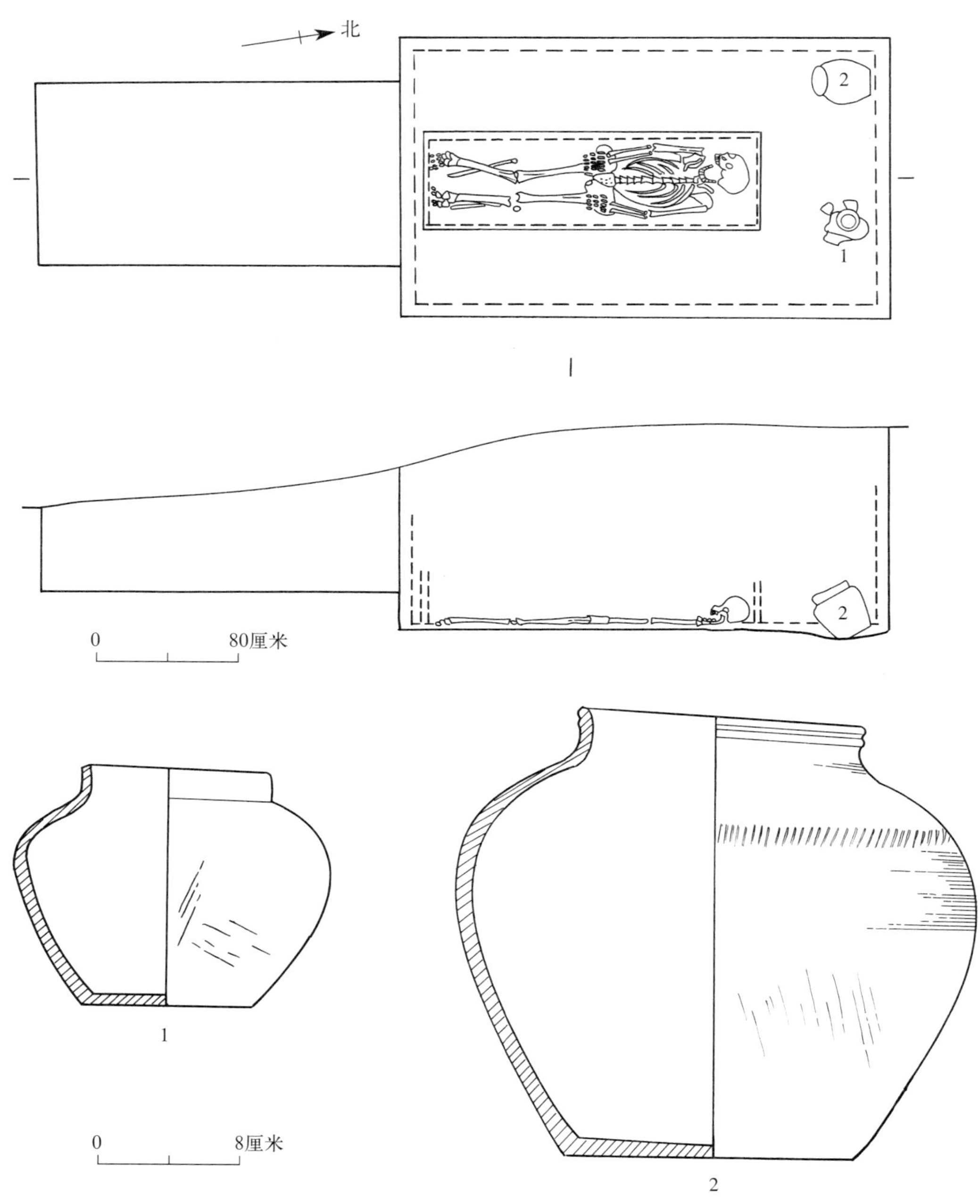

图六八七　M457 平、剖面图及出土陶器

1、2.大口罐

M457：2，泥质灰陶。直口，圆唇，矮领，领上端有凸棱，广肩，深弧腹，最大径位于腹上端，底外凸。肩部饰斜向绳纹，领部、腹上端轮制痕迹明显，器身有刮抹痕迹。口径 16.7、最大径 30.4、底径 16.8、高 27.4 厘米（图六八七，2）。

四一六　M458

（一）墓葬形制

该墓位于墓群 B 区东北部。开口于①层下，开口距地表 0.68 ～ 1.18 米。

竖穴土坑墓带壁龛，平面呈长方形，方向 270°，口大底小，有生土二层台。上口长 3.20、宽 2.80 米；二层台台面至墓口深 0.60 ～ 1.00 米，东侧台面宽 0.44、西侧台面宽 0.36、南侧台面宽 0.60、北侧台面宽 0.88 米；底长 2.14、宽 0.80 米；深 1.20 ～ 1.60 米。二层台以上壁面斜直内收，收分明显，二层台以下直壁，平底，修建规整，无工具加工痕迹。二层台以下墓坑上部有一长 2.20、宽 1.00、深 0.05 ～ 0.10 米左右的凹槽，内残存板灰，二层台以下墓坑南、北两纵壁壁面等间距各有一个宽 0.12、

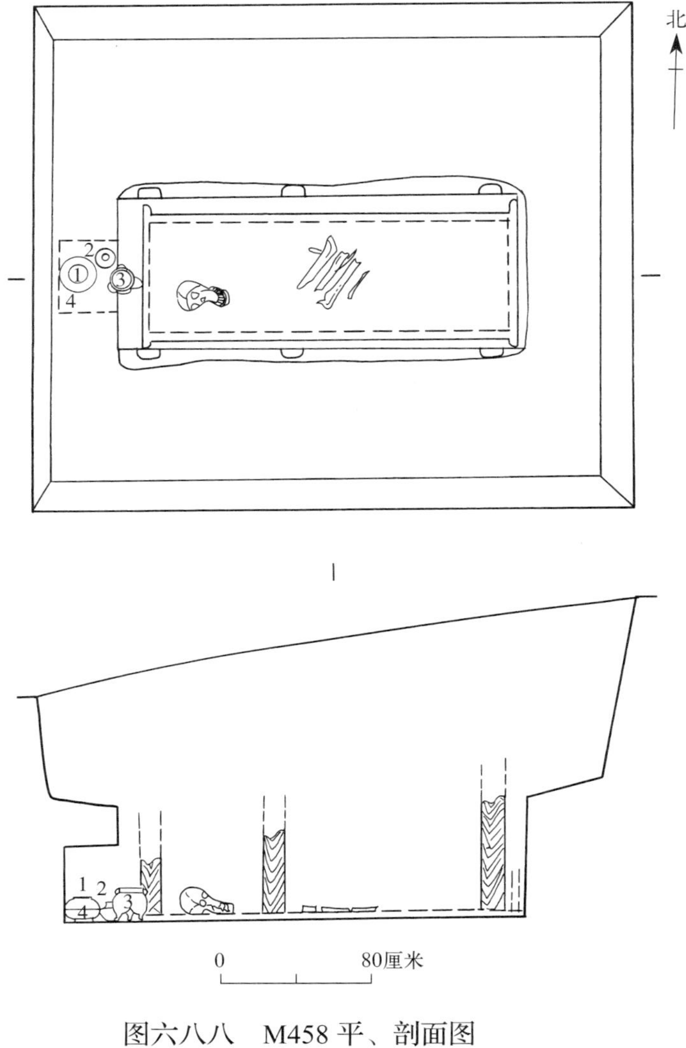

图六八八　M458 平、剖面图

1.陶盘　2. 陶汲水罐　3.陶鬲　4.陶器盖

进深0.06米的垫土槽，推测二层台以下原有墓坑盖板。壁龛位于西壁下端中部，底与墓底齐平。平顶。宽0.38、进深0.30、高0.40米。墓内填松散的褐色五花土，含少量陶片。

葬具为一棺，东西向摆放，残存板灰，结构不明。长1.88、宽0.60、残高0.20米，棺板厚4厘米。

葬式不详，仅残存头骨及部分下肢骨，头向西，面向南。

壁龛内出土陶鬲1、陶罐1、陶盘1、陶器盖1件（图六八八）。

（二）出土遗物

陶器

4件。

鬲　1件。

M458：3，夹砂褐陶。侈口，外斜沿，方唇，下接三个肥质健壮的大袋足，口部对称处附加两桥形器耳，上端接于口部，与沿面齐平，下端接于腹上端，相接处贴以泥片加以固定，腹最大径位于袋足中部，宽连裆，三袋足下附加三铲足。上腹部饰三道蛇纹，足上端饰三组斜向蛇纹，口部有刮抹痕迹。口径11.4、最大径16.0、裆高5.8、通高14.8厘米（图六八九，1；彩版一九六，1）。

盘　1件。

M458：1，泥质灰陶。覆钵形器盖，盖顶正中有圈足状器纽，盆形器身，敞口，窄沿，圆唇，弧腹内收，平底，矮圈足。器身饰数道凹弦纹，腹底部饰交错弦纹，器底饰交错弦纹，器身轮制痕迹明显。口径19.6、底径8.8、圈足高0.7、通高6.4厘米（图六八九，2）。

器盖　1件。

M458：4，泥质灰陶。覆钵形器盖，盖顶正中有圈足状器纽，盆形器身，敞口，窄沿，圆唇，弧腹内收，平底，矮圈足。器身饰数道凹弦纹，腹底部饰交错弦纹，器底饰交错弦纹，器身轮制痕迹明显。口径18.0、底径8.8、圈足高0.7、通高6.4厘米（图六八九，3）。

汲水罐　1件。

M458：2，泥质灰陶。直口，方唇，直领较高，溜肩，弧腹，最大径位于腹上端，小平底，领部对称处有两圆形穿孔。肩、腹部饰二道凹弦纹，器身有刮抹痕迹。口径5.8、最大径8.4、底径3.9、高7.6厘米（图六八九，4；彩版一九六，2）。

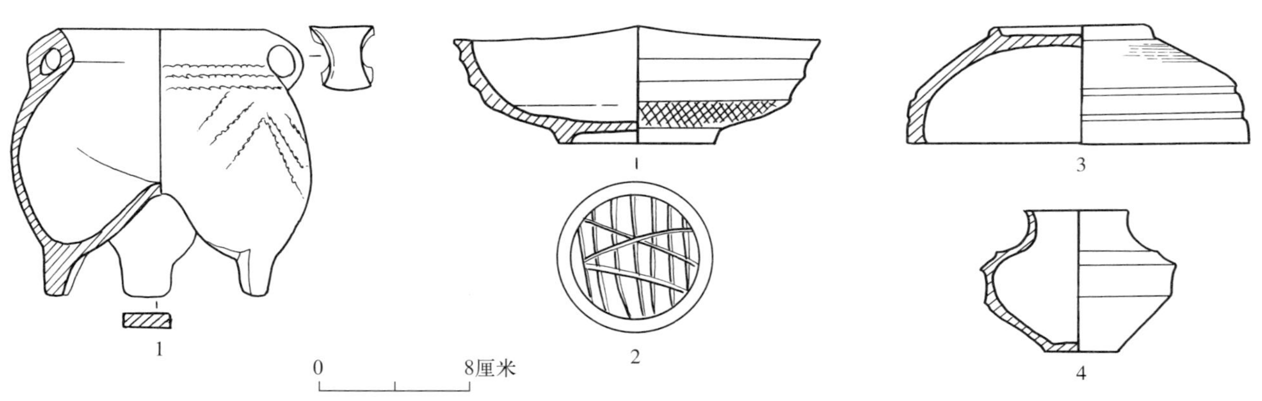

图六八九　M458出土陶器

1.鬲M458：3　2.盘M458：1　3.器盖M458：4　4.汲水罐M458：2

四一七　M459

（一）墓葬形制

该墓位于墓群B区东北部。开口于②层下，开口距地表0.07米，墓葬上部被晚期地层打破。

竖穴土坑墓，平面呈长方形，方向95°，口大底小。上口长2.60、残宽0.50米；底长2.40、宽1.40米；残深0～0.90米。壁面斜直内收，收分明显，平底，修建规整，无工具加工痕迹。墓内填松散的褐色五花土，含少量红烧土点、木炭屑等，出土少量陶片。

葬具为一棺，南北向摆放，残存板灰。长2.16、宽0.62、残高0.20米，棺板厚度不明。

葬式为仰身屈肢，人骨一具，头向北，面向不明，上身仰卧，下肢向西微屈，年龄、性别不明（图六九〇）。

（二）出土遗物

无出土器物。

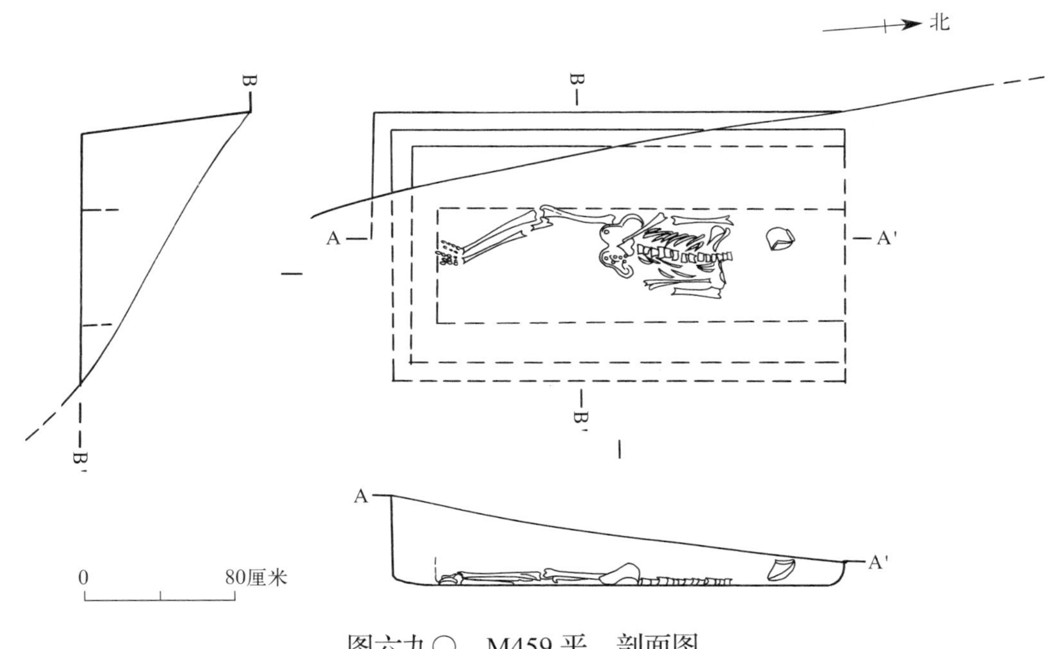

图六九〇　M459平、剖面图

四一八　M460

（一）墓葬形制

该墓位于墓群B区东北部。开口于①层下，开口距地表0.34～0.74米。

竖穴土坑墓带壁龛，平面呈长方形，方向8°，口大底小，有生土二层台。上口长3.20、宽2.80米；二层台台面至墓口深0.74～1.30米，东西两侧台面宽0.2、南北两侧台面宽0.42米；底长2.26、宽1.00米；深1.96～2.52米。二层台以上壁面斜直内收，收分明显，二层台以下直壁，平底，修建规整，无工具加工痕迹。二层台以下墓坑上部有一长2.26、宽1.44、深0.10米的凹槽，内残存板灰，二层台南、北两纵壁壁面等间距各有三个宽0.12、进深0.06米的垫土槽，推测二层台以下原有墓坑盖板。壁龛位于西壁下端中部，底高于墓底 0.32 米。平顶。宽 0.32、进深 0.30、高 0.50 米。墓内填松散的褐色五花土，含红烧土点、木炭屑等，出土少量陶片。

葬具一椁，东西向摆放，残存板灰，结构不明。长 1.78、宽 0.80、残高 0.10 米，椁板厚 5 厘米

葬式为仰身屈肢，头向西北，面向上，上身仰卧，双臂微屈，双腿屈于上身之上，年龄、性别不明。

盗洞 2 个，均自墓顶直通墓底。盗洞 1，位于墓葬东端偏南处，椭圆形，长 0.80 ～ 1.50 米；盗洞 2，位于墓葬西北角，椭圆形，长 0.80 ～ 1.14 米。

墓葬内出土陶釜 1、铁鏊 1 件（图六九一）。

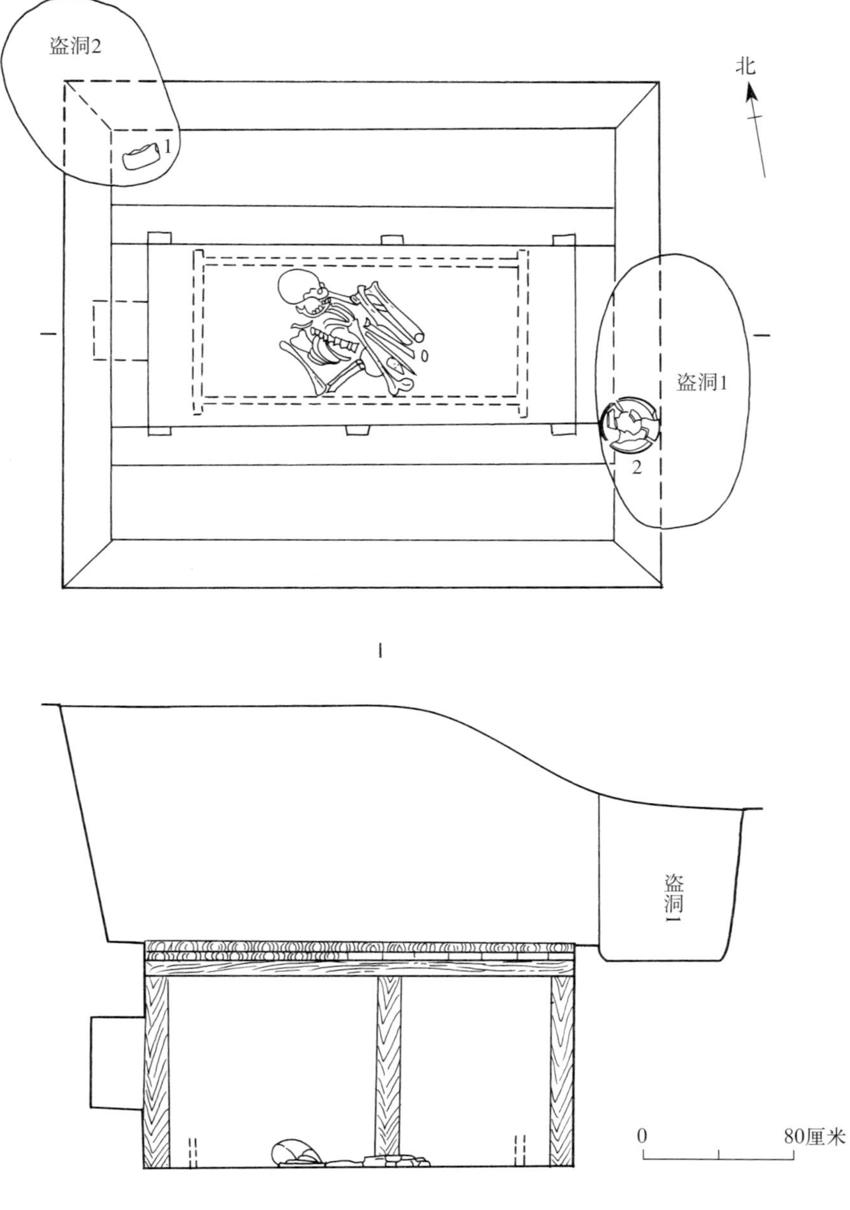

图六九一　M460 平、剖面图

1.铁鏊　2.无耳陶釜

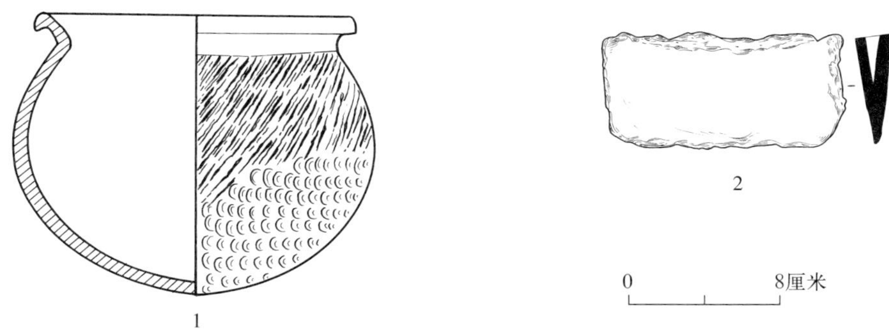

图六九二 M460出土器物

1.无耳陶釜M460：2 2.铁錾M460：1

（二）出土遗物

1. 陶器

1件。

无耳釜 1件。

M460：2，夹砂灰陶。侈口，外斜沿，方唇，束颈，溜肩，圆腹，最大径位于腹上端，圜底。腹部以上饰斜向粗绳纹，底部饰圆窝状戳刺纹，口部有轮制痕迹。口径16.8、最大径19.2、高15.2厘米（图六九二，1）。

2. 铁器

1件。

錾 1件。

M460：1，锈蚀。平面呈圆角长方形，纵截面呈三角形，顶端、两侧棱规整，双面刃两端弧收，顶端有镶木柄銎。长12.4、宽6.4厘米（图六九二，2；彩版一九六，3）。

四一九 M461

（一）墓葬形制

该墓位于墓群B区东北部。开口于②层下，开口距地表1.00～2.00米，东侧上部被晚期地层打破。

竖穴土坑墓，平面呈长方形，方向275°，口大底小，有生土二层台。上口长1.10～2.00、宽2.10米；二层台台面至墓口深0.04～1.18米，东侧无二层台，西侧台面宽0.34、南侧台面宽0.30、北侧台面宽0.40米；底长2.04、宽1.00米；深1.02～2.16米。二层台以上壁面斜直内收，收分明显，二层台以下直壁，平底，修建规整，无工具加工痕迹。二层台以下墓坑上部有一长2.20、宽1.20、深0.04米的凹槽，内残存板灰，二层台以下周壁四角、四壁中部各有一个宽0.12、进深0.12米的垫土槽，推测二层台以下原有墓坑盖板。墓内填松散的褐色五花土，含红烧土点、木炭屑等，出土极少量陶片。

葬具为一棺，东西向摆放，残存部分板灰。长1.64、宽0.66、残高0.20～0.30米，棺板厚度不明。

葬式为仰身屈肢，人骨一具，头向西，仅残存骨粉，年龄、性别不明。

墓葬内出土铜带钩1、铜环2件（图六九三）。

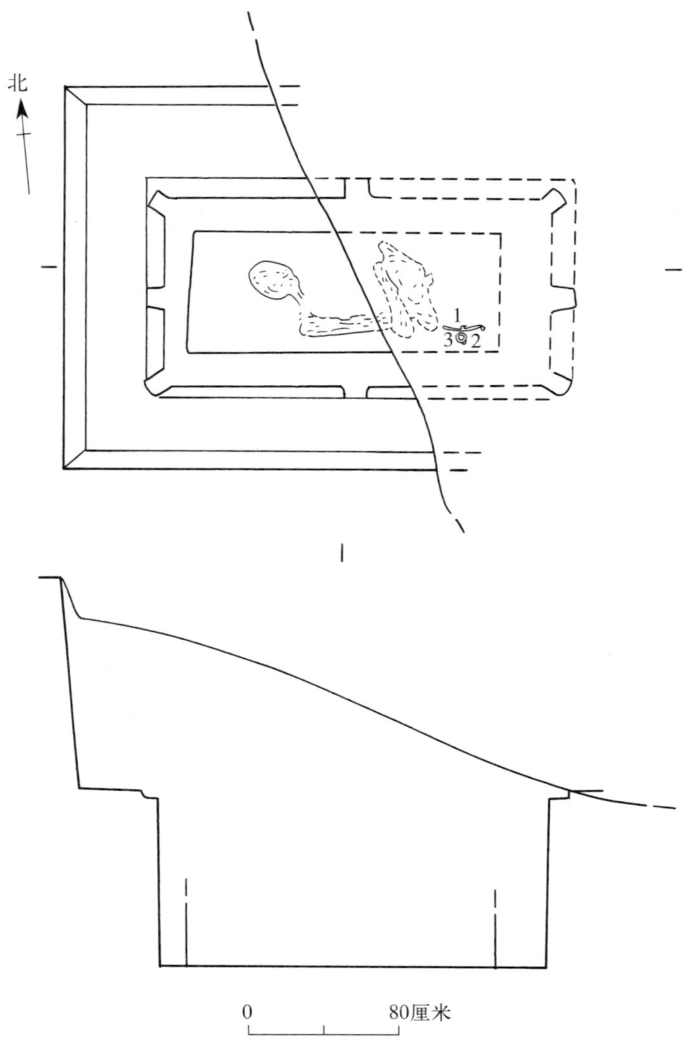

图六九三　M461 平、剖面图

1.铜带钩　2、3.铜环

（二）出土遗物

铜器

3 件。

带钩　1 件。

M461∶1，锈蚀。琵琶形，通体修长肥硕，钩首为头，圆形纽位于器身中部。素面。长 12.6、纽径 1.7 厘米（图六九四，1；彩版一九六，4）。

环　2 件。

形制相同，圆环形，截面呈圆形。素面。

M461∶2，外径 2.6、内径 1.8、厚 0.5 厘米（图六九四，2）。

M461∶3，外径 3.0、内径 2.0、厚 0.5 厘米（图六九四，3）。

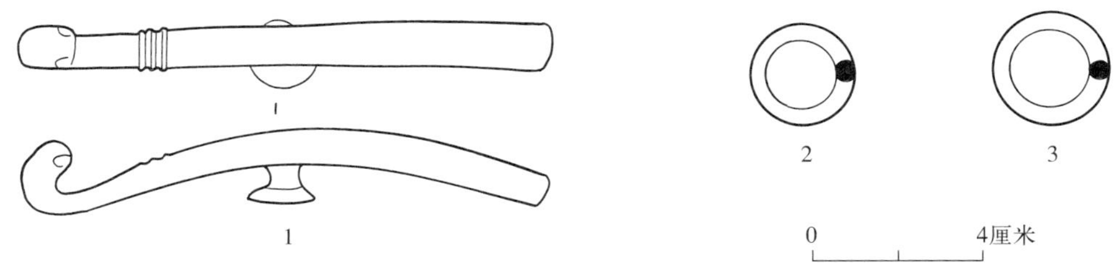

图六九四　M461出土器物

1.铜带钩M461：1　2、3.铜环M461：2、3

四二〇　M462

（一）墓葬形制

该墓位于墓群B区东北部。开口于①层下，开口距地表0.68～1.18米，南侧上部被断坎打破。

竖穴土坑墓，平面呈长方形，方向278°，口大底小，有生土二层台。上口长3.10、残宽0.22～1.04米；二层台台面至墓口残深0.30～2.10米，东西两侧台面宽0.20、南侧台面宽0.28、北侧台面宽0.36米；底长2.30、宽1.02米；深1.00～2.80米。二层台以上壁面斜直内收，收分明显，二层台以下直壁，平底，修建规整，无工具加工痕迹。二层台以下墓坑四壁及南、北两纵壁中部各有一个宽0.12、进深0.12米的垫土槽，推测二层台以下原有墓坑盖板。

墓内填松散的褐色五花土，含红烧土点、木炭屑等，出土少量陶片。

葬具不详。

葬式不详。

墓葬内出土陶罐3件（图六九五）。

（二）出土遗物

陶器

3件。

双耳罐　1件。

M462：1，夹砂灰陶。直口，圆唇，矮领，深弧腹，最大径位于腹中部，平底，口部对称处附加两桥形器耳，上端接于口沿处，与沿齐平，下端接于腹上端，相接处贴以泥片加以固定。素面，器身有刮抹痕迹。口径9.8、最大径12.2、底径7.0、高10.4厘米（图六九六，1）。

单耳罐　1件。

M462：2，夹砂灰陶。直口，圆唇，矮领，深弧腹，平底，口部附加一带状器耳，上端接于口沿处，与沿齐平，下端接于腹上端，相接处贴以泥片加以固定。素面，器身有刮抹痕迹。口径10.0、底径7.9、高10.4厘米（图六九六，2）。

小口旋纹罐　1件。

M462：3，泥质灰陶。侈口，外斜沿，圆唇，束颈，溜肩，弧腹，最大径位于肩腹交接处，平底。肩、腹上部先饰竖绳纹，再于其上饰二道弦纹，领部轮制痕迹明显，器身有刮抹痕迹。口径10.8、最大径21.4、底径12.0、高19.2厘米（图六九六，3）。

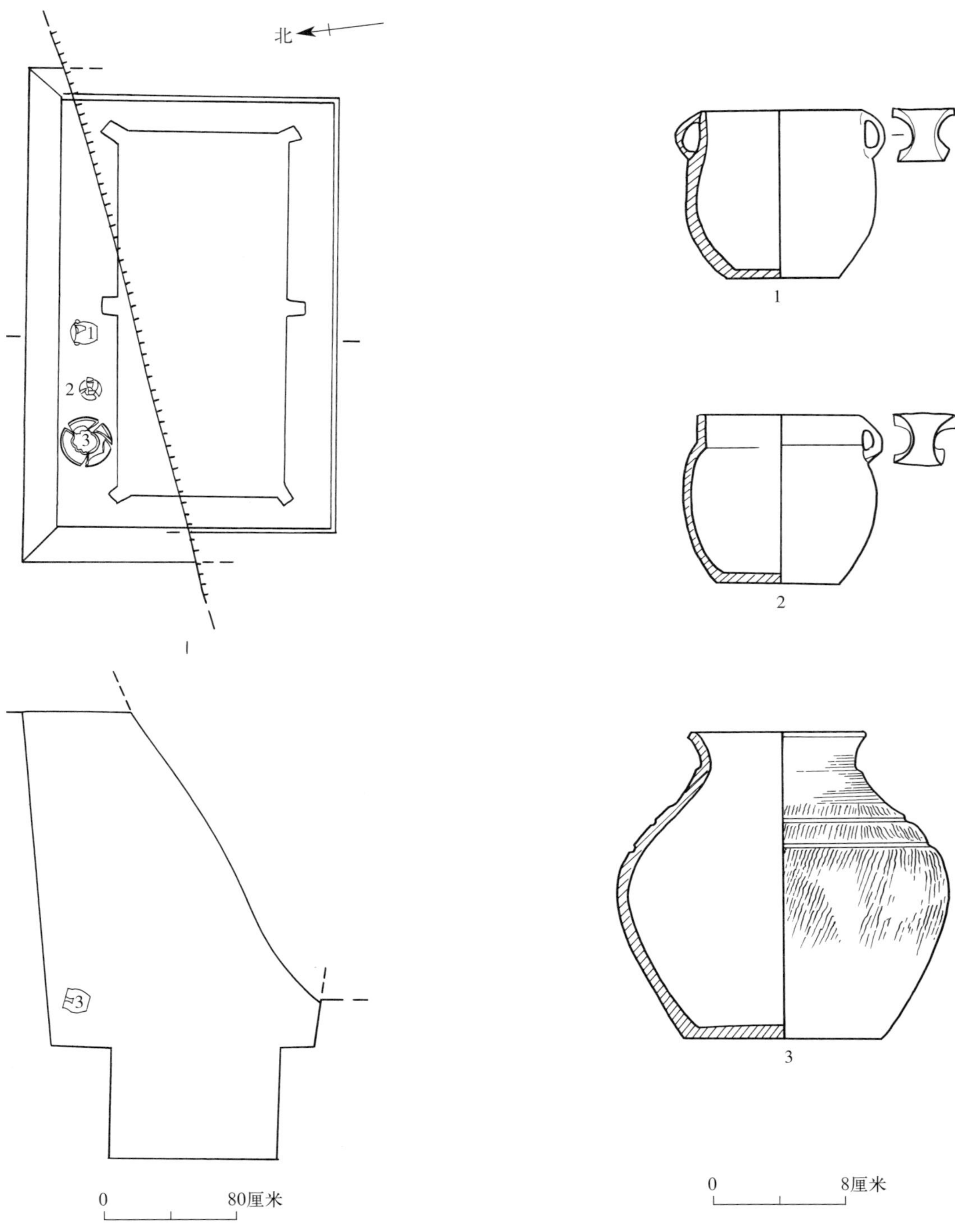

图六九五　M462平、剖面图

1.双耳陶罐　2.单耳陶罐　3.小口旋纹陶罐

图六九六　M462出土陶器

1.双耳罐M462：1　2.单耳罐M462：2　3.小口旋纹罐M462：3

四二一　M463

（一）墓葬形制

该墓位于墓群 B 区东北部。开口于①层下，开口距地表 0.40 米，上部被晚期地层打破。

竖穴土坑墓，平面呈长方形，方向 97°，口底同大。长 2.12、宽 0.94 米；深 0.78 米。直壁，北侧壁上部坍塌，平底，修建规整，无工具加工痕迹。南、北两纵壁壁面两端各一个宽 0.10 ～ 0.12、进深 0.08 ～ 0.12 米的垫土槽，推测二层台以下原有墓坑盖板。墓内填松散的褐色五花土，含红烧土点、木炭屑等，出土极少量陶片。

葬具为一棺，东西向摆放，残存板灰。长 1.88、宽 0.56、残高 0.38 米，棺板厚 5 厘米。

葬式为仰身直肢，人骨一具，头向东，面向南，四肢直伸，年龄、性别不明。

墓葬内出土陶罐 3、铜带钩 1 件（图六九七）。

（二）出土遗物

1. 陶器

3 件。

双耳罐　3 件。

M463：1，夹砂灰陶。口微侈，圆唇，敛颈，圆腹，最大径位于腹中部，平底，口部对称处附加两带状器耳，上端接于口部，与沿面齐平，下端接于腹上端。腹上端饰三道波浪纹，器身有刮抹痕迹。口径 10.0、最大径 14.7、底径 8.0、高 13.4 厘米（图六九八，1）。

M463：2，夹砂灰陶。侈口，圆唇，束颈，圆腹，最大径位于腹中部，底内凹，口部对称处附加两桥形器耳，上端接于口部，与沿面齐平，下端接于腹上端。素面，器身有刮抹痕迹。口径 11.5、最大径 12.5、底径 7.5、高 10.8 厘米（图六九八，2）。

M463：3，夹砂褐陶。侈口，圆唇，束颈，圆腹，最大径位于腹上部，底内凹，口部对称处附加两桥形器耳，上端接于口部，与沿面齐平，下端接于腹上端。素面，器身有刮抹痕迹。口径 11.9、

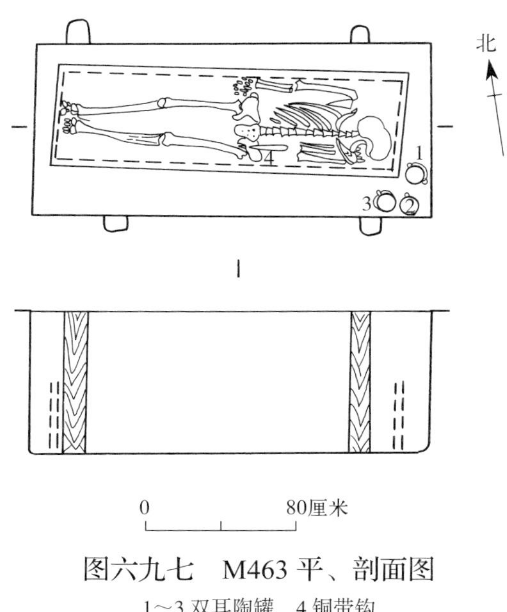

图六九七　M463 平、剖面图

1～3.双耳陶罐　4.铜带钩

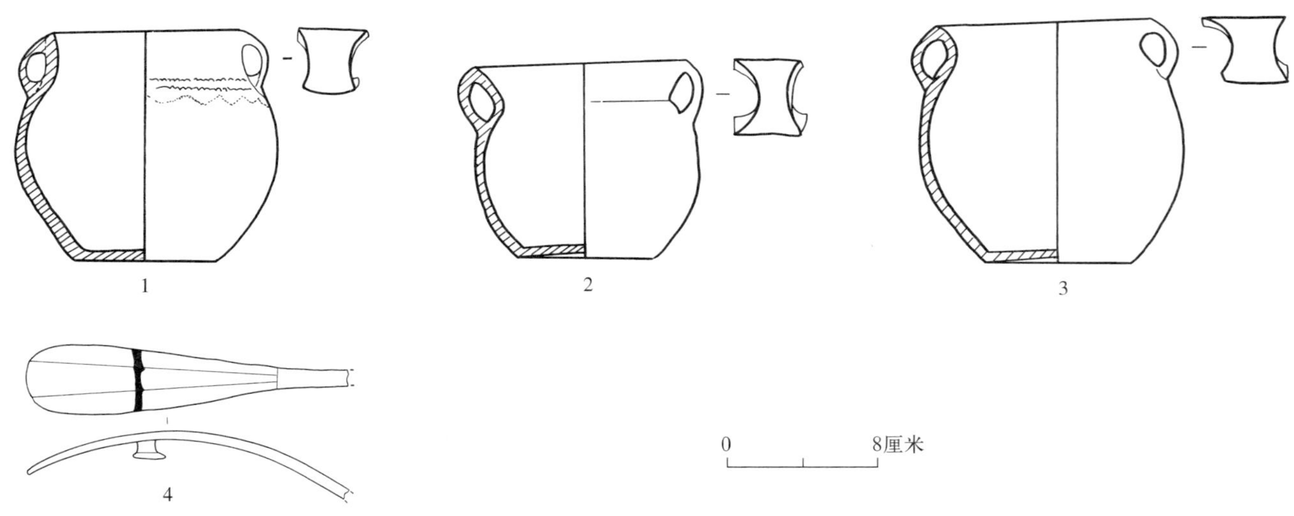

图六九八　M463出土器物

1～3.双耳陶罐M463：1～3　4.铜带钩M463：4

最大径14.0、底径7.8、高13.2厘米（图六九八，3）。

2. 铜器

1件。

带钩　1件。

M463：4，锈蚀。琵琶形，通体修长肥硕，钩首残缺，圆形纽位于器身中部偏下。器表有两道凸棱。残长17.2、纽径1.8厘米（图六九八，4；彩版一九六，5）。

四二二　M464

（一）墓葬形制

该墓位于墓群B区东北部。开口于①层下，开口距地表0.20～0.40米。

竖穴土坑墓带壁龛，平面呈长方形，方向270°。口大底小，有生土二层台。上口长2.88、宽2.00米；二层台台面至墓口残深0.66～0.86米，东侧台面宽0.26、西侧台面宽0.28、南侧台面宽0.50、北侧台面宽0.52米；底长1.98、宽0.82米；深1.40～1.60米。二层台以上壁面斜直内收，收分明显，二层台以下东西两端壁斜直内收，收分明显，南北两侧壁面平直，平底，整个墓葬修建规整，无工具加工痕迹。二层台以下墓坑南、北两纵壁壁面等间距各有三个垫土槽，东、西两端同等间距各有两个宽0.06、进深0.06米的垫土槽，推测二层台以下原有墓坑盖板。壁龛位于西壁下端北部，底与墓底齐平。平顶。宽0.36、进深0.34、高0.36米。墓内填松散的褐色五花土，含大量植物根系、红烧土点、木炭屑等，出土少量陶片。

葬具不详。

葬式为仰身屈肢，人骨一具，头向西，面向上，四肢屈收。年龄、性别不明。

盗洞1个，位于墓葬中部偏西，自墓顶直通墓底。平面呈椭圆形，长0.80～1.20米。

壁龛内出土陶釜1、陶盆2、陶罐2件（图六九九）。

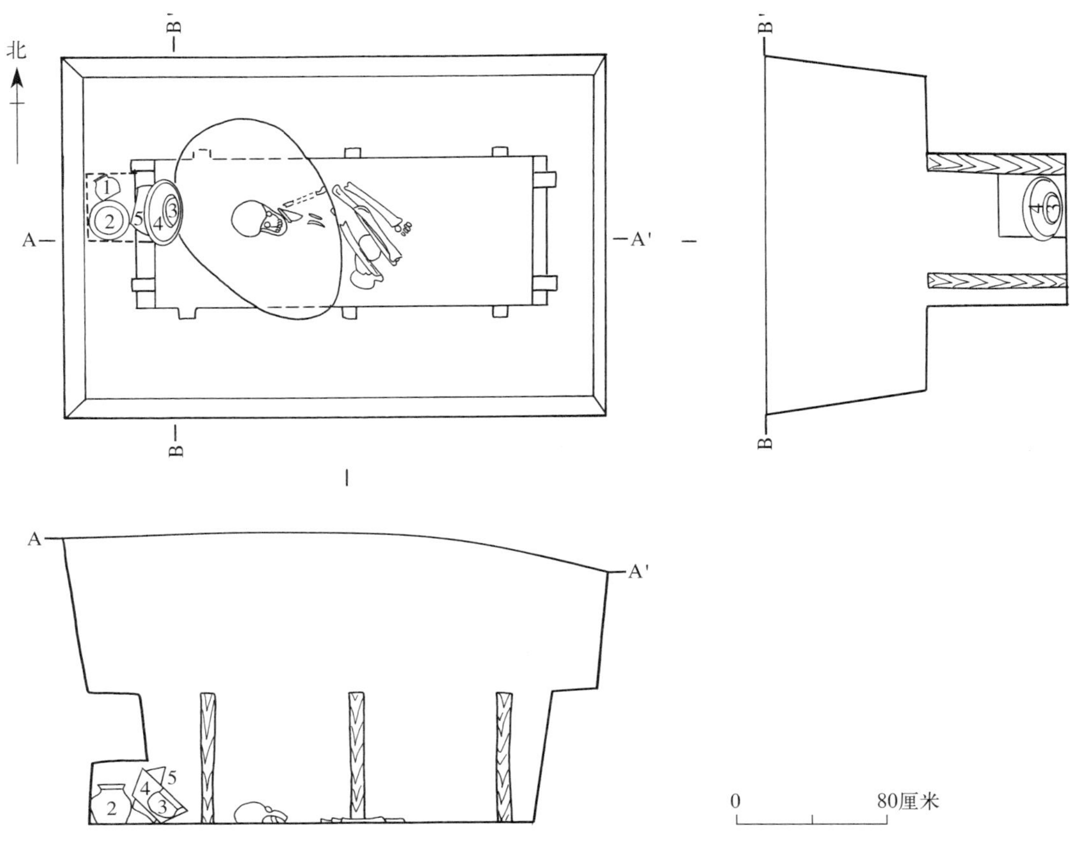

图六九九　M464平、剖面图

1、2.小口旋纹陶罐　3.无耳陶釜　4、5.陶盆

（二）出土遗物

陶器

5件。

小口旋纹罐　2件。

M464∶1，泥质灰陶。口微侈，窄平沿，圆唇，领略高，溜肩，圆腹，最大径位于腹上部，平底。底正中有一方印，腹上部饰时断时续的斜向左下的竖绳纹，领部轮制痕迹明显，器身有刮抹痕迹。口径9.6、最大径16.0、底径11.2、高14.2厘米（图七〇〇，1）。

M464∶2，泥质灰陶。侈口，外斜沿，圆唇，束颈，溜肩，深弧腹，最大径位于腹上部，底微内凹。腹上部饰时断时续的竖向细绳纹，领部轮制痕迹明显，器身有刮抹痕迹。口径10.0、最大径14.8、底径9.9、高14.0厘米（图七〇〇，2）。

盆　2件。

M464∶4，泥质褐陶。敞口，圆唇，斜腹内收，平底。腹部饰斜向左下的粗绳纹，口部轮制痕迹明显，器身有刮抹痕迹。口径22.0、底径13.6、高10.0厘米（图七〇〇，3）。

M464∶5，泥质褐陶。敞口，圆唇，斜腹内收，平底。腹部饰斜向左下的粗绳纹，口部有刮抹痕迹。口径20.4、底径13.2、高8.8厘米（图七〇〇，4）。

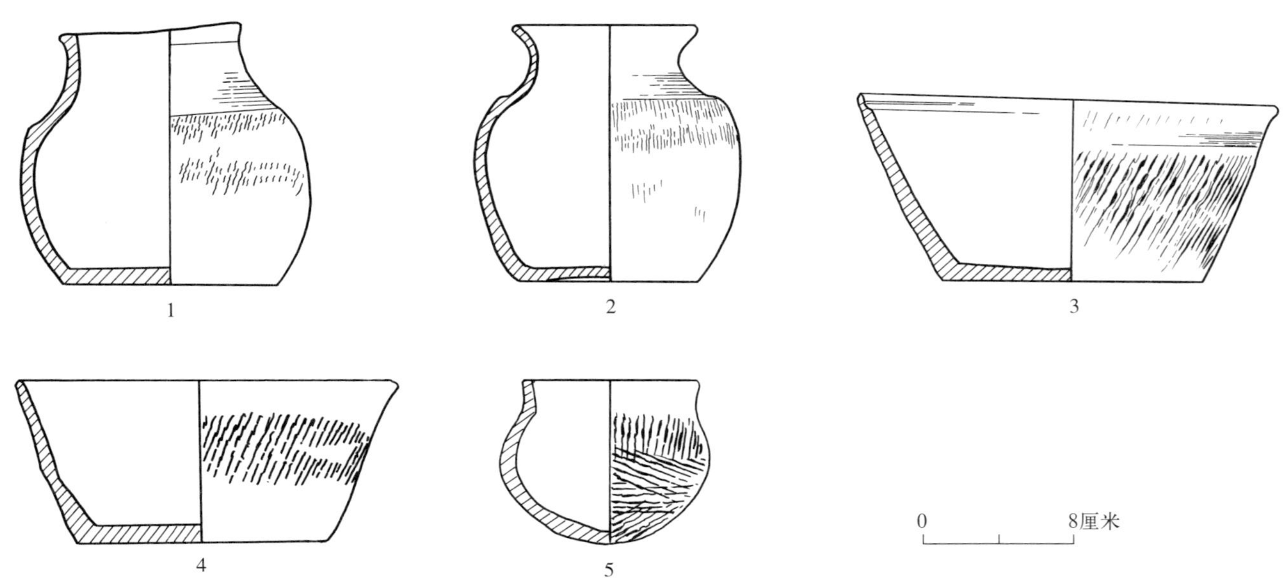

图七〇〇　M464 出土陶器

1、2.小口旋纹罐M464：1、2　3、4.盆M464：4、5　5.无耳釜M464：3

无耳釜　1 件。

M464：3，夹砂褐陶。口微侈，圆唇，矮领，圆腹，最大径位于腹上端，圜底。器身饰斜向粗绳纹，口部有轮制痕迹。口径 9.6、最大径 11.6、高 9.2 厘米（图七〇〇，5）。

四二三　M465

（一）墓葬形制

该墓位于墓群 B 区东北部。开口于①层下，开口距地表 0.20 ～ 0.46 米。

斜坡墓道土洞墓，总长 5.76 米，方向 185°。由墓道、墓室两部分组成。墓道位于墓室南端，平面呈梯形，口底同大。长 4.00、宽 1.02 ～ 1.60 米；深 0 ～ 1.56 米。墓道壁面较为粗糙，南部壁面下直，北部壁面上部斜直外扩，下部斜直内收，斜坡底，南端留有三个斜坡台面，自南向北依次宽 0.52、0.28、0.40、高 0.24、0.24、0.36 米。墓室为半土坑半土洞式，平面呈长方形，顶部坍塌。长 2.42、宽 1.54 米；残高 1.56 米。其中南部 0.92 米为土坑式，与墓道连为一体，北部 1.46 米处为土洞式，平底，底与墓道北端底齐平，修建粗糙，无工具加工痕迹。墓内填松散的褐色五花土，含大量植物根系、少量红烧土点、木炭屑等，出土少量陶片。

葬具不详。

葬式不详，仅残存两根下肢骨。

盗洞 1 个，位于墓道南端，自墓顶直通墓底。平面呈圆形，直径 1.52 米。

墓室内出土陶罐 3 件（图七〇一）。

（二）出土遗物

陶器

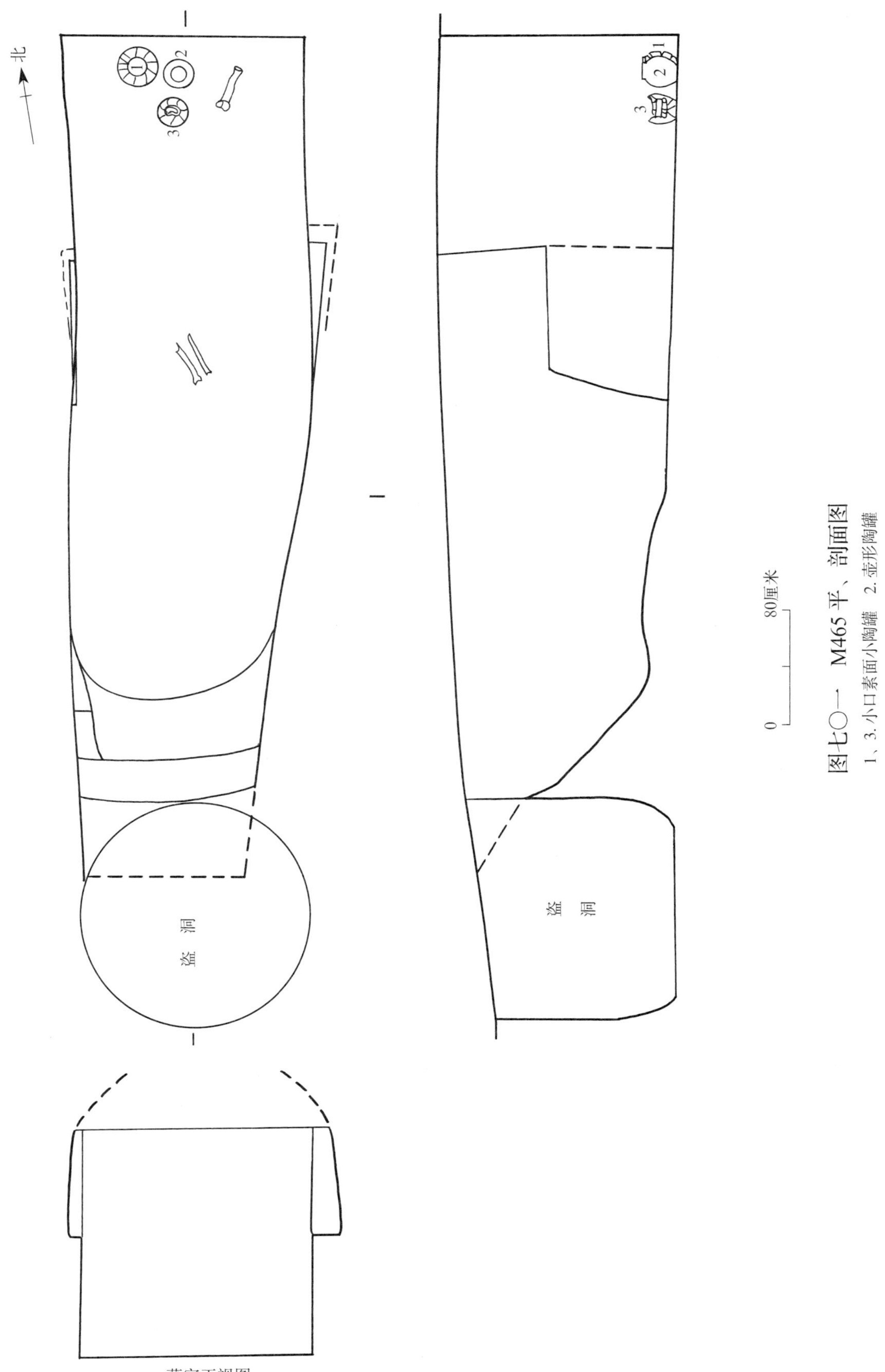

图七〇一　M465平、剖面图
1、3. 小口素面小陶罐　2. 壶形陶罐

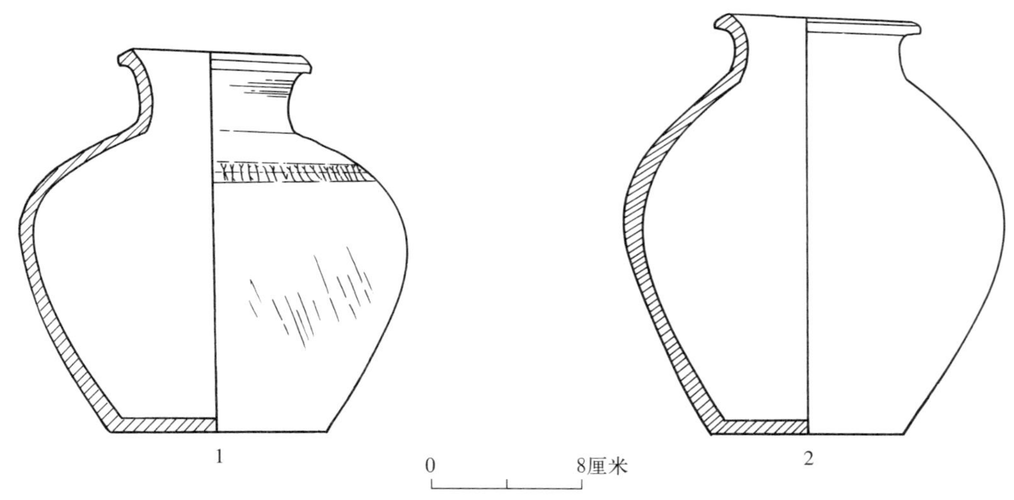

图七〇二　M465 出土陶器

1.壶形罐M465：2　2.小口素面小罐M465：1

3 件。

壶形罐　1 件。

M465∶2，泥质灰陶。侈口，窄沿外撇，方唇，高领外斜，溜肩，深弧腹，最大径位于腹上端，平底。肩中部饰方格纹，口部轮制痕迹明显，器身有刮抹痕迹。口径 10.0、最大径 20.4、底径 11.6、高 20.8 厘米（图七〇二，1）。

小口素面小罐　2 件。

M465∶1，泥质灰陶。侈口，窄沿外撇，圆唇，直领，溜肩，深弧腹，最大径位于腹上端，平底。素面，器身有刮抹痕迹。口径 10.8、最大径 20.2、底径 10.8、高 22.8 厘米（图七〇二，2）。

M465∶3，泥质灰陶，残损严重，器形不明。

四二四　M466

（一）墓葬形制

该墓位于墓群 B 区。开口于②层下，开口距地表 1.95 ～ 3.20 米。

竖穴土坑墓，平面呈梯形，西宽东窄，方向 85°，口大底小，有生土二层台。上口长 3.60、宽 2.70 ～ 2.80 米；二层台台面距墓口 1.46 米，东侧台面宽 0.24 ～ 0.28、西侧台面宽 0.22 ～ 0.24、南侧台面宽 0.25 ～ 0.33、北侧台面宽 0.14 ～ 0.20 米；底长 2.20、宽 1.30 米；深 2.40 米。二层台以上壁面斜直内收，收分明显，二层台以下直壁，平底，修建规整，无工具加工痕迹。墓内填松散的褐色五花土，含红烧土点、木炭屑等，出土少量陶片。

葬具为一棺，东西向摆放，残存板灰。长 1.88、宽 0.80、残高 0.10 米，棺板厚度不明。

葬式为仰身直肢，人骨一具，头向东、面向不明，双手放于盆骨处，年龄、性别不明。

墓葬内出土陶盆 1、陶罐 2、铜带钩 1 件（图七〇三）。

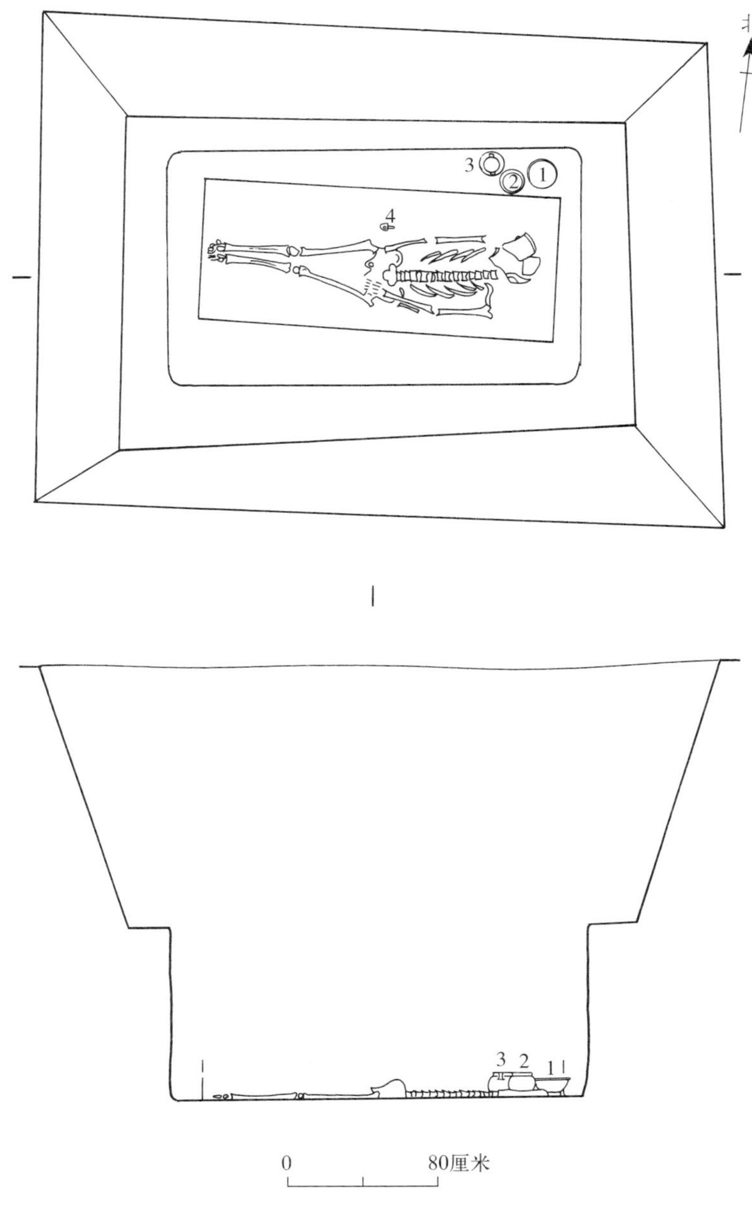

图七〇三　M466 平、剖面图
1.陶盆　2、3.双耳陶罐　4.铜带钩

（二）出土遗物

1. 陶器

3 件。

双耳罐　2 件。

M466∶2，夹砂灰陶。侈口，圆唇，束颈，深弧腹，最大径位于腹上部，平底，口部有附加器耳的痕迹。素面，器身有刮抹痕迹。口径 10.4、最大径 13.2、底径 8.2、高 12.6 厘米（图七〇四，1）。

M466∶3，夹砂灰陶。侈口，圆唇，束颈，圆腹，最大径位于腹上部，底内凹，口部对称处附加两桥形器耳，上端接于口部，与沿面齐平，下端接于腹上端，相接处贴以泥片加以固定。器身素面，

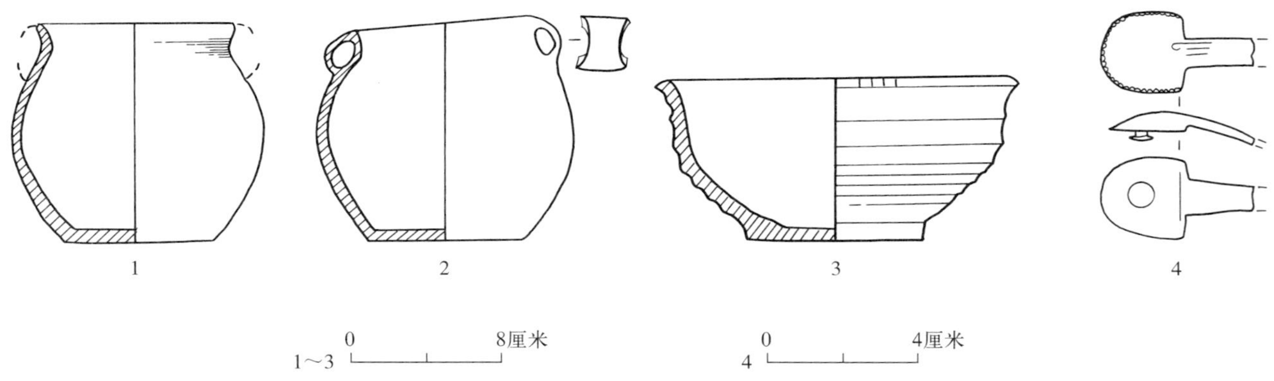

图七〇四　M466出土器物

1、2.双耳陶罐M466：2、3　3.陶盆M466：1　4.铜带钩M466：4

器身有刮抹痕迹。口径 9.6、最大径 13.6、底径 8.0、高 12.0 厘米（图七〇四，2）。

盆　1 件。

M466：1，泥质灰陶。敞口，窄沿，沿面外撇，尖唇，上腹较直，下腹斜弧内收，平底，柄足。沿面阴刻四道旋纹，垂直于沿面，腹部饰数道凹弦纹，器身有轮制痕迹。口径 19.2、底径 9.2、高 8.8 厘米（图七〇四，3）。

2. 铜器

1 件。

带钩　1 件。

M466：4，锈残。胡琴形，钩首残缺，体短小，底端呈半圆形，圆形器纽位于底部正中。器表周边饰反弧弦纹。残长 4.2、纽径 0.7 厘米（图七〇四，4）。

四二五　M468

（一）墓葬形制

该墓位于墓群 B 区东北部。开口于②层下，开口距地表 1.70 ～ 2.30 米，上部被 M467 打破。

斜坡墓道土洞墓，总长 6.20 米，方向 165°。由墓道、墓室两部分组成。墓道位于墓室南端，南高北低呈斜坡状，坡度 18°，平面呈梯形，北宽南窄，口底同大。长 3.20、宽 0.92 ～ 1.00 米；残深 0 ～ 0.76 米。墓室为半土圹半土洞式，口底同大。长 2.96 米；南侧 2.16 米为土圹式，平面呈梯形，宽 1.40 ～ 2.00 米；北侧为土洞式，平面呈长方形，进深 0.80、宽 1.50、残高 0.70 米。周壁平直，平底，底与墓道北端底齐平，整个墓葬修建规整，无工具加工痕迹。墓内内填松散的褐色五花土，含红烧土点、木炭屑等。

葬具为一椁一棺，南北向摆放，残存板灰。椁残长 2.08、宽 1.36 米，椁板厚度、高度不明；棺残长 0.78 ～ 1.84、宽 0.52 米，棺板厚度、高度不明。

葬式不详。

墓室内出土陶鼎 1、陶钫 1、陶盘 1、陶罐 2、陶盂 1、陶灶 1、陶灯 1、陶熏炉 1、陶砚 1 件（图七〇五）。

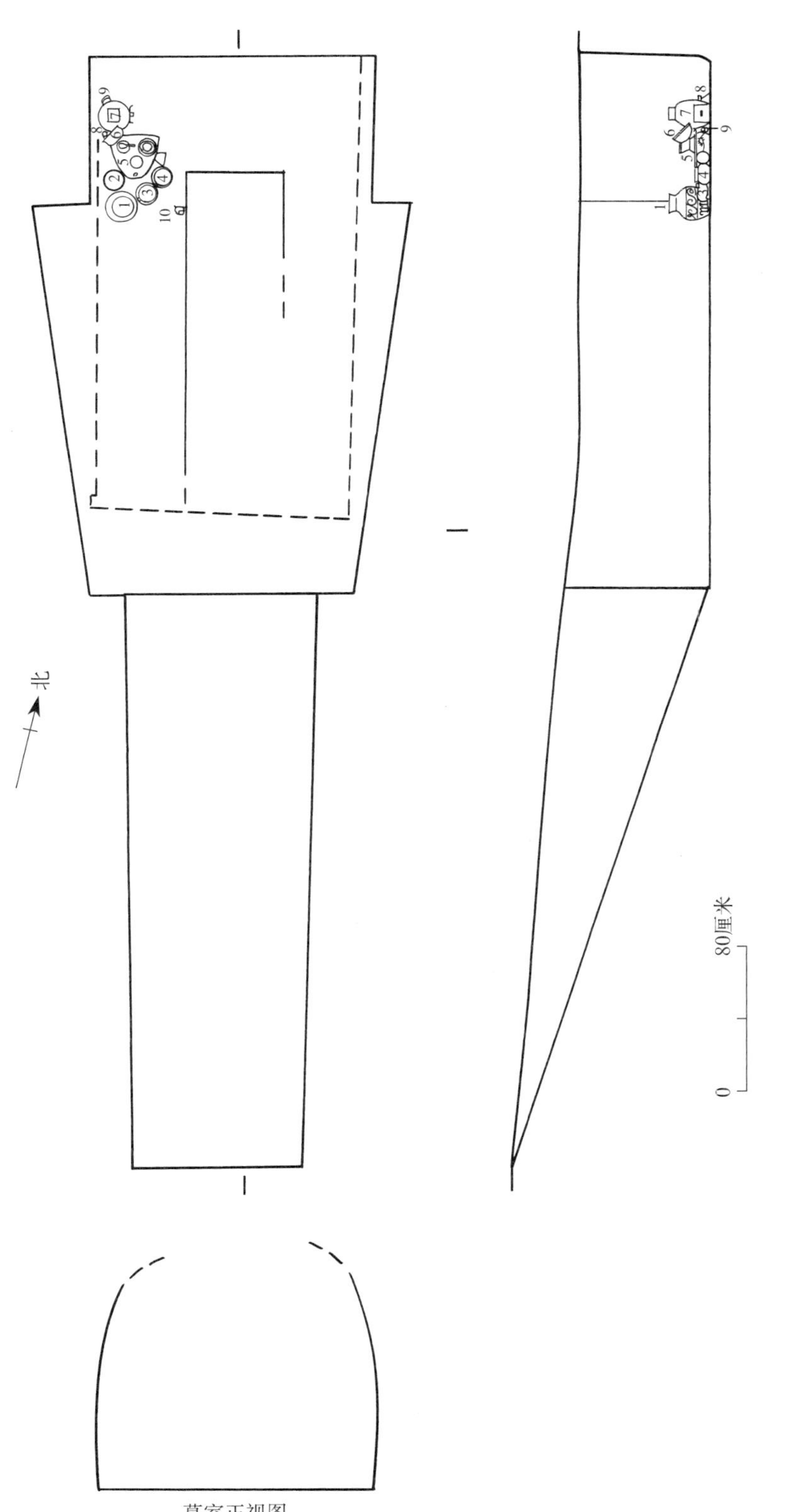

图七〇五 M468平、剖面图

1.异形陶罐 2.陶盘 3.陶鼎 4.带盖小陶罐 5.陶灶 6.陶盂 7.陶钫 8.陶熏炉 9.陶灯 10.陶砚

（二）出土遗物

陶器

10件。

鼎　1件。

M468：3，泥质灰陶，施彩绘。圆饼状器盖，器身呈子母口，圆唇，圆腹，最大径位于腹中部，平底，三柱状足附加于腹底端，腹上端对称处附加两器耳，耳上端外撇。器盖周边以白色彩绘一道弦纹，弦纹之内区域以白色彩绘四组柿叶纹，器身腹上端彩绘不明。口径9.2、最大径11.6、底径9.4、裆高1.0、通高7.8厘米（图七〇六，1；彩版一九七，1）。

钫　1件。

M468：7，泥质灰陶，施彩绘。正方形饼状器盖，盖顶正中附加一梯形器纽，器身呈正方形直口，方唇，高领，圆腹，最大径位于腹中部，平底。器身领部上端以黑彩绘"回"字形纹，之下以黑色彩绘三角纹，三角纹顶部以黑色彩绘圆点，上腹部先以黑彩绘三角纹，三角纹底部以黑彩绘圆点，腹中部以黑彩绘两道"回"字纹，两道"回"字纹之间区域以黑色彩绘卷云纹、三角纹，腹下部以黑彩绘三角纹。口边长7.4、腹径16.0、底径11.6、高20.8厘米（图七〇六，2；彩版一九七，2）。

盘　1件。

M468：2，泥质灰陶。敞口，宽沿外撇，圆唇，弧腹直内收，平底。素面，上腹部有轮制痕迹。口径13.6、底径6.8、高3.2厘米（图七〇六，3）。

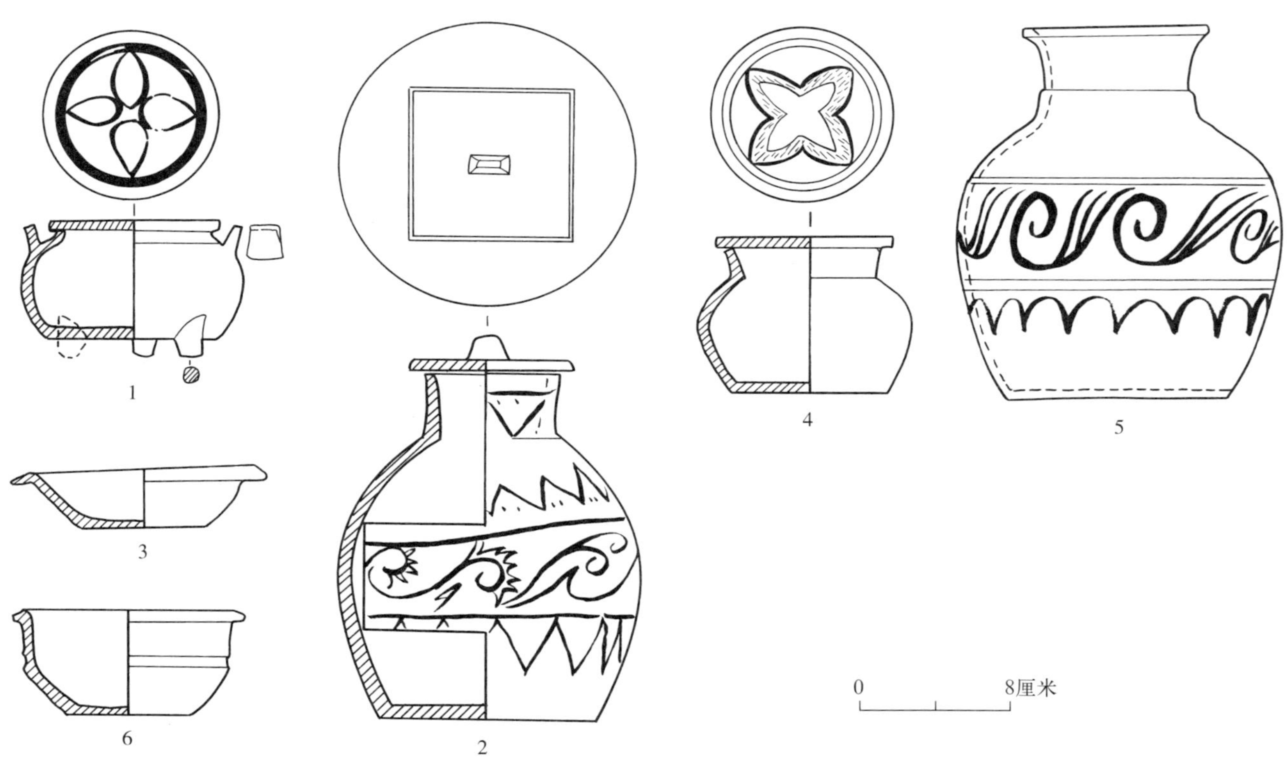

图七〇六　M468出土陶器

1.鼎M468：3　2.钫M468：7　3.盘M468：2　4.带盖小罐M468：4　5.异形罐M468：1　6.盂M468：6

带盖小罐　1件。

M468：4，泥质灰陶，施彩绘。圆饼状器盖，器身呈侈口，方唇，束颈，溜肩，弧腹，最大径位于腹中部，平底。器盖周边以白色彩绘一道弦纹，弦纹之内区域以黑、白两色彩绘四组柿叶纹，器身有轮制痕迹。口径9.6、最大径11.2、底径8.6、高8.4厘米（图七〇六，4；彩版一九七，3）。

异形罐　1件。

M468：1，泥质灰陶，施彩绘。侈口，沿外斜，圆唇，高直领，溜肩，深弧腹，最大径位于腹上部，平底。腹部用黑彩绘两道弦纹，两弦纹之间区域用黑彩绘卷云纹，腹下部用黑彩绘波浪纹，领部轮制痕迹明显。口径10.4、最大径17.2、底径11.6、高20.4厘米（图七〇六，5）。

盂　1件。

M468：6，泥质灰陶。敞口，宽沿微外撇，方唇，上腹较直，下腹斜直内收，平底。下腹交接处饰凹弦纹，上腹部轮制痕迹明显。口径12.4、底径6.7、高5.6厘米（图七〇六，6）。

灶　1件。

M468：5，泥质灰陶，施彩绘。圆角弧边三角形灶体，周壁中部微外弧；灶面上三灶穴，前二后一，呈“品”字形排放，灶穴上放置二小陶釜，其中一陶釜之上放置一陶甑，一陶釜之内放置一陶勺；

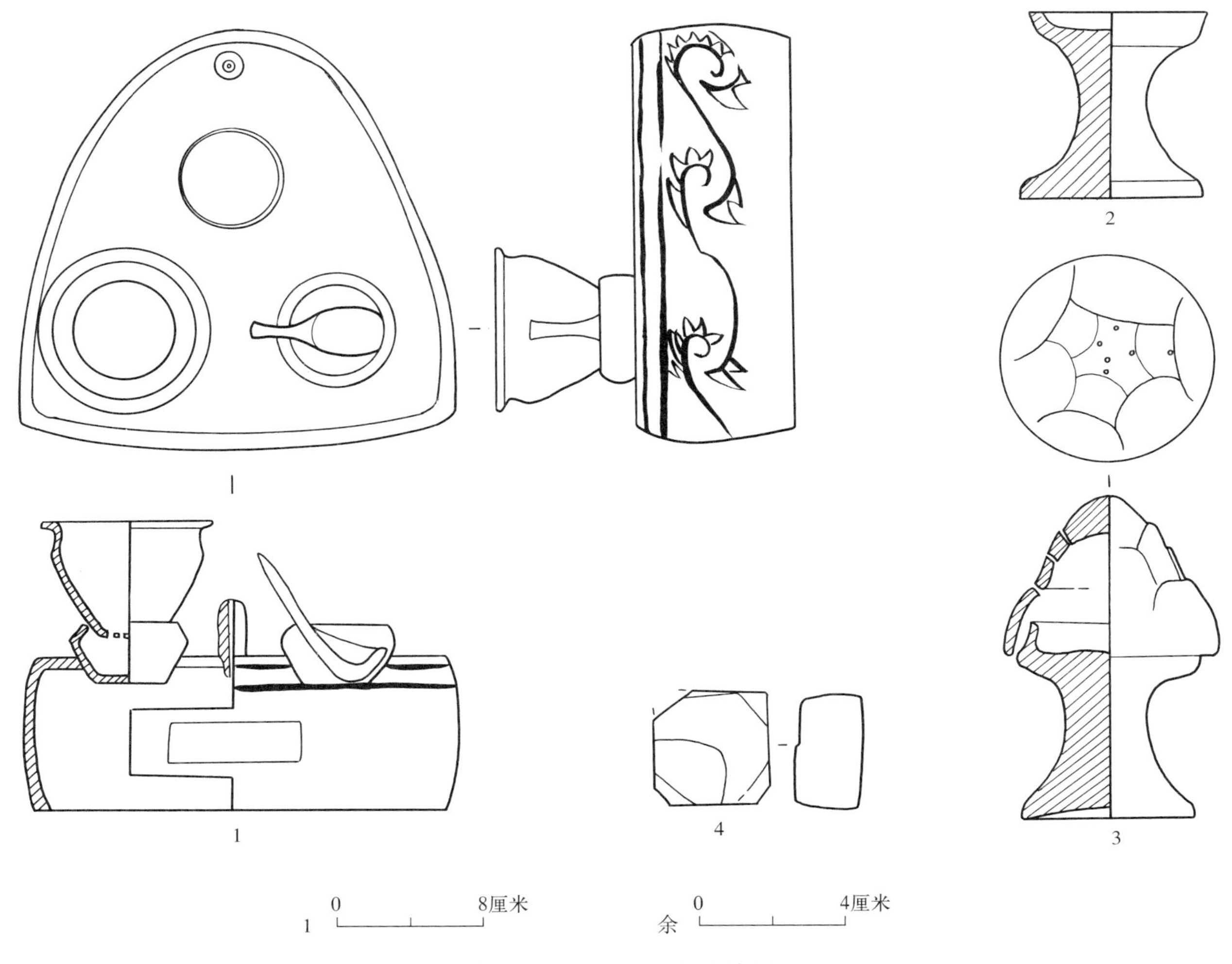

图七〇七　M468出土陶器

1.灶M468：5　2.灯M468：9　3.熏炉M468：8　4.砚M468：10

灶体前端中部开一长方形灶门，柱状烟囱。灶体周壁上端以黑色彩绘两道“回”字纹、下端以黑色彩绘一道“回”字纹，中部以黑色彩绘卷云纹、三角纹。灶边长 24.0、灶台高 8.8、通高 16.0 厘米。模型灶具 4 件。釜 2 件。敛口，圆唇，折腹，平底。素面。口径 5.5、最大径 6.4、底径 4.0、高 3.5 厘米。甑 1 件。敞口，宽平沿，圆唇，上腹较敛，下腹斜弧内收，小平底，底部镂圆形箅孔。素面。口径 9.6、底径 2.8、高 6.4 厘米。勺 1 件。体肥硕，椭圆形勺，圜底，长柄，柄末端较宽。长 7.2、高 2.6 厘米（图七〇七，1；彩版一九七，4）。

灯　1 盏

M468∶9，泥质灰陶。敞口，方唇，浅盘，平底，底正中接一柱状柄，柄底端连接喇叭形底座。素面，手制。口径 4.8、底径 5.2、高 5.5 厘米（图七〇七，2；彩版一九八，1）。

熏炉　1 件。

M468∶8，泥质灰陶。伞状器盖，顶端有一穿孔，灯盘呈子母口，圆唇，浅腹，正中接一柱状柄，之下接一圆饼形底座。器盖顶部镂刻三组花瓣，每组为三个，每个花瓣顶部有一圆形穿孔，手制。口径 5.0、底径 4.9、高 9.5 厘米（图七〇七，3；彩版一九八，2）。

砚　1 件。

M468∶10，磨制光滑。平面呈正方形，边棱规整，棱角分明。顶端刻有一动物形象。底端边长 3.32、高 2.08 厘米（图七〇七，4；彩版一九八，3）。

四二六　M469

（一）墓葬形制

该墓位于墓群 B 区东北部。开口于②层下，开口距地表 3.00 米，南端被断坎打破。

斜坡墓道土坑墓，平面呈“凸”字形，残长 7.00 ～ 7.20 米，方向 170°。由墓道、墓室二部分组成。墓道位于墓室南端，南高北低呈斜坡状，坡度 10°，平面呈长方形，口大底小。上口长 3.80 ～ 4.00、宽 1.80 米；底长 3.80 ～ 4.00、宽 1.40 米；残深 0.10 ～ 1.60 米。壁面斜直内收，收分明显。墓室为土坑式，平面呈长方形，口底同大。长 3.20、宽 1.80 米；深 1.60 米。周壁平直，平底，底与墓道北端底齐平，修建规整，无工具加工痕迹。墓内填松散的褐色五花土，含红烧土点、木炭屑等，出土较多的陶片。

葬具为一椁，南北向摆放，残存板灰。长 2.92、宽 1.44 米，椁板厚度、高度不明。

葬式不详。

盗洞 1 个，位于墓道北端，自墓顶直通墓底。不规则形，长 3.72、宽 1.40 米。

墓室内出土陶鼎 1、陶钫 1、陶盆 1、陶盂 1、陶罐 2、陶盘 2、陶灯 1、陶灶 1、陶器盖 1、铜釦器 1、骨管 1 件（图七〇八）。

（二）出土遗物

1. 陶器

14 件。

鼎　1 件。

M469∶10，泥质灰陶。圆饼形器盖，盖顶正中有圆锥形器纽，器身子母口内敛，圆唇，圆腹。素面。

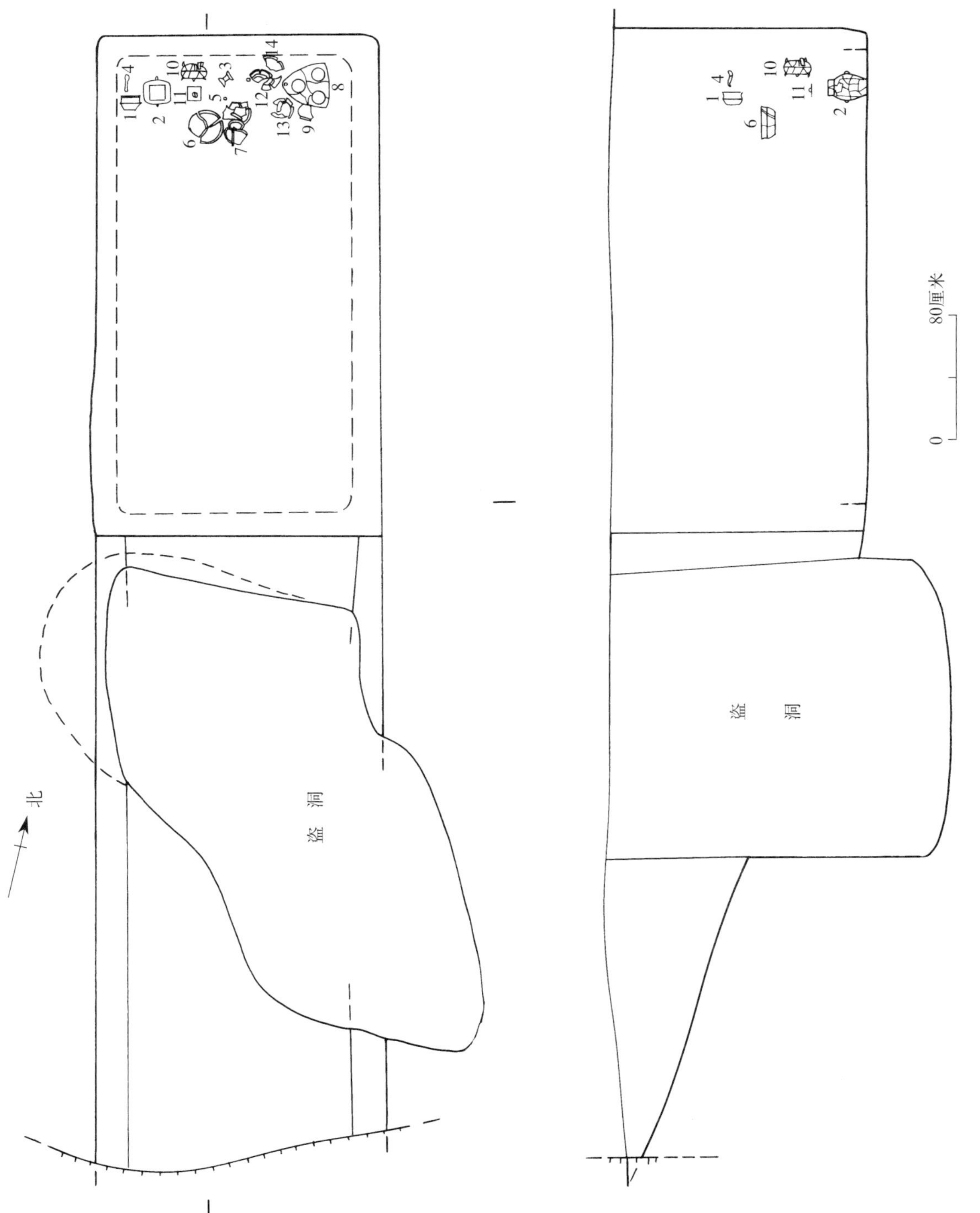

图七〇八　M469平、剖面图

1.陶盂　2.陶钫　3.陶灯　4.骨管　5.铜釦器　6、7.陶盆　8.陶灶　9.大口陶罐　10.陶鼎　11.陶器盖　12、14.陶盘　13.扁腹陶罐

口径 11.1、底径 8.6、裆高 2.6、通高 12.0 厘米（图七〇九，1；彩版一九八，4）。

钫 1 件。

M469∶2，泥质灰陶。侈口，方唇，高领，深弧腹，平底，腹部两侧对称处附加两錾手。器身素面，器身刮抹痕迹明显。口边长 10.8、腹边长 21.0、底径 9.6、高 24.0 厘米（图七〇九，2）。

大口罐 1 件。

M469∶9，泥质灰陶。直口，圆唇，矮领较直，广肩，深弧腹，最大径位于腹上端，平底。素面，肩部轮制痕迹明显，器身有刮抹痕迹。口径 10.0、最大径 14.8、底径 10.6、高 9.2 厘米（图七〇九，3）。

扁腹罐 1 件。

M469∶13，泥质灰陶。直口，方唇，矮领，广肩，弧腹，最大径位于腹上端，平底。腹上端饰凹弦纹，器身轮制痕迹明显。口径 10.5、最大径 14.8、底径 10.0、高 8.8 厘米（图七〇九，4）。

盆 2 件。

M469∶6，泥质灰陶。敞口，窄沿，沿面微隆，圆唇，上腹较直，下腹斜弧内收，底外凸，矮圈。腹部饰四道凹弦纹，器身有轮制痕迹。口径 20.8、底径 7.6、高 9.6 厘米（图七〇九，5）。

M469∶7，底缺失泥质灰陶。口微敛，宽平沿，方唇，上腹较直，下弧腹内收。上腹部饰三道弦纹，器身轮制痕迹明显。口径 20.8、残高 9.7 厘米（图七〇九，6）。

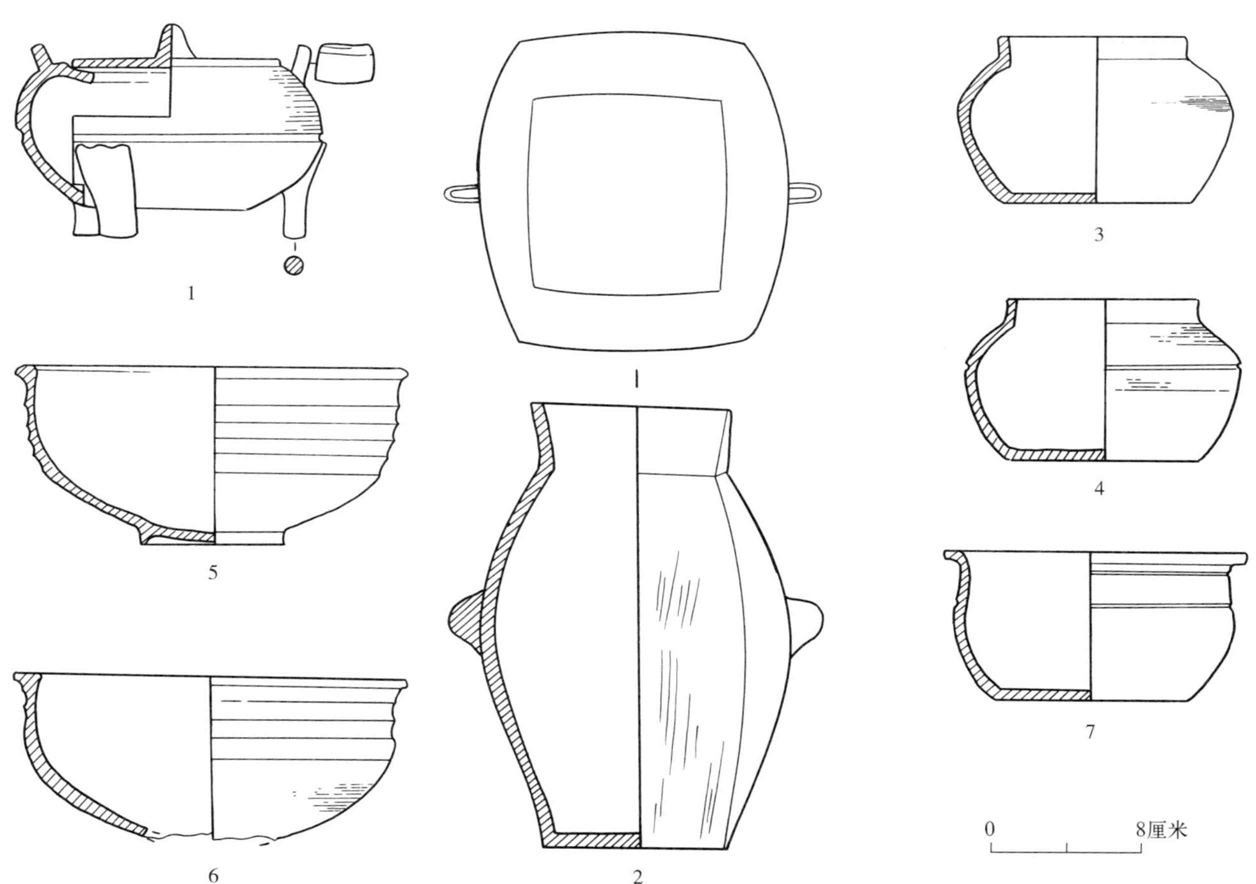

图七〇九 M469 出土陶器

1.鼎M469∶10 2.钫M469∶2 3.大口罐M469∶9 4.扁腹罐M469∶13 5、6.盆M469∶6、7 7.盂M469∶1

盂　1件。

M469：1，泥质灰陶。敞口，宽平沿，沿面有凹槽，方唇，上腹较直，下腹弧内收，平底。上腹部饰二道弦纹，腹上部先饰绳纹后抹掉，残留部分绳纹纹理，器身有刮抹痕迹。口径16.0、底径10.0、高8.4厘米（图七〇九，7）。

盘　2件。

M469：12，泥质灰陶。敞口，宽沿外撇，方唇，弧腹内收，平底。上腹部饰凸弦纹，弦纹之下饰斜向竖绳纹，器身轮制痕迹明显。口径18.4、底径10.8、高5.2厘米（图七一〇，1）。

M469：14，泥质灰陶。敞口，宽沿外撇，方唇，上腹较直，下腹斜直内收，平底。上腹部饰凹弦纹，腹中部饰斜向竖绳纹，器身有轮制痕迹。口径18.0、底径10.8、高4.8厘米（图七一〇，2）。

灶　1件。

M469：8，泥质灰陶。弧边三角形灶体；灶面上三灶穴，前二后一，呈“品”字形排放，灶穴上放置一小陶釜，陶釜内放置一陶勺；灶体前端中部开一长方形灶门，烟囱残缺。素面。灶长30.4、宽28.4、灶台高13.2、通高16.4厘米。模型灶具4件。釜1件。敛口，圆唇，折腹，圜底。素面。口径7.2厘米。勺2件。体较肥硕，椭圆形勺，圜底，长柄，柄末端下曲。其一前端残损，长7.0、高1.6厘米；其二长10.9、高3.4厘米。甑1件。敞口，窄沿微外撇，方唇，上腹较直，下腹斜直内收，

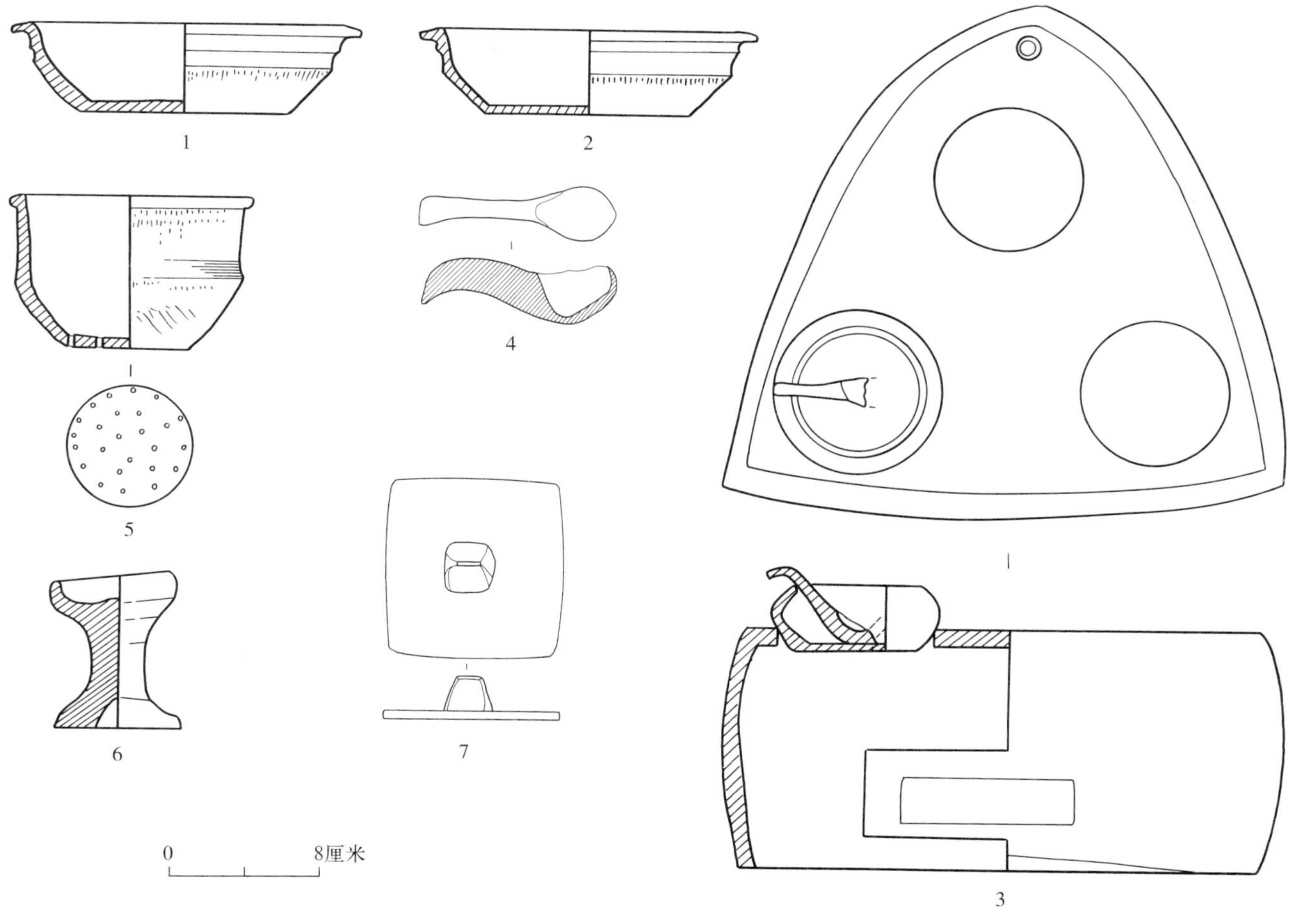

图七一〇　M469出土陶器

1、2.盘M469：12、14　3.灶M469：8　4.勺M469：8　5.甑M469：8　6.灯M469：3　7.器盖M469：11

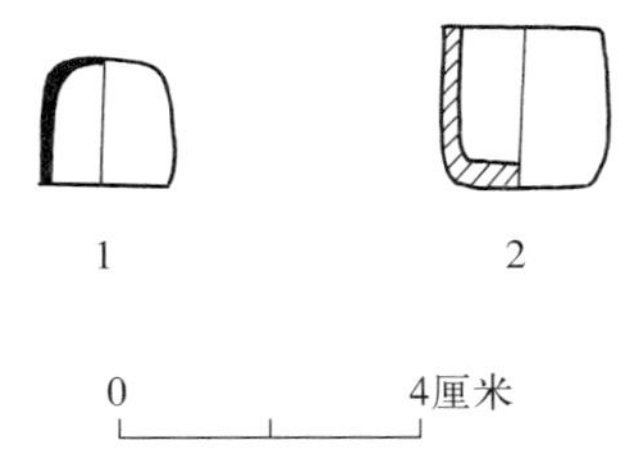

图七一一 M469出土铜器、骨器

1.铜釦器M469：5 2.骨管M469：4

上下腹交接处折棱明显，平底，底部镂圆形箅孔。上腹部先饰斜绳纹后抹掉，残留绳纹纹理，沿面及上腹部轮制痕迹明显，下腹部有刮削痕迹。口径13.6、底径6.4、高8.8厘米（图七一〇，3～5）。

灯 1件。

M469：3，泥质灰陶。浅腹形灯盘，直口，方唇，平底，底部正中为柱状高柄，喇叭形底座。器身有刮削痕迹。灯盘直径7.0、底座直径6.8、高8.4厘米（图七一〇，6）。

器盖 1件。

M469：11，泥质灰陶。平面呈正方形，截面呈长方形，器表正中有鋬手状器纽。素面。边长10.0、器盖厚0.5、通高2.5厘米（图七一〇，7）。

2. 铜器

1件。

釦器 1件。

M469：5，柱形管状，一端向内收缩。素面。直径1.2～1.8、高1.8厘米（图七一一，1）。

3. 骨器

1件。

骨管 1件。

M469：4，直口，平沿，直腹，平底。素面。口径2.3、底径1.7、高2.3厘米（图七一一，2）。

四二七 M470

（一）墓葬形制

该墓位于墓群B区东北部。开口于②层下，开口距地表3.00米，被M469打破。

竖穴墓道土洞墓，残长5.58米，方向210°。由墓道、墓室二部分组成。墓道位于墓室北端，平面呈长方形，口大底小。上口长3.76、宽3.00米；底长2.20、宽1.78米；深2.80米。斜壁内收，收分明显，东侧自墓底向上0.20米处有一平台，宽0.46米，南0.80米深入墓室，平底。墓室为土洞式，平面呈长方梯形，北宽南窄。长3.00、宽1.20～1.56、高1.60米，拱形顶，周壁平直，平底，底低于墓道底北端0.10米。整个墓葬修建粗糙，无工具加工痕迹。墓内填松散的褐色五花土，含红烧土点、木炭屑等，出土较少量陶片。

葬具不详。

葬式不详。

盗洞 1 个，与 M469 为同一盗洞。

墓葬内出土铜带钩 1、玻璃串珠 1、铜环 1 件（图七一二）。

（二）出土器物

1. 铜器

2 件。

带钩　1 件。

M470：1，锈蚀。琵琶形，通体修长肥硕，钩首残缺，圆形纽位于器身中部偏下。器表有两道凸棱。长 19.6、纽径 1.3 厘米（图七一三，1；彩版一九九，1）。

环　1 件。

M470：3，锈蚀。截面呈圆形。素面。外径 3.2、内径 2.5、厚 0.3 厘米（图七一三，2）。

2. 玻璃器

1 件。

串珠

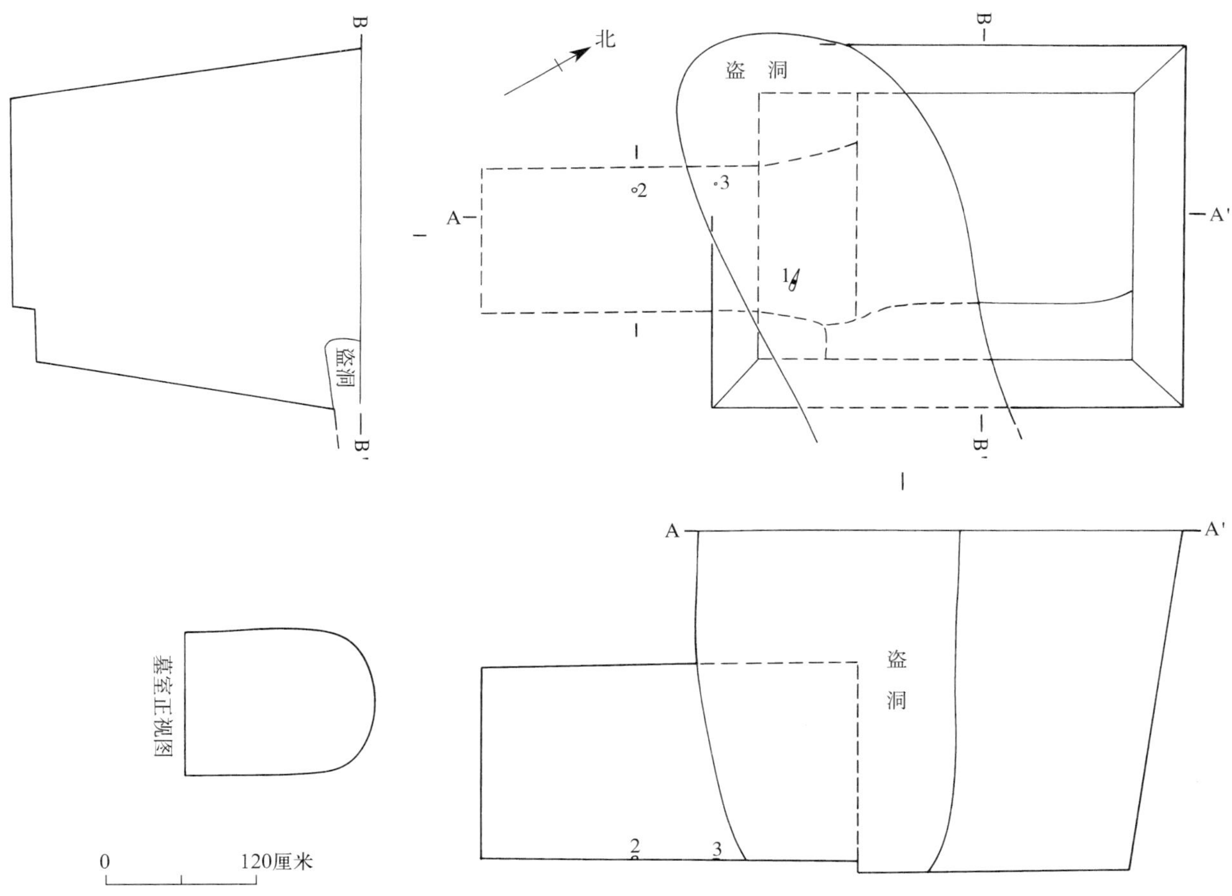

图七一二　M470 平、剖面图

1.铜带钩　2.玻璃串珠　3.铜环

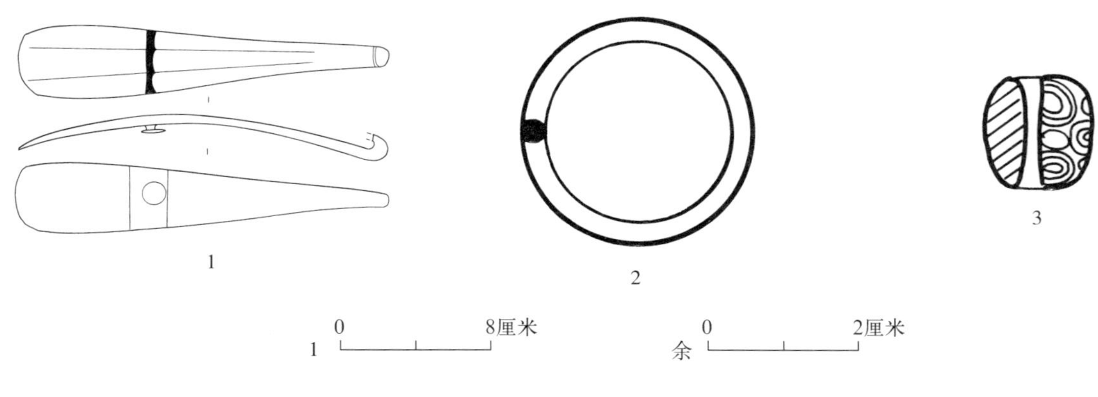

图七一三　M470 出土器物

1.铜带钩M470：1　2.铜环M470：3　3.玻璃串珠M470：2

M470：2，蜻蜓眼，青色。扁圆柱状，中部有穿孔，器表有阴刻圆形图案。直径 0.9、高 1.6 厘米（图七一三，3；彩版一九九，2）。

四二八　M473

（一）墓葬形制

该墓位于墓群 E 区北部。开口于①层下，开口距地表 0.60 米，底部被 M471 打破，南部被断坎打破。

竖穴土坑墓，平面呈长方形，方向 30°，口大底小。上口长 2.30、宽 1.66 米；底长 1.68、宽 1.26 米；残深 1.20 ～ 2.40 米。壁面斜直内收，收分明显，底被打破，情况不明，墓葬修建规整，无工具加工痕迹。墓内填松散的褐色五花土，含红烧土点、木炭屑等，出土极少量陶片。

葬具不详。

葬式不详。

墓葬内出土陶罐 1、陶鍪 1 件（图七一四）。

（二）出土遗物

陶器

2 件。

小口罐　1 件。

M473：1，泥质灰陶。侈口，外斜沿，沿面隆起，方唇，束颈，溜肩，深弧腹，最大径位于肩腹交接处，平底。肩、腹上部先饰斜向竖绳纹，再于绳纹之上饰数道弦纹，将之分割成数段，绳纹之下饰二道横向粗绳纹，领部轮制痕迹明显，器身刮削痕迹明显。口径 11.6、最大径 27.2、底径 13.6、高 26.0 厘米（图七一五，1）。

无耳无鋬鍪　1 件。

M473：2，夹砂灰陶。侈口，外斜沿，圆唇，高领，溜肩，折腹，最大径位于折腹处，圜底。腹底饰交错细绳纹，口部轮制痕迹明显。口径 12.0、最大径 15.6、高 12.5 厘米（图七一五，2）。

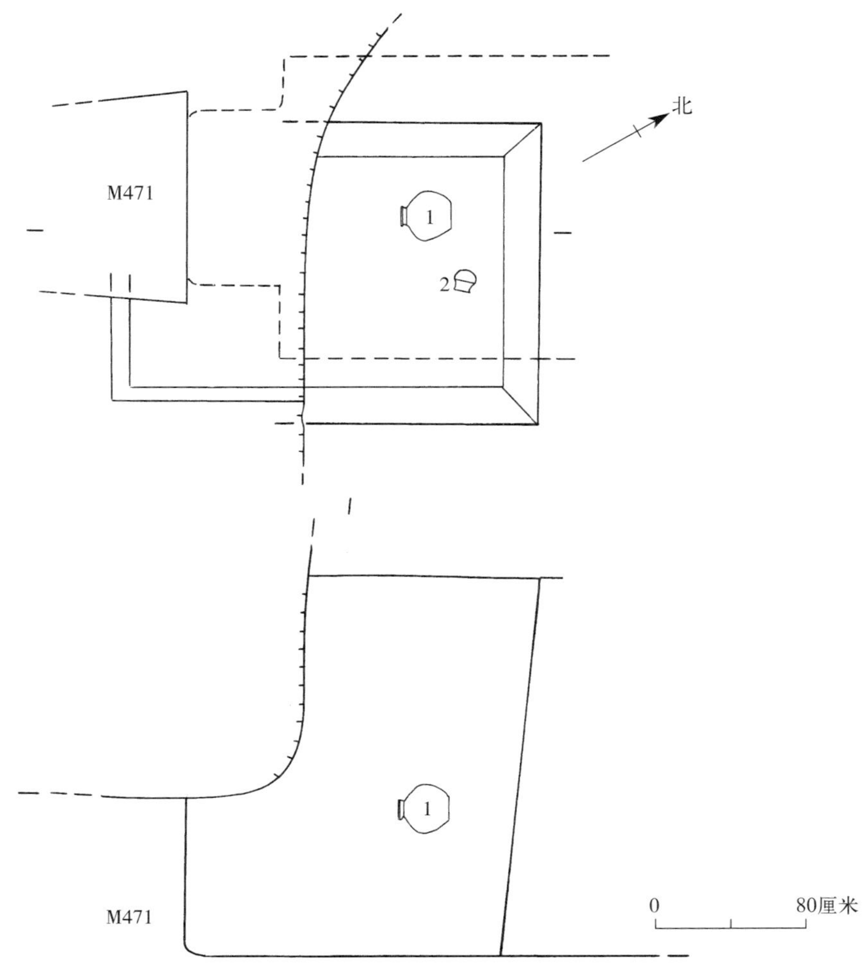

图七一四　M473平、剖面图

1.小口陶罐　2.无耳无錾陶鍪

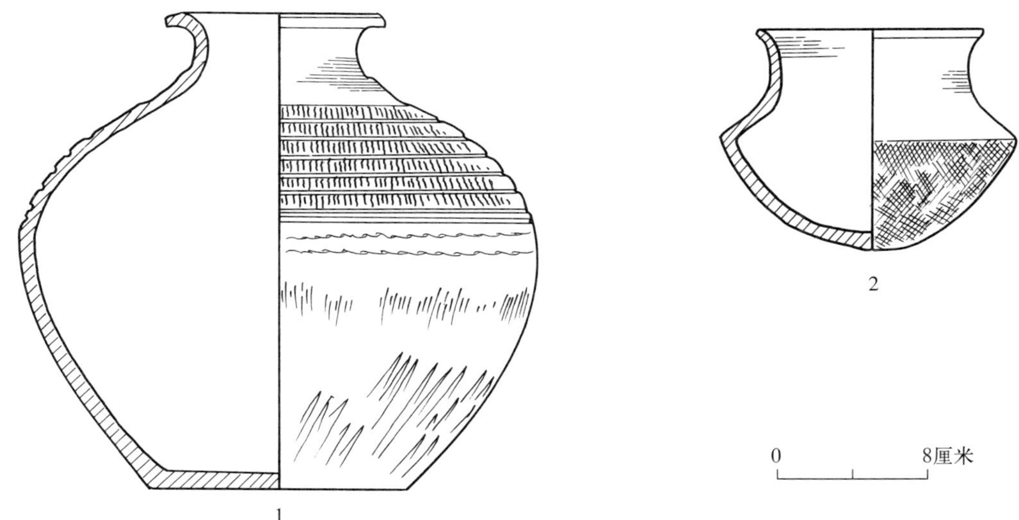

图七一五　M473出土陶器

1.小口罐M473：1　2.无耳无錾鍪M473：2

四二九　M474

（一）墓葬形制

该墓位于墓群E区北部。开口于①层下，开口距地表0.30米，底部被M471打破，南部被断坎打破。

竖穴土坑墓，平面呈长方形，方向35°，口大底小。上口长3.66、宽2.54米；底长3.26、宽1.80米；深4.62米。墓葬上部壁斜直内收，收分明显，下部壁面平直，东、西两纵壁自3.20米处向下0.10米深略有坍塌，平底，修建规整，无工具加工痕迹。墓内填松散的褐色五花土，含红烧土点、木炭屑等，出土极少量陶片。

葬具为一椁，南北向摆放，残存部分板灰。长1.60～1.80、宽1.20、残高0.54米，椁板厚底不明。

葬式不详。

墓葬内出土陶罐1、陶灯1、陶器盖1件（图七一六）。

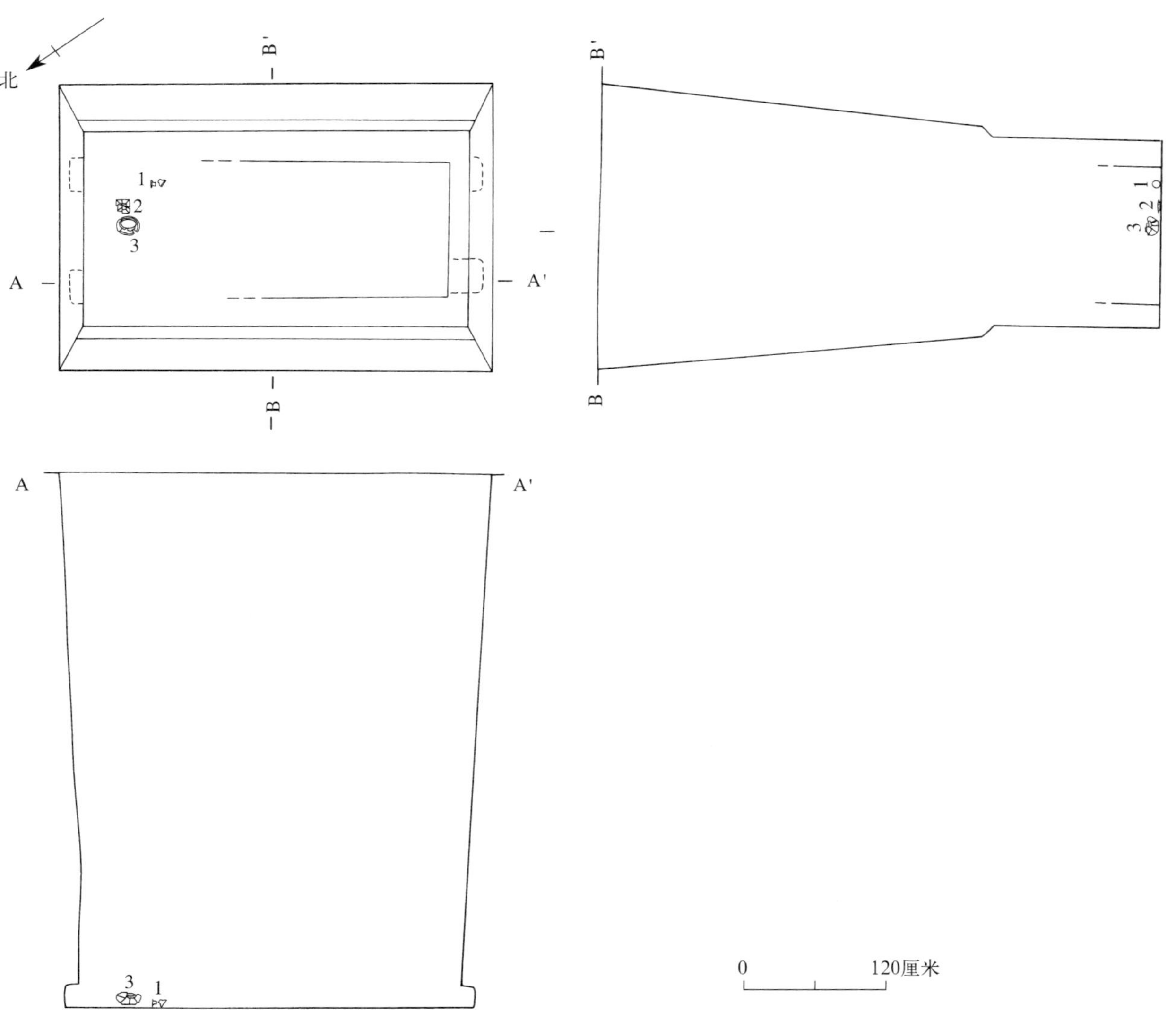

图七一六　M474平、剖面图

1.陶灯　2.陶器盖　3.扁腹陶罐

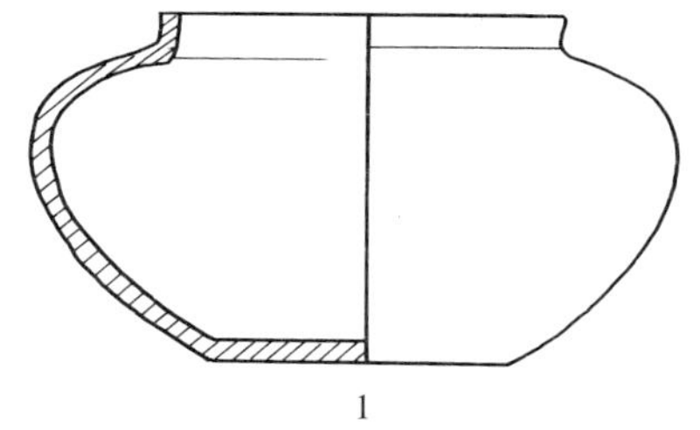

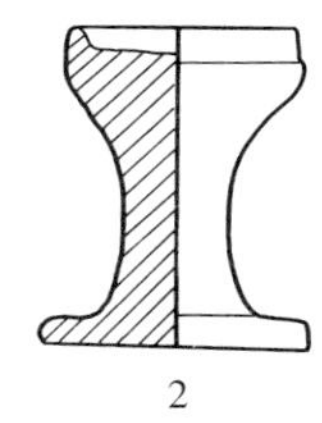

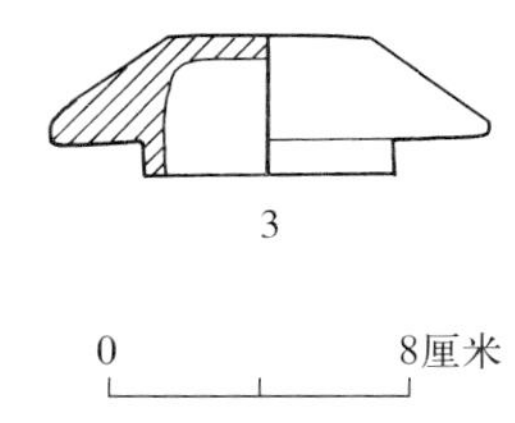

图七一七　M474出土陶器

1.扁腹罐M474：3　2.灯M474：1　3.器盖M474：2

（二）出土遗物

陶器

3件。

扁腹罐　1件。

M474：3，泥质灰陶。直口，方唇，矮领，广肩，弧腹，最大径位于腹上端，平底。素面，器身有刮抹痕迹。口径12.4、最大径19.6、底径9.4、高10.8厘米（图七一七，1）。

灯　1件。

M474：1，泥质灰陶。浅腹形灯盘，子母口内敛，方唇，平底，底部正中相连一柱状高柄，圆柄形底座。器身有刮削痕迹。灯盘直径6.3、底座直径7.6、高8.8厘米（图七一七，2）。

器盖　1件。

M474：2，泥质灰陶。正方覆斗形子母口。素面。顶边长5.6、底边长11.6、高4.0厘米（图七一七，3）。

四三〇　M475

（一）墓葬形制

该墓位于墓群E区北部。开口于①层下，开口距地表0.40～0.70米，被M469打破。

竖穴墓道土洞墓，残长3.40米，方向18°。由墓道、墓室二部分组成。墓道位于墓室北端，平面呈梯形，南宽北窄，口底同大。残长0.80、宽1.04～1.10米；残深1.10米。直壁，平底。墓室为土洞式，平面呈长方形，口底同大。长2.60、宽1.30米；高1.30米。周壁平直，平底，底低于墓道底0.20米，墓室东侧纵壁南端有一宽0.20、深0.08米的凹槽，整个墓葬修建规整，无工具加工痕迹。

墓内填松散的褐色五花土，含红烧土点、木炭屑等，出土较少量的陶片。

葬具不详。

葬式不详。

盗洞1个，位于墓室东北角，自墓顶直通墓底。平面呈圆角长方形，长1.80、宽1.18米。

墓葬内出土陶鍪1、陶罐2件（图七一八）。

（二）出土遗物

陶器

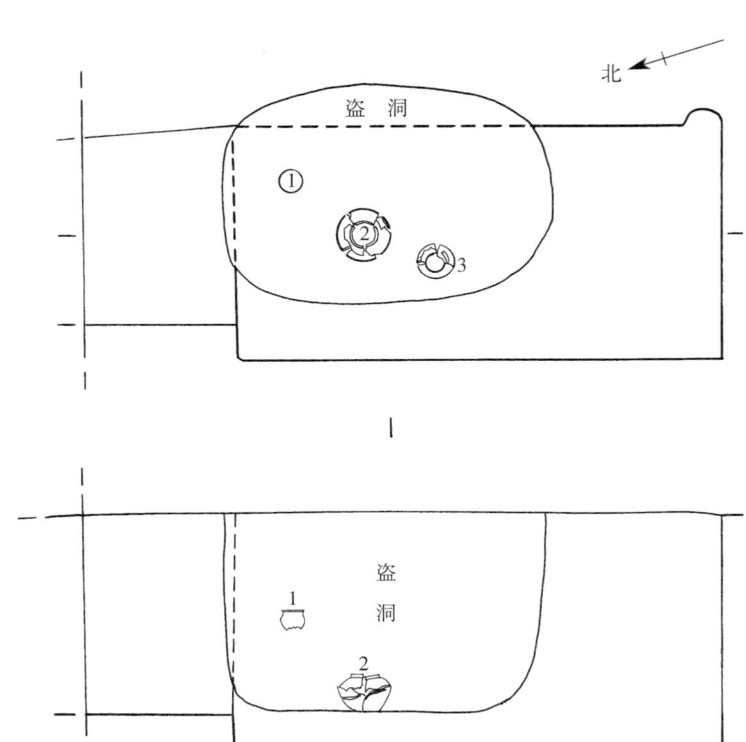

图七一八　M475平、剖面图

1.无耳无鋬陶鍪　2、3.大口陶罐

3件。

大口罐　2件。

M475：2，泥质灰陶。直口，圆唇，矮领，溜肩，深弧腹，最大径位于肩腹交接处，平底。腹上部饰网格纹，器身有刮抹痕迹。口径15.6、最大径35.6、底径14.8、高21.6厘米（图七一九，1）。

M475：3，泥质灰陶。直口，圆唇，矮领，领上端有凸棱，溜肩，深弧腹，最大径位于肩、腹交接处，

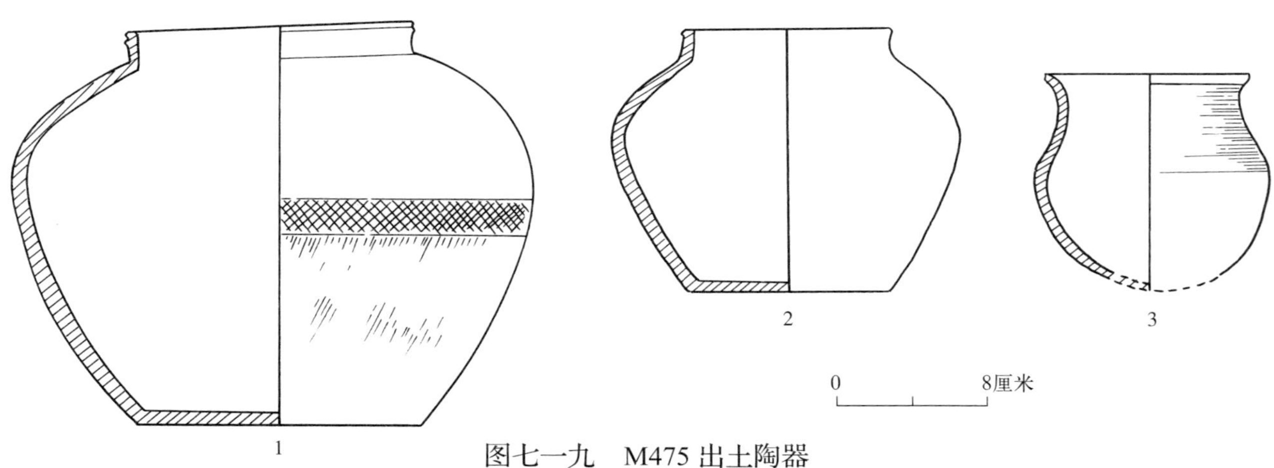

图七一九　M475出土陶器

1、2.大口罐M475：2、3　3.无耳无鋬鍪M475：1

平底。素面，器身有刮抹痕迹。口径 11.2、最大径 18.4、底径 10.4、高 14.4 厘米（图七一九，2）。

无耳无錾鍪　1 件。

M475：1，残，夹砂灰陶。侈口，外斜沿，圆唇，束颈，圆腹，最大径位于腹上部，底缺失。素面，口部轮制痕迹明显。口径 10.8、最大径 12.4、残高 11.6 厘米（图七一九，3）。

四三一　M476

（一）墓葬形制

该墓位于墓群 E 区北部。开口于①层下，开口距地表 0.40 米。

斜坡墓道土坑墓，残长 4.30 米，方向 20°。由墓道、墓室二部分组成。

墓道位于墓室北端，北高南低呈斜坡状，坡度 18°，平面呈长方形，口底同大。残长 1.20、宽 1.20 米；深 1.00 ～ 1.40 米。直壁。墓室为土坑式，平面呈长方形，口底同大。长 3.10、宽 1.40 米；深 1.60 米。周壁平直，东西两壁北端 0.10 米向内弧收，与墓道相连接，平底，底低于墓道南端底 0.20 米，墓室东侧纵壁南端有一宽 0.20、深 0.08 米的凹槽，墓葬修建规整，无工具加工痕迹。墓内填松散的褐色五花土，含红烧土点、木炭屑等出土较少量的陶片。

葬具不详。

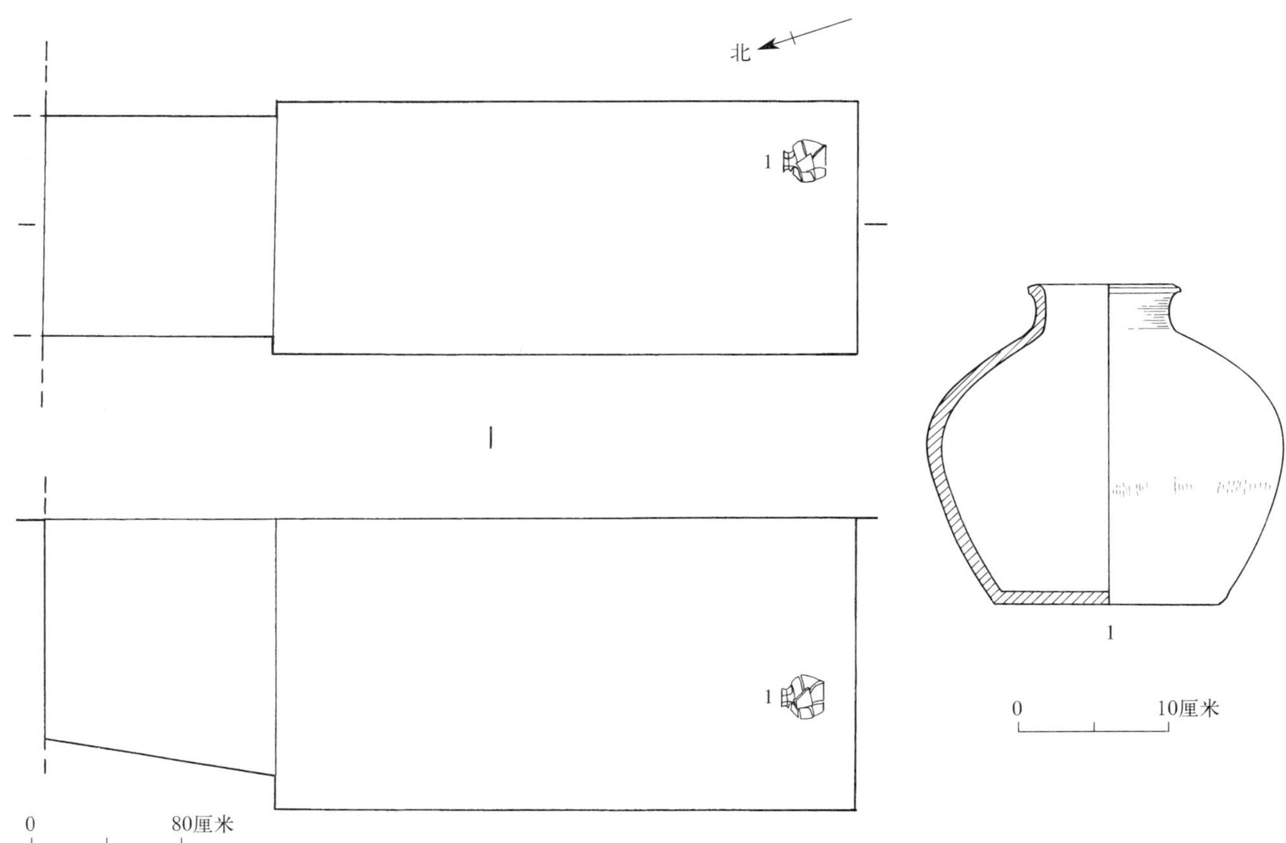

图七二〇　M476 平、剖面图及出土陶器

1.小口罐

葬式不详。

墓室内出土陶罐1件（图七二〇）。

（二）出土遗物

陶器

1件。

小口罐 1件。

M476：1，泥质灰陶。侈口，窄沿外撇，沿面内凹，方唇，矮领较直，溜肩，弧腹，最大径位于腹上端，平底。腹中部饰暗绳纹，口部轮制痕迹明显，器身有刮抹痕迹。口径10.9、最大径24.8、底径15.6、高22.8厘米（图七二〇，1）。

四三二 M479

（一）墓葬形制

该墓位于墓群E区北部。开口于①层下，开口距地表0.20～0.70米，东南部被一现代墓打破。

竖穴土坑墓，平面呈长方形，方向35°，口底同大。长2.00、宽1.00米；深0.70米。直壁，平底，修建规整，无工具加工痕迹。墓内填松散的褐色五花土，含红烧土点、木炭屑等，出土极少量陶片。

葬具不详。

葬式不详（图七二一）。

（二）出土遗物

无出土器物。

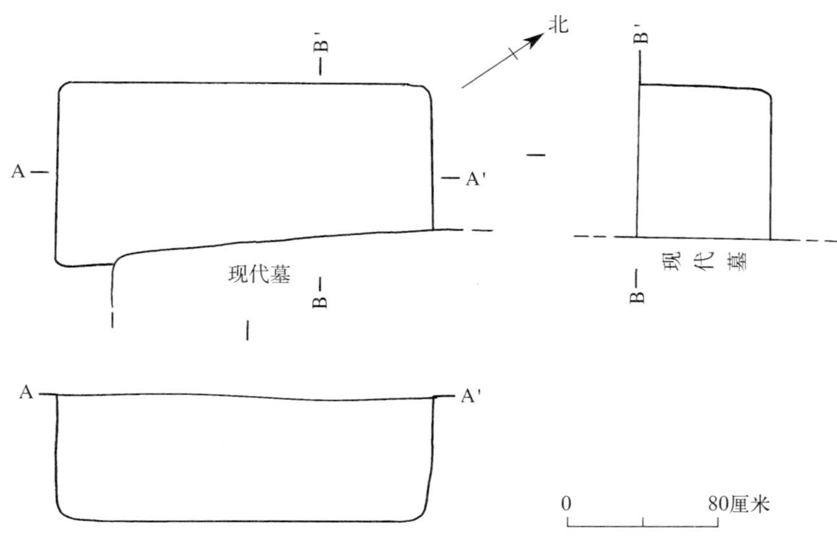

图七二一 M479平、剖面图

四三三　M480

（一）墓葬形制

该墓位于墓群 E 区北部。开口于①层下，开口距地表 0.20 ～ 0.70 米，东南角被 M479 打破。竖穴土坑墓，平面呈长方形，方向 120°，口大底小。上口长 3.60、南北宽 2.60 米；底长 3.04、

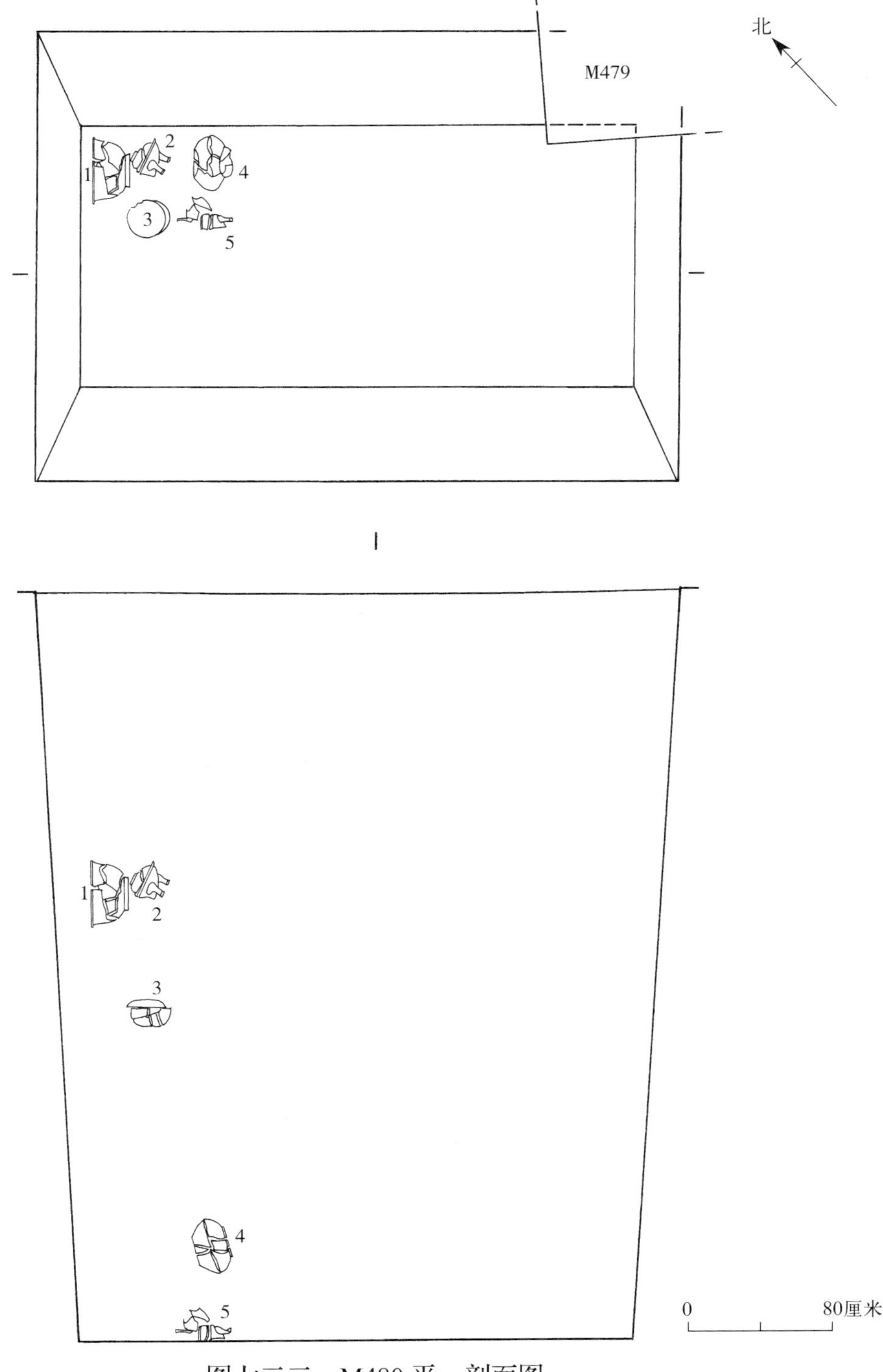

图七二二　M480 平、剖面图

1.簋形陶甑　2.陶锜　3.陶盒　4.扁腹陶罐　5.陶鼎

宽 1.50 米；深 4.24 米。斜壁内收，收分明显，平底，修建规整，无工具加工痕迹。墓内填松散的褐色五花土，含红烧土点、木炭屑等，出土少量陶片。

葬具不详。

葬式不详。

墓葬内出土陶鼎 1、陶盒 1、陶锜 1、陶甑 1、陶罐 1 件（图七二二）。

（二）出土遗物

陶器

5 件。

鼎　1 件。

M480∶5，泥质灰陶。覆钵形器盖，器身子母口内敛，圆唇，弧腹，圜底近平，腹底交接处有一凸棱，下接三蹄足，蹄足肥硕，足跟外鼓，着地处微外撇，腹上端接两附耳，耳上端外撇。器身素面。口径 17.6、腹径 20.0、裆高 2.0、通高 15.6 厘米（图七二三，1；彩版一九九，3）。

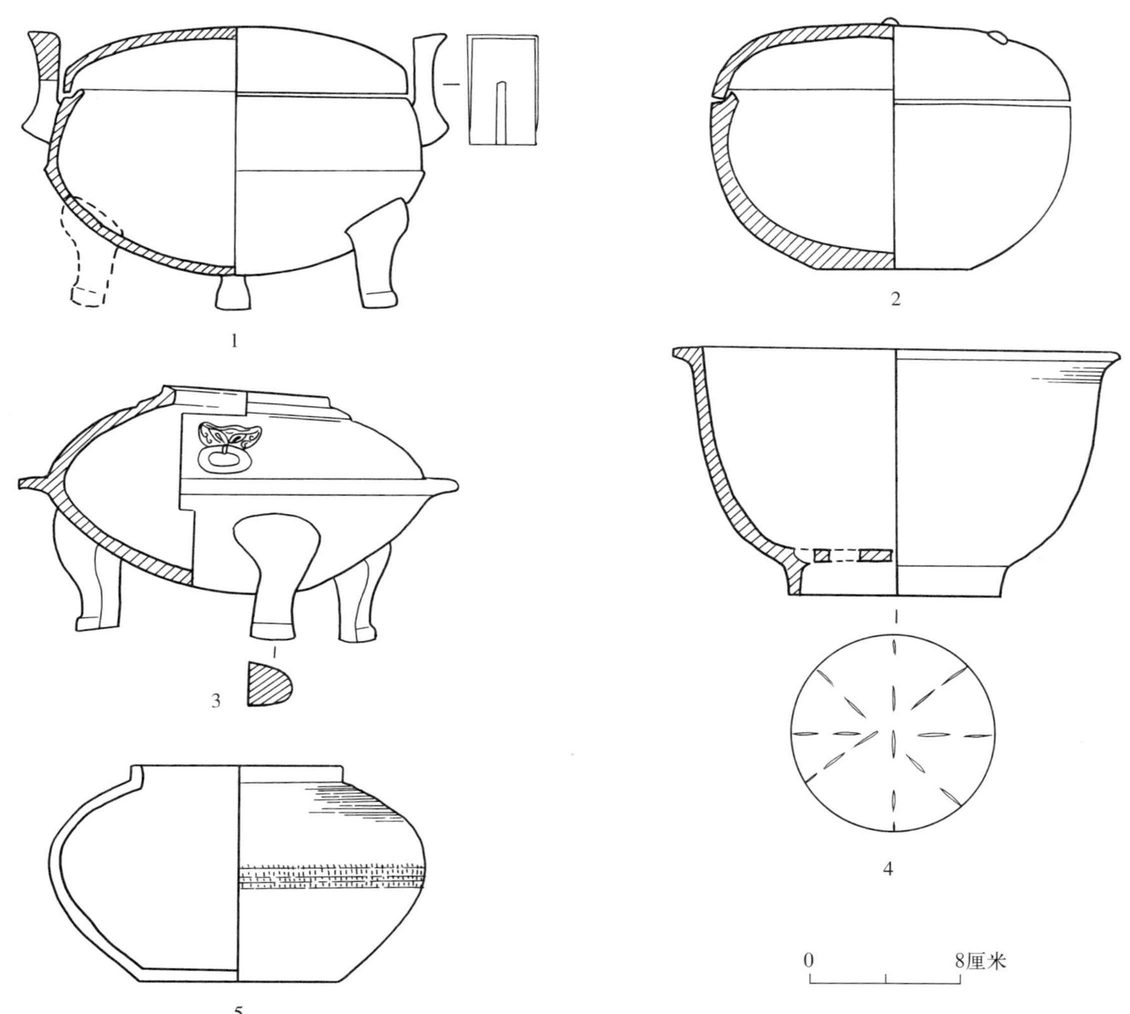

图七二三　M480 出土陶器

1.陶鼎M480∶5　2.陶盒M480∶3　3.陶锜M480∶2　4.簋形甑M480∶1　5.扁腹罐M480∶4

盒　1件。

M480：3，泥质灰陶。覆钵形器盖，盖顶附加三个乳丁，器身呈子母口内敛，圆唇，深弧腹，平底。素面，器身有轮制痕迹。口径18.0、底径8.0、高14.6厘米（图七二三，2）。

锜　1件。

M480：2，泥质灰陶。器身似一釜，直口，方唇，矮领，圆肩，浅腹，圜底，三蹄足较为肥硕，腹部有一隔棱，最大径位于隔棱处，肩部对称处附加两兽形铺首衔环。素面。口径8.8、最大径24.7、隔棱宽1.8、裆高2.6、通高13.6厘米（图七二三，3；彩版一九九，4）。

簋形甑　1件。

M480：1，泥质灰陶。敞口，宽沿微外撇，方唇，深弧腹，平底，矮圈足，底部饰麦粒状箅孔。素面，口部有轮制痕迹，器身有刮抹痕迹。口径23.6、底径11.2、圈足高1.8、通高13.6厘米（图七二三，4）。

扁腹罐　1件。

M480：4，泥质灰陶。直口，圆唇，矮领，圆肩，弧腹，最大径位于腹上端，平底。腹上端先饰竖向细绳纹，再于其上饰数道弦纹，将之分割成数段，口部轮制痕迹明显，器身有刮抹痕迹。口径11.8、最大径21.2、底径10.8、高12.4厘米（图七二三，5）。

四三四　M481

（一）墓葬形制

该墓位于墓群E区北部。开口于①层下，开口距地表0.30米。

竖穴土坑墓，平面呈长方形，方向35°，口大底小，有生土二层台。上口长3.66、宽2.90米；二层台台面距墓口1.46米，四侧二层台面宽均为0.10米；底长3.26、宽2.20米；深4.74米。二层台以上部分壁面斜直内收，收分明显，二层台以下壁面平直，平底，修建规整，无工具加工痕迹。墓内填松散的褐色五花土，含红烧土点、木炭屑等，出土极少量陶片。

葬具为一椁一棺，南北向摆放，残存部分板灰。椁长3.06、宽2.00、残高0.80米，椁板厚度不明；棺长2.10、宽1.56、残高0.40米，棺板厚度不明。

葬式不详（图七二四）。

墓葬内出土陶罐1、铜带钩1、铜环1件。

（二）出土遗物

1. 陶器

1件。

小口罐　1件。

M481：3，泥质灰陶。侈口，窄沿外撇，方唇，高领，圆肩，深弧腹，最大径位于肩腹交接处，底内凹。肩、腹中部饰斜向竖绳纹，绳纹之上饰数道弦纹，将之分割成数段，领部有轮制痕迹，器身有刮抹痕迹。口径11.5、最大径28.5、底径15.0、高23.5厘米（图七二五，1）。

2. 铜器

2件。

带钩　1件。

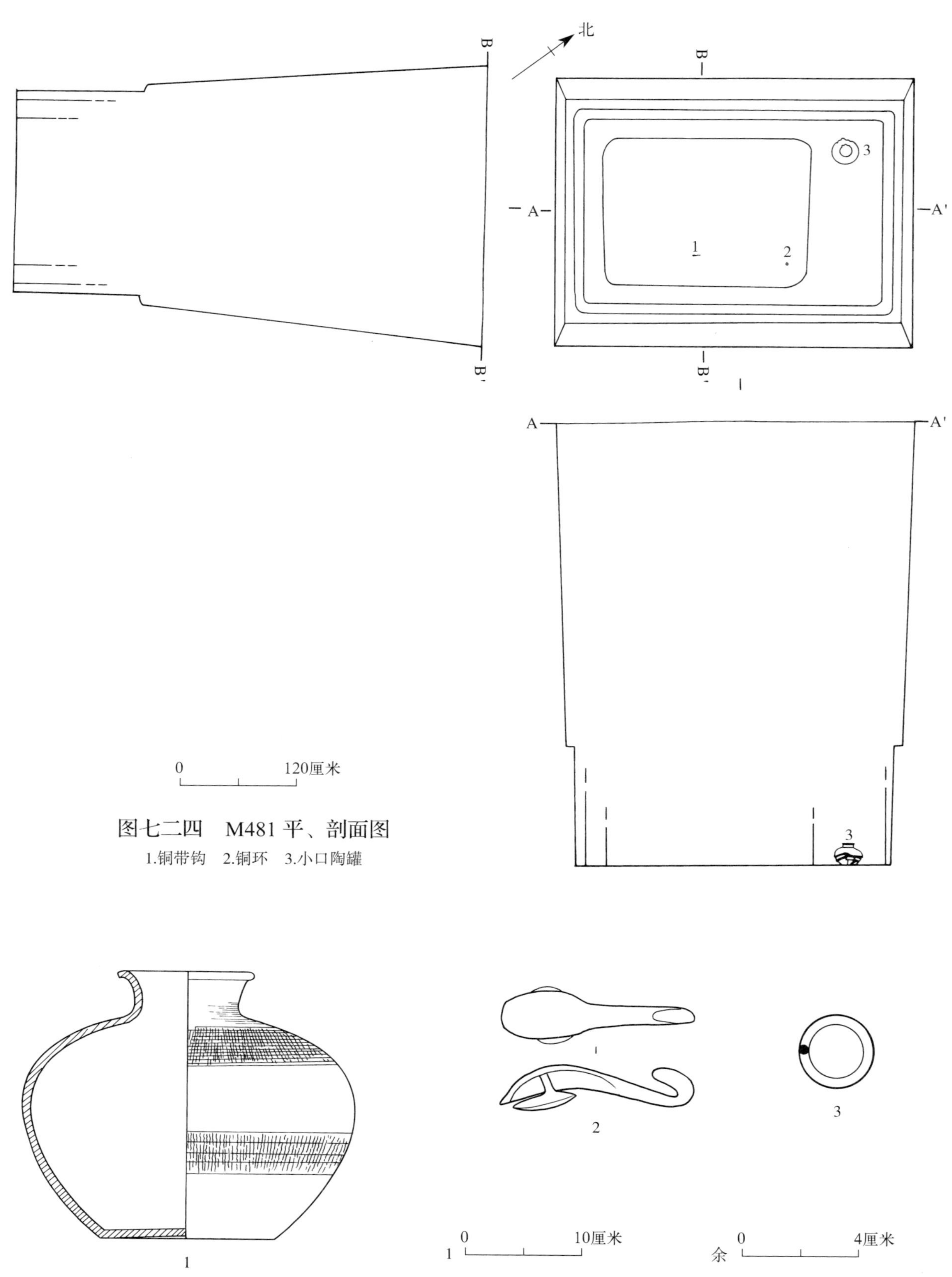

图七二四　M481平、剖面图
1.铜带钩　2.铜环　3.小口陶罐

图七二五　M481出土器物
1.小口陶罐M481：3　2.铜带钩M481：1　3.铜环M481：2

M481：1，锈蚀。琵琶形，体较肥硕，圆形纽位于体身下部。素面。长 6.6、纽径 2.0 厘米（图七二五，2）。

环　1 件。

M481：2，圆环形，截面呈圆形。素面。外径 2.6、内径 2.0、厚 0.3 厘米（图七二五，3）。

四三五　M482

（一）墓葬形制

该墓位于墓群 D 区东北部。开口于①层下，开口距地表 0.20 ～ 0.30 米。

竖穴土坑墓，平面呈长方形，方向 90°，口底同大，有生土二层台。长 2.88、宽 2.10 米；二层台台面至墓口 1.40 ～ 1.60 米，东西两侧无二层台，南北两侧台面宽度均为 0.10 米；底长 2.88、宽 1.90 米；深 2.50 ～ 2.76 米。壁面平直，平底，修建规整，无工具加工痕迹。墓内填松散的褐色五花土，含红烧土点、木炭屑等，出土极少量陶片。

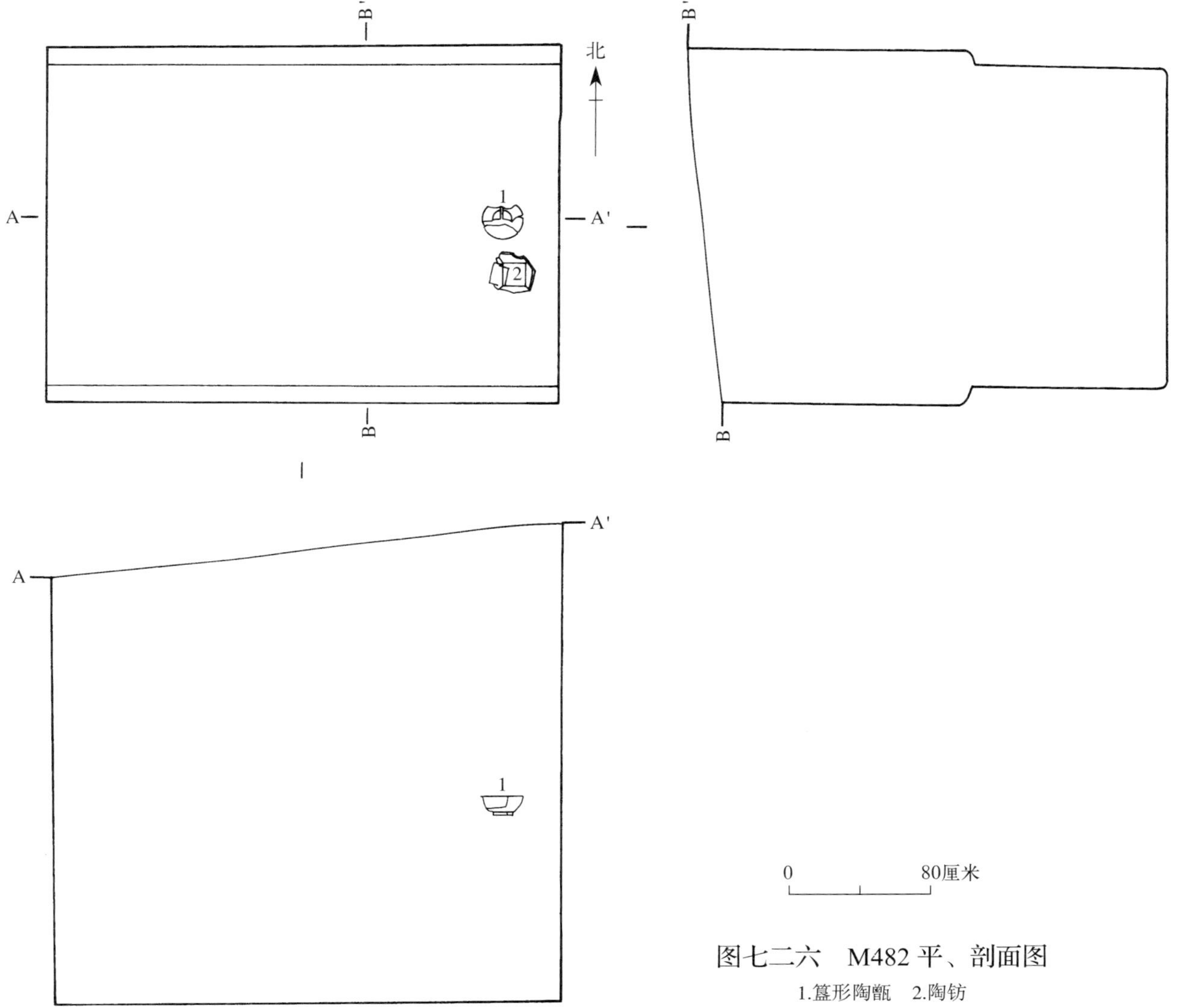

图七二六　M482 平、剖面图

1.簋形陶甑　2.陶钫

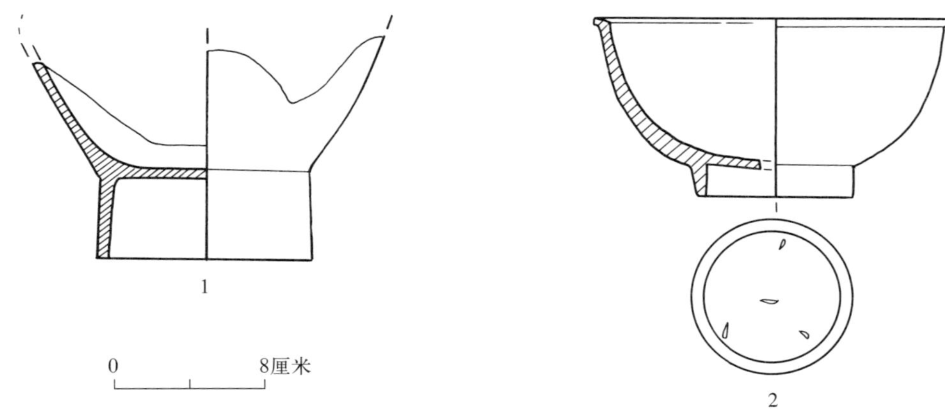

图七二七 M482出土陶器

1.钫M482：2 2.篡形甑M482：1

葬具不详。

葬式不详。

墓葬内出土陶钫1、陶甑1件（图七二六）。

（二）出土遗物

陶器

2件。

钫 1件。

M482：2，残，泥质灰陶。正方形直口，方唇，高领，腹缺失，圆腹，平底，下接方形高圈足。素面。口边长10.8、底径11.6、圈足高4.8厘米（图七二七，1）。

簋形甑 1件。

M482：1，泥质灰陶。敞口，窄沿内敛，方唇，深弧腹，底内凸，矮圈足。素面，底部镂麦粒状戳刺纹。口径18.8、底径8.4、圈足高1.6、通高10.0厘米（图七二七，2）。

四三六 M483

（一）墓葬形制

该墓位于墓群D区东北部。开口于②层下，开口距地表0.80米，西端上部被断坎打破。

竖穴土坑墓，平面呈长方形，方向100°，口底同大。残长2.40～3.00、宽1.40米；残深0.54～1.20米。壁面平直，平底，修建规整，无工具加工痕迹。墓内填松散的褐色五花土，含红烧土点、木炭屑等，出土极少量陶片。

葬具为一棺，南北向摆放，残存部分板灰。长1.80、宽0.88、残高0.40米，椁板厚度不明。

葬式不详。

该墓整体被盗扰。

墓葬内出土铜镦1件（图七二八）。

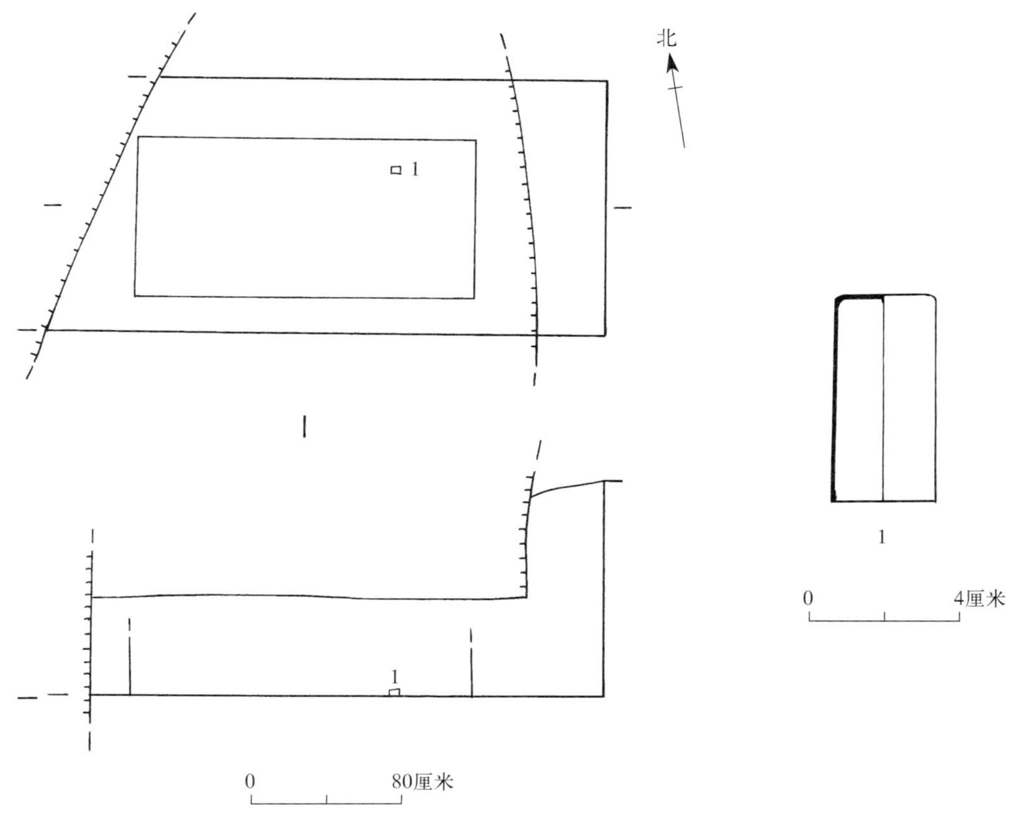

图七二八　M483 平、剖面图及出土铜器
1.镦

（二）出土遗物

铜器

1 件。

镦　1 件。

M483：1，空心圆柱状。素面。直径 2.8、长 7.8 厘米（图七二八，1）。

四三七　M484

（一）墓葬形制

该墓位于墓群 D 区中部。开口于①层下，开口距地表 3.50 ～ 4.00 米。

竖穴土坑墓带壁龛，平面呈长方形，方向 278°，口大底小，有生土二层台。上口长 3.60、宽 2.60 米；二层台台面至墓口深 1.80 ～ 2.10 米，东侧二层台面宽 0.16、南侧二层台面宽 0.20、北侧二层台面宽 0.24 米，西侧无二层台；底长 2.64、宽 1.36 米；深 2.60 ～ 2.90 米。二层台以上壁面斜直内收，收分明显，二层台以下直壁，平底，修建规整，无工具加工痕迹，壁龛的南侧底部放置一块青色片状砂石。壁龛位于西壁下端中部，底与墓底齐平。弧形顶。宽 1.35、进深 0.40、高 0.55 米。墓内填松散的褐色五花土，含红烧土点、木炭屑等，出土极少量陶片。

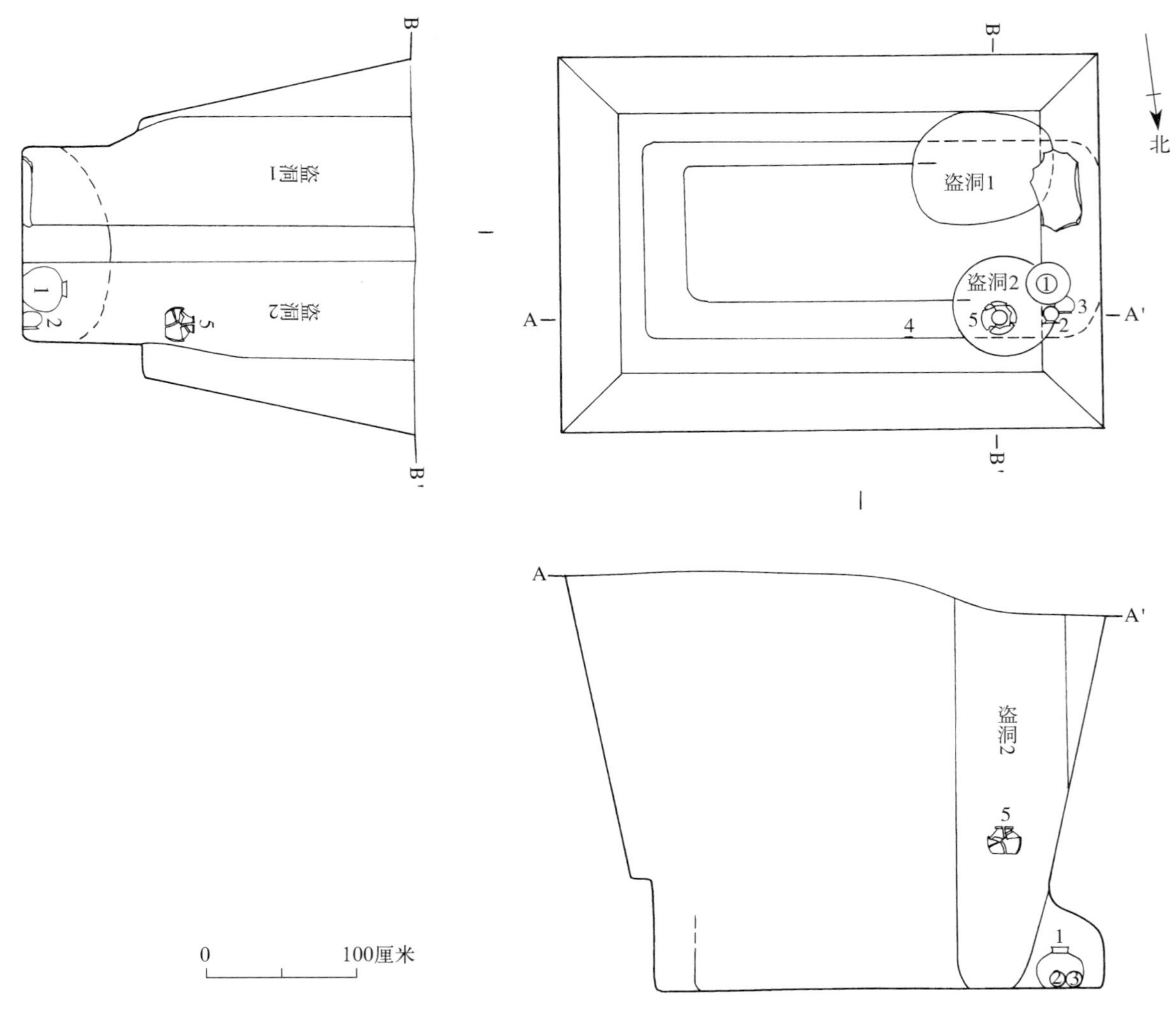

图七二九 M484平、剖面图
1、5.小口陶罐 2.小口旋纹陶罐 3.带鋬釜 4.骨饰件

葬具为一椁，东西向摆放，残存板灰，结构不明。残长 1.50 ~ 1.75、宽 0.95、残高 0.30 米，椁板厚度不明。

葬式不详。

盗洞 2 个，均自墓顶直通墓底。盗洞 1 位于墓葬西南部，椭圆形，长 0.78 ~ 0.95 米；盗洞 2 位于墓葬西北角，圆形，直径 0.70 米。

墓葬内出土陶罐 1、骨饰件 1 件；壁龛内出土陶罐 2、陶釜 1 件（图七二九；彩版二〇〇，1）。

（二）出土遗物

1. 陶器

4 件。

小口罐 2 件。

M484：1，泥质灰陶。侈口，宽平沿，沿面中部内凹，方唇，唇缘有凹槽，束颈，溜肩，深弧腹，最大径位于腹上端，平底。肩、腹部先饰竖绳纹，再于其上饰数道弦纹，将之分割成数段，底部饰一方印，领部轮制痕迹明显，器身刮抹痕迹明显。口径 11.5、最大径 30.0、底径 13.5、高 29.0 厘米（图七三〇，1）。

M484：5，泥质灰陶。侈口，宽沿，沿面中部隆起，方唇，斜高领，溜肩，圆腹，最大径位于腹中部，平底。肩、腹部先饰竖绳纹，再于其上饰数道弦纹，将之分割成数段，器身刮抹痕迹明显。口径 11.5、最大径 22.5、底径 14.0、高 21.0 厘米（图七三〇，2）。

小口旋纹罐　1 件。

M484：2，泥质灰陶。侈口，宽平沿，沿面中部内凹，方唇，斜高领，溜肩，圆腹，最大径位于腹上端，平底。领部先饰绳纹后抹掉，残留部分绳纹纹理，肩、腹部先饰竖绳纹，再于其上饰数道弦纹，将之分割成数段，口部轮制痕迹明显，器身刮抹痕迹明显。口径 10.8、最大径 19.2、底径 10.4、高 15.2 厘米（图七三〇，3）。

带鋬釜　1 件。

M484：3，夹砂灰陶。侈口，外斜沿，圆唇，敛颈，圆腹，最大径位于腹中部，圜底，腹上部附加一鋬手。腹部以上饰斜向细绳纹，口部有轮制痕迹。口径 10.8、最大径 13.0、高 10.8 厘米（图七三〇，4；彩版二〇〇，2）。

2. 骨器

1 件。

饰件　1 件。

M484：4，系用动物骨骼加工而成。环形。器表饰两道凸棱。直径 1.4、高 0.6 厘米（图七三〇，5）。

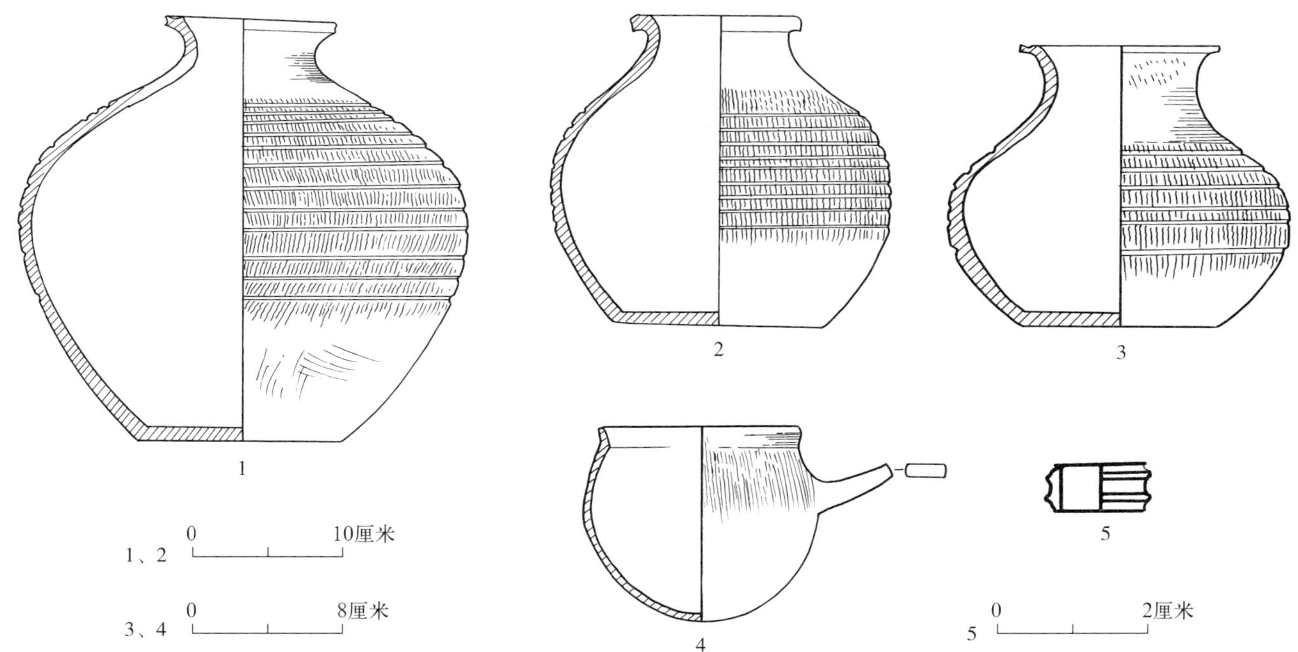

图七三〇　M484 出土陶器

1、2.小口陶罐M484：1、5　3.小口旋纹陶罐M484：2　4.带鋬陶釜M484：3　5.骨饰件M484：4

四三八　M485

（一）墓葬形制

该墓位于墓群D区中部。开口于①层下，开口距地表2.50米。

竖穴土坑墓带壁龛，平面呈梯形，东长西短，方向340°，口大底小，下有生土二层台。上口长3.40～3.60、宽2.55米；二层台台面至墓口深2.60米，东、西、南三侧台面宽均为0.20米，北侧无二层台；底长2.20、宽1.16米；深3.60米；二层台以上壁面斜直内收，收分明显，二层台以下直壁，

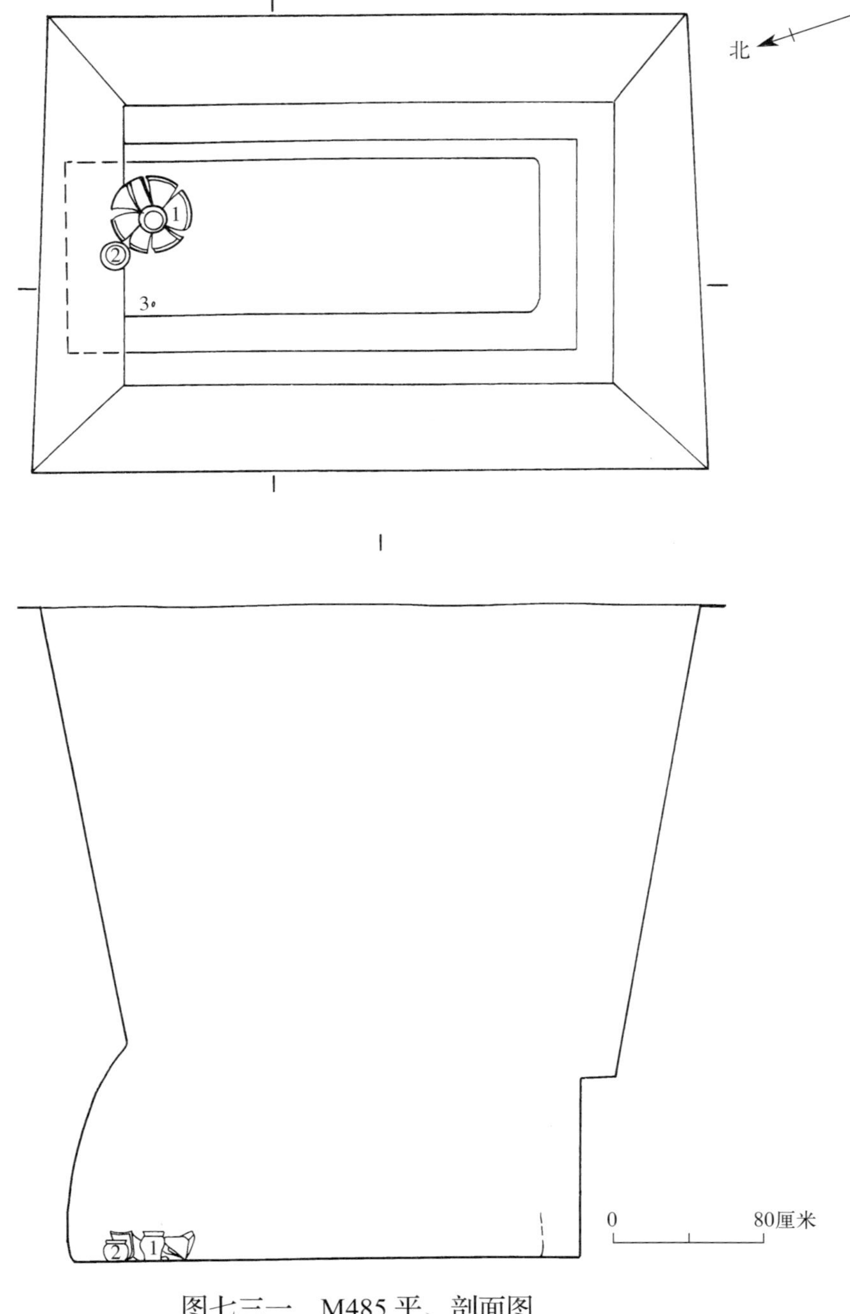

图七三一　M485平、剖面图

1.小口陶罐　2.带鋬陶鋬　3.铜环

平底，修建规整，无工具加工痕迹。壁龛位于北壁下端中部，底与墓底齐平。弧形顶。宽 1.05、进深 0.30、高 1.20 米。墓内填松散的褐色五花土，含红烧土点、木炭屑等，出土极少量陶片。

葬具为一椁，残存板灰，南北向摆放，长 2.20、宽 0.84、残高 0.10 米，椁板厚度不明。

葬式不详。

该墓整体被盗扰。

墓葬内出土铜衔环 1 件；壁龛内出土陶罐 1、陶鍪 1 件（图七三一）。

（二）出土器物

1. 陶器

2 件。

小口罐　1 件。

M485：1，泥质灰陶。侈口，平沿，方唇，高领，溜肩，圆腹，最大径位于腹上端，底微内凹。肩、腹上部先饰竖绳纹，再于其上饰数道弦纹，将之分割成数段，领部轮制痕迹明显，器身有刮抹痕迹。口径 12.0、最大径 29.5、底径 14.5、高 28.2 厘米（图七三二，1）。

带鋬鍪　1 件。

M485：2，夹砂灰陶。侈口，外斜沿，圆唇，束颈，溜肩，圆腹，最大径位于腹上端，圜底，腹上端附加一器耳，残损，形制不明。腹部以下饰斜向绳纹，口部有轮制痕迹。口径 11.2、最大径 15.3、高 12.0 厘米（图七三二，2）。

2. 铜器

1 件。

环　1 件。

M485：3，一端有套环，与环相连。素面。环外径 1.4、内径 1.0、厚 0.2、通高 2.0 厘米（图七三二，3）。

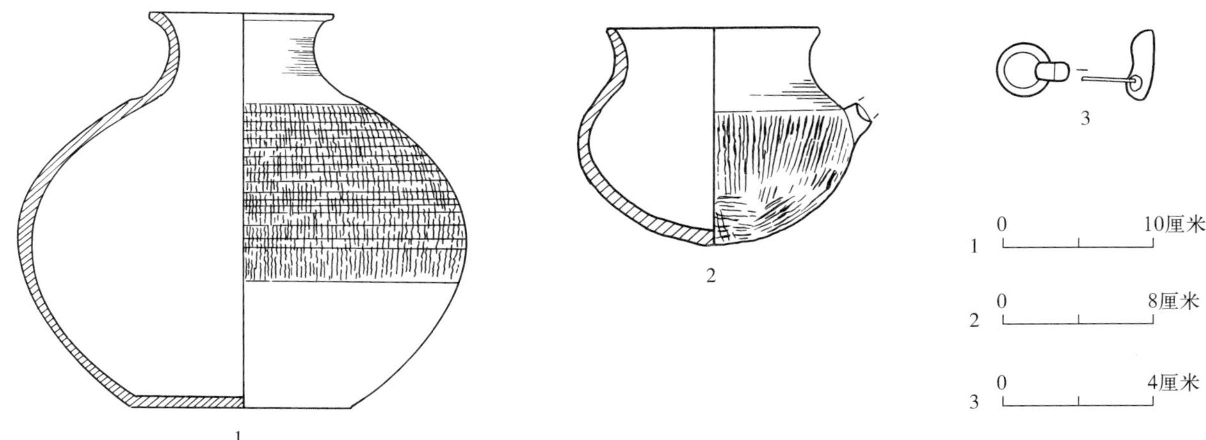

图七三二　M485 出土器物

1.小口陶罐M485：1　2.带鋬陶鍪M485：2　3.铜环M485：3

四三九　M489

（一）墓葬形制

该墓位于墓群D区中部。开口于②层下，开口距地表2.20米，分别被M486、M487、M488打破。

竖穴土坑墓，平面呈长方形，方向255°，口底同大。长2.60、宽1.50米；深2.30米。直壁，平底，修建规整，无工具加工痕迹。墓内填松散的褐色五花土，含红烧土点、木炭屑等，出土极少量陶片。

葬具不详。

葬式不详。

墓葬内出土陶鍪1、陶罐1件（图七三三）。

（二）出土遗物

陶器

2件。

大口罐　1件。

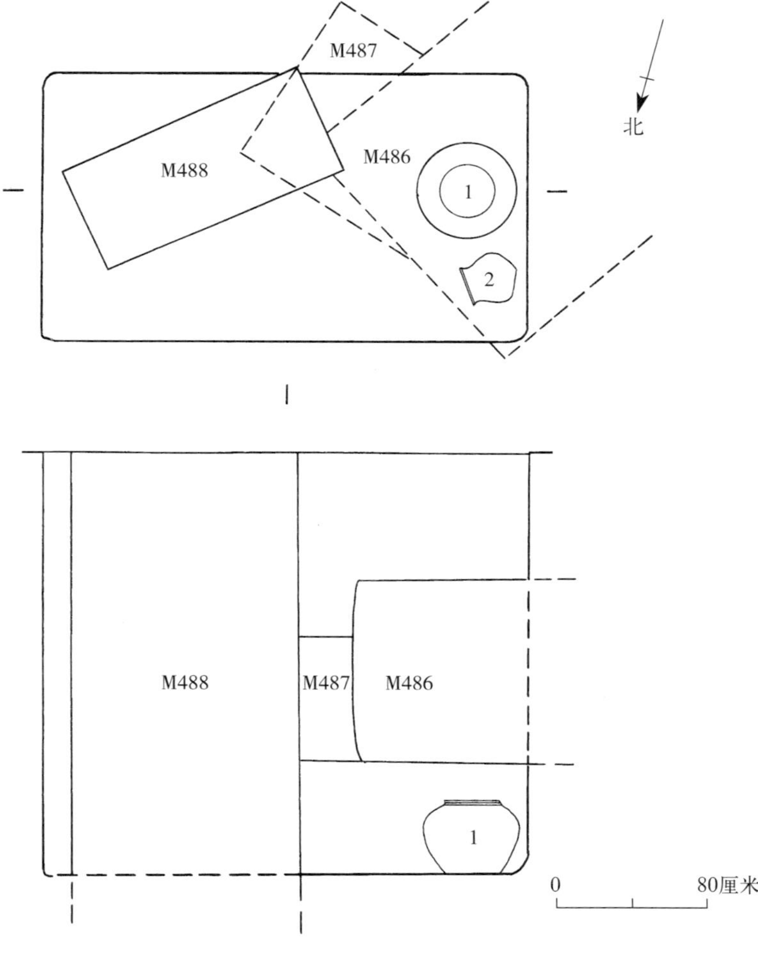

图七三三　M489平、剖面图

1.小口陶罐　2.无耳无鋬鍪

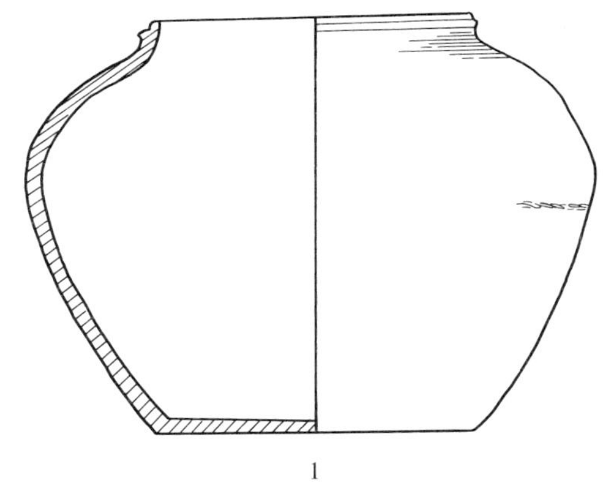

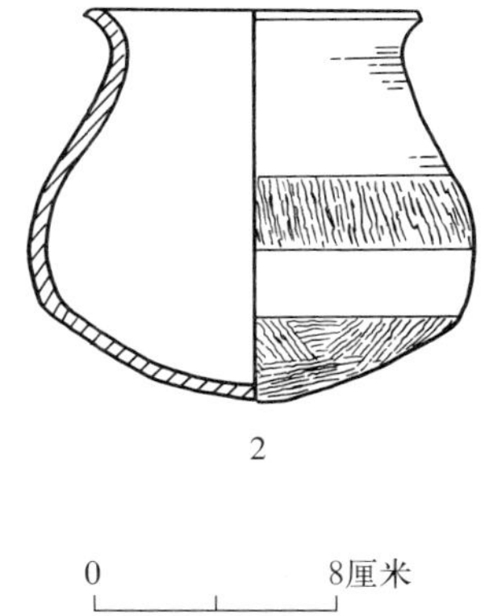

图七三四　M489 出土陶器

1.大口罐M489：1　2.无耳无鋬鋬M489：2

M489：1，泥质灰陶。直口，圆唇，矮领，领上端有凸棱，广肩，深弧腹，最大径位于腹上端，平底。腹上端饰周麦粒状戳刺纹，领部轮制痕迹明显，器身有刮抹痕迹。口径 14.5、最大径 26.6、底径 14.4、高 19.2 厘米（图七三四，1）。

无耳无鋬鋬　1 件。

M489：2，夹砂灰陶。侈口，圆唇，束颈，圆腹，最大径位于腹下部，圜底。上腹部、底部饰细绳纹，颈部轮制痕迹明显，下腹部有刮抹痕迹。口径 11.3、最大径 15.2、高 13.2 厘米（图七三四，2）。

四四〇　M492

（一）墓葬形制

该墓位于墓群 D 区中部。开口于①层下，开口距地表 2.00 米，被 M491 打破。

竖穴土坑墓，平面呈长方形，方向 90°，口大底小。上口长 2.10、宽 1.40 米；底长 1.60、宽 0.90 ～ 1.00 米；深 1.60 米。斜壁内收，收分明显，平底，修建规整，无工具加工痕迹。墓内填松散的褐色五花土，含红烧土点、木炭屑等，出土极少量陶片。

葬具不详。

葬式不详（图七三五）。

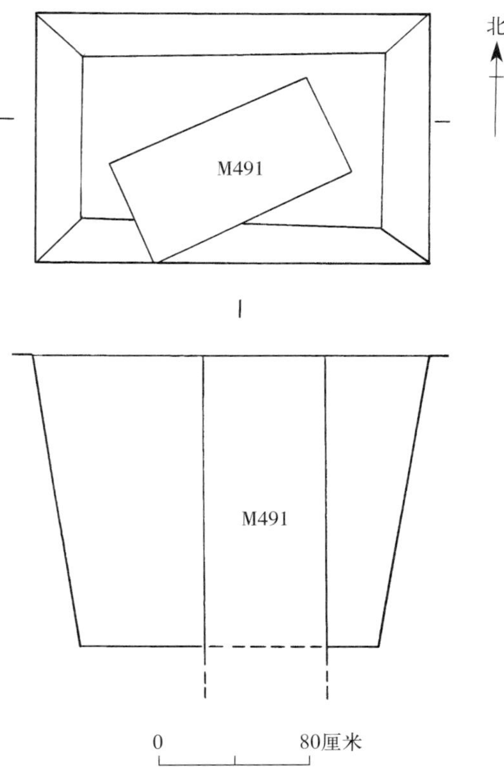

图七三五　M492 平、剖面图

（二）出土遗物

无出土器物。

四四一　M493

（一）墓葬形制

该墓位于墓群 D 区中部。开口于①层下，开口距地表 2.40 米，被 M491 打破。

竖穴土坑墓，平面呈梯形，东宽西窄，方向 88°，口底同大。长 2.00、宽 1.00 ～ 1.20 米；深 1.00 ～ 1.10 米。直壁，平底，修建规整，无工具加工痕迹。墓内填松散的褐色五花土，含红烧土点、木炭屑等，出土极少量陶片。

葬具不详。

葬式不详（图七三六）。

（二）出土遗物

无出土器物。

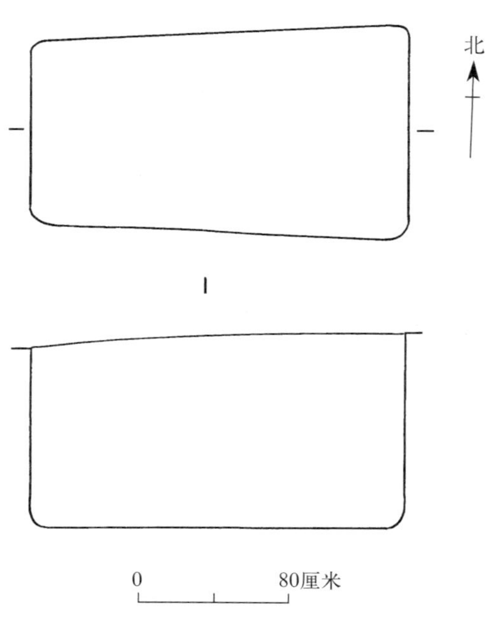

图七三六　M493 平、剖面图

四四二　M495

（一）墓葬形制

该墓位于墓群 D 区中部。开口于①层下，开口距地表 2.20 米，被 M494 打破。

竖穴土坑墓带壁龛，平面呈长方形，方向 278°，口大底小，有生土二层台。上口长 3.70、宽 2.80 米；二层台面距墓口深 2.40 ～ 2.60 米，东、西侧台面宽 0.30、南、北侧台面宽 0.20 米；底长 2.50、宽 1.40 米；深 3.40 ～ 3.54 米。二层台以上壁面斜直内收，收分明显，二层台以下壁面平直，周壁光滑，墓底较平，无工具加工痕迹。壁龛位于二层台西侧壁面中部。平面呈长方形，拱形顶。口宽 1.04、进深 0.40、高 0.74 米。墓内填松散的褐色五花土，含植物根系、木炭屑等。

葬具不详。

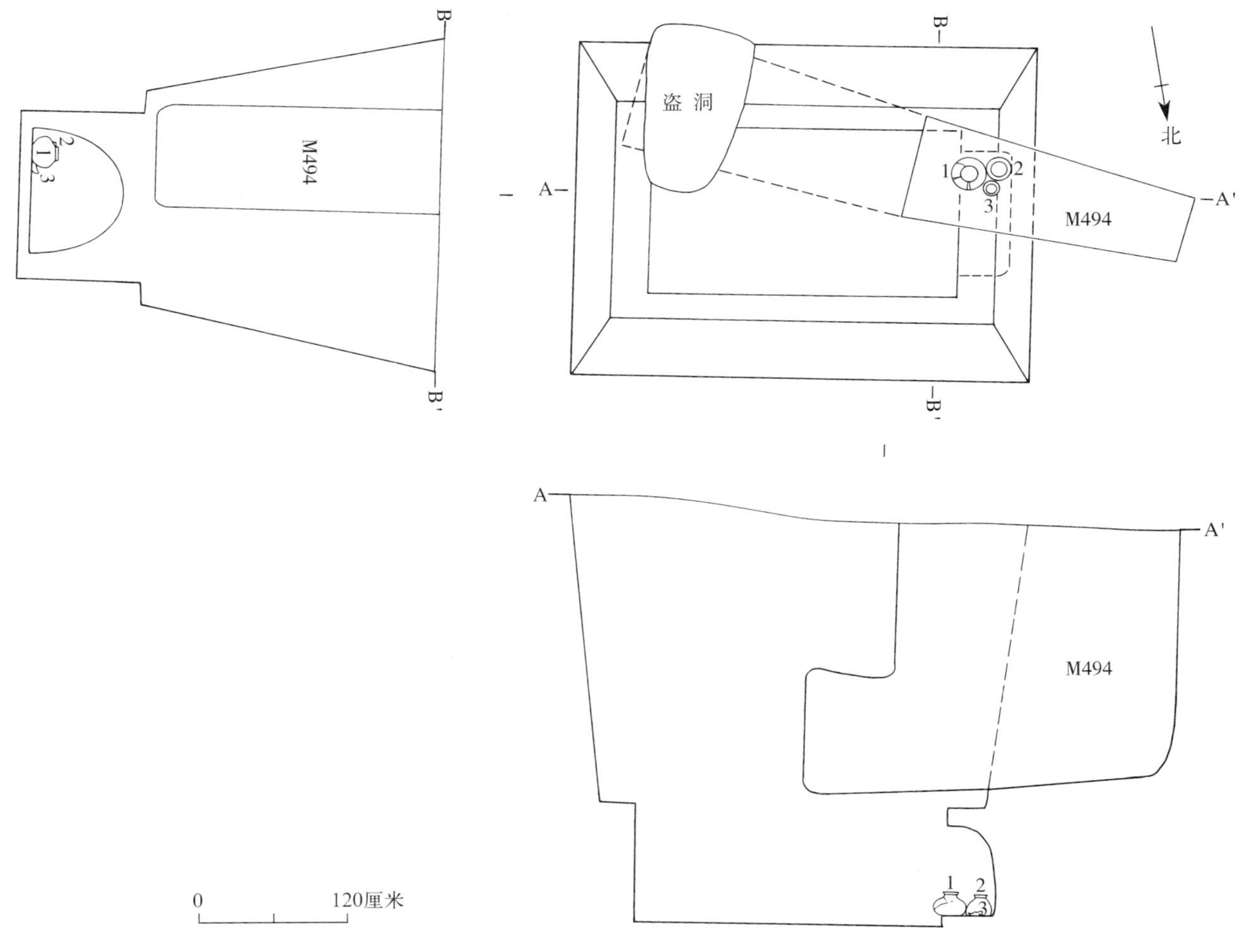

图七三七　M495平、剖面图

1.小口陶罐　2.小口旋纹陶罐　3.陶片

葬式不详。

盗洞1个，位于墓葬东南部，自墓顶直通墓底。平面呈圆角长方形，长1.50、宽0.70～0.80米，与M494为同一盗洞。

壁龛内出土陶罐2、陶片1件（图七三七）。

（二）出土遗物

陶器

3件。

小口罐　1件。

M495∶1，泥质灰陶。侈口，窄沿微外撇，方唇，束颈，溜肩，弧腹内收，最大径位于弧腹交接处，底微内凹。颈部先饰绳纹后抹掉，残留绳纹纹理，肩、腹上部先饰绳纹，再于绳纹之上饰数道凹弦纹，颈部有轮制痕迹。口径11.5、最大径27.5、底径13.5、高25.0厘米（图七三八，1）。

小口旋纹罐　1件。

M495∶2，泥质灰陶。侈口，斜沿，方唇，矮领，广肩，深弧腹，最大径位于腹上端，平底。

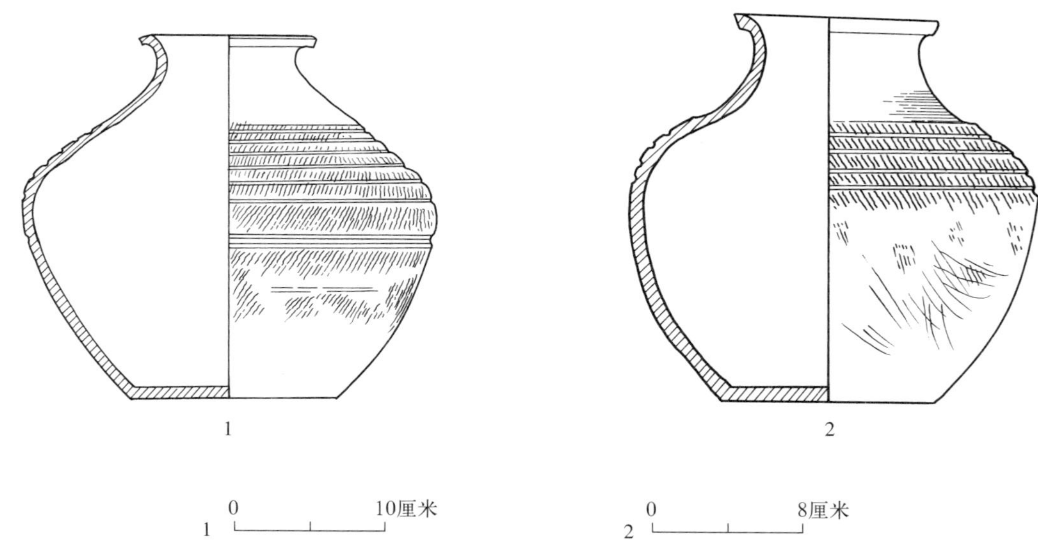

图七三八 M495出土陶器

1.小口罐M495：1 2.小口旋纹罐M495：2

肩部先饰绳纹，再于绳纹之上饰数道凹弦纹，腹中部饰斜向暗绳纹，领部有轮制痕迹，腹下部刮抹痕迹明显。口径10.8、最大径21.6、底径10.8、高21.2厘米（图七三八，2）。

陶片 1件。

M495：3，泥质灰陶。残损严重，器形不明。

四四三 M497

（一）墓葬形制

该墓位于墓群D区中部。开口于①层下，开口距地表2.30米，被M496打破。

竖穴土坑墓，平面呈梯形，方向0°，口大底小，有生土二层台。上口东长3.50、西长3.65、南宽2.84、北宽2.58米；二层台面距墓口深2.10米，东侧台面宽0.30～0.36、西侧台面宽0.42、南侧台面宽0.10、北侧台面宽0.12～0.20米；底东长2.70、西长2.94、宽1.52米；深3.10米。二层台以上壁面斜直内收，收分明显，二层台以下壁面平直，周壁光滑，墓底较平，无工具加工痕迹。墓内填松散的黄褐色五花土，含植物根系、木炭屑等。

葬具不详。

葬式不详。

墓葬内出土陶鼎1、陶壶1、陶罐1件（图七三九；彩版二〇一，1）。

（二）出土遗物

陶器

3件。

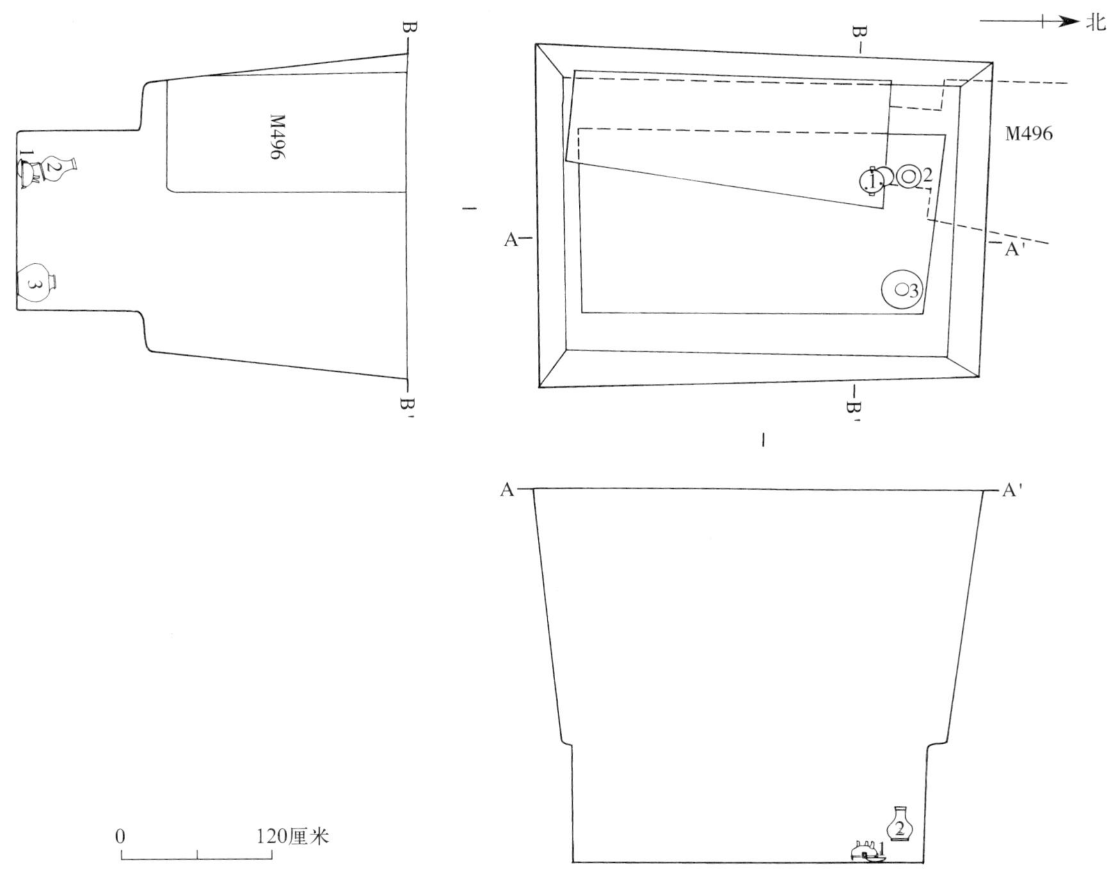

图七三九　M497平、剖面图
1.陶鼎　2.圈足壶　3.小口陶罐

鼎　1件。

M497：1，泥质灰陶。覆钵形器盖，盖顶正中附加圈足状器纽，器身子母口内敛，圆唇，深弧腹，圜底，下接三蹄足，较修长，腹上端接两附耳，耳外撇。素面，腹中部饰一道凸棱，器盖及器身均阴刻“平周”二字，器身有刮抹痕迹。口径17.2、腹径19.6、裆高5.0、通高19.2厘米（图七四〇，1；彩版二〇一，2）。

圈足壶　1件。

M497：2，泥质灰陶。盘口，方唇，高领，溜肩，圆腹，底外凸，矮圈足。素面，器身轮制痕迹明显。口径9.6、最大径21.2、底径13.6、圈足高1.5、通高26.8厘米（图七四〇，2）。

小口罐　1件。

M497：3，泥质灰陶。侈口，宽平沿，方唇，矮领，圆肩，深弧腹，最大径位于腹上端，底微内凹。肩、腹上部先饰竖向斜绳纹，再于绳纹之上饰数道凹弦纹，领部有轮制痕迹，腹下部刮抹痕迹明显。口径12.0、最大径32.0、底径17.5、高29.0厘米（图七四〇，3）。

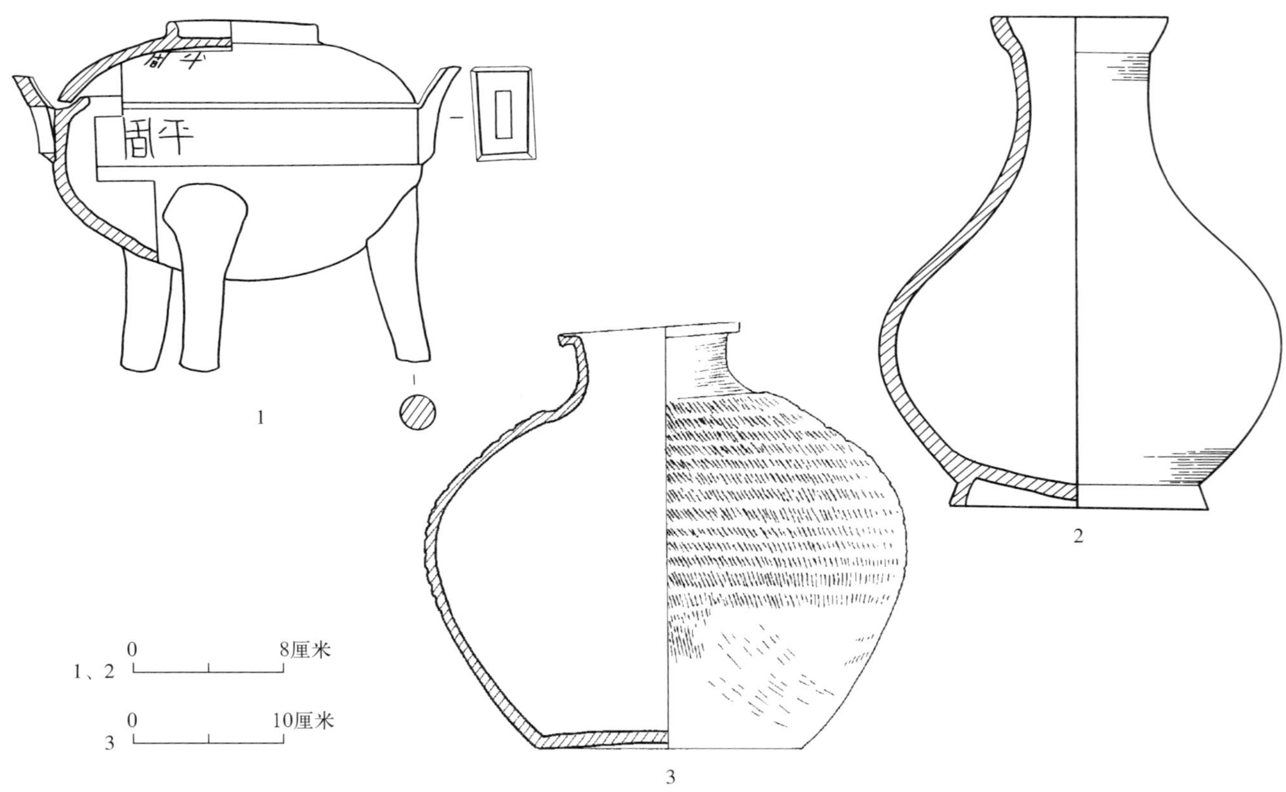

图七四〇　M497出土陶器

1.鼎M497：1　2.圈足壶M497：2　3.小口罐M497：3

四四四　M501

（一）墓葬形制

该墓位于墓群D区中部。开口于①层下，开口距地表1.70米，被M500打破。

竖穴土坑墓带壁龛，平面呈长方形，方向0°，口大底小，有生土二层台。上口长3.00、宽2.44米；二层台面距墓口深3.10～3.30米，东侧台面宽0.10、西、南侧台面宽0.15米；底长2.34、宽1.20米；深4.00～4.20米。二层台以上壁面斜直内收，收分明显，二层台以下壁面平直，周壁光滑，墓底较平，无工具加工痕迹。壁龛位于二层台西侧壁面中部。平面呈长方形，拱形顶。口宽1.20、进深0.16、高0.80米。墓内填松散的褐色五花土，含植物根系、木炭屑等。

葬具不详。

葬式不详。

墓葬内出土铁鐅1件；壁龛内出土陶钫1、陶甗1、陶罐3、陶熏炉1、铜镜1、铜鋈1、铜盆1、铜钱1、铁鐅1、骨饰件1件（组）（图七四一）。

（二）出土遗物

1. 陶器

6件。

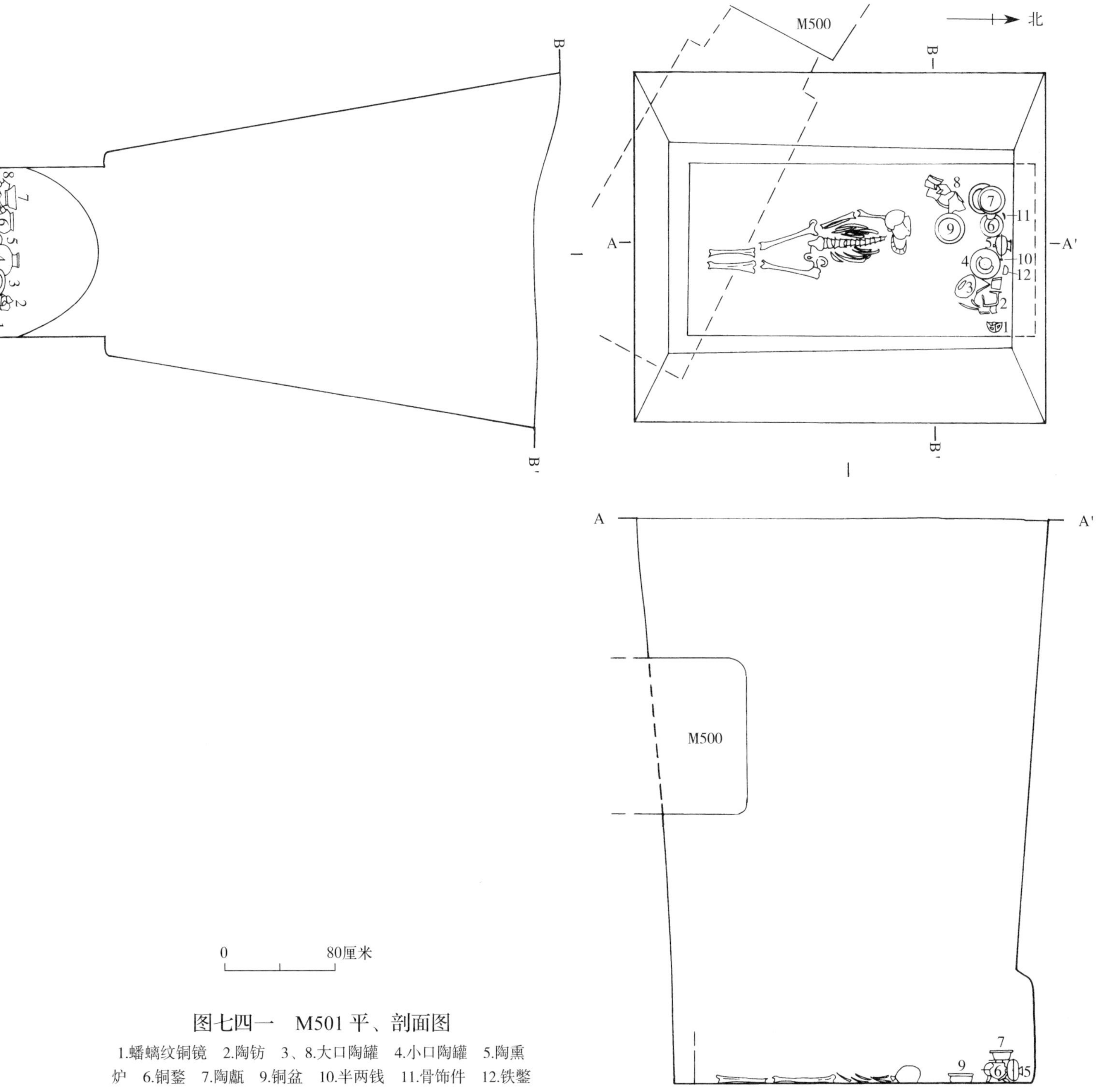

图七四一 M501平、剖面图

1.蟠螭纹铜镜 2.陶钫 3、8.大口陶罐 4.小口陶罐 5.陶熏炉 6.铜鍪 7.陶甗 9.铜盆 10.半两钱 11.骨饰件 12.铁鍪

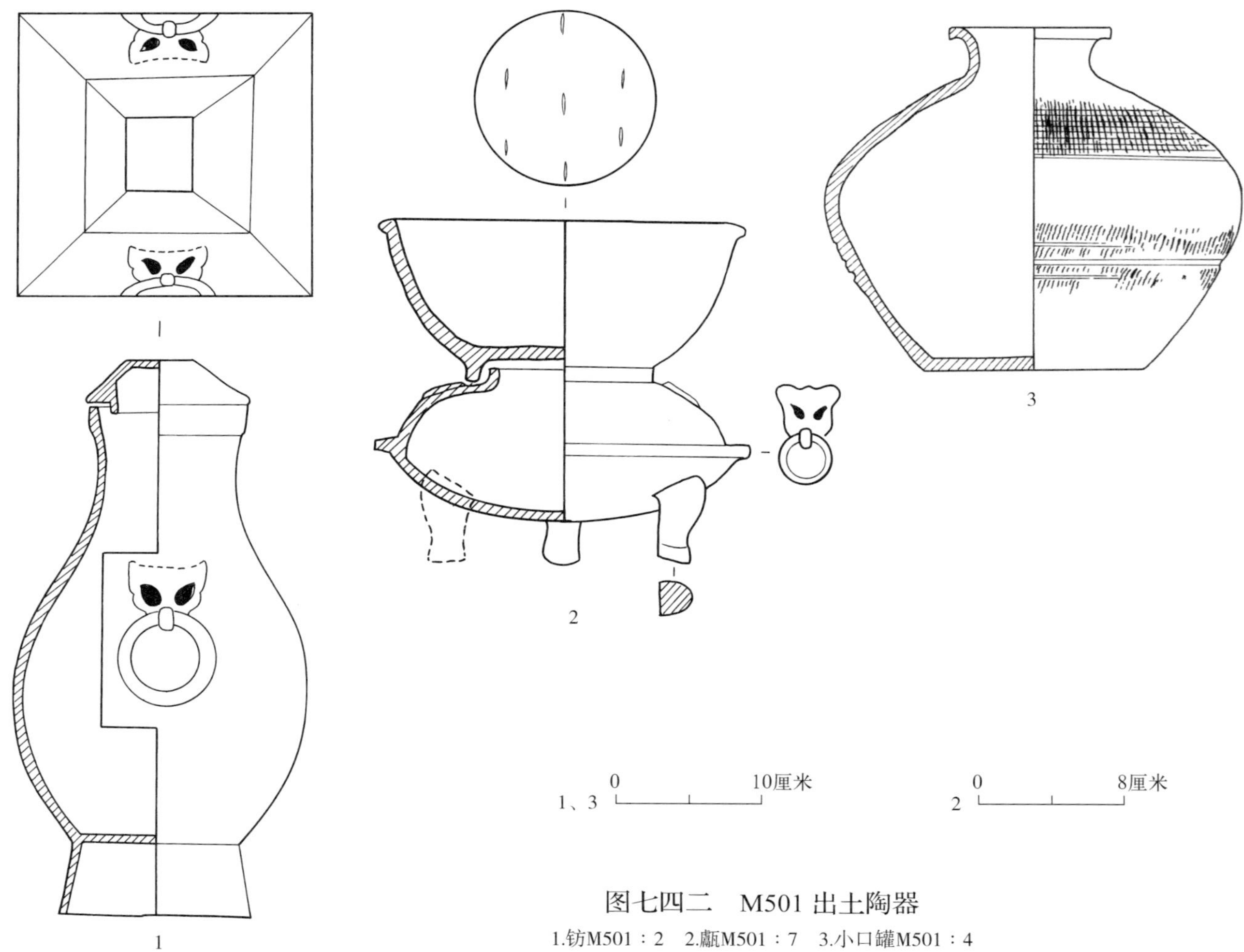

图七四二　M501出土陶器

1.钫M501：2　2.甗M501：7　3.小口罐M501：4

钫　1件。

M501：2，泥质灰陶。正方形覆斗状子母口器盖，器身侈口，方唇，高领中部微束，鼓腹，平底，下接方形高圈足，腹部两侧对称处饰兽形铺首衔环。素面，器身有刮抹痕迹。口边长11.4、腹边长21.2、圈足底边长13.9、圈足高5.4、通高41.4厘米（图七四二，1；彩版二〇二，1）。

甗　1件。

M501：7，泥质灰陶。通高20.5厘米。甑，敞口，窄沿外撇，圆唇，深弧腹，平底，圈足，底部有数个麦粒状箅孔，素面，口径21.2、底径10.8、圈足高1.2、通高9.0厘米；锜，器身似一釜，直口，圆唇，矮领，圆肩，深腹，圜底，三蹄足较为肥硕，腹部有一隔棱，最大径位于隔棱处，肩部较对称处附加两兽形铺首衔环，器身轮制痕迹明显，口径10.0、最大径21.8、隔棱宽1.5、裆高2.6、通高9.8厘米（图七四二，2；彩版二〇二，2）。

小口罐　1件。

M501：4，泥质灰陶。侈口，窄平沿，方唇，矮领，圆肩，弧腹内收，最大径位于肩腹交接处，底微内凹。颈部先饰绳纹后抹掉，残留绳纹纹理，肩、腹中部先饰绳纹，再于绳纹之上饰数道凹弦纹，颈部有轮制痕迹。口径11.6、最大径30.0、底径15.6、高25.7厘米（图七四二，3）。

大口罐　2件。

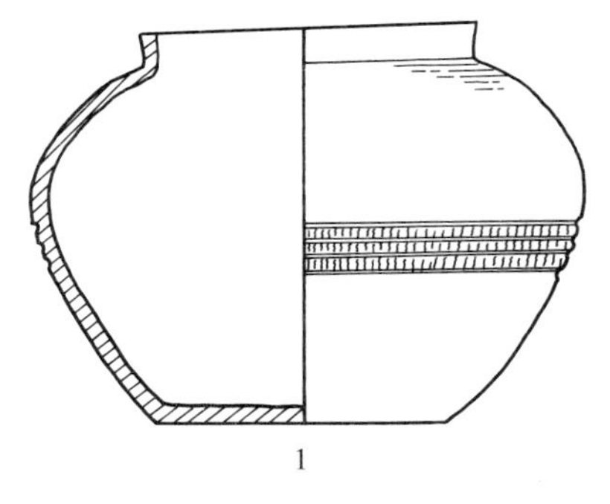
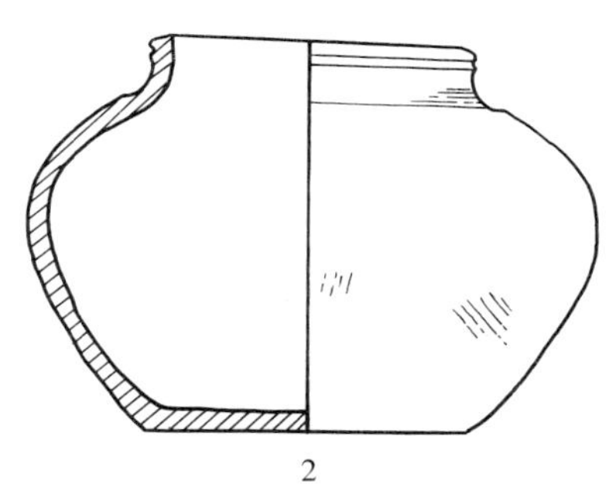
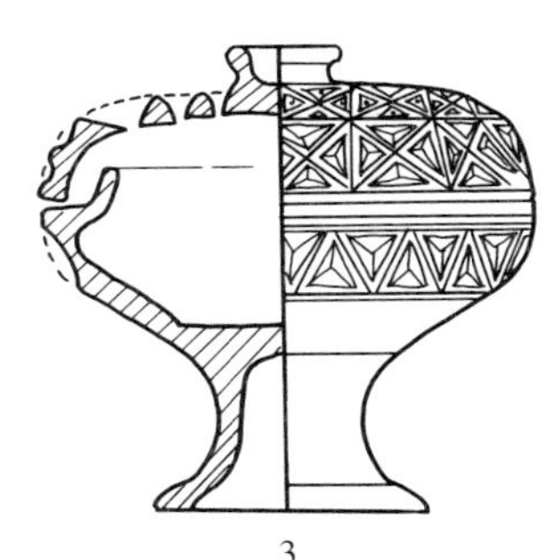

0　8厘米

图七四三　M501出土陶器

1、2.大口罐M501：3、8　3.熏炉M501：5

M501：3，泥质灰陶。直口，方唇，矮领，圆肩，深腹弧内收，最大径位于腹上端，平底。腹上端先饰竖向绳纹，再于绳纹之上饰数道凹弦纹，领部轮制痕迹明显，器身有刮抹痕迹。口径12.0、最大径19.6、底径10.4、高14.8厘米（图七四三，1）。

M501：8，泥质灰陶。直口，方唇外撇，矮领，领上端有凹槽，圆肩，深腹弧内收，最大径位于腹上端，平底。素面，领部轮制痕迹明显，腹下部有刮抹痕迹。口径11.2、最大径19.6、底径10.8、高14.0厘米（图七四三，2）。

熏炉　1件。

M501：5，泥质灰陶。覆钵形器盖，正中有一喇叭形器纽，灯盘呈子母口，圆唇，上腹较直，下腹弧内收，最大径位于腹上端，腹部下端正中接一喇叭状豆柄。器盖、器身腹上部饰三角形图案，器盖三角形中部镂空，器身有刮抹痕迹。口径11.3、最大径22.8、底径8.4、高14.4厘米（图七四三，3；彩版二〇二，3）。

2. 铜器

4件。

盆　1件。

M501：9，口部残片。侈口，外斜沿，方唇，弧腹，底残缺。素面。口径20.8、残高5.2厘米（图七四四，1）。

鍪　1件。

M501：6，侈口，外斜沿，方唇，束颈，斜肩，圆腹，圜底，肩腹交接处有一凸棱，于凸棱上侧对称处分别附加两环形器耳。器表素面。口径13.6、腹径18.2、高14.4厘米（图七四四，2；彩版二〇二，4）。

蟠螭纹镜　1面。

M501：1，残损，纽缺失。圆形，镜面平直。纽座外有一周素面带状纹饰，其外两条弦纹构成主纹饰带，四乳丁将其平均分为四部分，每部分饰以蟠螭纹、云雷地纹，素缘外翻。直径11.0厘米（图七四四，3；彩版二〇三，1）。

半两钱　1组。

M501：10，共2枚。圆形方穿，无郭。钱径3.3～3.6、穿宽0.4～1.1厘米，重6.1～9.4克（图

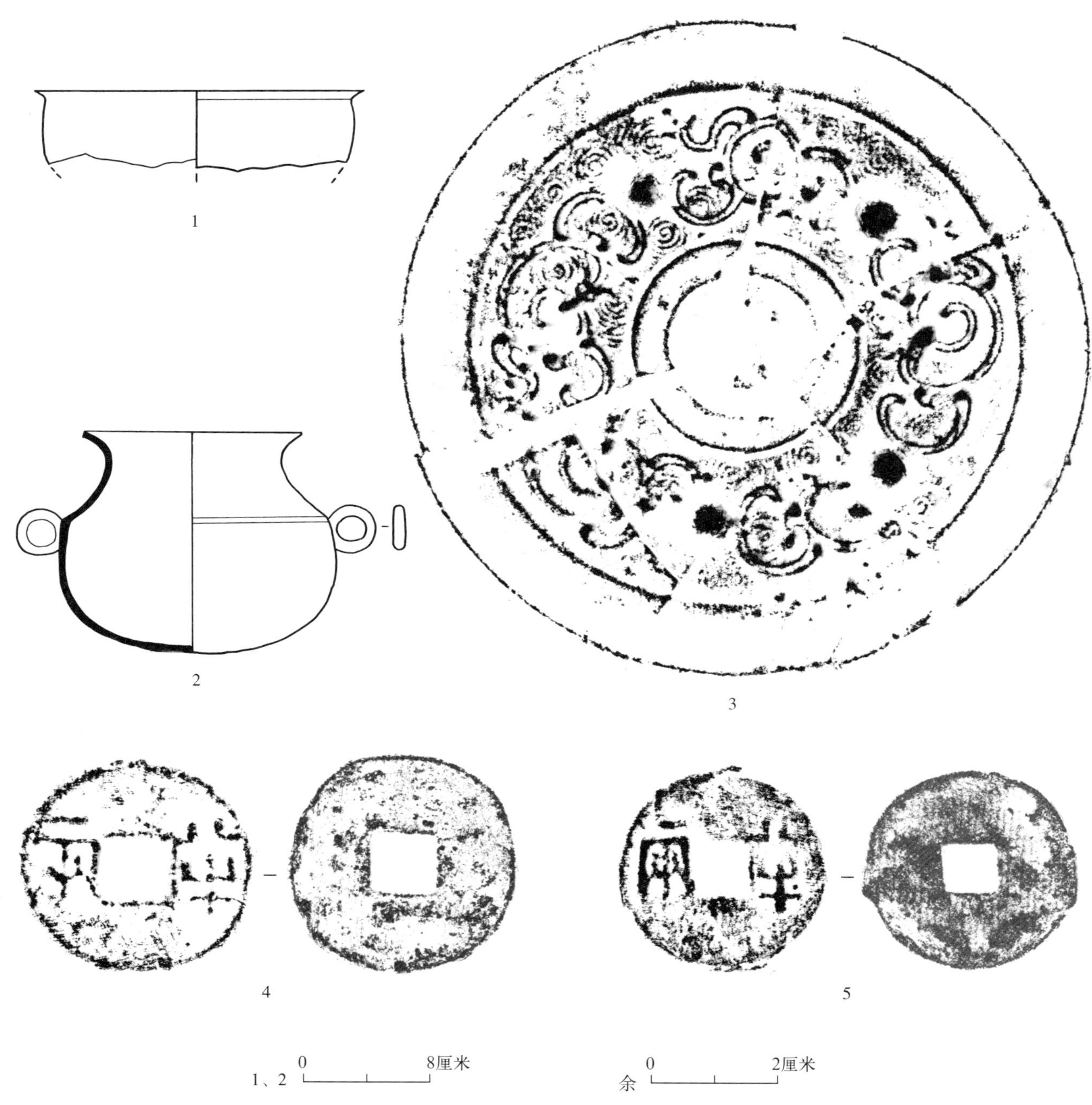

图七四四 M501出土铜器

1.盆M501：9 2.鍪M501：6 3.蟠螭纹镜M501：1 4、5.半两钱M501：10-1、10-2

七四四，4、5）。

3. 铁器

1件。

鏨 1件。

M501：12，锈蚀严重。平面呈圆角长方形，纵截面呈三角形，顶端、两侧棱规整，双面刃两端弧收，顶端有镶木柄銎。长13.8、宽6.4厘米（图七四五，1）。

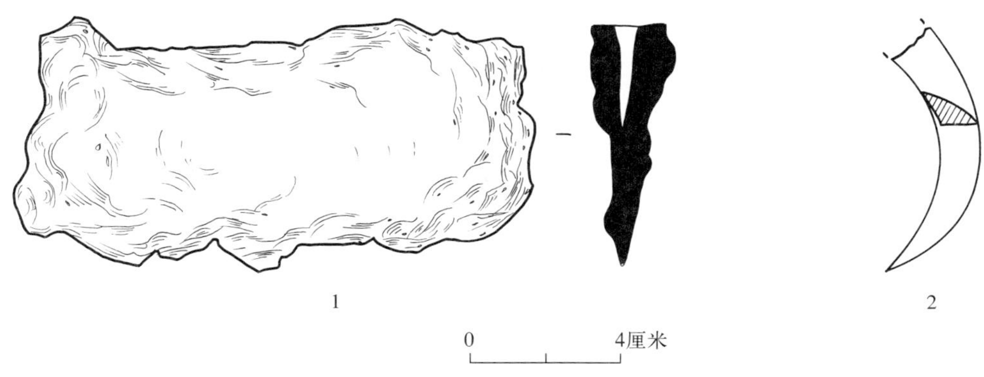

图七四五 M501出土铁器、骨器

1.铁鏊M501：12 2.骨饰件M501：11

4. 骨器

1件。

骨饰件 1件。

M501：11，饰件，残，系用动物獠牙加工而成。弧边三角形，顶端磨制平整，末端残损。素面。残长7.0厘米（图七四五，2）。

四四五 M507

（一）墓葬形制

该墓位于墓群D区中部。开口于①层下，开口距地表2.20米，被M504、M506打破。

竖穴土坑墓，平面呈长方形，方向8°，口大底小，有生土二层台。上口长3.70、宽2.80米；二层台面距墓口深3.54米，东侧无二层台，西侧台面宽0.08～0.13、南侧台面宽0.10～0.14、北侧台面宽0.01～0.10米；底东长3.00、西长2.95、宽1.62米；深4.56米。二层台以上壁面斜直内收，收分明显，二层台以下壁面平直，周壁光滑，墓底较平，无工具加工痕迹。墓内填松散的褐色五花土，含植物根系、木炭屑等。

葬具为一棺一椁带头箱。棺木已朽尺寸不可辨；椁长2.16、宽1.40、残高0.20米，椁板厚10厘米；头箱位于椁的北端，长1.40、宽0.60、残高0.20米。

葬式不详。

墓葬内出土陶鼎1、陶盒1、陶钫1、陶甗1、陶罐3、玉环1、玉片1件（图七四六）。

（二）出土遗物

1. 陶器

7件。

鼎 1件。

M507：3，泥质灰陶。覆钵形器盖，盖顶较对称的附加三个圆角三角形乳丁，器身子母口内敛，圆唇，深弧腹，圜底，下接三蹄足，较肥硕，腹上端接两附耳，耳上部外撇。素面，腹中部饰一道凸棱，

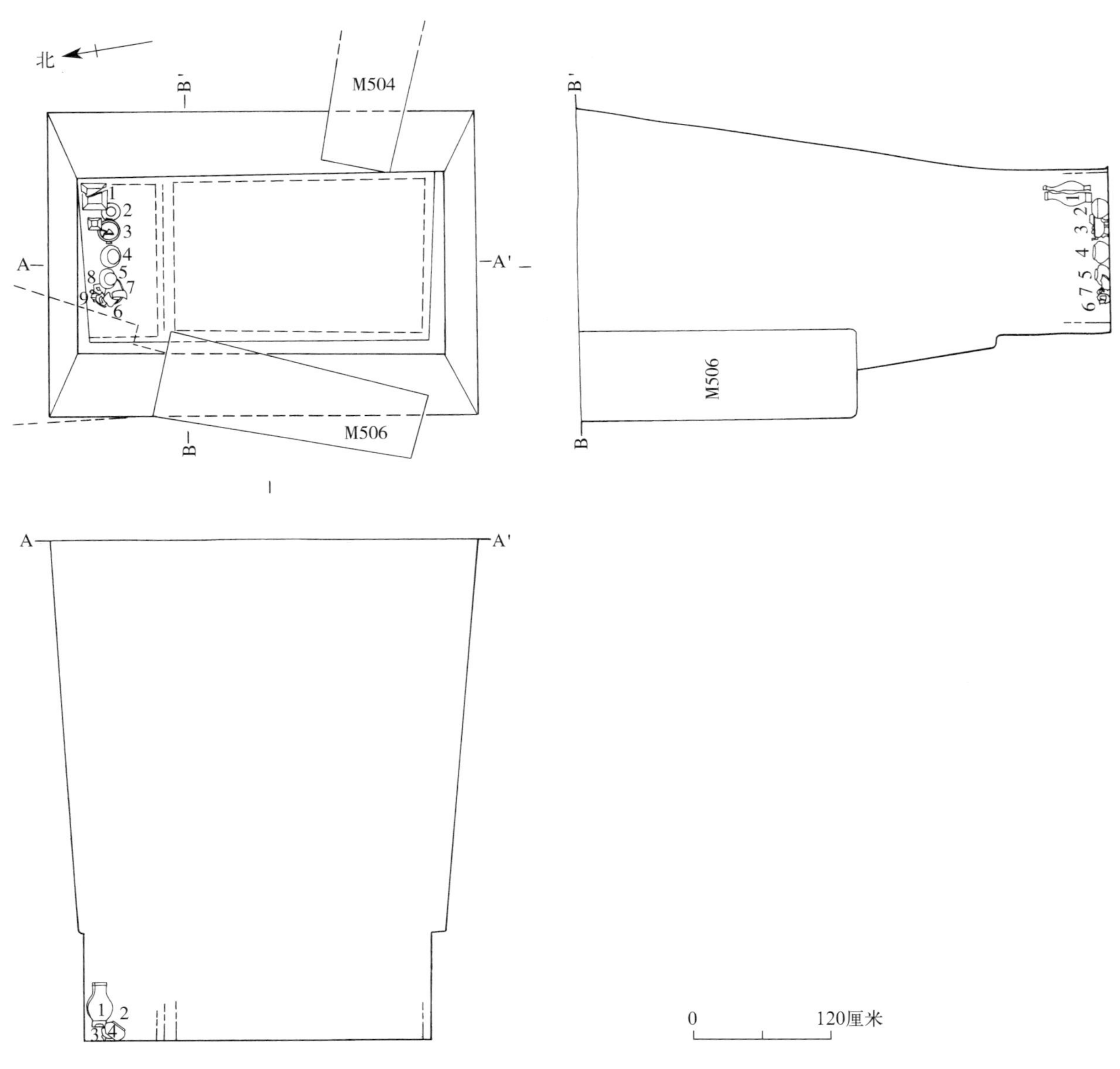

图七四六　M507平、剖面图

1.陶钫　2.陶盒　3.陶鼎　4、5.扁腹陶罐　6.陶甗　7.小口陶罐　8.玉环　9.玉片

器身有刮抹痕迹。口径16.4、腹径18.8、裆高3.2、通高18.4厘米（图七四七，1；彩版二〇三，2）。

盒　1件。

M507：2，泥质灰陶。覆钵形器盖正中有圈足状器纽，器身子母口内敛，圆唇，深弧腹，平底。素面，器身轮制痕迹明显。口径16.8、底径9.2、高14.8厘米（图七四七，2）。

钫　1件。

M507：1，泥质灰陶。正方形覆斗状子母口器盖，器身侈口，方唇，高领中部微束，鼓腹，平底，下接方形高圈足，腹部两侧对称处饰兽形铺首衔环。素面，器身有刮抹痕迹。口边长12.0、腹边长

图七四七　M507 出土陶器

1.鼎M507：3　2.盒M507：2　3.钫M507：1　4.甗M507：6　5.小口罐M507：7

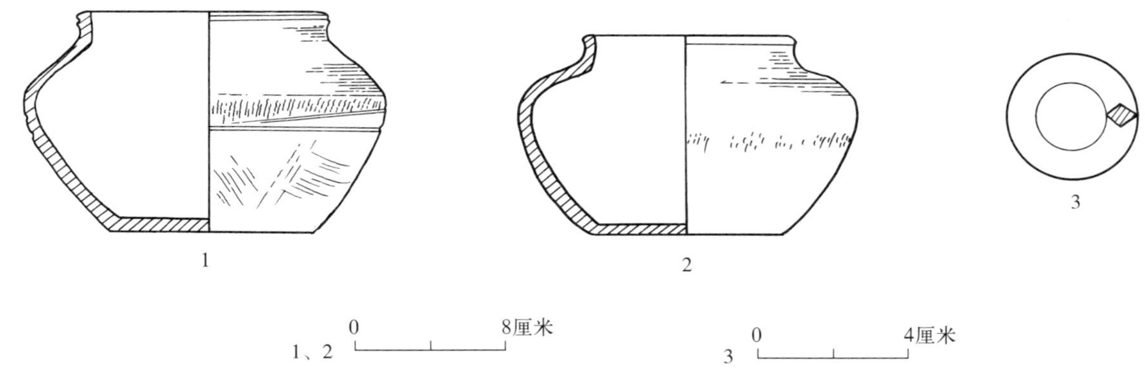

图七四八 M507 出土器物

1、2.扁腹陶罐M507：4、5 3.玉环M507：8

21.5、圈足底边长 13.5、圈足高 5.0、通高 39.5 厘米（图七四七，3；彩版二〇三，3）。

甗 1 件。

M507：6，泥质灰陶。甑，敞口，宽沿，方唇，深弧腹，平底，圈足，底部有数个麦粒状箅孔，素面，口径 22.0、底径 10.0、圈足高 1.2、通高 12.8 厘米；锜，器身似一釜，敛口，圆唇，矮领，圆肩，深腹，圜底，三蹄足较为肥硕，腹部有一隔棱，最大径位于隔棱处，肩部较对称处附加两兽形铺首衔环，器身有轮制痕迹明显，口径 7.5、最大径 22.3、隔棱宽 1.5、裆高 2.4、通高 14.8 厘米；甗，通高 26.0 厘米（图七四七，4；彩版二〇四，1）。

小口罐 1 件。

M507：7，泥质灰陶。侈口，窄沿，方唇，矮领，溜肩，深弧腹，最大径位于腹上端，底微内凹。领、肩部先饰绳纹，再抹掉，残留绳纹纹理，腹中部饰斜向绳纹，领部有轮制痕迹，腹底端刮抹痕迹明显。口径 12.0、最大径 31.0、底径 15.5、高 29.5 厘米（图七四七，5）。

扁腹罐 2 件。

M507：4，泥质灰陶。直口，方唇外撇，矮领，领上端有凹槽溜肩，深弧腹，最大径位于肩腹交接处，平底。腹上端饰竖向绳纹，领、肩部有轮制痕迹，腹底端刮抹痕迹明显。口径 13.2、最大径 19.2、底径 10.8、高 12.0 厘米（图七四八，1）。

M507：5，泥质灰陶。直口，圆唇，矮领，广肩，圆腹，最大径位于腹上端，平底。器表中部饰暗绳纹，领部有轮制痕迹。口径 11.2、最大径 18.0、底径 10.0、高 10.8 厘米（图七四八，2）。

2. 玉器

2 件。

玉环

M507：8，青绿色，玉质纯净、温润，透亮，磨制光滑，平面呈圆形，截面呈菱形。素面。外径 3.4、内径 1.8、厚 0.8 厘米（图七四八，3；彩版二〇四，2）。

玉片 1 件。

M507：9，残。青色，不透亮，温润。器表阴刻弧纹。残长 2.8 厘米。

四四六　M510

（一）墓葬形制

该墓位于墓群 D 区东北部。开口于①层下，开口距地表 0.40 米。

竖穴土坑墓，平面呈梯形，方向 90°，口底同大。北长 2.10、南长 1.95、东宽 1.30、西宽 1.22 米；深 1.00 米。周壁平直、光滑，平底，无工具加工痕迹。墓内填松散的褐色五花土，含植物根系、木炭屑等。

葬具不详。

葬式不详。

盗洞 1 个，位于墓葬东北角，自墓顶直通墓底。平面呈椭圆形，口径 0.80 ～ 1.30、底径 0.50、深 0.82 米。

填土内出土陶罐 1 件（图七四九）。

（二）出土遗物

陶器

1 件。

小口罐　1 件。

M510：1，泥质灰陶。喇叭口，方唇，束颈，溜肩，深弧腹，最大径位于腹上端，平底。领部先饰绳纹，再抹掉，残留绳纹纹理，肩、腹上部先饰竖向绳纹，再于绳纹之上饰数道凹弦纹，领部有轮制痕迹，腹底部刮抹痕迹明显。口径 12.0、最大径 31.7、底径 15.5、高 29.0 厘米（图七四九，1）。

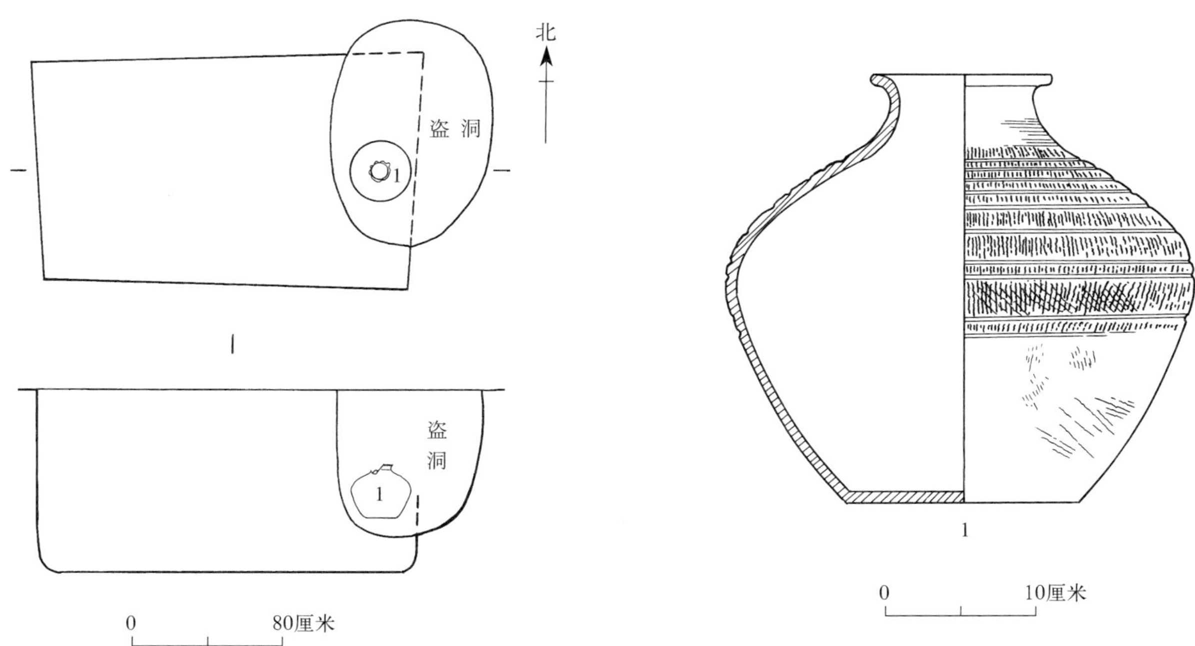

图七四九　M510 平、剖面图及出土陶器

1.小口罐

四四七　M511

（一）墓葬形制

该墓位于墓群 D 区东北部。开口于①层下，开口距地表 0.40 米。

竖穴土坑墓，平面呈长方形，方向 100°，口底同大。长 2.70、宽 1.00 米；深 0.70 米。周壁平直、光滑，平底，无工具加工痕迹。墓内填松散的褐色五花土，含植物根系、木炭屑等。

葬具不详。

葬式不详。

墓葬内出土陶鍪 1 件（图七五〇）。

（二）出土遗物

陶器

带耳鍪　1 件。

M511 : 1，夹砂灰陶。侈口，圆唇，束颈，溜肩，肩上部附加一桥形器耳，圆腹，最大径位于腹上端，圜底。腹、底部饰绳纹。口径 11.2、最大径 12.8、高 12.0 厘米（图七五〇，1；彩版二〇四，3）。

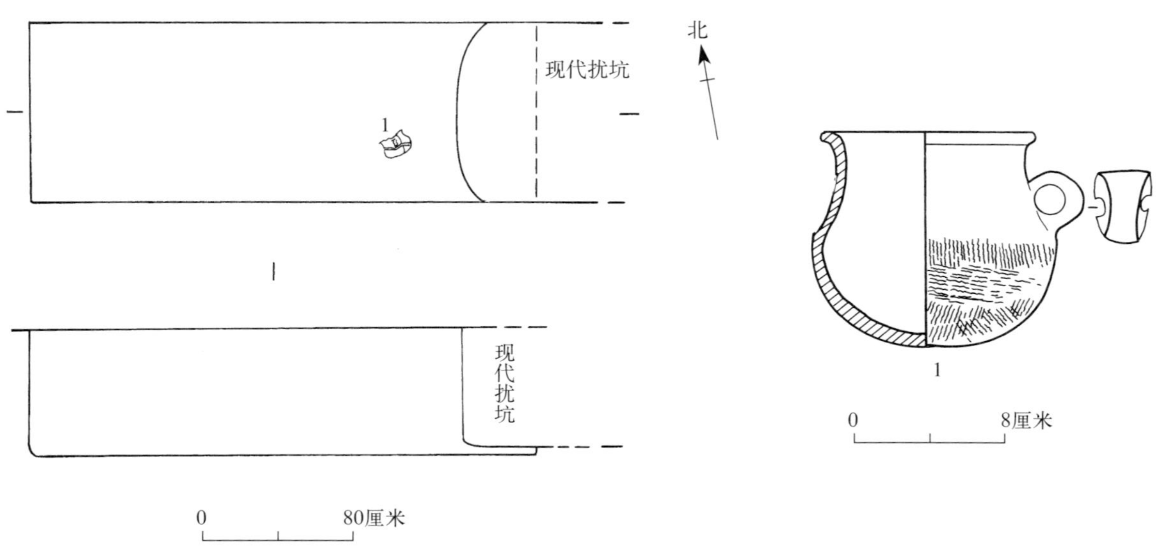

图七五〇　M511 平、剖面图及出土陶器

1.带耳鍪

四四八　M512

（一）墓葬形制

该墓位于墓群 D 区东北部。开口于①层下，开口距地表 0.60 米。

竖穴土坑墓，平面呈弧边长方形，方向 80°，口底同大。长 2.60、宽 1.00 ～ 1.44 米；深 1.30 米。东壁平直，西、南、北壁外弧，光滑，平底，无工具加工痕迹。墓内填松散的褐色五花土，含植物根系、

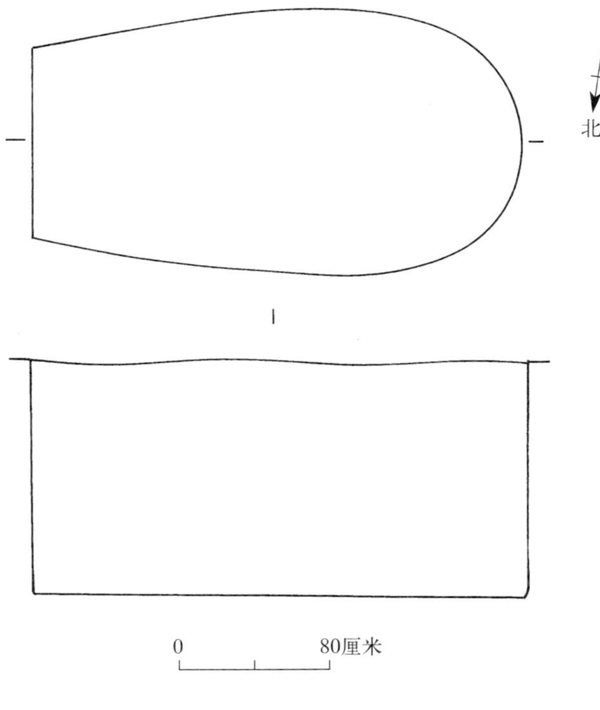

图七五一　M512 平、剖面图

木炭屑等。

葬具不详。

葬式不详（图七五一）。

（二）出土遗物

无出土器物。

四四九　M513

（一）墓葬形制

该墓位于墓群 D 区东北部。开口于①层下，开口距地表 0.50 米。

竖穴土坑墓，平面呈长方形，方向 90°，口底同大。长 2.90、宽 1.56 米；深 1.20 ～ 1.30 米。周壁平直、光滑，平底，无工具加工痕迹。墓内填松散的褐色五花土，含植物根系、木炭屑等。

葬具不详。

葬式不详。

墓葬内出土陶鏊 1 件（图七五二）。

（二）出土遗物

陶器

1 件。

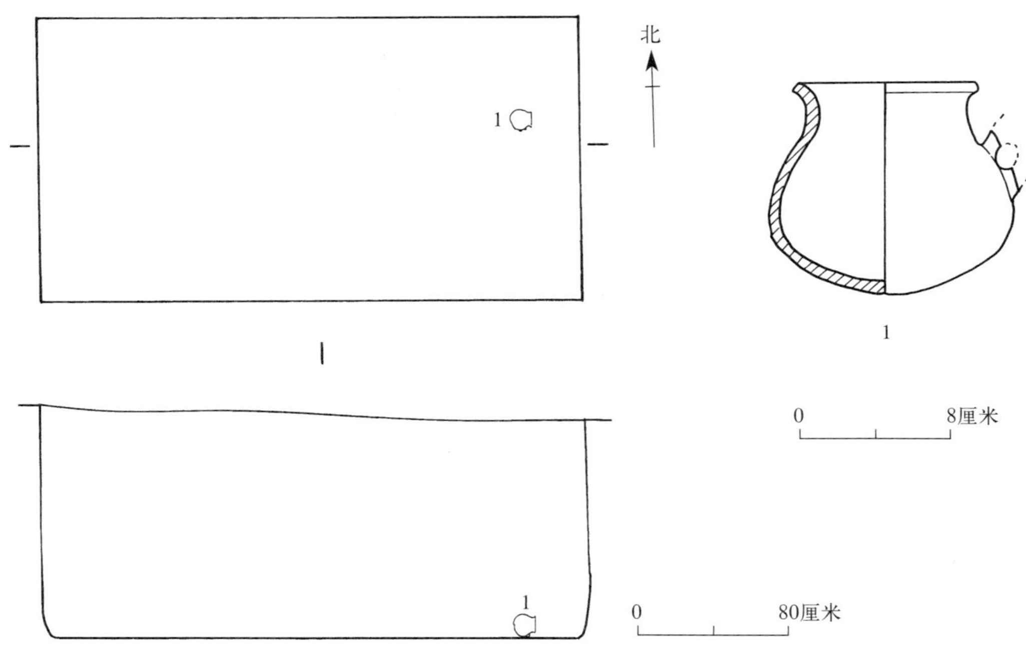

图七五二 M513平、剖面图及出土陶器

1.带耳鍪

带耳鍪 1件。

M513∶1，夹砂灰陶。侈口，方唇，束颈，溜肩，肩上部附加一环形器耳，现已残损，圆腹，最大径位于腹上部，圜底。素面。口径10.8、最大径12.8、高11.6厘米（图七五二，1）。

四五〇 M514

（一）墓葬形制

该墓位于墓群D区东北部。开口于①层下，开口距地表0.20米。

竖穴土坑墓，平面呈长方形，方向95°，口底同大。长2.30、宽1.30米；深0.88米。周壁平直、光滑，平底，无工具加工痕迹。墓内填松散的褐色五花土，含植物根系、木炭屑等。

葬具不详。

葬式不详。

盗洞1个，位于墓葬北侧中部偏东，自墓顶直通墓底。平面呈圆形，直径0.95米。

墓葬内出土铁釜1件（图七五三）。

（二）出土遗物

铁器

1件。

釜 1件。

M514∶1，损毁严重，形制不明。

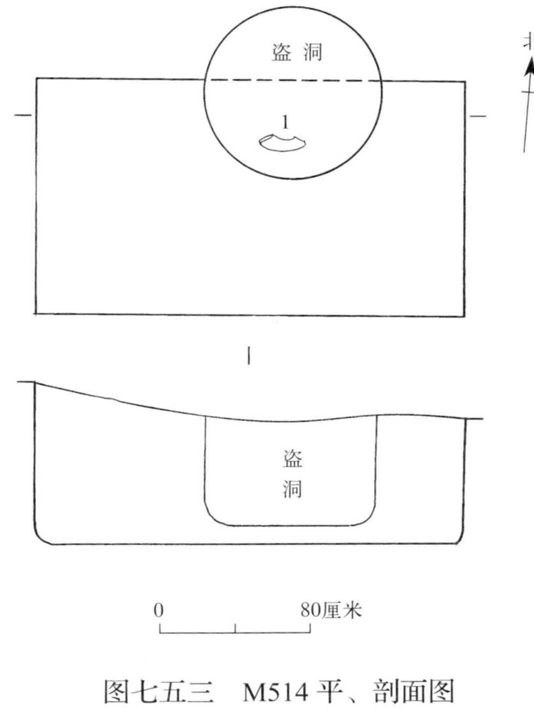

图七五三　M514 平、剖面图
1.铁釜

四五一　M515

（一）墓葬形制

该墓位于墓群D区东北部。开口于①层下，开口距地表0.40米。

竖穴土坑墓，平面呈长方形，方向95°，口底同大。长2.60、宽1.40米；深1.00米。周壁平直、光滑，平底，无工具加工痕迹。墓内填松散的褐色五花土，含植物根系、木炭屑等。

葬具不详。

葬式不详。

盗洞2个，自墓顶直通墓底。盗洞1位于墓葬东北角，平面呈圆形，直径0.82米；盗洞2位于墓葬西北角，平面呈不规则形，长1.15、宽1.10米（图七五四）。

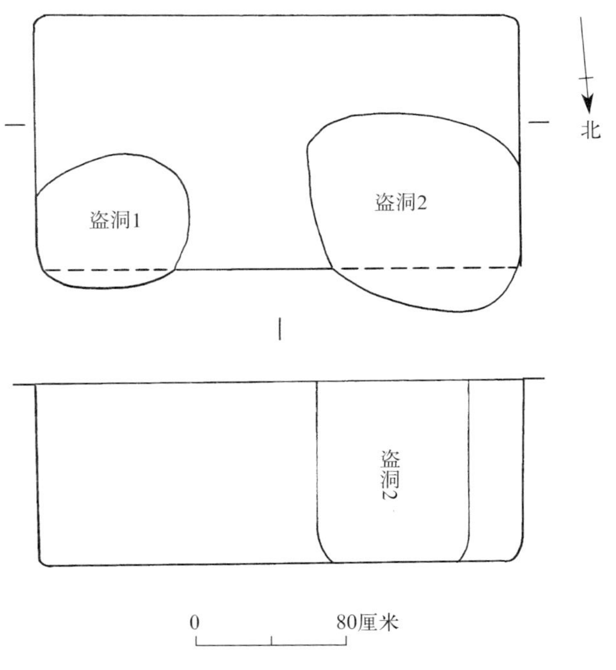

图七五四　M515 平、剖面图

（二）出土遗物

无出土器物。

四五二　M516

（一）墓葬形制

该墓位于墓群 D 区东北部。开口于①层下，开口距地表 0.40 米。

竖穴土坑墓，平面呈长方形，方向 280°，口底同大。长 2.76 ～ 2.80、宽 1.40 米；深 1.20 ～ 2.90 米。周壁平直、光滑，平底，无工具加工痕迹。墓内填松散的褐色五花土，含植物根系、木炭屑等。

葬具不详。

葬式不详。

盗洞 1 个，位于墓葬东端，自墓顶直通墓底，平面呈圆角方形，残长 0.64 ～ 0.92、宽 1.2 米（图七五五）。

（二）出土遗物

无出土器物。

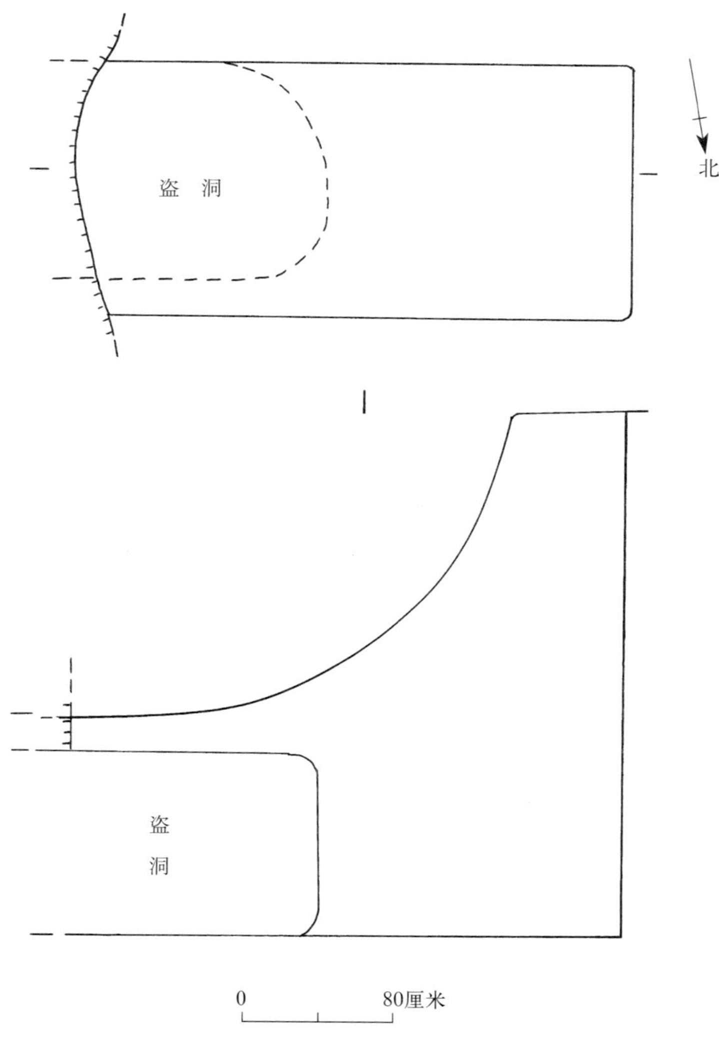

图七五五　M516 平、剖面图

四五三　M517

（一）墓葬形制

该墓位于墓群 D 区东北部。开口于①层下，开口距地表 0.50 米。

竖穴土坑墓，平面呈正方形，方向 260°，口底同大，有生土二层台。上口长 2.84 米；二层台面距墓口深 0.80 米，只在西侧有二层台，台面宽 0.30 米；底长 2.84、宽 2.60 米；深 1.28 米。周壁平直、光滑，墓底较平，无工具加工痕迹。墓内填松散的褐色五花土，含植物根系、木炭屑等。

葬具不详。

葬式不详（图七五六）。

（二）出土遗物

无出土器物。

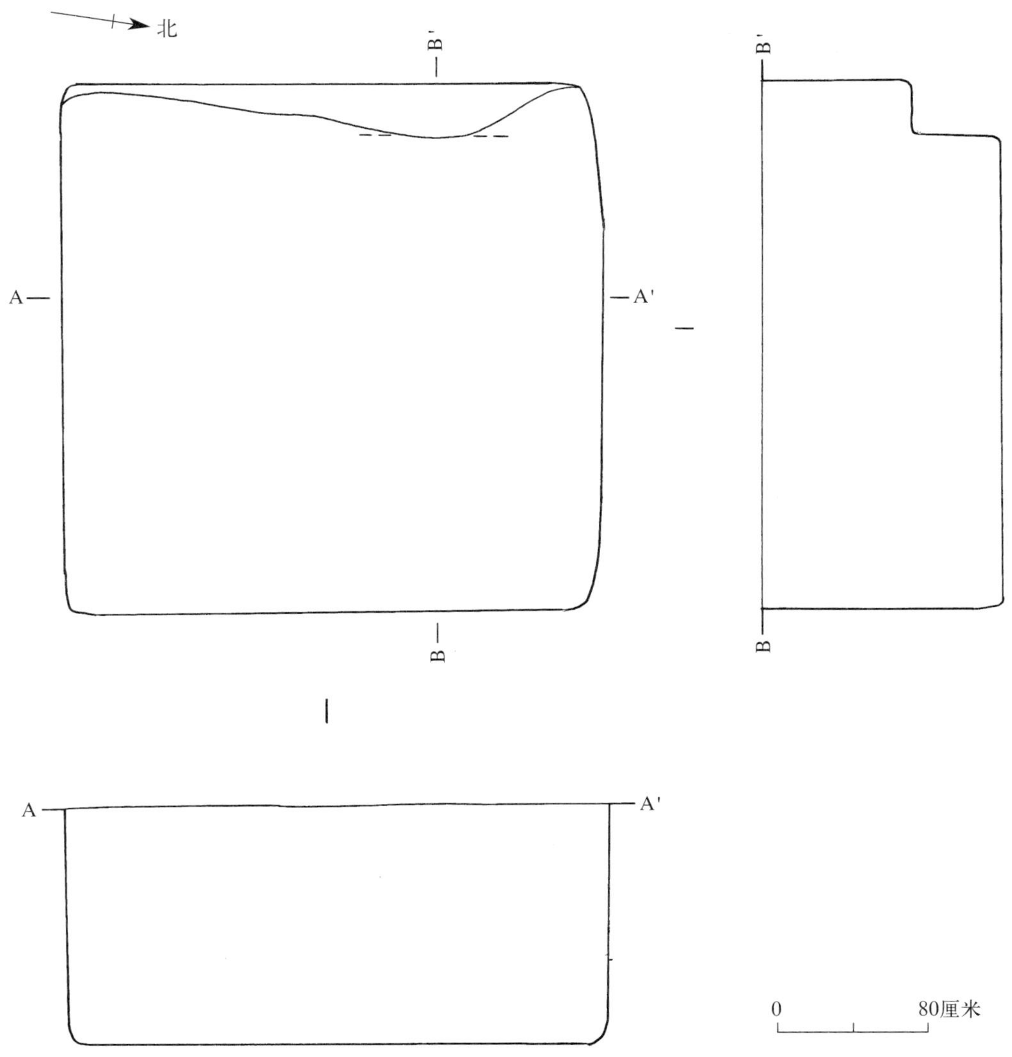

图七五六　M517 平、剖面图

四五四　M518

（一）墓葬形制

该墓位于墓群 D 区东北部。开口于①层下，开口距地表 0.10 米。

竖穴土坑墓，平面呈长方形，方向 247°，口底同大。长 3.00、宽 1.70 米；深 1.20 米。周壁平直、光滑，平底，无工具加工痕迹。墓内填松散的褐色五花土，含植物根系、木炭屑等。

葬具不详。

葬式不详（图七五七）。

（二）出土遗物

无出土器物。

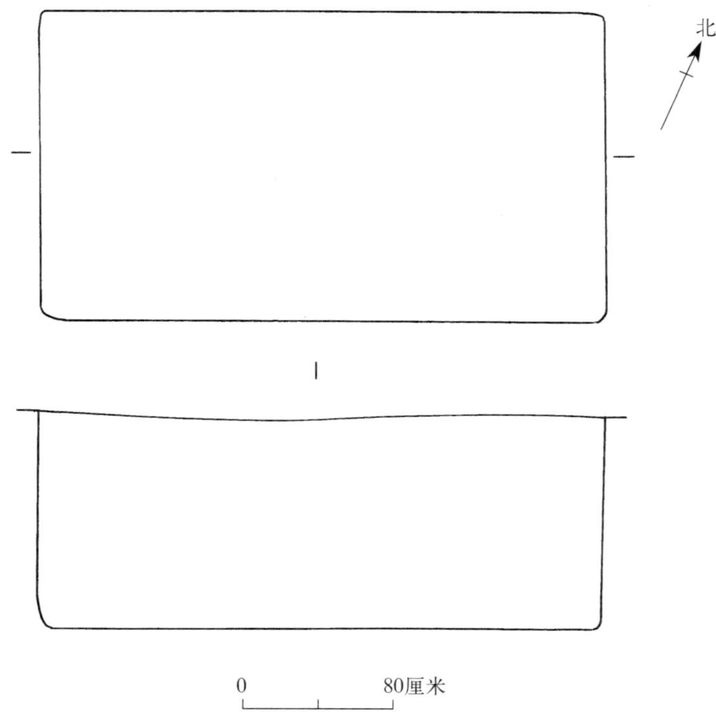

图七五七　M518 平、剖面图

四五五　M519

（一）墓葬形制

该墓位于墓群 D 区东北部。开口于①层下，开口距地表 0.60 米。

竖穴土坑墓，平面呈长方形，方向 200°。口底同大，长 2.20、宽 1.70 米；深 0.48 米。周壁平直、光滑，平底，无工具加工痕迹。墓内填松散的褐色五花土，含植物根系、木炭屑等。

葬具不详。

葬式不详。

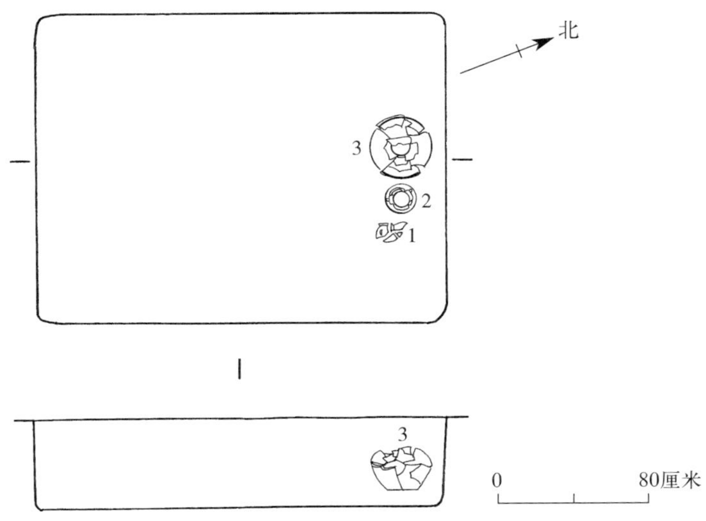

图七五八　M519 平、剖面图

1.带耳陶釜　2.小口旋纹陶罐　3.小口陶罐

墓葬内出土陶罐 2、陶釜 1 件（图七五八）。

（二）出土遗物

陶器

3 件。

小口罐　1 件。

M519：3，泥质灰陶。侈口，窄平沿，沿面中部内凹，方唇，矮领，广肩，深弧腹，最大径位于腹上端，平底。肩、腹上部先饰竖向绳纹，再于绳纹之上抹掉数道弦纹，将之分割成数段，器身有轮制痕迹。口径 11.0、最大径 31.5、底径 15.3、高 30.5 厘米（图七五九，1）。

小口旋纹罐　1 件。

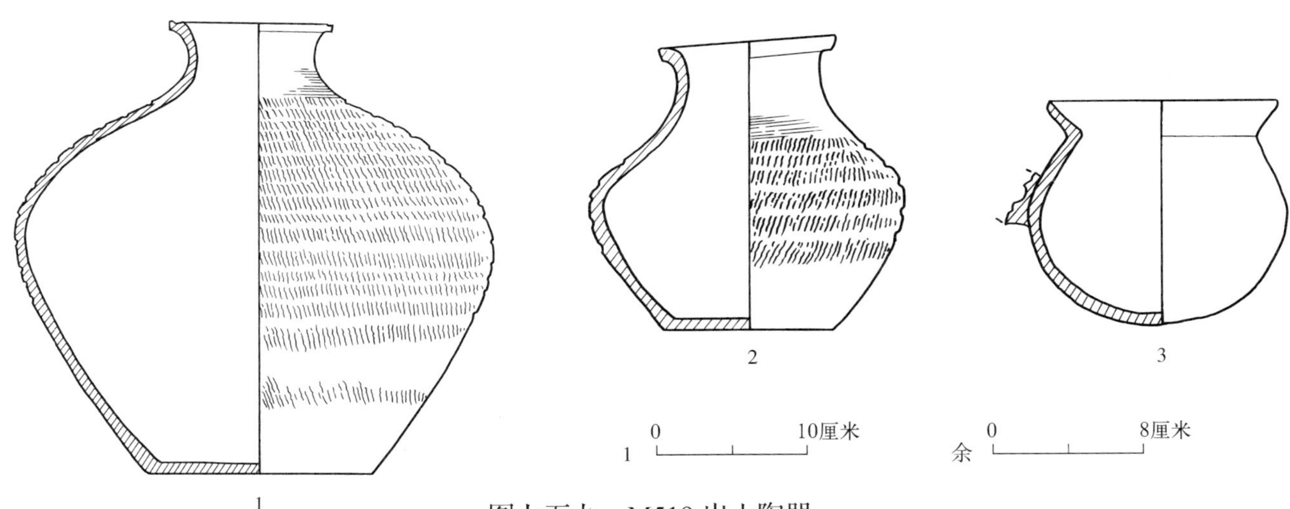

图七五九　M519 出土陶器

1.小口罐M519：3　2.小口旋纹罐M519：2　3.带耳釜M519：1

M519∶2，泥质灰陶。侈口，窄平沿，方唇，高领，溜肩，弧腹，最大径位于腹上端，平底。肩、腹上部先饰竖向绳纹，再于绳纹之上抹掉数道弦纹，将之分割成数段，器身有轮制痕迹。口径9.2、最大径16.8、底径9.2、高15.6厘米（图七五九，2）。

带耳釜 1件。

M519∶1，夹砂灰陶。侈口，斜沿，方唇，束颈，溜肩，肩上部附加一环形器耳，现已残损，圆腹，最大径位于腹上部，圜底。素面。口径12.4、最大径13.6、高12.0厘米（图七五九，3）。

四五六 M520

（一）墓葬形制

该墓位于墓群D区东北部。开口于①层下，开口距地表0.10米。

竖穴土坑墓，平面呈长方形，方向53°，口底同大。长3.08、宽1.50米；深0.80米。周壁平直、光滑，平底，无工具加工痕迹。墓内填松散的褐色五花土，含植物根系、木炭屑等。

葬具不详。

葬式不详。

墓葬内出土陶罐1、铁錾1件（图七六〇）。

（二）出土遗物

1. 陶器

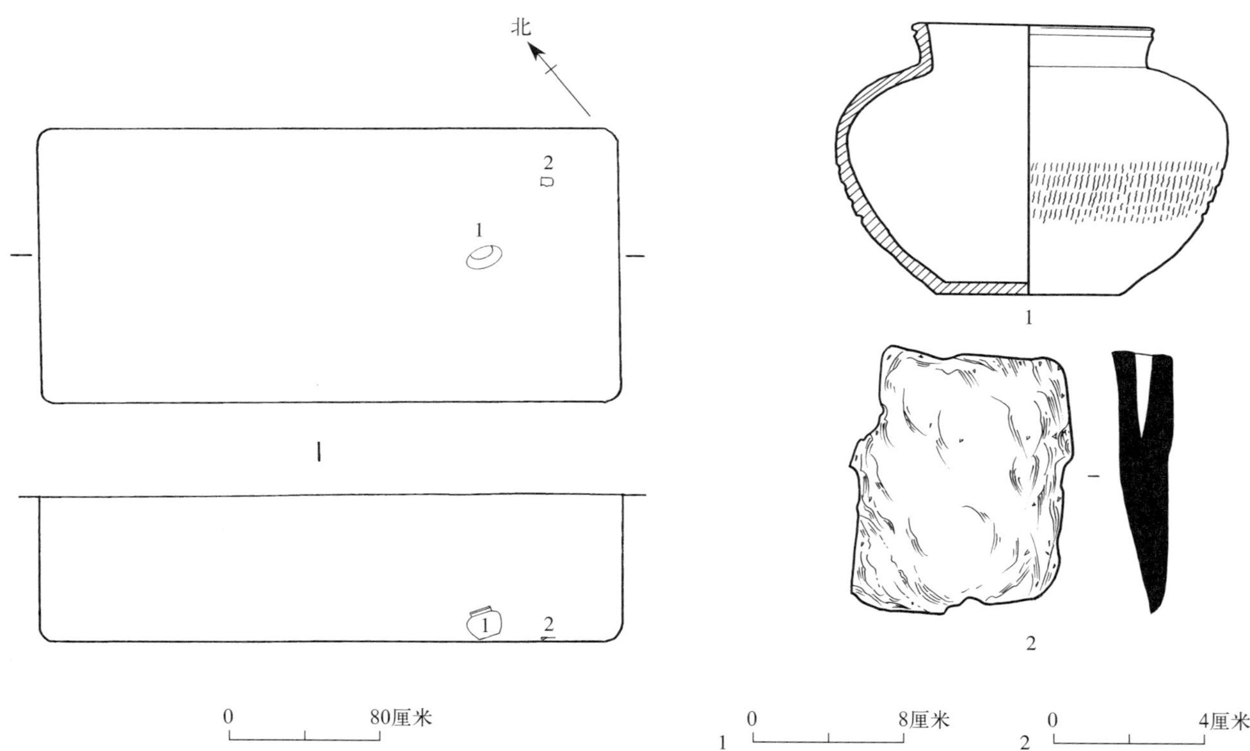

图七六〇 M520平、剖面图
1.大口陶罐 2.铁錾

1件。

大口罐　1件。

M520∶1，泥质灰陶。直口，圆唇，矮领，领上端有凹槽，广肩，圆腹，最大径位于腹上端，平底。腹中部先饰竖向绳纹，再于绳纹之上饰数道凹弦纹，器身有刮抹痕迹。口径12.8、最大径20.8、底径9.6、高14.8厘米（图七六〇，1）。

2. 铁器

1件

錾　1件。

M520∶2，完整。平面呈圆角长方形，纵截面呈三角形，顶端、两侧棱规整，双面刃两端弧收，顶端有镶木柄銎。长7.2、宽5.8厘米（图七六〇，2）。

四五七　M521

（一）墓葬形制

该墓位于墓群D区东北部。开口于①层下，开口距地表0.10米。

竖穴土坑墓，平面呈长方形，方向30°，口底同大。长2.60、宽1.20米；深0.36米。周壁平直、光滑，平底，无工具加工痕迹。墓内填松散的褐色五花土，含植物根系、木炭屑等。

葬具不详。

葬式不详。

墓葬内出土陶罐1件（图七六一）。

（二）出土遗物

陶器

1件。

敞口小罐　1件。

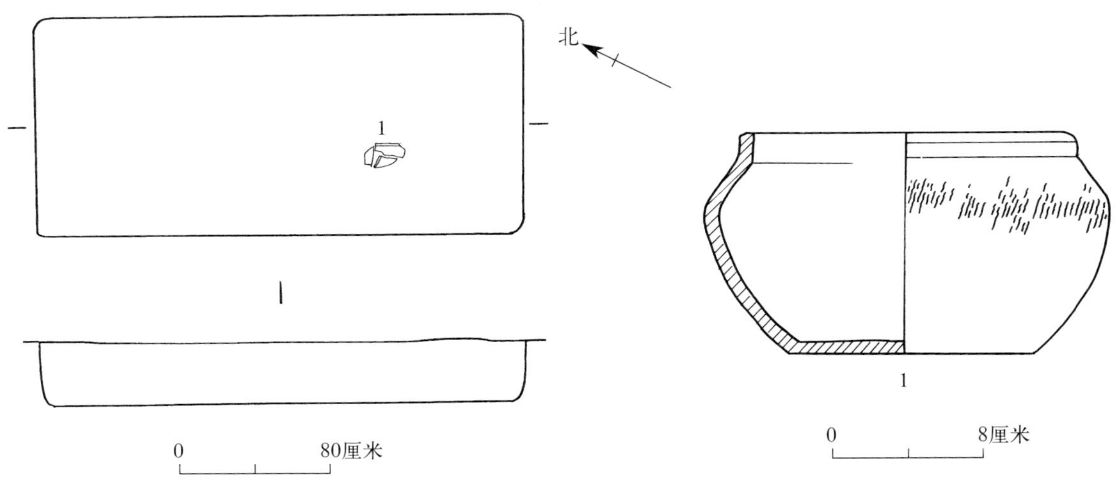

图七六一　M521平、剖面图

1.敞口小陶罐

M521：1，泥质灰陶，残。直口，圆唇，矮领，溜肩，深腹弧内收，最大径位于腹上端，平底。肩部饰竖向绳纹，器身刮抹痕迹明显。口径 18.0、最大径 21.6、底径 12.8、高 12.0 厘米（图七六一，1）。

四五八　M523

（一）墓葬形制

该墓位于墓群 D 区中部。开口于①层下，开口距地表 0.40 ～ 1.90 米。

竖穴土坑墓，平面呈长方形，方向 335°，口大底小，有生土二层台。上口长 4.30、宽 4.00 米；

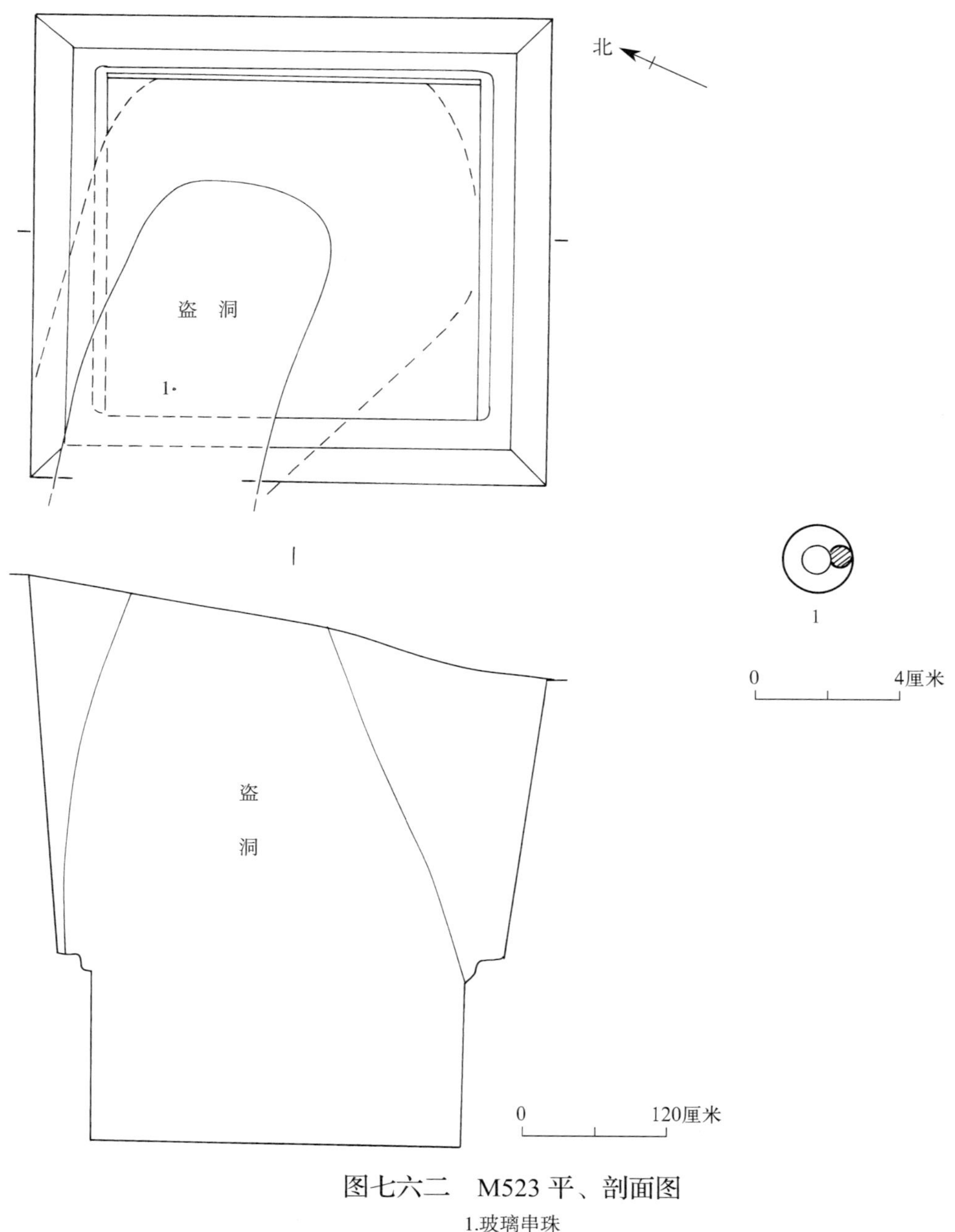

图七六二　M523 平、剖面图

1.玻璃串珠

二层台面距墓口深 2.40 ～ 3.20 米，东、西侧台面宽 0.25、南、北侧台面宽 0.30 米；底长 3.10、宽 2.90 米；深 4.00 ～ 4.80 米。二层台以上壁面斜直内收，收分明显，二层台以下壁面平直，周壁光滑，墓底较平，无工具加工痕迹。墓内填松散的褐色五花土，含植物根系、木炭屑等。

葬具不详。

葬式不详。

墓葬内出土玻璃串珠 1 件（图七六二）。

（二）出土遗物

玻璃器

1 件。

串珠　1 颗

M523 : 1，腐蚀严重。绿色玻璃珠，算珠形。素面。外径 2.1、内径 0.8、厚 0.8 厘米（图七六二，1；彩版二〇四，4）。

四五九　M524

（一）墓葬形制

该墓位于墓群 D 区中部。开口于①层下，开口距地表 1.80 米，被 M522 打破。

竖穴土坑墓，平面呈长方形，方向 90°，口底同大。长 2.90、宽 1.50 米；深 0.80 米。周壁平直、光滑，平底，无工具加工痕迹。墓内填松散的褐色五花土，含植物根系、木炭屑等。

葬具不详。

葬式不详。

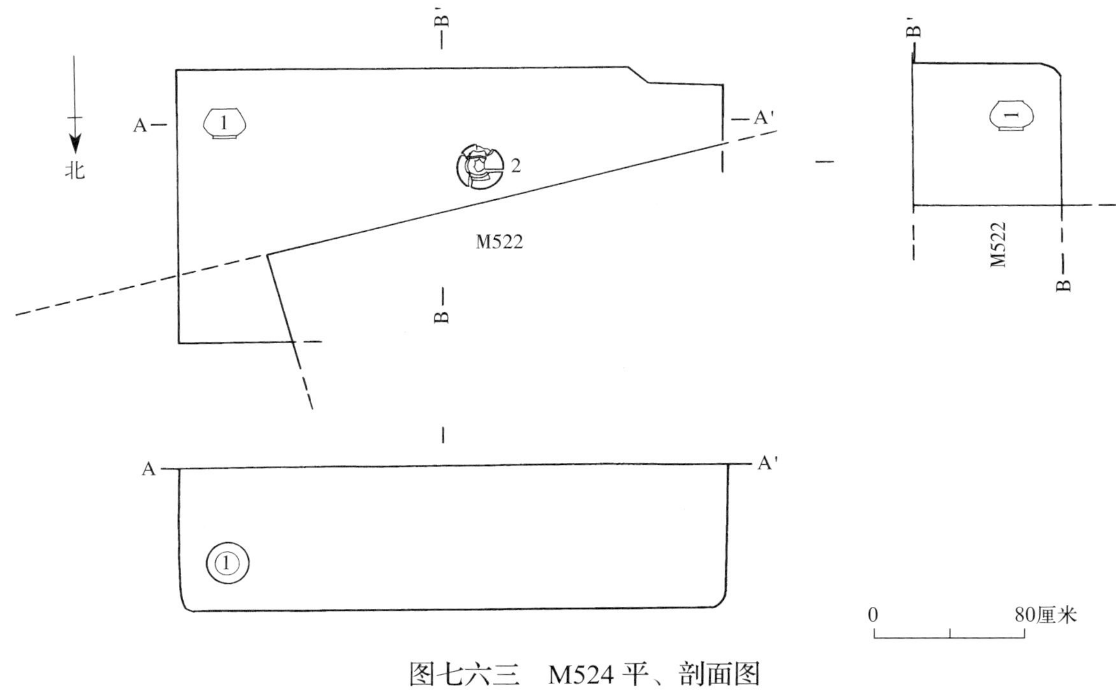

图七六三　M524 平、剖面图

1、2.大口陶罐

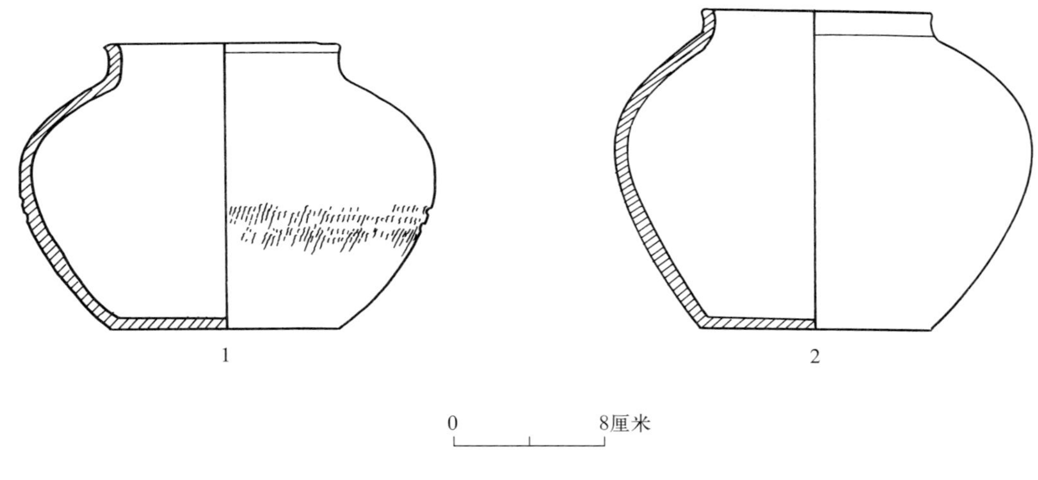

图七六四　M524 出土陶器

1、2.大口罐M524：1、2

墓葬内出土陶罐 2 件（图七六三）。

（二）出土遗物

陶器

2 件。

大口罐　2 件。

M524：1，泥质灰陶。直口，圆唇，矮领，圆肩，深腹弧内收，最大径位于腹上端，平底。腹中部饰斜向竖绳纹，领部有轮制痕迹，器身有刮抹痕迹。口径 12.4、最大径 22.0、底径 12.0、高 15.6 厘米（图七六四，1）。

M524：2，泥质灰陶。直口，方唇，矮领，圆肩，深腹弧内收，最大径位于腹上端，平底。素面，领部有轮制痕迹，器身有刮抹痕迹。口径 12.4、最大径 22.0、底径 12.0、高 17.6 厘米（图七六四，2）。

四六〇　M528

（一）墓葬形制

该墓位于墓群 D 区中部。开口于①层下，开口距地表 1.80 米，被 M525、M527 打破。

斜坡墓道土洞墓，平面呈“凸”字形，方向 260°。由墓道和墓室两部分组成。墓道位于墓室的西端，平面呈梯形，台阶延伸至墓道，口底同大。长 5.16、东宽 1.40、西宽 1.00 米；深 1.00 ～ 2.20 米。周壁平直、光滑，斜底，无工具加工痕迹。墓室平面呈长方形，口大底小。上口长 2.55、宽 1.92 米；底长 2.45、宽 1.32 米；深 2.30 米。墓室周壁斜直内收，收分明显，平底，无工具加工痕迹。墓内填松散的褐色五花土，含红烧土点、木炭屑等。

葬具不详。

葬式不详。

墓室内出土陶罐 3、陶鍪 1、铜饰件 1、铁削 1、漆器 1 件（图七六五；彩版二〇五）。

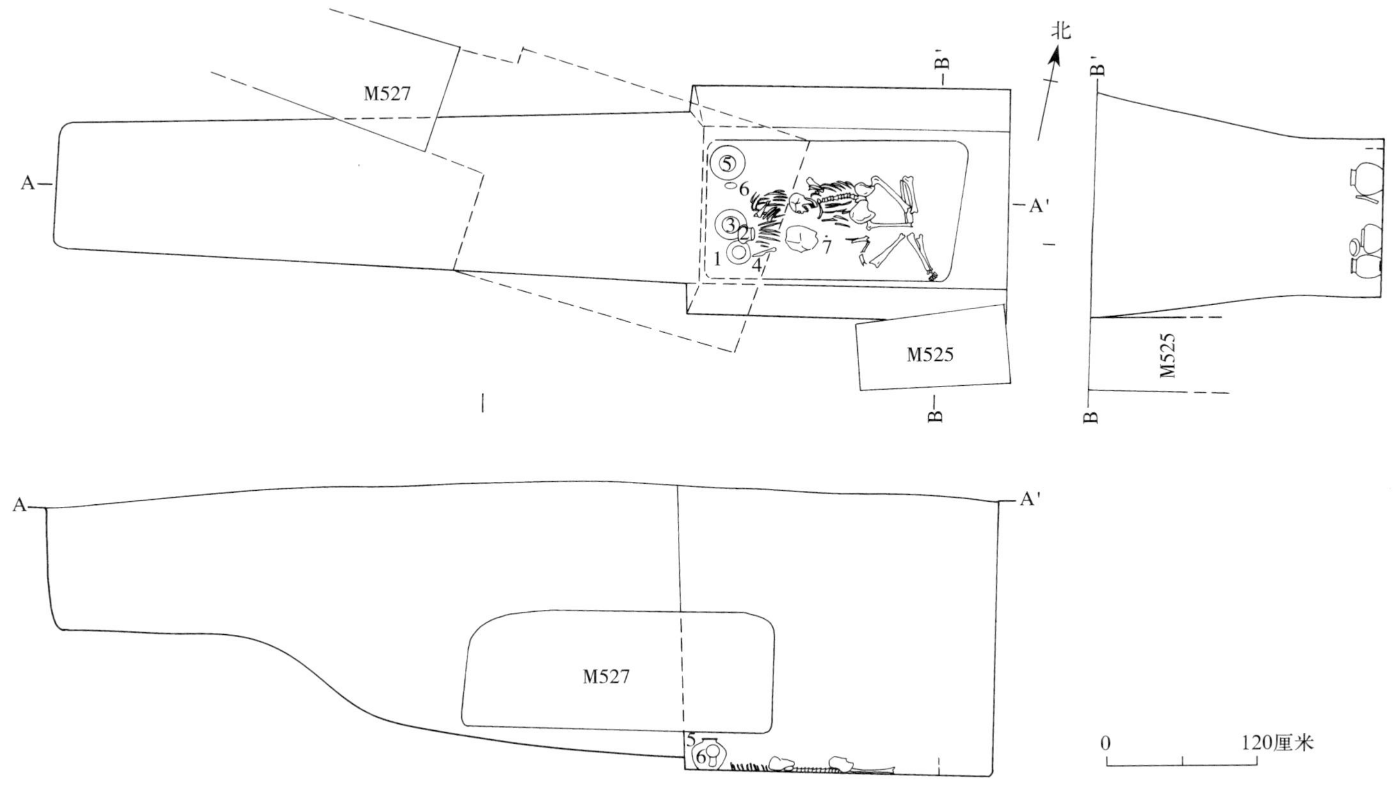

图七六五　M528平、剖面图

1.铁削　2.无耳无鋬陶鍪　3.扁腹陶罐　4.小口旋纹陶罐　5.小口陶罐　6.漆器　7.铜饰件

（二）出土遗物

1. 陶器

4件。

小口罐　1件。

M528：5，泥质灰陶。侈口，窄沿外撇，方唇，矮领，圆肩，深弧腹，最大径位于腹上端，平底。肩、腹中部饰斜向竖绳纹，肩部于绳纹之上饰数道凹弦纹，腹部绳纹部分抹光，领下端轮制痕迹明显。口径12.4、最大径27.6、底径16.0、高24.0厘米（图七六六，1；彩版二〇六，1）。

小口旋纹罐　1件。

M528：4，泥质灰陶。侈口，外斜沿，方唇，唇缘有凹槽，矮领，溜肩，深腹弧内收，最大径位于腹上部，平底。领下端饰三道弦纹，腹中部饰竖向绳纹，器身有轮制痕迹，腹下部刮抹痕迹明显。口径11.2、最大径19.2、底径11.3、高23.2厘米（图七六六，2）。

扁腹罐　1件。

M528：3，泥质灰陶。直口，圆唇，矮领，圆肩，深腹弧内收，最大径位于腹上端，平底。腹中部饰竖向绳纹，器身有轮制痕迹，腹下部刮抹痕迹明显。口径14.0、最大径24.0、底径12.4、高15.2厘米（图七六六，3）。

无耳无鋬鍪　1件。

M528：2，夹砂灰陶。侈口，外斜沿，方唇，矮领，折肩，圆腹，最大径位于腹中部，圜底。领、肩部先饰绳纹后抹掉，残留绳纹纹理，腹、底部饰交错绳纹。口径 11.6、最大径 14.4、高 12.4 厘米（图七六六，4）。

2. 铜器

1 件。

饰件　1 件。

M528：7，平面略呈三角形。素面。长 1.5 厘米（图七六六，5）。

3. 铁器

1 件。

削　1 件。

M528：1，锈蚀严重。椭圆形环首，断面呈扁圆形，残存削身纤细，截面呈三角形。素面。残长 23.2、环首径 3.1 ～ 3.9 厘米（图七六六，6）。

4. 漆器

1 件。

M528：6，损毁严重，无法提取。

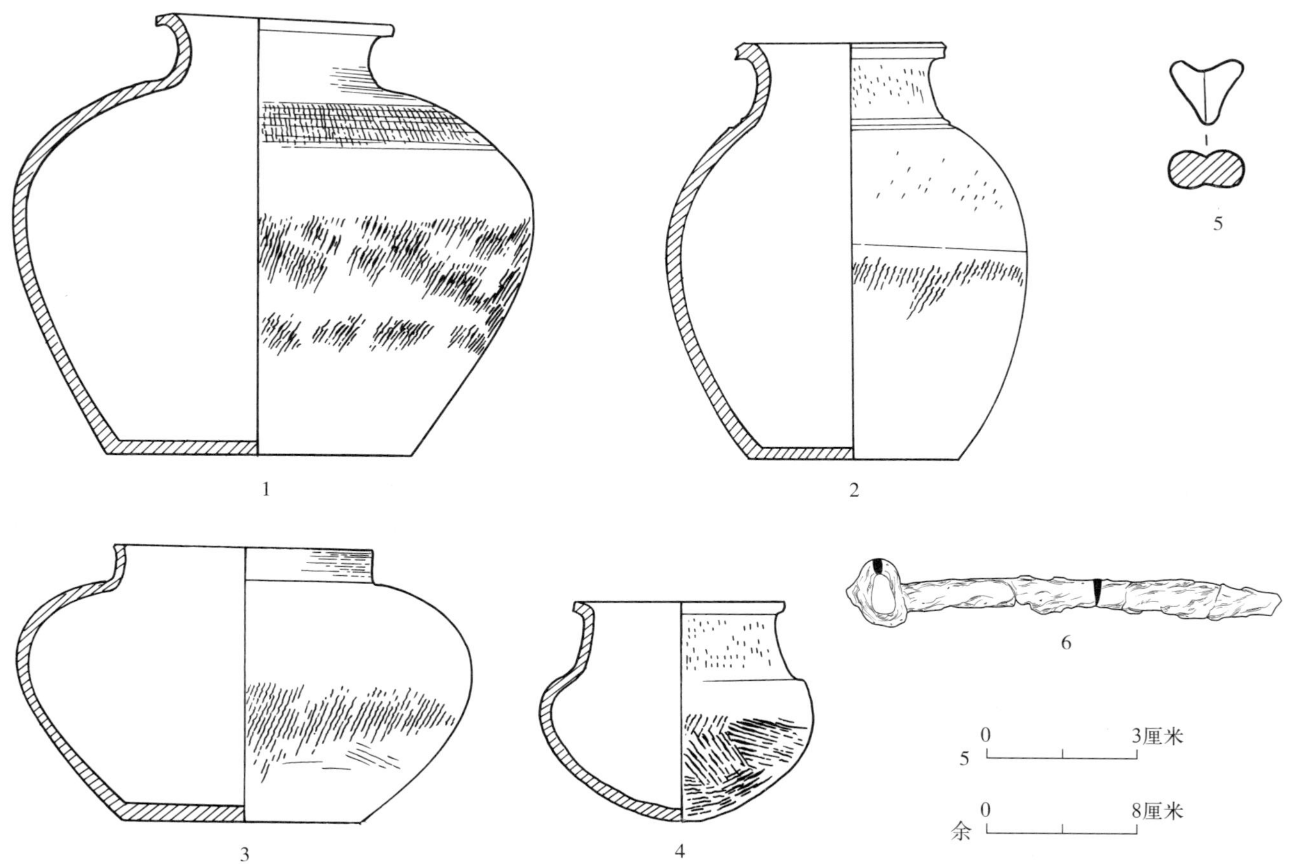

图七六六　M528 出土器物

1.小口陶罐M528：5　2.小口旋纹陶罐M528：4　3.扁腹陶罐M528：3　4.无耳无鋬陶鍪M528：2　5.铜饰件M528：7　6.铁削M528：1

四六一　M530

（一）墓葬形制

该墓位于墓群D区中部。开口于①层下，开口距地表1.30米，被M486打破。

竖穴土坑墓，平面呈长方形，方向265°，口大底小。上口长2.68、宽2.00米；底长2.64、东宽1.40、西宽1.44米；深2.20～2.70米。东、西壁面平直、南、北壁面斜直内收，光滑，平底，无工具加工痕迹。墓内填松散的褐色五花土，含植物根系、木炭屑等。

葬具不详。

葬式不详。

墓葬内出土陶罐2、陶鋬1件（图七六七）。

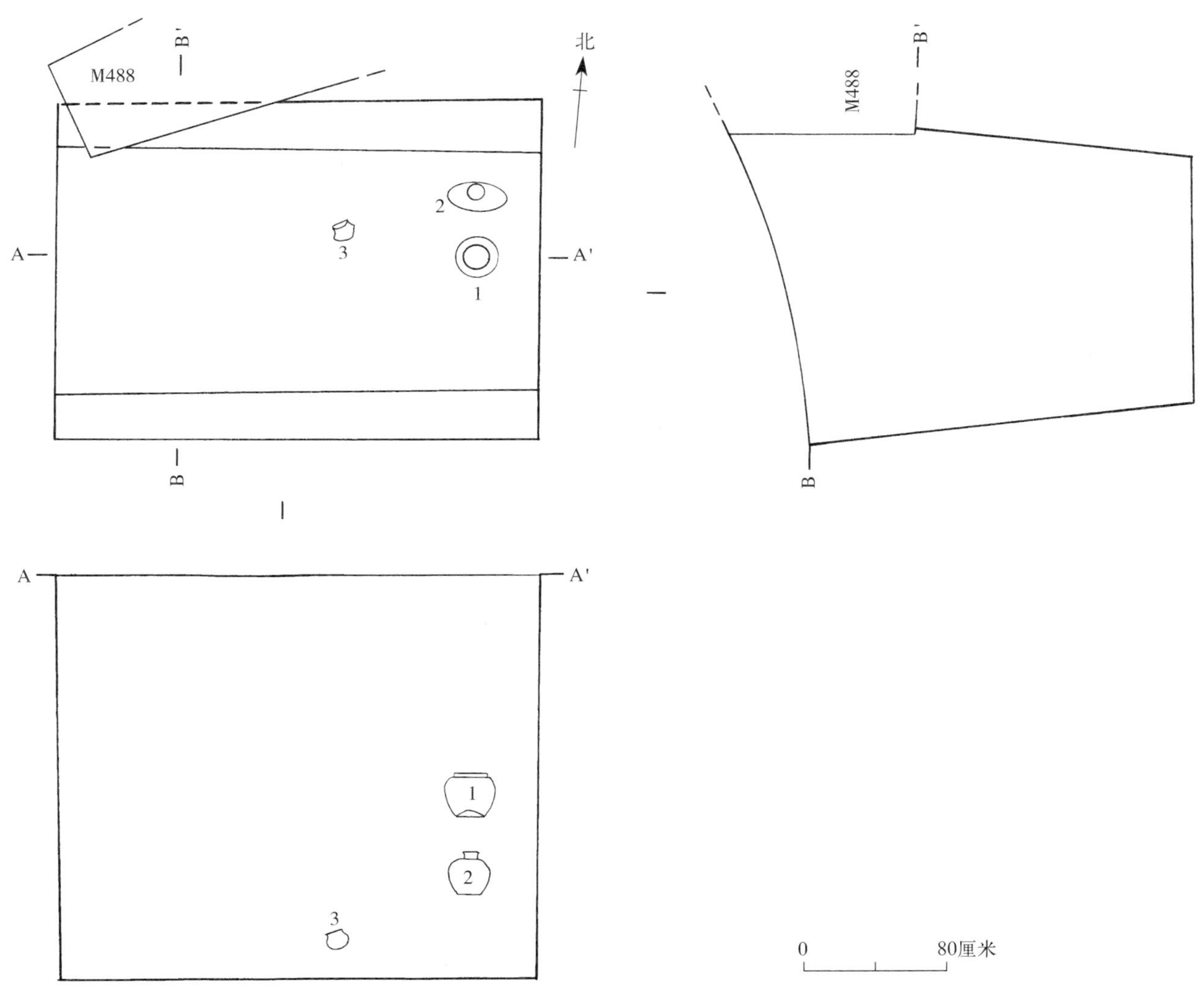

图七六七　M530平、剖面图

1.小口陶罐　2.大口陶罐　3.无耳无鋬陶鋬

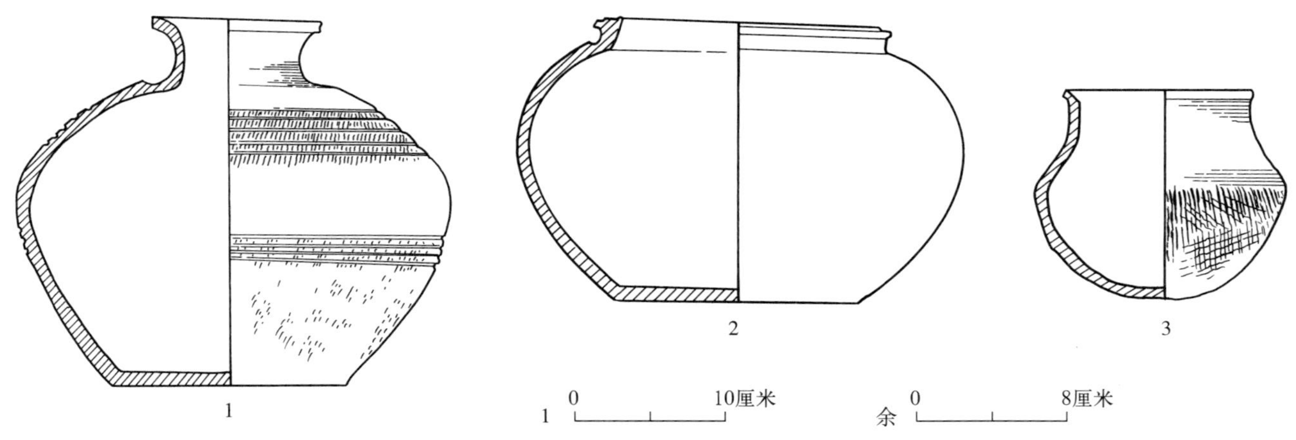

图七六八　M530出土陶器物

1.小口罐M530：1　2.大口罐M530：2　3.无耳无鋬鍪M530：3

（二）出土遗物

陶器

3件。

小口罐　1件。

M530：1，泥质灰陶。喇叭口，窄沿，方唇，唇中部微内凹，矮领，广肩，圆腹，最大径位于腹上端，平底。肩、腹中部先饰斜向竖绳纹，再于绳纹之上饰数道凹弦纹，腹下部饰暗绳纹，领下端轮制痕迹明显。口径11.0、最大径28.5、底径15.5、高25.0厘米（图七六八，1）。

大口罐　1件。

M530：2，泥质灰陶。敛口，宽沿，沿面中部有一凸棱，圆唇，矮领，圆肩，深弧腹，最大径位于腹上端，平底。素面，器身有刮抹痕迹。口径15.6、最大径23.6、底径12.8、高15.2厘米（图七六八，2）。

无耳无鋬鍪　1件。

M530：3，夹砂灰陶。侈口，方唇，束颈，折肩，圆腹，最大径位于腹上端，圜底。腹、底部饰交错绳纹，口部有轮制痕迹。口径10.0、最大径13.2、高11.6厘米（图七六八，3）。

四六二　M535

（一）墓葬形制

该墓位于墓群D区中部。开口于①层下，开口距地表2.20米，被M534打破。

竖穴土坑墓，平面呈梯形，方向265°。西窄东宽，口大底小，有生土二层台。上口长3.20、东宽2.50、西宽2.30米；二层台面距墓口深0.90米，东、西侧台面宽0.10、南、北侧台面宽0.25米；底长2.60、东宽1.60、西宽1.40米；深2.20米。二层台以上壁面斜直内收，收分明显，二层台以下壁面平直，周壁光滑，墓底较平，无工具加工痕迹。墓内填松散的褐色五花土，含植物根系、木炭屑等。

葬具不详。

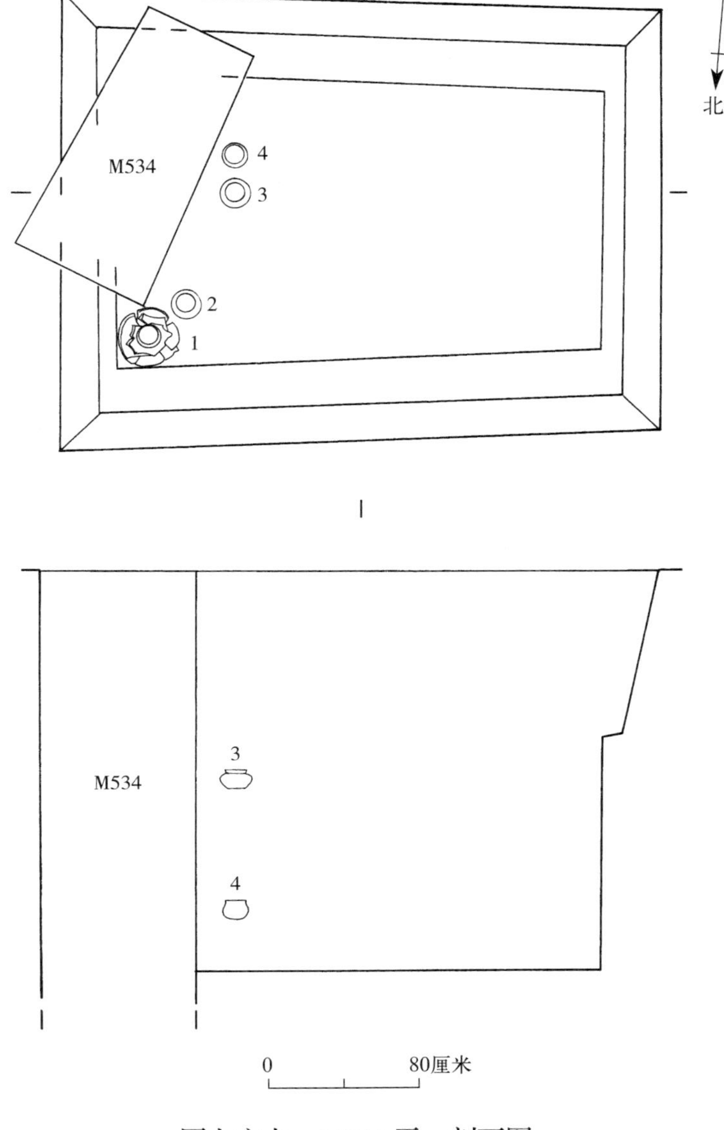

图七六九　M535 平、剖面图

1.小口陶罐　2.大口陶罐　3.扁腹陶罐　4.带耳陶鍪

葬式不详。

墓葬内出土陶罐 3、陶鍪 1 件（图七六九）。

（二）出土遗物

陶器

4 件。

小口罐　1 件。

M535：1，泥质灰陶。侈口，宽平沿，沿面外侧有凹槽，方唇，矮领，圆肩，圆腹，最大径位于腹上端，平底。领部先饰绳纹后抹掉，残留绳纹纹理，肩、腹部先饰竖向绳纹，再于绳纹之上饰数道凹弦纹，腹下端饰交错绳纹，器身有刮抹痕迹。口径 12.5、最大径 36.0、底径 16.0、高 31.5 厘

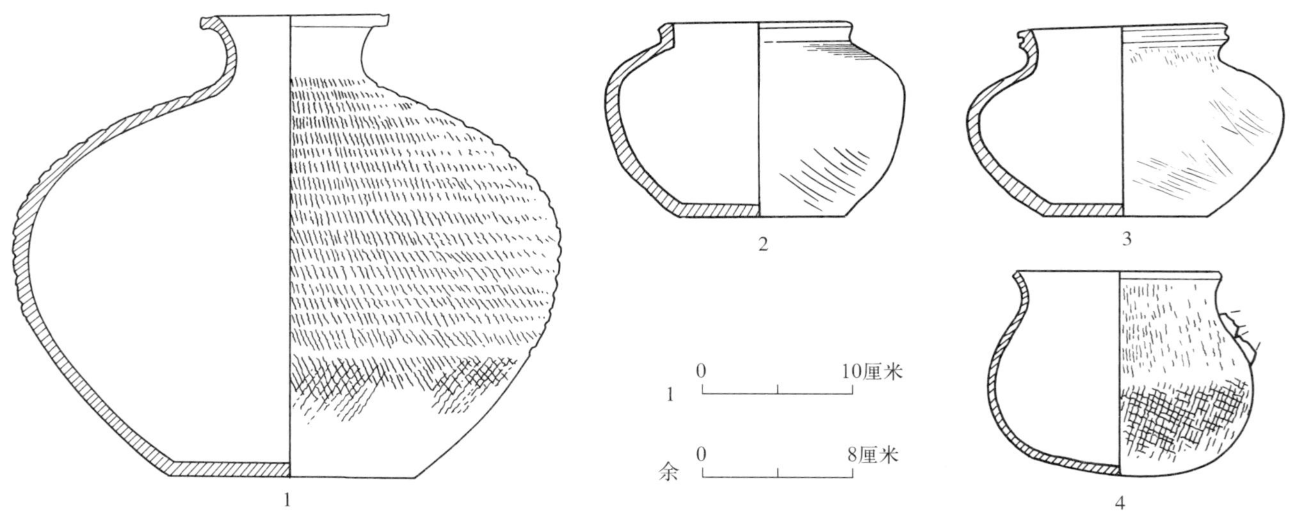

图七七〇　M535出土陶器

1.小口罐M535：1　2.大口罐M535：2　3.扁腹罐M535：3　4.带耳鋬M535：4

米（图七七〇，1；彩版二〇六，2）。

大口罐　1件。

M535：2，泥质灰陶。直口，方唇外撇，矮领，广肩，深腹弧内收，最大径位于腹上端，平底。素面，口部有慢轮制作痕迹，器身刮抹痕迹明显。口径10.6、最大径16.0、底径8.6、高10.8厘米（图七七〇，2）。

扁腹罐　1件。

M535：3，泥质灰陶。口微侈，窄沿，矮领，领上端有一道凹槽，广肩，深腹弧内收，最大径位于腹上端，平底。领部先饰竖向绳纹再抹掉，残留绳纹纹理，器身刮抹痕迹明显。口径11.2、最大径16.8、底径8.8、高10.4厘米（图七七〇，3）。

带耳鋬　1件。

M535：4，夹砂灰陶。侈口，圆唇，束颈，溜肩，肩上部附加一环形器耳，现已残损，圆腹，最大径位于腹上部，圜底。肩部以上先饰绳纹后抹掉，残留绳纹纹理，腹、底饰交错绳纹。口径11.2、最大径14.6、高11.2厘米（图七七〇，4；彩版二〇六，3）。

四六三　M536

（一）墓葬形制

该墓位于墓群D区中部。开口于①层下，开口距地表0.60～1.70米。

竖穴土坑墓，平面呈长方形，方向93°，口大底小。上口长2.40、宽1.48米，底长2.36、宽1.16米；深1.80～2.72米。东、西壁面平直，南、北壁面斜直内收，光滑，平底，无工具加工痕迹。墓内填松散的褐色五花土，含植物根系、木炭屑等。

葬具不详。

葬式不详。

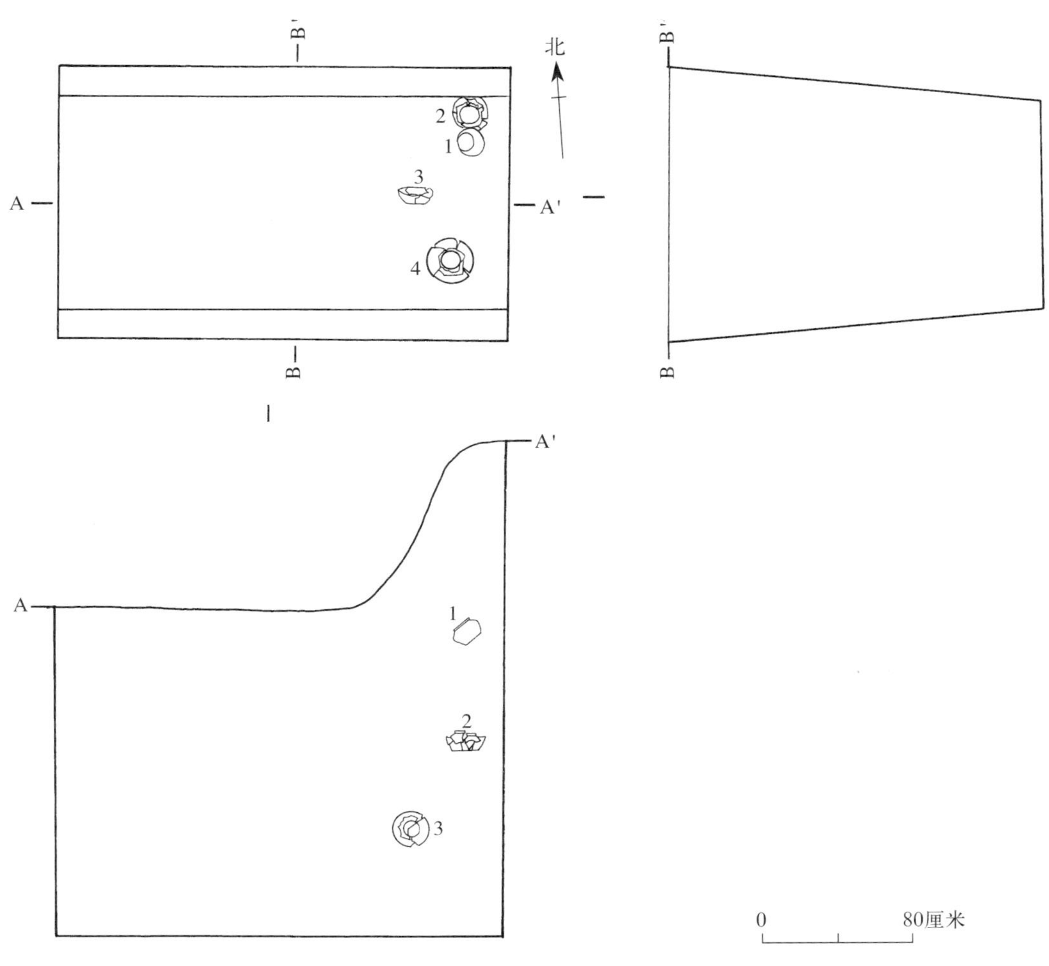

图七七一　M536平、剖面图
1、3.扁腹陶罐　2.大口陶罐　4.小口陶罐

墓葬内出土陶罐4件（图七七一）。

（二）出土遗物

陶器

4件。

小口罐　1件。

M536：4，泥质灰陶。侈口，窄沿外撇，方唇，唇沿中部微内凹，矮领，溜肩，深弧腹，最大径位于腹上端，底微内凹。肩部先饰绳纹，再于绳纹之上饰数道凹弦纹，腹中部饰斜向暗绳纹，领部有轮制痕迹。口径11.5、最大径27.5、底径14.5、高24.5厘米（图七七二，1）。

大口罐　1件。

M536：2，泥质灰陶。直口，窄平沿，沿面中部内凹，方唇，矮领，圆肩，深腹弧内收，最大径位于腹上端，平底。腹中部饰时断时续的竖向斜绳纹，器身有刮抹痕迹。口径13.6、最大径21.6、底径12.8、高14.8厘米（图七七二，2）。

扁腹罐　2件。

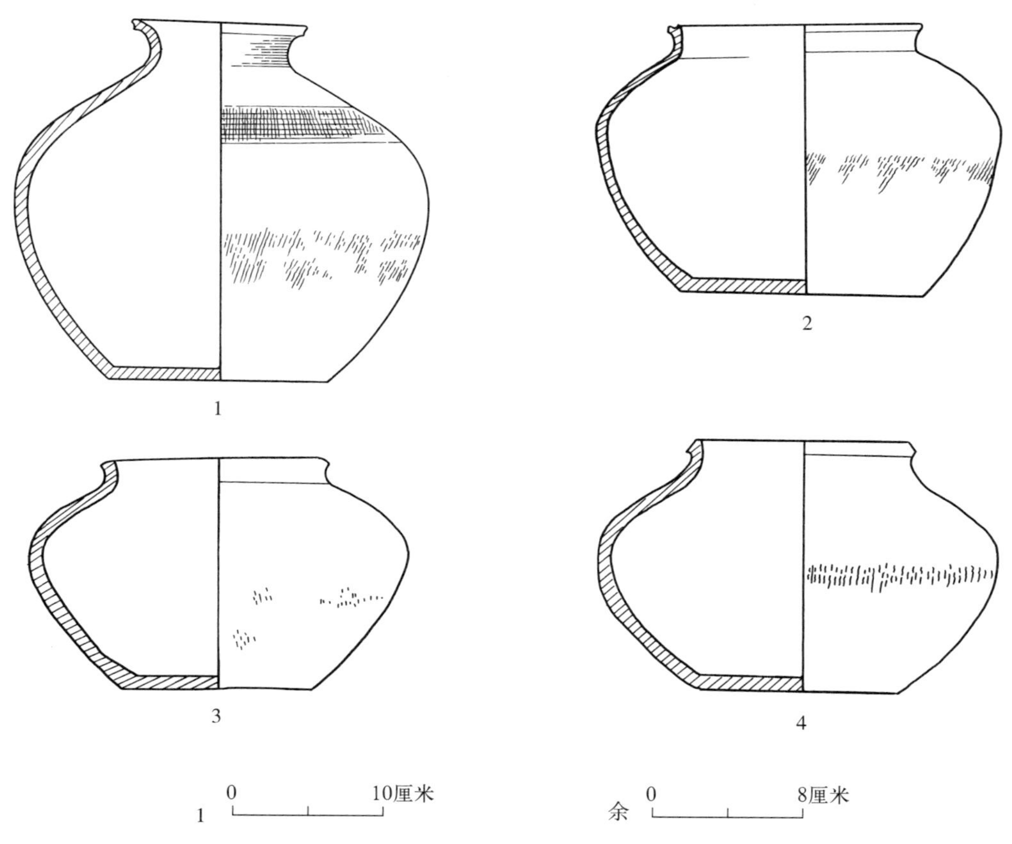

图七七二　M536 出土陶器

1.小口罐M536：4　2.大口罐M536：2　3、4.扁腹罐M536：1、3

M536：1，泥质灰陶。口微侈，方唇外撇，唇外侧有一道凹槽，矮领，广肩，深腹弧内收，最大径位于腹上端，平底。腹中部饰时断时续的竖向暗绳纹，器身有刮抹痕迹。口径 12.0、最大径 21.2、底径 10.0、高 12.8 厘米（图七七二，3；彩版二〇六，4）。

M536：3，泥质灰陶。直口，沿外撇，双唇，矮领，圆肩，深腹弧内收，最大径位于腹上端，平底。腹上部饰竖向暗绳纹，器身刮抹痕迹明显。口径 12.4、最大径 21.2、底径 10.8、高 14.0 厘米（图七七二，4）。

第三节　采集器物描述

卧虎湾墓地 2016 年采集到器物 17 件，2017 年采集到器物 4 件，共 21 件。按质地分为陶、铜、铁三类，分述如下。

1. 陶器

18 件。

壶　1 件。

2016MW：6，泥质灰陶。盘口，圆唇，细高领，圆腹，最大径位于腹中部，底微凸，矮圈足。器领部饰二道凸棱，腹部饰三组弦纹，领部轮制痕迹明显，器身有刮抹痕迹。口径 8.0、最大径

19.6、底径 8.4、圈足高 1.6、通高 26.0 厘米（图七七三，1）。

大口罐　1 件。

2016MW：1，下腹残，底缺失，泥质灰陶。直口，方唇，矮直领，圆腹，最大径位于腹中部。腹中部、底部饰二道方格纹，器身轮制痕迹明显。口径 21.0、最大径 40.5、残高 33.5 厘米（图七七三，2）。

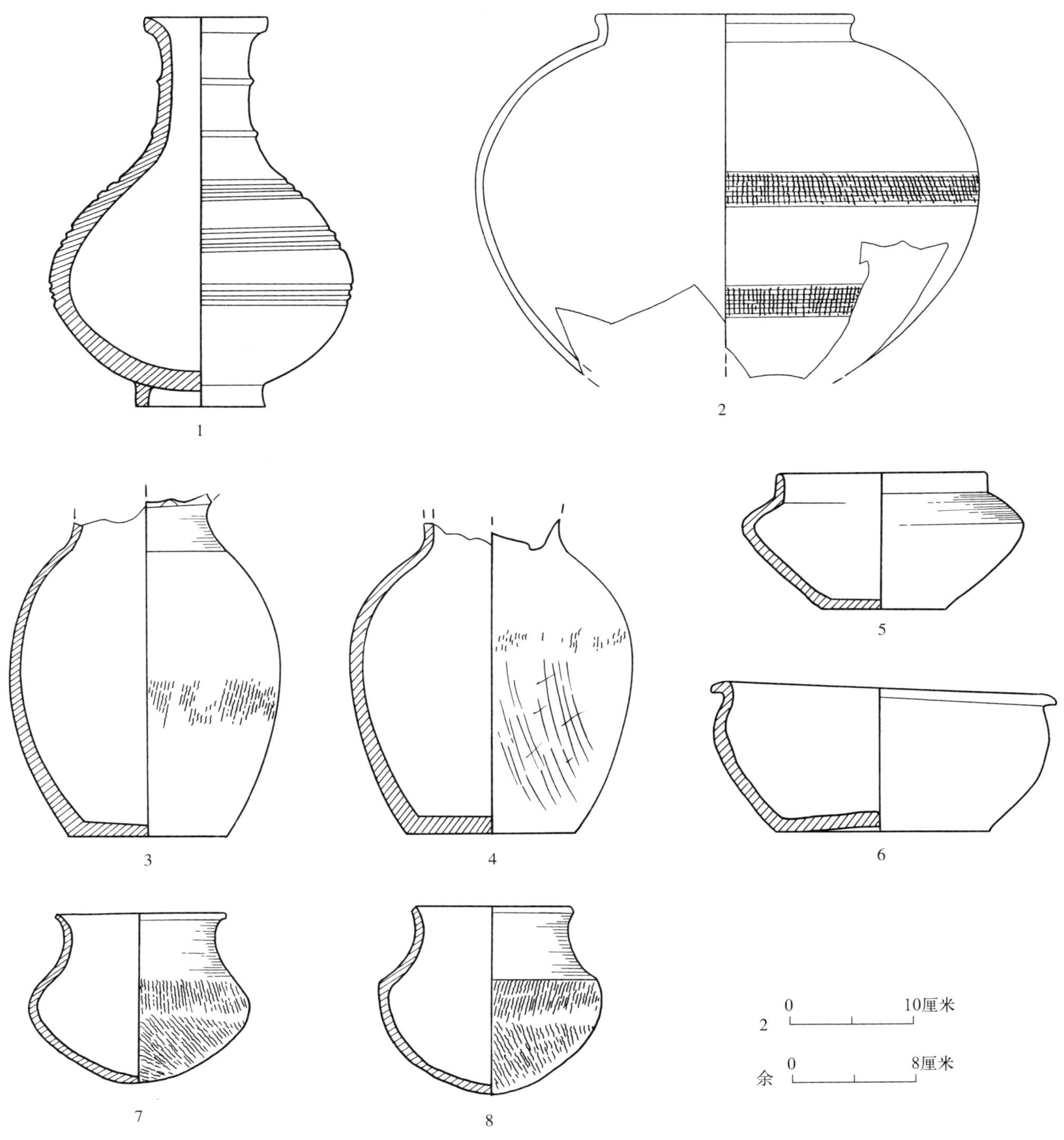

图七七三　采集陶器（一）

1.壶2016MW：6　2.大口罐2016MW：1　3、4.瓶形罐2016MW：5、2017MW：6　5.扁腹罐2017MW：7　6.盆2017MW：5　7、8.釜2016MW：16、18

瓶形罐　2件。

2016MW：5，口残，泥质灰陶。束颈，溜肩，深弧腹，最大径位于腹中部。平底。腹中部饰斜向左下的细绳纹，底正中有一方印，颈部轮制痕迹明显，器身有刮抹痕迹。最大径17.6、底径10.7、残高24.0厘米（图七七三，3）。

2017MW：6，口部略残，泥质灰陶。矮领，广肩，深弧腹，最大径位于腹上部，平底。腹上端饰时断时续的绳纹，腹部刮抹痕迹明显。最大径18.0、底径10.8、残高20.8厘米（图七七三，4）。

扁腹罐　1件。

2017MW：7，泥质灰陶。直口，圆唇，矮领，广肩，斜腹直内收，最大径位于肩、腹交接处，平底。素面，领部轮制痕迹明显。口径13.6、最大径18.0、底径8.1、高9.2厘米（图七七三，5）。

盆　1件。

2017MW：5，泥质灰陶。口微敛，窄沿外撇，圆唇，敛颈，深弧腹，底内凹。素面，器身有轮制痕迹。口径22.4、底径13.6、高9.6厘米（图七七三，6）。

釜　2件。

2016MW：16，泥质灰陶。侈口，外斜沿，方唇，束颈，溜肩，鼓腹，最大径位于鼓腹处，圜底。器身饰斜向细绳纹，口部轮制痕迹明显。口径11.2、最大径14.4、高11.2厘米（图七七三，7）。

2016MW：18，泥质灰陶。侈口，外斜沿，圆唇，束颈，溜肩，圆腹，肩、腹交接处折棱明显，最大径位于腹上部，圜底。器身饰斜向细绳纹，口部轮制痕迹明显。口径10.4、最大径14.4、高12.4厘米（图七七三，8）。

豆　6件。

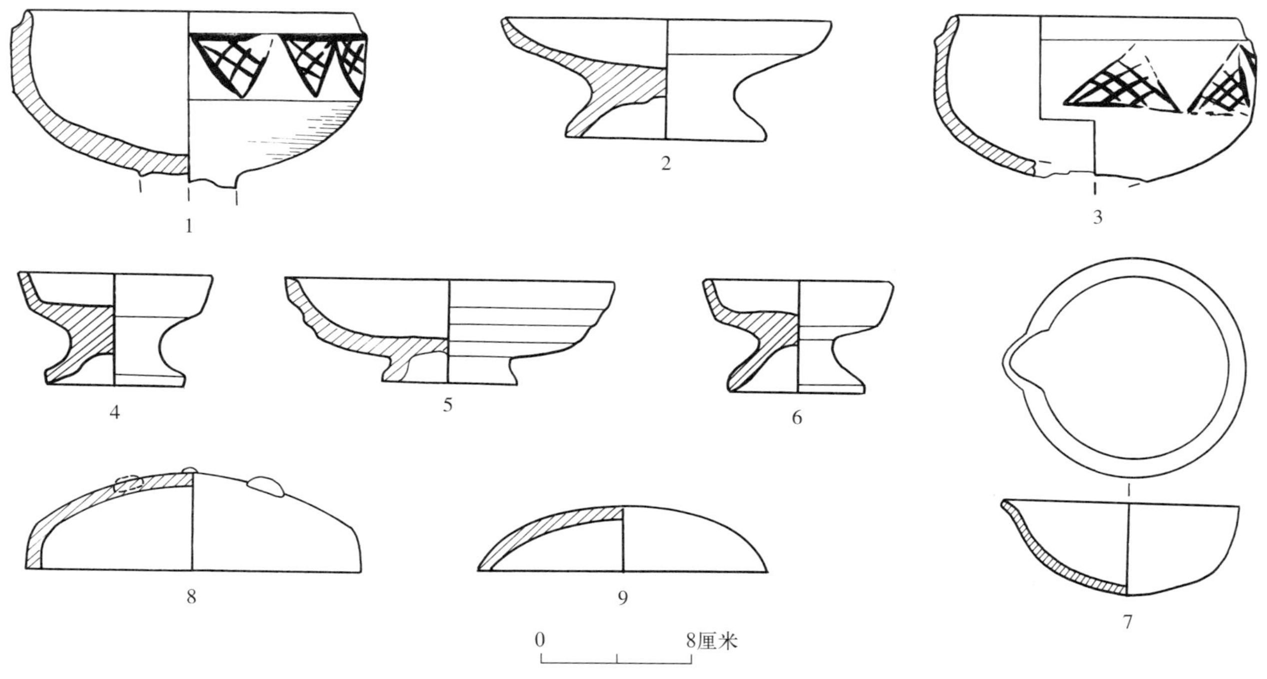

图七七四　采集陶器（二）

1～6.豆2016MW：7、9、12、13、19、20　7.匜2016MW：10　8、9.器盖2016MW：11、17

2016MW∶7，柄及底残，泥质灰陶，施彩绘。豆盘呈子母口内敛，圆唇，深腹，上腹较直，下腹弧内收，最大径位于腹上端。上腹部以红色彩绘数组三角状网格纹。口径17.6、最大径18.4、残高9.6厘米（图七七四，1）。

2016MW∶9，泥质灰陶。豆盘呈敞口，方唇，浅弧腹，盘底正中连接喇叭形底座。素面，器身轮制痕迹明显。口径17.6、底径10.8、高6.8厘米（图七七四，2）。

2016MW∶12，柄及底残，泥质灰陶，施彩绘。豆盘呈子母口内敛，圆唇，深腹，上腹较直，下腹弧内收，最大径位于腹上端。上腹部以红色彩绘数组三角状网格纹。口径15.2、最大径17.2、残高9.2厘米（图七七四，3）。

2016MW∶13，泥质灰陶。豆盘呈敞口，圆唇，浅腹，平底，盘底正中接喇叭形底座。素面，器身有刮抹痕迹。口径10.4、底径7.2、高6.0厘米（图七七四，4）。

2016MW∶19，泥质灰陶。豆盘呈敞口，方唇，浅弧腹，盘底正中连接喇叭形底座。腹部饰二道凹弦纹，器身轮制痕迹明显。口径17.6、底径7.2、高7.6厘米（图七七四，5）。

2016MW∶20，泥质灰陶。豆盘呈敞口，圆唇，浅腹，平底，盘底正中接喇叭形底座。素面，器身有刮抹痕迹。口径10.0、底径7.2、高6.0厘米（图七七四，6）。

匜　1件。

2016MW∶10，泥质灰陶。敞口，圆唇，弧腹，圜底，口部有一流。素面，器身刮抹痕迹明显。口径12.8、高5.2厘米（图七七四，7）。

器盖　2件。

2016MW∶11，泥质灰陶。覆钵形，盖顶附加三个乳丁。素面，器身刮抹痕迹明显。底径17.6、高5.6厘米（图七七四，8）。

2016MW∶17，泥质灰陶。覆钵形。素面，器身有轮制痕迹。底径15.6、高3.6厘米（图七七四，9）。

2. 铜器

1件。

素面镜　1面。

2016MW∶21，镜面平直，圆形器纽，圆座。主纹区内外缘各饰一道弦纹，素缘。直径3.6厘米。

3. 铁器

2件。

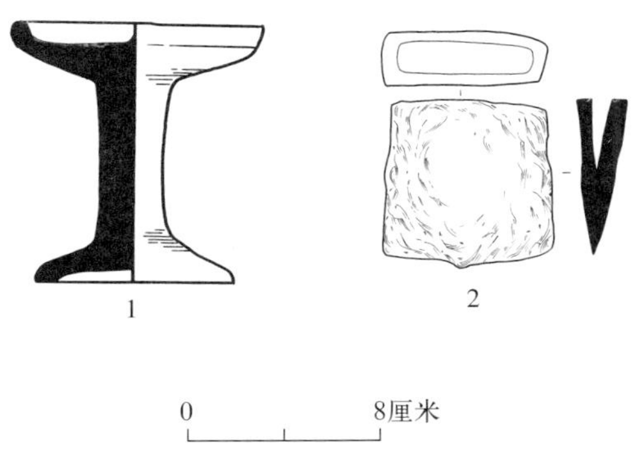

图七七五　采集铁器

1.铁灯2016MW∶15　2.铁錾2017MW∶8

灯　1件。

2016MW：15，锈蚀。直口，浅盘，平底，盘内正中有一锥状乳丁，盘底正中接圆柱状实心柄，柄较高，喇叭形底座。口径10.4、盘高2.4、柄径2.8、高11.2厘米（图七七五，1）。

鐅　1件。

2017MW：8，锈蚀。平面呈弧边长方形，纵截面呈三角形，顶端、两侧棱规整，弧形双面刃，顶端有镶木柄銎。边长6.8、厚2.6厘米（图七七五，2）。

第三章　墓葬形制及葬俗

第一节　墓葬形制

本墓地所发掘的463座战国至秦汉时期的墓葬，根据墓道形制可分为三大类：竖穴土坑类、竖穴墓道类和斜坡墓道类。其中竖穴土坑类378座，占墓葬总数的81.6%；竖穴墓道类35座，占墓葬总数的7.6%；斜坡墓道类50座，占墓葬总数的10.8%。每类墓葬形制随着时间发展没有明显的演变发展规律，但从总体上来看，竖穴墓道类墓葬相对晚于竖穴土坑类墓葬出现，斜坡墓道类墓葬相对晚于竖穴墓道类墓葬和竖穴土坑类墓葬。

一　竖穴土坑类

竖穴土坑墓共378座，平面呈长方形或梯形，部分墓葬带有二层台、壁龛。依有无二层台分两型。

A型　209座，无二层台。墓葬平面为长方形或梯形，周壁光滑，少数带有壁龛。根据墓室四壁的收分程度分四亚型，但因有8座损毁严重，无法参与分型。

Aa型　25座，墓室四壁或两壁斜直内收，收分明显，墓口面积与墓底面积的比值约为1.70～2.00。如M10、M16、M35、M36、M38、M49、M50、M54、M58、M76、M80、M108、M137、M143、M145、M307、M323、M367、M380、M419、M420、M447、M455、M480、M492。

Ab型　43座，墓室四壁或两壁收分明显，内收幅度较甚，墓口面积与墓底面积的比值约为1.45～1.60。如M5、M27、M28、M64、M68、M79、M100、M101、M118、M122、M124、M159、M161、M163、M166、M182、M188、M228、M230、M235、M313、M317、M325、M336、M340、M348、M359、M371、M378、M400、M401、M403、M410、M422、M423、M428、M432、M434、M435、M445、M454、M473、M474。

Ac型　51座，墓室四壁或两壁略有收分，墓口面积与墓底面积的比值约为1.2～1.35。如M18、M20、M22、M33、M34、M53、M61、M65、M67、M70、M74、M88、M93、M96、M105、M127、M128、M139、M148、M162、M170、M173、M179、M185、M192、M196、M201、M220、M232、M253、M321、M322、M324、M327、M328、M331、M357、M384、M394、M396、M406、M408、M411、M413、M430、M438、M442、M449、M450、M451、M536。

Ad型　82座，周壁竖直，无内收，墓口面积与墓底面积的比值为1。如M21、M57、M59、M63、M73、M77、M81、M82、M84、M90、M94、M97、M110、M126、M129、M130、M153、M154、M158、M171、M202、M203、M210、M214、M216、M221、M226、M229、M231、M236、M238、M242、M243、M244、M245、M246、M247、M248、M249、M251、M252、

M278、M279、M280、M293、M294、M295、M301、M308、M319、M326、M335、M352、M361、M388、M397、M417、M425、M436、M439、M446、M452、M453、M456、M463、M479、M483、M489、M493、M510、M511、M512、M513、M514、M515、M516、M518、M519、M520、M521、M524、M530。

B型　169座，下有生土二层台或双生土二层台。墓葬平面呈长方形或梯形，其中一座墓为石砌二层台，二层台以上壁面多有收分，二层台以下壁面平直，部分带有壁龛。依有无壁龛分二亚型。

Ba型　39座，墓的一端有壁龛，其中一座墓有双壁龛。如M12、M13、M17、M24、M39、M43、M312、M106、M112、M135、M136、M175、M176、M177、M180、M269、M270、M273、M276、M277、M283、M285、M287、M288、M289、M292、M296、M298、M299、M300、M320、M343、M385、M458、M460、M464、M484、M485、M495。

Bb型　130座，墓室四壁无壁龛。根据四壁的收分程度有以下几种情况：

收分明显23座，二层台以上壁面斜直内收，墓口面积与二层台台面处面积的比值约为1.80～2.07。如 M23、M30、M37、M42、M51、M78、M102、M104、M189、M209、M219、M262、M264、M271、M309、M345、M368、M409、M424、M429、M466、M501、M507。

收分幅度较甚37座，二层台以上壁面收分明显，墓口面积与二层台台面处面积的比值约为1.37～1.65。如M9、M14、M45、M46、M56、M72、M86、M103、M123、M132、M141、M147、M160、M178、M181、M183、M184、M190、M198、M227、M250、M258、M267、M306、M333、M337、M347、M354、M355、M366、M369、M412、M416、M462、M497、M523、M535。

壁面略收分52座，二层台以上，墓口面积与二层台台面处面积的比值约为1.10～1.30。如M8、M55、M60、M91、M92、M95、M99、M120、M134、M140、M142、M144、M152、M157、M164、M165、M168、M169、M174、M187、M197、M207、M217、M218、M222、M224、M225、M239、M240、M257、M259、M274、M290、M305、M315、M316、M329、M332、M341、M342、M344、M362、M364、M374、M375、M379、M387、M390、M414、M415、M461、M481。

无收分18座，二层台以上壁面竖直，墓口面积与二层台台面处面积的比值约为1。如M4、M6、M19、M35、M83、M85、M89、M138、M150、M151、M215、M310、M393、M395、M421、M431、M482、M517。

二　竖穴墓道类

竖穴墓道类35座，竖穴墓道式墓葬。依墓室形制的不同分三型。

A型　9座，竖穴墓道土坑墓。墓道平面呈长方形，墓室为土坑式，平面呈长方形，其中一座墓的墓道与墓室之间有过洞。依墓葬平面形状分二亚型。

Aa型　7座，墓葬平面呈“甲”字形，即墓道与墓室大致处于同一中线，靠近墓室中间。如M241（过洞）、M255、M356、M426、M433、M444、M457。

Ab型　2座，墓葬平面呈“刀”形，即墓道靠近墓室一侧。如M234、M475。

B 型　26 座，竖穴墓道土洞墓。均为直洞室墓，墓道平面呈长方形，墓室顶部多为平顶。如 M40、M41、M69、M71、M75、M111、M113、M208、M254、M256、M284、M286、M304、M311、M383、M386、M389、M391、M399、M405、M427、M440、M441、M443、M448、M478。

C 型　1 座，墓室为半土坑半土洞式。墓室平面为梯形，拱形顶。如 M470。

三　斜坡墓道类

斜坡墓道类 50 座。依墓室形制的不同分三型。

A 型　40 座，斜坡墓道土坑墓。墓道平面呈长方形或梯形，墓室为土坑式，平面呈长方形或梯形，有的带有二层台，部分墓道与墓室之间有过洞，其中一座墓墓室的下半部分为石砌墙，另一座墓的墓道为梯形台阶式，台阶延至墓底。根据墓葬的平面形状分三型。

Aa 型　23 座，平行式，平面呈“甲”字形，即墓道与墓室大致处于同一中线，靠近墓室中间。如 M15、M52、M62、M87、M109、M115、M125、M156、M191、M199、M200、M205、M223、M233、M237、M263、M330、M372、M382、M398、M402、M469、M476。

Ab 型　9 座，垂直式，平面呈“刀”形，即墓道偏向墓室一侧。如 M11、M44、M119、M121、M131、M155（石砌墙）、M167（阶梯）、M186、M404。

Ac 型　8 座，曲线式，即墓道中线并非一条直线。如 M66、M133、M193、M195、M261、M365、M373、M418。

B 型　7 座，斜坡墓道洞室墓。依墓室形制的不同分两亚型。

Ba 型　6 座，斜坡墓道土洞墓。墓道平面呈长方形或梯形，除其中 1 座墓道为台阶延至墓底，其余均为斜坡至墓底，墓室为土洞式，多为平顶。如 M149、M213、M282、M370、M477、M528。

Bb 型　1 座，斜坡墓道砖室墓。墓道平面呈梯形，墓道与墓室之间有过洞，过洞及墓室皆为拱形顶，青砖砌壁、券顶，又以青砖铺地。如 M353。

C 型　3 座，墓室为半土洞半土坑式，墓室平面为长方形或梯形。如 M116、M465、M468。

第二节　葬俗

一　葬具

卧虎湾墓地墓葬的葬具保存状况不佳，只有少数葬具保存较完整，所使用的葬具均为木质，且多数已腐朽，仅能根据墓室残留的痕迹判断其形制和尺寸，绝大部分墓葬未发现葬具痕迹，故无法辨别其形制。在能辨别出葬具的 131 座墓葬中，以一棺的数量最多，为 79 座，占总数的 60.3%；一棺一椁为 43 座，占总数 32.8%；一棺二椁 3 座；一棺一椁带头箱 3 座；两棺 1 座；两套棺椁 2 座（表 1）。

表 1　卧虎湾墓地葬具与墓葬形制对应统计表

	竖穴土坑墓							竖穴墓道类墓葬		斜坡墓道类墓葬					
	A				B		未分	A	B	A			B		C
	Aa	Ab	Ac	Ad	Ba	Bb				Aa	Ab	Ac	Ba	Bb	
一棺	1	6	8	10	7	27	2	1	5	8	2	1	1		
一棺一椁	7	4	8	5	4	10		1	1	1	1				1
一棺二椁						1					1				1
一棺一椁带头箱			1			2									
二棺						1									
两套棺椁		1				1									

二　葬式

卧虎湾墓地墓葬盗扰情况较严重，加之该地地理环境的影响，多数人骨未能保存。可辨别葬式的墓葬有 61 座。其中仅 M223 为合葬墓，墓主皆仰身直肢，其余 60 座为单人葬。

单人葬中，直肢葬 51 座，屈肢葬 9 座，其中多数屈肢葬中墓主胫骨与股骨蜷曲程度较轻，少数蜷曲程度较甚。竖穴土坑墓中，仰身直肢葬 41 座，侧身屈肢葬 7 座。竖穴墓道类墓葬中，仰身直肢葬 8 座，仰身屈肢葬 1 座，侧身屈肢葬 1 座。斜坡墓道类墓葬中，仰身直肢葬 2 座（表 2）。

表 2　卧虎湾墓地葬式与墓葬形制对应统计表

	竖穴土坑墓							竖穴墓道类墓葬		斜坡墓道类墓葬					
	A				B		未分	A	B	A			B		C
	Aa	Ab	Ac	Ad	Ba	Bb				Aa	Ab	Ac	Ba	Bb	
仰身直肢葬	3	3	8	7	7	12	1	1	7		2				
仰身屈肢葬									1						
侧身屈肢葬	1			1	1	3	1		1						

第四章　出土器物分析

卧虎湾墓地战国、秦汉墓葬有出土器物的共360座，其中262座墓葬被盗扰。所发掘的出土器物共1585件，按材质分有陶器、青铜器、铁器、玉器、骨器、石器等。本章内容节选部分代表性器物进行类型学的讨论，并对墓葬出土器物组合、器表纹饰进行分析。

第一节　陶器型式分析

出土陶器的墓葬共有299座，共有陶器968件。按照器形分为陶鼎、陶盒、陶壶、陶钫、陶锜、陶甑、陶豆、陶盘、双耳陶罐、单耳陶罐、壶形陶罐、小口陶罐、小口旋纹陶罐、扁腹陶罐、大口陶罐、敞口小陶罐、小口素面小陶罐、深腹大口陶罐、陶盆、陶盂、陶釜、陶鏊、陶熏炉、陶灶、陶灯等。其中小罐与罐仅在小口罐做区分（表3）。

一　陶鼎

34件。均为泥质灰陶，根据底部特征的不同分三型（图七七六）。

A型　14件，平底鼎。其中1件残，不进行分式。覆钵形器盖或圆饼状器盖，盖顶多装饰三器纽，子母口，多为圆唇，弧腹，腹上端接两附耳，耳上端外撇，腹部多饰弦纹，部分器表施彩绘。根据足部形态的不同分三亚型。

Aa型　10件，蹄足。根据形态特征不同，可分为四式。

Ⅰ式　2件，体较小，无耳，足跟较平。如M332∶7、M456∶4。

Ⅱ式　4件，体略小，呈椭圆形，双耳较长，微外撇，足跟较平。弧形顶，盖顶附加三个圆饼状兽形器纽。素面。如M36∶1、M36∶4、M56∶6、M105∶2。

Ⅲ式　2件，体较Ⅰ式变大，近椭圆形，腹较Ⅰ式深，双耳微曲外撇，足跟外鼓，蹄足较粗壮。弧形顶。1件盖顶施红色彩绘卷云纹，器身素面。1件器表施红白彩绘图案。如M51∶7、M416∶4。

Ⅳ式　2件，体较Ⅱ式变大，体扁，腹较Ⅱ式深，双耳外撇程度较Ⅱ式更甚，足跟高鼓，蹄足粗壮。拱形顶。腹中部饰一道凸棱，其中1件口部施红彩。如M147∶7、M210∶1。

Ab型　2件，柱足，足较短。体较小，圆饼状器盖，圆腹。1件两附耳外撇，器盖顶施红白彩绘旋纹、柿叶纹，器身施彩绘。1件无耳，盖顶正中有圆锥形器纽，素面。如M468∶3、M469∶10。

Ac型　1件，异形足，近似锥形。深弧腹，腹较深，腹中部饰一道凸棱。如M440∶6。

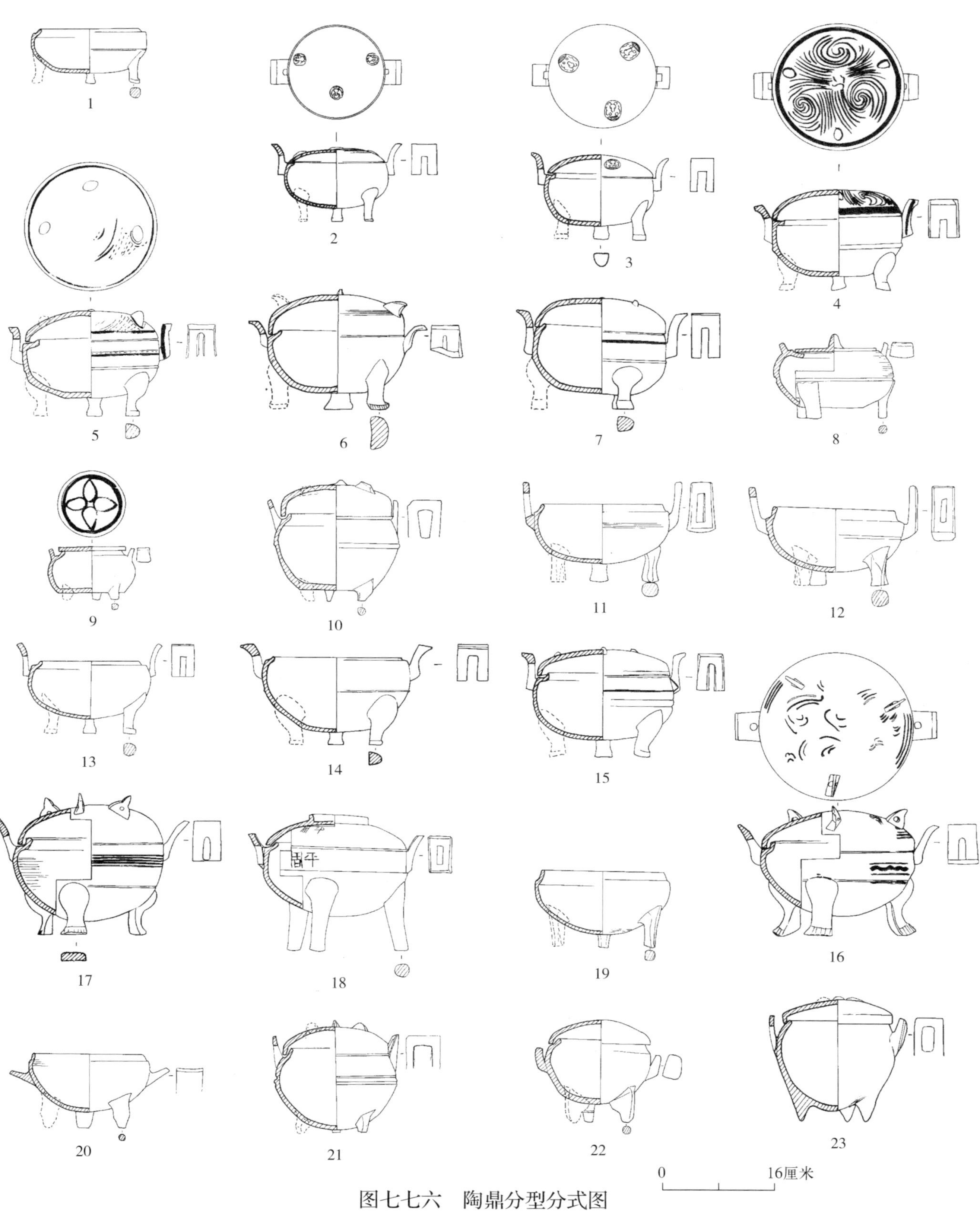

图七七六　陶鼎分型分式图

1.M456：4（AaⅠ）　2.M56：6（AaⅡ）　3.M105：2（AaⅡ）　4.M51：7（AaⅢ）　5.M416：4（AaⅢ）　6.M147：7（AaⅣ）　7.M210：1（AaⅣ）　8.M469：10（Ab）　9.M468：3（Ab）　10.M440：6（Ac）　11.M432：6（BaⅠ）　12.M432：7（BaⅠ）　13.M424：1（BaⅡ）　14.M233：2（BaⅢ）　15.M5：6（BaⅢ）　16.M103：4（BaⅤ）　17.M103：5（BaⅤ）　18.M497：1（Bb）　19.M420：1（Bb）　20.M443：4（Bb）　21.M440：2（Ca）　22.M447：3（Ca）　23.M162：4（Cb）

B型　16件，圜底鼎。均为泥质灰陶，多为覆钵形器盖，盖上多饰三器纽，子母口，圆唇，腹上端多接两附耳，1件无耳，腹部多饰弦纹、绳纹或凸棱，3件器表施彩绘。根据足部形态的不同分两亚型。

Ba型　12件，蹄足。根据腹部深浅变化及足跟形态变化分五式。

Ⅰ式　2件，体略大，双耳直立于肩部对称处，微内曲，浅腹，足跟低平。其中1件施彩绘。如M432：6、M432：7。

Ⅱ式　1件，体较小，双耳较长，微外撇，浅腹，足跟较平。素面。如M424：1。

Ⅲ式　4件，体扁，较Ⅱ式变大，双耳微外撇，足跟外鼓，蹄足较粗壮。弧形顶。其中2件腹部饰一道凸棱，1件施彩绘。如M5：6、M233：2、M389：14、M409：1。

Ⅳ式　3件，体近椭圆形，较Ⅲ式变大，腹较Ⅲ式深，双耳微曲外撇，足跟高鼓，蹄足较粗壮。弧形顶。素面。如M233：1、M480：5、M507：3。

Ⅴ式　2件，体近椭圆形，较Ⅲ式变大，腹较Ⅳ式深，双耳外撇较甚，足跟高鼓，蹄足粗壮。拱形顶。1件器盖施红、白彩卷云纹，1件器盖素面，器身皆施红色彩带。如M103：4、M103：5。

Bb型　4件，柱足。子母口，弧腹，足跟微鼓于器身，两件带有器耳，外撇较甚，其中1件带有器盖，弧形顶，其上有空心圆状捉手。三件柱足较短，形制粗糙，一件柱足修长。2件素面，1件腹部饰弦纹，1件器盖及器身均阴刻“平周”二字。如M420：1、M420：6、M443：4、M497：1。

C型　4件，异形鼎。均为泥质灰陶，深弧腹，其中2件素面，1件腹中部饰有一道凸棱，1件腹下部饰有交错绳纹。根据形态特征分为两亚型。

Ca型　3件，罐形鼎。器身呈罐状，异形足，2件器足为三角形锥状，1件器足为不规则形，深弧腹，足跟高鼓于器身，素面。如M408：4、M440：2、M447：3。

Cb型　1件，鬲形鼎。深弧腹，圆锥形器足，素面。如M162：4。

二　陶盒

9件。均为泥质灰陶，1件器表饰有彩绘。根据底部形态的不同，可分为两型（图七七七）。

A型　3件，圈足。子母口，圆唇，器身盆形，下腹部弧内收，平底。根据底部圈足形态的不同，可分为两亚型。

Aa型　1件，高圈足。素面。如M213：1。

Ab型　2件，矮圈足。覆钵形盖，器身施红色彩绘条带。如M123：7、M143：12。

B型　6件，平底。子母口，圆唇或方唇，器身盆形，平底或微凹。根据下腹部形态之变化，可分为三式。

Ⅰ式　2件，下腹部微内曲，平底较小。素面。如M5：5、M56：7。

Ⅱ式　2件，弧腹，下腹部弧内收。1件盖顶附加三乳丁，1件盖顶附加有空心圆状捉手。素面。如M480：3、M507：2。

Ⅲ式　2件，斜腹，下腹部斜内收。素面。如M156：6、M429：1。

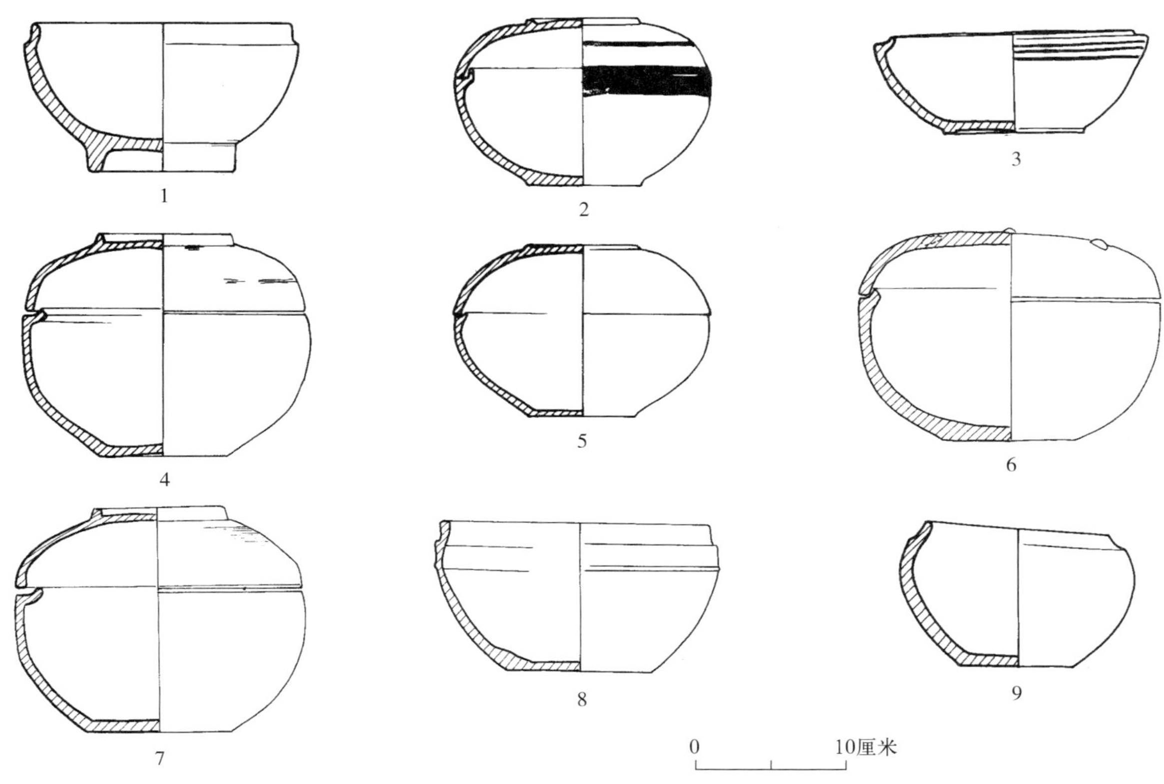

图七七七　陶盒分型分式图

1.M213：1（Aa）　2.M123：7（Ab）　3.M143：12（Ab）　4.M5：5（BⅠ）　5.M56：7（BⅠ）　6.M480：3（BⅡ）　7.M507：2（BⅡ）　8.M429：1（BⅢ）　9.M156：6（BⅢ）

三　陶壶

33件。其中3件残损严重，不参与型式划分，其余根据底部形态的不同可分为平底壶、圈足壶、假圈足壶三类（图七七八）。

1. 平底壶

21件。平底或平底微内凹。分为泥质灰陶和夹砂红陶两种，其中泥质灰陶21件，夹砂红陶1件。根据壶颈及器身形态的不同分为四型。

A型　14件，粗颈壶。泥质灰陶，方唇或尖唇，斜高领，溜肩，弧腹，平底，素面或饰有绳纹、弦纹、波浪纹、菱形方格纹。根据口部及颈部形态不同分三亚型。

Aa型　6件，口部外侈明显，斜高领，束颈。根据腹部最大径位置之变化分两式。

Ⅰ式　3件，腹最大径位于腹部二分之一处，弧腹，素面。如M74：4、M435：1、M449：12。

Ⅱ式　3件，腹最大径略高于腹部二分之一处，最大径较Ⅰ式上移，1件为垂腹，1件为圆鼓腹。器表饰有绳纹、弦纹、波浪纹及菱形方格纹。如M155：8、M440：7、M440：8。

Ab型　6件，口部外侈，束颈，颈部较短。高领，溜肩或折肩，鼓腹或弧腹，平底，2件带覆钵形器盖，器身饰绳纹、弦纹。如M162：1、M162：2、M198：2、M220：2、M430：4、M432：5。

Ac型　2件，口部微外侈，直颈，颈部较长。高领较直，溜肩，鼓腹或弧腹，平底，1件带圆饼状器盖。素面或饰凹弦纹及绳纹。如M11：18、M149：7。

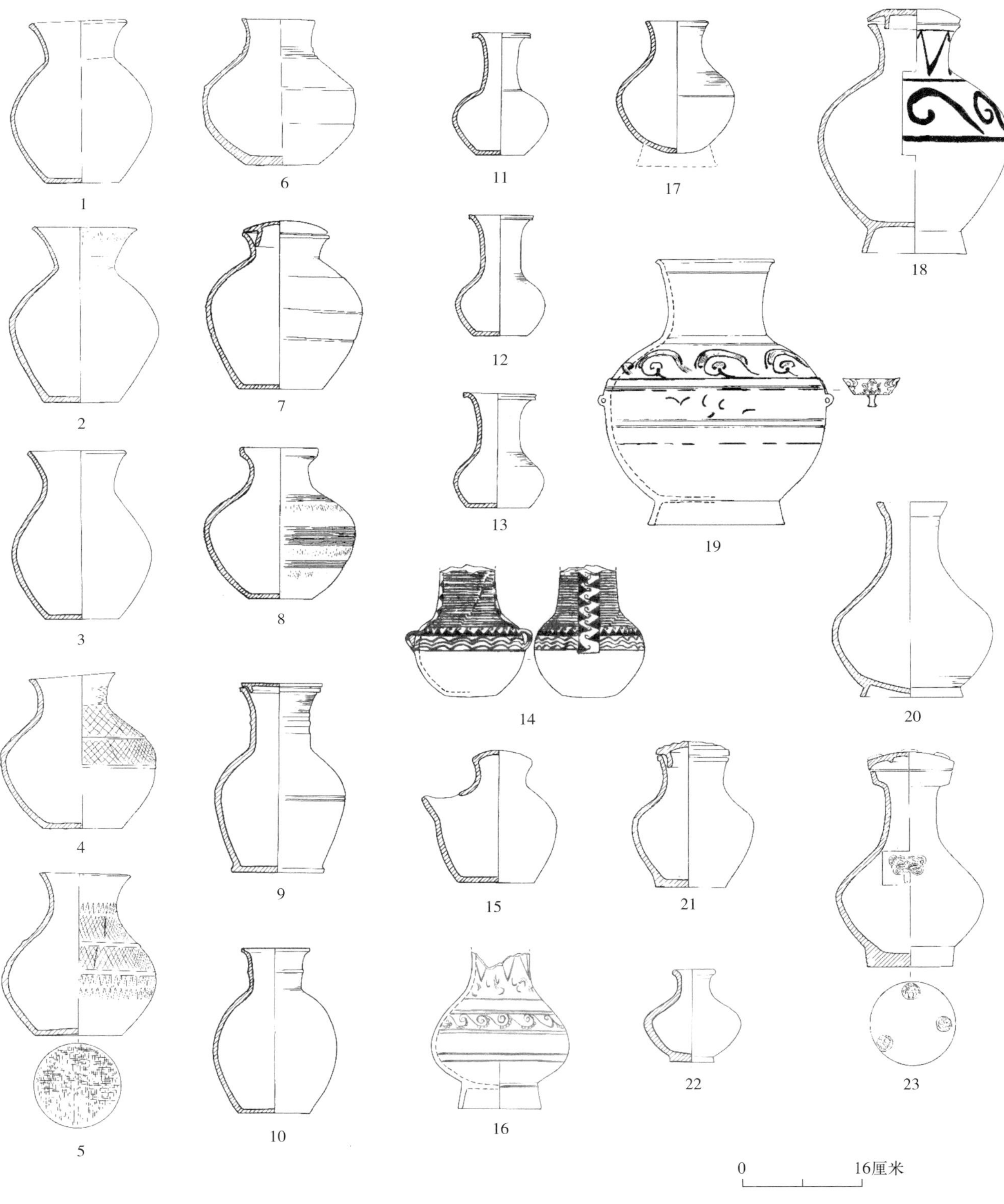

图七七八　陶壶分型分式图

1.M449：12（平底壶AaⅠ）　2.M435：1（平底壶AaⅠ）　3.M74：4（平底壶AaⅠ）　4.M440：7（平底壶AaⅡ）　5.M440：8（平底壶AaⅡ）　6.M432：5（平底壶Ab）　7.M162：1（平底壶Ab）　8.M220：2（平底壶Ab）　9.M11：18（平底壶Ac）　10.M149：7（平底壶Ac）　11.M116：3（平底壶B）　12.M116：9（平底壶B）　13.M116：17（平底壶B）　14.M148：1（平底壶C）　15.M116：21（平底壶D）　16.M181：6（圈足壶AⅠ）　17.M18：1（圈足壶AⅡ）　18.M345：3（圈足壶AⅡ）　19.M9：1（圈足壶AⅡ）　20.M497：2（圈足壶B）　21.M420：2（假圈足壶A）　22.M305：2（假圈足壶B）　23.M389：13（假圈足壶C）

B型　5件，颈部较为细长。泥质灰陶，方唇，直高领，圆肩，弧腹或鼓腹，平底或平底微内凹。素面或器身饰弦纹、波浪纹。如M116：2、M116：3、M116：8、M116：9、M116：17。

C型　1件，腹耳壶，粗颈。M148：1，夹砂红陶，口部缺失，高领，两宽带耳附加于腹上部，圆腹，最大径位于腹中部，小平底。领部至腹上端施数道红色彩带，之下施三角形红彩、三角形红彩下施两道红色彩带，两彩带之间施三道波浪纹红色彩带，两器耳及器耳之上施两道红色彩带，两彩带之间施三角形红彩。

D型　1件，带流壶，粗颈。M116：21，泥质灰陶，器身形如一罐，溜肩，弧腹，平底，于肩腹交接处有一半月形流。

2.圈足壶

5件。圈足稍外撇，泥质灰陶。根据壶颈形态的不同分两型。

A型　4件，粗颈壶。泥质灰陶，方唇，高领，溜肩，弧腹，平底，饰弦纹、卷云纹，3件器身有红、白、蓝彩绘，根据腹部最大径之变化可分两式。

Ⅰ式　1件。腹最大径位于腹部二分之一靠下。如M181：6，泥质灰陶，施彩绘。口部缺失，高领，溜肩，圆腹，最大径位于腹中部，平底，高圈足，器表饰由红、白、蓝三色组成的弦纹、卷云纹图案。

Ⅱ式　3件，腹最大径高于腹部二分之一或二分之一上，较Ⅰ式上移。1件带覆钵形子母口器盖，1件领及腹部施红色弦纹、云纹彩绘，1件器身施红、白两色卷云纹、弦纹彩绘。如M18：1、M345：3、M9：1。

B型　1件，颈部较为细长。泥质灰陶。盘口，方唇，高领，溜肩，圆腹，底外凸，矮圈足，素面，器身轮制痕迹明显。如M497：2。

3.假圈足壶

4件。圈足稍外撇，泥质灰陶。根据颈部形态的不同分三型。

A型　2件，颈较粗，弧腹。泥质灰陶，带盖。覆钵形子母口器盖，器身呈侈口，方唇，斜高领，溜肩，圆腹，最大径位于腹上端，平底。器盖饰数道凹弦纹，器身素面，领部有轮制痕迹，器身有刮抹痕迹。如M420：2、M420：3。

B型　1件，颈较A型细，折腹，整体形态宽扁。泥质灰陶，侈口，斜沿，圆唇，高领，圆肩，矮圈足，平底。素面。如M305：2。

C型　1件，颈细长，圆腹。泥质灰陶，带盖，覆钵形子母口器盖，盖顶附加三个圆饼状兽形泥饼，器身呈盘口，细高领，溜肩，圆腹，最大径位于腹上端，平底，高圈足。肩部对称处附加两个兽形铺首，器身素面，器身有轮制痕迹。如M389：13。

四　陶钫

23件。均为泥质灰陶。侈口，方唇，高领，弧腹或鼓腹，平底下接方形圈足。其中7件残损严重或铺首残，不参与型式划分。其余根据铺首形态之变化，可分为四式（图七七九）。

Ⅰ式　4件，铺首精美细致，立体感较强，器身彩绘多精美。其中1件素面，3件器身施红、白彩绘弦纹、卷云纹或回字纹。如M5：4、M6：9、M30：3、M88：1。

Ⅱ式　5件，铺首纹饰较Ⅰ式简化，器身彩绘多精美。其中1件素面，4件器身施红、白、绿、紫彩绘卷云纹、回字纹、三角纹或弦纹。如M35：3、M105：8、M123：9、M416：1、M501：2。

图七七九　陶钫分型分式图

1.M88：1（Ⅰ）　2.M6：9（Ⅰ）　3.M30：3（Ⅰ）　4.M105：8（Ⅱ）　5.M35：3（Ⅱ）　6.M416：1（Ⅱ）　7.M507：1（Ⅲ）　8.M143：10（Ⅲ）　9.M149：5（Ⅳ）　10.M11：17（Ⅳ）　11.M468：7（Ⅳ）

Ⅲ式　3件，铺首纹饰较Ⅲ式简化，无细节刻画。素面。如M23：2、M143：10、M507：1。

Ⅳ式　4件，体较小，无铺首。其中3件素面，1件器身施黑色彩绘回字纹、三角纹。如M11：17、M149：5、M468：7、M469：2。

五　陶锜

20件。均为泥质灰陶，其中1件残损严重，不参与型式划分。其余根据有足或无足，可分为两型（图七八〇）。

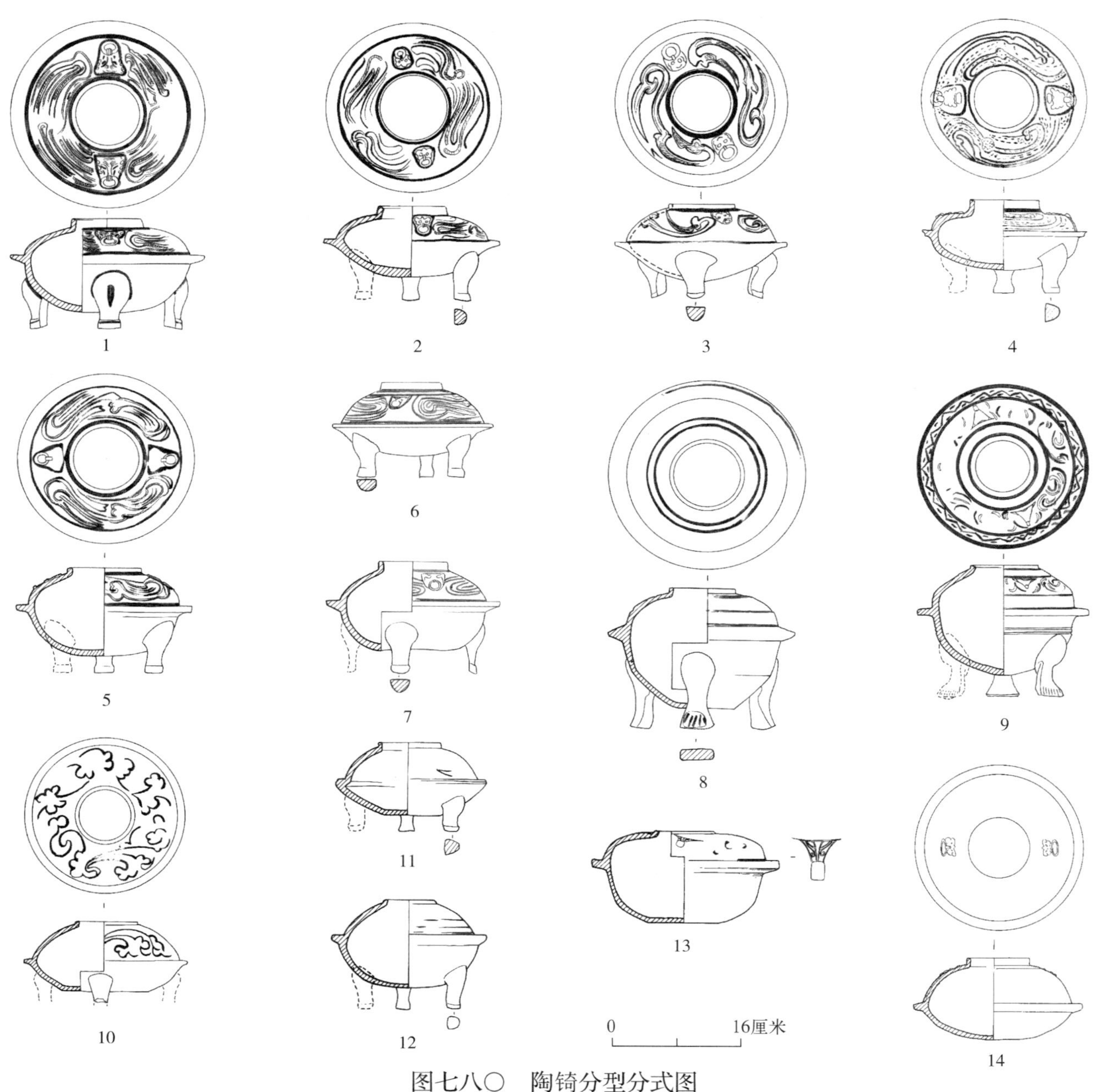

图七八〇　陶锜分型分式图

1.M30：1（AaⅠ）　2.M27：5（AaⅡ）　3.M51：8（AaⅡ）　4.M416：6（AaⅡ）　5.M103：6（AaⅢ）　6.M282：4（AaⅢ）　7.M282：7（AaⅢ）　8.M5：10（AbⅠ）　9.M88：2（AbⅠ）　10.M38：5（AbⅡ）　11.M244：1（AbⅡ）　12.M143：6（AbⅢ）　13.M147：4（B）　14.M345：7（B）

A 型　17 件，有足。多为直口、方唇、圆肩，圜底，下接三蹄足，器身多施彩绘。根据肩部有无铺首，可分为两亚型。

Aa 型　12 件，肩部对称处附加两兽形铺首衔环。根据铺首及彩绘繁简的变化，可分为三式。

Ⅰ式　2 件，铺首较大，兽面清晰立体，较为精美，器身施彩绘者彩绘图案复杂、精美。其中 1 件器素面，1 件器身施红、白、紫、绿彩绘卷云纹、水滴纹、弦纹。如 M30：1、M389：16。

Ⅱ式　7 件，铺首较Ⅰ式简化，兽面立体感变弱，器身施彩绘者彩绘较精美。其中 4 件素面，3 件器身施红色彩绘图案，其中 1 件施红、白、紫彩绘卷云纹。如 M27：5、M36：2、M51：8、M56：5、M384：1、M416：6、M480：2。

Ⅲ式　3 件，铺首较Ⅱ式简化，兽面不注重细节刻画，器身彩绘较Ⅱ式简化。其中 2 件素面，3 件器身施红白彩绘图案。如 M103：6、M282：4、M282：7。

Ab 型　5 件，无铺首。根据腹深与肩高的比，可分为三式。

Ⅰ式　2 件，腹深大于肩高，体近球形，深腹。1 件器身施红色彩绘弦纹，1 件器身施红白彩绘卷云纹、波浪纹。如 M5：10、M88：2。

Ⅱ式　2 件，腹深小于肩高，体扁，较Ⅰ式小，浅腹，平底。1 件器身施白色彩绘卷云纹，1 件器身施红彩。如 M38：5、M244：1。

Ⅲ式　1 件，腹深与肩高基本相同，体近椭圆形，较小，腹深中等，圜底。器身施红色彩绘。如 M143：6。

B 型　2 件，无足。敛口或直口，方唇，圆肩，圜底。1 件肩部施红、白色彩绘，1 件腹上端对称处附加两兽形铺首衔环。如 M147：4、M345：7。

六　陶甑

25 件。泥质灰陶，根据具体形态的不同分为簋形甑、盆形甑、盂形甑、盘形甑、罐形甑五类（图七八一）。

1. 簋形甑

13 件。敞口，平折沿，方唇或圆唇，弧腹，圈足。部分器表饰有彩绘。根据器形特征的不同分三式。

Ⅰ式　2 件，体较大，平折沿，沿面较窄，深弧腹，腹较深，圈足微内敛。其中 1 件器表施红色彩绘弦纹，内壁施红彩，1 件素面。如 M30：9、M409：3。

Ⅱ式　7 件，体较Ⅰ式小，平折沿，沿面较Ⅰ式略宽，弧腹，腹深变浅。其中多数素面，2 件器身施红色彩绘弦纹，内壁施红彩。如 M51：6、M56：4、M105：1、M233：4、M416：5、M480：1、M482：1。

Ⅲ式　4 件，体较Ⅱ式小，平折沿，弧腹，腹深较Ⅱ变浅。其中 2 件器身施红色彩绘弦纹，内壁施红彩，1 件腹上部对称处附加两铺首。如 M27：15、M38：4、M282：6、M329：2。

簋形甑随时间发展腹部由深弧腹变为斜腹，腹壁渐趋斜直。圈足由微内敛演变为微外撇。此外，从整体看，簋形甑的器形逐渐变小，腹深也由深变浅。

2. 盆形甑

6 件。根据底部特征的不同分两型。

A 型　2 件，有圈足。敞口，平沿或斜沿，圆唇或尖唇，上腹外鼓，下腹弧内收。其中 1 件素面，

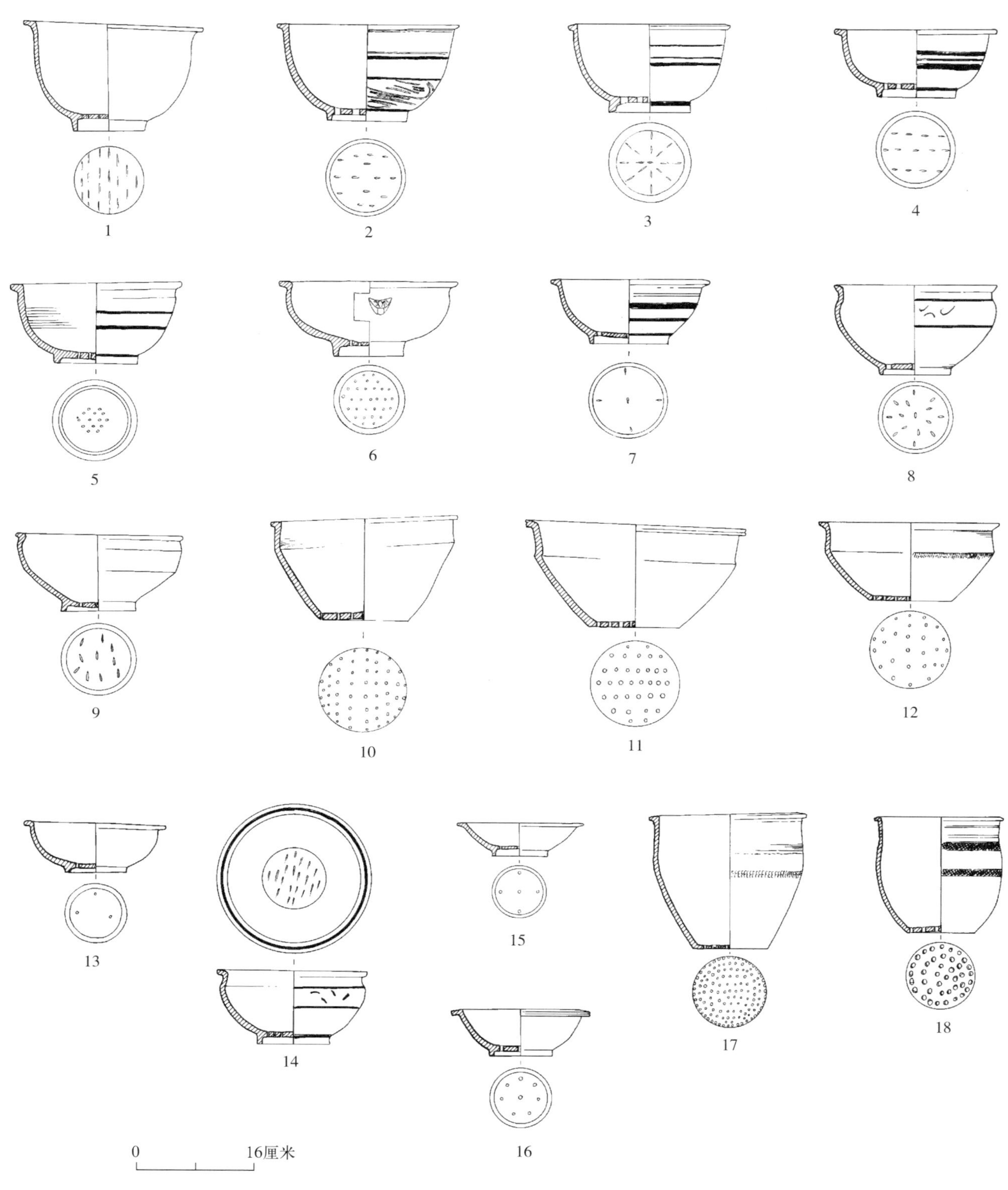

图七八一　陶甑分型分式图

1.M409：3（篮形甑Ⅰ）　2.M30：9（篮形甑Ⅰ）　3.M416：5（篮形甑Ⅱ）　4.M51：6（篮形甑Ⅱ）　5.M105：1（篮形甑Ⅱ）　6.M329：2（篮形甑Ⅲ）　7.M27：15（篮形甑Ⅲ）　8.M147：1（盆形甑A）　9.M103：21（盆形甑A）　10.M299：4（盆形甑BⅠ）　11.M14：3（盆形甑BⅡ）　12.M16：4（盆形甑BⅡ）　13.M143：4（盂形甑）　14.M4：3（盂形甑）　15.M389：19（盘形甑）　16.M105：6（盘形甑）　17.M246：2（罐形甑）　18.M27：16（罐形甑）

1件上腹部用红彩绘二道弦纹，二道弦纹之间用红彩绘卷云纹图案。如M103：21、M147：1。

B型 4件，平底无圈足。敞口，平沿或斜沿，圆唇或方唇，上腹较直，下腹斜直内收。多素面。根据上腹占腹部比例可分为两式。

Ⅰ式 1件，上腹占腹部比例约五分之一。素面。如M299：4。

Ⅱ式 3件，上腹占腹部比例等于或略大于四分之一。其中2件素面，1件腹部饰有绳纹。如M14：3、M16：4、M142：1。

平底盆形甑总的演变规律为，上腹部占腹部比例逐渐增大，腹深逐渐变浅。

3. 盂形甑

2件。有圈足。敞口，斜沿或平沿，方唇，弧腹。其中1件器身饰有红彩，1件素面。如M4：3、M143：4。

4. 盘形甑

2件。敞口，宽沿微外撇，方唇，斜腹内收，圈足。素面。如M105：6、M389：19。

5. 罐形甑

2件。敞口，宽沿微外撇，圆唇或方唇，其中1件为深弧腹，底内凹。腹部上端饰二道凹弦纹，之下饰二周方格纹，如M27：16。另1件上腹较直，下腹斜直内收，平底。上腹中部饰一道横向粗绳纹，腹中部饰一周方格纹，如M246：2。

七 陶豆

50件。均为泥质灰陶，其中4件残损严重，不参与型式划分。其余46件陶豆根据有盖和无盖，可分为两型（图七八二）。

A型 25件，有盖。豆盘为子母口内敛、敛口或敞口，圆唇，弧腹，喇叭形底座，多素面，部分腹部饰弦纹、波浪纹、菱形方格纹或凸棱。根据豆柄的粗细分为两亚型。

Aa型 16件，细柄。根据盘的深浅变化分三式。

Ⅰ式 6件，深弧腹，盘深较深，下腹部弧内收，3件素面，3件腹部饰有凸棱。如M79：4、M162：3、M426：6、M430：9、M432：4、M432：10。

Ⅱ式 7件，深弧腹，盘深较Ⅰ式浅，下腹部缓内收，均为素面。如M74：2、M159：1、M328：4、M378：2、M426：7、M443：6、M443：8。

Ⅲ式 3件，弧腹，盘深较Ⅱ式浅，下腹部斜内收，其中2件腹部饰菱形方格纹，1件素面。如M426：1、M440：1、M440：4。

Ab型 9件，粗柄。根据豆柄分为两式。

Ⅰ式 3件，豆柄略高。其中1件素面，2件腹部饰弦纹。如M170：5（盖为M170：2）、M378：6、M386：2。

Ⅱ式 6件，豆柄较Ⅰ式矮。其中1件素面，5件腹部饰凸棱、弦纹或波浪纹。如M79：2、M386：1、M430：8、M420：8、M432：3（盖为M432：14）、M449：11。

B型 21件，无盖。豆盘为子母口内敛、敛口或敞口，圆唇，弧腹，喇叭形底座，多素面，部分腹部饰弦纹、波浪纹、菱形方格纹或凸棱。根据柄的长短不同，可分为两亚型。

Ba型 2件，柄较长。均为素面。如M430：3、M447：2。

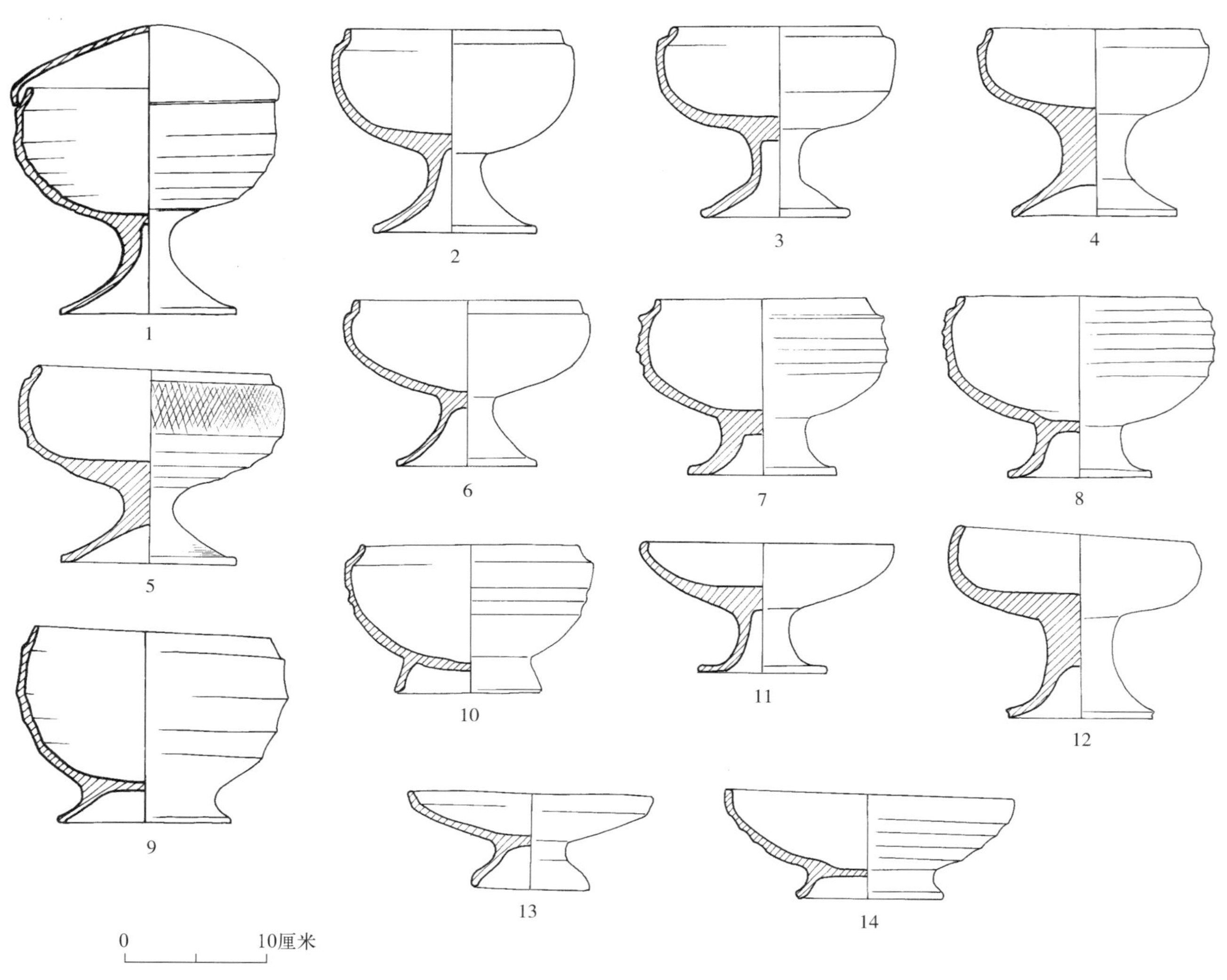

图七八二　陶豆分型分式图

1.M79：4（AaⅠ）　2.M426：6（AaⅠ）　3.M378：2（AaⅡ）　4.M443：8（AaⅡ）　5.M440：4（AaⅢ）　6.M426：1（AaⅢ）　7.M378：6（AbⅠ）　8.M386：2（AbⅠ）　9.M79：2（AbⅡ）　10.M420：8（AbⅡ）　11.M430：3（Ba）　12.M447：2（Ba）　13.M443：1（Bb）　14.M408：8（Bb）

Bb型　19件，矮柄近无。其中15件素面，4件腹部饰弦纹。如M74：3、M162：7、M162：9、M170：3、M378：4、M408：2、M408：8、M420：4、M420：7、M430：2、M432：2、M443：1、M443：2、M443：3、M432：11、M432：12、M432：13、2016MW：9、2016MW：19。

八　陶盘

10件。均为泥质灰陶，根据体型的不同，可分为陶盘、大陶盘两类（图七八三）。

1. 陶盘

9件，均为泥质灰陶。其中1件残损，不参与分型分式，其余20件陶盘根据底部形态的不同分三型。

A型　5件，圈足。盆状器身，敞口，圆唇或方唇，弧腹内收，圈足，1件器表施红、白、黑彩，圈足内施红、白彩，2件器身饰数道凹弦纹，器底饰交错弦纹，2件素面。如M95：9、M102：3、

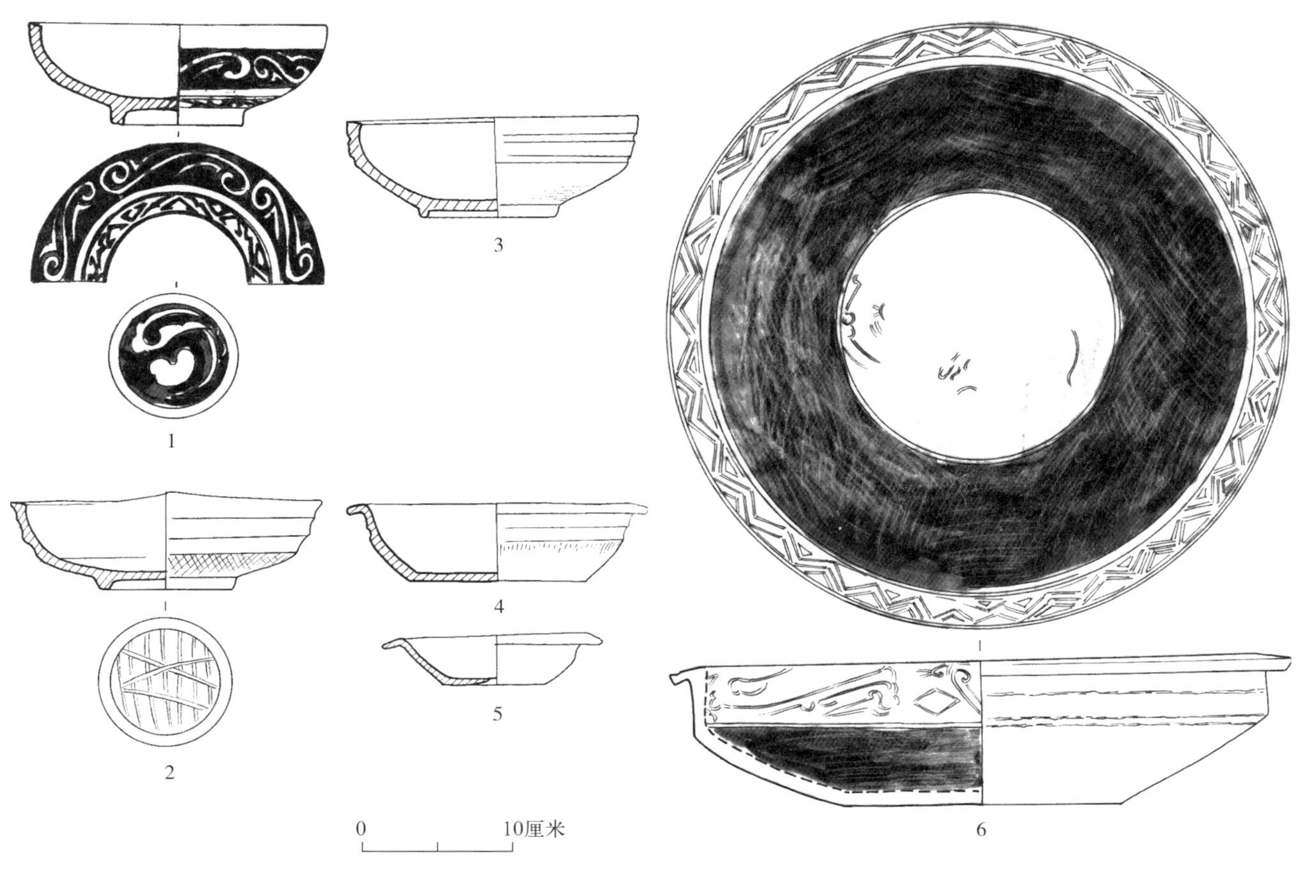

图七八三　陶盘分型分式图

1.M102：3（A）　4.M469：12（B）　5.M468：2（B）　2.M458：1（A）　3.M458：4（A）　6.M104：4（大陶盘）

M406：3、M458：1、M458：4。

B 型　4 件，平底。3 件为方唇或圆唇，弧腹内收或下腹部斜直内收，其中 2 件上腹部饰弦纹，腹中部饰竖绳纹。如 M468：2、M469：12、M469：14。另外 1 件为覆钵形，素面。如 M368：4。

2. 大陶盘

1 件。泥质灰陶，体型明显较大。敞口，方唇，平折沿，折腹，上腹部较直，下腹部斜直内收，平底。器表上腹部饰三道粗绳纹，口沿及内壁施红、白彩，器表施红、白彩绘卷云纹图案。如 M104：4。

九　双耳陶罐

42 件。其中夹砂灰陶 32 件，夹砂灰褐陶 2 件，夹砂褐陶 5 件，泥质灰陶 3 件。3 件残损严重，不参与型式划分，其余根据器耳位置的不同，可分为两型（图七八四）。

A 型　26 件，器耳上接于口部，下接于腹上端。直口、侈口或敞口，圆唇或方唇，束颈或敛颈，多桥形器耳，多平底，器身少装饰。根据器宽与器高的比例关系，可分为二亚型。

Aa 型　14 件，器宽大于器高，整体呈宽扁状。根据腹部变化可分为四式。

Ⅰ式　2 件，垂腹。均为夹砂灰陶。素面。如 M269：4、M277：4。

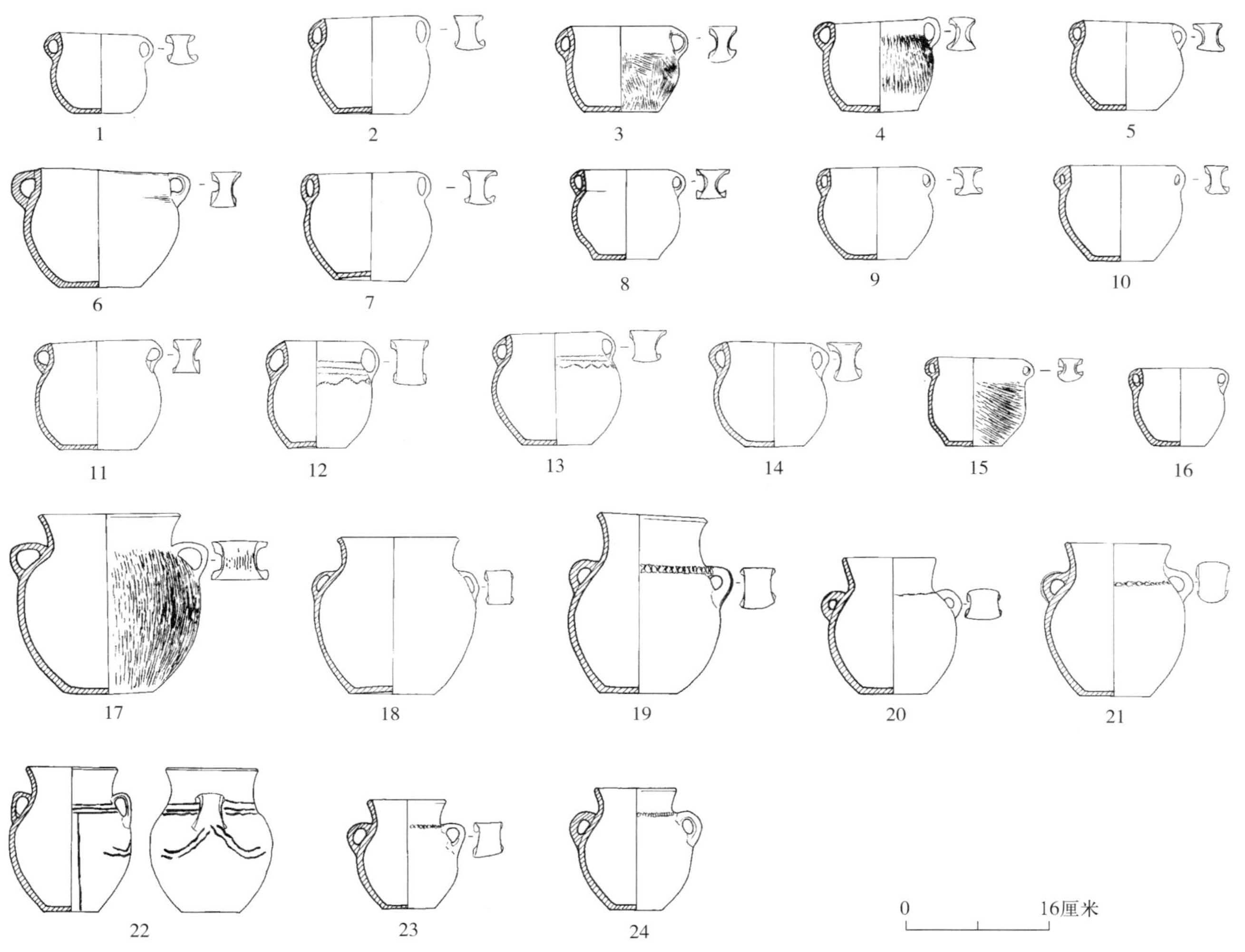

图七八四　双耳陶罐分型分式图

1.M277：4（AaⅠ）　2.M269：4（AaⅠ）　3.M175：3（AaⅡ）　4.M183：3（AaⅡ）　5.M12：2（AaⅢ）　6.M176：2（AaⅢ）　7.M285：2（AaⅢ）　8.M198：4（AaⅣ）　9.M286：2（AaⅣ）　10.M287：3（AaⅣ）　11.M343：2（AbⅠ）　12.M386：3（AbⅡ）　13.M463：1（AbⅡ）　14.M355：2（AbⅡ）　15.M288：3（AbⅢ）　16.M289：3（AbⅢ）　17.M64：2（BⅠ）　18.M454：2（BⅠ）　19.M145：2（BⅡ）　20.M61：2（BⅡ）　21.M426：4（BⅡ）　22.M139：1（BⅢ）　23.M159：4（BⅢ）　24.M159：5（BⅢ）

Ⅱ式　2件，上腹部微鼓，下腹部斜内收，平底较大。均为夹砂灰陶。器表饰绳纹。如M175：3、M183：3。

Ⅲ式　7件，上腹部圆鼓，下腹部斜内收，腹壁较Ⅱ式斜直，平底较小。其中夹砂灰陶5件，泥质灰陶1件。其中5件素面，1件器身饰有绳纹。如M12：2、M136：3、M176：2、M276：1、M285：2、M296：10、M463：2。

Ⅳ式　3件，斜腹，下腹部斜收微内曲，腹壁较Ⅲ式斜直，平底较小。夹砂灰陶。素面。如M198：4、M286：2、M287：3。

Ab型　12件，器宽约等于器高，器形近似方形。根据腹部变化可分为三式。

Ⅰ式　1件，圆鼓腹，腹最大径于器高二分之一处。夹砂灰陶。素面。如M343：2。

Ⅱ式　8件，腹稍圆鼓，腹最大径于器高二分之一处，整体较Ⅰ式瘦高。其中5件夹砂灰陶，1件夹砂褐陶，1件泥质灰陶。5件素面，2件腹上端饰波浪状蛇纹。如M89：4、M320：2、M355：2、M386：3、M463：1、M463：3、M466：2、M466：3。

Ⅲ式　3件，垂腹，腹最大径在器高二分之一下，上腹壁趋直，下腹壁缓内收。其中2件夹砂灰陶，1件夹砂灰褐陶。2件素面，1件器身饰绳纹。如M288：3、M289：3、M462：1。

B型　13件，器耳上接于颈，下接于肩，整体较为瘦高。侈口或敞口，圆唇或方唇，高领，多为宽带状器耳，弧腹，平底或底内凹。器身多装饰有麻花纹，绳纹或蛇纹。根据腹部变化可分为三式。

Ⅰ式　2件，器身圆鼓，下腹部弧内收。其中夹砂灰陶1件，泥质灰陶1件。1件素面，1件器身饰绳纹。如M64：2、M454：2。

Ⅱ式　5件，器身较Ⅰ式瘦长，下腹部弧内收。其中夹砂褐陶3件，夹砂灰陶1件，夹砂灰褐陶1件。2件颈部饰蛇纹，3件颈部饰麻花纹。如M61：2、M145：2、M426：2、M426：3、M426：4。

Ⅲ式　6件，下腹部斜内收，腹壁较Ⅱ式趋直。其中夹砂褐陶1件，夹砂灰陶5件。3件器身饰蛇纹，三件颈部饰有麻花堆纹。如M61：3、M139：1、M159：4、M159：5、M327：1、M378：3。

Aa型双耳罐的变化规律与B型双耳罐的总体演变规律基本一致，即下腹部逐渐内收，由弧腹变为斜腹，且B型双耳罐的体形逐渐变小。而Ab型双耳罐的演变规律为腹部逐渐增大，器身最大径下移。

一〇　单耳陶罐

6件，敞口。器身一侧附加一耳。夹砂灰陶4件，泥质灰陶2件。根据耳部位置的不同分三型（图七八五）。

A型　3件，器耳上接于口，下接于肩。直口，圆唇，矮领，带状器耳，弧腹，平底，2件素面，1件颈部饰绳纹，如M222：1、M456：2、M462：2。

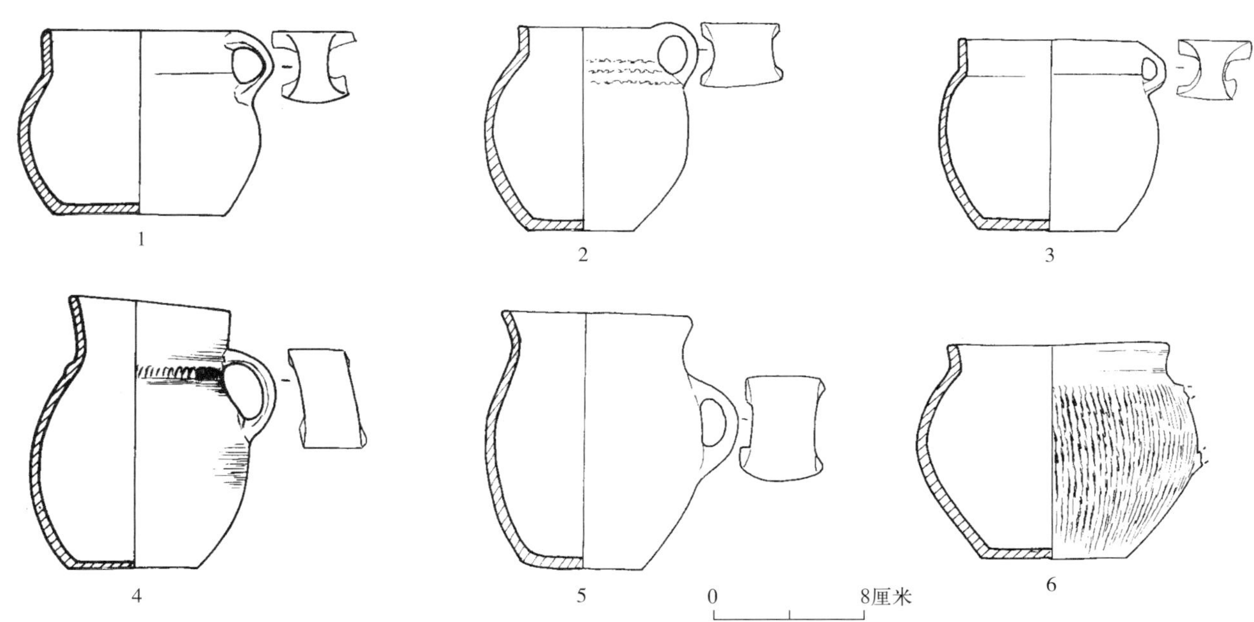

图七八五　单耳陶罐分型分式图

1.M222：1（A）　2.M456：2（A）　3.M462：2（A）　4.M170：4（B）　5.M452：1（B）　6.M407：2（C）

B型 2件，器耳上接于颈，下接于肩。夹砂灰陶，侈口，圆唇，束颈，宽带状器耳，弧腹，平底，1件素面，1件肩上部饰麻花堆纹。如M170：4、M452：1。

C型 1件，器耳上接于肩上部，下接于腹中部。侈口，圆唇，矮领，深弧腹，器身饰有绳纹。如M407：2。

一一 壶形陶罐

26件。颈部较其余罐类较长，整体形态似壶，但腹部为罐身。1件残损严重，不参与型式划分。其中泥质灰陶23件，夹砂灰陶1件，泥质灰皮磨光陶1件。根据肩部形态的不同，可分为两型（图七八六）。

A型 21件，圆肩。侈口，方唇或圆唇，微束颈或直颈，圆溜肩，弧腹、深弧腹或圆腹，平底。根据腹部形态的不同，可分为六式。

Ⅰ式 2件，上腹壁向下斜直，下腹壁缓内收。均为泥质灰陶。腹部饰绳纹、弦纹。如M277：3、M292：1。

Ⅱ式 4件，上腹壁微弧，较Ⅰ式逐渐变鼓，下腹壁斜内收。均为泥质灰陶。其中1件素面，2件腹部饰凹弦纹、绳纹。如M267：3、M273：4、M312：1、M396：2。

Ⅲ式 6件，上腹壁较圆弧，下腹部弧内收。均为泥质灰陶。其中2件素面，2件器身饰绳纹，1件器身网格纹。如M41：5、M54：4、M129：2、M178：4、M208：2、M390：6。

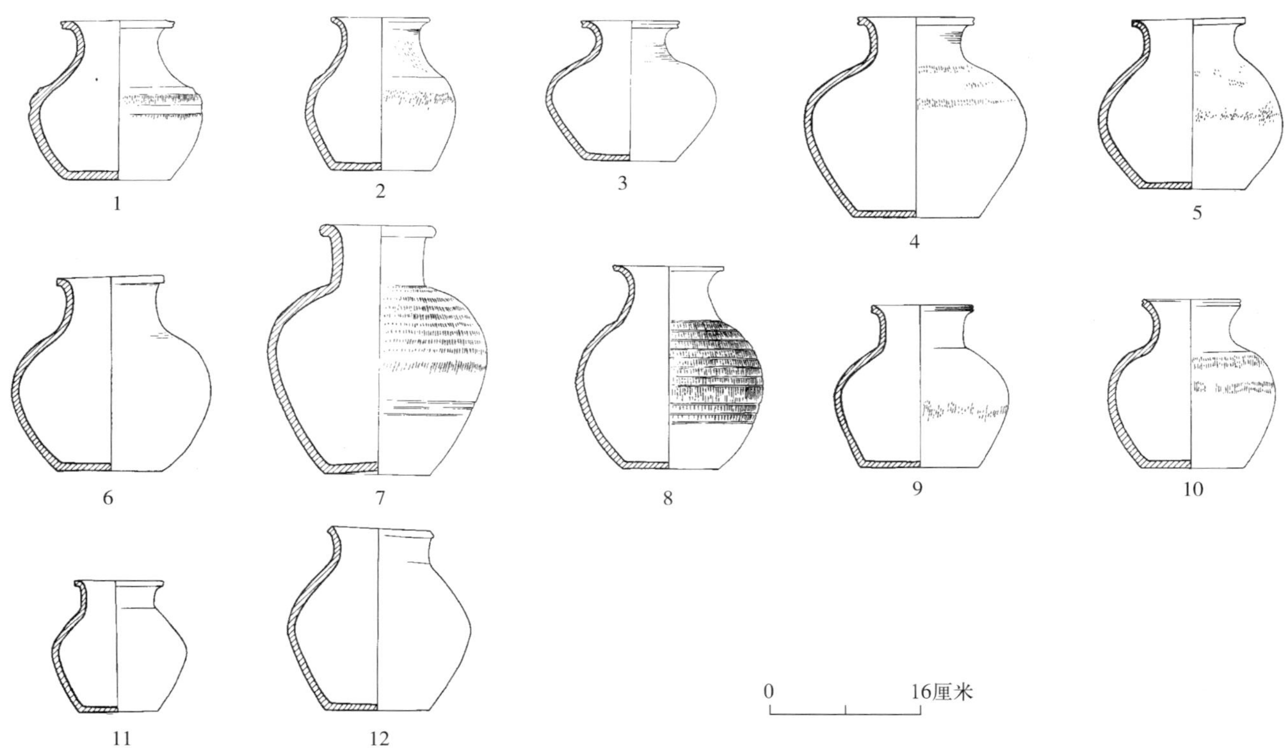

图七八六 壶形陶罐分型分式图

1.M277：3（AⅠ） 2.M292：1（AⅠ） 3.M312：1（AⅡ） 4.M54：4（AⅢ） 5.M208：2（AⅢ） 6.M210：2（AⅥ） 7.M284：2（AⅣ） 8.M30：2（AⅣ） 9.M6：7（AⅤ） 10.M177：3（AⅤ） 11.M85：3（B） 12.M159：2（B）

Ⅳ式　3件，上腹部圆鼓，下腹部弧内收。其中1件夹砂灰陶，2件泥质灰陶。器身饰绳纹、弦纹。如M30：2、M284：2、M331：2。

Ⅴ式　4件，上腹圆鼓程度较Ⅳ式更甚，下腹壁较Ⅳ式趋直，平底较大。均为泥质灰陶。器身饰绳纹。如M6：7、M177：3、M307：3、M465：2。

Ⅵ式　2件，上腹部圆鼓，下腹部缓内收。均为泥质灰陶。其中1件素面，2件器身饰绳纹。如M210：2、M390：2。

B型　4件，折肩。侈口，方唇或圆唇，微束颈或直颈，圆溜肩，弧腹、深弧腹或圆腹，平底。均为泥质灰陶。其中3件素面，1件器身饰绳纹。如M159：2、M85：3、M309：3、M428：1。

在本遗址中，壶形罐延续时间较长，从战国早期到西汉中期一直都存在。A型腹壁由向下斜直到圆鼓转变，B型多存在于西汉时期。

一二　小口陶罐

124件。该器形整体偏大，较为矮胖，多为侈口、方唇或圆唇，高领、束颈、广肩、弧腹、平底，器身遍饰绳纹，其外形与缶类似。但缶多为尖唇且领部较矮，肩部为广斜肩或广斜肩微隆，下腹部斜度较甚，平底较小，与该器形有一定差别，以小口罐称之。其中泥质灰陶122件，夹砂灰陶1件，泥质灰褐陶1件。5件残损严重，不参与型式划分，其余119件根据整体形态的不同，可分为二型（图七八七、七八八）。

A型　69件，器形明显偏大，最大径多在32厘米以上。侈口，方唇或圆唇，高领，束颈，弧腹，平底，器身多饰绳纹、弦纹。根据器宽与器高的比例关系，可分为两亚型。

Aa型　48件，器宽大于器高。根据肩部及下腹部形态的不同，可分为六式。

Ⅰ式　9件，圆折肩，弧腹多圆鼓，平底较小。泥质灰陶。器身均饰绳纹、弦纹。如M132：1、M136：1、M159：3、M176：3、M184：2、M230：1、M267：4、M292：3、M497：3。

Ⅱ式　7件，肩部微折，弧腹，下腹部斜内收，腹壁微弧，平底。泥质灰陶。器身均饰绳纹、弦纹。如M24：8、M67：1、M123：6、M140：2、M194：10、M208：3、M286：1。

Ⅲ式　13件，肩部微折，弧腹，下腹部斜直内收，腹壁微弧，平底较Ⅱ式变小。泥质灰陶。器身饰有绳纹、弦纹。如M20：8、M30：5、M42：8、M43：2、M108：1、M141：4、M180：1、M181：5、M203：1、M305：4、M345：1、M535：1、M497：3。

Ⅳ式　11件，折肩，肩部折曲程度较Ⅲ式更甚，弧腹，下腹部斜内收，腹壁较Ⅲ式斜直，平底较Ⅲ式变大。1件泥质灰褐陶，8件泥质灰陶。1件素面，7件器身饰绳纹或弦纹，其中1件肩部有阴刻字样。如M13：1、M13：6、M51：5、M59：1、M90：4、M91：5、M95：5、M173：1、M239：1、M271：5、M284：1。

Ⅴ式　6件，折肩较Ⅳ式更甚，肩部较溜，弧腹，下腹部弧内收，腹壁较Ⅳ式趋直。泥质灰陶。器身均饰有绳纹、弦纹。如M36：8、M330：5、M356：6、M390：7、M406：5、M528：5。

Ⅵ式　2件，肩部微耸，折肩较Ⅴ式更甚，弧腹，下腹部弧内收，腹壁较Ⅴ式趋直，平底较Ⅴ式变大。泥质灰陶。1件肩腹部饰绳纹和凹弦纹，1件肩部饰有方格纹。如M11：16、M394：2。

Ab型　21件，器高约等于或大于器宽。均为泥质灰陶，根据肩部及下腹部形态的不同，可分为三式。

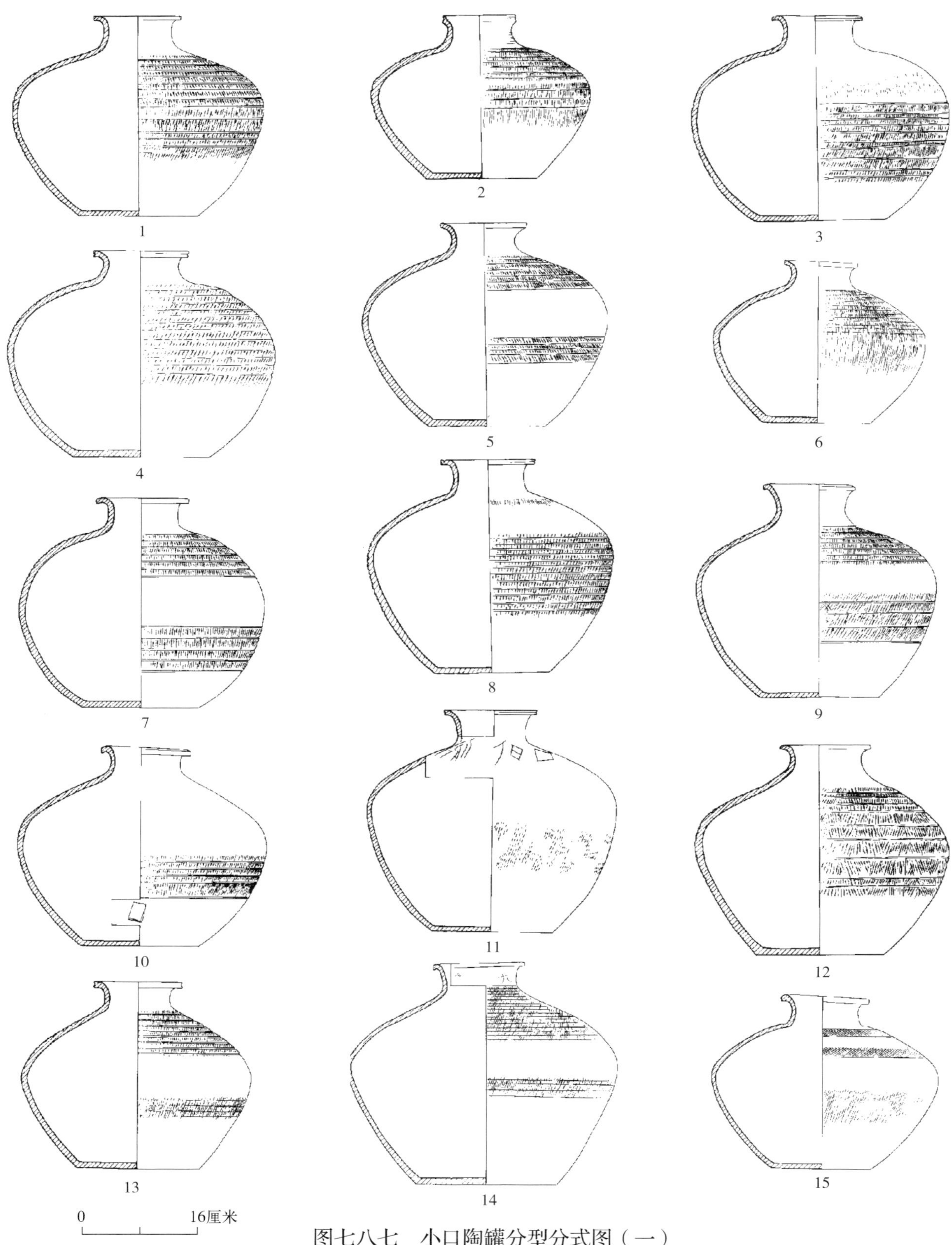

图七八七 小口陶罐分型分式图（一）

1.M136：1（AaⅠ） 2.M176：3（AaⅠ） 3.M267：4（AaⅠ） 4.M132：1（AaⅠ） 5.M184：2（AaⅠ） 6.M67：1（AaⅡ） 7.M123：6（AaⅡ） 8.M181：5（AaⅢ） 9.M108：1（AaⅢ） 10.M13：1（AaⅣ） 11.M91：5（AaⅣ） 12.M173：1（AaⅣ） 13.M36：8（AaⅤ） 14.M330：5（AaⅤ） 15.M406：5（AaⅤ）

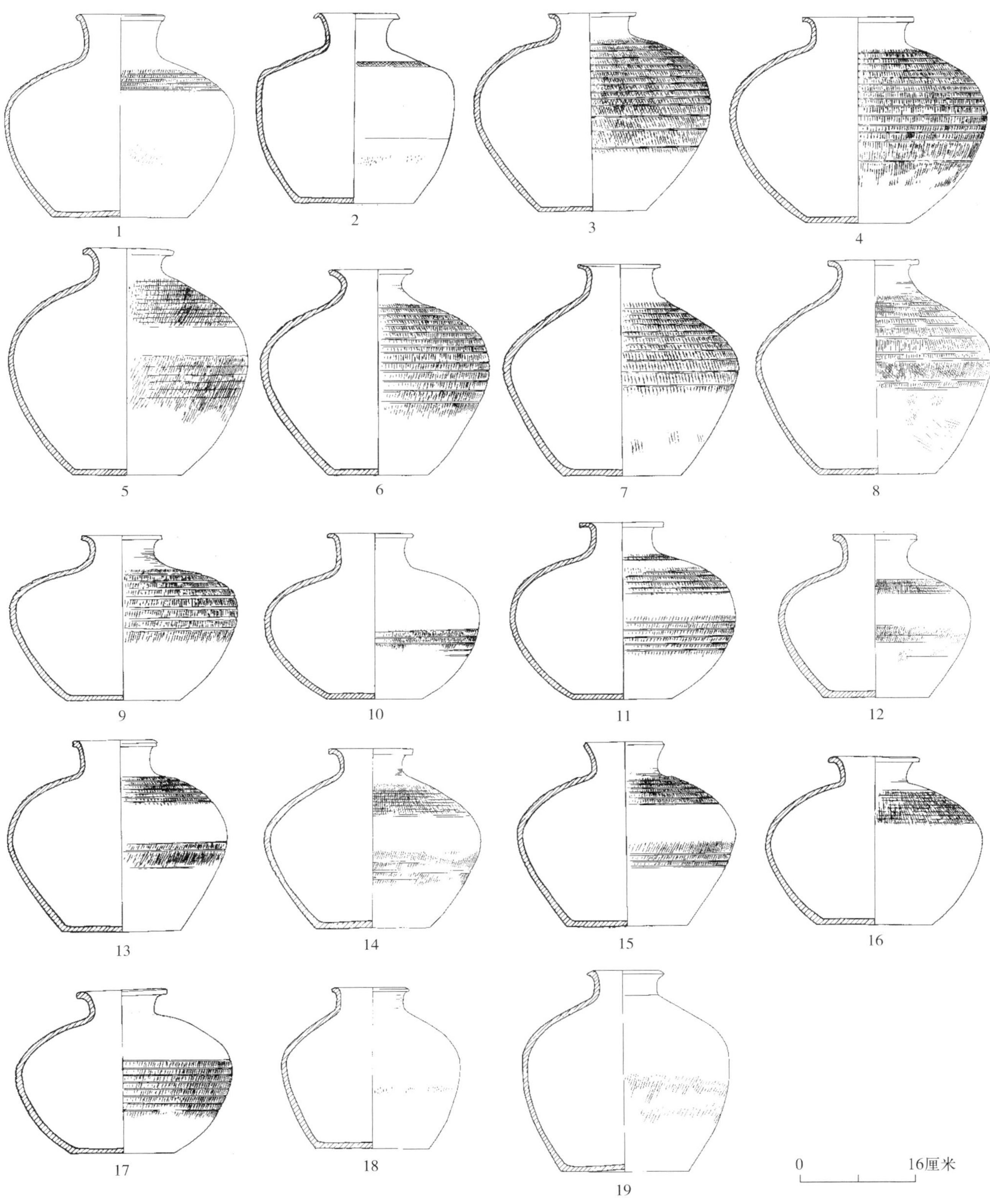

图七八八　小口陶罐分型分式图（二）

1.M394：2（AaⅥ）　2.M11：16（AaⅥ）　3.M14：2（AbⅠ）　4.M178：1（AbⅠ）　5.M27：8（AbⅡ）　6.M290：4（AbⅡ）　7.M130：5（AbⅢ）　8.M510：1（AbⅢ）　9.M207：2（BⅠ）　10.M41：3（BⅡ）　11.M113：3（BⅡ）　12.M416：3（BⅢ）　13.M50：7（BⅢ）　14.M501：4（BⅣ）　15.M88：4（BⅣ）　16.M223：8（BⅤ）　17.M147：5（BⅤ）　18.M476：1（BⅥ）　19.M353：2（BⅥ）

Ⅰ式　4件，圆折肩，弧腹略圆鼓，平底较小。器身均饰绳纹、弦纹。如M14：1、M14：2、M178：1、M183：2。

Ⅱ式　9件，肩部微折，折曲程度较Ⅰ式更甚，弧腹，下腹部斜内收，平底较小。器身均饰绳纹、弦纹或刻划纹。如M5：7、M27：8、M35：1、M39：1、M129：4、M181：4、M287：1、M290：4、M484：1。

Ⅲ式　8件，肩部较折，折曲程度较Ⅱ式更甚，下腹部斜内收，腹壁较Ⅱ式趋直，平底。器身饰有绳纹、弦纹或篮纹。如M23：3、M130：5、M177：2、M246：7、M313：2、M507：7、M510：1、M519：3。

B型　50件，器形略小，最大径不超过30厘米。均为泥质灰陶，侈口，方唇或圆唇，高领，束颈，弧腹，平底，器身多饰绳纹、弦纹。根据肩部及下腹部形态的不同，可分为六式：

Ⅰ式　1件，体宽扁，溜肩略平，折腹，下腹部弧内收，器身均饰有绳纹及弦纹。如M207：2。

Ⅱ式　9件，圆折肩，弧腹多圆鼓，平底较小。器身均饰有绳纹及弦纹。如M41：3、M113：3、M144：1、M157：3、M168：2、M252：1、M439：2、M481：3、M484：5。

Ⅲ式　19件，肩部微折，弧腹，下腹部斜内收，腹壁微弧，平底。器身均饰绳纹、弦纹。如M16：1、M17：4、M21：5、M38：2、M40：1、M42：9、M50：7、M53：1、M53：4、M56：10、M84：8、M118：1、M194：8、M202：5、M261：4、M307：2、M416：3、M473：1、M485：1。

Ⅳ式　11件，肩部较折，折曲程度较Ⅲ式更甚，弧腹，下腹部斜内收，腹壁微弧，平底较Ⅲ式变大。器身均饰绳纹、弦纹。如M27：9、M50：6、M88：4、M124：1、M177：1、M205：4、M280：3、M301：9、M501：4、M530：1、M536：4。

Ⅴ式　6件，折肩，肩部折曲程度较Ⅲ式更甚，弧腹，下腹部斜内收，平底较Ⅲ式变大。器身均饰有绳纹、弦纹。如M19：3、M147：5、M160：3、M223：8、M282：3、M495：1。

Ⅵ式　4件，肩部微耸，弧腹，下腹部弧内收，腹壁较Ⅳ式趋直，平底较大。其中1件素面，3件腹部饰有绳纹、弦纹。如M223：7、M353：2、M476：1、M528：4。

小口罐A型与B型的演变规律基本一致，即肩部折曲程度逐渐增加，腹壁趋直，平底逐渐增大。该器形在发展至最后一阶段时变化较为特殊，由折肩变为肩部微耸，器身最大径位于肩部，下腹部及底部的演变趋势与前几阶段保持一致。卧虎湾墓地出土的矮胖类小口罐数量较多，从整个墓地来看，该器形出现于战国晚期至秦，盛行于西汉早期，到西汉中期逐渐减少。

一三　小口旋纹陶罐

70件。此器物整体器形较小口罐明显较小，器身大部均饰有绳纹，再于绳纹上饰数道弦纹，将旋纹分割为数段。泥质灰陶68件，夹砂灰陶2件。1件残损严重，不参与型式划分，其余69件根据形态的不同，可分为两型（图七八九）。

A型　43件，小口旋纹大罐。均为泥质灰陶，器形较大。侈口，束颈，平底。根据器宽和器身高度之比，可分为两亚型。

Aa型　29件，器宽大于或约等于器高。根据腹部及底部形态的不同，可分为三式。

Ⅰ式　8件，弧腹，下腹部斜内收，腹壁稍有弧度，肩部微弧，平底较小。器身饰绳纹，再于其上饰数道弦纹，将绳纹分割为数段。如M92：3、M136：2、M209：2、M276：3、M295：3、

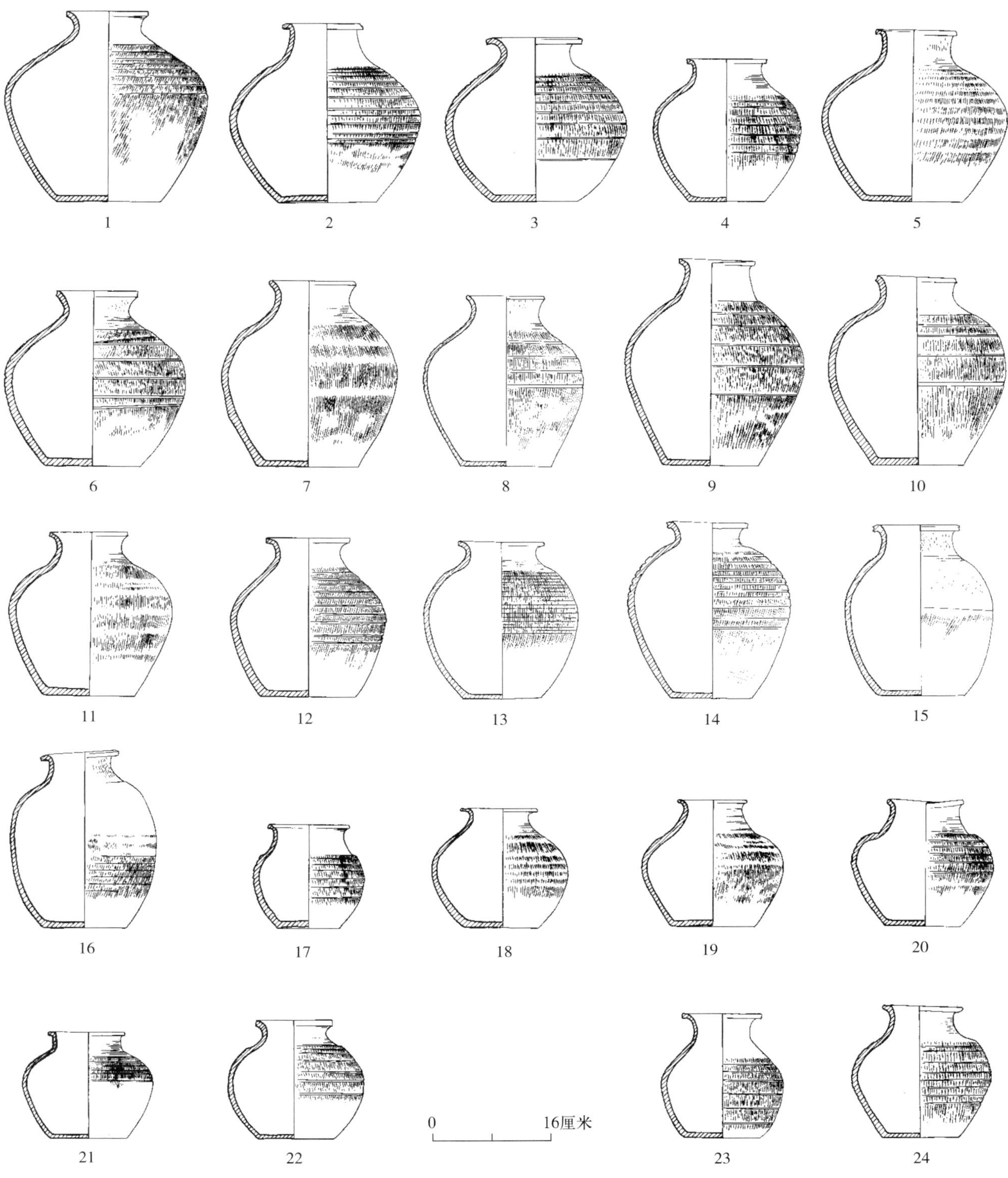

图七八九　小口弦纹陶罐分型分式图

1.M209：2（AaⅠ）　2.M295：3（AaⅠ）　3.M113：2（AaⅡ）　4.M198：5（AaⅡ）　5.M299：1（AaⅢ）　6.M310：1（AaⅢ）　7.M269：1（AbⅠ）　8.M395：2（AbⅠ）　9.M12：1（AbⅡ）　10.M135：1（AbⅡ）　11.M273：5（AbⅢ）　12.M183：1（AbⅢ）　13.M389：12（AbⅣ）　14.M331：1（AbⅣ）　15.M528：4（AbⅤ）　16.M301：6（AbⅤ）　17.M175：2（BⅠ）　18.M283：6（BⅠ）　19.M287：2（BⅡ）　20.M289：1（BⅡ）　21.M108：3（BⅢ）　22.M225：3（BⅢ）　23.M17：6（BⅣ）　24.M130：7（BⅣ）

M296：11、M299：3、M407：1。

Ⅱ式　14件，圆鼓腹，下腹部弧内收，肩部圆弧，平底较Ⅰ式大。器身饰绳纹，再于其上饰数道弦纹，将绳纹分割为数段。如M41：1、M112：1、M113：2、M161：1、M168：1、M198：3、M198：5、M220：3、M264：5、M286：3、M288：1、M289：6、M395：1、M462：3。

Ⅲ式　7件，弧腹，下腹部斜内收，腹壁略有弧度，腹壁较Ⅱ式趋直，肩部微折，平底较Ⅱ式大。器身饰绳纹，再于其上饰数道弦纹，将绳纹分割为数段。如M20：10、M99：1、M155：2、M298：5、M299：1、M310：1、M495：2。

Ab型　14件，器宽小于器高。根据腹部形态的不同，可分为五式。

Ⅰ式　2件，弧腹，下腹部斜内收微内曲。器身饰绳纹，再于其上饰数道弦纹，将绳纹分割为数段。如M269：1、M395：2。

Ⅱ式　5件，弧腹，下腹壁斜内收。器身饰绳纹，再于其上饰数道弦纹，将绳纹分割为数段。器身饰绳纹和弦纹。如M12：1、M135：1、M175：1、M285：1、M414：4。

Ⅲ式　2件，弧腹，下腹部斜直内收，腹壁较Ⅱ式趋直。器身饰绳纹，再于其上饰数道弦纹，将绳纹分割为数段。如M183：1、M273：5。

Ⅳ式　2件，腹较圆鼓，下腹部弧内收。器身饰绳纹，再于其上饰数道弦纹，将绳纹分割为数段。如M331：1、M389：12。

Ⅴ式　3件，下腹部斜内收，腹壁较Ⅳ式趋直。体略小，圆肩，平底较大。器身饰绳纹，其中2件绳纹之上再饰数道弦纹，将绳纹分割为数段。如M301：6、M373：3、M528：4。

B型　26件，小口旋纹小罐。其中24件为泥质灰陶，2件为夹砂灰陶，整体形态较A型小。根据腹部和底形态的不同，可分为四式。

Ⅰ式　8件，体型较矮胖，弧腹，下腹部弧内收。泥质灰陶，器身饰绳纹，再于其上饰数道弦纹，将绳纹分割为数段。如M175：2、M283：5、M283：6、M299：2、M320：1、M464：1、M464：2、M484：2。

Ⅱ式　10件，体型较Ⅰ式瘦高，腹较圆鼓，下腹部弧内收。8件为泥质灰陶，2件为夹砂灰陶。器身饰绳纹，再于其上饰数道弦纹，将绳纹分割为数段。如M39：4、M49：1、M157：4、M168：3、M215：1、M264：4、M287：2、M289：1、M289：2、M290：3。

Ⅲ式　3件，体型较Ⅱ式矮胖，弧腹，下腹部斜内收，腹壁略有弧度，较Ⅱ式趋直，平底也较Ⅱ式大。泥质灰陶。器身饰绳纹，再于其上饰数道弦纹，将绳纹分割为数段。如M106：2、M108：3、M225：3。

Ⅳ式　5件，体型较Ⅲ式瘦高，弧腹，下腹部斜内收，腹壁较Ⅲ式趋直，大平底。泥质灰陶。器身饰绳纹，再于其上饰数道旋纹，将绳纹分割为数段。如M13：3、M17：6、M130：7、M166：2、M519：2。

总的来说，在该批墓葬中小口旋纹罐自战国早期开始出现，至西汉中期不见。Aa型存在时间为战国晚期到西汉中期，腹部形态由弧腹变圆鼓，再由圆鼓变弧腹，由弧腹变为斜腹，腹壁愈趋直。Ab型存在时间为战国早期到西汉中期，腹部形态经历了弧腹到圆鼓腹，弧腹到深弧腹的转变，腹壁由斜内收微内曲变为斜内收，斜内收变为弧内收，其后变为斜内收，腹壁愈趋直。B型存在时间为战国晚期到西汉早期，整体形态由矮胖边为瘦高，腹底部形态由较大变为平底，再由平底向大平底转变。

一四　扁腹陶罐

96件。整体器形较大口罐明显矮扁，口部较大，均为泥质灰陶。2件残损严重，不参与型式划分，其余94件根据肩部形态的不同，可分为两型（图七九〇）。

A型　31件，扁腹折肩。均为泥质灰陶，直口或侈口，圆唇或方唇，矮领，折肩弧腹，平底。器表多饰绳纹、弦纹。根据口部特征的不同分两亚型。

Aa型　26件，直口。根据整体形态的不同，可分为四式。

Ⅰ式　3件，体较小，折肩，下腹部斜内收，腹壁微弧。其中1件素面，1件腹中部饰有竖绳纹。如M209：3、M403：3、M424：2。

Ⅱ式　6件，体略高，较Ⅰ式变大，肩部折曲程度较Ⅰ式更甚，下腹部斜内收，腹壁微弧。其中2件素面，4件腹部饰绳纹、弦纹及篮纹。如M84：10、M118：2、M181：2、M280：2、M335：2、

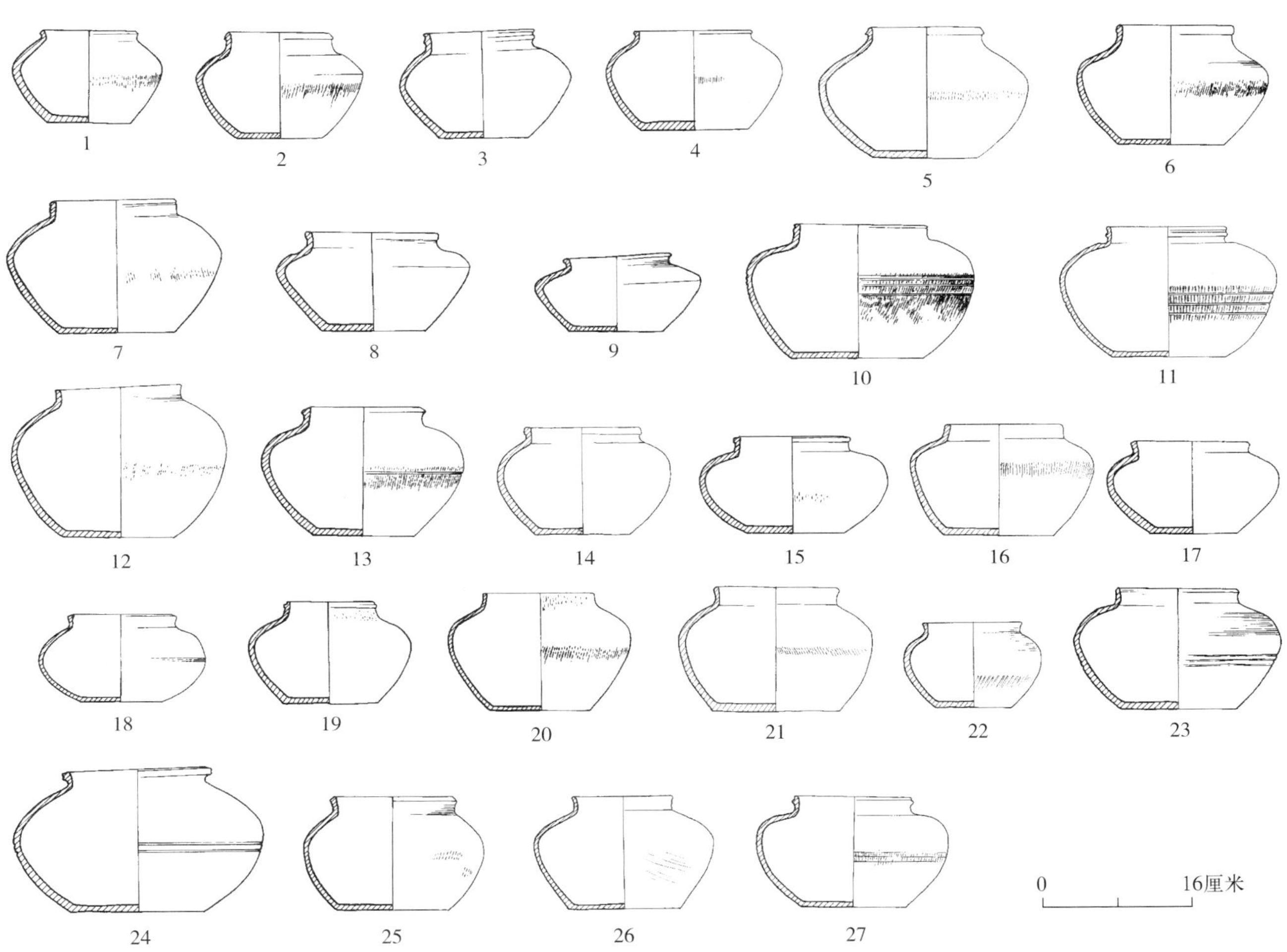

图七九〇　扁腹陶罐分型分式图

1.M209：3（AaⅠ）　2.M118：2（AaⅡ）　3.M181：2（AaⅡ）　4.M122：2（AaⅢ）　5.M536：3（AaⅢ）　6.M36：7（AaⅣ）　7.M210：3（AaⅣ）　8.M181：1（Ab）　9.M236：3（Ab）　10.M39：3（BaⅠ）　11.M387：3（BaⅠ）　12.M88：5（BaⅡ）　13.M50：4（BaⅡ）　14.M335：1（BaⅡ）　15.M27：6（BaⅢ）　16.M329：1（BaⅣ）　17.M37：2（BaⅢ）　18.M56：8（BaⅢ）　19.M223：4（BaⅣ）　20.M52：1（BaⅣ）　21.M342：1（BaⅤ）　22.M414：3（BbⅠ）　23.M111：1（BbⅡ）　24.M242：1（BbⅡ）　25.M59：2（BbⅢ）　26.M345：9（BbⅢ）　27.M406：4（BbⅣ）

M424：3。

Ⅲ式　11件，体宽扁，较Ⅱ式变大，肩部折曲程度较Ⅱ式更甚，下腹部斜内收，腹壁微弧。其中3件素面，8件器身饰绳纹、弦纹。如M30：4、M35：4、M38：3、M85：1、M122：2、M187：1、M261：6、M301：8、M507：4、M536：1、M536：3。

Ⅳ式　6件，体宽扁，较Ⅲ式变大，肩部折曲程度较Ⅲ式更甚，下腹部斜直内收。其中3件素面，3件器身饰有绳纹。如M36：7、M97：3、M122：1、M160：2、M210：3、M223：5。

Ab型　5件，侈口，卷沿。其中2件腹部饰绳纹，3件肩部饰弦纹。如M181：1、M205：5、M236：3、M255：4、M356：5。

B型　63件，扁腹圆肩。均为泥质灰陶，直口或侈口，圆唇或方唇，矮领或束颈，圆肩弧腹，平底，器身多装饰有绳纹、弦纹。根据口部特征的不同，可分为两亚型。

Ba型　50件，直口。根据整体形态的不同，可分为五式。

Ⅰ式　4件，体略宽扁，器形较大，上腹部圆鼓，下腹部弧内收。器身饰有绳纹、弦纹。如M39：3、M194：11、M209：1、M387：3。

Ⅱ式　16件，体宽扁，较Ⅰ式变小，上腹部圆鼓，下腹部斜内收，腹壁微弧。其中4件素面，12件器身饰绳纹、弦纹。如M5：2、M5：3、M6：6、M17：7、M24：2、M24：5、M38：1、M50：4、M88：5、M141：2、M141：3、M202：3、M202：4、M305：1、M335：1、M389：15。

Ⅲ式　14件，体较Ⅱ式更宽扁，上腹部微鼓，下腹部斜内收，腹壁微弧。其中9件素面，4件器身饰绳纹、弦纹。如M21：3、M21：4、M27：6、M27：7、M37：2、M51：10、M56：8、M56：9、M84：9、M147：6、M203：2、M313：3、M474：3、M480：4。

Ⅳ式　12件，体略宽扁，较Ⅲ式变高，上腹部微鼓，下腹部斜内收，腹壁较Ⅲ式趋直。其中7件素面，5件腹部饰绳纹。如M19：2、M27：11、M52：1、M101：2、M103：8、M103：9、M223：4、M255：5、M282：10、M309：1、M329：1、M528：3。

Ⅴ式　4件，体较大，器高较Ⅳ式变高，圆肩微折，下腹部斜内收，腹壁较Ⅳ式趋直。其中2件素面，1件腹部饰弦纹、1件腹部饰绳纹。如M469：9、M469：13、M236：2、M342：1。

Bb型　13件，侈口，卷沿。根据整体形态的不同，可分为四式。

Ⅰ式　1件，体略大，上腹部圆鼓，下腹部斜内收。腹部饰有绳纹。如M414：3。

Ⅱ式　6件，体宽扁，上腹部微鼓，下腹部斜内收，腹壁微弧。其中4件素面，腹部均饰有绳纹或弦纹。如M24：1、M50：5、M111：1、M242：1、M507：5、M535：3。

Ⅲ式　4件，体略宽扁，圆肩微折，下腹部斜内收，腹壁较Ⅰ式渐趋竖直。其中3件素面，1件腹部饰绳纹。如M15：2、M59：2、M243：4、M345：9。

Ⅳ式　2件，体宽扁，上腹部圆鼓，下腹部弧内收。腹部饰有弦纹及绳纹。如M391：3、M406：4。

扁腹罐总体演变规律较为清晰。A型扁腹罐的演变趋势为器形渐趋宽扁，肩部折曲程度逐渐增大，下腹部由弧内收变为斜内收，腹壁渐趋斜直。B型扁腹罐肩部无明显演变，其余部位的演变趋势与A型扁腹罐基本一致。从整体来看，其出现于战国晚期至秦，盛行于西汉早期，到西汉中期逐渐减少。与关中地区相比较，这种体形宽扁的陶罐鲜少见于关中地区同时期中小型墓葬中，因此，大口扁腹罐很有可能是具有区域性特色的特殊器形。

一五　大口陶罐

108件。口部明显较大，部分口径大于底径，矮颈或无颈，体型大多矮胖，其中泥质灰陶106件，泥质黑陶2件。根据口部形态的不同，可分为三型（图七九一、七九二）。

A型　65件，直口。圆唇或方唇，矮领，平底。根据肩部形态的不同，可分为三亚型。

Aa型　14件，折肩。根据整体及腹部形态的不同，可分为三式。

Ⅰ式　3件，体较大，下腹部斜直内收，平底较大。均为泥质灰陶。素面。如M378：5、M440：3、M475：3。

Ⅱ式　5件，体略宽扁，下腹部斜内收，腹壁微弧。均为泥质灰陶。1件素面，4件器身饰有绳纹或弦纹。如M53：5、M94：1、M194：7、M243：3、M412：1。

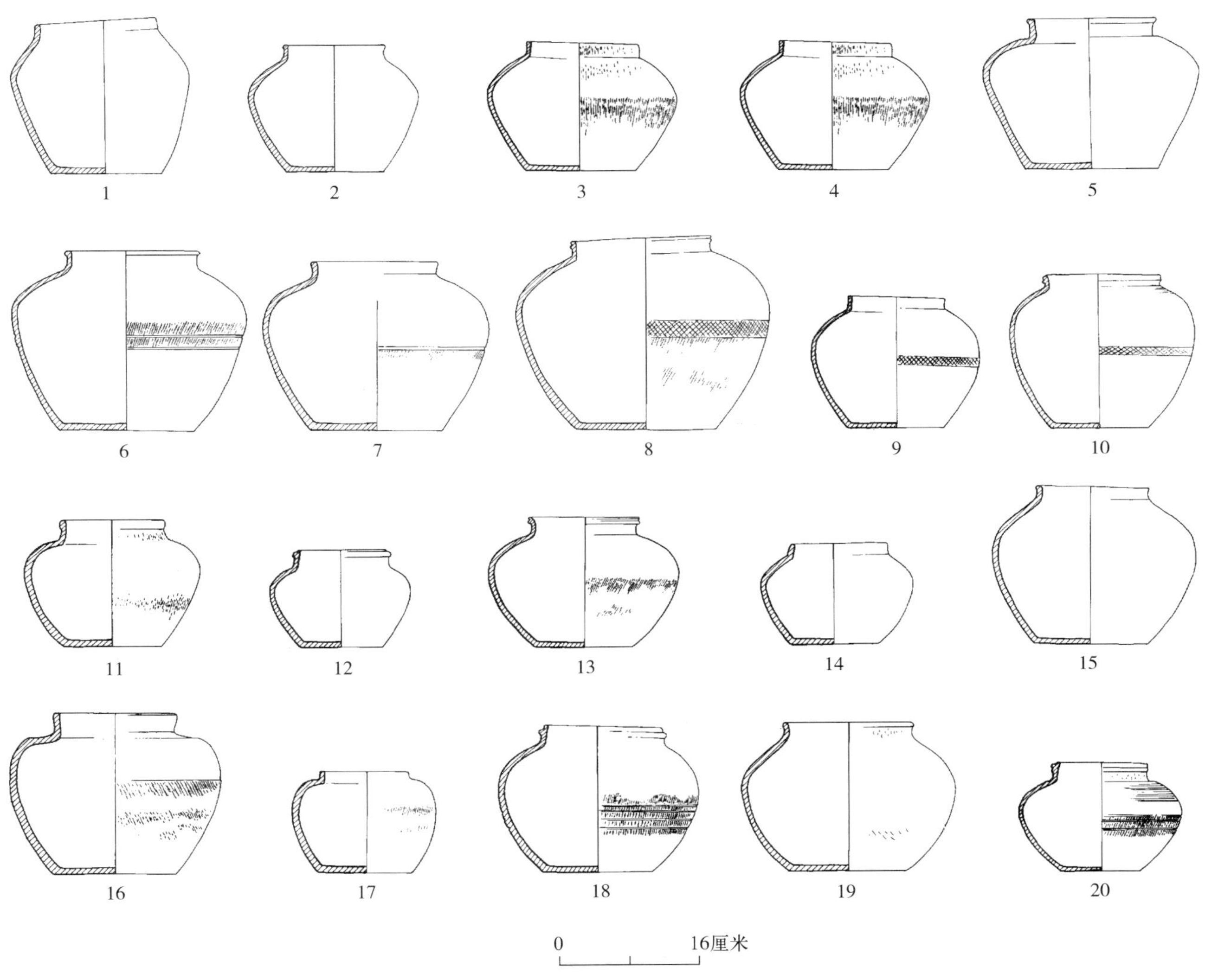

图七九一　大口陶罐分型分式图（一）

1.M378：5（AaⅠ）　2.M475：3（AaⅠ）　3.M53：5（AaⅡ）　4.M243：3（AaⅡ）　5.M394：4（AaⅢ）　6.M391：4（AaⅢ）　7.M391：6（AbⅠ）　8.M475：2（AbⅠ）　9.M54：5（AbⅡ）　10.M393：4（AbⅡ）　11.M35：5（AbⅢ）　12.M105：3（AbⅢ）　13.M46：3（AbⅢ）　14.M15：3（AbⅣ）　15.M524：2（AbⅣ）　16.M119：4（AbⅤ）　17.M282：9（AbⅤ）　18.M108：2（Ac）　19.M184：1（Ac）　20.M88：6（Ac）

Ⅲ式　6件，体较Ⅱ式变高，下腹部斜内收，腹壁较Ⅱ式渐趋竖直。均为泥质灰陶。5件素面，2件腹上部饰绳纹、弦纹。如M10：3、M52：3、M351：2、M359：1、M391：4、M394：4。

Ab型　43件，圆肩。根据整体及腹部形态的不同，可分为五式。

Ⅰ式　4件，整体器形较高胖，上腹部圆鼓，下腹部斜内收。均为泥质灰陶。其中1件腹部饰有弦纹，1件腹部饰有网状方格纹，1件腹部饰有绳纹及弦纹。如M49：5、M391：6、M439：1、M475：2。

Ⅱ式　6件，器形较Ⅰ式略瘦，上腹部微鼓，下腹部斜内收。均为泥质灰陶。其中1件素面，2件腹部饰有绳纹，4件腹部或肩部饰有一周带状方格纹。如M22：2、M54：5、M71：3、M393：2、M393：3、M393：4。

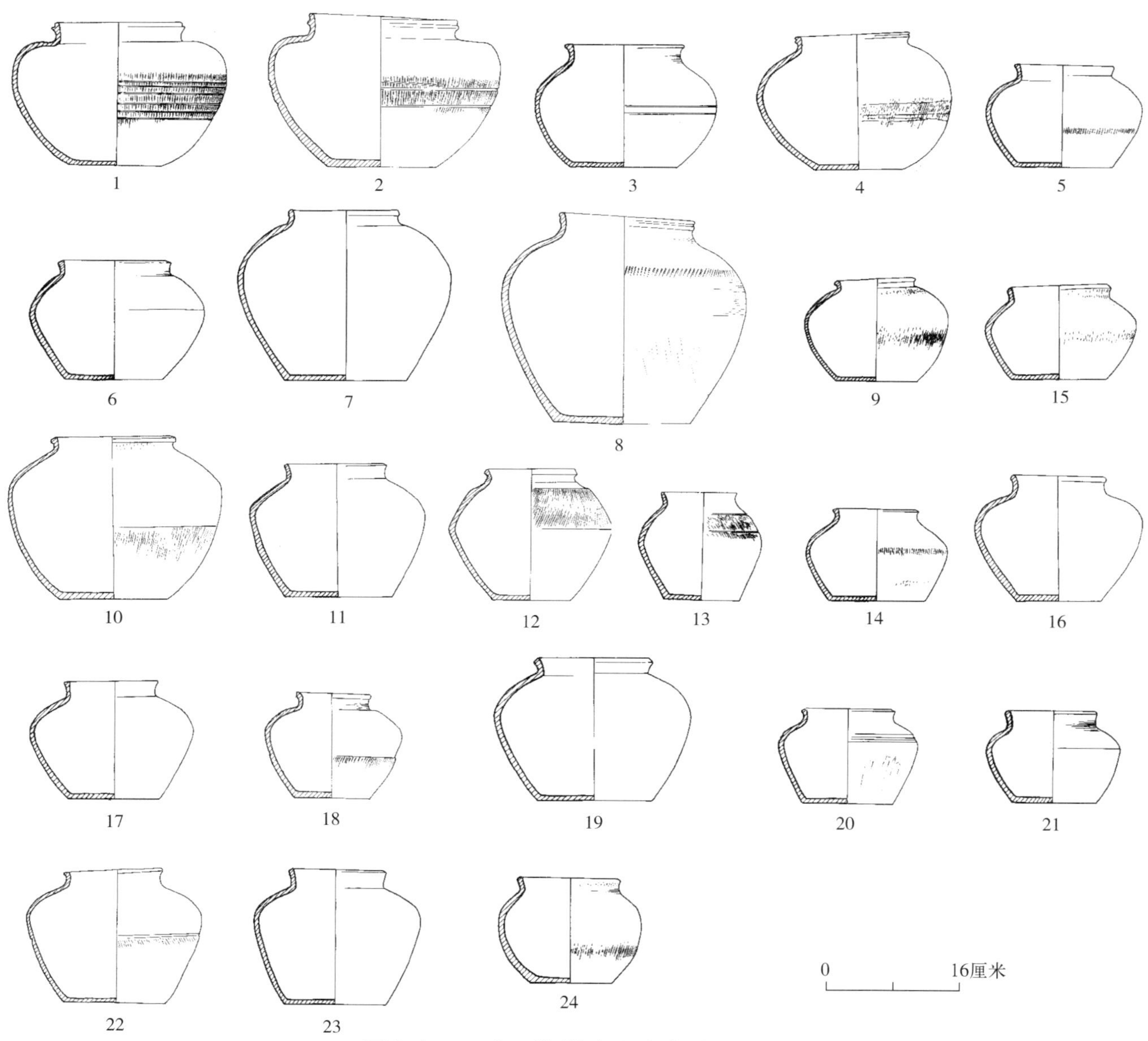

图七九二　大口陶罐分型分式图（二）

1.M24：7（BⅠ）　2.M363：1（BⅠ）　3.M24：4（BⅡ）　4.M24：6（BⅡ）　5.M54：6（BⅢ）　6.M246：4（BⅢ）　7.M149：6（BⅣ）　8.M457：2（BⅣ）　9.M223：6（BⅤ）　10.M453：2（BⅤ）　11.M22：1（CaⅠ）　12.M439：3（CaⅠ）　13.M276：2（CbⅠ）　14.M53：3（CaⅡ）　15.M243：2（CaⅡ）　16.M178：3（CbⅡ）　17.M49：2（CbⅡ）　18.M427：2（CbⅢ）　19.M246：3（CbⅢ）　20.M11：15（CbⅣ）　21.M11：13（CbⅣ）　22.M351：1（CbⅤ）　23.M143：9（CbⅤ）　24.M147：2（Cc）

Ⅲ式　15件，体较Ⅱ式变大，腹部微折，下腹部斜内收，平底较小。1件泥质黑皮磨光陶，13件泥质灰陶。其中5件素面，10件器身饰绳纹、弦纹。如M35：5、M50：8、M99：2、M105：3、M185：2、M246：9、M300：2、M301：7、M345：6、M434：1、M457：1、M451：2、M46：3、M422：1、M535：2。

Ⅳ式　14件，体较Ⅲ式变大，上腹部微鼓，下腹部斜内收，腹壁较Ⅲ式趋直，平底。均为泥质灰陶。其中5件素面，8件器身饰绳纹、弦纹，1件器身饰有戳刺纹。如M15：3、M23：4、M36：6、M44：1、M85：4、M91：2、M94：2、M97：4、M236：1、M330：7、M489：1、M501：8、M524：1、M524：2。

Ⅴ式　4件，体较Ⅳ式变大，肩微耸，下腹部斜内收，腹壁较Ⅳ式趋直，平底较大。均为泥质灰陶，其中1件素面，3件器身饰绳纹。如M101：1、M119：4、M282：9、M394：3。

Ac型　8件，圆折肩，上下腹分界不明显。均为泥质灰陶。其中3件素面，6件器身饰有绳纹、刻划纹或凹弦纹。如M9：3、M9：4、M88：6、M108：2、M140：1、M184：1、M530：2、M535：2。

B型　17件，口部微侈。圆唇或方唇，矮领，圆肩，平底。器身多饰绳纹、弦纹。根据下腹部及底部形态的不同，可分为五式。

Ⅰ式　2件，耸肩，最大径位于肩部，下腹部弧内收。泥质灰陶。器身饰有绳纹或弦纹。如M24：7、M363：1。

Ⅱ式　2件，圆鼓腹，最大径略高于腹中部，下腹弧内收。均为泥质灰陶。其中1腹中部饰有弦纹，1件腹部饰有绳纹、刻划纹。如M24：4、M24：6。

Ⅲ式　8件，圆肩微折，最大径略高于腹中部，下腹部斜内收，腹壁微弧。泥质灰陶。其中1件素面，6件腹部饰绳纹、弦纹。M54：6、M246：4、M254：1、M416：2、M416：8、M448：1、M501：3、M536：2。

Ⅳ式　3件，体较高，上腹部微鼓，最大径略低于肩部，下腹部斜内收，腹壁较Ⅲ式渐趋竖直。其中2件泥质灰陶，1件泥质黑皮陶。2件素面，1件器身饰有绳纹。如M149：4、M149：6、M457：2。

Ⅴ式　2件，体略高，最大径略低于肩部，下腹部弧内收。均为泥质灰陶，器身饰有绳纹、弦纹。如M223：6、M453：2。

C型　26件，侈口卷沿。均为泥质灰陶，侈口，圆唇、方唇或尖唇，多为束颈，平底，多素面，部分器身饰有绳纹或弦纹。根据肩部特征的不同，可分为三亚型。

Ca型　5件，折肩。根据下腹部及底部特征的不同，可分为两式。

Ⅰ式　2件，体略高，下腹部斜直内收，平底较小。1件素面，1件饰绳纹。如M22：1、M439：3。

Ⅱ式　3件，体略宽扁，下腹部斜内收，腹壁微弧且较Ⅰ式趋直，平底，底较Ⅰ式略大。其中1件素面，2件腹部饰有绳纹。如M53：3、M229：3、M243：2。

Cb型　16件，圆肩。根据整体及腹部特征的不同，可分为五式。

Ⅰ式　1件，体瘦高，上腹部微弧，下腹部斜直内收。器身饰绳纹和弦纹。如M276：2。

Ⅱ式　3件，体略小，上腹部微鼓，下腹部斜内收。其中2件素面，1件腹部饰有绳纹。如M49：2、M178：3、M426：5。

Ⅲ式　3件，体略大，上腹部微鼓，最大径略低于肩部，下腹部斜内收。1件素面，1件腹部饰绳纹。如M246：3、M391：1、M427：2。

Ⅳ式　3件，体扁，最大径位于肩部，下腹部斜内收，腹壁较Ⅰ式渐趋竖直。其中1件腹部饰绳纹，2件腹部饰弦纹。如M11：13、M11：15、M105：7。

Ⅴ式　6件，体略高，最大径略低于肩部，下腹部斜内收。其中4件素面，3件腹部饰有弦纹及绳纹，1件肩部有阴刻文，字样不明。如M11：2、M143：9、M155：1、M155：3、M351：1、M356：7。

Cc型　5件，圆折肩。腹部整体圆弧，无上下腹之分。其中3件素面，2件腹部饰绳纹、弦纹。如M147：2、M196：6、M221：1、M246：6、M520：1。

大口罐在本墓地中存在于战国晚期到西汉中期，自西汉早期开始数量增多，西汉中期以后数量逐渐减少。Ac型大口罐存续时间较为集中，多见于战国晚期。大口罐在战国时期体型较高，下腹斜直，随着时间的推移，体型愈矮扁，下腹收势渐缓，且底逐渐增大。

一六　敞口小陶罐

9件。敞口，整体器形明显较小，口径与肩径之比明显大于大口罐，其中泥质灰陶5件，夹砂灰陶4件。根据口部形态不同可分两型（图七九三）。

A型　6件，口部外侈。2件为泥质灰陶，4件为夹砂灰陶。斜沿，圆唇、方唇或尖唇，圆肩或溜肩，平底。多为素面。根据口部及颈部形态分两亚型。

Aa型　3件，口部微侈，微束颈，颈长。均为夹砂灰陶，溜肩，弧腹，平底。素面。如M180：2、M207：1、M289：7。

Ab型　3件，侈口，束颈，颈较短。均为泥质灰陶，圆肩，弧腹，平底均素面。如M149：3、M385：3、M447：1。

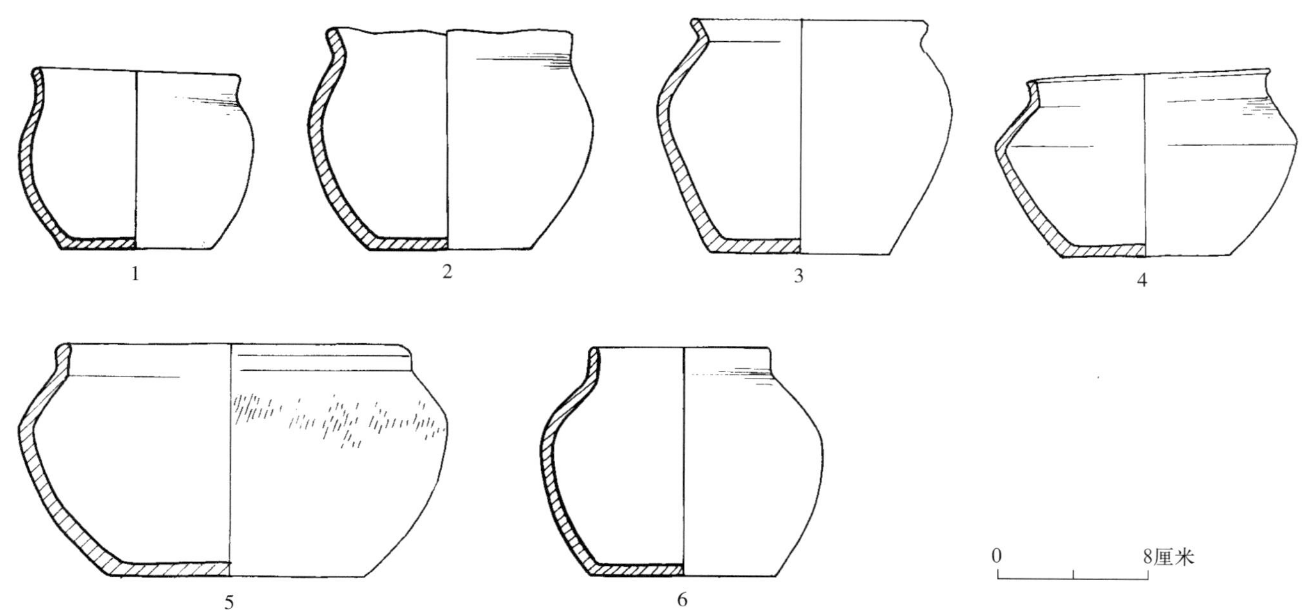

图七九三　敞口小陶罐分型分式图

1.M207：1（Aa）　2.M180：2（Aa）　3.M447：1（Ab）　4.M385：3（Ab）　5.M521：1（B）　6.M82：4（B）

B 型　3 件，敞口微内敛。均为泥质灰陶，圆唇，溜肩，弧腹，平底。其中 1 件肩部有一道折棱，1 件素面，1 件肩部饰竖向绳纹。如 M51：3、M82：4、M521：1。

一七　小口素面小陶罐

10 件。均泥质灰陶，侈口或直口，整体器形较小，多为素面，零星饰有绳纹、篮纹或弦纹。根据器高与器身之比分为两型（图七九四）。

A 型　5 件，器宽大于器高。其中 4 件为侈口，1 件为直口，沿外斜，圆唇或方唇，圆肩或溜肩，平底。根据腹部形态和底部之变化可分为两式。

Ⅰ式　1 件，弧腹，下腹部斜内收，腹壁微弧，平底。侈口，束颈，溜肩，肩部零星可见绳纹。如 M269：2。

Ⅱ式　4 件，圆鼓腹，下腹部弧内收，其中 1 件直口，其余口微侈或侈口。2 件素面，1 件腹部

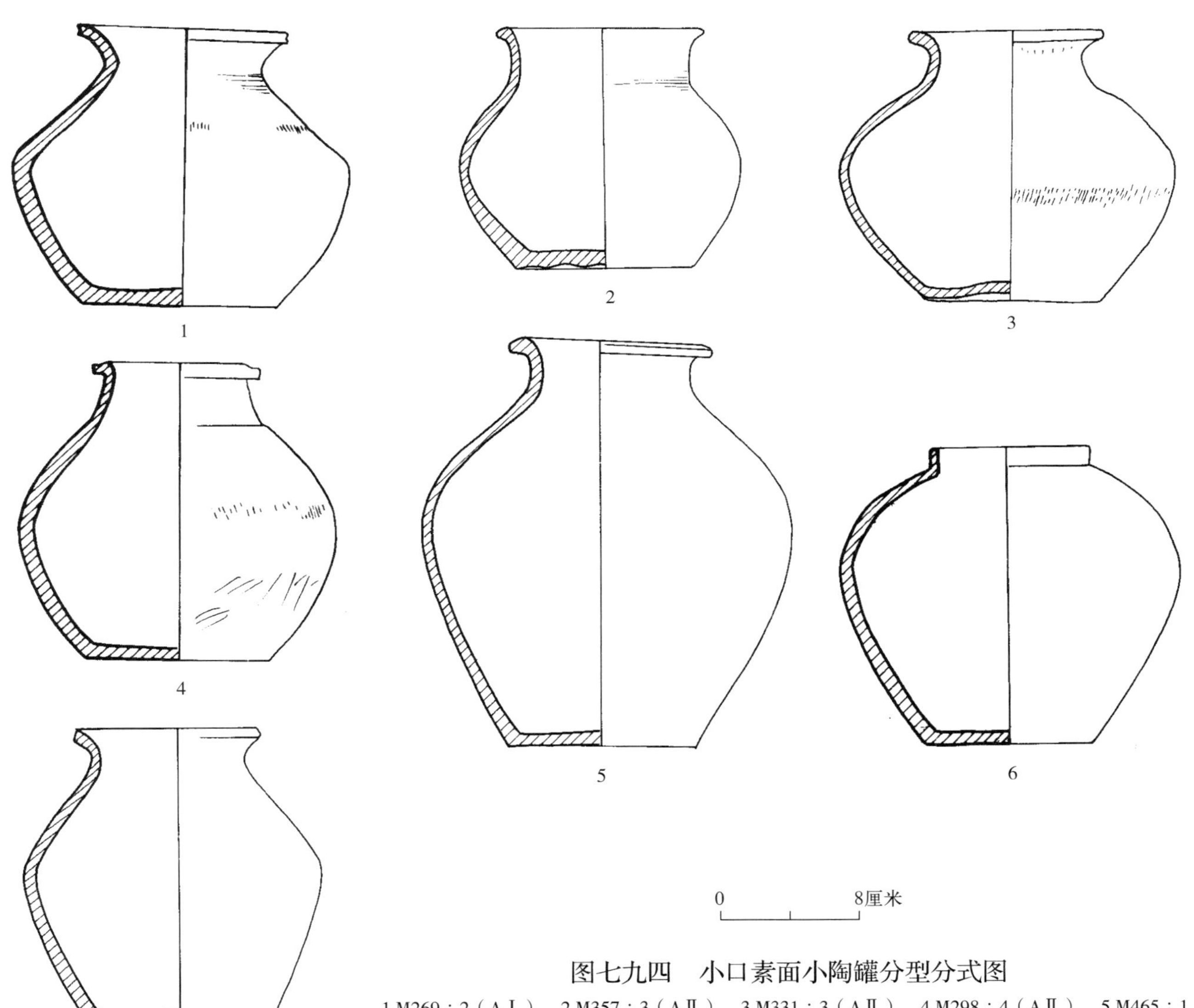

图七九四　小口素面小陶罐分型分式图

1.M269：2（AⅠ）　2.M357：3（AⅡ）　3.M331：3（AⅡ）　4.M298：4（AⅡ）　5.M465：1（B）　6.M64：3（B）　7.M378：1（B）

饰暗篮纹，1 件器身饰绳纹。如 M16：3、M331：3、M298：4、M357：3。

B 型　5 件，器高约等于或大于器宽。其中 4 件为侈口，1 件为直口，圆唇或方唇，平底。其中 4 件素面，1 件口部和腹下部有零星绳纹纹理。如 M64：3、M71：2、M170：1、M378：1、M465：1。

一八　深腹大口陶罐

6 件。口较大，微侈，矮领，深腹。泥质灰陶 5 件，夹砂灰陶 1 件，根据肩部形态不同可分两型（图七九五）。

A 型　1 件，圆肩。泥质灰陶，窄平沿，尖唇，束颈，广肩，斜腹弧内收，最大径位于腹上部，平底。腹部饰竖绳纹，部分被抹掉，器身刮抹痕迹明显。如 M148：3。

B 型　5 件，溜肩。4 件泥质灰陶，1 件夹砂灰陶，方唇或圆唇，矮领，颈微束，平底。4 件器身饰竖绳纹，1 件肩、腹部饰竖绳纹和凹弦纹。根据腹部最大径的变化可分两式。

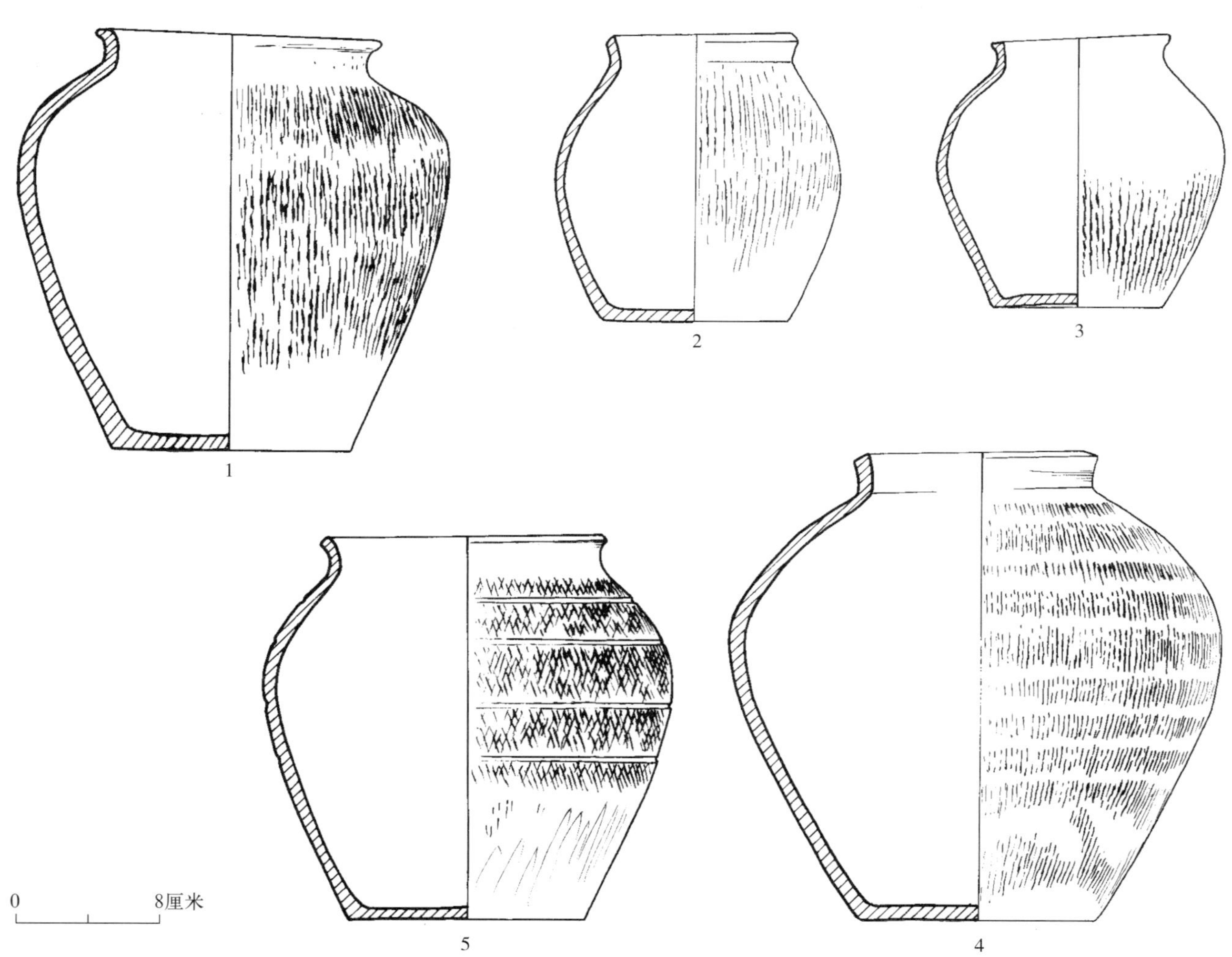

图七九五　深腹大口陶罐分型分式图

1.M148：3（A）　2.M430：5（BⅠ）　3.M408：1（BⅠ）　4.M261：8（BⅡ）　5.M148：2（BⅡ）

Ⅰ式　3件，最大径位于腹部的三分之二处。斜沿，其中2件唇外翻，弧腹内收。器身均饰竖向绳纹。如M325：3、M408：1、M430：5。

Ⅱ式　2件，最大径位于腹部的三分之二以上，较Ⅰ式上移。方唇，弧腹内收。器身饰有绳纹并在绳纹上饰有弦纹。如M148：2、M261：8。

该批墓葬中，深腹罐自战国中期出现，至西汉中期以前消失不见。其中BⅠ式深腹罐流行于战国中期至战国晚期早段，BⅡ式深腹罐流行于战国晚期至西汉早期。

一九　陶盆

18件。根据器形的大小，可以分为大陶盆、陶盆两类（图七九六）。

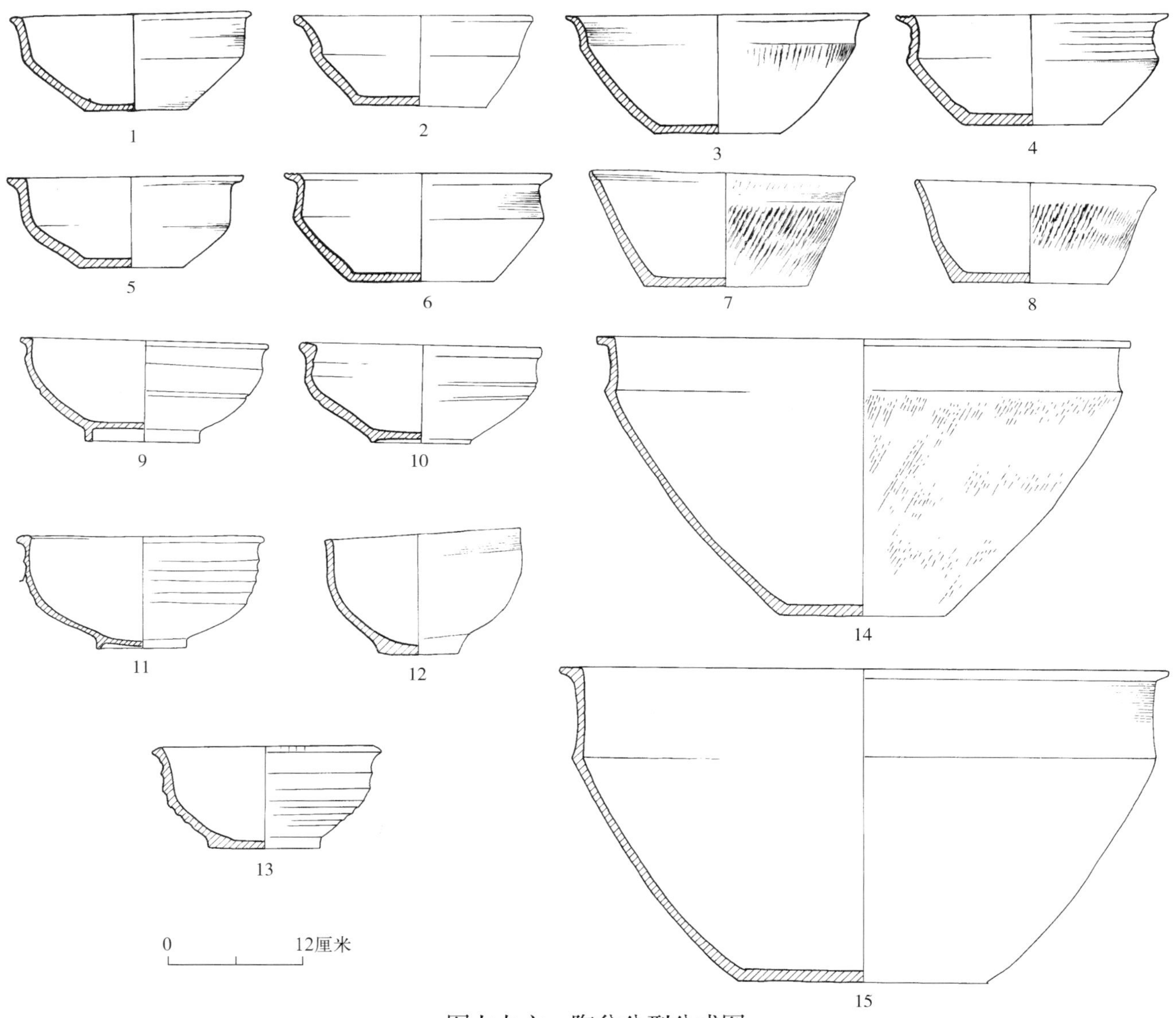

图七九六　陶盆分型分式图

1.M222：2（AaⅠ）　2.M277：2（AaⅠ）　3.M174：3（AaⅠ）　4.M180：4（AaⅡ）　5.M180：5（AaⅡ）　6.M67：3（AaⅡ）　7.M464：4（Ab）　8.M464：5（Ab）　9.M343：1（BaⅠ）　10.M269：3（BaⅠ）　11.M469：6（BaⅡ）　12.M454：1（Bb）　13.M466：1（Bb）　14.M420：5（大陶盆）　15.M391：5（大陶盆）

1. 大陶盆

2 件。器形明显较大。均为泥质灰陶，敞口，平折沿，方唇，深腹，腹壁斜直内收，平底，1 件腹部饰细绳纹，1 件素面，口颈均大于 45 厘米。如 M391∶5、M420∶5。

2. 陶盆

16 件。根据底部形态的不同分为两型。

A 型　10 件，平底。敞口，圆唇、方唇或尖唇，器身多饰绳纹、弦纹或凸棱。根据腹部形态的不同分两亚型。

Aa 型　8 件，折腹。根据上腹占腹部的比例分为两式。

Ⅰ式　4 件，上腹占腹部比例小于或等于腹部的三分之一，腹深中等，腹中部多有一道折棱，其中 3 件素面，1 件下腹部残存竖绳纹。如 M174∶2、M174∶3、M222∶2、M277∶2。

Ⅱ式　4 件，上腹占腹部比例大于腹部的三分之一，腹较Ⅰ式深。1 件素面，其余两件腹部有折棱或饰数道弦纹。如 M67∶3、M180∶4、M180∶5、M295∶1。

Ab 型　2 件，直腹。腹斜直内收，腹部饰斜向左下粗绳纹，器身有刮抹痕迹。如 M464∶4、M464∶5。

B 型　6 件，带圈足。敞口，圆唇或方唇，器身多饰凹弦纹。根据底部圈足的形态可分两亚型。

Ba 型　3 件，圈足。根据下腹部形态及腹深的变化可分为两式。

Ⅰ式　2 件，下腹斜内收，腹深中等。腹部饰弦纹。如 M269∶3、M343∶1。

Ⅱ式　1 件，下腹弧内收，腹部圆鼓，腹较Ⅰ式深。1 件腹部饰四道凹弦纹，1 件腹部以红彩绘二道弦纹。如 M469∶6。

Bb 型　3 件，假圈足。均为泥质灰陶，下腹弧内收。其中 1 件素面，2 件器身饰有凹弦纹。如 M396∶1、M454∶1、M466∶1。

总体来说，陶盆 Aa 型折腹盆多为素面，部分器身饰有折棱，主要流行于战国晚期到西汉早期，随着时间的推移，上腹占器身的比例越来越大。Ba 型带圈足盆器身多饰凹弦纹，部分由红色彩绘弦纹，主要流行于战国晚期到西汉中期，下腹由斜内收逐渐变化为弧内收，腹部越来越圆鼓，腹深也逐渐加深。

二〇　陶盂

22 件。其中 21 件为泥质灰陶，1 件为泥质红陶。根据底部形态的不同分两型（图七九七）。

A 型　1 件，带圈足。敞口，方唇，敛颈，上腹较直，下腹斜弧内收。如 M432∶1。

B 型　21 件，平底。敞口，圆唇、方唇或尖唇。根据上腹部形态之变化可分三亚型。

Ba 型　5 件，上腹折腹。按照腹部形态及腹深分为三式。

Ⅰ式　1 件，下腹斜直内收，腹浅，小平底。敞口窄平沿，上腹壁较直，下腹斜直内收。素面。如 M39∶5。

Ⅱ式　1 件，上腹较Ⅰ式圆弧，下腹斜内收，敞口窄沿微外撇。上腹壁较直饰绳纹。如 M229∶2。

Ⅲ式　3 件，上腹圆弧，下腹弧内收，腹深，大平底，敞口宽斜沿。器身饰绳纹、凸弦纹或凹弦纹。如 M167∶3、M167∶4、M468∶6。

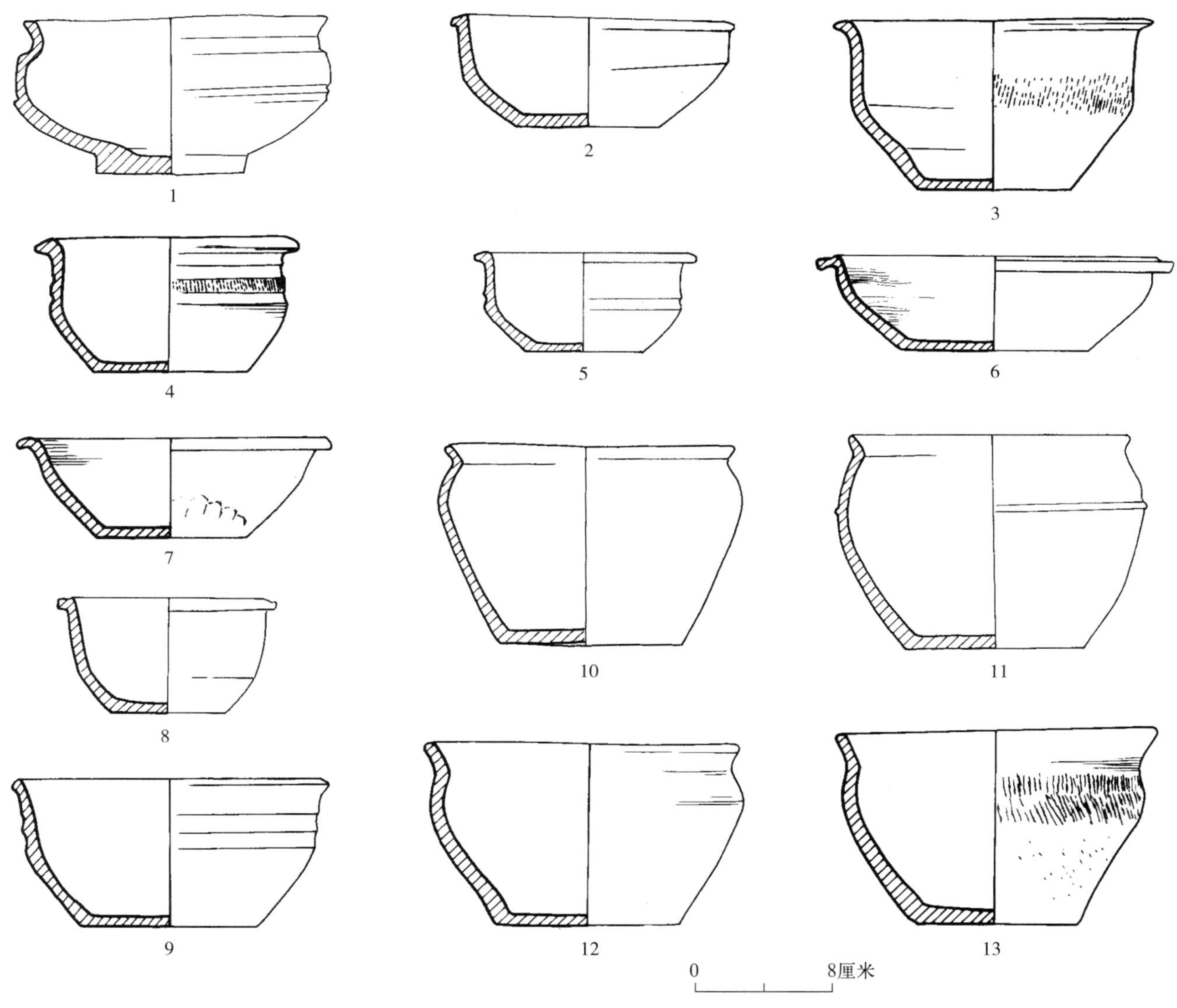

图七九七　陶盂分型分式图

1.M432：1（A）　2.M39：5（BaⅠ）　3.M229：2（BaⅡ）　4.M167：3（BaⅢ）　5.M468：6（BaⅢ）　6.M11：3（BbⅠ）　7.M125：2（BbⅠ）　8.M293：4（BbⅡ）　9.M62：1（BbⅡ）　10.M413：1（BcⅠ）　11.M403：2（BcⅠ）　12.M61：1（BcⅡ）　13.M145：1（BcⅡ）

Bb 型　5 件，上腹弧腹。按照腹部形态及腹深分为两式。

Ⅰ式　2 件，下腹斜直内收，浅腹。敞口斜沿，上腹壁较弧。其中 1 件素面，1 件腹部残留部分绳纹纹理。如 M11：3、M125：2。

Ⅱ式　3 件，下腹弧内收，腹较Ⅰ式深。敞口斜沿外撇，上腹壁较弧。其中 2 件素面，2 件腹部饰凹弦纹或凸弦纹。如 M62：1、M293：4、M469：1。

Bc 型　11 件，上腹鼓腹。按照腹部形态分为两式。

Ⅰ式　6 件，下腹斜直内收。敞口斜沿，上腹圆鼓。其中 2 件素面，3 件饰有绳纹、凹弦纹或腹上部有凸棱。如 M325：1、M328：1、M344：1、M403：2、M413：1、M419：2。

Ⅱ式　5件，下腹微内曲。敞口斜沿或敞口微敛，上腹圆鼓。其中2件素面，3件饰有粗绳纹或细绳纹。如M61：1、M145：1、M357：2、M380：1、M434：2。

总体来说，Ba型盂在战国晚期至西汉中期都有出现，Bb型盂仅存在于西汉中期，Bc型盂最早出现于战国中期，至西汉早期消失不见。

二一　陶釜

35件。其中夹砂红陶5件、夹砂灰陶22件、夹砂黑陶3件、夹砂褐陶1件、夹砂灰褐陶1件和泥质灰陶3件。根据耳的有无及耳部形态的不同将其分为无耳釜、有耳釜和带鋬釜三类（图七九八）。

1. 无耳釜

24件。其中夹砂红陶4件、夹砂灰陶14件、夹砂褐陶1件、夹砂灰褐陶1件、泥质灰陶1件、夹砂黑陶3件。根据口部形态的不同，可分为两型。

A型　20件，侈口。口部外侈较甚，圆唇或方唇，溜肩或圆肩。根据腹部形态不同，可分为两亚型。

Aa型　16件，鼓腹。根据整体形态特征，可分为三式。

Ⅰ式　4件，圜底或尖圜底，整体略宽扁，口沿较宽。2件为夹砂灰陶，1件为夹砂灰褐陶，1件为夹砂褐陶。素面或饰有绳纹、戳刺纹。如M113：5、M129：3、M174：1、M292：2。

Ⅱ式　8件，尖底，整体较Ⅰ式瘦高。3件为夹砂灰陶，3件为夹砂黑陶，1件夹砂灰褐陶。素面或器身饰绳纹、戳刺纹。如M4：4、M197：2、M209：4、M264：3、M283：7、M298：3、M300：3、M464：3。

Ⅲ式　4件，尖圜底，整体较Ⅱ式宽扁，口沿较窄。夹砂灰陶。腹上部饰斜向粗绳纹，下部及底部饰圆形戳刺纹。如M257：1、M316：1、M373：2、M460：2。

Ab型　4件，腹上部斜直，下腹部外鼓，口沿多较窄，腹深较深。其中3件夹砂灰陶，1件泥质灰陶。素面或饰绳纹、麻窝纹。如M135：2、M185：1、M223：3、M246：8。

B型　4件，直口微外侈。圆唇或方唇，圆肩，圜底。夹砂红陶，器身饰绳纹、篮纹。如M55：1、M55：2、M55：3、M330：8。

2. 带耳釜

6件。其中1件残损严重不参与型式划分。质地均为夹砂灰陶，溜肩，圜底或尖圜底，根据颈部形态之不同分两型。

A型　3件，束颈。侈口，斜沿，方唇或尖唇，溜肩，圜底，肩上部或腹上部有环形器耳痕迹，素面。如M519：1、M17：5、M13：4。

B型　2件，颈略束，口部微侈。圆唇或尖唇，溜肩，圜底或尖圜底，腹上端或口部附加一环形器耳。其中1件为素面，1件腹下部及底部饰戳刺纹。如M273：6、M295：2。

3. 带鋬釜

4件。夹砂灰陶2件、泥质灰陶2件。其中1件残损严重，不参与分型分式。溜肩，圆唇，敛颈或束颈，鼓腹或弧腹，腹上端附加一鋬手，圜底，器身饰细绳纹。根据下腹部及底部形态之变化分两式。

Ⅰ式　1件，底略尖。夹砂灰陶，鼓腹，圜底，腹部以上饰斜向细绳纹。如M484：3。

Ⅱ式　2件，尖圜底，底较Ⅰ式渐圜。均为泥质灰陶。其中1件底部饰暗绳纹，1件腹上部饰细

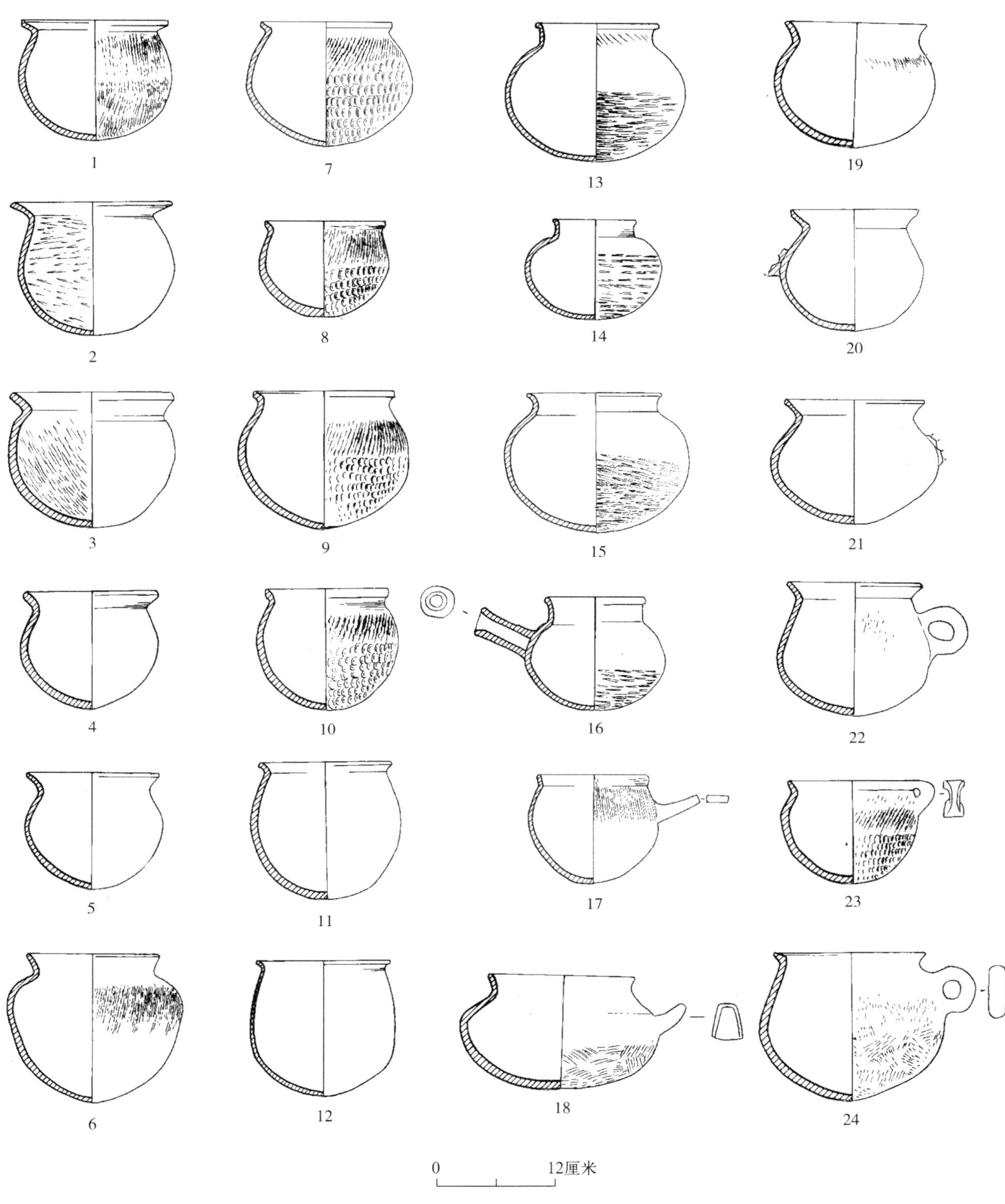

图七九八　陶釜分型分式图

1.M113：5（无耳AaⅠ）　2.M174：1（无耳AaⅠ）　3.M292：2（无耳AaⅠ）　4.M209：4（无耳AaⅡ）　5.M283：7（无耳AaⅡ）　6.M4：4（无耳AaⅡ）　7.M373：2（无耳AaⅢ）　8.M257：1（无耳AaⅢ）　9.M316：1（无耳AaⅢ）　10.M135：2（无耳Ab）　11.M185：1（无耳Ab）　12.M223：3（无耳Ab）　13.M55：1（无耳B）　14.M55：2（无耳B）　15.M330：8（无耳B）　16.M184：3（带柄）　17.M484：3（带鋬Ⅰ）　18.M280：4（带鋬Ⅱ）　19.M317：2（带鋬Ⅱ）　20.M519：1（带耳A）　21.M17：5（带耳A）　22.M13：4（带耳A）　23.M273：6（带耳B）　24.M295：2（带耳B）

绳纹。如 M280：4、M317：2。

4. 带柄釜

1 件。夹砂红陶。侈口，圆唇，圆肩，弧腹，腹上部有一空心柱状手柄，尖圜底，腹部以下饰横篮纹。如 M184：3。

二二　陶鍪

38 件。根据其耳的有无或耳部特征的不同，可分为带鋬鍪、带耳鍪和无耳无鋬鍪三类（图七九九）。

1. 带鋬鍪

3 件。均为夹砂灰陶，根据口沿的有无分两型。

A 型　2 件，有口沿。侈口，斜沿，方唇，束颈，溜肩，腹上部附加一条状鋬手或残留鋬手痕迹，圜底，器表饰有绳纹。如 M52：2、M280：1。

B 型　1 件，无口沿。侈口，圆唇，束颈，溜肩，腹上端残留鋬手痕迹，圜底，腹部以下饰绳纹。如 M485：2。

2. 带耳鍪

11 件。其中夹砂灰陶 10 件、夹砂黑陶 1 件。1 件残损严重，不参与分型分式。根据口沿的有无，可分为两型。

A 型　8 件，有沿。侈口，斜沿，圆唇或方唇，肩上部或上腹部附加一个或两个环状器耳，圜底，器表多饰绳纹。根据下腹部及底部形态之变化，可分为三式。

Ⅰ式　1 件，鼓腹、圜底。泥质灰陶。腹部以下饰绳纹，腹上部于绳纹之上后饰一道波浪纹。如 M182：1。

Ⅱ式　5 件，圆腹，圜底。夹砂灰陶。其中 2 件素面，3 件器身饰有绳纹。如 M16：2、M307：4、M511：1、M513：1、M535：4。

Ⅲ式　2 件，弧腹，尖底。夹砂灰陶。器身饰有绳纹。如 M205：2、M390：1。

B 型　2 件，无沿。其中 1 件为夹砂灰陶，1 件为夹砂黑陶，侈口，圆唇或方唇，束颈，腹上部或肩上部附加一环形器耳，圜底。素面。如 M13：2、M271：4。

3. 无耳无鋬鍪

24 件。其中夹砂灰陶 15 件，泥质灰陶 6 件，夹砂灰褐陶 1 件。根据口沿的有无，可分为两型。

A 型　9 件，有沿。侈口，斜沿，多为圆唇，束颈，圆腹或折腹，器表多饰绳纹。根据下腹部及底部形态之变化，可分为三式。

Ⅰ式　3 件，体略高，尖圜底。其中 2 件夹砂灰陶，1 件泥质灰陶。器身饰有绳纹。如 M123：1、M393：1、M489：2。

Ⅱ式　4 件，体略高，尖底。夹砂灰陶。器身饰有细绳纹。如 M443：5、M473：2、M475：1、M528：2。

Ⅲ式　2 件，体扁，圜底低平。其中夹砂灰陶 1 件，泥质灰陶 1 件。器表饰绳纹。如 M91：4、M43：3。

B 型　15 件，无沿。侈口或敞口，圆唇、方唇或尖唇，多为束颈，鼓腹、弧腹或折腹，器表多饰绳纹。

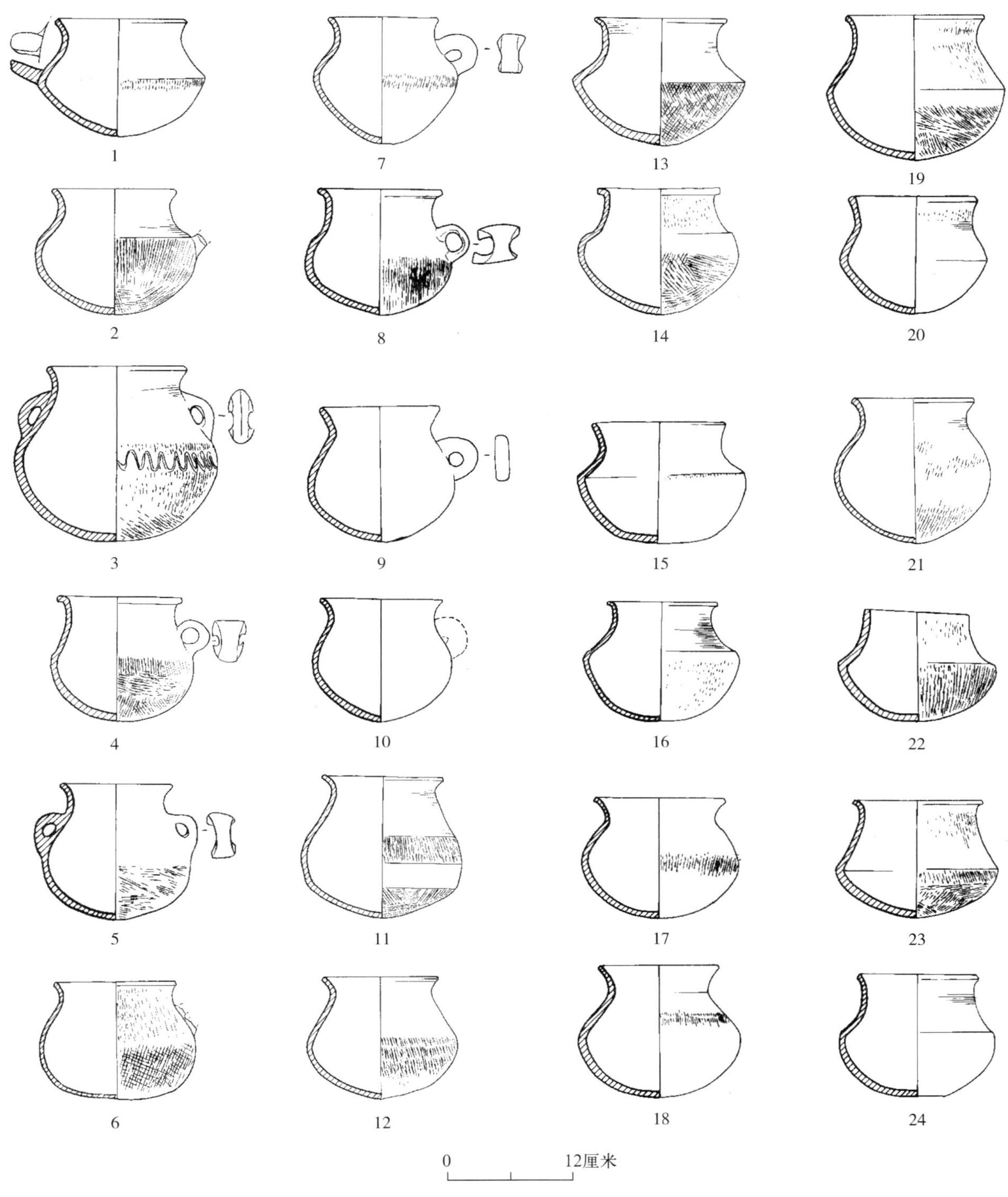

图七九九　陶鋬分型分式图

1.M52：2（带鋬A）　2.M485：2（带鋬B）　3.M182：1（带耳AⅠ）　4.M511：1（带耳AⅡ）　5.M307：4（带耳AⅡ）　6.M535：4（带耳AⅡ）　7.M390：1（带耳AⅢ）　8.M205：2（带耳AⅢ）　9.M13：2（带耳B）　10.M271：4（带耳B）　11.M489：2（无耳无鋬鋬AⅠ）　12.M393：1（无耳无鋬鋬AⅠ）　13.M473：2（无耳无鋬鋬AⅡ）　14.M528：2（无耳无鋬鋬AⅡ）　15.M91：4（无耳无鋬鋬AⅢ）　16.M43：3（无耳无鋬鋬AⅢ）　17.M4：5（无耳无鋬鋬BⅠ）　18.M113：4（无耳无鋬鋬BⅠ）　19.M202：2（无耳无鋬鋬BⅡ）　20.M53：2（无耳无鋬鋬BⅡ）　21.M391：7（无耳无鋬鋬BⅡ）　22.M85：2（无耳无鋬鋬BⅢ）　23.M309：2（无耳无鋬鋬BⅢ）　24.M19：1（无耳无鋬鋬BⅢ）

根据下腹部及底部形态之变化，可分为三式。

Ⅰ式 2件，鼓腹，圜底。其中夹砂灰陶1件，夹砂灰褐陶1件。器表饰一周细绳纹。如M4：5、M113：4。

Ⅱ式 8件。弧腹，尖圜底，底较Ⅰ式趋尖，腹壁较Ⅰ式趋直。其中泥质灰陶3件，夹砂灰陶5件。1件素面，7件器表饰绳纹。如M53：2、M91：1、M108：4、M181：3、M202：2、M391：7、M530：3。

Ⅲ式 5件，圜底低平，体宽扁，底较Ⅰ式趋平。其中夹砂灰陶4件，泥质灰陶1件。1件素面，4件器表饰绳纹。如M19：1、M43：1、M85：2、M282：1、M309：2。

陶鍪的器形较为复杂，但其总体演变规律较为一致，即腹部为由圆鼓腹变为圆腹，继而变为扁腹，下腹部的腹壁渐趋斜直，底部也由圜底变为尖圜底复又变回圜底。

二三 陶熏炉

10件。均为泥质灰陶。根据整体形态的不同，可分为三型（图八〇〇）。

A型 1件，盘为方形。器体较大，覆斗形器盖，盘口为子母口，尖唇，方形柱状柄，覆斗形底座。器表镂刻圆点、三角形，施红彩。如M104：5

B型 8件，盘为圆形。器体略小，覆钵形器盖，盘口呈子母口或敞口，圆唇或方唇，柱状柄，喇叭形底座。器身多镂刻三角形。根据炉柄和下腹部形态之变化可分为两式。

Ⅰ式 2件，长柄折腹。器表镂刻三角形或弦纹，1件施红色彩绘。如M104：9、M501：5。

Ⅱ式 6件，短柄，柄较Ⅰ式短。其中4件器表镂刻三角形图案，1件镂刻菱形图案，1件镂刻圆孔。如M27：10、M51：11、M147：8、M167：6、M301：10、M389：11。

C型 1件，博山炉。器体较小，伞状器盖，盘口为子母口，圆唇，浅腹，柱状柄，下接圆饼形底座。器盖镂刻三组花瓣。如M468：8。

二四 陶灶

10件。均为泥质灰陶。其中1件仅存部分灶壁不参与分型分式，其余根据灶体平面形状的不同可分三型（图八〇一）。

A型 5件，灶体平面呈马蹄形，前方后圆。灶面有三火眼，前二后一，基本构成一等腰三角形布置，上置有小陶甑、小陶釜等灶具，烟囱多为柱状，长方形灶门。其中4件通体素面，仅M468：5灶体周壁上端以黑色彩绘二道“回”字纹、下端以黑色彩绘一道“回”字纹，中部以黑色彩绘卷云纹、三角纹。如M11：4、M149：8、M167：2、M468：5、M469：8。

B型 3件，灶体平面呈方形，周壁平直。三眼灶，前二后一，1件长方形灶门，2件长方形落地灶门，后端有一圆柱形烟囱，通身素面。如M6：8、M20：9、M123：8。

C型 1件，灶体平面呈五边形，周壁平直。灶面上有三灶穴，前二后一呈“品”字形，灶穴上放置三个小陶釜，柱状烟囱，长方形灶门，通体素面。如M156：1。

除此之外，还发现一些疑似灶眼上的器物，有小陶盆M390：3，小陶甑M20：11，小大口罐M390：5，小陶勺M149：10、M390：4、M469：1，因其数量较少且不具备演变序列，故不作赘述。

图八〇〇　陶熏炉分型分式图

1.M104：5（A）　2.M501：5（BⅠ）　3.M104：9（BⅠ）　4.M301：10（BⅡ）　5.M27：10（BⅡ）　6.M389：11（BⅡ）　7.M468：8（C）

表 3　米脂卧虎湾墓地陶器分期表

期段 \ 器形		鼎		
		Aa	Ab	Ac
第一期	1 段			
第二期	2 段			
第三期	3 段			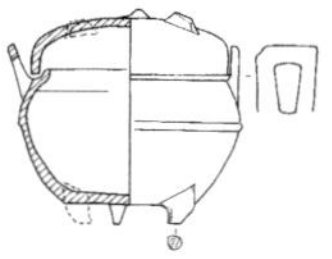 M440：6
	4 段	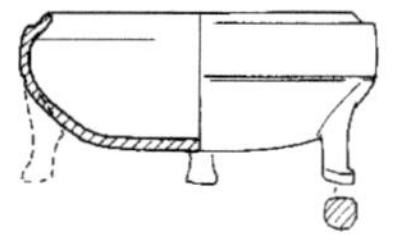 M456：4（Ⅰ式）		
第四期	5 段			
第五期	6 段			
	7 段	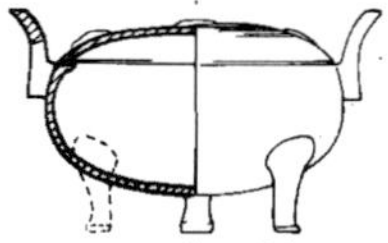 M56：6（Ⅱ式） 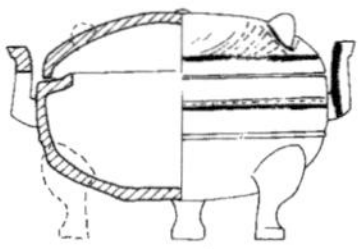 M416：4（Ⅲ式）		
第六期	8 段	 M 147：7（Ⅳ式）		
第七期	9 段		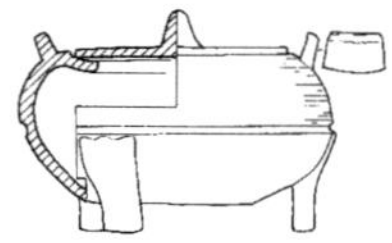 M469：10	

鼎			
Ba	Bb	Ca	Cb
			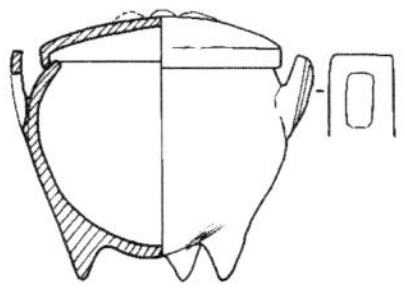 M162：4
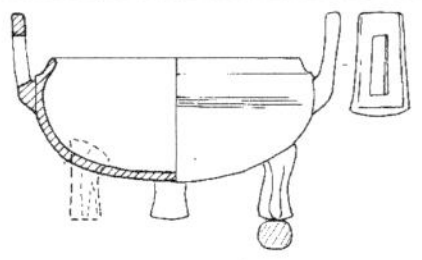 M432：6（Ⅰ式）			
	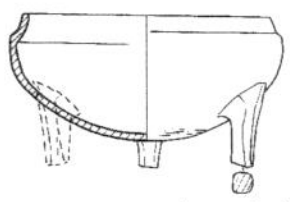 M420：1（Ⅰ式） 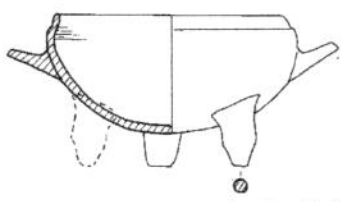　M443：4（Ⅱ式）	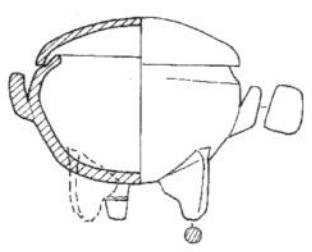 M447：3	
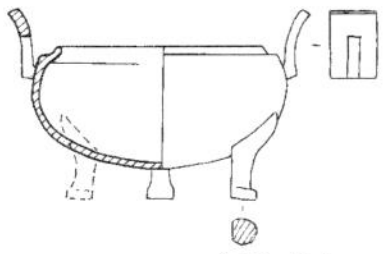 M424：1（Ⅱ式）			
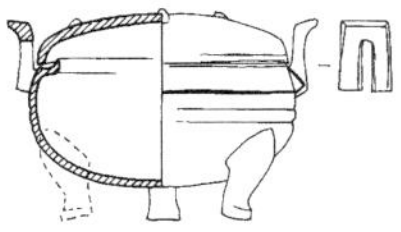 M5：6（Ⅲ式）			
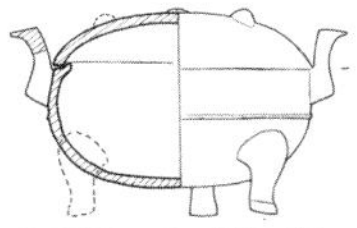 M233：2（Ⅲ式） 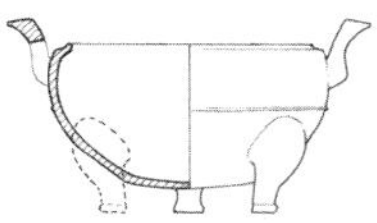　M233：1（Ⅳ式）			
 M103：4（Ⅴ式）			

期段 \ 器形		壶			
		平底壶			
		Aa	Ab	Ac	B
第一期	1段		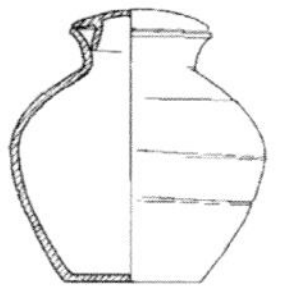 M162：1		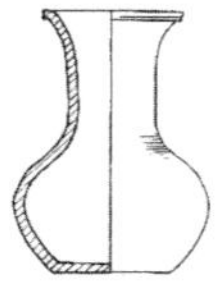 M116：9
第二期	2段	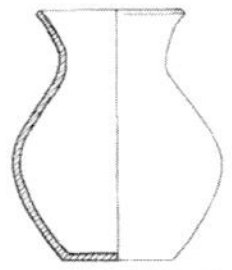 M74：4（Ⅰ式）	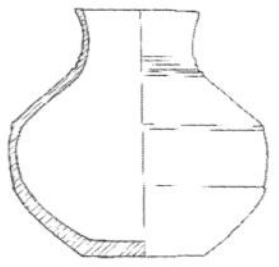 M432：5		
第三期	3段	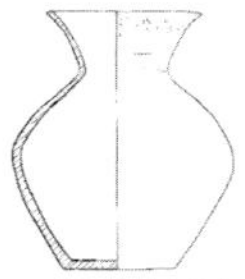 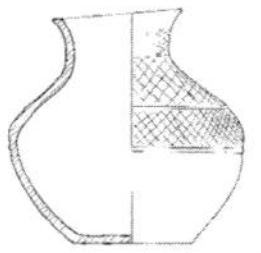 M435：1（Ⅰ式） M440：7（Ⅱ式）	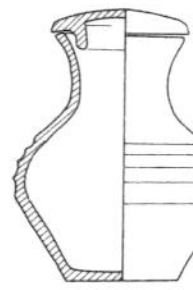 M430：4		
	4段				
第四期	5段				
第五期	6段				
	7段				
第六期	8段			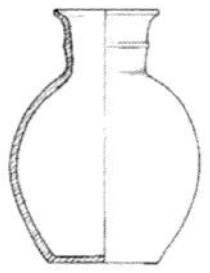 M149：7	
第七期	9段			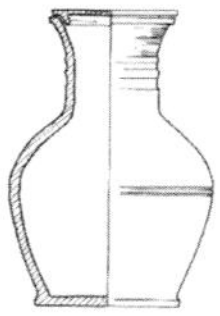 M11：18	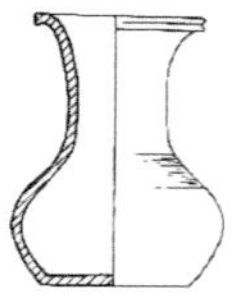 M116：17

续表

壶				
圈足壶		假圈足壶		
A	B	A	B	C
		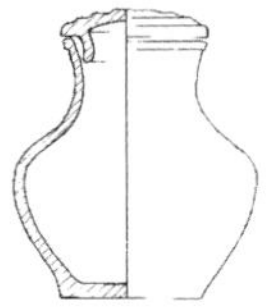 M420：2		
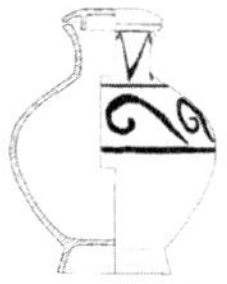 M345：3（Ⅱ式）	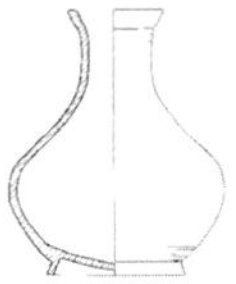 M497：2		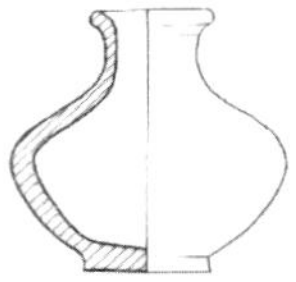 M305：2	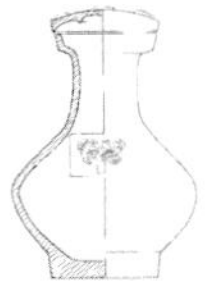 M389：13

期段 \ 器形		锜	
		Aa	Ab
第一期	1段		
第二期	2段		
第三期	3段		
	4段		
第四期	5段		
第五期	6段	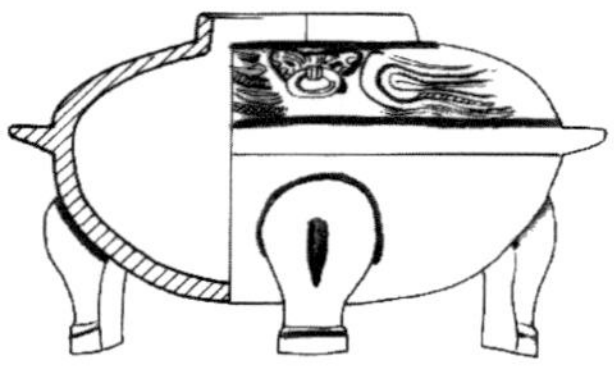 M30 : 1（Ⅰ式）	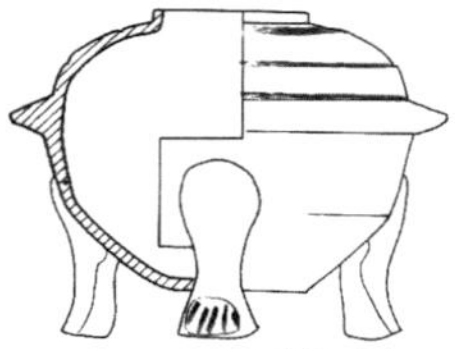 M5 : 10 （Ⅰ式） 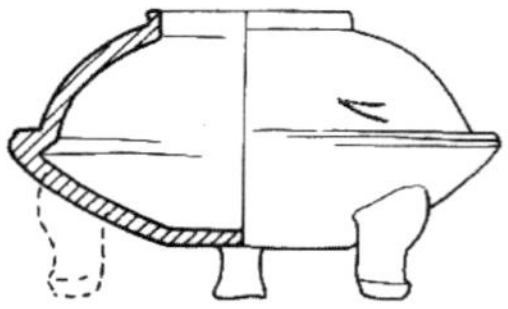 M244 : 1（Ⅱ式）
	7段	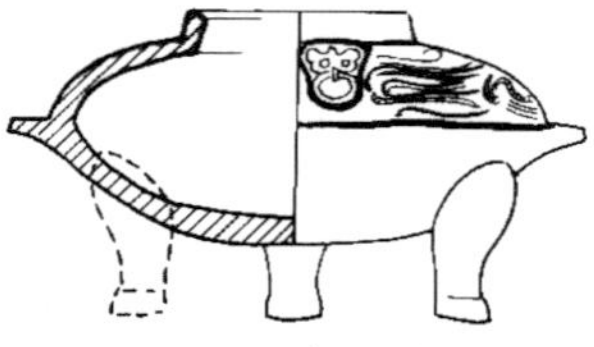 M27 : 5（Ⅱ式）	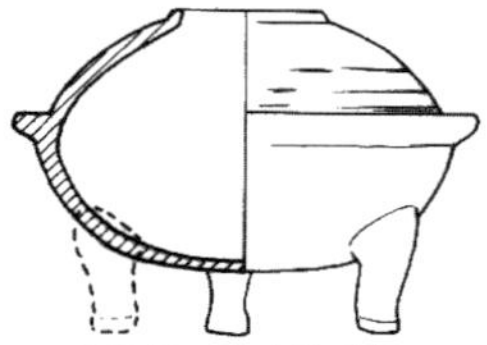 M143 : 6（Ⅲ式）
第六期	8段	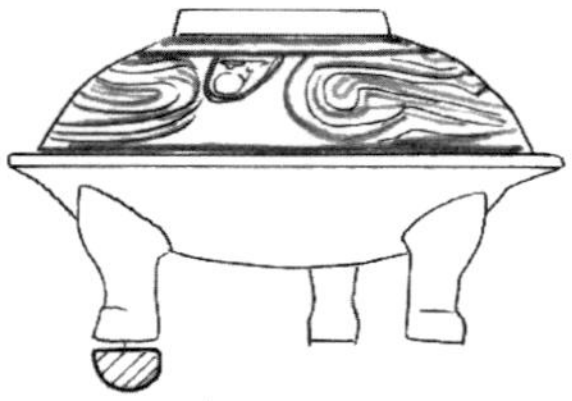 M282 : 4（Ⅲ式）	
第七期	9段		

续表

	盒		钫
B	A	B	
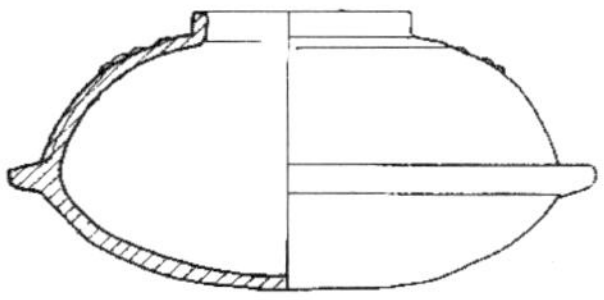 M345：7		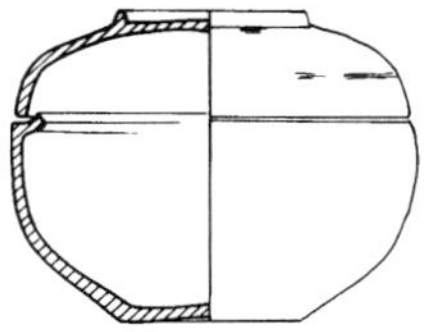 M5：5（Ⅰ式）	 M5：4（Ⅰ式）  M35：3（Ⅱ式）
		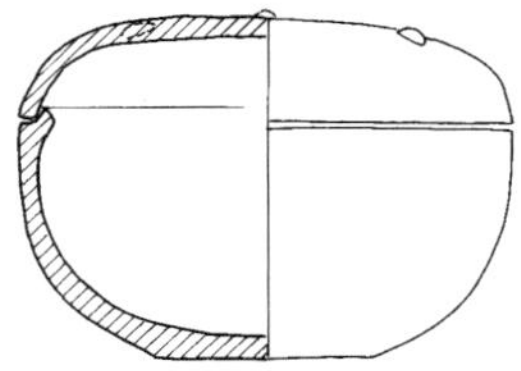 M480：3（Ⅱ式）	 M105：8（Ⅱ式） 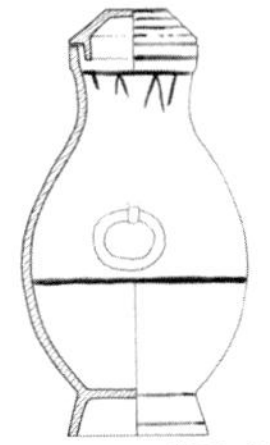 M23：2（Ⅲ式）
			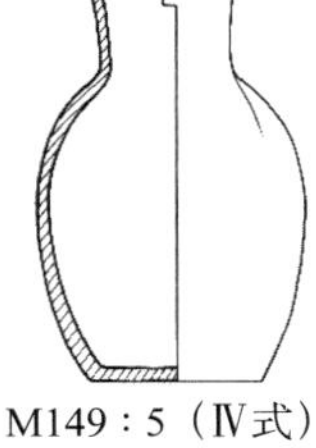 M149：5（Ⅳ式）
		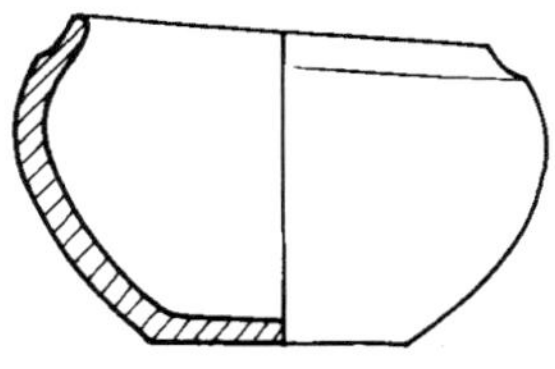 M156：6（Ⅲ式）	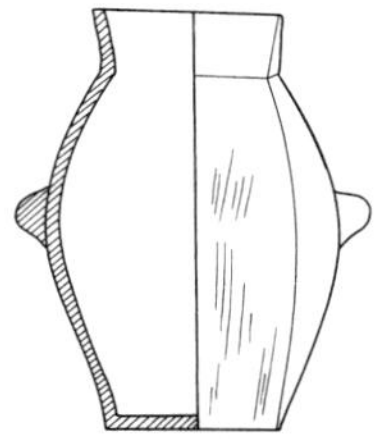 M469：2（Ⅳ式）

器形 期段		甑		
		篚形甑	盆形甑	
			A	B
第一期	1段			
第二期	2段			
第三期	3段			
	4段			
第四期	5段			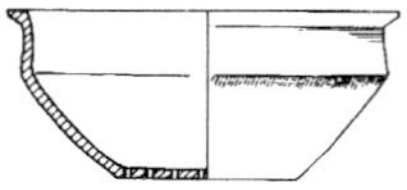 M299：4（Ⅰ式）
第五期	6段			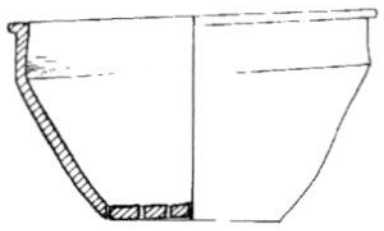 M16：4（Ⅱ式）
	7段	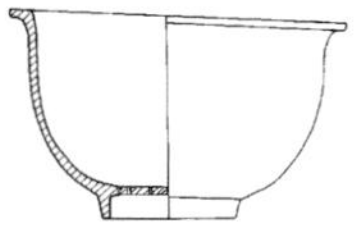 M409：3（Ⅰ式） 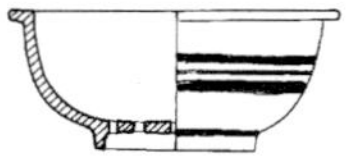　M51：6（Ⅱ式）		
第六期	8段	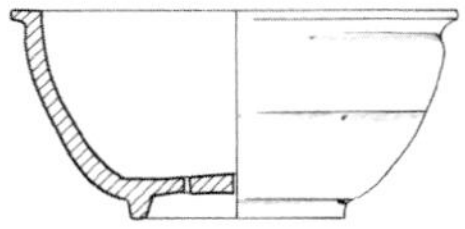 M282：6（Ⅲ式）	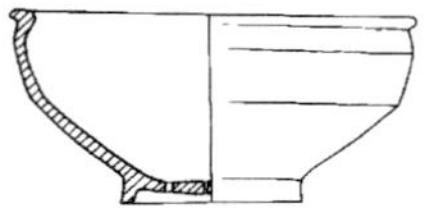 M103：21	
第七期	9段			

续表

豆			
Aa	Ab	Ba	Bb
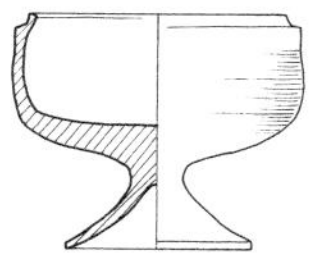 M162：3（Ⅰ式）	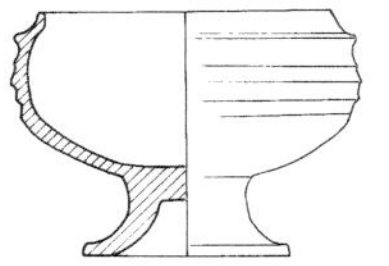 M378：6（Ⅰ式）		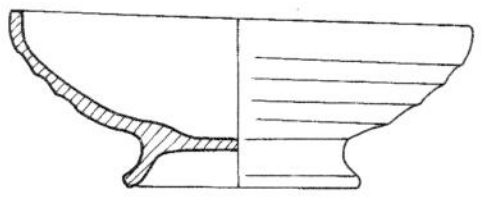 M408：8
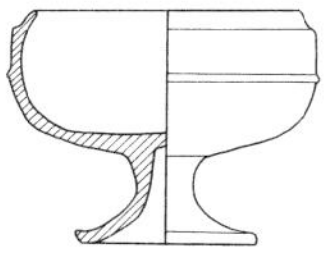 M432：10（Ⅰ式） 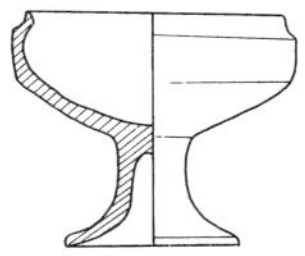 M426：7（Ⅱ式）	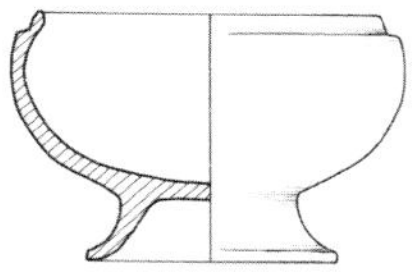 M170：5（Ⅰ式）		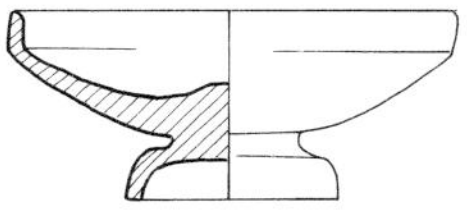 M74：3
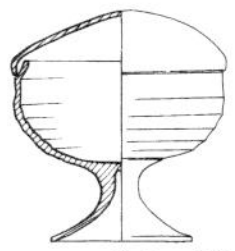 M79：4（Ⅰ式） 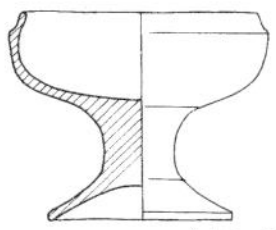 M443：8（Ⅱ式） 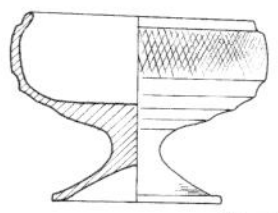 M440：4（Ⅲ式）	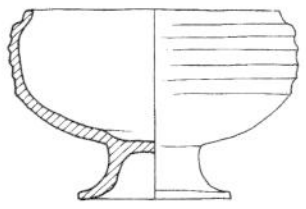 M386：2（Ⅰ式） 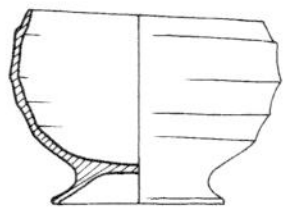 M79：2（Ⅱ式）	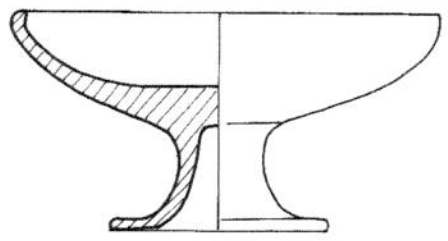 M430：3	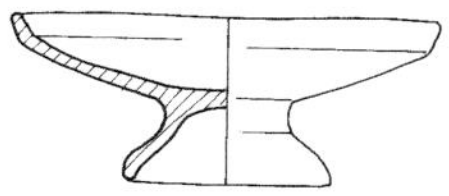 M443：1

期段 \ 器形		双耳罐 Aa	双耳罐 Ab	双耳罐 B
第一期	1段			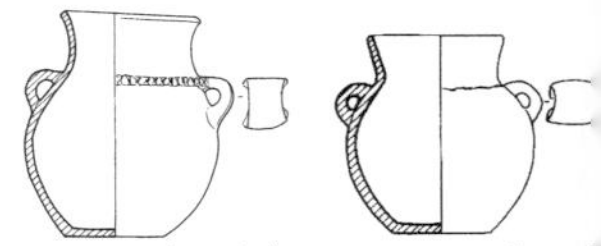 M454：2（Ⅰ式） M145：2（Ⅱ式
第二期	2段		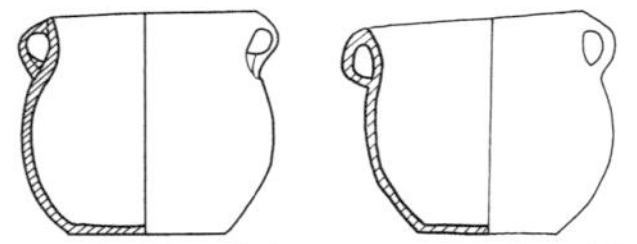 M343：2（Ⅰ式） M89：4（Ⅱ式）	
第三期	3段	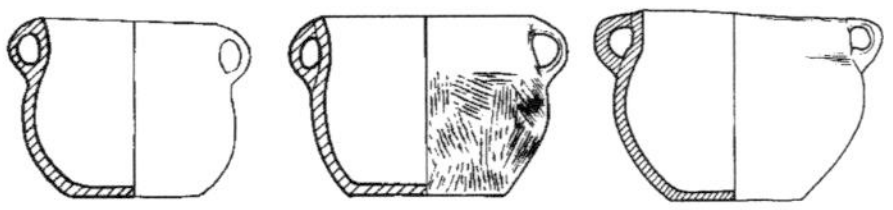 M277：4（Ⅰ式） M175：3（Ⅱ式） M176：2（Ⅲ式）	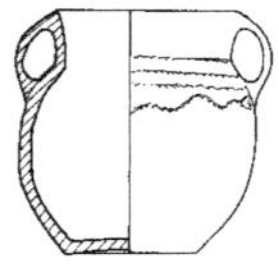 M386：3（Ⅱ式）	
	4段	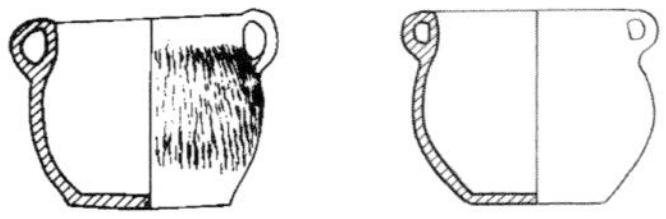 M183：3（Ⅱ式） M276：1（Ⅲ式）		
第四期	5段	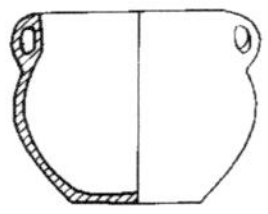 M286：2（Ⅳ式）	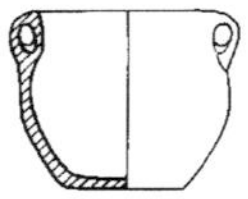 M289：3（Ⅲ式）	
第五期	6段			
	7段			
第六期	8段			
第七期	9段			

续表

单耳罐			壶形罐	
A	B	C	A	B
	 M452：1			 M159：2
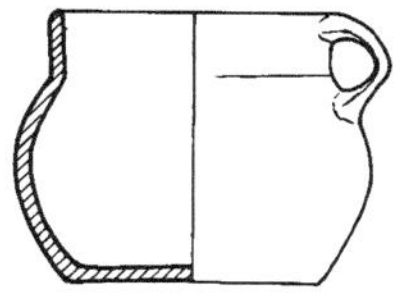 M222：1			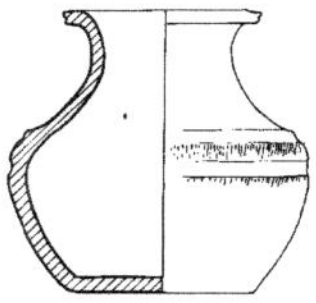 M277：3（Ⅰ式）	
			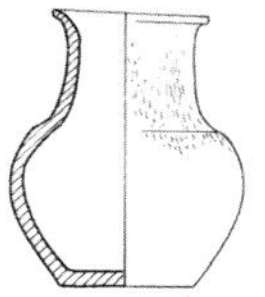 M273：4（Ⅱ式）	
			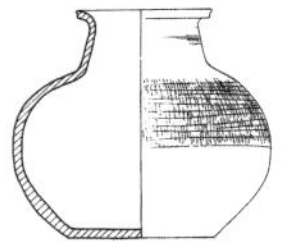 M41：5（Ⅲ式）	
			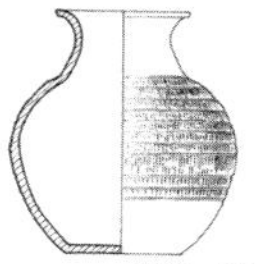 M30：2（Ⅳ式）	
			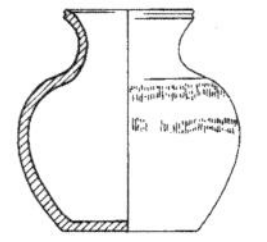 M177：3（Ⅴ式）	 M85：3
			 M210：2（Ⅵ式）	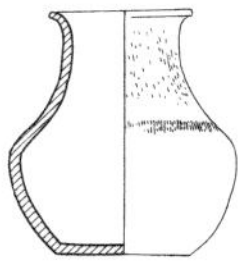 M309：3

期段 \ 器形		小口罐		
		Aa	Ab	B
第一期	1段			
第二期	2段			
第三期	3段	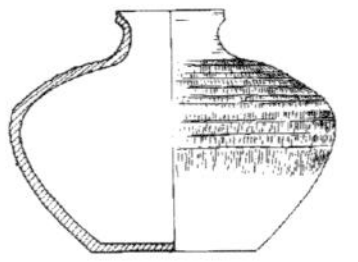 M176：3（Ⅰ式）		
	4段	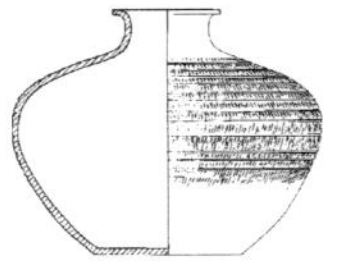 M136：1（Ⅰ式）	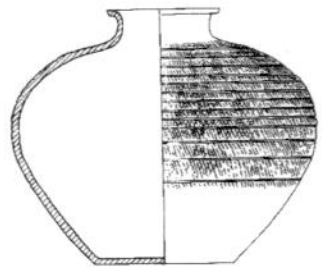 M14：2（Ⅰ式）	
第四期	5段	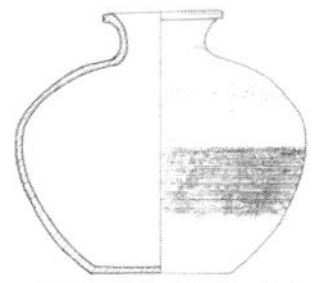 M208：3（Ⅱ式）	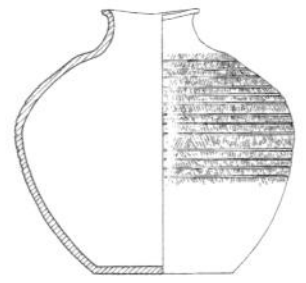 M39：1（Ⅱ式）	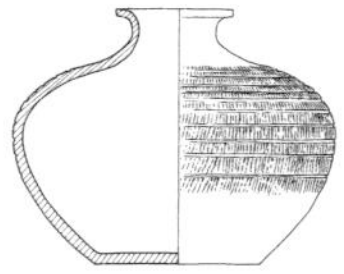 M168：2（Ⅱ式）
第五期	6段	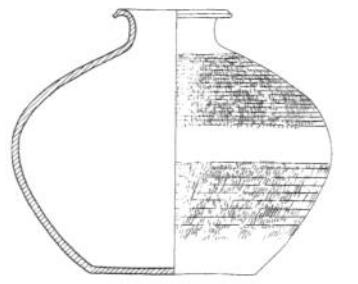 M30：5（Ⅲ式）	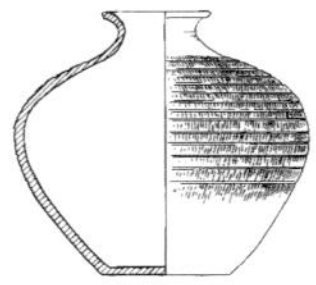 M290：4（Ⅱ式）	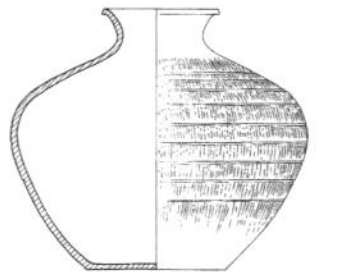 M16：1（Ⅲ式） 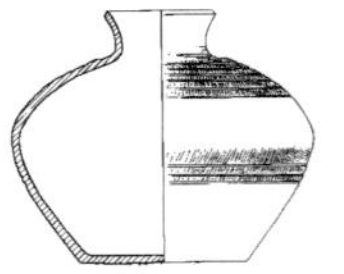 M88：4（Ⅳ式）
	7段	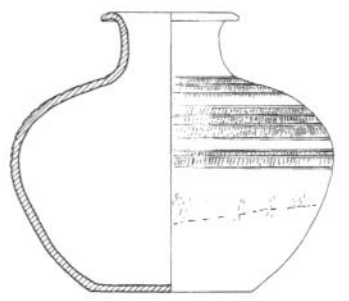 M43：2（Ⅲ式）	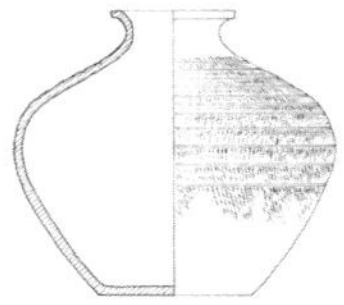 M177：2（Ⅲ式）	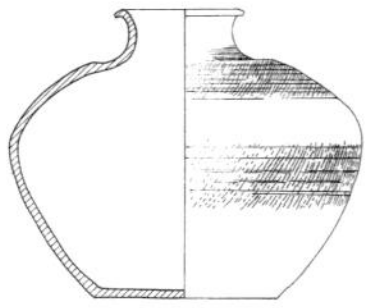 M27：9（Ⅳ式）
第六期	8段	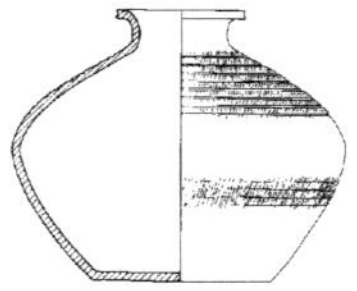 M36：8（Ⅳ式）		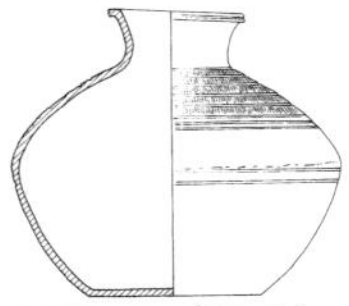 M19：3（Ⅴ式） 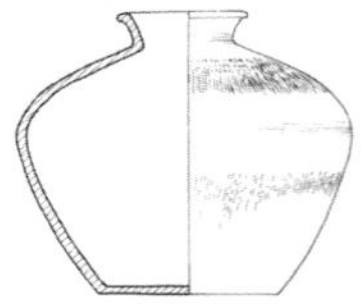 M223：7（Ⅵ式）
第七期	9段	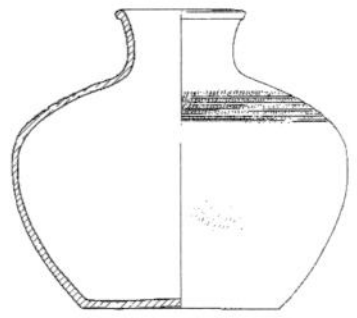 M394：2（Ⅴ式）		 M353：2（Ⅵ式）

续表

鍪			
带耳鍪		无耳无鋬鍪	
A	B	A	B
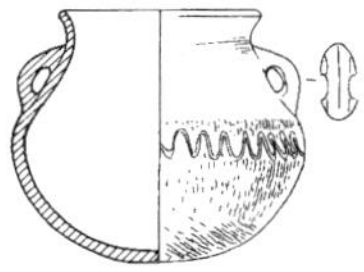 M182：1（Ⅰ式）		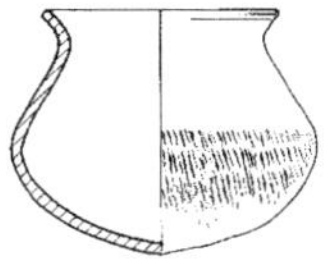 M393：1（Ⅰ式）	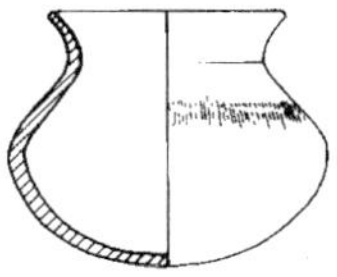 M113：4（Ⅰ式）
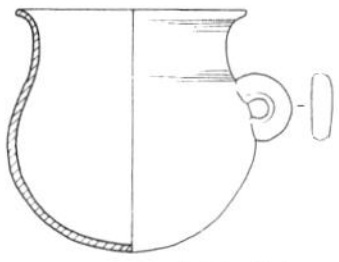 M16：2（Ⅱ式）	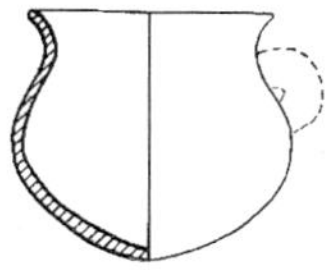 M271：4	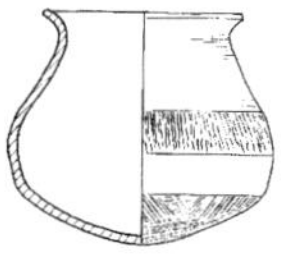 M489：2（Ⅰ式） 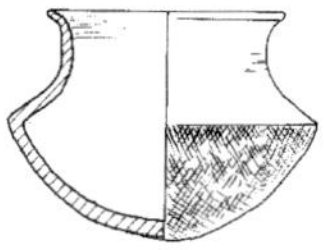　M473：2（Ⅱ式）	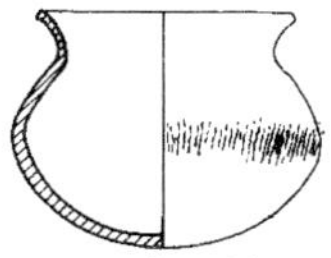 M4：5（Ⅰ式） 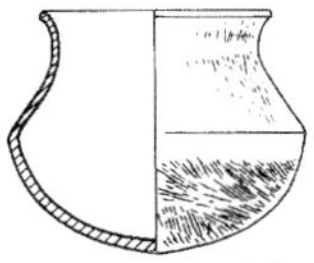　M202：2（Ⅱ式）
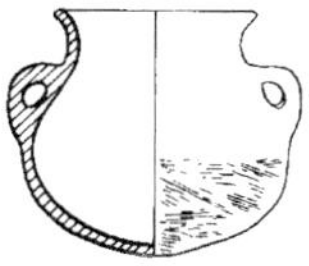 M307：4（Ⅱ式） 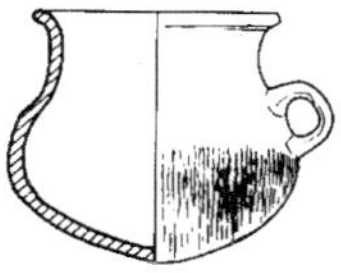　M205：2（Ⅲ式）	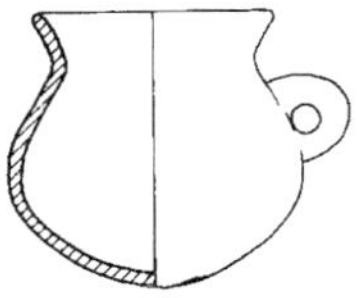 M13：2	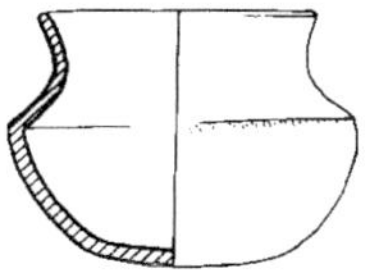 M91：4（Ⅲ式）	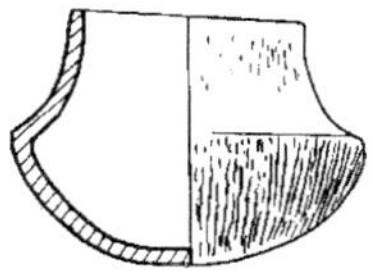 M85：2（Ⅲ式）
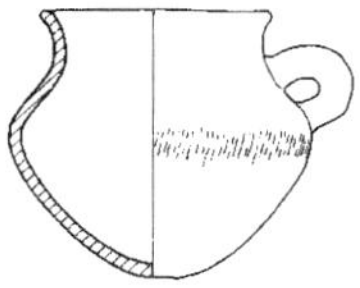 M390：1（Ⅲ式）			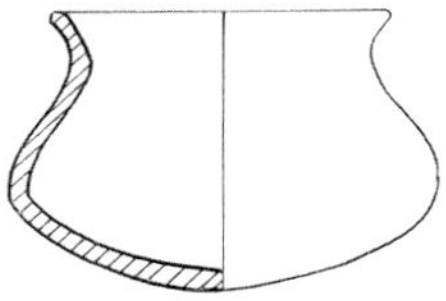 M282：1（Ⅲ式）

期段 \ 器形		小口旋纹罐		
		Aa	Ab	B
第一期	1段			
第二期	2段			
第三期	3段		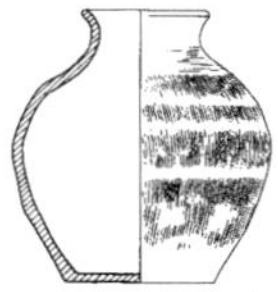 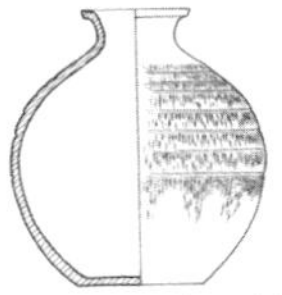 M269：1（Ⅰ式） M175：1（Ⅱ式）	 M175：2（Ⅰ式）
	4段	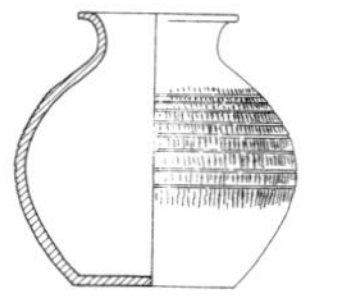 M136：2（Ⅰ式）	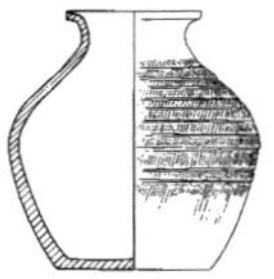 M183：1（Ⅲ式）	 M283：5（Ⅰ式）
第四期	5段	 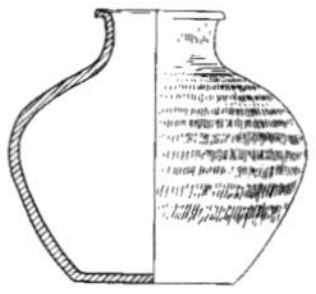 M113：2（Ⅱ式） M299：1（Ⅲ式）		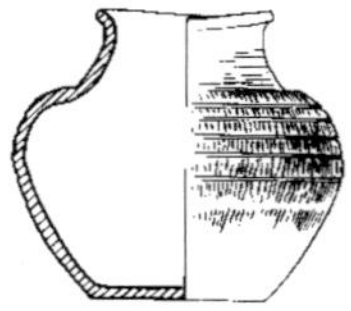 M289：1（Ⅱ式）
第五期	6段	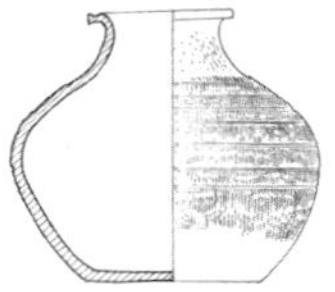 M20：10（Ⅲ式）	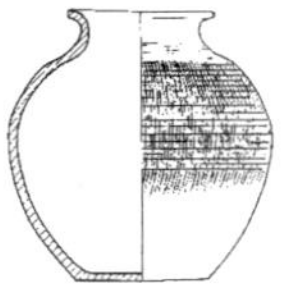 M389：12（Ⅳ式）	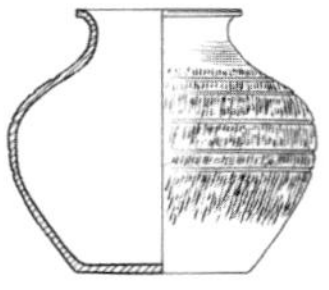 M106：2（Ⅲ式）
	7段			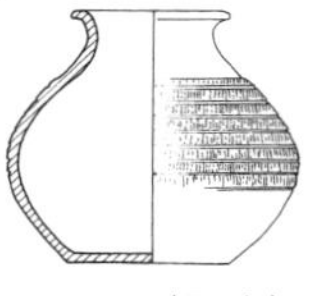 M13：3（Ⅳ式）
第六期	8段			
第七期	9段			

续表

扁腹罐			
Aa	Ab	Ba	Bb
			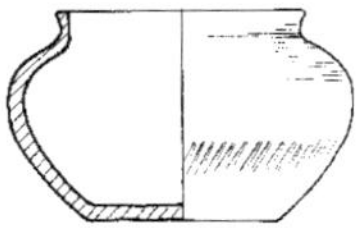 M414：3（Ⅰ式）
		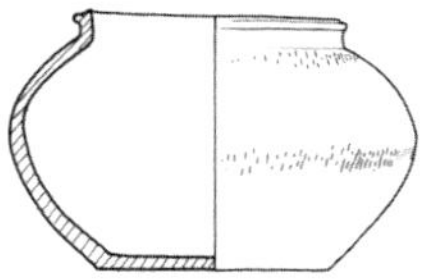 M209：1（Ⅰ式）	
M424：2（Ⅰ式）		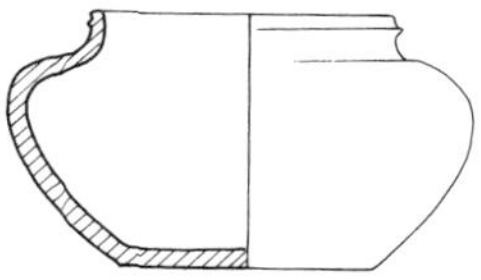 M24：2（Ⅱ式）	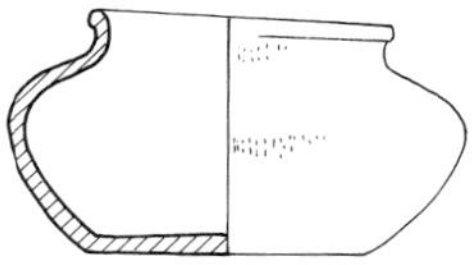 M24：1（Ⅱ式）
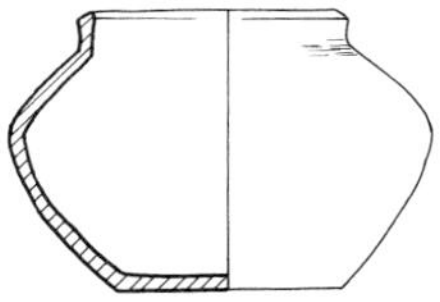 M84：10（Ⅱ式）	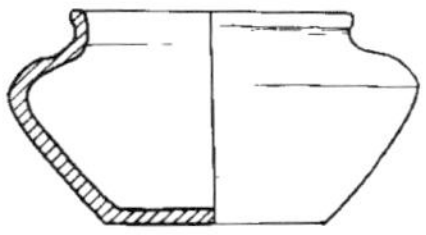 M181：1	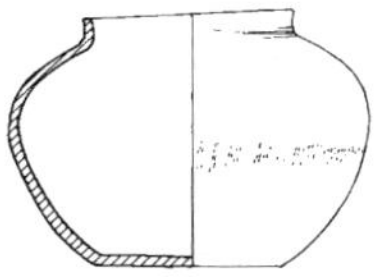 M88：5（Ⅱ式）	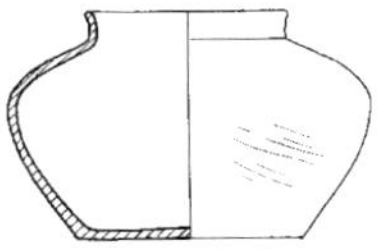 M345：9（Ⅲ式）
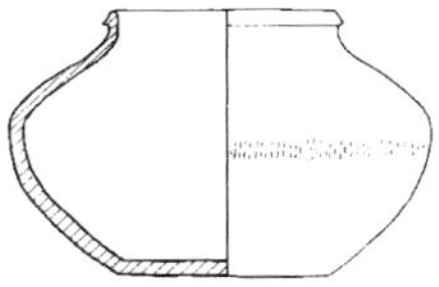 M536：1（Ⅲ式）	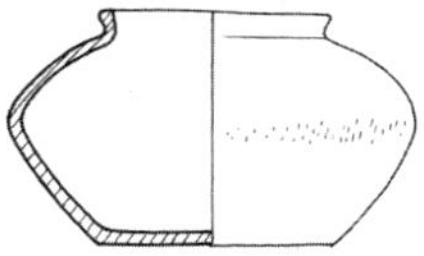 M205：5	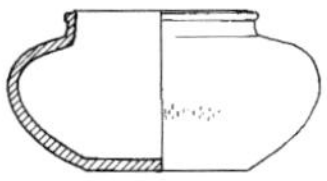 M27：6（Ⅲ式） 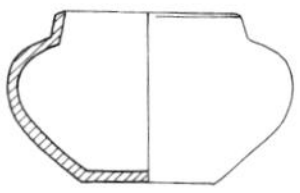　M27：11（Ⅳ式）	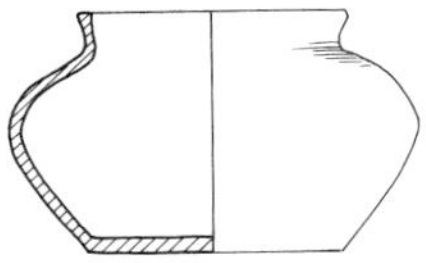 M15：2（Ⅲ式）
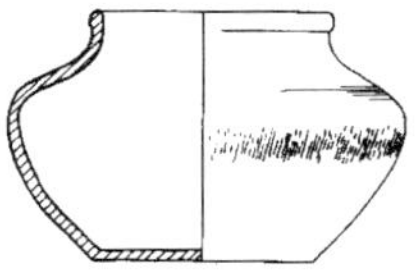 M36：7（Ⅳ式）	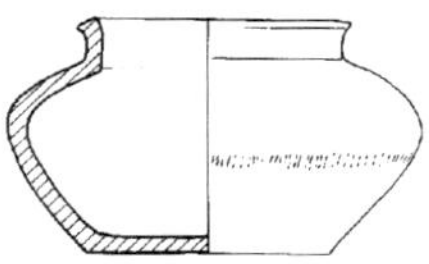 M356：5	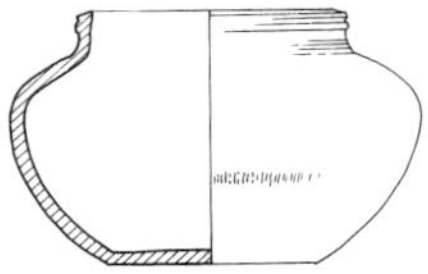 M19：2（Ⅳ式）	
		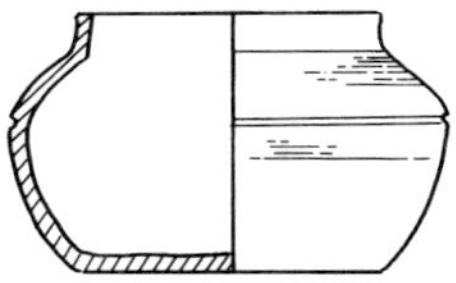 M469：13（Ⅴ式）	

期段 \ 器形		大口罐 Aa	大口罐 Ab	大口罐 Ac
第一期	1段			
第二期	2段			
第三期	3段	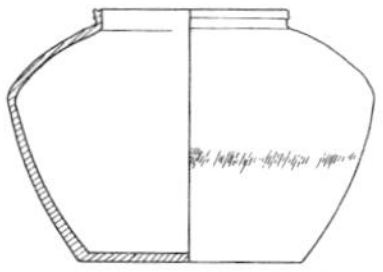 M440：3（Ⅰ式）	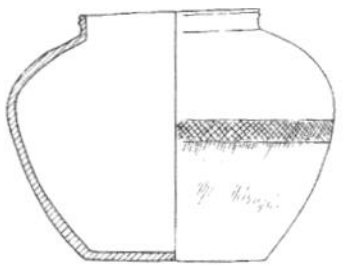 M475：2（Ⅰ式）	
	4段			
第四期	5段	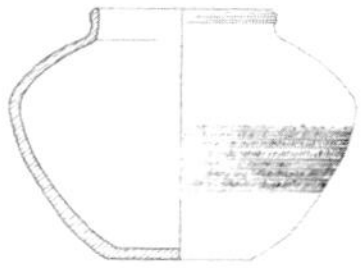 M194：7（Ⅱ式）	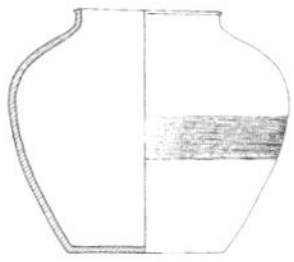 M49：5（Ⅰ式） 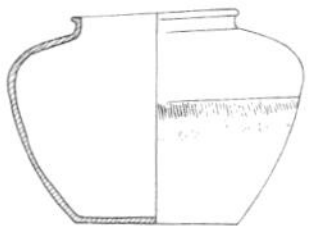　M22：2（Ⅱ式）	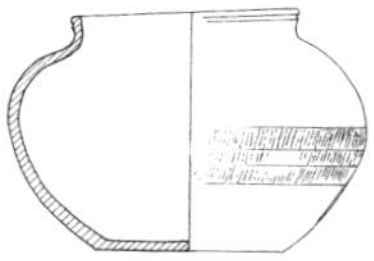 M9：3
第五期	6段	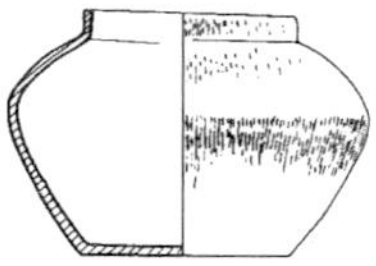 M53：5（Ⅱ式）	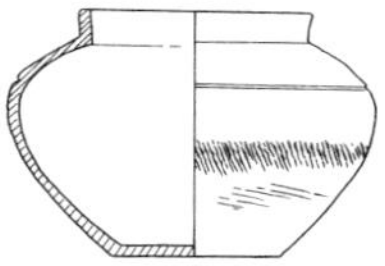 M345：6（Ⅲ式）	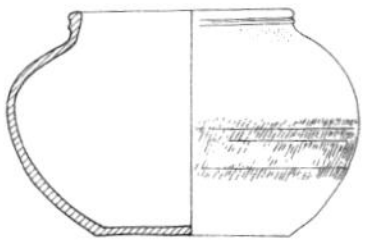 M9：4
	7段		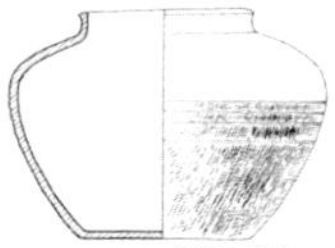 M50：8（Ⅲ式） 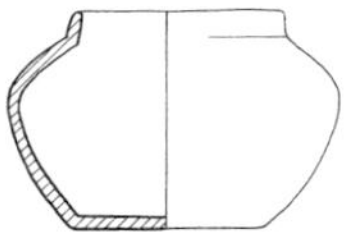　M15：3（Ⅳ式）	
第六期	8段	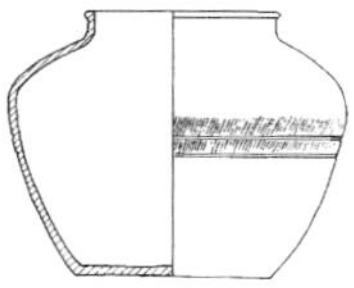 M391：4（Ⅲ式）	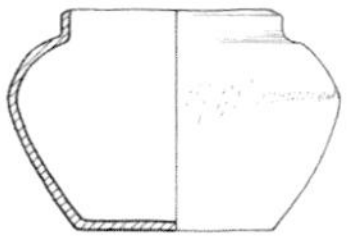 M97：4（Ⅳ式） 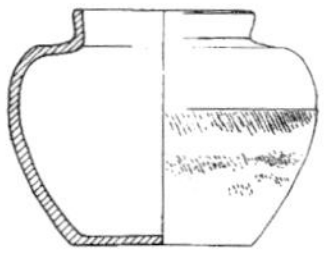　M119：4（Ⅴ式）	
第七期	9段	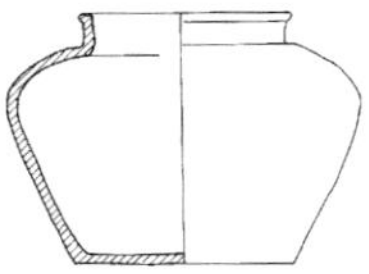 M394：4（Ⅲ式）	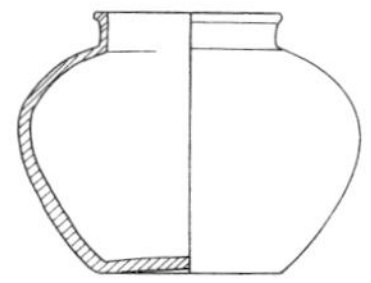 M394：3（Ⅴ式）	

续表

大口罐			
B	Ca	Cb	Cc
		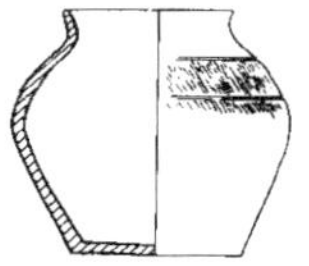 M276：2（Ⅰ式）	
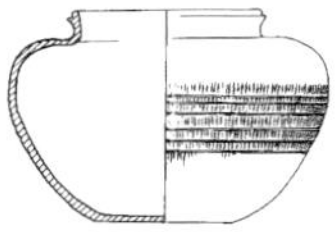 M24：7（Ⅰ式） 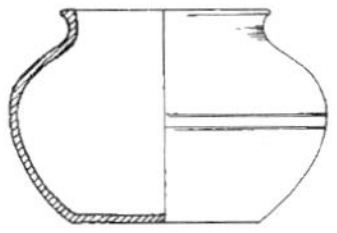　M24：4（Ⅱ式）	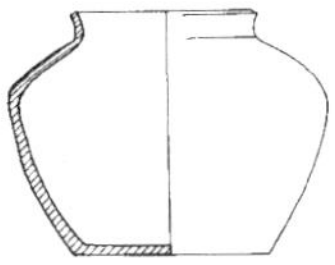 M22：1（Ⅰ式）	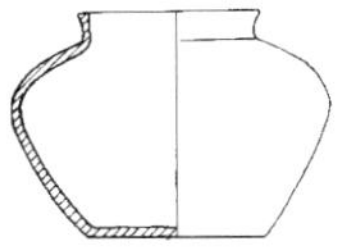 M49：2（Ⅱ式）	
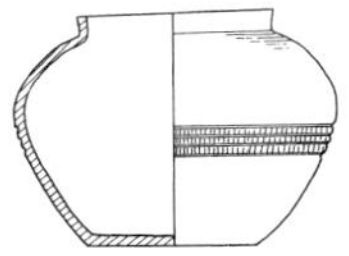 M501：3（Ⅲ式）	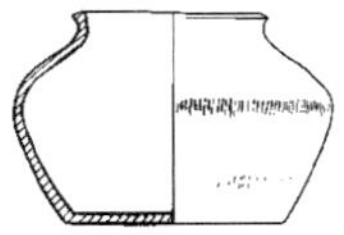 M53：3（Ⅱ式）		
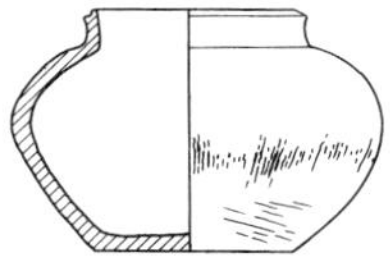 M448：1（Ⅲ式）	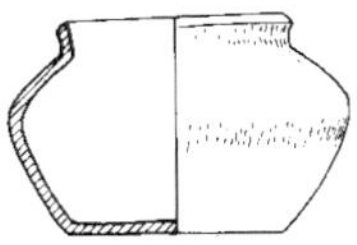 M243：2（Ⅱ式）	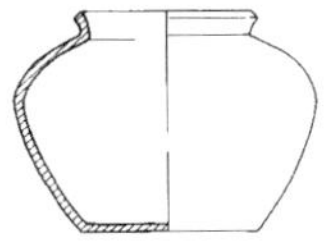 M246：3（Ⅲ式） 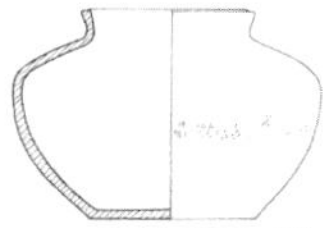　M105：7（Ⅳ式）	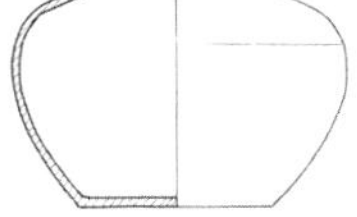 M246：6
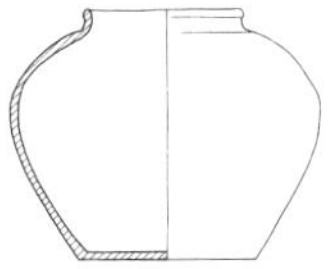 M149：4（Ⅳ式） 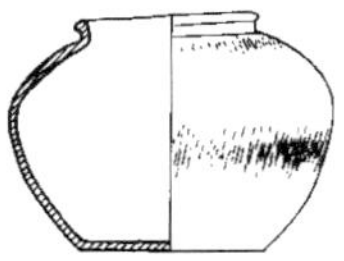　M223：6（Ⅴ式）			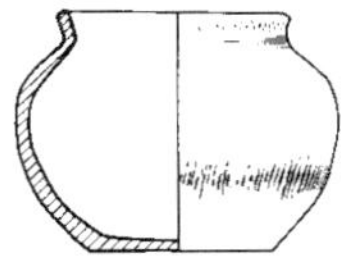 M147：2
		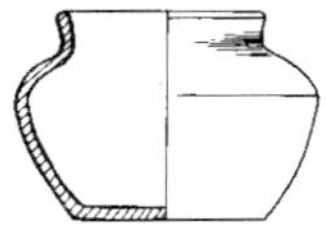 M11：13（Ⅳ式） 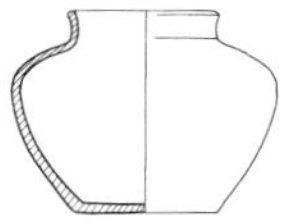　M11：2（Ⅴ式）	

器形 期段		陶盆			
		Aa	Ab	Ba	Bb
第一期	1段				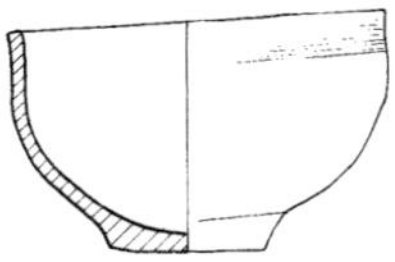 M454：1
第二期	2段				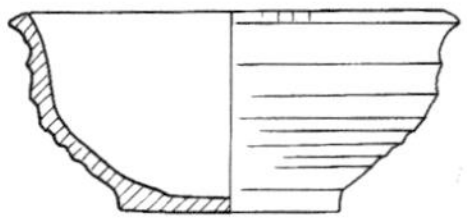 M466：1
第三期	3段	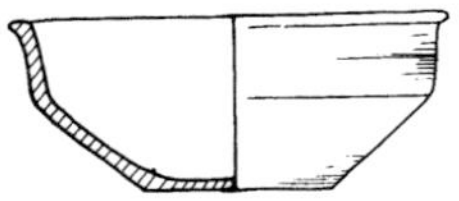 M222：2（Ⅰ式）	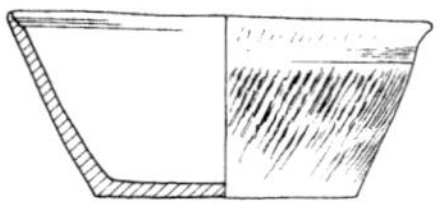 M464：4	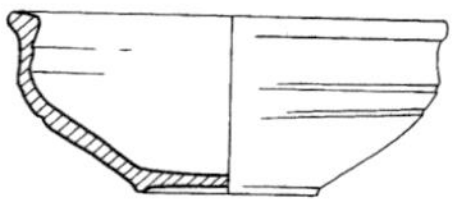 M269：3（Ⅰ式）	
	4段	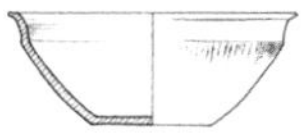 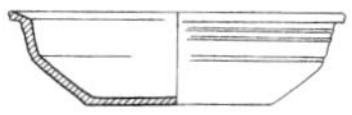 M174：3（Ⅰ式）　M295：1（Ⅱ式）			
第四期	5段				
第五期	6段				
	7段				
第六期	8段				
第七期	9段				

续表

陶盂			
A	Ba	Bb	Bc
			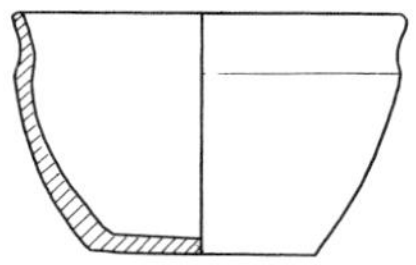 M325：1（Ⅰ式）
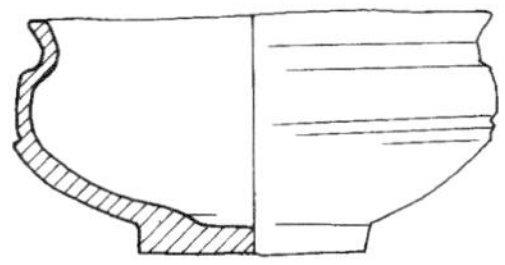 M432：1			
	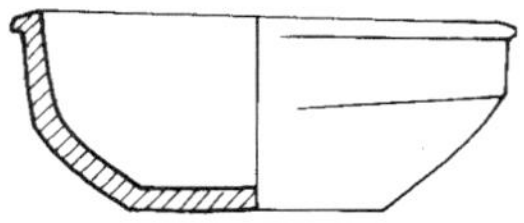 M39：5（Ⅰ式）		
	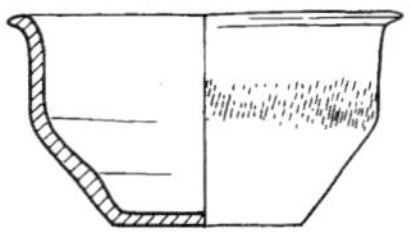 M229：2（Ⅱ式）		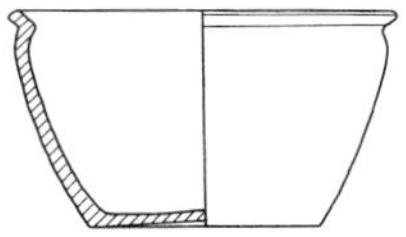 M434：2（Ⅱ式）
	 M167：3（Ⅲ式）		
		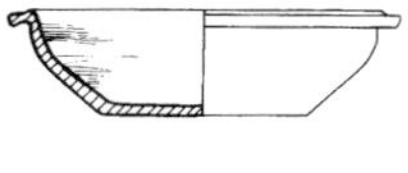 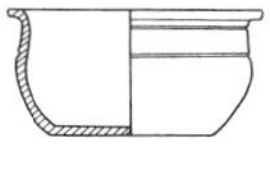 M11：3（Ⅰ式）　M469：1（Ⅱ式）	

期段 \ 器形		无耳釜		带耳釜
		Aa	Ab	B
第一期	1段			
第二期	2段			
第三期	3段			
	4段			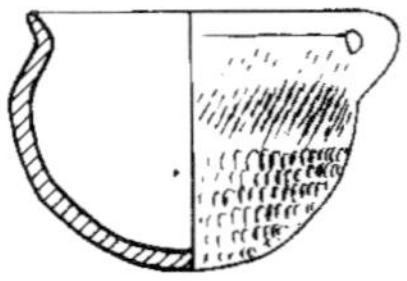 M273：6
第四期	5段	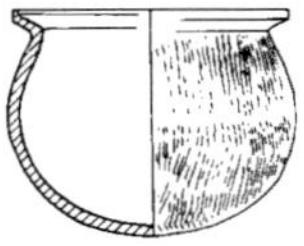 M113：5（Ⅰ式） 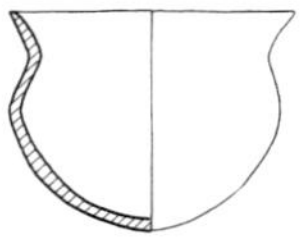　M264：3（Ⅱ式）	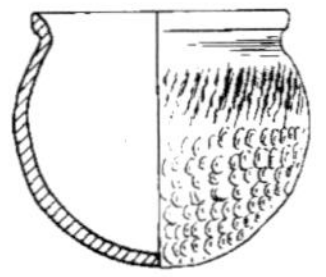 M135：2	
第五期	6段	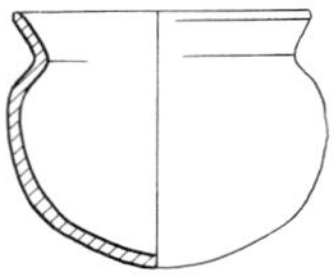 M298：3（Ⅱ式）	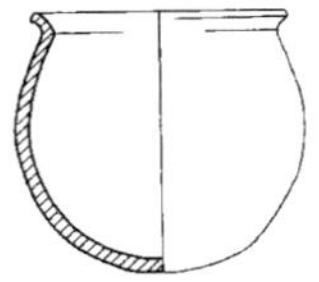 M185：1	
	7段		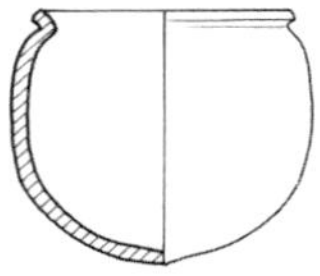 M246：8	
第六期	8段			
第七期	9段			

续表

熏炉		陶灶		
A	B	A	B	C
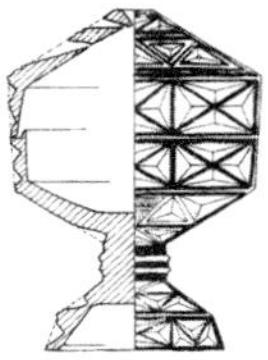 M104：5	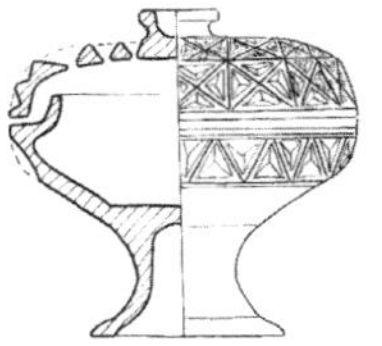 M501：5（Ⅰ式）		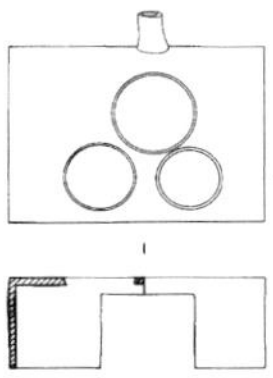 M6：8	
	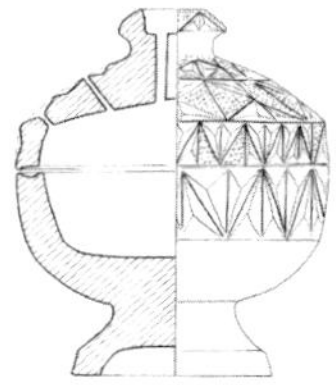 M301：10（Ⅱ式）	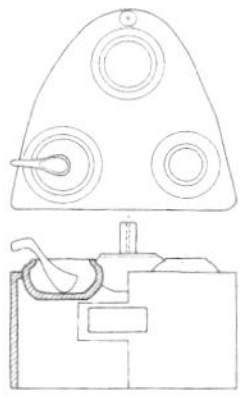 M167：2	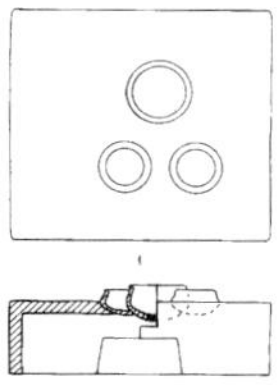 M123：8	
		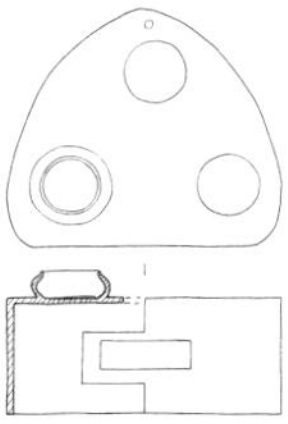 M149：8		
		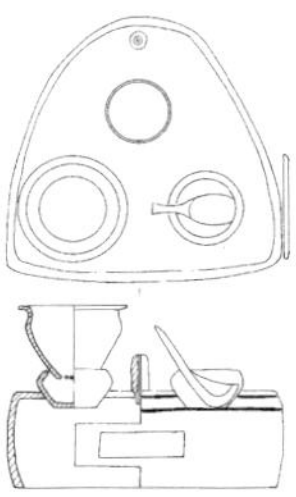 M468：5		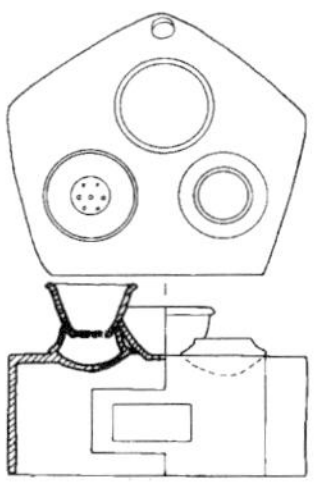 M156：1

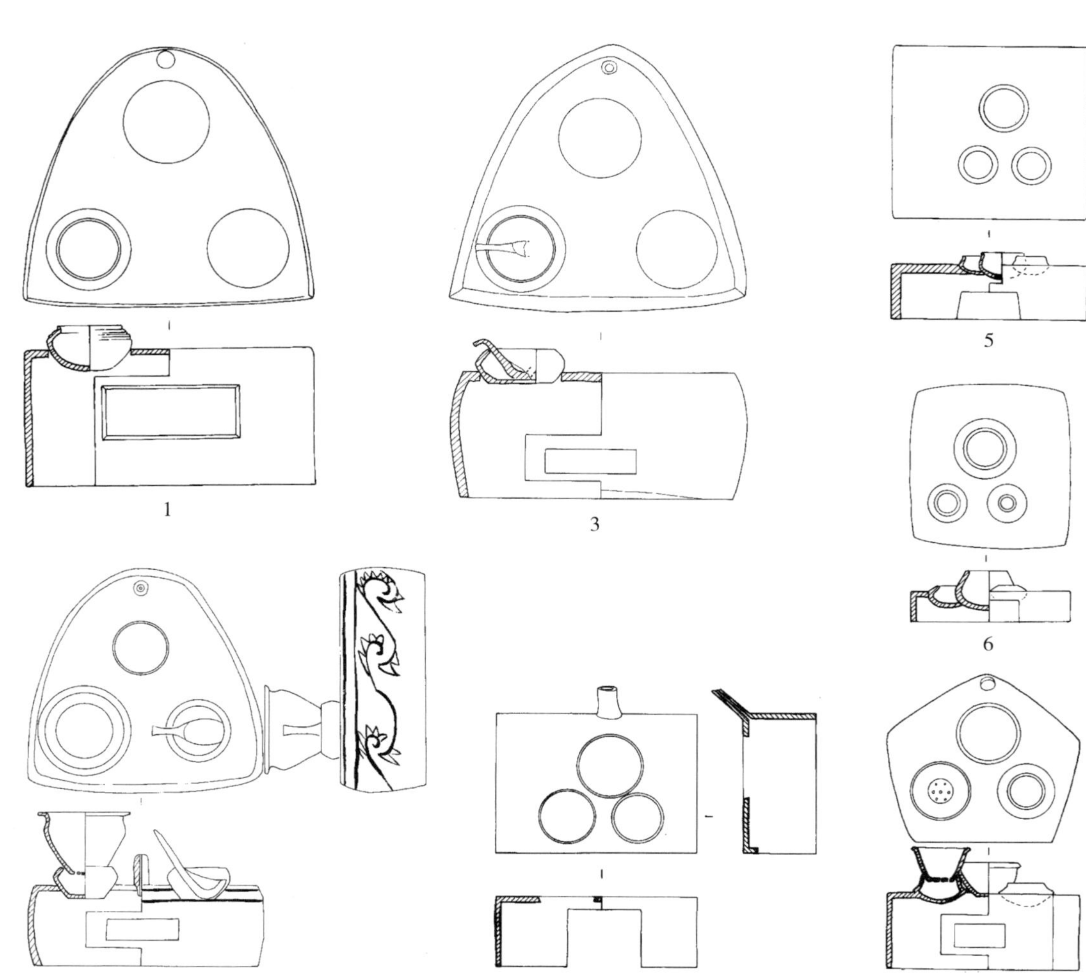

图八〇一　陶灶分型分式图

1.M11∶4（A）　2.M468∶5（A）　3.M469∶8（A）　4.M6∶8（B）　5.M123∶8（B）　6.M20∶9（B）　7.M156∶1（C）

二五　陶灯

8件。泥质灰陶。根据体形的大小不同分两型（图八〇二）。

A型　3件，整体较小，通高小于6厘米。敞口或敛口，方唇或尖唇，柱状柄，喇叭形底座。素面。如M149∶1、M149∶2、M468∶9。

B型　5件，体形较A型偏大，通高大于7厘米。子母口、敞口或直口，圆唇或方唇，柱状柄，其中1件覆钵形底座，3件圆饼状底座，1件喇叭形底座。均素面。如M11∶1、M167∶5、M304∶1、M469∶3、M474∶1。

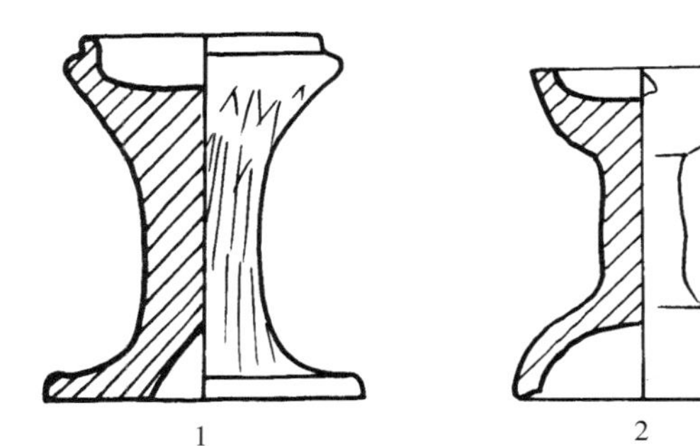

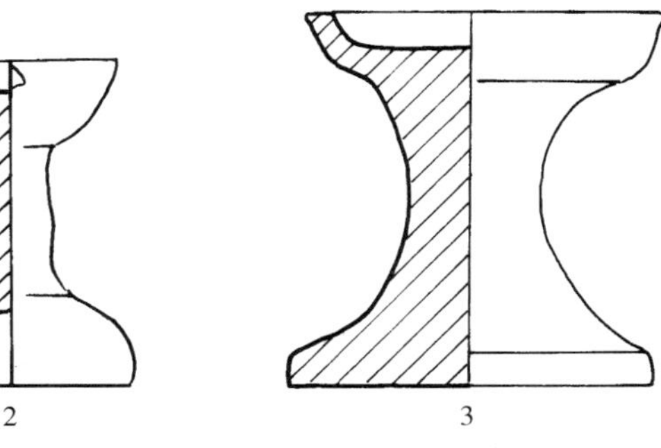

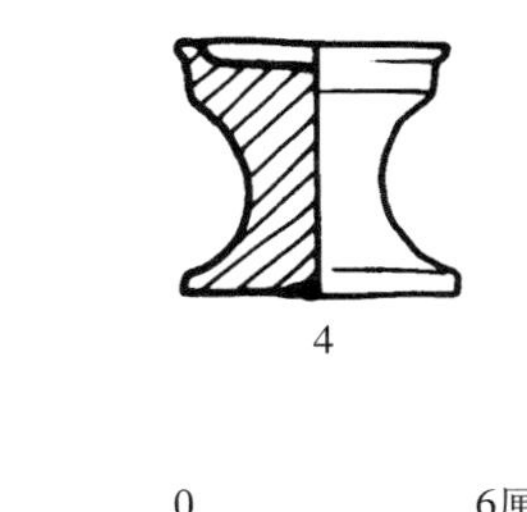

图八〇二　陶灯分型分式图

1.M167：5（B）　2.M304：1（B）　3.M468：9（A）　4.M149：2（A）

第二节　铜器型式分析

出土铜器的墓葬共有162座，共有铜器406件。按照器形分为铜鼎、铜釜、铜鍪、铜钱、铜镜、铜印章、铜带钩、铜铃等。

一　铜釜

8件。2件残损严重，不参与型式划分，其余6件根据有无器耳分两型（图八〇三）。

A型　2件，带耳釜。侈口，圆唇，束颈，深弧腹，腹上端附加两半圆形器耳，尖圜底。素面。如M39：2、M290：2。

B型　4件，无耳釜。敞口，圆唇或尖唇，弧腹，1件底残，2件圜底，1件尖底。其中2件腹上部一周鎏金，1件素面。如M36：3、M75：1、M84：3、M84：7。

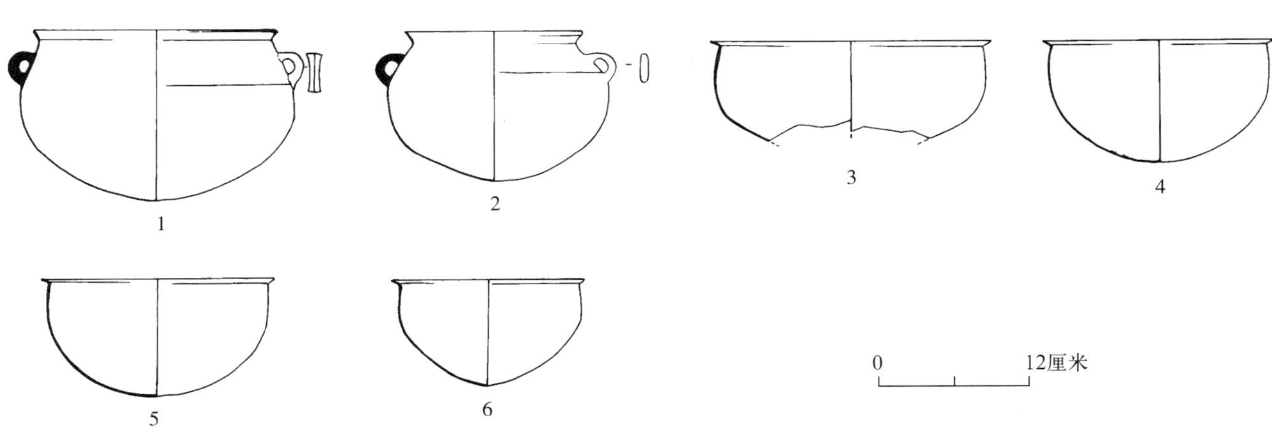

图八〇三　铜釜分型分式图

1.M39：2（A）　2.M290：2（A）　3.M36：3（B）　4.M75：1（B）　5.M84：3（B）　6.M84：7（B）

二 铜鍪

5件。根据器耳特征的不同分三式（图八〇四）。

Ⅰ式 1件，单耳。侈口，圆唇，束颈，弧腹，圜底近平。两侧饰麦穗状戳刺纹。如M300：1。

Ⅱ式 2件，器耳一大一小。侈口，方唇或圆唇，束颈，圆腹，圜底。1件颈下端饰一道弦纹，1件肩腹交接处有一凸棱。如M30：8、M130：6。

Ⅲ式 2件，器耳大小相同。侈口，圆唇或方唇，束颈，鼓腹或圆腹，1件底残，1件圜底，器身素面。如M9：2、M501：6。

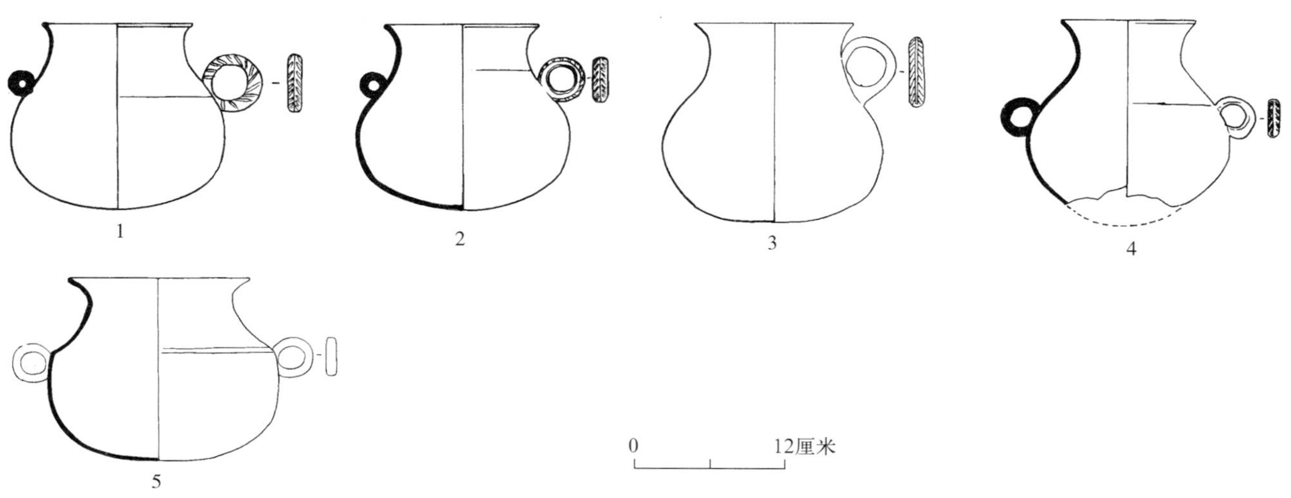

图八〇四 铜鍪分型分式图

1.M30：8（Ⅱ） 2.M130：6（Ⅱ） 3.M300：1（Ⅰ） 4.M9：2（Ⅲ） 5.M501：6（Ⅲ）

三 铜钱

100枚。可分为两类（图八〇五）。

1. 半两钱

60枚。根据钱文表现方式可以分为三型。

A型 文字凸起，字略小于穿，“半”字头部转折，两横线等长，竖线出于下横线。“两”字上横线与肩等长，折肩，右侧折线微外撇，为“连山两”。如：M21：6-1，钱径2.4厘米、重2.5克。

B型 文字凸起略宽扁，字等于穿，“半”字头部较小，呈转折状且间距较大，与下部距离较大。下横线较短，竖线出于下横线。“两”字上横线比肩略短，折肩，为“双人两”。如M301：2-1，钱径2.3厘米、重2.3克。

C型 文字略凸起，字等于穿，“半”字头部转折，两横线等长，竖线出于下横线。“两”字上横线比肩略长，折肩，为“十字两”，如M341：1-1，钱径2.3厘米、重2.4克。

2. 五铢钱

40枚。根据钱文“五”字的不同分三型。

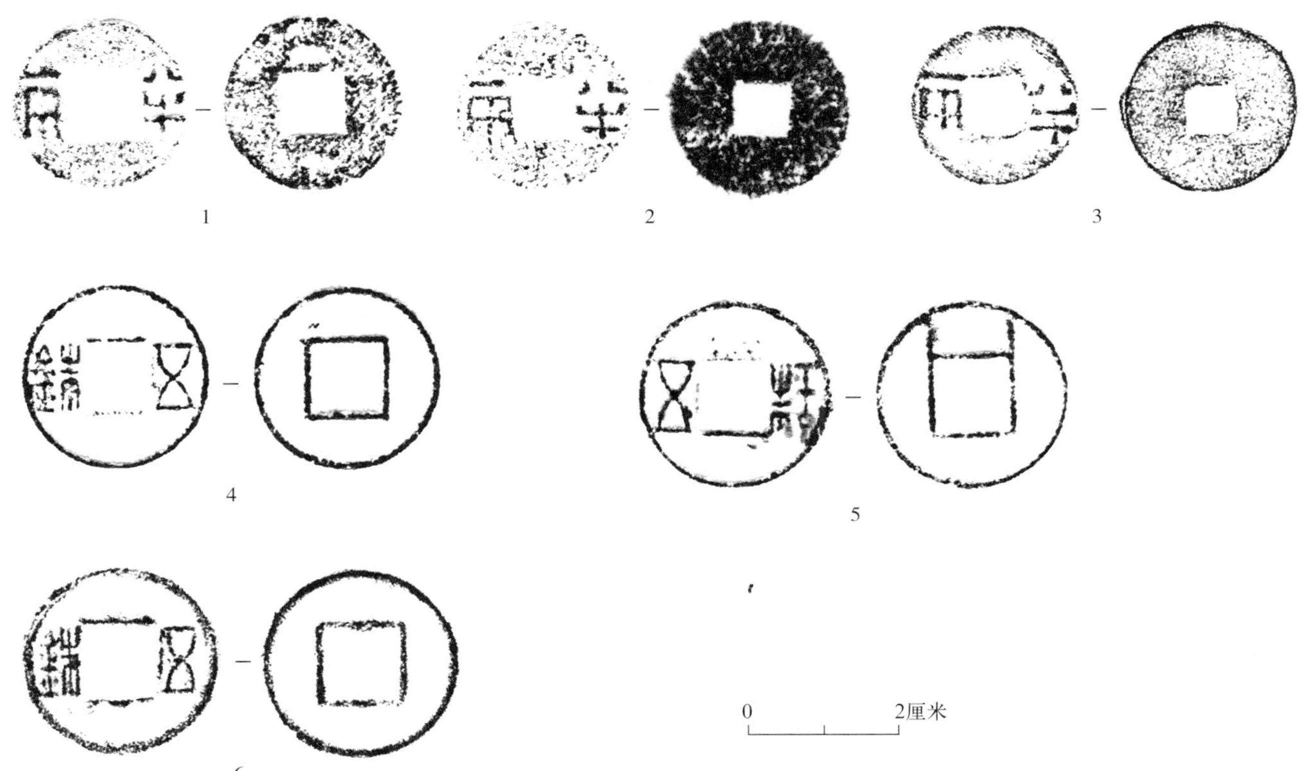

图八〇五　铜钱分型分式图

1.M21：6-1（半两钱A）　2.M301：2-1（半两钱B）　3.M341：1-1（半两钱C）　4.M228：4-1（五铢钱A）　5.M255：2-1（五铢钱B）　6.M394：5-1（五铢钱C）

A型　“五”字交笔斜直，对接三角形呈等腰三角形。“铢”字金字旁头部呈三角形，下部四短竖线，“朱”字上横方折，下横圆折。如M228：4-1，钱径2.6厘米、重3.2克。

B型　“五”字交笔近斜直，对接三角形呈等腰三角形。“铢”字金字旁头部呈三角形，下部四短竖线，“朱”字上横方折，下横微圆折。如M255：2-1，钱径2.6厘米、重3.1克。

C型　“五”字交笔缓曲，对接三角形饱满。“铢”字金字旁头部呈三角形，下部四短竖线，“朱”字上横方折，下横微圆折。如M394：5-1，钱径2.6厘米、重4克。

四　铜镜

35面。1面残损严重，不参与形制划分。其余根据镜背纹饰的不同，可分为八类（图八〇六）。

1. 素面镜

7面。圆形，三弦纽，圆纽座，镜背无纹饰，或饰两道弦纹或纽座外饰三周宽弦纹带。根据镜背纹饰情况分为三型。

A型　1面，镜背无任何纹饰，三弦纽。如M273：1。

B型　1面，镜背有带状纹饰，三弦纽。圆形纽座外为三周宽弦纹带。如M231：1。

C型　5面，镜背饰两道凸起的弦纹。如M17：1、M24：3、M88：3、M104：7、M389：6。

图八〇六　铜镜分型分式图

1.M273：1（素面镜A）　2.M231：1（素面镜B）　3.M24：3（素面镜C）　4.M17：1（素面镜C）　5.M97：1（星云纹镜A）　6.M228：1（星云纹镜B）　7.M27：1（蟠螭纹镜A）　8.M84：11（蟠螭纹镜B）　9.M4：1（蟠螭纹镜C）　10.M103：2（蟠螭纹镜D）　11.M261：5（草叶纹镜A）　12.M115：2（草叶纹镜B）　13.M6：3（四乳铭文镜）　14.M21：2（四乳铭文镜）　15.M23：1（连弧纹镜Aa）　16.M90：1（连弧纹镜Ab）　17.M51：1（连弧纹镜B）　18.M116：4（昭明镜）　19.M402：1（博局镜）

结合素面镜共存的随葬品、墓葬形制，以及长安地区该类镜的形制和出土年代，判断该类镜的年代应定于战国晚期后段至西汉初期。

2. 星云纹镜

3 面。镜面平直，连峰纽，扁圆形穿孔，纽座外为一圈短弧线或一圈弦纹装饰，其外为内向十六连弧纹。之外一周单弦纹和一周双弦纹构成主纹带，主纹区内以四个带圆圈的乳丁进行分区布局，每个区内均为 9 个较小乳丁并以弧线相连，内向十六连弧纹外缘。根据纽座外装饰的不同分为两型。

A 型　2 面，外饰双弦纹，圆形，九乳丁连峰纽，扁圆形穿孔。纽座外以一圈短弧线和一圈弦纹装饰。如 M97：1、M119：3。

B 型　1 面，外饰短斜线纹，圆形，连峰纽，扁圆形穿孔，纽座外为一圈短弧线。如 M228：1。

星云纹镜出现于汉武帝时期，流行于昭宣时期[1]，流行时段较集中，无形制上的明显变化，仅在纽座外装饰稍有简化。

3. 蟠螭纹镜

10 面。桥形纽或三弦纽，圆形纽座，以菱形纹、云雷纹或四乳丁为主要区别，并于这些纹饰间或以蟠螭纹。根据镜背其他纹饰的不同分为四型。

A 型　5 面，菱形蟠螭纹镜，圆形，镜面平直，桥形纽，圆形纽座。三菱形将其平均分为三部分，每部分饰以蟠螭、云雷地纹，素缘外翻。如 M27：1、M35：2、M234：3、M235：1、M456：1。

B 型　2 面，四乳丁蟠螭纹镜，圆形，镜面平直，纽缺失。四乳丁将其平均分为四部分，每部分饰以蟠螭纹，素面或云雷地纹，内向十六连弧纹外缘或素缘外翻。如 M84：11、M501：1。

C 型　2 面，云纹蟠螭纹镜，镜面平直，三弦纽，圆形纽座。主纹区内饰蟠螭纹，蟠螭纹被三条螭龙分成三区，蟠螭的四爪蹬在内外弦纹上，素缘。如 M4：1、M416：7。

D 型　1 面，素地蟠螭纹镜，残，镜面平直，桥形纽，圆形纽座。外饰以一圈带状素面纹饰，其外两圈短斜线纹构成主纹饰带。如 M103：2。

A 型蟠螭纹镜与《长安汉镜》中蟠螭纹镜的 A 型Ⅰ式、A 型Ⅱ式纹饰较为相似。B 型与《长安汉镜》中 C 型Ⅰ式纹饰相似[2]。蟠螭纹镜在时代上应不晚于元狩五年。

4. 草叶纹镜

4 面。根据镜背有无乳丁分为两型。

A 型　3 面，镜背饰乳丁，圆形，桥形纽或半圆，四叶方形纽座。座外为两条凹面双线方格，主纹饰区饰以草叶纹，镜背四乳丁平均分布在镜面上，主纹饰区外侧有内向十六连弧纹，素缘，其中一面可见铭文“见日之光，长毋相忘”。如 M261：5、M356：1、M399：1。

B 型　1 面，无乳丁草叶纹镜，圆形，残，镜面平直，三弦纽。圆形纽座外有一周带状素面纹饰，其外以二周短斜线纹构成主纹饰带，内饰四朵草叶将其分为四区，每区中部有一菱纹，两侧饰卷云纹，素缘外翻。如 M115：2。

草叶纹镜中 M399：1（A 型）因墓葬中出半两钱，其年代下限不会晚于元狩五年（公元前 118 年），与《长安汉镜》中的有铭 B 型Ⅲ式镜基本一致，属于西汉中期偏早。M261：5 铜镜与《长安汉镜》无铭 A 型Ⅰ式相对应，其年代下限不会晚于元狩五年，为西汉早期[3]。

---

[1]　程林泉、韩国河：《长安汉镜》，陕西人民出版社，2002年，第76页。

[2]　程林泉、韩国河：《长安汉镜》，陕西人民出版社，2002年，第47页。

[3]　程林泉、韩国河：《长安汉镜》，陕西人民出版社，2002年，第64页。

5. 四乳铭文镜

2 面。三弦纽，方形纽座，镜面平直。其外有一圈素面方形纹饰带，四角各有一柳叶形纹饰向外延伸将主纹饰区平均分为四部分，每部分二字，二字间有一带圈乳丁，外饰两圈凸弦纹，素缘外翻。铭文为“常毋相忘，长乐未央”或“长毋相忘，君来何伤”。如 M6：3、M21：2。

该类铜镜与《长安汉镜》中四乳铭文镜第一类的 D 型纹饰相似[1]，流行年代在文景至武帝时期，M21：2 铜镜同出半两钱，其时代应属西汉早期。

6. 连弧纹镜

6 面。其中 1 面残损严重，圆形，三弦纽或桥形纽，圆座，座外饰一周或两周弦纹带。按照连弧纹在镜背装饰的方式不同，可以分为两型。

A 型　4 面，内向连弧纹镜，按照镜背其余装饰的不同，可以分为两亚型。

Aa 型　2 面，无地纹连弧纹镜，圆形，三弦纽，圆座。座外为两周素面纹饰带，两纹饰带间有一周凸弦纹，外纹饰带上平均分布四颗乳丁，其外为内向十二连弧纹，素缘外翻。如 M23：1、M405：1。

Ab 型　2 面，有地纹连弧纹镜，圆形，镜面平直，三弦纽或桥形纽，圆座。座外为一周弦纹带，之外两周弦纹构成主纹饰带或内饰卷云纹伴以小乳丁，云地纹。如 M90：1、M301：1。

B 型　2 面，素面带状连弧纹镜，圆形，三弦纽，圆座。座外为一周凹面弦纹带，之外两周弦纹构成主纹饰带，内外均饰蟠螭纹，素缘外翻。如 M51：1、M157：2。

三弦纽的使用下限在西汉中期。镜体较薄，镜面较平，主要为西汉中期的特点。Ab 型 M301：1 镜同出有半两钱，该类铜镜的年代下限应为西汉中期。

7. 昭明镜

1 面。圆形，半圆形器纽，圆形纽座。纽座外均匀地伸出四组双短弧线条，其间夹饰月牙纹，之外饰一周素面凸弦纹带，主纹区内分两部分，内侧饰内向八连弧纹，连弧纹与宽带弦纹之间均匀地饰四组弧边三角纹，其间夹饰四组三线短竖线条及八条短弧线，外侧为铭文带，为“内清之以昭明光而象夫日月心而忽扬忠而不泄”字样，铭文两侧各饰一道短斜线纹，宽素缘。如 M116：4。

昭明镜仅出土 1 面，铭文字体方正，字铭间加有“而”字。“而”字镜大约从宣元时期开始出现，流行于西汉晚期、新莽时期，东汉早期以后消失。[2] 结合出土该铜镜墓葬斜坡墓道土洞墓的特点，以及该墓出土的铜鼎、铜钫等礼器，可判断其具有西汉晚期的特点。

8. 博局镜

1 面。圆形，圆形纽，四叶方形纽座，其外饰方形素面弦纹带，主纹区为带圈四乳间以博局纹，之间饰有四条蟠螭纹，四乳四虺纹，之外为十六内向连弧外缘。如 M402：1。

博局镜是西汉晚期、新莽及其前后流行的镜类。孙机先生在《汉代物质文化资料图说》镜Ⅱ中说：“西汉后期还流行一种四乳四蟠镜，或称为四乳四虺镜，它在外区的四枚大乳丁中间安排四组变形蟠螭纹。也有代之以青龙、白虎、朱雀、玄武等神灵的，而成为随即兴盛起来的规矩五灵镜之先驱。”[3]

---

[1] 程林泉、韩国河：《长安汉镜》，陕西人民出版社，2002年。

[2] 程林泉、韩国河：《长安汉镜》，陕西人民出版社，2002年。

[3] 孙机：《汉代物质文化资料图说》，文物出版社，1991年。

五　铜带钩

63 件。根据外形不同分为三型（图八〇七）。

A 型　33 件，琵琶形。其中 1 件钩首缺失，不参与划分，其余根据钩首的形状分为两亚型。

Aa 型　18 件，钩首较圆。如 M6：2、M20：1、M27：2、M95：3、M89：3、M116：12、M109：2、M125：1、M205：6、M223：10、M238：2、M261：11、M273：2、M282：2、M389：8、M414：2、M418：1、M481：1。

Ab 型　14 件。钩首较扁。如 M123：3、M277：1、M282：8、M327：2、M356：2、M357：1、M359：2、M389：9、M389：10、M403：1、M438：1、M449：1、M463：4、M466：4。

B 型　19 件，动物形。此型带钩大多较小，有的接近襟钩，正面为动物形图案，圆纽靠近或位于钩首处。如 M13：5、M24：9、M68：2、M73：1、M74：1、M77：1、M84：16、M91：6、M102：1、M104：8、M115：1、M123：4、M216：1、M255：1、M428：3、M109：1、M50：1、M283：2、M379：1。

C 型　11 件，长弓形。此型带钩较为细长，呈长弓状，圆纽靠近钩体中部。如 M189：1、M198：1、M218：3、M224：1、M235：3、M264：1、M287：5、M290：1、M296：2、M298：1、M461：1。

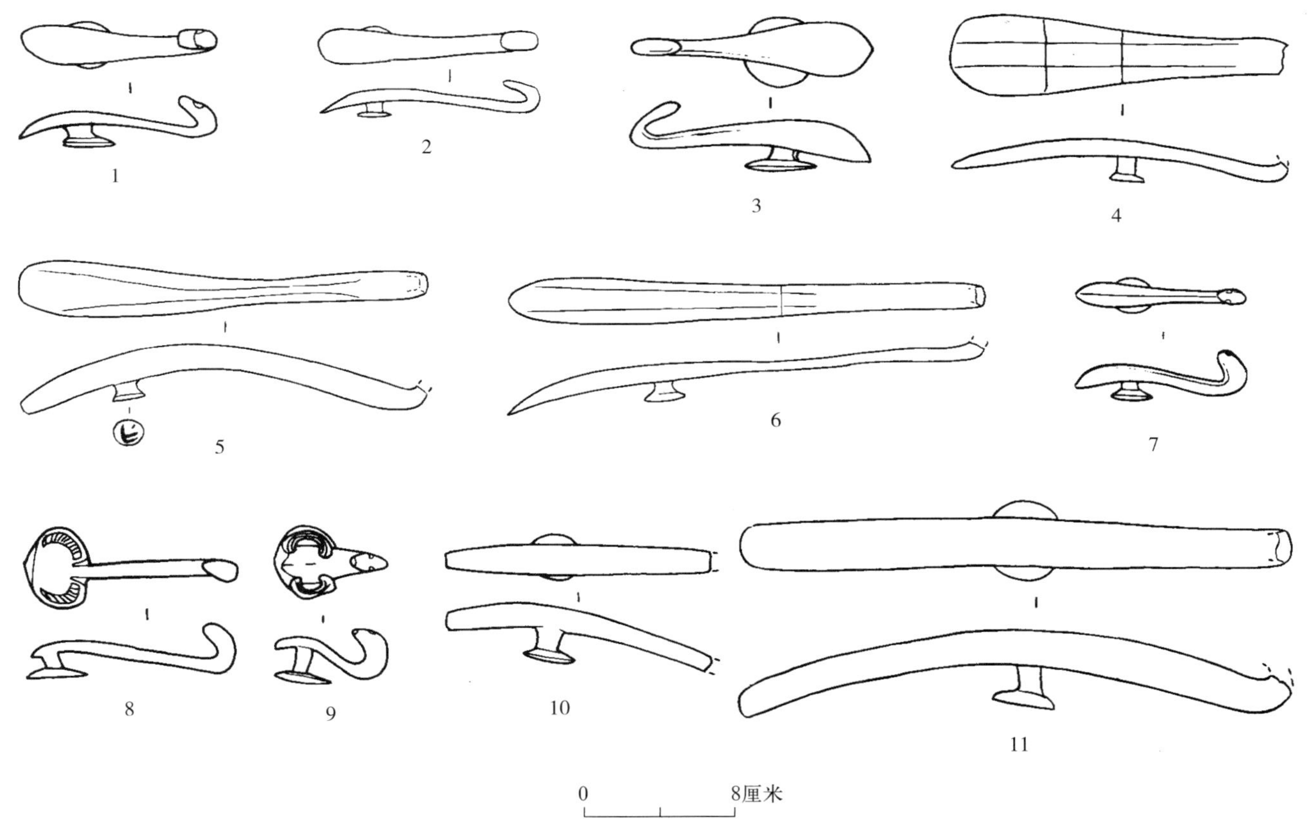

图八〇七　铜带钩分型分式图

1.M20：1（Aa）　2.M389：8（Aa）　3.M6：2（Aa）　4.M277：1（Ab）　5.M327：2（Ab）　6.M357：1（Ab）　7.M68：2（B）　8.M77：1（B）　9.M73：1（B）　10.M189：1（C）　11.M287：5（C）

六 铜铃

31件。其中3件纽缺失，不参与型式划分。其余根据器纽的形态不同，可分为两型（图八〇八）。

A型 19件，圆角方形纽。根据整体的不同，可分为两式。

Ⅰ式 10件，形体宽扁，两铣之宽远大于铃体之高，器体较薄。如M42：1、M42：2、M42：4、M42：5、M289：4、M289：5、M289：8、M289：9、M389：2、M389：4。

Ⅱ式 9件，形体变高，其高接近于两铣之宽，器体较Ⅰ式厚。如M46：4、M46：5、M46：6、M84：17、M273：3、M288：5、M288：4、M296：3、M296：8。

B型 9件，半环形纽。如M46：7、M283：3、M283：4、M296：4、M296：5、M296：6、M296：7、M389：1、M389：5。

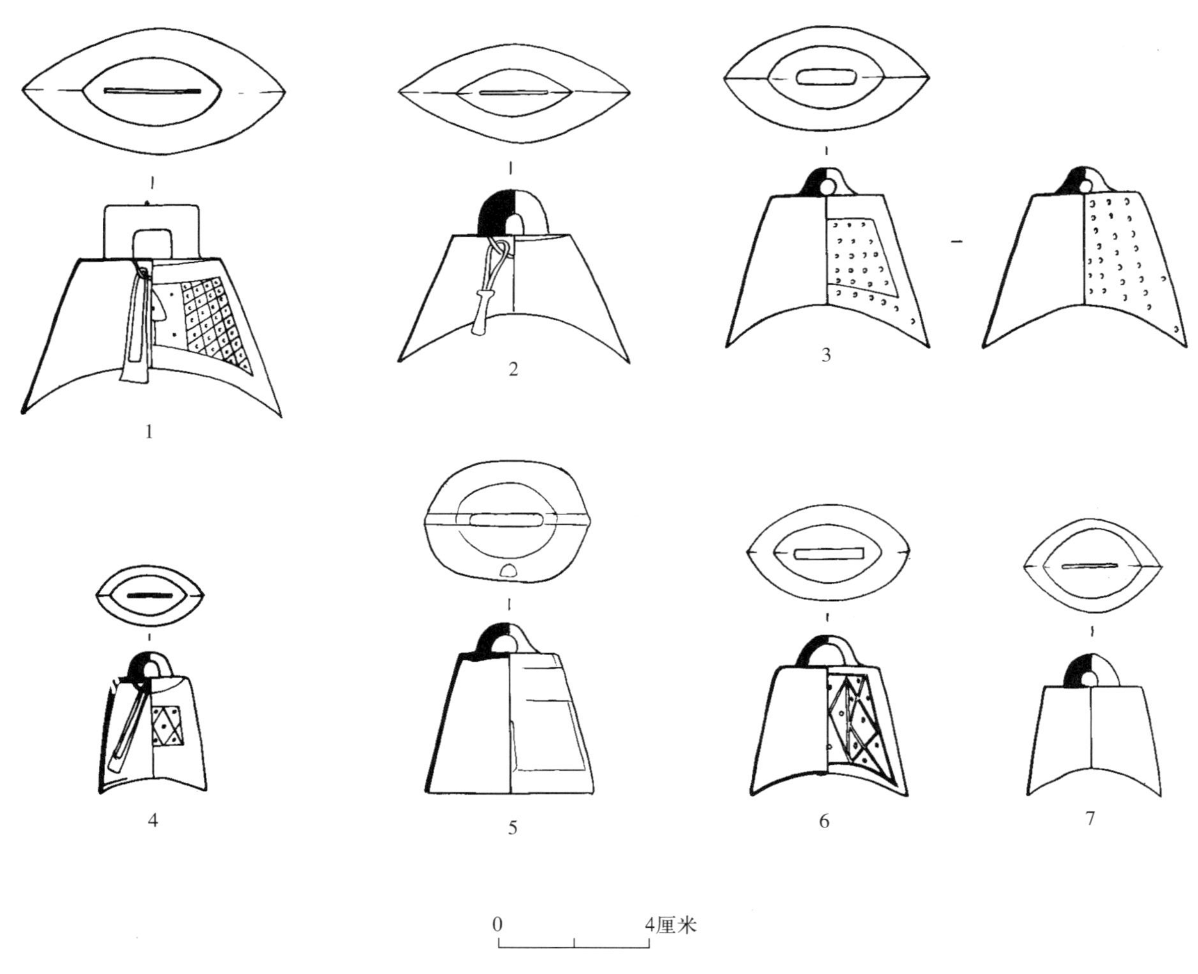

图八〇八 铜铃分型分式图

1.M42：1（AⅠ） 2.M289：4（AⅠ） 3.M46：4（AⅡ） 4.M84：17（AⅡ） 5.M288：5（AⅡ） 6.M46：7（B） 7.M296：7（B）

七　铜印章

14 枚，大多为青铜质地，故将所有材质印章归于此处进行讨论。根据整体形态的不同分三型（图八〇九）。

A 型　3 件，穿带印。板形，中间有一圆角长方形穿孔。M84：13，两面均有阳刻文，分别为“梁

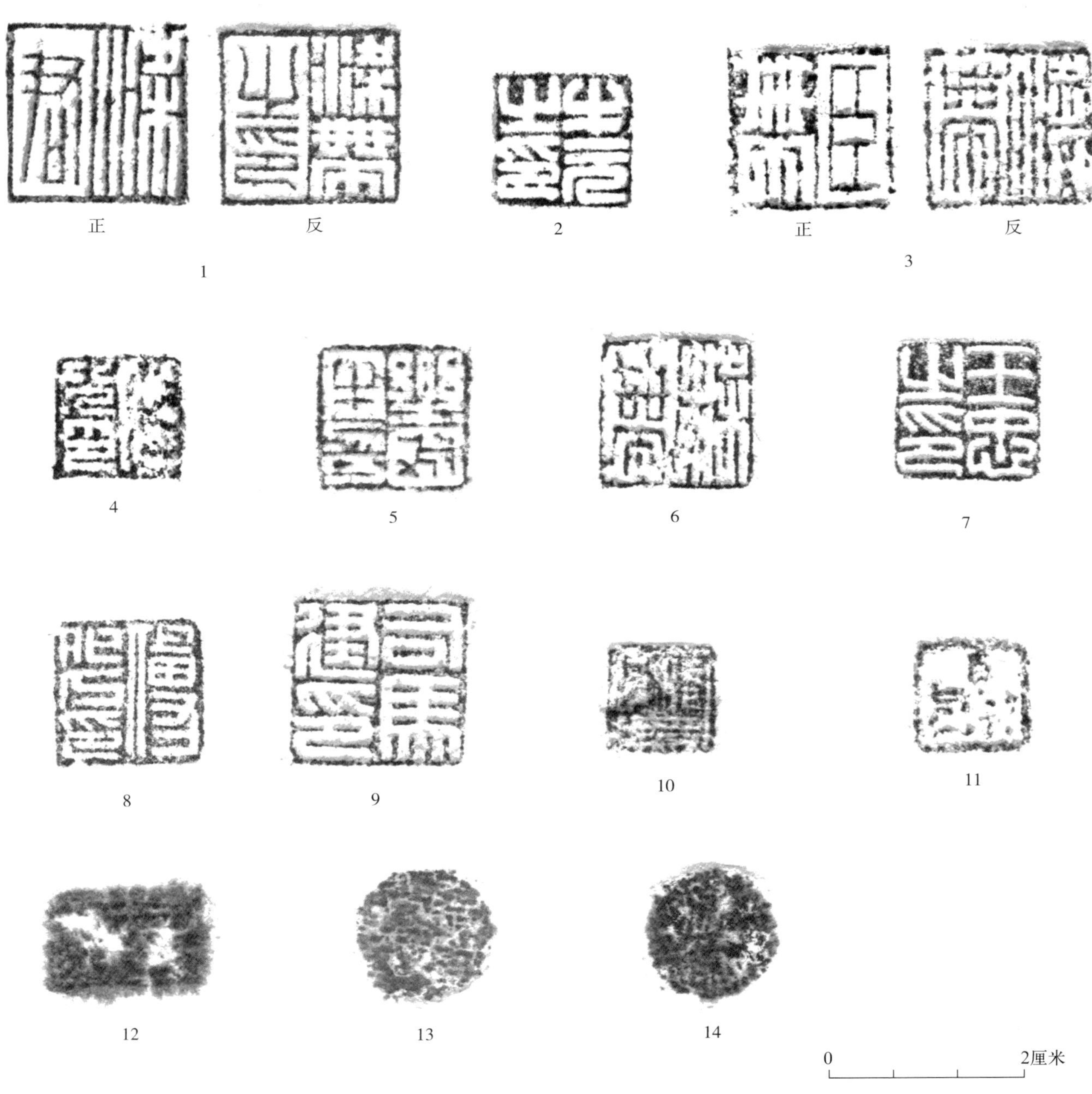

图八〇九　铜印章分型分式图

1.M84：13（A）　2.M171：7（Ba）　3.M84：14（A）　4.M119：2（Bb）　5.M79：1（Ba）　6.M84：15（Bb）　7.M116：1（Bb）　8.M119：1（A）　9.M229：1（Bb）　10.M202：1（Ba）　11.M130：1（Ba）　12.M283：1（Ba）　13.M287：4（C）　14.M296：1（C）

蒂之印”“梁君”字样。M84：14，两面均有阳刻文，分别为“臣蒂”“梁蒂”字样。M119：1，两面有阴刻文，字样不明。

B型　9件，方形印。根据体形的不同分两亚型。

Ba型　5件。印体较小。桥形纽，覆斗形印体，印面方形，两枚刻文锈蚀不明，一枚阳刻文“乐成之印”。如M79：1、M130：1、M171：7、M202：1、M283：1。

Bb型　4件。印体略大。M84：15，龟形纽，以四足与腹部的距离为穿，印面正方形，阳刻文，“梁蒂”字样。M116：1，桥形纽，印面正方形，阴刻文，“王忠之印”字样。M119：2，龟形纽，以四足与腹部的距离为穿，印面正方形，阴刻文，字样不明。M229：1，桥形纽，印面正方形，阳刻文，“司马建印”字样。

C型　2件，圆形印。桥形纽，体圆柱形，上小下大，上部有三周凹弦纹，印面阴刻纹字样不明。如M287：4、M296：1。

第三节　器物组合分析

卧虎湾墓地所公布的战国、秦汉墓葬共463座，其中262座被盗扰，其组合情况遭到一定破坏。其余墓葬根据器物出土情况，可以构成以下随葬陶器的组合关系。

一　仿铜陶礼器伴日用陶器

共33座。根据器形的不同可以分为以下四型。

A型　6座，由鼎、豆、壶或其中两种仿铜陶礼器，伴盘、盆、罐、鋬等日用陶器。如M74、M162、M420、M430、M440、M443。

B型　5座，由鼎、盒、壶、钫、锜、甑中的四件为基本组合，伴以罐、熏炉，该型墓葬均出鼎。如M5、M416。

C型　9座，由鼎、壶、钫、锜、甑中两件或三件与罐组合，有的伴出鋬、灶、灯、熏炉等，其中一座墓共出3件仿铜陶礼器。如M88、M149。

D型　13座，由鼎、壶（蒜头壶）、钫、锜、甑中的任意1件与罐组合，有的伴出釜、鋬、灶、熏炉等，其中1座墓葬不出陶罐。如M35、M129。

二　日用陶器

共75座。根据器形的不同，可以分为以下四型。

A型　34座。仅出罐类。

Aa型　14座。双耳罐与小口旋纹罐为基本组合，伴出小口罐、大口罐、单耳罐等。如M175、M183、M269、M276、M286、M287、M288、M289、M296、M320、M462。

Ab型　14座。小口罐与壶形罐、大口罐、扁腹罐或小口旋纹罐中的1件或2件组合。如M21、M129、M178、M208、M290、M356。

Ac型　4座。两件大口罐同出。如M22、M94。

Ad 型　2 座。大口罐与扁腹罐或其他罐组合。如 M97、M453。

B 型　26 座。罐与釜或鍪。

Ba 型　7 座。单件罐与釜或鍪组合。小口罐、小口旋纹罐或大口罐与釜或鍪组合。如 M185、M295、M473（图四五）。

Bb 型　14 座。两件罐与釜或鍪组合。小口罐与壶形罐或大口罐与釜或鍪组合。如 M91、M184、M264、M273、M283、M292（图四六）。

Bc 型　5 座。三件罐与釜或鍪组合。壶形罐、大口罐、扁腹罐、小口罐、小口旋纹罐、小口素面小罐中任意三件与釜或鍪组合。如 M223、M528（图四七）。

C 型　13 座。罐与盆、盂、甑等日用陶器组合。

Ca 型　5 座。由双（单）耳罐或双（单）耳罐与盂、盆等日用陶器组合。如 M61、M139、M222、M463、M466。

Cb 型　8 座。由其他罐与盆、盂、甑等日用陶器组合。如 M22、M178、M180、M208、M290、M299、M403、M414。

D 型　2 座。罐与模型明器，罐与灶或熏炉组合。如 M20、M301。

第四节　陶器纹饰分析

卧虎湾墓地中出土的多数陶器施有纹饰，以绳纹、旋纹数量最多（图八一〇）。

一　纹饰分类

1. 细绳纹、旋断绳纹

施纹较深，多以拍印、滚压的施纹方法，有交叉、平行、分段等多种构图，部分饰绳纹后抹光，残存部分绳纹纹理。多见于罐及盆盂类的肩部、腹部（图八一〇，1 ～ 5，11 ～ 13）。

2. 粗绳纹

形状近似连续分布的麦粒状颗粒，施纹略深，颗粒感较强。数量较少，见于罐、钵等器表。

3. 旋纹

有粗细之分，多见于壶、罐、盂、盆、甑类的腹部。

4. 篮纹

方向有竖行、斜行、横行，多出现于釜及罐的下腹部及底部（图八一〇，16、17）。

5. 网格纹

刻划或压印而成的大小相等、连续分布的小方格，有的类似几何菱形，有的类似方形。多见于坛、罐、甑的肩部或腹部（图八一〇，6 ～ 10）。

6. 波浪纹

形态近似水波，刻划而成，多由数条单线构成，有深浅之分。多见于豆、壶、罐、鍪的腹部。

7. 麻花堆纹

为附加堆纹，泥条明显，略粗且高凸，泥条之上又戳印出纹饰，近似麻花纹，见于双耳罐的颈部（图八一〇，14）。

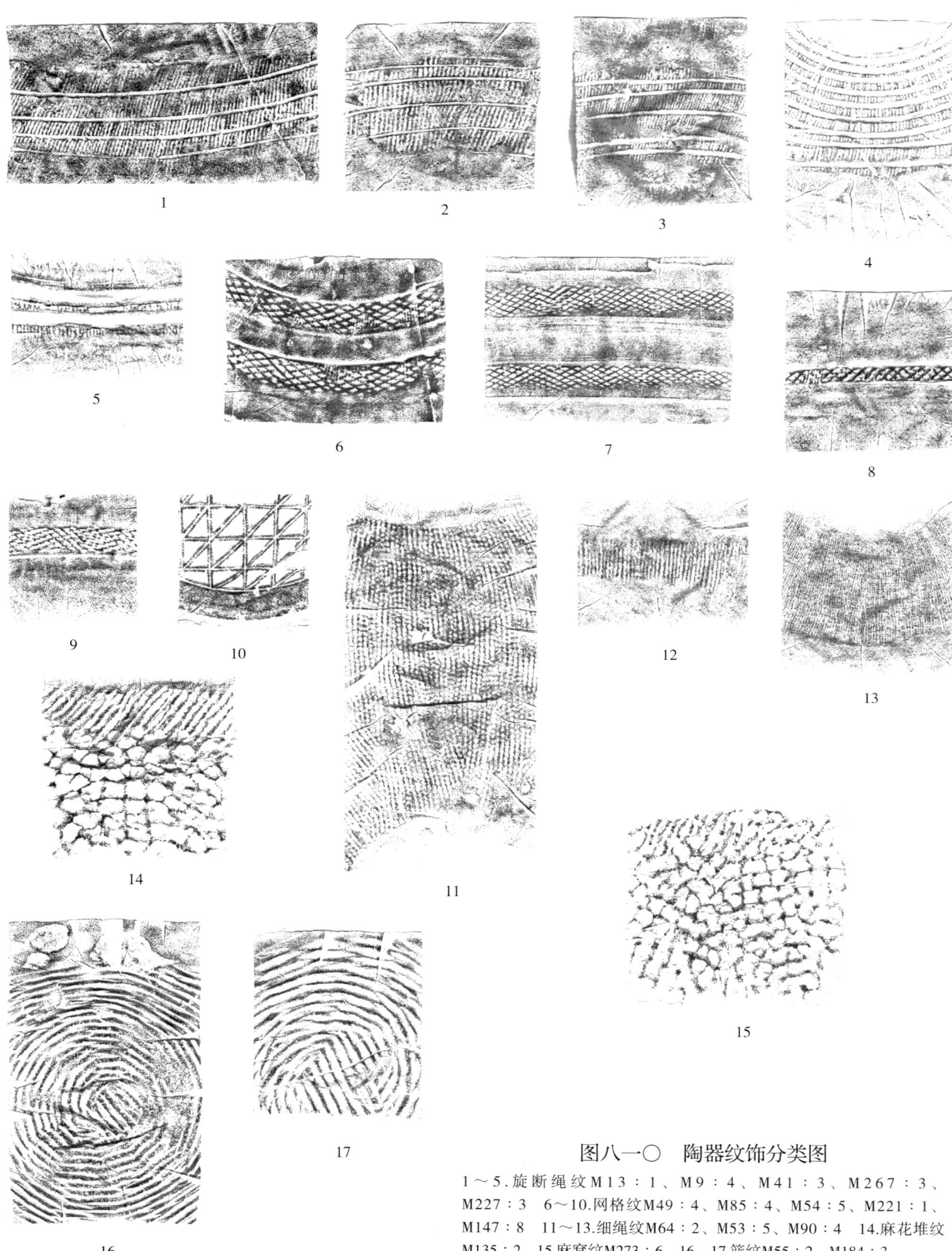

图八一〇　陶器纹饰分类图

1～5.旋断绳纹M13：1、M9：4、M41：3、M267：3、M227：3　6～10.网格纹M49：4、M85：4、M54：5、M221：1、M147：8　11～13.细绳纹M64：2、M53：5、M90：4　14.麻花堆纹M135：2　15.麻窝纹M273：6　16、17.篮纹M55：2、M184：3

8. 麻窝纹

戳印而成的大小不同且连续分布的近圆形或近方形图案，见于釜鍪类腹部及底部（图八一〇，15）。

二　纹饰组合

纹饰组合主要有旋纹和绳纹组合、麻窝纹和绳纹组合、波浪纹和绳纹组合、波浪纹和旋纹组合等。

三　彩绘

彩绘多见于仿铜陶礼器鼎、盒、壶、钫、锜、甑上，在罐、盘、灶、奁、坛、熏炉等日用陶器中也可见。颜色有红、白、蓝、绿、黑、紫、青等，以红、白两色为主。纹饰主要有弦纹、卷云纹、“回”字形纹、三角纹、水波纹、网格纹、柿叶纹、莲瓣纹等，以前两种为主，此外，陶甑的内壁多施红彩。

第五节　陶文

在卧虎湾战国秦汉墓葬中出土的陶器中有个别器物存在戳印或刻画的陶文的现象。其中M497中出土的灰陶鼎（M497：1）的器身和鼎盖上均刻有“平周”二字，字体为隶书，字迹清晰。

1978年10月与卧虎湾墓地同处陕西米脂县的官庄汉墓中出土了一块画像石，其上用隶书阴刻“永和四年九月十日癸西河内山阳尉西河平周寿贵里牛季平造作千万岁室宅”[1]。

但是《十三州志》中说“古平周县在汾州介休县西五十里也”。清人《读史方舆纪要》记载介休县时有“平周城，在县西四十里”。谭其骧先生主编的《中国历史地图集·第二册·汉并州、朔方刺史部图》中将汉平周县标在了今山西介休县之西。

则平周地望究竟位于何处？是位于多次发现有关平周考古实证的陕北米脂县，还是位于《中国历史地理地图集》及多条文献所提及的介休县西五十里？

从《史记·秦本纪》：“大王不事秦，秦下兵攻河外”，索隐云：“河之西，即曲沃、平周之邑等”，可知战国时期的平周县在黄河之西的位置。并且有学者利用秦兵器、印章和封泥等资料，确定平周属于河西“魏纳上郡”中的县，后属秦辖地，但具体地望位置尚不清楚。

西汉时期，武帝元朔四年置西河郡，《汉书·地理志》明确记载平周属于西河郡的辖县，“西河郡，武帝元朔四年置。……平周，鸿门，有天封苑火井祠”。《汉书·卫青霍去病传》“路博西河平州人”，钱大昕云“州、周古字通用”。东汉时期，《后汉书·郡国五》载，“西河郡十三城，户五千六百九十八，口二万八百三十八。离石、平定、美稷、乐街、中阳、皋狼、平周、平陆 益兰、圜阴、蔺、圜阳、广衍。”由此可知，平周在两汉时期一直属于西河郡的辖县。值得注意的是，西河郡的范围在两汉时期经过了由西到东、由边疆到内地的迁徙，同时其范围逐渐减小，诸多县被合并，郡治和诸县所亦随之东迁，“乃徙西河治离石（离石即西河之属县也），上郡治夏阳，朔方治五原”（《后汉书·南匈奴》）。西河郡所辖的美稷县，“汾州隰成县有美稷乡，汉县也。案此后汉中平中所徙置，

[1] 吴镇烽：《秦晋两省东汉画像石题记集释——兼论汉代圜阳、平周等县的地理位置》，《考古与文物》2006年第1期。

非前汉县西河置”（《通典》）。其原因是东汉晚期南匈奴不断南下，不断占领西河郡辖地西北部，尤其是东汉永和五年夏，“南匈奴左部句龙王吾斯、车纽等北叛，率三千余骑寇西河，因复招诱右贤王，合七八千骑围美稷，杀朔方、代郡长史。……秋，句龙吾斯等立句龙王车纽为单于。东引乌桓，西收羌戎及诸胡等数万人，攻破京兆虎牙营，虎牙营即京兆虎牙都尉也。杀上郡都尉及军司马，遂寇掠并、凉、幽、冀四州”。同年，西河郡东迁。

基于以上历史背景，平周地望在两汉时期应随着西河郡的东迁而向东迁。通过对米脂卧虎湾墓地 M497 墓葬形制及其内出土的陶鼎、陶壶和陶罐进行分析，其所处的时代应为西汉早期。1978 年在米脂官庄发现了一座画像石墓，刻有“永和四年九月十日癸酉，河内山阳尉西河平周寿贵里牛季平造作千万岁室宅”，说明墓主人牛季平是平周县人，生前是河内郡山阳县县尉。山阳县在河南焦作东南，牛季平死后应是葬于家乡平周，此时西河郡尚未东迁，该墓在米脂发现而非介休，则更加说明了自西汉早期以来至永和五年西河郡东迁之前，平周县地望在今陕北米脂县附近。文献中关于平周在介休的记载，应为永和五年之后，平周地望随西河郡逐渐东迁后的结果。

关于西汉初期至东汉永和五年平周县城的具体地望。近年来，榆林市文物考古研究所在米脂古城（今米脂县老城）调查时，于西墙北端、北墙和东墙夯土内、墙体沿线、城东北角北侧墩台周围以及城内米脂三中东侧坡地上均发现大量外饰绳纹内饰麻点纹、外饰绳纹内饰布纹或素面的瓦片。且米脂古城地处无定河中游，水源充足，土地肥沃，周边有官庄、卧虎湾等大型汉代墓群，应在两汉时存在大型聚落。

除此之外，在卧虎湾墓地出土的陶器 M391：1、M391：6、M91：5 均有陶文或者刻画符号出现。铜带钩 M171：7 上亦有文字，似“司”。

第五章　分期与年代

第一节　墓葬分期

一　打破关系

卧虎湾墓地战国、秦墓葬中，具有打破关系的墓葬共22组，分别为：M40墓道打破M41墓道、M50墓室打破M51墓室、M88打破M89、M94墓室打破M95墓室、M103墓室打破M104墓室、M106墓室打破M108墓室、M114打破M113、M144打破M148、M147墓室打破M149墓道、M167打破M168、M140打破M214、M272打破M277、M342打破M343、M373打破M355、M363打破M364、M375打破M378、M392打破M393、M409墓室打破M416墓室、M423打破M432、M432打破M436、M428打破M445、M452打破M456。

从墓葬形制及出土器物观察，有11组打破关系是战国墓葬被汉代墓葬打破；M50和M51、M106和M108、M147和M149、M409和M416中，打破和被打破的墓葬中出土器物组合及同类器物的形态基本一致；而M40和M41、M94和M95、M103和M104的器物组合及出土物特征虽有差别，但由于形成打破关系的墓葬间缺少可对应比较的同类器物，因此仅从打破关系中难以找到对分期具有充分意义的根据，只能作为分期的参考。

二　墓葬分期

由于陕北地区战国、秦汉中小型墓葬发现的较少，尚未形成完整的考古学文化谱系，加之周边地区已公布的同时期考古学资料较少，参考性不强。因此，对卧虎湾墓地墓葬的分期，多依靠考古类型学研究，同时参考墓葬打破关系以及出土的铜镜、铜钱等器物，并参照邻近及关中地区发掘的同时期墓葬资料，从而确定这批墓葬出土器物的发展演变序列以及各段的相对年代。

首先，从墓葬形制来看，卧虎湾墓地的四类墓葬中，尤以竖穴土坑墓数量最多，流行时间最长，各型均未发现早晚继承关系；竖穴墓道类墓葬数量较少，时间多集中于该批墓葬的前期；斜坡墓道类墓葬在该批墓葬中出现时间要晚于竖穴土坑墓和竖穴墓道墓葬，时间集中于该批墓葬的后期，且A型墓的出现时间略早于B型墓。

其次，从随葬器物的陶器组合关系来看，不同时期、不同类型的墓葬，其陶器组合也存在一定差异。卧虎湾墓地墓葬根据其出土器物组合可以分为两大类，其一是仿铜陶礼器类，其二是日用陶器类。仿铜陶礼器墓即仿铜陶礼器与日用器组合，包括了四型，A型是由鼎、豆、壶或其中两种仿铜陶礼器伴日用陶器组合；B型由鼎、盒、壶、钫、锜、甑中的四件伴日用陶器组合；C型为两件或三件礼器与日用器组合；D 型为一件礼器与日用陶器组合。日用陶器类即随葬陶器均为日用陶器，分为四型，A 型仅以数类或单类陶罐构成器物组合，B 型为陶罐和釜鍪类组合，C 型为陶罐和盆、盂类组合，D 型为陶罐与灶或熏炉组合。上述陶器组合并结合墓葬形制所显示的差异亦当有早晚关系。

最后，从器物形制演变关系来看，其形制演变特征最明显的是鼎、钫、小口罐、壶形罐、扁腹罐、小口旋纹罐等。陶鼎器盖由弧形顶变为拱形顶，双耳微曲外撇到双耳外撇较甚，器体逐渐变大，腹深逐渐变深，蹄足渐趋粗壮。陶钫铺首由工致逐渐简化，直至消失，器身彩绘也由精美变为粗疏。小口罐由圆肩变为圆肩微折，再到折肩，折曲程度渐甚，下腹部由弧内收演变为斜直内收。壶形罐的变化为上腹壁向下斜直下腹壁缓内收变为上腹壁微弧下腹壁斜内收，腹身变鼓，再变为上腹壁弧内收下腹壁弧内收，最后变为上腹部圆鼓下腹部弧内收。扁腹罐 Aa 型器体逐渐变大且渐趋宽扁，肩部折曲程度也逐渐加深；Ba 型扁腹罐由渐趋宽扁再到器体略高，上腹部由圆鼓变为微鼓，再到圆肩微折。小口旋纹罐 Aa 型腹部形态由弧腹变圆鼓，再由圆鼓变弧腹，由弧腹变为斜腹，腹壁愈趋直；Ab 型腹部形态经历了弧腹到圆鼓腹，弧腹到深弧腹的转变，腹壁由斜内收微内曲变为斜内收，斜内收变为弧内收，其后变为斜内收，腹壁愈趋直；B 型整体形态由矮胖变为瘦高，腹底部形态由较大变为平底，再由平底向大平底转变。

综上所述，根据典型器物的发展演变关系、结合墓葬形制、器物组合关系，卧虎湾墓地 466 座墓葬能够判断出期段的墓葬共 244 座，可分为 9 个发展阶段。

1. 第 1 段

共 11 座墓，M61、M139、M145、M148、M162、M325、M327、M344、M378、M408、M454。

该阶段的 11 座墓葬中，有 10 座为无二层台无壁龛的竖穴土坑墓；有 1 座墓葬为有二层台带壁龛的竖穴土坑墓。葬式可辨的墓葬为 6 座，其中仰身直肢葬 4 座（M61、M148、M162、M327），侧身直肢葬 1 座（M454），仰身屈肢葬 1 座（M145）。陶器组合方面，M139、M61 的陶器组合为日用陶器组 Ca 型，即由双耳罐和盂、盆等日用陶器组成。M162 的陶器组合为仿铜陶礼器组 A 型，即由鼎、豆、壶、盘四种仿铜陶礼器组成。这一阶段流行的陶器主要有鬲式鼎；豆 AaⅠ、AbⅠ、Bb；双耳罐 BⅠ、BⅡ；深腹罐 A、B；平底壶 Ab、B；盂 BcⅠ。

2. 第 2 段

共 10 座墓，M74、M159、M170、M328、M343、M432、M435、M452、M458、M466。

该阶段 10 座墓葬中，有 7 座为无二层台无壁龛的竖穴土坑墓；有 1 座为二层台无壁龛的竖穴土坑墓；有 2 座为有二层台有壁龛的竖穴土坑墓。葬式可辨的墓葬为 1 座（M466），为仰身直肢葬。陶器组合方面，M466 的陶器组合为日用陶器组 Ca 型，即由双耳罐和盂、钵、盆等日用陶器组成。M74 的陶器组合为仿铜陶礼器组 A 型，即由鼎、豆、壶中两种仿铜陶礼器和罐、鍪等日用陶器组成。这一阶段流行的陶器主要有鼎 BaⅠ；豆 AaⅠ、AaⅡ、AbⅠ、Bb；盂 A；双耳罐 AbⅠ、AbⅡ；单耳罐 B；壶形罐 B；平底壶 AaⅠ、Ab。

3. 第 3 段

共 28 座墓，M12、M79、M132、M175、M176、M222、M269、M277、M285、M292、M320、M355、M363、M386、M403、M414、M420、M426、M430、M439、M440、M443、M447、M449、M463、M464、M475。

该阶段 27 座墓葬中，有 7 座为无二层台无壁龛的竖穴土坑墓；有 2 座墓为无二层台有壁龛的竖穴土坑墓；有 6 座墓为有二层台无壁龛的竖穴土坑墓；有 8 座墓为有二层台有壁龛的竖穴土坑墓；

有 3 座墓为竖穴墓道土洞墓；有 2 座墓为竖穴墓道土坑墓。其中葬式可辨的有 6 座，仰身直肢葬 4 座（M175、M403、M420、M463），仰身屈肢葬 1 座（M464），侧身屈肢葬 1 座（M222）。陶器组合方面，M292 的陶器组合为日用陶器组 Bb 型，即两件罐与釜或鍪组合。M403、M414 的陶器组合为日用陶器组 Cb 型，即由其他罐和盆、盂、甑等日用陶器组合。M420、M430、M440、M443 的陶器组合为仿铜陶礼器组 A 型，即由鼎、豆、壶、盘四种仿铜陶礼器伴盘、盆、罐、鍪等日用陶器组成。M222、M463 的陶器组合为日用陶器组 Ca 型，即由双耳罐和盂、盆等日用陶器组成。M175、M269、M320 的陶器组合为日用陶器组 Aa 型，即双耳罐与小口旋纹罐为基本组合，伴出小口罐、大口罐、单耳罐等。这一阶段流行的主要陶器有豆 Aa Ⅰ、Aa Ⅱ、Aa Ⅲ、Ab Ⅰ、Ab Ⅱ、Ba、Bb；鼎 Ac、Bb Ⅰ、Bb Ⅱ、Ca；大口罐 Aa Ⅰ、Ab Ⅰ；双耳罐 Aa Ⅰ、Aa Ⅱ、Aa Ⅲ、Ab Ⅱ；单耳罐 A；扁腹罐 Bb Ⅰ；小口罐 Aa Ⅰ；小口旋纹罐 Ab Ⅰ、Ab Ⅱ、B Ⅰ；壶形罐 A Ⅰ；平底壶 Aa Ⅰ、Aa Ⅱ、Ab；假圈足壶 A；盆 Aa Ⅰ、Ba Ⅰ。

4. 第 4 段

共 14 座墓，M14、M64、M92、M136、M174、M183、M209、M267、M273、M276、M283、M295、M332、M407、M456。

该阶段 15 座墓葬中，有 4 座为无二层台无壁龛的竖穴土坑墓；有 6 座为有二层台无壁龛的竖穴土坑墓；有 4 座为有二层台有壁龛的竖穴土坑墓。葬式可辨的有 2 座，侧身屈肢葬 1 座（M407），仰身屈肢葬 1 座（M147）。陶器组合方面，M273、M283 的陶器组合为日用陶器组 Bb 型，即两件罐与釜或鍪组合；M183、M276 的器物组合为日用陶器组 Aa 型，即双耳罐与小口旋纹罐为基本组合，伴出小口罐、大口罐、单耳罐等。这一阶段流行的主要陶器有鼎 Aa Ⅰ；双耳罐 Aa Ⅱ、Aa Ⅲ、B Ⅰ；小口旋纹罐 Aa Ⅰ、Ab Ⅲ、B Ⅰ；带耳釜 B；盆 Aa Ⅰ、Aa Ⅱ；小口罐 Aa Ⅰ、Ab Ⅰ；壶形罐 A Ⅱ；扁腹罐 Ba Ⅰ；大口罐 Cb Ⅰ；茧形壶。

5. 第 5 段

共 36 座墓，M22、M24、M39、M41、M49、M54、M67、M71、M89、M113、M129、M135、M140、M144、M157、M161、M166、M168、M178、M194、M198、M208、M220、M264、M286、M287、M288、M289、M290、M296、M299、M393、M395、M424、M462、M484。

该阶段 36 座墓葬中，有 9 座墓葬为无二层台无壁龛的竖穴土坑墓；有 11 座墓葬为有二层台无壁龛的竖穴土坑墓；有 9 座墓葬为有二层台有壁龛的竖穴土坑墓；有 1 座墓葬为有双二层台双壁龛的竖穴土坑墓；有 5 座墓葬为竖穴墓道土洞墓。葬式可辨的有 9 座，其中仰身直肢葬 2 座（M208、M22）；侧身屈肢葬 1 座（M39）；仰身屈肢葬 6 座（M71、M113、M129、M208、M286）。陶器组合方面，M22、M178、M208、M290、M299 的陶器组合为日用陶器组的 Cb 型，即罐和盆、盂、甑等日用陶器组成；M129 的陶器组合为日用陶器组的 Ab 型，即由小口罐与壶形罐、大口罐、扁腹罐或小口旋纹罐中的 1 件或 2 件组合；M264 的陶器组合为日用陶器组的 Bb 型，即由两件罐与釜或鍪组合；M286、M287、M288、M289、M296、M462 的陶器组合为日用陶器组的 Aa 型，即双耳罐与小口旋纹罐为基本组合，伴出小口罐、大口罐、单耳罐等。这一阶段流行的主要陶器有鼎 Ba Ⅱ；盆形甑 B Ⅰ；盂 Ba Ⅰ；双耳罐 Aa Ⅳ、Ab Ⅲ；壶形罐 A Ⅲ；小口旋纹罐 Aa Ⅱ、Aa Ⅲ、B Ⅱ；小口罐 Aa Ⅱ、Ab Ⅱ、B Ⅱ；大口罐 Aa Ⅱ、Ab Ⅰ、Ab Ⅱ、B Ⅰ、B Ⅱ、Ca Ⅰ、Cb Ⅱ；扁腹罐 Aa Ⅰ、Ba Ⅱ、Bb Ⅱ；无耳釜 Aa Ⅰ、Aa Ⅱ、Ab；无耳无鋬鍪 A Ⅰ；蒜头壶、茧形壶。

6. 第6段

共50座墓，M4、M5、M6、M9、M16、M17、M20、M30、M35、M40、M42、M46、M53、M84、M88、M99、M104、M106、M108、M111、M118、M141、M180、M181、M184、M185、M202、M225、M230、M242、M244、M271、M280、M284、M298、M300、M305、M331、M335、M345、M389、M434、M473、M485、M489、M497、M501、M530、M535。

该阶段50座墓葬中，有21座是无二层台的竖穴土坑墓，有20座为有二层台无壁龛的竖穴土坑墓；有4座竖穴墓道土洞墓。葬式可辨的有13座，7座为屈肢葬，6座为直肢葬。陶器组合方面，其中3座为仿铜陶礼器组的B型，即由鼎、盒、壶、钫、锜、甑中的四件为基本组合，伴以罐、熏炉；5座为仿铜陶礼器组的C型，即由鼎、壶、钫、锜、甑中两件或三件与罐组合，有的伴出鍪、灶、灯、熏炉等；5座为仿铜陶礼器组的D型，即由鼎、壶（蒜头壶）、钫、锜、甑中的任意1件与罐组合，有的伴出釜、鍪、灶、熏炉等；5座为日用陶器组的Ba型，即单件罐与釜或鍪组合；5座为日用陶器组的Bb型，即两件罐与釜或鍪组合，2座为日用陶器组的Bc型，即由三件罐与釜或鍪组合；1座为日用陶器组的Cb型，即由非双耳罐＋盆、盂、甑等日用陶器组合。这一阶段流行的陶器主要有鼎BaⅢ；圈足壶和假圈足壶；钫Ⅰ、Ⅱ式；锜AaⅠ、AbⅠ、AbⅡ式；盆形甑BⅡ；盂BaⅡ；带耳鍪AⅢ；小口罐AaⅢ、AbⅡ、BⅢ、BⅣ；小口旋纹罐AaⅢ、AbⅣ、BⅢ；壶形罐AⅣ；扁腹罐AaⅡ、BaⅡ、BbⅢ；大口罐AaⅡ、AbⅢ、Ac、BⅢ、CaⅡ；无耳釜AaⅡ、Ab；无耳无鋬鍪AⅠ、AⅡ、BⅠ、Ⅱ式；熏炉A、BⅠ；盒BⅠ；灶B。

7. 第7段

共49座墓，M13、M15、M21、M23、M27、M38、M43、M50、M51、M56、M59、M85、M90、M91、M95、M105、M130、M123、M124、M143、M155、M167、M173、M177、M187、M203、M205、M233、M239、M243、M246、M257、M261、M301、M307、M313、M316、M384、M409、M416、M448、M451、M465、M474、M480、M507、M510、M519、M536。

该阶段49座墓葬中，有10座为无二层台的竖穴土坑墓，有17座为有壁龛有二层台的竖穴土坑墓，有13座为无壁龛有二层台的竖穴土坑墓；有1座为竖穴墓道土洞墓，有4座为斜坡墓道土坑墓；有1座为斜坡墓道半土洞半土坑墓。葬式可辨的有4座，1座为屈肢葬，3座为直肢葬。陶器组合方面，其中2座为仿铜陶礼器组的B型，即由鼎、盒、壶、钫、锜、甑中的四件为基本组合，伴以罐、熏炉；1座为铜陶礼器组的D型，即由鼎、壶（蒜头壶）、钫、锜、甑中的任意1件与罐组合；7座为日用陶器组的Ab型，即小口罐与壶形罐、大口罐、扁腹罐或小口旋纹罐中的1件或2件组合；3座为日用陶器组的Bb型，即两件罐与釜或鍪组合；1座为日用陶器组的Bc型，即三件罐与釜或鍪组合；1座为日用陶器组的D型，即罐与模型明器组合。这一阶段流行的陶器主要有鼎AaⅡ、AaⅢ、BaⅢ、BaⅣ；钫Ⅱ、Ⅲ；锜AaⅡ、AbⅢ；盒BⅡ；篮形甑Ⅰ、Ⅱ；小口罐AaⅣ、AbⅢ、BⅣ；盂BaⅢ；小口旋纹罐BⅣ；壶形罐AⅤ、B；扁腹罐AaⅢ、BaⅢ、BaⅣ、BbⅢ；大口罐AbⅢ、AbⅣ、BⅢ、CaⅡ、CbⅢ、CbⅣ；无耳釜Ab；带耳鍪AⅡ、AⅢ；无耳无鋬鍪AⅢ、BⅢ；熏炉BⅡ；灶A、B。

8. 第8段

共31座墓，M19、M36、M52、M94、M97、M101、M103、M115、M119、M122、M147、M149、M160、M210、M223、M255、M282、M309、M329、M330、M356、M373、M390、M391、M399、M406、M453、M457、M476、M495、M528。

该阶段31座墓葬中，有8座为无二层台的竖穴土坑墓，有1座为带壁龛带二层台的竖穴土坑墓，有6座为无壁龛带二层台的竖穴土坑墓；有3座为竖穴墓道土坑墓，有1座为竖穴墓道土洞墓；有6座斜坡墓道土坑墓。葬式可辨的有3座，均为直肢葬。陶器组合方面，其中2座为仿铜陶礼器组的C型，即由鼎、壶、钫、锜、甑中两件或三件与罐组合；1座为仿铜陶礼器组的D型，即鼎、壶（蒜头壶）、钫、锜、甑中的任意1件与罐组合；5座为日用陶器组的A型，即仅出罐类；2座为日用陶器组的Bb型，即两件罐与釜或鍪组合；2座为日用陶器组的Bc型，即三件罐与釜或鍪组合。这一阶段流行的陶器主要有鼎AaⅣ、BaⅤ；钫Ⅳ；锜AaⅢ；簋形甑Ⅲ；盆形甑A；平底壶Ac；小口罐AaⅤ、BⅤ、BⅥ；壶形罐AⅥ、B；扁腹罐AaⅣ、BaⅣ；大口罐AaⅢ、AbⅣ、AbⅤ、BⅣ、BⅤ；无耳无錾鍪BⅢ。

9. 第9段

共13座墓，M10、M11、M116、M156、M228、M236、M351、M353、M359、M394、M402、M468、M469。

该阶段13座墓葬中，有5座无二层台无壁龛竖穴土坑墓；有5座斜坡墓道土坑墓，有1座斜坡墓道洞室墓，有2座斜坡墓道半土洞半土坑墓室墓。葬式均不可辨。陶器组合方面，其中1座为仿铜陶礼器组的C型，即由鼎、壶、钫、锜、甑中两件或三件与罐组合；1座为仿铜陶礼器组的D型，即由鼎、壶（蒜头壶）、钫、锜、甑中的任意1件与罐组合；1座为日用陶器组的Ab型，即小口罐与壶形罐、大口罐、扁腹罐或小口旋纹罐中的1件或2件组合。这一阶段流行的陶器主要有鼎Ab；平底壶B型；钫Ⅳ；盒BⅢ；平底壶Ac；小口罐AaⅥ、BⅥ；扁腹罐BaⅤ；大口罐AaⅢ、AbⅤ、CbⅣ、CbⅤ；盂BbⅠ、Ⅱ；灶A、C；博山炉、陶仓、陶奁、水井、汲水罐等。

第二节　年代推断

卧虎湾墓地墓葬期段互相连接，中间无缺环。根据墓葬的葬俗葬制、器物类型、参照铜钱、铜镜以及墓葬间的打破关系等因素，对比同时期邻近地区中小型墓葬资料以及同时期中原地区的中小型墓葬，可将卧虎湾墓地墓葬的9个发展时段划定为七期。

1. 第一期

即第1段，墓葬形制以无二层台无壁龛的竖穴土坑墓为主，葬式以仰身直肢葬为主。其中M61：2、M61：3的双耳罐与崞县窑子M23：1、临县三交M10：5形制相仿，《东周时期北方长城地带双耳罐研究》将时代定在春秋晚期到战国早期[1]。M162：1、M162：2的壶与侯马乔村M420的壶形制相仿，《东周社会结构演变的考古学观察——以三晋两周地区墓葬为视角》将时代定在战国早期[2]。M162：3的豆与李家崖二期四段Aa型Ⅳ式豆形制相仿，《李家崖》将该段年代定为战国早期晚段[3]。M408：1的罐与李家崖一期一段A型Ⅰ式罐形制，《李家崖》将该段年代定为春秋战国之交[4]。因此，推测这一期墓葬的年代大致在春秋晚期到战国早期，即秦厉公元年至出子二年之前（公元前476～前385年）。

[1] 任秀芬：《东周时期北方长城地带的双耳罐研究》，吉林大学硕士学位论文，2013年。

[2] 张亮：《东周社会结构演变的考古学观察——以三晋两周地区墓葬为视角》，吉林大学硕士学位论文，2014年。

[3] 陕西省考古研究院：《李家崖》，文物出版社，2013年。

[4] 陕西省考古研究院：《李家崖》，文物出版社，2013年。

2. 第二期

即第 2 段，墓葬形制仍然以无二层台无壁龛的竖穴土坑墓为主。其中 M328：3 的鬲式罐与郭家崖 M20：2、柳林杨家坪 M19：2 形制相仿，《宝鸡郭家崖秦国墓地（北区）发掘简报》将年代定为战国中期 [1]，《晋中北地区东周墓葬研究》将柳林杨家坪 M19 年代定为战国中期 [2]。M458：3 的铲形袋足鬲与寨头河 M71：1、铜川枣庙 M2：1 形制相仿，该鬲在《寨头河陕西黄陵战国戎人墓地考古发掘报告》中为第二期二段，年代为战国中期偏早 [3]，铜川枣庙将该型鬲的年代定为战国中期 [4]。M432：6、M432：7 的鼎与沙渠 M23：1 形制相仿，《华阴卫峪秦墓研究》中将该座墓葬的年代定为战国中期 [5]。因此，推测这一期的年代大致在战国中期，即献公元年至武王四年（公元前 384 ～前 307 年）。

3. 第三期

为第 3、4 段，墓葬形制开始多样化，有二层台有壁龛的竖穴土坑墓及竖穴墓道土洞墓开始明显增加；葬式仍然以仰身直肢葬为主，伴有仰身屈肢葬和侧身屈肢葬。这一期与第二期相比，在器物类型上也有了较大的转变，新出现了大口罐、扁腹罐、壶形罐、小口罐、小口旋纹罐、盆形甑等器物，且演变关系清晰明确。其中 M443：4 的鼎与李家崖四期七段 A 型Ⅳ式鼎、临县三交 M8：4 的鼎形制相仿，《李家崖》将该段年代定为战晚偏早 [6]，《战国时期赵国墓葬研究》将临县三交 M8 的年代定为战晚偏早 [7]。M386：1 的豆与柳林杨家坪 M5 所出的豆形制相似，《战国时期赵国墓葬研究》将该墓的年代定为战晚偏早 [8]。M420：2、3 的壶与 M430：3 的壶常见于三晋地区战国晚期的墓葬中，如榆次猫儿岭 M144 所出的壶，《东周社会结构演变的考古学观察——以三晋两周地区墓葬为视角》一文中将猫儿岭 M144 的年代定为战国晚期 [9]。本期 4 段的 M296：10 双耳罐与李家崖 83 草 M30：4 形制相似，该墓在《李家崖》中为四期 8 段 [10]，即战国晚期晚段。M289：1 的小口旋纹罐与侯马市虒祁墓地 M2039：5 形制相似，《山西侯马市虒祁墓地的发掘》将该墓葬的年代定为战国晚期到秦统一 [11]。因此，第三期的年代应为战国晚期（其中第 3 段为战国晚期早段，第 4 段为战国晚期晚段），即秦昭王元年至秦始皇二十六年（公元前 306 ～前 221 年）。

4. 第四期

即第 5 段，本期的墓葬形制以竖穴土坑墓为主，并伴有直线洞室墓；葬式以屈肢葬为主。本期陶器组合由鼎、豆、壶中两种或两种以上的仿铜陶礼器组成并伴有日用陶器的组合形式已完全不见，双耳罐逐渐减少。以壶形罐、大口罐、扁腹罐、小口罐、小口旋纹罐、釜、鍪等日用陶器进一步流行。M424：1 鼎与塔儿坡秦墓 M44204 所出的陶鼎相似 [12]，M129：4 小口罐与云梦睡虎地 M11 出土的陶

---

[1] 陕西省考古研究院、宝鸡市考古研究所：《宝鸡郭家崖秦国墓地（北区）发掘简报》，《文博》2018年第6期。

[2] 穆文军：《晋中北地区东周墓葬研究》，山西大学硕士学位论文，2013年。

[3] 陕西省考古研究院等：《寨头河陕西黄陵战国戎人墓地考古发掘报告》，上海古籍出版社，2018年。

[4] 陕西省考古研究院：《陕西铜川枣庙秦墓发掘简报》，《考古与文物》1986年第2期。

[5] 王超翔：《华阴卫峪秦墓研究》，西北大学硕士学位论文，2017年。

[6] 陕西省考古研究院：《李家崖》，文物出版社，2013年。

[7] 黄朝伟：《战国时期赵国墓葬研究》，吉林大学硕士学位论文，2009年。

[8] 黄朝伟：《战国时期赵国墓葬研究》，吉林大学硕士学位论文，2009年。

[9] 张亮：《东周社会结构演变的考古学观察——以三晋两周地区墓葬为视角》，吉林大学硕士学位论文，2014年。

[10] 陕西省考古研究院：《李家崖》，文物出版社，2013年。

[11] 山西省考古研究所侯马工作站：《山西侯马市虒祁墓地的发掘》，《考古》2002年第4期。

[12] 咸阳市文物考古研究所：《塔儿坡秦墓》，三秦出版社，1998年。

瓮相似[1]，M290∶3小口旋纹罐与陇县店子秦墓M1出土的陶罐相似[2]，M129∶1蒜头壶与尤家庄秦墓青海M5出土的蒜头壶相似[3]，M220∶2平底壶与李家崖83草M21出土的陶壶相似[4]，M289∶3双耳罐与陇县店子秦墓M33出土的双耳罐相似[5]。M264∶5的小口旋纹罐与云梦睡虎地M9∶40的罐形制形似，《湖北云梦睡虎地十一座秦墓发掘简报》认为该墓的年代为秦始皇统一以后[6]。M290∶4的小口旋纹罐与侯马市虒祁墓地M2129∶11形制相似，《山西侯马市虒祁墓地的发掘》将该墓葬的年代定为秦统一前后[7]。综合对比本段墓葬出土陶器与其他墓地出土同类器物，本期年代应为秦统一前后。

5. 第五期

为第6、7段，其中第6段墓葬形制以竖穴土坑墓为主，并伴有少数直线洞室墓。葬式以屈肢葬和直肢葬并重。出土器物中，M233∶1、M233∶2陶鼎与郃城汉墓SJM66出土陶鼎相似[8]，M30∶3陶钫与扶风纸白西汉墓M2出土陶钫相似[9]，M9∶1圈足壶与永丰战国秦汉墓2011SPYM4出土的陶壶相似[10]，M104∶6茧形壶与徐州后楼山XHM64出土的茧形壶相似[11]，M5∶5陶盒与扶风纸白汉墓M2出土的陶盒相似[12]，M535∶4带耳鍪与白马石汉墓Ⅱ M1出土的釜相似[13]。这一段出土的半两钱钱径均在3厘米左右，为高后八铢半两钱，出土5面素面镜，为西汉初期流行的铜镜样式[14]。第7段墓葬形制以竖穴土坑墓为主，并伴有竖穴墓道类墓葬、斜坡墓道类墓葬；葬式皆为直肢葬；出土器物中，M416∶4陶鼎与聂家沟西汉墓M4出土的陶鼎相似[15]，M507∶2陶盒与郑王村西汉墓M17出土的陶盒相似[16]，M507∶1陶钫与郑王村西汉墓M45出土的陶钫相似[17]，M13∶1、M13∶6小口罐与白马石汉墓Ⅱ M15出土的陶罐相似[18]，M307∶4带耳鍪与白马石汉墓Ⅰ M3出土的鍪相似[19]，M123∶8方形灶与西安北郊郑王村西汉墓M37出土的陶灶相似[20]，该批墓葬中出土的半两钱钱径均在2.4厘米左右，为文帝时期推行的四铢半两，同时此段流行的铜镜样式为蟠螭纹镜、草叶纹镜以及连弧纹镜，蟠螭纹镜流行于西汉早期，草叶纹镜流行于西汉早期和中期偏早阶段[21]。综合对比本期墓葬出土陶器与其他墓地出土的同类器物，再结合本期出土的铜钱及铜镜形制特征，推测本期为西汉早期（其中

[1] 云梦睡虎地秦墓编写组：《云梦睡虎地秦墓》，文物出版社，1981年。
[2] 陕西省考古研究所：《陇县店子秦墓》，三秦出版社，1998年。
[3] 陕西省考古研究院：《西安尤家庄秦墓》，陕西科学技术出版社，2008年。
[4] 陕西省考古研究院：《李家崖》，文物出版社，2013年。
[5] 陕西省考古研究所：《陇县店子秦墓》，三秦出版社，1998年。
[6] 湖北孝感地区第二期亦工亦农文物考古培训班：《湖北云梦睡虎地十一座秦墓发掘简报》，《文物》1976年第9期。
[7] 山西省考古研究所侯马工作站：《山西侯马市虒祁墓地的发掘》，《考古》2002年第4期。
[8] 陕西省考古研究院、杨凌区文物管理所：《郃城汉墓》，上海古籍出版社，2018年。
[9] 陕西省考古研究院：《陕西扶风纸白西汉墓发掘简报》，《文物》2010年第10期。
[10] 陕西省考古研究院、渭南市文物保护考古研究所：《陕西蒲城永丰战国秦汉墓发掘简报》，《考古与文物》2016年第5期。
[11] 徐州博物馆：《徐州后楼山西汉墓发掘报告》，《文物》l993年第4期。
[12] 陕西省考古研究院：《陕西扶风纸白西汉墓发掘简报》，《文物》2010年第10期。
[13] 安康水电站库区考古队：《陕西紫阳白马石汉墓发掘报告》，《考古学报》1995年第2期。
[14] 程林泉、韩国河：《长安汉镜》，陕西人民出版社，2002年。
[15] 陕西省考古研究院：《咸阳市渭城区聂家沟西汉墓发掘简报》，《文博》2017年第6期。
[16] 陕西省考古研究院：《西安北郊郑王村西汉墓》，三秦出版社，2008年。
[17] 陕西省考古研究院：《西安北郊郑王村西汉墓》，三秦出版社，2008年。
[18] 安康水电站库区考古队：《陕西紫阳白马石汉墓发掘报告》，《考古学报》1995年第2期。
[19] 安康水电站库区考古队：《陕西紫阳白马石汉墓发掘报告》，《考古学报》1995年第2期。
[20] 陕西省考古研究院：《西安北郊郑王村西汉墓》，三秦出版社，2008年。
[21] 程林泉、韩国河：《长安汉镜》，陕西人民出版社，2002年。

第6段应为西汉初期，即惠帝至文帝时期；第7段西汉早期偏晚，大致为景帝至武帝前期）。

6. 第六期

为第8段，墓葬形制以竖穴土坑墓和斜坡墓道类墓葬为主，伴有数座竖穴墓道类墓葬；葬式皆为直肢葬；M147：7陶鼎与郃城汉墓SPM199出土的鼎相似[1]，M149：4、M149：6大口罐与老坟梁汉墓M5出土的A型罐相似[2]，M223：7小口罐与新地汉墓M2出土的高领罐相似[3]，该段出土了较多的五铢钱，五铢钱始铸于元狩五年，其中Ⅰ式五铢钱“五”字较为瘦长，交笔斜直，乃武帝前期的特点，Ⅱ式“五”字略宽，交笔近斜直，或为稍晚时期，Ⅲ式五铢“五”字较为宽扁，交笔缓曲，为昭宣时期的特点[4]，三式五铢钱共出于该批墓葬中，本段出土的铜镜样式为星云纹镜及日光镜。连峰纽样式的星云纹镜出现于汉武帝时期，流行于昭宣时期，日光镜出现于武帝时期，流行于西汉中、晚期[5]，综合对比本段墓葬出土陶器与其他墓地出土同类器物，再结合本段墓葬形制及出土的铜钱、铜镜，此段应为武帝到昭宣时期。

7. 第七期

为第9段，墓葬形制以斜坡墓道类墓葬为主，葬式不明。M156：5陶奁与新丰秦汉墓M200出土的陶奁相似[6]，M468：8博山炉与杭锦乌兰陶勒盖汉墓采：11出土的博山炉相似[7]。该段流行的铜镜样式为博局镜及昭明镜。博局镜出现于西汉中期，流行于西汉晚期至东汉，M116出土的昭明镜字铭间加有“而”字，这种“而”字镜流行于西汉晚期[8]，同时这一段新出的陶仓、陶灶、陶水井的组合为西汉晚期出现的器物组合。综合对比本段墓葬出土陶器与其他墓地出土同类器物，再结合本段新出现的器形及流行的铜镜样式，此段时间应为西汉晚期。

[1] 陕西省考古研究院：《郃城汉墓》，上海古籍出版社，2018年。
[2] 榆林市文物保护研究所、靖边县文物管理办公室：《陕西靖边老坟梁汉墓发掘简报》，《文物》2011年第10期。
[3] 魏坚：《鄂尔多斯汉墓——新地墓葬》，《内蒙古中南部汉代墓葬》，中国大百科全书出版社，1998年。
[4] 李如森：《中国古代铸币》，吉林大学出版社，1999年。
[5] 程林泉、韩国河：《长安汉镜》，陕西人民出版社，2002年。
[6] 陕西省考古研究院：《临潼新丰——战国秦汉墓葬考古发掘报告（全三册）》，科学出版社，2017年。
[7] 伊克昭盟文物工作站：《杭锦乌兰陶勒盖汉墓发掘报告》，《草原文物》第1期。
[8] 程林泉、韩国河：《长安汉镜》，陕西人民出版社，2002年。

第六章　相关问题的初步探讨

第一节　文化因素分析

文化因素分析法就是通过辨认考古遗存中所包含的各种文化因素，然后对其中的文化因素进行量化分析，一般来说所占比重较大的即为主体因素，它在“了解考古学文化或是某个考古遗存的文化因素构成”，以及“对于文化性质、演变、源流的考证、文化之间的交流、文化区系类型及其中心区的确定等都有重要作用”[1]。文化具有渗透性，一支考古学文化与其他文化接触时，彼此必定会留下烙印，潜移默化，自然似之。卧虎湾墓地墓葬具有多元的文化面貌，与周边地区同时期墓葬相比显现出一定的“异质性”，这个区别主要体现在随葬器物的种类上，卧虎湾墓地墓葬中流行的大量双耳罐、小口旋纹罐、扁腹罐等器形在邻近地区同时期墓葬中较少发现。综合分析该批墓葬的文化构成，以三晋文化、狄文化、秦文化、戎文化、巴蜀文化、北方文化最为突出，尤其体现在战国至秦统一时期。

一　晋文化因素

晋文化范围主要包括河南、河北中南部、山东西南部以及山西的大部。周王室将姬姓诸侯分封于这一地区，建立了晋、郑、卫、虢等诸侯国，后被赵、魏、韩三家所分，又被称为三晋地区。战国时期，以“鼎、豆、壶”为代表的仿铜陶礼器组合在三晋地区大量流行，无论是高等级墓葬中，还是中小型墓葬中，都普遍使用仿铜陶礼器作为随葬品。至秦末汉初，盒取代豆，“鼎、盒、壶”成为新的仿铜陶礼器组合在三晋地区流行，并快速流传至关中及全国各地。卧虎湾墓地战国和秦统一前后的墓葬中，A组陶器组合由鼎、豆、壶中两种或两种以上的仿铜陶礼器和其他日用陶器组成。如春秋晚期至战国早期的M162的随葬品中有鼎、豆、壶、盘四种仿铜陶礼器；战国中期的M74的随葬品中有鼎、豆、壶三种仿铜陶礼器，战国晚期早段的M449的随葬品中有豆、壶、盘、匜四种仿铜陶礼器组成。卧虎湾墓地战国、秦墓葬中有多座墓葬存在完整的仿铜陶礼器，这种组合常见于晋南地区、洛阳地区、郑州地区、豫北地区、晋中地区、冀南地区的三晋墓葬中。卧虎湾墓地战国、秦墓葬的这种随葬品组合，和三晋地区的葬俗有着极为密切的关系。

除此之外，大致从战国中期开始直至秦统一前后，在天马曲村、安阳黄张、榆次猫儿岭等地常随葬有带盖壶，多与鼎、豆、匜、鸟柱盘一起出现。该形制壶一般颈较长，束颈肩部圆鼓或微折，底为平底或假圈足底。卧虎湾墓地战国、秦墓葬M420、M430等墓葬都随葬此形制的壶，为泥质灰陶。覆钵形子母口器盖，器身呈侈口，方唇，斜高领，溜肩，圆腹，假圈足底。器盖及器身肩部均

[1]　索德浩：《文化因素分析方法与历史时期考古学》，《华夏考古》2014年第1期。

饰数道凹弦纹，领部有轮制痕迹，器身有刮抹痕迹。其与侯马地区常见的壶形制特征几乎完全相同，应该是受到三晋地区葬俗的影响。

二　狄文化因素

从目前陕北地区确认的李家崖[1]、辛庄[2]战国墓葬等狄人文化系统下的考古遗存来看，狄人所制造的陶器，尤其是双耳、单耳罐，多为加细砂灰陶，陶胎较薄，烧造温度较高，少数器表有附加的泥条。从卧虎湾墓地战国墓葬所出土的双耳罐来看，其特征与上述陶系特征较为吻合。从文献中的相关记载和目前所发现的陕北地区东周墓葬来看，陕北南部为戎人较为集中的分布区域，中部的清涧、绥德、米脂等地在全国第三次文物普查时，发现有近百处“辛庄类型”[3]的遗址点，所发现的与狄人文化系统下的陶器制作和烧造工艺基本一致。卧虎湾战国墓葬所在的米脂县也属于陕北高原中部，其所在地点属于这一时期狄人活动密集点。

三　秦文化因素

（一）茧形壶、蒜头壶

茧形壶、蒜头壶出现于战国时期关中地区的秦墓中，随着秦人征战四方向周围扩散，是秦人墓葬中的典型器物，一直延续至西汉早期，西汉中期消失。卧虎湾墓地墓葬共出土2件茧形壶，1件蒜头壶。茧形壶圈足较高，长圆腹，腹部略尖；蒜头壶为平底，蒜头特征弱化，二者均具有同类器物发展阶段后期的特征。

（二）陶釜

陶釜原为巴蜀文化的典型器，之后流行至秦文化区，成为秦文化的典型器物。苏秉琦先生在研究斗鸡台的瓦鬲变化时指出的，“鬲消灭后，鬴（釜）即代之而起”，釜乃是由鬲逐渐演变的结果[4]。随着新考古资料的不断公布，不少学者发现陶鬲与陶釜为两条不同的演变序列，二者的关系还待进一步研究。滕铭宇先生将釜分为A、B两型，通过研究得出A型釜与陶鬲为两条不同的演变序列，而B型釜则是秦鬲改造而成[5]。陶釜多见于关中地区的秦墓中，常与盒、壶、盆（盂）及罐类组合。卧虎湾墓地墓葬出土陶釜分为无耳釜、带耳釜、带鋬釜三类，部分底部带有烟炱痕迹，为日常实用器。随着时间的推移，陶釜底部形态由圜底逐渐变为尖底，一直存续至西汉中期，此时，陶灶普遍流行，陶釜器体变小置于灶眼之上，成为陶灶的附庸，单体陶釜就此凋微。卧虎湾墓地墓葬出土了6件带耳釜，均为单耳，这种形制的陶釜多见于关中地区，其数量远少于无耳釜，其余地区更为鲜见。

[1]　陕西省考古研究院：《李家崖》，文物出版社，2013年。

[2]　陕西省考古研究院、延安市文物研究院、榆林市文物保护研究所等：《戎与狄：陕北史家河与辛庄战国墓葬考古报告》，文物出版社，2021年。

[3]　陕西省考古研究院、延安市文物研究院、榆林市文物保护研究所等：《戎与狄：陕北史家河与辛庄战国墓葬考古报告》，文物出版社，2021年。

[4]　苏秉琦：《苏秉琦考古学论述选集》，文物出版社，1984年。

[5]　滕铭予：《论秦釜》，《考古》1995年第8期。

（三）屈肢葬

屈肢葬是秦人的主要葬式之一，关于其起源目前学术界尚未形成定论，但多认为秦人的屈肢葬式来源于西北地区。赵化成先生提出，秦人的葬式与社会等级有关，秦的王室以及高级贵族使用直肢葬，而小贵族及平民则采用屈肢葬[1]。也有一部分学者认为葬式除了与等级有关外亦代表了不同的文化谱系，直肢葬式所代表的秦人社会上层属周文化谱系，而屈肢葬式所代表的秦人社会下层属戎文化谱系[2]。卧虎湾墓地墓葬盗扰严重，有 60 座墓葬能判断出葬式，其中屈肢葬为 9 座，且时代集中于秦至西汉早期，蜷曲程度较轻。

（四）墓主头向

除了葬式以外，头向也承载着族群信息，因其二者为“古代族群特有的丧葬习俗以及原始宗教信仰的具体变现形式，通常不会在短时间内发生变化，往往比青铜器、陶器等随葬品更具稳定性，更能代表墓主的族群及其祖籍、身份”[3]。从已公布的秦墓考古资料来看，秦人墓葬方向多向西，即西首葬，这也成为秦人标志性的丧葬习俗。在卧虎湾墓地战国至秦墓中，有明确头向的墓葬为 9 座，秦墓中北向 3 座，东向 1 座，西向 5 座，西首葬在卧虎湾秦墓中占据较大比例。

随着秦国与六国间的兼并战争，早期秦文化向四周扩散的同时也受到中原文化系统以及其他文化系统的影响，早期秦人的传统葬俗也发生变化，因此卧虎湾墓地秦墓的葬制葬俗呈现出多元化与驳杂性。

四　巴蜀文化因素

公元前 316 年，因“其国富饶，得其布帛金银，足给军用，水通於楚，有巴之劲卒，浮大舶船以东向楚，楚地可得。得蜀则得楚，楚亡，则天下并矣”[4]。秦国遂灭蜀及巴，巴蜀地区正式纳入秦国版图，秦王“以巴氏为蛮夷君长”[5]，之后巴蜀之师便跟随秦国踏上“扫六合”的征程，在此过程中，巴蜀风格的器物也逐渐传播至各地。

鍪为战国早期或稍早出现于巴蜀地区的炊器[6]，是巴蜀文化中典型器物之一，多为侈口、束颈、圜底。卧虎湾墓地陶鍪分为带耳鍪、带鋬鍪及无耳无鋬鍪三类，尤以无耳无鋬鍪演变特征最为明显，由圜底或尖圜底变为圜底低平，器体也渐趋宽扁。卧虎湾墓地出土陶鍪的年代集中于秦汉时期，部分底部带有烟炱，为日常生活用器。陶鍪与陶釜的形制及功能相差无几，在卧虎湾墓地的存续时间也相同，均出现于战国晚期，又同在西汉中期时走向衰微，二者不共出于同一座墓葬中。

铜鍪带有环状器耳，耳部具有明显的演变特点，即由单耳变为一大一小双耳，再到大小相同的双耳，存续时间一直延续至东汉时期。卧虎湾墓地墓葬中共出土 5 件铜鍪，其中 1 件颈部附加麦穗

[1] 赵化成：《早期秦文化》，《中国考古学学会会报》1993年第3期。

[2] 秦始皇帝陵博物院：《再谈秦墓屈肢葬渊源及其相关问题》，《文博》2014年第1期。

[3] 陈洪：《中型秦墓墓主族属及身份探析——以渭水流域中型秦墓的葬俗为视角》，《郑州大学学报（哲学社会科学版）》2011年第4期。

[4] （晋）常璩：《华阳国志·蜀志》，重庆出版社，2008年。

[5] （南朝宋）范晔：《后汉书·南蛮西南夷列传》，中华书局，1973年。

[6] 陈文领博：《铜鍪研究》，《考古与文物》1994年第1期。

状单环耳，2件肩部对称处附加一大一小环形器耳，2件肩部对称处附加两个大小相同的器耳，三型对应三个发展阶段。

五 戎文化因素

“戎”是先秦时期偏居西北一隅的古族，族群构成较为复杂，有羌戎、邽戎、冀戎、绵诸戎、义渠戎、大荔戎等。秦人起于西垂，其生存空间与戎人交叠，二者渊源颇深，戎文化对秦文化的建构有重要影响。秦与戎的关系历来复杂，早期秦人面对戎人时处于劣势，及至穆公霸西戎，秦人取得绝对优势，戎臣服于秦，随着秦国的崛起，秦对戎人继续实施有力的控制，一部分戎人被迫远徙，另一部分戎人则留守关中，与秦人混居，两种文化相互渗透，彼此熏陶。卧虎湾墓地部分墓葬中戎文化因素与秦文化因素共存，表现的就是戎人与秦人混居的状态。史料记载，公元前212年，秦始皇派蒙恬驱逐了匈奴，“自榆中，并河以东，属之阴山，以为四十四县，城河上为塞。又使蒙恬渡河取高阙、阳山、北假中，筑亭障以逐戎人。徙谪，实之初县”[1]。随着秦王“扫六合”事业的推进，秦国的国土日益扩张，为了巩固统治，秦王进行数次大规模的人口迁移[2]。

（一）出土器物

卧虎湾墓地战国墓出土了一件铲形袋足鬲，俞伟超先生在探讨古代“西戎”和“羌”“胡”等考古学文化的归属问题时指出，这种“双耳、高领、袋足乃至铲状足端的陶鬲，同‘周式鬲’是不同的，按其所属文化的主要族属性质来说，可称之为‘戎式鬲’。秦人使用具有‘戎式鬲’作风的陶鬲，至少暗示了秦人和戎人的长期密切关系，而这是有历史上的亲缘关系为基础的”[3]。铲形袋足鬲、双耳罐、单耳罐是目前学术界比较认同的典型戎文化器物，随着戎人考古遗存的不断发现，一种流行于关中地区且与铲形袋足鬲、双耳罐、单耳罐共出的、特殊形制的陶罐出现在人们的视野，其主要特征为高领，肩部饰有旋断绳纹，大平底，此类陶罐与典型的秦文化陶罐差别较大，一些学者称其为“戎式陶罐”[4]，它与铲形袋足鬲、双耳罐、单耳罐等器物一起成为辨别戎文化遗存的典型器物。本报告将“戎式陶罐”归入“小口旋纹罐”中。该墓地战国时期较为典型的戎、狄文化因素一直延续至秦汉时期，秦汉时期墓葬中共出土6件双耳罐、2件单耳罐，器耳上接于口部，下接于腹上端，下腹部斜内收，器体较小，且均与小口旋纹罐共出。卧虎湾墓地秦墓中的部分小口旋纹罐为高领、圆肩，器身饰有绳纹及弦纹，符合典型的“戎式陶罐”形制。戎式陶罐在关中地区存续时间不长，集中于战国晚期至秦，卧虎湾墓地中的这种高领小口旋纹罐自战国晚期一直延续至西汉时期，具有明显的发展演变序列，这应与其所处位置有关，卧虎湾墓地地处非政治核心区域，在接受中原文化影响的同时又保持了本地的风格。

（二）葬具

除了出土器物外，葬具亦显示出戎文化特征。卧虎湾墓地秦代墓葬M462使用了一种特殊的葬

[1] （汉）司马迁：《史记·秦始皇本纪》，中华书局，1999年。

[2] 葛剑雄：《中国移民史·第二卷》，福建人民出版社，1997年。

[3] 俞伟超：《古代“西戎”和“羌”、“胡”等考古学文化的归属问题的探讨》，《先秦两汉考古学论集》，文物出版社，1984年。

[4] 张寅、耿庆刚、侯红伟：《关中地区东周时期“戎式陶罐”及相关问题研究》，《文博》2017年第5期。

具，该墓墓葬形制为竖穴土坑墓下有生土二层台，二层台以下墓坑四壁及南、北两纵壁中部各有一个宽 0.12、进深 0.12 米的垫土槽，推测槽内原应有木质立柱，构成立方体框架，其上为盖板，该结构的椁周壁没有底板及壁板，为框架木椁，这种特殊的葬具，在秦人墓葬中不多见。值得注意的是，扶风刘家姜戎墓地中，11 座为框架结构的木棺[1]，宝鸡郭家崖墓地中也发现有 8 座框架木椁，其发掘者认为郭家崖秦墓地这种框架结构的木椁，很可能是受戎人框架结构木棺影响的结果，这种在战国时期出现的框架结构的棺椁是秦文化与戎文化结合的产物[2]。

戎人的族群结构复杂，不同支系的戎人显示出考古学文化上的异质性，学术界目前一般认为东周时期西戎考古学文化应该具有两个文化系统，其一来源于北方草原文化，另一来源于甘肃东部寺洼文化。有学者通过对西戎遗存的比较研究，将其划分为五个类型，即“杨郎类型”“马家塬类型”“毛家坪 B 组类型”“寨头河类型”和“关中类型”，并总结出不同类型的特点，其中“关中类型”是一种分散的、与秦墓共存的、具有西戎移民性质的遗存。其特点有两个，一是关中类型的戎文化器物多饰绳纹，二是关中类型的西戎遗存多与秦器共存于同一墓中[3]，这正与卧虎湾墓地出土具有戎式风格器物的特点相吻合。

六　北方文化因素

北方文化因素指的是分布在中国北方长城地带的考古学文化，包括陕西省北部、山西省北部、内蒙古中南部、西北地区和河北地区，西起祁连山东北麓，东到燕山山地，最北到燕山北麓，南到黄土高原南缘。这一线又被称为北方长城地区，中原地区的农耕民族和北方地区的游牧民族在这个区域内产生交流，这种交流既包括商业、贸易等正向交流，也包括战争等形式的负向碰撞，因此形成了独特的文化带。

北方文化因素主要体现在双耳罐、单耳罐等陶器上外，还体现在铜鍑、马面饰、铃形饰、扣饰、管饰、双环手马衔、镂空铜铃、铜牌饰等器物，这类器物通常被称为北方系青铜器，在我国主要分布在北方长城沿线，目前在甘青地区、内蒙古地区、燕山南北地区均有发现，从春秋晚期开始出现后逐步流行，直至战国秦汉。卧虎湾墓地除不见铜鍑、镂空铜铃、铃形饰外，其余器类均有大量出土，且主要出土于秦汉时期的墓葬中。尤其是 M330 中出土一件铜牌饰，是秦汉时期胡人的典型遗物。

第二节　墓地形成过程与族群探讨

族群是人们在交往互动和参照对比过程中自认为和被认为具有共同的起源或世系，从而具有某些共同文化特征的人群范畴[4]。族群强调内部的一致性、阶序性，以及对外设定族群边界以排除他人[5]。考古学上的族群研究，即通过在特定时空范围及政治环境中，有共同的历史记忆、生活方式、语言风俗的人群在生产和生活中遗留下的具有共同特征的遗存的研究，揭示创造和使用该考古学文

[1]　尹盏平、王均显：《扶风刘家姜戎墓葬发掘简报》，《文物》1984年第7期。
[2]　马金磊、王颢、田原曦：《郭家崖东周秦墓姜戎文化因素观察》，《文博》2018年第6期。
[3]　张寅：《东周西戎考古学文化的初步研究》，《秦始皇帝陵博物院》，2013年。
[4]　庄孔韶：《人类学通论》，山西教育出版社，2004年。
[5]　王明珂：《华夏边缘：历史记忆与族群认同》，社会科学文献出版社，2006年。

化的族群的真实情况，从而尽可能地恢复其历史原貌[1]。要探究卧虎湾墓地中各人群的属性和来源，就需要与邻近地区以及文化面貌相似的遗存进行比较。

一 与相关墓地对比

（一）与清涧李家崖东周及秦代墓葬比较

李家崖遗址位于榆林市清涧县，处于米脂县的南边。李家崖遗址发掘了33座东周墓葬以及6座秦代墓葬。墓葬形制多为长方形竖穴土坑墓；多数墓底部有熟土二层台，部分墓室内的填土经过夯打；14座东周墓及2座秦墓随葬石圭，数量较多；出土8件双耳罐，均为夹砂灰陶，多素面，部分在肩部饰一周锯齿状附加堆纹；个别墓葬有殉牲。考古发掘者根据史料记载将李家崖东周墓葬的属性定为狄人[2]。

卧虎湾墓地竖穴土坑墓附带的二层台均为生土二层台，且未见有夯打填土现象；墓葬均不随葬石圭；出土的双耳罐器身多装饰有绳纹、麻花纹及弦纹，且出土有单耳罐。同时卧虎湾墓地战国及秦墓中随葬的陶罐种类较多，其中数量最多的小口旋纹罐不见于李家崖遗址。由此看来，二者的文化面貌有一定差别，但不可否认的是，李家崖东周墓葬属于白狄的齐口双耳罐在卧虎湾墓地战国、秦墓葬中也十分常见，卧虎湾墓地出土陶鬲及带耳罐上装饰的蛇纹很可能受到李家崖东周时期文化的影响。

（二）与寨头河墓地比较

寨头河墓地位于延安市黄陵县，该墓地的年代为战国中晚期，是一处戎人墓葬群。寨头河墓地均为竖穴土坑墓，45%的墓葬有殉牲，无二层台；出土了2件高领袋足鬲（铲形足），2件双耳罐以及12件单耳罐，陶器少装饰且陶质为夹砂陶；出土较多带有典型北方草原文化因素的器物，如铜牌饰、骨制武器等[3]。卧虎湾墓地东周墓葬包含竖穴土坑墓及直线洞室墓两种形制，出土双耳罐37件，器身多装饰有蛇纹、绳纹、麻花纹及弦纹；出土单耳罐10件，腹部多饰绳纹或蛇纹。二处墓地出土的双耳罐器形略有差别，且卧虎湾墓地未见有殉牲现象。二者显示出一定的差异性。

（三）与史家河墓地比较

史家河墓地位于延安市黄陵县，该墓地共发掘37座墓葬，包括竖穴土坑墓和洞室墓，分为两个发展阶段，第一段为战国早中期，第二段为战国晚期至秦统一。出土罐式鬲、单耳罐、双耳罐等戎式陶器以及缶、釜等秦式陶器，还包括数量较多的北方系青铜器；双耳罐、单耳罐及陶罐少装饰，与寨头河墓地出土的戎式器物相似[4]；结合该墓地的空间结构，发掘者认为北方系青铜器与该墓地中的一支北方青铜文化墓葬（有可能是贵族）有关[5]，但不见殉牲以及青铜武器；到战国晚期至秦统一，该墓地的戎文化因素及北方青铜文化因素消失，出现秦文化墓葬。

[1] 李伯谦：《考古学文化的族属问题》，《考古学研究》2008年。

[2] 陕西省考古研究院：《李家崖》，文物出版社，2013年。

[3] 陕西省考古研究院、延安市文物研究所、黄陵县旅游文物局：《寨头河——陕西黄陵战国戎人墓地考古发掘报告》，上海古籍出版社，2018年。

[4] 陕西省考古研究院、延安市文物研究所、黄陵县旅游文物局：《陕西黄陵县史家河墓地发掘简报》，《考古与文物》2015年第3期。

[5] 陕西省考古研究院：《黄陵史家河战国墓地相关问题探讨》，《考古与文物》2015年第3期。

史家河墓地与寨头河墓地距离较近，且二者的文化面貌相似，应该具有某种联系，除此之外，二者也显现出各自的独立性，如寨头河有数量众多的殉牲，而史家河殉牲现象较少；史家河出土的唯一一件双耳罐肩以下装饰有绳纹，而寨头河墓地出土的两件双耳罐均为素面。史家河墓地与寨头河墓地之间的区别刚好是其与卧虎湾墓地东周墓葬的相似之处，但是史家河墓地戎文化遗存与卧虎湾墓地的戎文化遗存差别较大，陶器的器形及陶质差别显著，且卧虎湾墓地未见有北方系青铜器，但秦文化遗存显示出一定的相似性。

（四）与郭家崖墓地比较

宝鸡郭家崖秦国墓地共发掘37座墓葬，时代为战国早期到晚期；墓葬形制分为竖穴土坑墓及洞室墓（包括8座框架木椁），随葬器物较少；该墓地除了典型的秦文化面貌外，还发现了带有戎人文化因素的器物，即1件饰有绳纹的双耳罐，2件饰有绳纹的高领袋足鬲（铲形足），无殉牲现象[1]。卧虎湾墓地的战国墓葬中的戎文化面貌与关中地区的宝鸡郭家崖秦墓较为相似，首先，从出土器物特征来看，两处墓地出土的陶器多饰绳纹，且陶罐皆为小口高领罐，且不见有北方青铜文化随葬器物；其次，从葬具来看，卧虎湾墓地及郭家崖墓地均使用了一种独特的葬具，即框架木椁，郭家崖墓地共有8座战国晚期的墓葬使用框架木椁，发掘者认为该葬具鲜少见于秦人墓地，而多为关中地区的戎人所用。卧虎湾墓地战国晚期至秦统一前后墓葬发现有10座框架木椁，除此之外，扶风刘家姜戎墓地、塔儿坡秦墓中均发现有这一现象。

二　墓地族群变迁

文化因素分析的结果表明，卧虎湾墓地战国、秦墓葬多种文化因素共存，文化面貌复杂。陕北地区自春秋战国之际就是少数民族往来频繁之地，根据《史记·匈奴列传》记载：“晋文公攘戎翟，居于河西圁、洛之间，号曰赤翟、白翟。《集解》引徐广曰：“圁在西河，音银。洛在上郡、冯翊间[2]”。根据文献的相关记载我们可知，春秋早期至战国中期，陕北地区直至鄂尔多斯为狄人活动地域，直至公元前453年，“韩魏共灭智伯，分晋地而有之，则赵有代、句注之北，魏有河西、上郡，以与戎界边[3]”，此地便纳入魏国的版图，随着秦国的崛起，魏国的版图不断被瓦解，《史记·魏世家》记载，魏襄王七年，“魏尽入上郡于秦[4]”，这一带便又成为秦国的领土。通过对该墓地春秋晚期至战国晚期墓葬文化因素的分析可知，其相关发现与文献中的记载较为吻合（表4）。

卧虎湾墓地自战国早、中期一直延续至西汉中晚期，其社会文化结构的演变与史料记载的该地历史变迁相一致。战国早期以泥质双耳罐为代表的狄文化为主，偶见以陶豆为代表的晋文化；战国中期以“鼎、豆、壶”为代表的三晋文化比例逐渐上升，至战国晚期前段三晋文化和以泥质双耳罐为代表的狄文化所占比例基本持平，成为这一时期该墓地主要的两种文化。战国晚期后段至秦统一前后，上述两种文化因素所占比例急速下降，以小口罐（缶）、釜、鍪、茧形壶等器物为代表的秦文化因素所占比例急剧上升，间或以泥质双耳罐、夹砂双耳罐为代表的戎、狄文化。至汉代，卧虎

[1]　陕西省考古研究院、宝鸡市考古研究所：《宝鸡郭家崖秦国墓地（北区）发掘简报》，《文博》2018年第6期。

[2]　（汉）司马迁：《史记·匈奴列传》，中华书局，1999年。

[3]　（汉）司马迁：《史记·匈奴列传》，中华书局，1999年。

[4]　（汉）司马迁：《史记·魏世家》，中华书局，1999年。

表 4　卧虎湾墓地战国墓葬文化因素分析表

来源 时期	卧虎湾墓地	文化占比	周边遗存
春秋晚期至战国早期	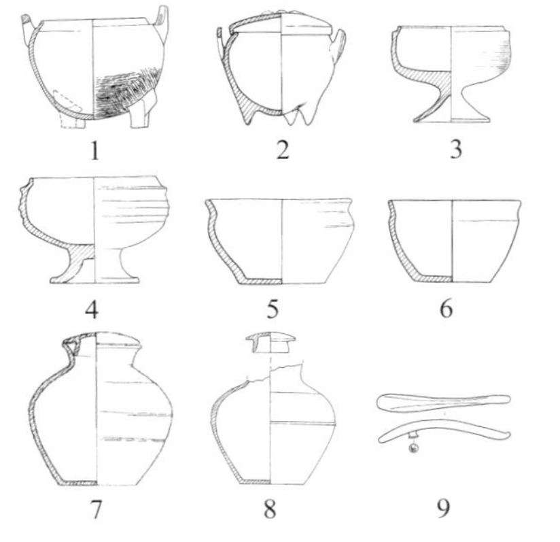 1 2 3 4 5 6 7 8 9	晋系文化 30%	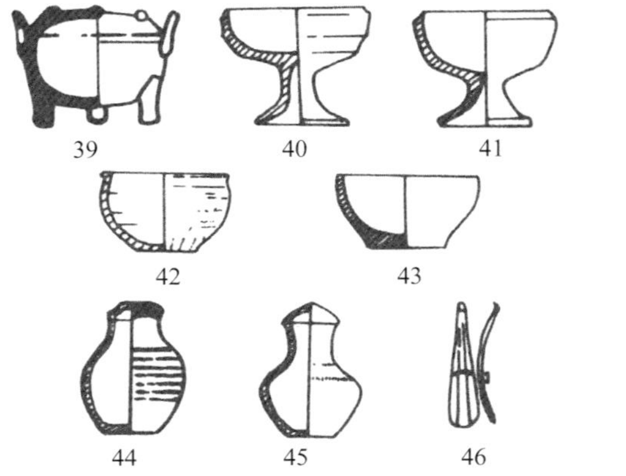 39 40 41 42 43 44 45 46
	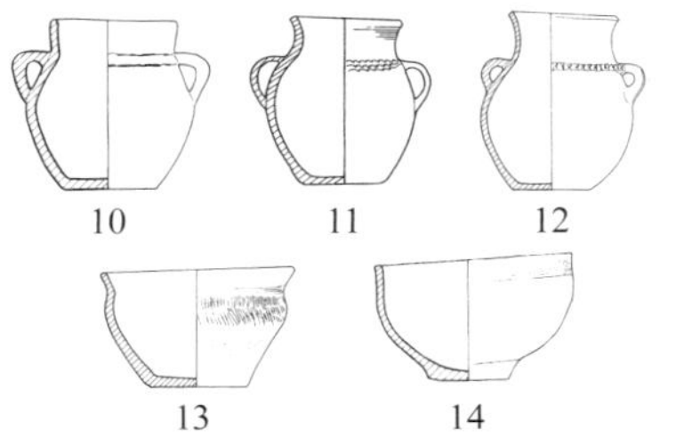 10 11 12 13 14	狄文化 80%	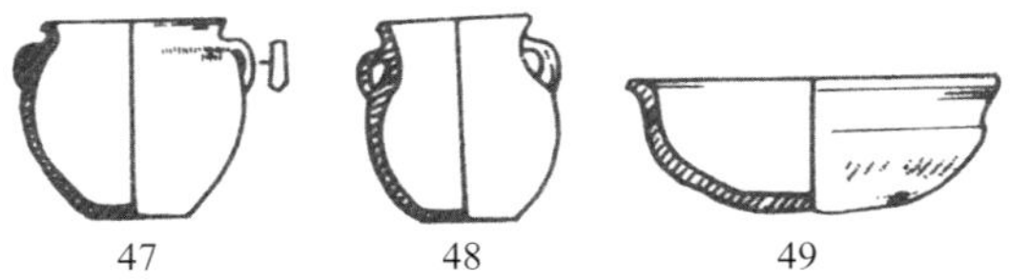 47 48 49
战国中期至战国晚期前段	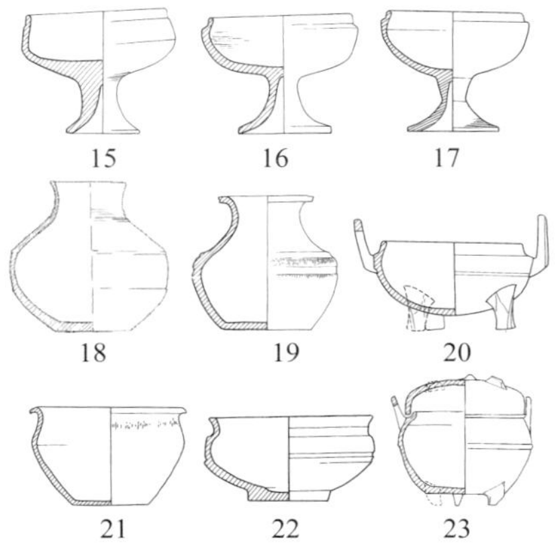 15 16 17 18 19 20 21 22 23	晋系文化 54.2%	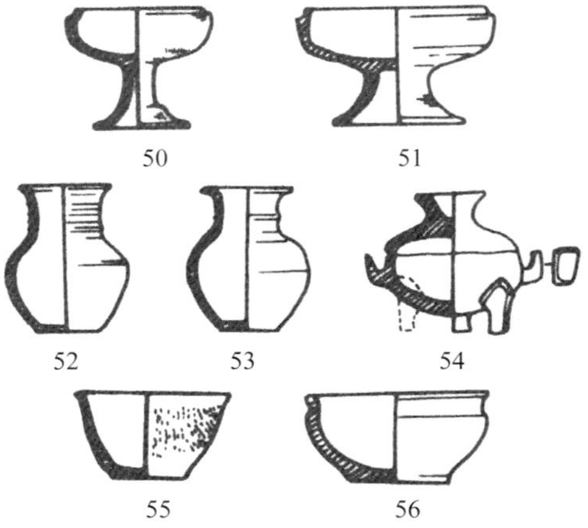 50 51 52 53 54 55 56
	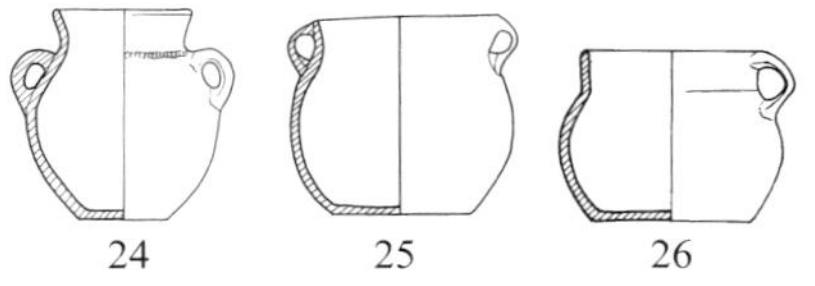 24 25 26	狄文化 42.8%	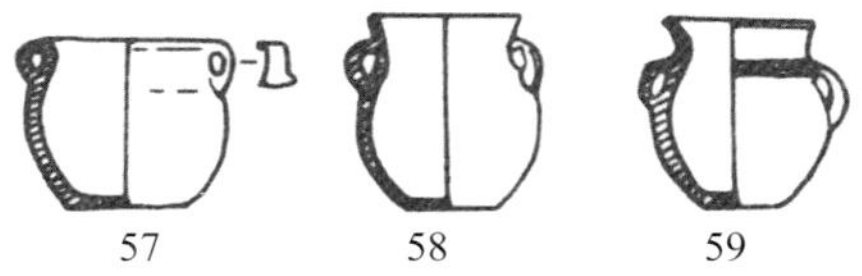 57 58 59
	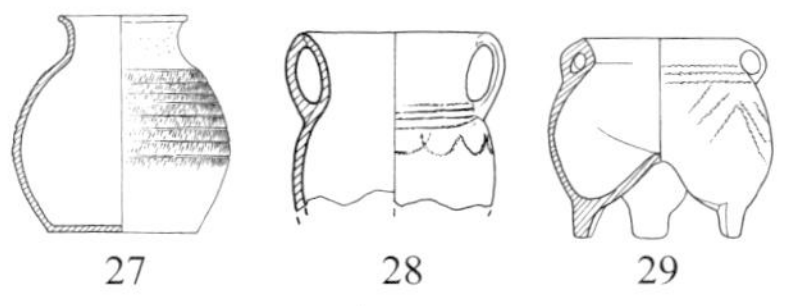 27 28 29	戎文化 14.3%	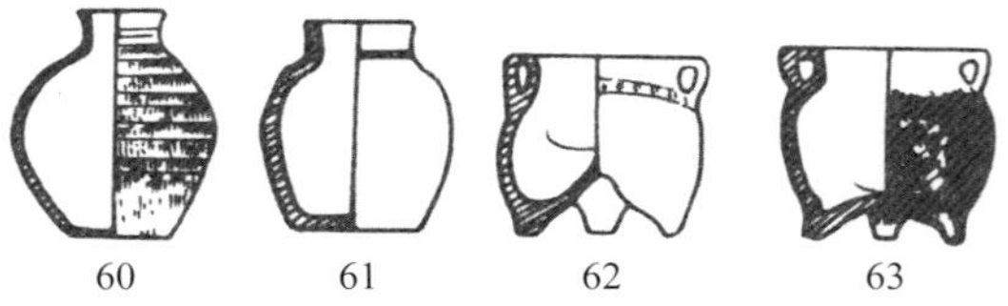 60 61 62 63

来源 时期	卧虎湾墓地	文化占比	周边遗存
战国晚期 后段	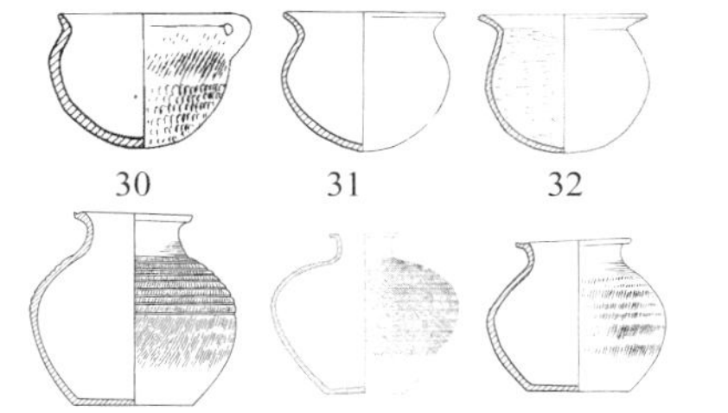 30　31　32 33　34　35	秦文化 80%	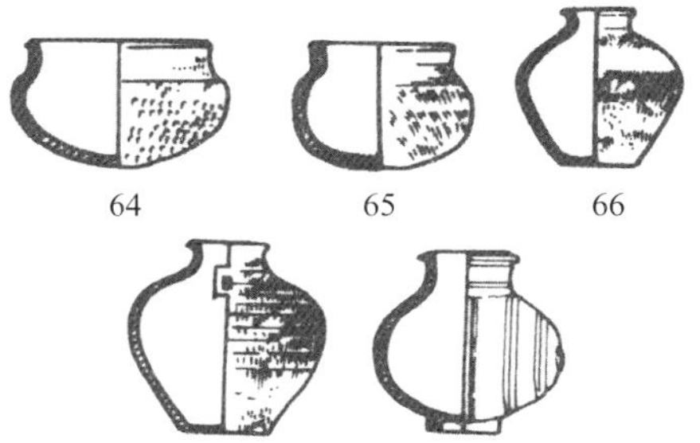 64　65　66 67　68
	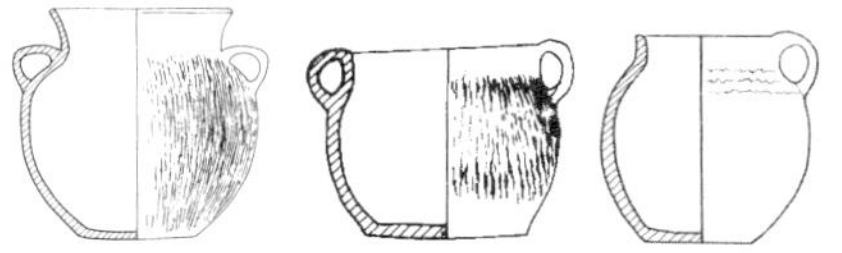 36　37　38	戎狄文化 33.3%	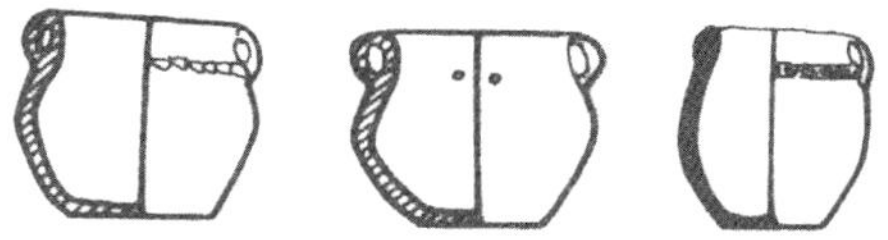 69　70　71

1.M408:4　2.M162:4　3.M162:3　4.M378:6　5.M61:1　6.M325:1　7.M162:1　8.M162:2　9.M327:2　10.M61:3　11.M378:3　12.M145:2　13.M145:1　14.M454:1　15.M74:2　16.M159:1　17.M328:4　18.M432:5　19.M277:3　20.M432:7　21.M328:1　22.M432:1　23.M440:6　24.M159:5　25.M343:2　26.M222:1　27.M166:2　28.M166:1　29.M458:3　30.M273:6　31.M283:7　32.M174:1　33.M407:1　34.M183:2　35.M267:2　36.M64:2　37.M183:3　38.M456:2　39.洛阳中州路东段DM38:13　40.清涧李家崖83峰M7:3　41.清涧李家崖83草M4:2　42.清涧枣湾畔M3:1　43.清涧李家崖83草M18:2　44.洛阳中州路东段DM86:54　45.曲沃曲村M5185:1　46.郑州二里冈M401:1　47.清涧李集山采:02　48.清涧李家崖83峰M1:15　49.清涧桃林山采:02　50.清涧李集山采:024　51.清涧李集山采:09　52.清涧桃拨梁采:03　53.清涧枣湾畔M2:5　54.清涧李家崖83草M7:10　55.清涧李家崖83峰M2:5　56.牛村古城62H428号M3:3　57.清涧桃拨梁采:02　58.清涧李家崖83峰M1:5　59.清涧李家崖83草M2:5　60.高陵益尔M58:1　61.咸阳任家咀M124:3　62.黄陵寨头河M71:1　63.铜川枣庙M2:　67.黄陵史家河M8:2　68.西安世家星城M166:7　69.清涧李家崖83草M30:4　70.清涧李家崖83草M5:3　71.清涧李家崖83星M2:1

湾墓地文化面貌和关中地区中小型墓葬的文化面貌基本类似，不同的是，主要由于其所处的地理位置，卧虎湾汉代墓葬中可见较多车马器、扣饰、管饰等北方系青铜器。

具体来讲，卧虎湾墓地一期1段多见以双耳罐和其他日用器物所代表的狄文化面貌下的器物组合。二期2段中器物组合可以分为两组，一组是以仿铜陶礼器鼎、豆、壶为代表的器物组合，另一组是以双耳罐和其他日用器物所代表的器物组合。该期段中三晋文化因素和狄文化因素都占了较大的比重，但值得注意的是，这一期段出现了铲形带足鬲和罐类组合的戎文化因素。三期3段和二期2段的文化面貌基本一致，但明显可见以仿铜陶礼器鼎、豆、壶为代表的三晋文化比例有所上升，且这一时期该墓地人群数量急剧增多。从3期4段开始，壶形罐、小口罐（缶）等罐类日用陶器和釜、甑、盂等日用陶器组成的器物组合较多出现，以仿铜陶礼器鼎、豆、壶为代表的器物组合器物迅速减少，双耳罐和其他日用器物形成的组合仍然存在，但趋于衰落，此期段中秦文化占据了完全主导性的因素。至四期5段，由鼎、豆、壶中两种或两种以上的仿铜陶礼器组成并伴有日用陶器的组合形式已完全不见，双耳罐的数量减少，以壶形罐、大口罐、扁腹罐、小口罐、小口旋纹罐、釜、鍪等日用陶器进一步流行。之后该墓地文化面貌进入西汉时期，与关中地区的中小型墓葬文化面貌基本一致。可见，卧虎湾墓地延续时间长，文化因素较为复杂。在不同期段，显示出不同的特点，占主导的文化因素也不同，这些不同反映出当时的军事战争和社会背景。

三　墓地族群属性

从上述内容可知，卧虎湾墓地在东周时期，人群流动较为复杂，从春秋晚期至战国早期狄人为该地主要人群，战国中期晋人开始进入该地与当地原有狄人共同杂居，同时还有部分戎人和当地人群有所交流。直到战国晚期前段晋人所占人群比例不断上升。但至战国晚期后段，秦人进入该地，该地原有狄人和后进入的晋人均迅速撤离至其他地方。之后该地属秦汉中央集权管理的地域范围，所属文化面貌和关中基本趋于一致。

（一）春秋晚期至战国晚期前段

目前学术界关于晋人、秦人乃至戎人的文化面貌和不同人群的代表遗物特征已基本清晰，但狄人的文化面貌以及狄人与戎人考古学物化体现的区别是什么仍是学术界悬而未决的问题，近年来随着陕北地区东周墓地的逐渐发现，对该问题逐步有了一些初步认识。

白狄是先秦地区生活在农牧交错地带的半农半牧的北方少数民族，其长期与商周中原王朝比邻而居，随时势附庸荒服。《左传·吕相绝秦书》载："白狄与君同州，君之仇雠；而我之婚姻也。"[1]可见，春秋时期白狄居于雍州。《史记·匈奴列传》载："晋文公攘戎翟，居于河西圁、洛之间，号约赤翟、白翟。"[2]圁水为陕北的无定河，无定河流经横山、米脂、绥德、清涧，在清涧注入黄河。"洛在上郡、冯翊间。"洛为发源于陕西定边南梁山，流经志丹、甘泉、富县、洛川、黄陵、宜君、澄城、白水、蒲城、大荔，至三河口注入渭水的洛河。《史记·正义》引《括地志》云："近延州、绥州、银州，本春秋时白狄所居。"[3]延州为现今的延安一带，绥州为现今的绥德一带，银州则为今天的米脂一带。春秋时期晋文公攘戎狄的河西应在今天的陕北延安、绥德、米脂一带。因此，卧虎湾墓地在春秋晚期开始形成阶段所体现的有异于三晋的文化面貌应属于戎人或狄人，为什么本报告确定其主要人群为狄人文化而非戎人呢？其理由主要有以下几点。

第一，从寨头河和史家河东周戎人墓地葬俗和所随葬的器物来看，陕北地区的戎文化因素主要体现在殉牲现象、北方系青铜器以及长颈单耳罐、双耳罐等各式陶罐上，值得注意的是戎人文化系统下的陶器制作工艺多为夹砂红褐陶，由于烧制的火候温度较低以及烧造工艺不精等原因，器表的色泽烧造不均匀[4]。而卧虎湾墓地春秋晚期至战国晚期的陶罐多数烧造温度相对较高，器表色泽较为均匀，且陶质多夹细砂灰陶，从所属陶系看，其与两处戎人墓地明显为不同人群。

第二，从目前陕北地区确认的李家崖[5]、辛庄[6]战国墓葬等狄人文化系统下的考古遗存来看，狄人所制造的陶器，尤其是双耳、单耳罐，多为夹细砂灰陶，陶胎较薄，烧造温度较高，少数器表有附加的泥条。从卧虎湾墓地战国墓葬所出土的双耳罐来看，其特征与上述陶系特征较为吻合。

第三，从文献中的相关记载和目前所发现的陕北地区东周墓葬来看，陕北南部为戎人较为集中

[1]　张帅、程开元译注：《左传》，山东画报出版社，2014年，第222页。

[2]　（汉）司马迁：《史记》，中华书局，1981年，第2883页。

[3]　（汉）司马迁：《史记》，岳麓书社，1988年，第1936页。

[4]　陕西省考古研究院、延安市文物研究所、黄陵县旅游文物局：《寨头河——陕西黄陵战国戎人墓地考古发掘报告》，上海古籍出版社，2018年；陕西省考古研究院等：《陕西黄陵县史家河墓地发掘简报》，《考古与文物》2015年第3期。

[5]　陕西省考古研究院：《李家崖》，文物出版社，2013年。

[6]　陕西省考古研究院、延安市文物研究院、榆林市文物保护研究所等：《戎与狄：陕北史家河与辛庄战国墓葬考古报告》，文物出版社，2021年。

的分布区域，中部的清涧、绥德、米脂等地在全国第三次文物普查时，发现有近百处“辛庄类型”的遗址点，所发现的与狄人文化系统下的陶器制作和烧造工艺基本一致。卧虎湾战国墓葬所在的米脂县也属于陕北高原中部，其所在地点属于这一时期狄人活动密集点。

因此，米脂卧虎湾墓地春秋晚期至战国晚期前段的墓葬与李家崖东周墓族属均为一处白狄的墓地。文化因素的频繁变迁，与白狄作为多个国家的附庸有关。至于战国晚期开始，秦文化因素的大量增加，则和秦完全占据上郡后文化的北扩和移民有关。

（二）战国晚期后段至西汉

从战国晚期后段开始至秦统一，以小口罐（缶）、釜、鍪、茧形壶等器物为代表的秦文化因素所占比例急剧上升，间或以泥质双耳罐、夹砂双耳罐、北方系青铜器为代表的戎、狄文化。而以“鼎、盒、壶”仿铜陶礼器为代表的三晋文化退出该地。西汉初年，卧虎湾墓地的使用人口数量较之秦有所增加，且随葬器物呈现出两种不同的风格，第一组为关中地区流行的传统秦文化，各种罐与釜鍪类组合，偶兼有北方文化遗存；第二组为西汉初期中原腹地流行的鼎、盒、钫、锜等仿铜陶礼器与罐类组合，文化结构较为单纯，不见有戎文化遗存。汉初时两组随葬器物界限比较明显，随着汉文化的扩散，第二组文化后来居上，最终形成单一的文化面貌。根据卧虎湾墓地的文化谱系来看，第一组所代表的族群应为战国晚期晚段以来的“土著居民”，步入西汉时继续沿用了之前的丧葬传统。第二组为随着秦汉中央集权体制下的大一统局面的巩固和加强，中原文化遗存逐步流行至关中地区，并向北方各地逐步扩散，黄河以北各地文化面貌逐步呈现出一定的趋同性。

但是卧虎湾墓地汉代墓葬因其特殊的地理位置，与关中西汉时期的中小型墓葬又表现出一定的区别。综合对比卧虎湾墓地与中原地区的汉墓，其文化面貌与关中地区有所不同，除了存在一定比例的北方文化因素外，从葬具来看，关中地区西汉早期墓葬所使用的葬具多为一棺，一棺一椁数量较少，而卧虎湾墓地同时期汉墓中使用一棺一椁的数量较多，且葬具不具有明显的等级意义；从出土器物来看，关中地区汉墓随葬了数量较多的陶仓，而卧虎湾墓地仅在西汉晚期的墓葬中出土 1 件陶仓。

第三节　居址与墓葬

一　墓地形态格局

人群的主观认同（族群范围）由界定及维持族群边界来完成，而族群边界是多重的、可变的、可被利用的[1]。从卧虎湾墓地的族群结构来看，政治因素对族群边界的变更有直接影响。卧虎湾墓地初期使用人群为狄人，战国中期该地受控于魏国；战国晚期时，秦并上郡，该地为秦人所控；进入秦汉大一统时期后，该墓地的文化面貌相对稳定。不同的族群共处于同一生存空间，必然会产生互动，其族群界限也会渐趋模糊，在长期的融合中，卧虎湾墓地不同文化系统的族群逐渐同质化，文化面貌也归于单一，最终融入中原大文化系统中。由此看来，卧虎湾墓地所呈现出的社会文化结构与该地所属的政权范围有关，也与中央集权统治下的边疆政策有关。从西汉中期后，在中央集权制帝国

[1]　王明珂：《华夏边缘：历史记忆与族群认同》，社会科学文献出版社，2006年。

强有力的统治下，该墓地不同传统之间的隔阂逐渐消弭，最终逐渐趋向一致。韩建业提出“对墓葬布局的空间划分应根据其集结情况和相互间的距离远近而定[1]”。卧虎湾墓地根据墓葬间的聚集程度分为五区，从北至南依次为A区、B区、C区、D区以及E区。

从时空分布上看，A区位于卧虎湾墓地最北端，地势最高，台面宽广，墓葬数量较多，是该墓地延续性最长且最早使用的墓区；B区地势比A区低，使用时间要略晚于A区，墓葬数量较多；C区位于该墓地最西边，沿台地呈南北狭长状分布，使用时间集中在西汉年间；D区位于该墓地中心区，海拔较低，该区台地面积较大，从东至西呈三层台阶状分布，墓葬数量最多，使用时间集中在秦至西汉时期；E区位于该墓地最南端，墓葬数量最少，且与其余四区距离较远。卧虎湾墓地五个区的墓葬分布不甚规律，同时期墓葬之间存在叠压打破关系，其应未经过专门规划。不过从总体墓地结构来看，A、B墓区使用时间较早，自秦汉之后开始，五个墓区同时使用。早期墓葬多分布在各个墓区台地的中心地带，晚期墓葬围绕早期墓葬向台地四周扩散，因此晚期墓葬多处于各墓区台地的外围。

从出土器物组合来看，由于卧虎湾墓地先后容纳了两批外迁人群，其社会文化结构也发生转变，这个变化正好与卧虎湾墓地的形成过程相对应。最初，以双耳罐为代表的北方人群和以陶豆等为代表的晋人墓葬集中分布在A区，其后以蒜头壶、陶釜等秦器为代表的秦文化人群初到此处时与本地人混居，墓地继续使用A区，同时也新开辟出B、E两区。随着秦人的定居，卧虎湾墓地进一步扩大，D区开始集中使用。及至汉初，以鼎、盒、钫、锜等为代表的汉人来此，与当地的居民杂居，形成了两支不同的文化面貌，一支继续沿袭本地传统，随葬各种罐及釜鍪类器物，兼有北方文化因素；一支则为带有传统的中原地区文化风格，随葬鼎、盒、壶、钫、锜等组合的彩绘陶器。从墓葬分布看，前一支墓葬沿袭本地传统，多分布在A区及B区；后一支群体则集中分布在D区，C区也有少量分布。此后这两支人群逐渐融合，汉文化的影响力进一步扩大，墓地结构相对稳定，族群构成较为简单。至西汉晚期，墓葬数量骤减，该墓地逐渐被废弃。

从墓地的社会分层来看，A区、D区为该墓地的核心墓区，多分布等级较高的墓葬。滕铭宇先生认为，处于一定时期的考古学文化，其内部往往由包含有存在不同层次上的遗存，进而形成了一定的层次结构[2]。墓葬是死者的阴宅，反映着死者生前的社会信息，由于社会意识形态的制约，不同等级身份的人所使用的丧仪迥然有异，所以墓葬通常能直接体现墓主的社会阶层。一般认为，墓葬形制及规模凝聚着社会劳动力，随葬器物的种类及多寡除了是生前财富的象征外也具有等级意义，三者在一定程度上可以反映墓主生前的社会层次。综合考虑卧虎湾墓地墓葬的各种因素，其主墓区随着时间的推移有所改变。前期，A区为该墓地的主墓区，处于该区台面中心位置的墓葬规模较大，且随葬器物较多，兼有仿铜陶礼器墓。如该墓位于墓群A区台面中间的M84出土3枚铜印章，分别刻有“梁蒂之印”“梁君”“臣蒂”“梁蒂”字样，臣一般是官吏的自称，再结合该墓出土的其他器物，墓主财富拥有量较高，很有可能为本地的官员，具有一定的社会地位，根据出土器物的类型学研究，此墓葬的时间为西汉初期。同一时段内，B区的墓区等级要略低于A区，两墓区距离较近，与A区相比，B区墓葬随葬器物的种类较少且未见有等级较高的墓葬。西汉初期以后，A区仍继续沿用，但D区开始成为主墓区。D区位于整个墓地的中央，台面平坦宽广，斜坡墓道类墓葬数量最多，葬具多为一棺一椁，随葬仿铜陶礼器墓葬的数量也要远多于其他墓区，且位于该区中心地带的M103

[1] 韩建业：《殷墟西区墓地分析》，《考古》1997年第1期。

[2] 滕铭予：《秦文化：从封国到帝国的考古学观察》，学苑出版社，2002年。

等级明显较高。M103 年代为西汉中期，随葬器物除了鼎、锜、甑、扁腹罐、铜钫、铜鐎壶、铜镜外，还出土了一套完整的玉覆面及玉鞋，墓主手中还握有玉璜。《士丧礼》中记载“幎目用缁，方尺二寸，赪里”，郑玄注“幎目，覆面也。赪，赤也”[1]。由此看来，以布帛覆面乃是一种传统的丧仪，而玉覆面更是身份等级的象征。C 区分布在较为狭窄的平台面，海拔较低，墓葬均为竖穴土坑墓，且无仿铜陶礼器墓，该墓区等级相对较低。同一墓区中，不同位置的墓葬也有层级差别，位于台面中心地带的墓葬通常规模较大，随葬器物丰富，仿铜陶礼器墓也多分布于此，而最外围的墓葬大都规模较小，且出土器物较少，墓主的社会等级较低。

卧虎湾墓地墓葬的葬制葬俗以及出土器物均显示出多元化的面貌，不同文化族群的人葬于同一墓地中，显示出此时社会的基本组织单位已发生变化，血缘组织已转变为地缘组织[2]。汉文化来源复杂，其文化结构经历了汉初的渐变阶段，最终形成了一个完整形态的汉文化[3]。卧虎湾墓地正表现出这种变化，秦王朝的倾颓并未使其文化断裂，而是继续生存发展，与汉文化融合，典型的秦文化因素诸如屈肢葬、竖穴墓道类墓葬、茧形壶、陶釜等仍在西汉早期的墓葬中存续，多种文化传统共存于同一空间，直至西汉中期，卧虎湾墓地的文化结构归于一致，最终实现汉文化的重组、定型。

二　居址蠡测

居址的选择与自然地理环境息息相关。《史记》记载“蒙恬死，诸侯叛秦，中国扰乱，诸秦所谪徙戍边者皆复去”[4]，从卧虎湾墓地人口数量变化来看，随着秦帝国的倾颓，谪戍在此的人群并未“皆复去”，至少有一部分人群继续在此繁衍生息，这说明他们定居之地舒适度较高，生态环境与农田水利等因素能满足小农经济的基本需求，春生夏长，秋收冬藏。《史记·五帝本纪》有“一年而所居成聚[5]”的说法，卧虎湾墓地规模较大，延续时间较长，该墓地的使用者必为当地定居人群，其聚落也应具有一定规模，且卧虎湾墓地位于无定河旁的墚峁上，居址不会离墓葬区过远。综合上述几点因素，再结合当地的地形地貌以及现在的人口居住环境，卧虎湾墓地使用人群的居址应位于无定河旁的台地上，该区位于无定河中游，依山傍水，壤地肥饶，符合秦汉时期聚落多分布于平原和山前冲击地带，地处河旁台地或河湖岸边的特点[6]。据榆林市文物考古研究所在米脂县老城的勘探与调查结果看，在米脂古城西墙北端、北墙和东墙夯土内、墙体沿线、城东北角北侧墩台周围以及城内米脂三中东侧坡地上均发现有绳纹瓦片和晚期砖瓦块。绳纹瓦片内多饰麻点纹，少量素面或饰绳纹、布纹[7]，其均为战国至西汉时期板瓦的纹饰特征，和卧虎湾墓地的形成年代保持一致。且米脂古城位于米脂县城东南，距卧虎湾墓地仅 1 千多米，综合考量该城址的地理位置以及历史沿革，米脂古城很有可能是卧虎湾墓地人群生前的居址区。

[1] 高崇文：《试论先秦两汉丧葬礼俗的演变》，《考古学报》2006年，第4期。

[2] 徐苹芳：《考古学上所见秦帝国的形成与统一》，《台大历史学报》1999年，第23期。

[3] 俞伟超：《考古学中的汉文化问题》，《考古、文明与历史》，2010年，第46页。

[4] （汉）司马迁：《史记·匈奴列传》，中华书局，1999年，第2211页。

[5] （汉）司马迁：《史记·五帝本纪》，中华书局，1999年，第26页。

[6] 白云翔：《秦汉时聚落的考古发现及初步认识》，中国社会科学院考古研究所：《汉代城市和聚落考古与汉文化》，科学出版社，2012年，第44～55页。

[7] 榆林市文物保护研究所：《榆林市榆阳区桥头峁城址调查——兼西都、中阳、平周故城考》，《文博》2019年第6期。

附　表

附表一　米脂卧虎湾墓地墓葬统计表

墓号	方向	形制与尺寸（长 × 宽－深）（单位：米）	封门	葬具	葬式
M4	5°	竖穴土坑墓 3.00×2.08 － 2.44			
M5	5°	竖穴土坑墓 2.80×1.50 － 2.30			
M6	0°	竖穴土坑墓 3.55×3.52 － 2.70			
M8	95°	竖穴土坑墓 3.00×1.88 － 2.10			
M9	10°	竖穴土坑墓 3.72×2.76 － 3.18		一棺	仰身直肢
M10	0°	竖穴土坑墓 3.16×2.08 － 5.28			
M11	15°	斜坡墓道土坑墓 墓道 7.80×（0.9～1.32）－ 3.72 墓室 3.36×3.00 － 3.72			
M12	350°	竖穴土坑墓 3.54×2.80 －（3.10～3.30）		一棺一椁	
M13	0°	竖穴土坑墓 3.60×（2.72～2.90）－ 2.90			
M14	0°	竖穴土坑墓 4.98×4.02 －（3.78～3.96）		一椁	
M15	280°	斜坡墓道土坑墓 墓道 5.20×（2.40～3.32）－（1.65～4.20） 墓室 3.80×3.70 － 4.20			
M16	10°	竖穴土坑墓 3.20×2.40 － 2.56			
M17	275°	竖穴土坑墓 3.20×（2.50～2.70）－ 2.80		一棺	仰身直肢
M18	97°	竖穴土坑墓 2.30×1.40 － 1.70			
M19	95°	竖穴土坑墓 3.20×2.30 － 1.40			

随葬品	时代	备注
盂形陶甑 A1、瓶形陶罐 1、无耳陶釜 Aa Ⅱ 1、无耳无鋬陶鍪 B Ⅰ 1、蟠螭纹铜镜 C1	西汉早期（早）	盗扰 二层台
陶鼎 Ba Ⅲ 1、陶盒 B Ⅰ 1、陶钫 Ⅰ 1、陶锜 Ab Ⅰ 1、小口陶罐 Ab Ⅱ 1、扁腹陶罐 Ba Ⅱ 2、带耳铜釜 1、半两钱 1、铁削 1	西汉早期（早）	
陶钫 Ⅰ 1、壶形陶罐 A Ⅴ 1、扁腹陶罐 Ba Ⅱ 1、陶灶 B1、铜钫 1、四乳铭文铜镜 1、铜带钩 Aa1、铁灯 1、骨质棋子 1	西汉早期（早）	二层台
无		二层台
陶圈足壶 A Ⅱ 1、大口陶罐 Ac2、铜鍪 Ⅲ 1、铜环 1、骨质棋子 1	西汉早期（早）	二层台
大口陶罐 Aa Ⅲ 1、五铢钱 1、铁镇 1	西汉晚期	盗扰
平底陶壶 Ac1、陶钫 Ⅳ 1、侈口陶罐 1、小口陶罐 Aa Ⅴ Ⅰ 1、大口陶罐 Cb Ⅴ 1、大口陶罐 Cb Ⅳ 2、陶盂 Bb Ⅰ 1、陶灯 B1、陶灶 A1、铜马衔 1、铜马镳 1、铜当卢 1、铜车軎 1、铜车轙 1、铜衡末 1、铜扣形饰 1、铜盖弓帽 1	西汉晚期	盗扰
双耳陶罐 Aa Ⅲ 1、小口旋纹陶罐 Ab Ⅱ 1	战国晚期（早）	壁龛 盗扰 二层台
小口陶罐 Aa Ⅳ 2、小口旋纹陶罐 B Ⅳ 1、带耳陶釜 A1、带耳陶鍪 B1、铜带钩 B1	西汉早期（晚）	壁龛 二层台 盗扰
盆形陶甑 B Ⅱ 1、小口陶罐 Ab Ⅰ 2	战国晚期（晚）	盗扰 二层台
大口陶罐 Ab Ⅳ 1、扁腹陶罐 Bb Ⅲ 1、铜釜 1、铜灯 1、铁削 1、铁戈 1	西汉早期（晚）	盗扰
盆形陶甑 B Ⅱ 1、小口陶罐 B Ⅲ 1、小口素面小陶罐 A Ⅱ 1、带耳陶鍪 A Ⅱ 1	西汉早期（早）	壁龛
小口陶罐 B Ⅲ 1、小口旋纹陶罐 B Ⅳ 1、扁腹陶罐 Ba Ⅱ 1、陶汲水罐 1、带耳陶釜 A1、铜勺 1、素面铜镜 C1、铁削 1、玉串珠 1、骨饰件 1	西汉早期（早）	壁龛 二层台
陶圈足壶 A Ⅱ 1		盗扰
小口陶罐 B Ⅴ 1、扁腹陶罐 Ba Ⅳ 1、无耳无鋬陶鍪 B Ⅲ 1	西汉中期	

墓号	方向	形制与尺寸（长 × 宽－深）（单位：米）	封门	葬具	葬式
M20	275°	竖穴土坑墓 2.44×1.37 － 0.82		一棺	仰身直肢
M21	15°	竖穴土坑墓 （2.45 ～ 2.75）×1.50 － 1.28			仰身直肢
M22	265°	竖穴土坑墓 3.08×1.50 － 1.6		一棺	仰身直肢
M23	10°	竖穴土坑墓 3.60×2.36 － 3.24		一椁	
M24	10°	竖穴土坑墓 3.56×2.44 － 3.08		一棺一椁	
M27	10°	竖穴土坑墓 3.90×3.28 － 2.50		两套棺椁	
M28	355°	竖穴土坑墓 3.20×1.90 － 3.30		一椁	
M30	270°	竖穴土坑墓 3.86×2.84 －（3.90 ～ 4.20）		一棺	仰身屈肢
M33	10°	竖穴土坑墓 3.20×1.80 － 2.30		一棺一椁	
M34	15°	竖穴土坑墓 3.70×2.00 － 1.68		一棺一椁	
M35	10°	竖穴土坑墓 3.10×（1.70 ～ 1.84）－ 2.20			仰身直肢
M36	5°	竖穴土坑墓 3.40×2.60 － 3.60			
M37	5°	竖穴土坑墓 3.60×2.90 － 3.40			
M38	10°	竖穴土坑墓 3.10×1.80 － 2.40			
M39	5°	竖穴土坑墓 3.34×2.58 － 2.06		一棺	侧身屈肢
M40	265°	竖穴墓道土洞墓 墓道 2.00×1.40 － 0.90 墓室 2.50×（0.80 ～ 0.88）－ 0.76			仰身屈肢

续表

随葬品	时代	备注
小口陶罐 Aa Ⅲ 1、小口旋纹陶罐 Aa Ⅲ 1、陶灶 B1、铜带钩 Aa1、铜环 2、铁釜 1、玉环 1、玻璃串珠 2	西汉早期（早）	壁龛
小口陶罐 B Ⅲ 1、扁腹陶罐 Ba Ⅲ 2、四乳铭文铜镜 1、半两钱 A1、铁鏊 1	西汉早期（晚）	
大口陶罐 Ca Ⅰ 1、大口陶罐 Ab Ⅱ 1	秦	
陶钫Ⅲ 1、小口陶罐 Ab Ⅲ 1、大口陶罐 Ab Ⅳ 1、连弧纹铜镜 Aa1、石砚 1	西汉早期（晚）	盗扰 二层台
小口陶罐 Aa Ⅱ 1、大口陶罐 B Ⅱ 1、大口陶罐 Ac1、大口陶罐 B Ⅰ 1、扁腹陶罐 Bb Ⅱ 1、扁腹陶罐 Ba Ⅱ 2、素面铜镜 C1、铜带钩 B1	秦	双壁龛 盗扰 双生土二层台
陶锜 Aa Ⅱ 1、篮形陶甑Ⅲ 1、罐形陶甑 1、小口陶罐 Ab Ⅱ 1、小口陶罐 B Ⅳ 1、扁腹陶罐 Ba Ⅲ 2、扁腹陶罐 Ba Ⅳ 1、陶熏炉 B Ⅱ 1、蟠螭纹铜镜 A1、铜带钩 Aa1、铁熨斗 1、铁剑 2、铁削 1、铁釜 1	西汉早期（晚）	盗扰 二墓主
无		盗扰
陶钫Ⅰ 1、陶锜 Aa Ⅰ 1、篮形陶甑Ⅰ 1、壶形陶罐 A Ⅳ 1、小口陶罐 Aa Ⅲ 1、扁腹陶罐 Aa Ⅲ 1、铜鍪Ⅱ 1、泥盒 1、泥饼 2	西汉早期（早）	二层台
铜钫 1		盗扰
无		盗扰
陶钫Ⅱ 1、小口陶罐 Ab Ⅱ 1、大口陶罐 Ab Ⅲ 1、扁腹陶罐 Aa Ⅲ 1、蟠螭纹铜镜 A1	西汉早期（早）	壁龛
陶鼎 Aa Ⅱ 2、陶锜 Aa Ⅱ 1、小口陶罐 Aa Ⅴ 1、大口陶罐 Ab Ⅳ 1、扁腹陶罐 Aa Ⅳ 1、陶器盖 1、铜釜 B1	西汉中期	盗扰
扁腹陶罐 Ba Ⅲ 1、陶器盖 1		盗扰 二层台
陶锜 Ab Ⅱ 1、小口陶罐 B Ⅲ 1、扁腹陶罐 B Ⅱ 1、扁腹陶罐 Aa Ⅲ 1、篮形陶甑Ⅲ 1	西汉早期（晚）	盗扰 二层台
小口陶罐 Ab Ⅱ 1、小口旋纹陶罐 B Ⅱ 1、扁腹陶罐 Ba Ⅰ 1、陶盂 Ba Ⅰ 1、铜釜 A1	秦	壁龛 盗扰 二层台
小口陶罐 B Ⅲ 1		

墓号	方向	形制与尺寸（长 × 宽 – 深）（单位：米）	封门	葬具	葬式
M41	260°	竖穴墓道土洞墓 墓道 3.10×2.24 – 1.12 墓室 2.24×（1.10～1.22）– 0.96		一棺	仰身屈肢
M42	270°	竖穴土坑墓 3.80×3.12 –（3.80～4.00）		一棺一椁	侧身屈肢
M43	270°	竖穴土坑墓 3.40×2.58 – 3.40			
M44	260°	斜坡墓道土坑墓 墓道 4.80×（0.70～1.26）– 2.20 墓室 2.80×1.52 – 2.20		一棺一椁	直肢葬
M45	10°	竖穴土坑墓 4.38×3.06 – 3.42			
M46	190°	竖穴土坑墓 3.14×2.40 – 3.00		一棺一椁	侧身屈肢
M49	15°	竖穴土坑墓 3.36×2.40 – 4.70			
M50	10°	竖穴土坑墓 3.10×2.20 – 3.20		一棺一椁	
M51	15°	竖穴土坑墓 3.22×2.80 – 4.68		一棺一椁	
M52	200°	斜坡墓道土坑墓 墓道 6.40×（0.90～1.20）– 3.10 墓室 2.90×（1.50～1.58）– 3.10		一椁	
M53	190°	竖穴土坑墓 2.90×1.70 – 1.80			
M54	195°	竖穴土坑墓 3.12×2.04 – 3.24		一棺一椁	
M55	185°	竖穴土坑墓 3.30×2.50 – 3.10			
M56	185°	竖穴土坑墓 3.28×2.12 – 2.70		一棺一椁	
M57	120°	竖穴土坑墓 2.90×1.40 – 1.50			
M58	120°	竖穴土坑墓 3.00×1.80 – 4.10		一棺一椁	仰身直肢

续表

随葬品	时代	备注
陶蒜头壶 1、壶形陶罐 A Ⅲ 1、小口陶罐 B Ⅱ 1、小口旋纹陶罐 Aa Ⅱ 1、铁釜 1	秦	
小口陶罐 Aa Ⅲ 1、小口陶罐 B Ⅲ 1、铜铃 A Ⅰ 4、铜釦器 2、铜环 1	西汉早期（早）	盗扰 二层台
小口陶罐 Aa Ⅲ 1、无耳无鋬陶鍪 B Ⅲ 1、无耳无鋬陶鍪 A Ⅲ 1	西汉早期（晚）	盗扰 壁龛 二层台
大口陶罐 Ab Ⅳ 1		盗扰 侧室
无		二层台
大口陶罐 Ab Ⅲ 1、陶器盖 2、铜铃 A Ⅱ 3、铜铃 B1、玉印 1、玉环 1	西汉早期（早）	盗扰 二层台
小口旋纹陶罐 B Ⅱ 1、大口陶罐 Cb Ⅱ 1、大口陶罐 Ab Ⅰ 1、陶坛 1、铜泡钉 1	秦	盗扰
小口陶罐 B Ⅳ 1、小口陶罐 B Ⅲ 1、大口陶罐 Ab Ⅲ 1、扁腹陶罐 Ba Ⅱ 1、扁腹陶罐 Bb Ⅱ 1、铜带钩 B1、铁熨斗 1、铁剑 1	西汉早期（晚）	盗扰
陶鼎 Aa Ⅲ 1、陶锜 Aa Ⅱ 1、篮形陶甑 Ⅱ 1、小口陶罐 Aa Ⅳ 1、扁腹陶罐 Ba Ⅲ 1、敞口小陶罐 B1、陶熏炉 B Ⅱ 1、连弧纹铜镜 B1、铁灯 1、铁剑 1、铁削 1	西汉早期（晚）	盗扰
大口陶罐 Aa Ⅲ 1、扁腹陶罐 Ba Ⅳ 1、带鋬陶鍪 A1	西汉中期	盗扰
小口陶罐 B Ⅲ 2、大口陶罐 Aa Ⅱ 1、大口陶罐 Ca Ⅱ 1、无耳无鋬陶鍪 B Ⅱ 1	西汉早期（早）	
壶形陶罐 A Ⅲ 1、大口陶罐 Ab Ⅱ 1、大口陶罐 B Ⅲ 1、铜鼎 1、铜盆 1、铜勺 1	秦	盗扰
无耳陶釜 B3		盗扰 二层台
陶鼎 Aa Ⅱ 1、陶盒 B Ⅰ 1、陶锜 Aa Ⅱ 1、篮形陶甑 Ⅱ 1、小口陶罐 B Ⅲ 1、扁腹陶罐 Ba Ⅲ 2、铁灯 1、铁剑 1、环首铁刀 1、	西汉早期（晚）	盗扰 二层台
铁削 1		盗扰
无		盗扰

墓号	方向	形制与尺寸（长 × 宽－深）（单位：米）	封门	葬具	葬式
M59	50°	竖穴土坑墓 3.10×1.40 － 0.50			
M60	40°	竖穴土坑墓 4.10×2.60 － 2.00			
M61	15°	竖穴土坑墓 2.76×（1.72 ～ 1.92）－ 2.90		一棺一椁	仰身直肢
M62	170°	斜坡墓道土坑墓 墓道 5.20×（1.02 ～ 1.36）－ 2.40 墓室 2.96×1.86 － 2.40		一椁	
M63	45°	竖穴土坑墓 2.60×1.20 － 0.60			
M64	100°	竖穴土坑墓 2.70×1.80 － 3.60			
M65	110°	竖穴土坑墓 3.20×2.00 － 2.60		一棺一椁	仰身直肢
M66	220°	斜坡墓道土坑墓 墓道 9.28×（1.12 ～ 2.80）－ 3.60 墓室 4.00×3.40 － 5.20			
M67	53°	竖穴土坑墓 2.86×1.92 － 2.90		一棺一椁	
M68	120°	竖穴土坑墓 3.30×1.72 － 3.52		一椁	
M69	200°	竖穴墓道土洞墓 墓道 2.50×2.00 － 2.50 墓室 1.36×1.12 － 1.10		一棺一椁	仰身直肢
M70	110°	竖穴土坑墓 2.60×1.60 － 1.70			
M71	200°	竖穴墓道土洞墓 墓道 2.80×（1.80 ～ 1.90）－（3.00 ～ 3.04） 墓室 2.20×1.40 － 1.68	封门	一椁	
M72	75°	竖穴土坑墓 5.10×3.52 － 5.00		一椁	
M73	20°	竖穴土坑墓 3.50×1.72 － 0.70			
M74	100°	竖穴土坑墓 3.10×2.00 － 4.32		一椁	

续表

随葬品	时代	备注
小口陶罐 AaⅣ1、扁腹陶罐 BbⅢ1	西汉早期（晚）	
无		盗扰 二层台
双耳陶罐 BⅡ1、双耳陶罐 BⅢ1、陶盂 BcⅡ1	春秋晚期— 战国早期	
陶盂 BbⅡ1		盗扰
无		
双耳陶罐 BⅠ1、小口素面小陶罐 B1、陶坛 1	战国晚期（晚）	
玉环 1、玻璃串珠 1、骨饰件 1		
无		盗扰 二层台
茧形陶壶 B1、小口陶罐 AaⅡ1、陶盆 AaⅡ1	秦	盗扰
铜带钩 B1、石斧 1		盗扰
铜饰件 1、铜环 1、玉串珠 4、玉管 1、骨锥 2		盗扰
铜镞 1		
小口素面小陶罐 B1、大口陶罐 AbⅡ1、异形陶罐 1	秦	盗扰
铜盆 1		盗扰 二层台
铜带钩 B1、铜釦器 3		盗扰
陶豆 AaⅡ1、陶豆 Bb1、平底陶壶 AaⅠ1、铜带钩 B1	战国中期	

墓号	方向	形制与尺寸（长 × 宽－深）（单位：米）	封门	葬具	葬式
M75	255°	竖穴墓道土洞墓 墓道 2.30 × 1.28 －（1.30 ～ 1.80） 墓室 2.50 × 0.70 － 0.90		一棺	侧身直肢
M76	110°	竖穴土坑墓 3.40 × 2.04 － 3.10		一椁	
M77	130°	竖穴土坑墓 3.20 × 2.00 － 0.80			
M78	75°	竖穴土坑墓 4.10 × 3.72 － 3.72			
M79	285°	竖穴土坑墓 1.68 × 1.98 － 4.50			
M80	335°	竖穴土坑墓 3.90 × 3.20 －（4.10 ～ 4.30）		一棺一椁	
M81	190°	竖穴土坑墓 2.80 × 1.40 － 0.60			
M82	90°	竖穴土坑墓 3.60 × 3.40 － 1.00			
M83	20°	竖穴土坑墓 4.00 × 3.20 － 3.20			
M84	85°	竖穴土坑墓 3.30 ×（1.50 ～ 1.60）－（0.10 ～ 0.70）		一椁	仰身直肢
M85	300°	竖穴土坑墓 2.66 × 2.00 － 1.48			
M86	28°	竖穴土坑墓 4.42 × 3.40 －（0.74 ～ 1.50）		一椁	
M87	190°	斜坡墓道土坑墓 墓道 9.40 ×（1.68 ～ 2.60）－ 3.36 墓室 3.92 × 3.12 － 3.80		一椁	
M88	20°	竖穴土坑墓 2.80 × 1.60 － 1.30			
M89	20°	竖穴土坑墓 3.60 × 2.80 － 4.10			
M90	85°	竖穴土坑墓 2.90 × 1.96 －（0.20 ～ 1.70）		一棺一椁	仰身直肢
M91	15°	竖穴土坑墓 3.30 × 1.80 － 1.70			

续表

随葬品	时代	备注
铜釜 B1		盗扰
无		盗扰
铜带钩 B1、铁削 1、铁棺钉 1、玉佩饰 1		盗扰
小口陶罐 1		二层台
陶豆 Ab Ⅱ 1、陶豆 Aa Ⅰ 1、瓶形陶罐 2、陶器盖 1、铜印章 Bb1	战国晚期（早）	盗扰
铁鐅 1		盗扰
无		盗扰
敞口小陶罐 B1、铜釜 1、铁灯 1、铁铺首 1		盗扰
铁镞 1		二层台
小口陶罐 Ba Ⅲ 1、扁腹陶罐 Ba Ⅲ 1、扁腹陶罐 Aa Ⅱ 1、铜盆 3、铜釜 B2、铜勺 1、铜奁 1、蟠螭纹铜镜 B1、铜印章 A2、铜印章 Bb1、铜带钩 B1、铜铃 A Ⅱ 1、铜刷 1、铜饰件 1、铁灯 1、铁镇 1	西汉早期（早）	盗扰
壶形陶罐 B1、大口陶罐 Ab Ⅳ 1、扁腹陶罐 Aa Ⅲ 1、无耳无鋬陶鍪 B Ⅲ 1	西汉早期（晚）	二层台
无		盗扰 二层台
陶罐 1、铜车軎 1、铜衡末 1、铜马衔 1、铜马镳 1、铜当卢 1、铜扣形饰 1		
陶钫 Ⅰ 1、陶锜 Ab Ⅰ 1、小口陶罐 b Ⅳ 1、大口陶罐 Ac1、扁腹陶罐 Ba Ⅱ 1、素面铜镜 C1、银环 1	西汉早期（早）	
陶蒜头壶 1、双耳陶罐 Ab Ⅱ 1、深腹陶罐 1、铜带钩 Aa1	秦	盗扰 二层台
小口陶罐 Aa Ⅳ 1、连弧纹铜镜 Ab1、铜环 1、铁剑 1	西汉早期（晚）	
小口陶罐 Aa Ⅳ 1、大口陶罐 Ab Ⅳ 1、无耳无鋬陶鍪 B Ⅱ 1、无耳无鋬陶鍪 A Ⅲ 1、铜带钩 B1、石灯 1	西汉早期（晚）	二层台

墓号	方向	形制与尺寸（长 × 宽－深）（单位：米）	封门	葬具	葬式
M92	50°	竖穴土坑墓 3.66×（2.50～2.56）－1.76			
M93	30°	竖穴土坑墓 3.00×2.40－2.00			
M94	170°	竖穴土坑墓 3.00×1.20－（0.60～1.54）			
M95	350°	竖穴土坑墓 7.10×5.40－（4.60～6.40）			
M96	20°	竖穴土坑墓 2.68×1.46－（3.20～3.56）		一棺一椁	仰身直肢
M97	80°	竖穴土坑墓 2.80×1.28－（0.60～2.30）		一棺一椁	仰身直肢
M99	0°	竖穴土坑墓 4.14×3.09－2.10			
M100	5°	竖穴土坑墓 4.50×3.76－3.30			
M101	10°	竖穴土坑墓 3.00×1.80－2.46			
M102	10°	竖穴土坑墓 3.40×2.80－3.80			
M103	15°	竖穴土坑墓 4.00×4.70－4.40		一棺一椁 带头箱	仰身直肢
M104	10°	竖穴土坑墓 4.62×3.44－4.60		一棺一椁	仰身直肢
M105	15°	竖穴土坑墓 3.30×（1.84～1.92）－3.40		一棺一椁	
M106	285°	竖穴土坑墓 3.32×2.54－（2.92～4.44）			
M108	270°	竖穴土坑墓 2.95×（2.10～2.18）－（2.00～3.24）			侧身屈肢
M109	10°	斜坡墓道土坑墓 墓道 5.00×（1.20～1.38）－3.48 墓室 3.50×2.40－3.60		一棺	
M110	200°	竖穴土坑墓 2.60×0.84－（0.10～0.70）			侧身屈肢

续表

随葬品	时代	备注
小口旋纹陶罐 Aa Ⅰ 1、玉环 2	战国晚期（晚）	盗扰 二层台
无		盗扰
大口陶罐 Aa Ⅱ 1、大口陶罐 Ab Ⅳ 1	西汉中期	
陶盘 A1、小口陶罐 Aa Ⅳ 1、铜钫 1、铜带钩 Aa1、铁剑 2、铁削 1、铁錾 3	西汉早期（晚）	盗扰 二层台
铜戈 1		
大口陶罐 Ab Ⅳ 1、扁腹陶罐 Aa Ⅳ 1、星云纹铜镜 A1、铜刷 2	西汉中期	
小口旋纹陶罐 Aa Ⅲ 1、大口陶罐 Ab Ⅲ 1	西汉早期（早）	盗扰 二层台
陶钫 1、铜盆 1、蟠螭纹铜镜 1、铜棺饰 8、铜器盖 1、铁剑 1		盗扰
大口陶罐 Ab Ⅴ 1、扁腹陶罐 Ba Ⅳ 1	西汉中期	盗扰
陶钫 1、陶甗 1、陶盘 A1、陶器盖 1、铜带钩 B1		盗扰 二层台
陶鼎 Ba Ⅳ 2、陶锜 Aa Ⅲ 1、盆形陶甑 A1、扁腹陶罐 Ba Ⅳ 2、铜鐎壶 1、铜钫 1、蟠螭纹铜镜 D1、铜釦器 5、铁灯 1、铁盘 1、玉璜 2、玉覆面 1、玉鞋 1、玉琀 1、骨质棋子 1	西汉中期	盗扰 二层台
茧形陶壶 1、大陶盘 1、陶熏炉 A1、陶熏炉 B Ⅰ 1、铜鼎 2、素面铜镜 C1、铜带钩 B1、铁灯 1	西汉早期（早）	盗扰 二层台
陶鼎 Aa Ⅱ 1、陶钫 Ⅱ 1、篡形陶甑 Ⅱ 1、盘形陶甑 1、大口陶罐 Ab Ⅲ 1、大口陶罐 Cb Ⅳ 1、铜釜 1、铁剑 1	西汉早期（晚）	盗扰
小口旋纹陶罐 B Ⅲ 1、半两钱 A1	西汉早期（早）	盗扰 壁龛 二层台
小口陶罐 Aa Ⅲ 1、小口旋纹陶罐 B Ⅲ 1、大口陶罐 Ac1、无耳无錾陶鍪 B Ⅱ 1、铜铃 1	西汉早期（早）	盗扰
铜带钩 B1、铜带钩 Aa1、铁剑 1		
异形陶罐 1		壁龛

墓号	方向	形制与尺寸（长 × 宽－深）（单位：米）	封门	葬具	葬式
M111	110°	竖穴墓道土洞墓 墓道 2.14×1.32 － 1.40 墓室 2.12×0.74 －（0.68 ～ 0.90）			侧身屈肢
M112	20°	竖穴土坑墓 3.44×（2.80 ～ 2.92）－（3.60 ～ 3.80）		一棺一椁	
M113	290°	竖穴墓道土洞墓 墓道 2.68×2.64 －（2.30 ～ 3.10） 墓室 2.60×1.04 － 1.30	椽木封门	一棺	仰身屈肢
M115	15°	斜坡墓道土坑墓 墓道 2.60×1.00 － 1.40 墓室 2.80×1.40 － 1.40		一椁	
M116	17°	斜坡墓道土洞墓 墓道 7.20×（1.00 ～ 1.68）－ 1.40 墓室 4.10×2.15 － 3.20	方木封门	一椁二棺	
M118	100°	竖穴土坑墓 3.00×1.80 － 3.30		一棺一椁	
M119	10°	斜坡墓道土坑墓 墓道 1.00×1.30 －（1.30 ～ 1.60） 墓室 3.00×1.55 － 3.40			
M120	345°	竖穴土坑墓 3.00×2.10 － 1.50			
M121	180°	斜坡墓道土坑墓 墓道 2.80×1.40 － 3.72 墓室 4.30×3.06 － 3.80		一椁二棺	
M122	10°	竖穴土坑墓 3.50×2.00 － 2.80			
M123	10°	竖穴土坑墓 3.80×3.60 － 4.00		二棺	
M124	32°	竖穴土坑墓 3.00×1.92 －（3.20 ～ 3.50）		一棺一椁	
M125	300°	斜坡墓道土坑墓 墓道 2.20×（1.20 ～ 1.52）－ 0.84 墓室 3.10×（1.80 ～ 1.90）－ 2.60		一棺一椁	
M126	26°	竖穴土坑墓 3.30×1.40 －（1.16 ～ 1.20）		一椁	

续表

随葬品	时代	备注
扁腹陶罐 Bb Ⅱ 1	西汉早期（早）	
小口旋纹陶罐 Aa Ⅱ 1、铜盆 1		盗扰 壁龛 二层台
小口陶罐 B Ⅱ 1、小口旋纹陶罐 Aa Ⅱ 1、无耳陶釜 Aa Ⅰ 1、无耳无鋬陶鍪 B Ⅰ 1、铜环 1	秦	盗扰
草叶纹铜镜 B1、铜带钩 B1	西汉中期	盗扰
平底陶壶 B5、平底陶壶 D1、双系陶罐 1、陶砚 1、铜鼎 A Ⅲ 1、铜钫 1、铜勺 1、铜昭明镜 1、铜洗 1、铜印章 Bb1、铜带钩 Aa1、铜环 B1、铜方策 1、铜盖弓帽 1、铜马衔 1、铜马镳 1、铜当卢 1、铜车軎 1、铜衡末 1、铜铺首 1、铜扣形饰 1、铁剑 1、铁削 3、铁马衔镳 1、铁车辖 1、漆器 1	西汉晚期	
小口陶罐 B Ⅲ 1、扁腹陶罐 Aa Ⅱ 1、陶釜 1、无耳无鋬陶鍪 B Ⅱ 1	西汉早期（早）	盗扰
大口陶罐 Ab Ⅴ 1、星云纹铜镜 A1、五铢钱 A1、铜印章 A1、铜印章 Bb1、铜泡钉 1、铜环 B1、卵石 1	西汉中期	盗扰 二层台 耳室
无		盗扰 二层台
无		
扁腹陶罐 Aa Ⅳ 1、扁腹陶罐 Aa Ⅲ 1	西汉中期	盗扰
陶盒 Ab1、陶钫 Ⅱ 1、小口陶罐 Aa Ⅱ 1、无耳无鋬陶鍪 A Ⅰ 1、陶灶 B1、半两钱 B1、铜带钩 Ab1、铜带钩 B1、骨质棋子 1	西汉早期（晚）	盗扰 二层台
小口陶罐 B Ⅳ 1	西汉早期（晚）	盗扰
陶盂 Bb Ⅰ 1、铜带钩 Aa1		盗扰
无		盗扰

墓号	方向	形制与尺寸（长 × 宽－深）（单位：米）	封门	葬具	葬式
M127	15°	竖穴土坑墓 3.00×2.70 －（2.20 ～ 2.64）			
M128	0°	竖穴土坑墓 3.20×2.70 －（2.90 ～ 4.08）			
M129	110°	竖穴土坑墓 2.62×1.32 － 1.20		一棺一椁	仰身屈肢
M130	95°	竖穴土坑墓 2.70×1.44 － 1.40		一棺一椁	仰身直肢
M131	7°	斜坡墓道土洞墓 墓道 4.80×（1.00 ～ 1.50）－ 1.55 墓室 2.60×1.70 － 2.10	方木封门		
M132	285°	竖穴土坑墓 3.30×2.30 － 2.10			
M133	15°	斜坡墓道土洞墓 墓道 4.00×（0.90 ～ 1.10）－ 1.80 墓室 3.30×1.40 － 1.80			
M134	295°	竖穴土坑墓 4.04×2.90 － 2.50			
M135	305°	竖穴土坑墓 3.20×2.40 － 2.66			
M136	75°	竖穴土坑墓 3.60×（2.80 ～ 3.00）－ 2.10		一棺一椁	侧身屈肢
M137	22°	竖穴土坑墓 2.90×1.80 － 2.18			
M138	35°	竖穴土坑墓 2.44×1.28 － 2.00			
M139	10°	竖穴土坑墓 2.60×1.40 － 2.20		一棺一椁	
M140	2°	竖穴土坑墓 3.36×（2.38 ～ 2.54）－ 3.32		一棺	
M141	0°	竖穴土坑墓 4.06×2.94 － 3.00		一棺	
M142	25°	竖穴土坑墓 3.90×3.20 － 2.20			

续表

随葬品	时代	备注
无		盗扰
铜环 1、铜残片 1、铁剑 1、铁爪形器 1		盗扰
陶蒜头壶 1、壶形陶罐 A Ⅲ 1、小口陶罐 Ab Ⅱ 1、无耳陶釜 Aa Ⅰ 1、铁带钩 1	秦	
小口陶罐 Ab Ⅲ 1、小口旋纹陶罐 B Ⅳ 1、铜鍪 Ⅱ 1、铜印章 Ba1、铜环 B1、铜饰件 1、铁带钩 1	西汉早期（晚）	
无		盗扰 二层台
小口陶罐 Aa Ⅰ 1	战国晚期（早）	盗扰 二层台
铜柱状容器 1、石砚 1		盗扰
铜釦器 2		盗扰 二层台
小口旋纹陶罐 Ab Ⅱ 1、无耳陶釜 Ab1、铜镞 2	秦	盗扰 壁龛 二层台
双陶耳罐 Aa Ⅲ 1、小口陶罐 Aa Ⅰ 1、小口旋纹陶罐 Aa Ⅰ 1、铁鏊 1	战国晚期（晚）	盗扰 壁龛 二层台
无		盗扰
铁剑 1		盗扰 二层台
双耳陶罐 B Ⅲ 1、陶钵 1	春秋晚期— 战国早期	
小口陶罐 Aa Ⅱ 1、小口旋纹陶罐 1、大口陶罐 Ac1	秦	盗扰 二层台
小口陶罐 Aa Ⅲ 1、扁腹陶罐 Ba Ⅱ 2、铜器残片 1	西汉早期	盗扰 二层台
盆形陶甑 B Ⅱ 1、带耳陶鏊 1		盗扰 二层台

墓号	方向	形制与尺寸（长 × 宽 - 深）（单位：米）	封门	葬具	葬式
M143	25°	竖穴土坑墓 3.50×2.76 － 2.80		一棺一椁	
M144	20°	竖穴土坑墓 3.50×2.30 － 2.60			
M145	15°	竖穴土坑墓 2.70×1.60 － 3.30		一棺一椁	仰身屈肢
M147	20°	竖穴土坑墓 3.40×2.30 － 3.00		一椁	
M148	15°	竖穴土坑墓 2.20×1.40 －（1.50 ～ 1.60）		一棺	仰身直肢
M149	200°	斜坡墓道土洞墓 墓道 4.30×（1.02 ～ 1.58）－ 2.30 墓室 2.90×1.60 － 1.80		一椁	
M150	3°	竖穴土坑墓 3.10×2.70 － 1.60		一椁	
M151	0°	竖穴土坑墓 3.70×1.54 － 1.70			
M152	350°	竖穴土坑墓 4.14×3.16 － 2.20		一棺	
M153	357°	竖穴土坑墓 0.50×1.12 － 1.00			
M154	85°	竖穴洞室墓 （1.20 ～ 1.50）×1.30 － 0.90		一棺	
M155	330°	斜坡墓道洞室墓 墓道 2.80×（1.60 ～ 1.74）－（2.16 ～ 3.74） 墓室 4.00×3.80 － 4.70	砂石封门	一椁	合葬
M156	340°	斜坡墓道洞室墓 墓道 2.21×1.24 －（1.50 ～ 2.85） 墓室 3.16×2.02 － 3.20		一椁	
M157	340°	竖穴土坑墓 4.02×3.30 － 3.20		一椁	
M158	80°	竖穴土坑墓 2.10×1.00 － 1.50			
M159	0°	竖穴土坑墓 3.04×2.00 － 2.56			
M160	345°	竖穴土坑墓 2.86×2.30 － 1.90		一椁	

续表

随葬品	时代	备注
陶盒 Ab1、陶钫Ⅲ 1、陶锜 Ab Ⅲ 1、盂形陶甑 A1、大口陶罐 Cb Ⅴ 1、陶灶 1、陶奁 1、陶鸭 1、陶器盖 2、陶器残片 1、铜棺饰 2、锡棺饰 1	西汉早期（晚）	盗扰
小口陶罐 B Ⅱ 1	秦	盗扰 二层台
双耳陶罐 B Ⅱ 1、陶盂 Bc Ⅱ 1、玻璃串珠 1	春秋晚期— 战国早期	盗扰
陶鼎 Aa Ⅳ 1、陶锜 B1、盆形陶甑 A1、小口陶罐 B Ⅴ 1、大口陶罐 Cc1、扁腹陶罐 Ba Ⅲ 1、陶熏炉 B Ⅱ 1、陶纺轮 1	西汉中期	盗扰 二层台
平底陶壶 C1、深腹陶罐 B Ⅱ 1、深腹陶罐 A1	春秋晚期— 战国早期	
陶钫Ⅳ 1、平底陶壶 Ac1、大口陶罐 B Ⅳ 2、敞口小陶罐 Ab1、陶灶 A1、陶灯 A2、陶器盖 1	西汉中期	
骨质棋子 1		盗扰 二层台
铁条形器 1、块石 1		盗扰 二层台
无		盗扰 二层台
无		
无		
平底陶壶 Aa Ⅱ 1、小口旋纹陶罐 Aa Ⅲ 1、大口陶罐 Cb Ⅴ 2、铜铺首 1、块石 1、玻璃饰件 1、锡马衔镳 1	西汉早期（晚）	盗扰
陶壶 1、陶盒 B Ⅲ 1、陶仓 1、陶灶 C1、陶水井 1、陶奁 1、陶器盖 2	西汉晚期	盗扰 甬道
小口陶罐 B Ⅱ 1、小口旋纹陶罐 B Ⅱ 1、连弧纹铜镜 B1、铁剑 1、铁容器 1	秦	盗扰 二层台
无		
陶豆 Aa Ⅱ 1、双耳陶罐 B Ⅲ 2、小口陶罐 Aa Ⅰ 1、壶形陶罐 B1	战国中期	盗扰
小口陶罐 B Ⅴ 1、扁腹陶罐 Aa Ⅳ 1、铁削 1	西汉中期	盗扰 二层台

墓号	方向	形制与尺寸（长 × 宽－深）（单位：米）	封门	葬具	葬式
M161	275°	竖穴土坑墓 3.00×2.10 － 3.30			
M162	80°	竖穴土坑墓 3.10×2.20 － 3.00		一棺一椁带头箱	仰身直肢
M163	95°	竖穴土坑墓 （2.05 ～ 2.30）×1.10 －（0.65 ～ 0.70）			仰身直肢
M164	0°	竖穴土坑墓 3.20×2.40 － 1.20		一椁	
M165	85°	竖穴土坑墓 4.40×3.80 － 3.30		两套棺椁	
M166	290°	竖穴土坑墓 2.60×1.80 － 2.10			
M167	350°	阶梯墓道土坑墓 墓道 1.80×（0.85 ～ 1.44）－（0.16 ～ 1.10） 墓室 3.20×2.96 － 1.30		一椁	仰身屈肢
M168	80°	竖穴土坑墓 5.25×4.15 － 2.70			
M169	345°	竖穴土坑墓 4.20×2.46 －（1.90 ～ 4.30）			
M170	10°	竖穴土坑墓 2.76×（1.52 ～ 1.64）－ 1.52			
M171	5°	竖穴土坑墓 3.20×3.00 － 3.16		一椁	
M172	285°	竖穴土坑墓 3.20×3.00 － 1.20			
M173	270°	竖穴土坑墓 2.80×2.60 － 1.70			
M174	75°	竖穴土坑墓 3.10×2.20 － 1.40			仰身屈肢
M175	275°	竖穴土坑墓 3.30×（2.14 ～ 2.36）－ 1.84			仰身直肢
M176	260°	竖穴土坑墓 3.60×3.00 －（2.40 ～ 2.40）			
M177	265°	竖穴土坑墓 3.60×2.60 － 2.60			仰身屈肢

续表

随葬品	时代	备注
小口旋纹陶罐 Aa Ⅱ 1、陶罐 1、块石 1	秦	盗扰
陶鼎 Cb1、陶豆 Aa Ⅰ 1、陶豆 Bb2、平底陶壶 Ab2、陶器盖 3	春秋晚期— 战国早期	
无		
无		盗扰 二层台
铜镞 1、铜釦器 3、铜器足 2、铜钫盖 1、铜环 1、铁剑 1、铁削 1		盗扰 二层台
双耳陶罐 1、小口旋纹陶罐 B Ⅳ 1	秦	盗扰
盂形陶甑 B1、陶盂 Ba Ⅲ 2、陶灶 A1、陶灯 B1、陶熏炉 B Ⅱ 1	西汉早期（晚）	甬道
小口陶罐 B Ⅱ 1、小口旋纹陶罐 Aa Ⅱ 1、小口旋纹陶罐 B Ⅱ 1、块石 1	秦	盗扰 二层台
无		二层台
陶豆 Bb1、陶豆 Ab Ⅰ 1、陶豆 1、单耳陶罐 B1、小口素面小陶罐 B1	战国中期	盗扰
铜印章 Ba1、铜当卢 2、铜马衔 1、铜马镳 1、铜盖弓帽 1、铜棺饰 1、铜泡钉 1、铜饰件 2、铁器残块 1、铅当卢 1、铅盖弓帽 1、铅马衔 1、铅马镳 1		盗扰
小口陶罐 Aa Ⅳ 1	西汉早期（晚）	盗扰
无耳陶釜 Aa Ⅰ 1、陶盆 Aa Ⅰ 2	战国晚期（晚）	盗扰 二层台
双耳陶罐 Aa Ⅱ 1、小口旋纹陶罐 Ab Ⅱ 1、小口旋纹陶罐 B Ⅰ 1	战国晚期（早）	壁龛 二层台
双耳陶罐 Aa Ⅲ 1、小口陶罐 Aa Ⅰ 1、带盖小陶罐 1	战国晚期（早）	壁龛 二层台
壶形陶罐 A Ⅴ 1、小口陶罐 B Ⅳ 1、小口陶罐 Ab Ⅲ 1	西汉早期（晚）	壁龛 二层台

墓号	方向	形制与尺寸（长 × 宽－深）（单位：米）	封门	葬具	葬式
M178	330°	竖穴土坑墓 3.40×2.30 － 2.56			仰身屈肢
M179	270°	竖穴土坑墓 2.80×2.30 － 1.20			
M180	330°	竖穴土坑墓 3.00×2.20 － 2.00			
M181	260°	竖穴土坑墓 3.60×2.30 － 3.40			
M182	255°	竖穴土坑墓 2.90×2.20 － 1.96			
M183	0°	竖穴土坑墓 3.60×2.80 － 2.50			
M184	260°	竖穴土坑墓 3.40×2.30 － 2.80			仰身直肢
M185	260°	竖穴土坑墓 3.40×2.40 － 2.80			
M186	170°	斜坡墓道土洞墓 墓道 1.70×（0.80～1.00）－ 0.80 墓室 3.10×2.60 － 1.10			
M187	10°	竖穴土坑墓 4.00×3.60 － 2.70		一椁	
M188	110°	竖穴土坑墓 3.24×2.10 － 1.20			
M189	80°	竖穴土坑墓 3.80×2.20 － 2.60		一椁	
M190	10°	竖穴土坑墓 7.00×4.80 － 5.40		一棺一椁	仰身直肢
M191	185°	斜坡墓道土洞墓 墓道 4.80×（1.20～1.60）－ 3.40 墓室 3.30×2.20 － 3.30			
M192	10°	竖穴土坑墓 3.20×2.00 － 2.30			
M193	10°	斜坡墓道土洞墓 墓道 3.10×2.50 － 2.10 墓室 3.10×2.50 － 2.10			

续表

随葬品	时代	备注
壶形陶罐 A Ⅲ 1、小口陶罐 Ab Ⅰ 1、大口陶罐 Cb Ⅱ 1、陶坛 1、铁残片 1	秦	二层台
无		盗扰
小口陶罐 Aa Ⅲ 1、敞口小陶罐 Aa1、陶盆 Aa Ⅱ 2、铜镞 1	西汉早期（早）	壁龛 二层台
圈足陶壶 A Ⅰ 1、小口陶罐 Ab Ⅱ 1、小口陶罐 Aa Ⅲ 1、扁腹陶罐 Ab1、扁腹陶罐 Aa Ⅱ 1、无耳无鋬陶鍪 B Ⅱ 1	西汉早期（早）	二层台
带耳陶鍪 A Ⅰ 1		盗扰
双耳陶罐 Aa Ⅱ 1、小口陶罐 Ab Ⅰ 1、小口旋纹陶罐 Ab Ⅲ 1、	战国晚期（晚）	二层台
小口陶罐 Aa Ⅰ 1、大口陶罐 Ac1、带柄陶釜 1	西汉早期（早）	二层台
大口陶罐 Ab Ⅲ 1、无耳陶釜 Ab1、玉蝙蝠 1	西汉早期（早）	
铜马衔 1、铜棺饰 1、铜蹄形器足 1、铜扣形饰 1、铜残片 1		
扁腹陶罐 Aa Ⅲ 1	西汉早期（晚）	二层台
块石 1		盗扰
铜带钩 C1		二层台
铜镦 1、玉璧 1		盗扰 二层台
无		盗扰
五铢钱 A1		盗扰
铜盖弓帽 1、铜当卢 1、铜马衔 1、铜车轙 1、铜扣形饰 2、铜饰件 1、骨饰件 1		盗扰

墓号	方向	形制与尺寸（长 × 宽－深）（单位：米）	封门	葬具	葬式
M194	195°	竖穴土坑墓 （3.30 ～ 5.60）×（3.48 ～ 4.88）－ 5.00			
M195	170°	斜坡墓道土洞墓 墓道 4.74×（1.30 ～ 1.80）－ 2.40 墓室 3.10×2.88 － 2.60		一椁	
M196	170°	竖穴土坑墓 4.70×3.24 － 2.92		一椁	
M197	265°	竖穴土坑墓 4.30×3.10 － 3.10		一棺	
M198	15°	竖穴土坑墓 3.10×2.20 － 2.80			
M199	170°	斜坡墓道土洞墓 墓道 3.70×（1.00 ～ 1.40）－ 3.00 墓室 3.00×（1.60 ～ 2.00）－ 3.30			
M200	0°	斜坡墓道土洞墓 墓道 7.00×（0.80 ～ 1.40）－ 3.44 墓室 3.00×（1.60 ～ 1.80）－ 3.80			
M201	6°	竖穴土坑墓 3.30×1.88 －（0.60 ～ 1.70）		一椁	
M202	340°	竖穴土坑墓 2.50×0.90 － 3.52			
M203	320°	竖穴土坑墓 3.00×1.46 － 1.20		一椁	
M205	225°	斜坡墓道土洞墓 墓道 2.00×1.00 －（2.58 ～ 2.84） 墓室 3.00×2.10 －（3.00 ～ 3.80）			
M207	125°	竖穴土坑墓 3.30×2.00 － 2.00			
M208	350°	竖穴墓道洞室墓 墓道 3.00×（2.00 ～ 2.30）－（2.80 ～ 2.90） 墓室 2.40×0.90 －（1.30 ～ 1.70）			仰身直肢
M209	285°	竖穴土坑墓 （3.06 ～ 3.60）×2.90 － 4.20			
M210	95°	竖穴土坑墓 2.80×1.50 － 0.20		一棺	

续表

随葬品	时代	备注
壶形陶罐 1、小口陶罐 B Ⅲ 1、小口陶罐 Aa Ⅱ 1、大口陶罐 Aa Ⅱ 1、扁腹陶罐 Ba Ⅰ 1、陶囷 1、铜镦 1、铜残片 1、玉剑珌 1、玉片 1、玉璧 1	秦	盗扰
陶坛 1、铜弩机 1、铜盖弓帽 2、铜当卢 2、铜衡末 1、铜车軎 2、铜车轙 2、铜马衔 1、铜马镳 1、铜棺饰 1、铜饰件 1、铜扣形饰 1、铜釦器 1		盗扰
大口陶罐 Cc1、陶坛 1、铜盖弓帽 1、铜马衔 1、铜当卢 1、铜车軎 1、铜车轙 2、铜衡末 2、铜马镳 1、铜棺饰 1、铜饰件 3、铜扣形饰 1、铜环 1、铁棺钉 1、铅环 1		盗扰
无耳陶釜 Aa Ⅱ 1、铜圜钱 1、铁剑 1		盗扰 二层台
平底陶壶 Ab1、双耳陶罐 Aa Ⅱ 1、小口旋纹陶罐 Aa Ⅱ 2、铜带钩 C1	秦	盗扰 二层台
无		盗扰
无		盗扰
铜棺饰 7		盗扰
小口陶罐 B Ⅲ 1、扁腹陶罐 Ba Ⅱ 2、无耳无鋬陶鍪 B Ⅱ 1、铜印章 Ba1	西汉早期（早）	盗扰
小口陶罐 Aa Ⅲ 1、扁腹陶罐 Ba Ⅲ 1	西汉早期（晚）	盗扰
小口陶罐 B Ⅳ 1、扁腹陶罐 Ab1、带耳陶鍪 A Ⅲ 1、半两钱 1、铜带钩 Aa1、铁灯 1	西汉早期（晚）	盗扰
小口陶罐 B1、敞口小陶罐 Aa1		盗扰 二层台
壶形陶罐 A Ⅲ 1、小口陶罐 Aa Ⅱ 1、带耳铁罐 1	秦	
小口旋纹陶罐 Aa Ⅰ 1、扁腹陶罐 Ba Ⅰ 1、扁腹陶罐 Aa Ⅰ 1、无耳陶釜 Aa Ⅱ 1	秦	盗扰 二层台
陶鼎 Aa Ⅳ 1、壶形陶罐 A Ⅴ Ⅰ 1、扁腹陶罐 Aa Ⅳ 1、铁刀 1	西汉中期	

墓号	方向	形制与尺寸（长 × 宽－深）（单位：米）	封门	葬具	葬式
M213	270°	斜坡墓道土洞墓 墓道 1.20×1.50 －（2.28 ～ 2.40） 墓室 2.60×（1.60 ～ 1.50）－ 1.80			
M214	10°	竖穴土坑墓 2.60×1.50 － 2.00			
M215	45°	竖穴土坑墓 3.56×2.20 － 1.20			
M216	345°	竖穴土坑墓 3.20×2.06 －（0.20 ～ 0.70）			
M217	5°	竖穴土坑墓 5.20×3.90 － 2.70		一椁	
M218	355°	竖穴土坑墓 5.00×3.40 － 3.10			
M219	345°	竖穴土坑墓 3.96×3.50 － 3.20			
M220	345°	竖穴土坑墓 3.52×1.96 － 1.28		一椁	
M221	350°	竖穴土坑墓 2.70×1.50 －（0.30 ～ 0.50）			
M222	285°	竖穴土坑墓 3.20×（2.20 ～ 2.50）－（0.90 ～ 2.06）		一棺	侧身屈肢
M223	200°	斜坡墓道土洞墓 墓道 0.70×1.16 － 0.50 墓室 2.80×1.40 －（0.28 ～ 0.50）			合葬 仰身直肢
M224	0°	竖穴土坑墓 2.95×2.08 －（1.30 ～ 1.68）			
M225	350°	竖穴土坑墓 3.76×2.14 － 1.70			
M226	345°	竖穴土坑墓 2.70×（1.20 ～ 1.30）－ 0.60			
M227	355°	竖穴土坑墓 4.60×3.50 －（4.30 ～ 4.50）		一椁	
M228	345°	竖穴土坑墓 2.96×1.74 －（2.70 ～ 3.20）			
M229	75°	竖穴土坑墓 1.80×1.40 －（0.80 ～ 1.20）			

续表

随葬品	时代	备注
陶盒 Aa1、陶罐 1、陶残片 3、铜铺首 1		盗扰
铜环 1		盗扰
小口旋纹陶罐 B Ⅱ 1		盗扰 二层台
铜带钩 B1		盗扰
铜饰件 1、铜泡钉 1、铜釦器 1、铁鏊 1、银印章 C1、银带钩 1、骨质棋子 1		盗扰 双二层台
铜带钩 C1、铁带钩 1、玉环 1、玉七窍塞 1		盗扰 二层台
无		盗扰 二层台
平底陶壶 Ab1、小口旋纹陶罐 Aa Ⅱ 1、铜灯 1	秦	盗扰
大口陶罐 Cc1		盗扰
单耳陶罐 A1、陶盆 Aa Ⅰ 1、铜环 1、玻璃七窍塞 1	战国晚期（早）	二层台
小口陶罐 B Ⅴ Ⅰ 1、小口陶罐 B Ⅴ 1、大口陶罐 B Ⅴ 1、扁腹陶罐 Ba Ⅳ 1、扁腹陶罐 Aa Ⅳ 1、无耳陶釜 Ab1、铜盆 1、铜勺 1、铜带钩 Aa1、铜釦器 1、环首铁刀 1	西汉中期	
铜带钩 C1		盗扰 二层台
小口旋纹陶罐 B Ⅲ 1、陶汲水罐 1、陶罐 1、	西汉早期（早）	盗扰 二层台
无		盗扰
铜釦器 1		盗扰 二层台
铜勺 1、星云纹铜镜 B1、铜刷 2、五铢钱 1、铁削 1	西汉晚期	盗扰
大口陶罐 Ca Ⅱ 1、陶盂 Ba Ⅱ 1、铜印章 Bb1		盗扰

墓号	方向	形制与尺寸（长 × 宽－深）（单位：米）	封门	葬具	葬式
M230	350°	竖穴土坑墓 3.10×2.00 －（1.80 ～ 2.00）			
M231	0°	竖穴土坑墓 2.90×（1.50 ～ 1.60）－（0.90 ～ 1.40）			
M232	5°	竖穴土坑墓 3.00×2.80 － 0.44			
M233	177°	斜坡墓道土洞墓 墓道 1.78×1.00 － 1.60 墓室 3.00×1.40 －（0.90 ～ 1.40）			
M234	270°	竖穴土坑墓 墓道 3.55×1.56 －（1.38 ～ 1.50） 墓室 3.48×1.90 －（1.68 ～ 1.98）		一椁	
M235	0°	竖穴土坑墓 3.32×2.24 －（1.80 ～ 3.00）			
M236	5°	竖穴土坑墓 3.10×1.70 － 1.30			
M237	190°	斜坡墓道土洞墓 墓道 2.12×（1.20 ～ 1.40）－（0.60 ～ 0.90） 墓室 3.48×1.90 －（1.00 ～ 1.40）			
M238	10°	竖穴土坑墓 3.08×1.80 －（0.30 ～ 1.50）			
M239	10°	竖穴土坑墓 5.04×4.92 －（1.86 ～ 3.54）			
M240	15°	竖穴土坑墓 3.20×1.70 －（0.60 ～ 1.30）			
M241	295°	竖穴墓道土洞墓 墓道（4.00 ～ 4.20）×1.12 －（0.90 ～ 2.60） 墓室 3.70×2.40 －（1.70 ～ 3.70）			
M242	120°	竖穴土坑墓 （2.10 ～ 2.30）×1.50 － 0.50			
M243	120°	竖穴土坑墓 （2.24 ～ 2.50）×2.20 － 0.72			
M244	120°	竖穴土坑墓 （2.20 ～ 3.00）×1.60 － 1.40			
M245	105°	竖穴土坑墓 2.50×1.50 －（0.50 ～ 1.90）			

续表

随葬品	时代	备注
小口陶罐 Aa Ⅰ 1	西汉早期（早）	盗扰
汲水陶罐 2、素面铜镜 B1		盗扰
骨质棋子 1		盗扰
陶鼎 Ba Ⅳ 1、陶鼎 Ba Ⅲ 1、陶钫 1、篮形陶甑 Ⅱ 1、小口陶罐 1、玉印 1	西汉早期（晚）	盗扰
蟠螭纹铜镜 A1、铁剑 1、骨饰件 1	西汉早期	盗扰
蟠螭纹铜镜 A1、铜带钩 C1、铁器残片 1、骨质棋子 1	西汉早期	盗扰
大口陶罐 Ab Ⅳ 1、扁腹陶罐 Ba Ⅴ 1、扁腹陶罐 Ab1	西汉晚期	盗扰
无		盗扰
铜带钩 Aa1、铁剑 1		盗扰
陶壶 1、小口陶罐 Aa Ⅳ 1、小口陶罐 1、铜器盖 1	西汉早期（晚）	盗扰 双二层台
无		盗扰 二层台
铁剑 1		盗扰 甬道
扁腹陶罐 Bb Ⅱ 1	西汉早期（早）	盗扰
大口陶罐 Ca Ⅱ 1、大口陶罐 Aa Ⅱ 1、扁腹陶罐 Bb Ⅲ 1、铜削 1	西汉早期（晚）	盗扰
陶锜 Ab Ⅱ 1	西汉早期（早）	盗扰
无		盗扰

墓号	方向	形制与尺寸（长 × 宽－深）（单位：米）	封门	葬具	葬式
M246	115°	竖穴土坑墓 2.80×1.40 －（1.20 ～ 1.40）			
M247	135°	竖穴土坑墓 2.70×1.30 －（0.50 ～ 1.20）			
M248	140°	竖穴土坑墓 2.90×1.30 －（0.44 ～ 0.68）			
M249	290°	竖穴土坑墓 2.64×1.24 －（0.80 ～ 1.20）			
M250	100°	竖穴土坑墓 3.50×2.60 － 2.00			
M251	290°	竖穴土坑墓 2.60×1.40 － 1.30			
M252	20°	竖穴土坑墓 2.80×1.40 －（0.90 ～ 1.10）			
M253	20°	竖穴土坑墓 3.10×1.70 －（1.40 ～ 2.00）			
M254	205°	竖穴土坑墓道土洞墓 墓道 2.10×（1.28 ～ 1.40）－ 0.50 墓室 2.00×0.70 － 0.80			
M255	110°	竖穴墓道土坑墓 墓道 1.72×1.28 － 1.20 墓室 3.04×1.40 －（1.30 ～ 2.30）			
M256	195°	竖穴土坑墓道土洞墓 墓道 2.28×1.08 －（0.68 ～ 1.12） 墓室 2.40×0.80 － 0.76			
M257	300°	竖穴土坑墓 2.80×2.40 －（0.70 ～ 2.30）			
M258	290°	竖穴土坑墓 3.20×2.74 －（0.90 ～ 2.60）			
M259	295°	竖穴土坑墓 2.50×2.10 －（0.60 ～ 2.20）			
M261	95°	斜坡墓道土洞墓 墓道 1.50×0.45 －（0.70 ～ 1.00） 墓室 3.12×1.60 － 1.40			
M262	85°	竖穴土坑墓 3.60×2.35 － 3.00			

续表

随葬品	时代	备注
罐形陶甑 1、小口陶罐 Ab Ⅲ 1、小口陶罐 1、大口陶罐 Cb Ⅲ 1、大口陶罐 B Ⅲ 1、大口陶罐 Cc1、大口陶罐 Ab Ⅲ 1、无耳陶釜 Ab1、铜套环提衔 1、铁容器残片 1	西汉早期（晚）	盗扰
陶器残片 3、铜泡钉 1		盗扰
陶罐 1		盗扰
无		盗扰
双耳陶罐 1		盗扰 二层台
无		
小口陶罐 B Ⅱ 1		盗扰
无		盗扰
大口陶罐 B Ⅲ 1		盗扰
扁腹陶罐 Ab1、扁腹陶罐 Ba Ⅳ 1、铜勺柄 1、半两钱 B/ 五铢钱 B1、铜带钩 B1、铁剑 1	西汉中期	盗扰
无		盗扰
无耳陶釜 Aa Ⅲ 1	西汉早期（晚）	盗扰 二层台
无		盗扰 二层台
无		盗扰 二层台
小口陶罐 B Ⅲ 1、扁腹陶罐 Aa Ⅲ 1、深腹大口陶罐 B Ⅱ 1、提梁铜壶 1、铜盆 1、铜盆 Ⅱ 1、草叶纹铜镜 A1、铜刷 1、铜带钩 Aa1、铁灯 1、铁剑 1、铁矛 1、	西汉早期（晚）	
无		盗扰 二层台

墓号	方向	形制与尺寸（长 × 宽－深）（单位：米）	封门	葬具	葬式
M263	180°	斜坡墓道土洞墓 墓道 3.28 × 1.00 －（0.66 ～ 1.20） 墓室 3.10 × 1.40 －（1.80 ～ 2.40）			
M264	185°	竖穴土坑墓 （1.00 ～ 1.80） × 2.30 － 3.80			
M267	68°	竖穴土坑墓 4.10 × 3.10 －（2.70 ～ 3.30）			
M269	68°	竖穴土坑墓 3.44 × 2.50 －（1.70 ～ 4.00）			
M270	68°	竖穴土坑墓 （2.80 ～ 3.10） × 2.80 － 3.00			
M271	270°	竖穴土坑墓 3.80 × 2.64 － 3.70			
M273	260°	竖穴土坑墓 3.20 × 2.50 － 1.90		一棺	
M274	260°	竖穴土坑墓 （0.80 ～ 1.00） × 2.50 －（2.80 ～ 3.10）		一棺	
M276	260°	竖穴土坑墓 3.50 × 2.60 － 3.10			
M277	355°	竖穴土坑墓 3.80 × 3.00 － 4.00			
M278	97°	竖穴土坑墓 3.20 × 2.10 － 1.00			
M279	320°	竖穴土坑墓 3.00 × 2.20 － 1.10			
M280	95°	竖穴土坑墓 2.60 × 1.25 － 0.60			
M282	95°	斜坡墓道土洞墓 墓道 2.10 ×（0.80 ～ 1.15）－（0.10 ～ 1.60） 墓室 2.08 × 3.10 －（1.35 ～ 2.20）			
M283	15°	竖穴土坑墓 3.70 × 3.20 － 2.00			
M284	135°	竖穴墓道土洞墓 墓道 2.90 × 1.96 － 0.72 墓室 2.20 × 0.92 － 0.72			

续表

随葬品	时代	备注
陶罐 1		
小口旋纹陶罐 B Ⅱ 1、小口旋纹陶罐 Aa Ⅱ 1、无耳陶釜 Aa Ⅱ 1、铜带钩 C1、七窍塞 1	秦	壁龛 二层台
茧形陶壶 1、壶形陶罐 A Ⅱ 1、小口陶罐 Aa Ⅰ 1、铜釦器 1	战国晚期（晚）	盗扰 二层台
双耳陶罐 Aa Ⅰ 1、小口旋纹陶罐 Ab Ⅰ 1、小口素面小陶罐 A Ⅰ 1、陶盆 Ba Ⅰ 1	战国晚期（早）	壁龛 二层台
无		壁龛 二层台 盗扰
小口陶罐 Aa Ⅳ 1、带耳陶鍪 B1、铜车毂饰 2、铜环 B1、铁削 1、骨质棋子 1、泥盒 1	西汉早期（早）	二层台
壶形陶罐 A Ⅱ 1、小口旋纹陶罐 Ab Ⅲ 1、带耳陶釜 B1、素面铜镜 A1、铜带钩 Aa1、铜铃 A Ⅱ 1	战国晚期（晚）	壁龛 二层台
铜环 1		二层台
双耳陶罐 Aa Ⅲ 1、小口旋纹陶罐 Aa Ⅰ 1、大口陶罐 Cb Ⅰ 1	战国晚期（晚）	壁龛 二层台
双耳陶罐 Aa Ⅰ 1、壶形陶罐 A Ⅰ 1、陶盆 Aa Ⅰ 1、铜带钩 Ab1	战国晚期（早）	壁龛 二层台
无		
无		
小口陶罐 B Ⅳ 1、扁腹陶罐 Aa Ⅱ 1、带鋬陶釜 Ⅱ 1、带鋬陶鍪 A1	西汉早期（早）	
陶锜 Aa Ⅲ 2、筥形陶甑 Ⅲ 1、小口陶罐 B Ⅴ 1、大口陶罐 Ab Ⅴ 1、扁腹陶罐 Ba Ⅳ 1、无耳无鋬陶鍪 B Ⅲ 1、铜带钩 Aa1、铜带钩 Ab1、玉串珠 1	西汉中期	甬道
小口旋纹陶罐 B Ⅰ 2、无耳陶釜 Aa Ⅱ 1、铜印章 Ba1、铜带钩 B1、铜铃 B2	战国晚期（晚）	壁龛 二层台
壶形陶罐 A Ⅳ 1、小口陶罐 Aa Ⅳ 1、带耳陶釜 1	西汉早期（早）	

墓号	方向	形制与尺寸（长 × 宽－深）（单位：米）	封门	葬具	葬式
M285	185°	竖穴土坑墓 （0.70 ～ 3.25） ×2.00 － 2.90			
M286	120°	竖穴墓道土洞墓 墓道 3.03×2.44 － 1.70 墓室 3.00×1.30 － 1.00			
M287	275°	竖穴土坑墓 （2.60 ～ 2.96） ×2.10 － 1.90			仰身屈肢
M288	285°	竖穴土坑墓 1 3.26×2.20 － 2.40			仰身屈肢
M289	25°	竖穴土坑墓 2.94×2.52 － 2.40			
M290	12°	竖穴土坑墓 3.40×2.50 － 2.60			
M292	0°	竖穴土坑墓 3.00×2.40 － 2.40			
M293	14°	竖穴土坑墓 3.20×1.80 －（0.60 ～ 1.00）			
M294	8°	竖穴土坑墓 2.80×1.30 －（0.60 ～ 0.70）			
M295	285°	竖穴土坑墓 2.20×（0.08 ～ 1.08） － 0.32			
M296	190°	竖穴土坑墓 3.30×2.30 －（1.70 ～ 1.80）			
M298	215°	竖穴土坑墓 3.12×1.88 － 2.20			
M299	275°	竖穴土坑墓 3.30×2.40 － 2.00			
M300	20°	竖穴土坑墓 2.70×2.00 － 1.60			
M301	15°	竖穴土坑墓 2.70×1.60 － 1.00			
M304	70°	竖穴墓道土洞墓 墓道 3.10×2.10 － 1.88 墓室 2.55×1.00 － 1.00			
M305	125°	竖穴土坑墓 3.80×1.88 － 2.80			

续表

随葬品	时代	备注
双耳陶罐 Aa Ⅲ 1、小口旋纹陶罐 Ab Ⅱ 1	战国晚期（早）	壁龛 二层台
双耳陶罐 Aa Ⅲ 1、小口陶罐 Aa Ⅰ 1、小口旋纹陶罐 Aa Ⅱ 1、银耳环 1	秦	
双耳陶罐 Aa Ⅳ 1、小口陶罐 Ab Ⅱ 1、小口旋纹陶罐 B Ⅱ 1、铜印章 C1、铜带钩 C1	秦	壁龛 二层台
双耳陶罐 Ab Ⅲ 1、小口旋纹陶罐 Aa Ⅱ 1、陶汲水罐 1、铜铃 A Ⅱ 2	秦	壁龛 二层台
双耳陶罐 Ab Ⅲ 1、小口旋纹陶罐 B Ⅱ 2、小口旋纹陶罐 Aa Ⅱ 1、敞口小陶罐 Aa1、铜铃 A Ⅰ 4	秦	壁龛 二层台
小口陶罐 Ab Ⅱ 1、小口旋纹陶罐 B Ⅱ 1、铜釜 A1、铜带钩 C1	秦	二层台
壶形陶罐 A Ⅰ 1、小口陶罐 Aa Ⅰ 1、无耳陶釜 Aa Ⅰ 1	战国晚期（早）	壁龛 二层台
陶盂 Bb Ⅱ 1、陶坛 2、铜棺饰 1		
无		
小口旋纹陶罐 Aa Ⅰ 1、陶盆 Aa Ⅱ 1、带耳陶釜 B1	战国晚期（晚）	
双耳陶罐 Aa Ⅲ 1、小口旋纹陶罐 Aa Ⅰ 1、铜印章 C1、铜带钩 C1、铜铃 A Ⅱ 2、铜铃 B4、铜环 1、料器串珠 1	秦	壁龛 二层台
小口旋纹陶罐 Aa Ⅲ 1、小口素面小陶罐 A Ⅱ 1、陶汲水罐 1、无耳陶釜 Aa Ⅱ 1、铜带钩 C1	西汉早期（早）	壁龛 二层台
盆形陶甑 B Ⅰ 1、小口旋纹陶罐 Aa Ⅲ 1、小口旋纹陶罐 B Ⅰ 1、小口旋纹陶罐 Aa Ⅰ 1	秦	壁龛 二层台
大口陶罐 Ab Ⅲ 1、无耳陶釜 Aa Ⅱ 1、铜鍪 B1	西汉早期（早）	壁龛 二层台
小口陶罐 B Ⅳ 1、小口旋纹陶罐 Ab Ⅴ 1、大口陶罐 Ab Ⅲ 1、扁腹陶罐 Aa Ⅲ 1、陶熏炉 B Ⅱ 1、连弧纹铜镜 Ab1、半两钱 A/B/C1、铜环 1、铁灯 1、铁削 1	西汉早期（晚）	
陶灯 B1		
假圈足陶壶 B1、小口陶罐 Aa Ⅲ 1、扁腹陶罐 Ba Ⅱ 1、陶罐 1	西汉早期（早）	二层台

墓号	方向	形制与尺寸（长 × 宽-深）（单位：米）	封门	葬具	葬式
M306	125°	竖穴土坑墓 3.75×2.00 － 2.60			
M307	80°	竖穴土坑墓 3.40×（2.20～2.50）－ 3.60			
M308	315°	竖穴土坑墓 3.00×1.60 － 1.20			
M309	115°	竖穴土坑墓 3.48×2.80 － 3.20			
M310	80°	竖穴土坑墓 3.52×3.10 － 3.50			
M311	355°	竖穴墓道土洞墓 墓道 2.70×1.80 －（1.50～1.60） 墓室 2.80×1.00 － 1.00			
M312	10°	竖穴土坑墓 3.60×3.00 － 3.48			
M313	95°	竖穴土坑墓 3.20×2.30 － 2.80			
M314	40°	竖穴土坑墓 2.00×1.50 － 1.50			
M315	10°	竖穴土坑墓 3.20×2.60 － 1.90			
M316	0°	竖穴土坑墓 3.80×2.86 － 3.40			
M317	355°	竖穴土坑墓 3.20×2.00 － 3.00			
M319	275°	竖穴土坑墓 2.60×1.40 － 2.00			
M320	280°	竖穴土坑墓 3.44×2.80 － 2.60			
M321	3°	竖穴土坑墓 3.04×（1.60～1.80）－（1.98～2.68）			
M322	5°	竖穴土坑墓 （3.00～3.08）×（1.80～2.00）－（3.00～3.36）			
M323	80°	竖穴土坑墓 3.06×（1.62～1.80）－（1.42～1.78）			

续表

随葬品	时代	备注
无		二层台
壶形陶罐 A Ⅴ 1、小口陶罐 B Ⅲ 1、带耳陶鍪 A Ⅱ 1、铁鍪 1	西汉早期（晚）	
铜器饰 1		
壶形陶罐 B1、扁腹陶罐 Ba Ⅳ 1、无耳无鋬陶鍪 B Ⅲ 1	西汉中期	盗扰 二层台
小口旋纹陶罐 Aa Ⅲ 1		盗扰 二层台
陶罐 1		
壶形陶罐 A Ⅱ 1		壁龛 二层台
陶锜 1、小口陶罐 Ab Ⅲ 1、扁腹陶罐 Ba Ⅲ 1、铁剑 1	西汉早期（晚）	
无		
无		二层台
无耳陶釜 Aa Ⅲ 1	西汉早期（晚）	盗扰 二层台
带鋬陶釜 Ⅱ 1、石砚 1		盗扰
无		
双耳陶罐 Ab Ⅱ 1、小口旋纹陶罐 B Ⅰ 1	战国晚期（早）	壁龛 二层台
无		盗扰
无		
无		盗扰

墓号	方向	形制与尺寸（长 × 宽－深）（单位：米）	封门	葬具	葬式
M324	65°	竖穴土坑墓 1.30×1.80 － 3.46			
M325	102°	竖穴土坑墓 （2.32 ～ 2.44）×1.56 －（2.16 ～ 3.24）			
M326	336°	竖穴土坑墓 3.26×1.90 －（0.88 ～ 1.56）		一椁	
M327	116°	竖穴土坑墓 2.80×（1.92 ～ 2.01）－ 3.76		一椁	仰身直肢
M328	86°	竖穴土坑墓 （2.60 ～ 2.70）×1.72 － 2.70			
M329	100°	竖穴土坑墓 （4.80 ～ 4.92）×（4.62 ～ 4.98）－（3.10 ～ 4.10）		一棺二椁	
M330	268°	斜坡墓道土坑墓 墓道 4.34×1.10 －（1.20 ～ 3.20） 墓室 3.30×2.44 － 3.20		一椁	
M331	16°	竖穴土坑墓 （2.95 ～ 3.20）×1.80 － 2.64			
M332	83°	竖穴土坑墓 （3.55 ～ 3.64）×（3.08 ～ 3.14）－（2.30 ～ 2.64）		一棺一椁	
M333	100°	竖穴土坑墓 （1.40 ～ 3.74）×（1.30 ～ 2.60）－ 4.70		一棺一椁	
M334	90°	竖穴土坑墓 2.48×1.26 －（0.05 ～ 1.90）			
M335	106°	竖穴土坑墓 3.68×1.71 －（0.32 ～ 1.15）			
M336	30°	竖穴土坑墓 2.80×1.80 －（1.85 ～ 2.40）			
M337	10°	竖穴土坑墓 3.70×（2.80 ～ 3.00）－ 3.30			
M340	90°	竖穴土坑墓 3.50×2.30 －（1.80 ～ 2.90）		一棺	
M341	4°	竖穴土坑墓 3.00×1.70 － 2.00			
M342	0°	竖穴土坑墓 3.30×2.00 － 2.00			仰身屈肢

续表

随葬品	时代	备注
无		盗扰
陶豆 1、深腹陶罐 B Ⅰ 1、陶盂 Bc Ⅰ 1	春秋晚期— 战国早期	盗扰
无		盗扰
双耳陶罐 B Ⅲ 1、铜带钩 Ab1	春秋晚期— 战国早期	盗扰
陶豆 Aa Ⅱ 1、鬲式陶罐 1、陶盂 Bc Ⅰ 1、陶器盖 4	战国中期	盗扰
篮形陶甑Ⅲ 1、扁腹陶罐 Ba Ⅳ 1	西汉中期	盗扰 二层台
陶钫 1、小口陶罐 Aa Ⅴ 1、大口陶罐 Ab Ⅳ 1、无耳陶釜 B1、铜牌饰 1、铁剑 1、铁刀 2、贝 1	西汉中期	盗扰 甬道 二层台
壶形陶罐 A Ⅳ 1、小口旋纹陶罐 Ab Ⅳ 1、小口素面小陶罐 A Ⅱ 1、半两钱 B/C1、	西汉早期（早）	盗扰
陶鼎 Aa Ⅰ 1、铜灯 1、铜镜 1、铜镦 1、铁剑 1、铁矛 1、玉剑彘 1、木篦 1	战国晚期（晚）	盗扰 二层台
陶钫盖 1、铜镞 1、铜泡钉 1		盗扰 二层台
无		
扁腹陶罐 Ba Ⅱ 1、扁腹陶罐 Aa Ⅱ 1	西汉早期（早）	盗扰
无		
无		盗扰 二层台
无		
半两钱 C1		盗扰 二层台
扁腹陶罐 Ba Ⅴ 1、铁削 1、玉剑彘 1、贝 1		二层台

墓号	方向	形制与尺寸（长 × 宽－深）（单位：米）	封门	葬具	葬式
M343	95°	竖穴土坑墓 （3.40 ～ 3.52）×（2.65 ～ 2.70）－ 2.50			
M344	115°	竖穴土坑墓 2.60 × 1.80 － 2.70			
M345	115°	竖穴土坑墓 3.70 × 2.50 － 3.70			
M347	115°	竖穴土坑墓 3.80 × 1.80 － 3.60		一棺	
M348	105°	竖穴土坑墓 2.80 × 2.00 － 3.50			
M351	175°	阶梯墓道土坑墓 墓道 2.80 ×（0.52 ～ 1.10）－（0.30 ～ 1.40） 墓室 3.10 × 1.40 － 1.80			
M352	175°	竖穴土坑墓 1.90 × 1.00 －（0.20 ～ 0.60）			
M353	189°	斜坡墓道砖室墓 墓道 7.40 ×（1.20 ～ 1.86）－ 3.00 墓室 3.40 × 3.06 － 3.10	青砖封门		
M354	95°	竖穴土坑墓 4.00 × 3.10 － 4.00			
M355	90°	竖穴土坑墓 3.88 × 2.80 －（3.30 ～ 3.40）		一棺一椁	
M356	270°	竖穴墓道土坑墓 墓道 1.40 × 1.00 －（0.65 ～ 0.80） 墓室 3.04 × 1.40 － 1.30			
M357	15°	竖穴土坑墓 2.60 × 1.60 － 3.20			
M359	120°	竖穴土坑墓 2.70 × 1.84 － 2.60		一椁	
M361	125°	竖穴土坑墓 2.60 × 1.50 － 1.20			
M363	36°	竖穴土坑墓 5.00 × 3.40 －（1.50 ～ 3.10）			
M364	36°	竖穴土坑墓 4.20 × 1.54 － 4.00			

续表

随葬品	时代	备注
双耳陶罐 Ab Ⅰ 1、陶盆 Ba Ⅰ 1	战国中期	盗扰 二层台 壁龛
双耳陶罐、陶盂 Bc Ⅰ 1	春秋晚期— 战国早期	盗扰 二层台
圈足陶壶 A Ⅱ 1、陶锜 B1、小口陶罐 Aa Ⅲ 1、大口陶罐 Ab Ⅲ 1、扁腹陶罐 1、扁腹陶罐 Bb Ⅲ 1、半两钱 B1、铜饰件 1、玻璃串珠 1	西汉早期（早）	二层台
无		二层台
无		盗扰
陶壶 1、大口陶罐 Cb Ⅴ 1、大口陶罐 Aa Ⅲ 1	西汉晚期	盗扰
无		
小口陶罐 B Ⅴ Ⅰ 1、异形陶罐 1	西汉晚期	盗扰 甬道
无		二层台
双耳陶罐 Ab Ⅱ 1、铁灯 1	战国晚期（早）	二层台
小口陶罐 Aa Ⅴ 1、大口陶罐 Cb Ⅴ 1、扁腹陶罐 Ab1、草叶纹铜镜 A1、铜带钩 Ab1、铁剑 1、铁刀 A1、铁锥 1	西汉中期	
小口素面小陶罐 A Ⅱ 1、带鋬陶罐 1、陶盂 Bc Ⅱ 1、铜带钩 Ab1		
大口陶罐 Aa Ⅲ 1、铜带钩 Ab1、铜削 1、铜泡钉 1	西汉晚期	
无		盗扰
大口陶罐 B Ⅱ 1、陶罐 1	战国晚期（早）	二层台
无		二层台

墓号	方向	形制与尺寸（长 × 宽－深）（单位：米）	封门	葬具	葬式
M365	320°	斜坡墓道土坑墓 墓道 1.20×1.00 －（0.78 ～ 1.00） 墓室 2.80×1.65 － 1.50			
M366	90°	竖穴土坑墓 3.50×2.70 － 2.20			
M367	155°	竖穴土坑墓 3.60×1.70 － 1.80			
M368	135°	竖穴土坑墓 3.90×3.10 － 4.00			
M369	135°	竖穴土坑墓 3.90×1.80 － 4.00			
M370	325°	斜坡墓道土坑墓 墓道 1.10×（0.70 ～ 0.90）－ 0.76 墓室 1.70×1.00 －（0.86 ～ 1.80）			
M371	115°	竖穴土坑墓 2.75×1.60 －（2.28 ～ 3.70）			
M372	345°	斜坡墓道土坑墓 墓道 4.00×（0.30 ～ 1.32）－（0.54 ～ 2.50） 墓室 3.10×（1.78 ～ 2.10）－（3.04 ～ 3.20）			
M373	197°	斜坡墓道土坑墓 墓道 8.56×（1.30 ～ 2.66）－（0.15 ～ 1.84） 墓室 3.32×（3.70 ～ 4.20）－ 2.60			
M374	95°	竖穴土坑墓 （2.50 ～ 3.25）×2.14 － 1.20			
M375	140°	竖穴土坑墓 3.80×2.30 － 3.30			
M376	120°	竖穴土坑墓 1.40×1.44 － 1.60			
M377	120°	竖穴土坑墓 1.04×1.10 － 0.80			
M378	20°	竖穴土坑墓 2.30×1.50 － 2.70			
M379	25°	竖穴土坑墓 4.10×2.60 － 3.70		一椁	
M380	110°	竖穴土坑墓 3.10×2.00 － 4.20			

续表

随葬品	时代	备注
铁鐅 1		盗扰
陶罐 1、骨质棋子 1		盗扰 二层台
无		盗扰
陶罐 1、陶盘 B1、铜镞 1、铜环 1		盗扰 二层台
无		盗扰 二层台
无		盗扰
无		盗扰
无		
小口旋纹陶罐 Ab Ⅴ 1、陶罐 1、无耳陶釜 Aa Ⅲ 1、铜剑柄 1	西汉中期	二层台
无		二层台
无		盗扰 二层台
无		
无		
陶豆 Aa Ⅱ 1、陶豆 Bb1、陶豆 Ab Ⅰ 1、双耳陶罐 B Ⅲ 1、小口素面小陶罐 B1、大口陶罐 Aa Ⅰ 1	春秋晚期—战国早期	盗扰
铜带钩 B1		盗扰 二层台
陶盂 Bc Ⅱ 1		盗扰

墓号	方向	形制与尺寸（长 × 宽－深）（单位：米）	封门	葬具	葬式
M381	130°	竖穴土坑墓 1.00 × 0.80 － 2.60			
M382	275°	斜坡墓道土坑墓 墓道 2.16 ×（0.96 ～ 1.36）－ 0.60 墓室 1.64 × 2.64 －（1.00 ～ 1.10）			
M383	200°	竖穴墓道土洞墓 墓道 2.20 × 1.36 － 1.12 墓室 1.56 × 2.44 － 1.28			
M384	115°	竖穴土坑墓 2.80 × 1.80 －（2.20 ～ 2.80）			
M385	345°	竖穴土坑墓 4.20 × 3.20 － 3.20			
M386	225°	竖穴墓道土洞墓 墓道 2.60 × 1.84 － 3.60 墓室 1.40 × 2.24 － 2.20			
M387	350°	竖穴土坑墓 3.30 × 2.30 － 2.60			
M388	90°	竖穴土坑墓 2.40 × 1.40 － 0.40			
M389	140°	竖穴墓道土洞墓 墓道（2.40 ～ 2.80）× 2.34 －（1.40 ～ 2.00） 墓室 1.64 × 3.40 － 1.30			
M390	330°	竖穴土坑墓 3.50 × 2.60 － 4.00		一椁	
M391	170°	斜坡墓道土洞墓 墓道 2.70 ×（1.40 ～ 1.56）－（0.80 ～ 1.46） 墓室 1.10 × 2.40 － 0.50			
M393	350°	竖穴土坑墓 2.40 × 1.30 － 1.50			
M394	334°	竖穴土坑墓 3.04 × 1.40 － 2.40			
M395	330°	竖穴土坑墓 3.60 × 2.10 － 2.10			
M396	175°	竖穴土坑墓 2.50 ×（1.23 ～ 1.36）－ 0.60			

续表

随葬品	时代	备注
无		
无		盗扰
异形陶罐 1		盗扰
陶锜 Aa Ⅱ 1	西汉早期（晚）	
敞口小陶罐 Ab1、铜饰件 1、铜管 1		盗扰 壁龛 二层台
陶豆 Ab Ⅱ 1、陶豆 Ab Ⅰ 1、双耳陶罐 Ab Ⅱ 1	战国晚期（早）	盗扰
小口陶罐 1、扁腹陶罐 Ba Ⅰ 1、骨锥 1		盗扰 二层台
无		
陶鼎 Ba Ⅲ 1、假圈足陶壶 C1、陶锜 Aa Ⅰ 1、盘形陶甑 1、小口旋纹陶罐 Ab Ⅳ 1、扁腹陶罐 Ba Ⅱ 1、陶熏炉 B Ⅱ 1、陶器盖 1、素面铜镜 C1、半两钱 B1、铜带钩 Aa1、铜带钩 Ab2、铜铃 B2、铜铃 A Ⅰ 2、铜铃 2、骨质棋子 1	西汉早期（早）	
大陶甑 1、壶形陶罐 A Ⅲ 1、小口陶罐 Aa Ⅴ 1、小陶罐 Ab2、小陶盆 1、带耳陶鍪 B Ⅱ 1	西汉中期	盗扰 二层台
大口陶罐 Cb Ⅲ 1、大口陶罐 Aa Ⅲ 1、大口陶罐 Ab Ⅰ 1、扁腹陶罐 Bb Ⅳ 1、大陶盆 1、无耳无錾陶鍪 B Ⅱ 1、铁刀 A2	西汉中期	盗扰
大口陶罐 Ab Ⅱ 3、无耳无錾陶鍪 A Ⅰ 1	秦	盗扰 二层台
小口陶罐 Aa Ⅴ Ⅰ 1、大口陶罐 Ab Ⅴ 1、大口陶罐 Aa Ⅲ 1、铜棺饰 1、五铢钱 A/B1	西汉晚期	
小口旋纹陶罐 Aa Ⅱ 1、小口旋纹陶罐 Ab Ⅰ 1	秦	盗扰 二层台
壶形陶罐 A Ⅱ、陶盆 Bb1		盗扰

墓号	方向	形制与尺寸（长 × 宽－深）（单位：米）	封门	葬具	葬式
M397	340°	竖穴土坑墓 2.80×1.40 － 1.50			
M398	260°	斜坡墓道土坑墓 墓道 3.10×1.20 －（0.45 ～ 1.14） 墓室（1.33×1.40）×2.90 － 1.15			
M399	185°	竖穴墓道土洞墓 墓道 1.95×1.20 －（0.14 ～ 0.20） 墓室 0.80×2.05 － 0.20		一棺	仰身直肢
M400	115°	竖穴土坑墓 2.46×（1.10 ～ 1.20）－（1.60 ～ 2.10）			
M401	10°	竖穴土坑墓 2.40×1.40 － 2.70			
M402	170°	斜坡墓道土坑墓 墓道 3.54×（0.84 ～ 1.20）－（0.90 ～ 2.00） 墓室 1.56×2.82 － 2.90			
M403	15°	竖穴土坑墓 2.80×1.90 － 3.60			仰身直肢
M404	355°	斜坡墓道土坑墓 墓道 5.70×（1.35 ～ 1.40）－（0.40 ～ 1.70） 墓室 2.70×（1.38 ～ 1.50）－（1.74 ～ 1.92）			
M405	180°	竖穴墓道土洞墓 墓道 2.20×1.50 －（0.60 ～ 1.00） 墓室 1.00×2.30 －（0.50 ～ 0.60）			仰身直肢
M406	353°	竖穴土坑墓 3.20×1.60 － 3.40			
M407	0°	竖穴土坑墓 （1.45 ～ 1.60）×0.86 －（0.20 ～ 0.70）		一棺	侧身屈肢
M408	100°	竖穴土坑墓 2.64×2.24 － 4.40			
M409	170°	竖穴土坑墓 3.48×2.50 － 4.30			
M410	15°	竖穴土坑墓 2.80×（1.70 ～ 1.90）－（2.90 ～ 3.10）		一棺一椁	
M411	125°	竖穴土坑墓 2.30×1.28 －（0.90 ～ 1.10）			
M412	180°	竖穴土坑墓 2.90×（1.82 ～ 1.98）－ 1.90			

续表

随葬品	时代	备注
无		
无		
草叶纹铜镜 A1、半两钱 B/C1	西汉中期	
无		
无		
铜博局镜 1、铜铃 A Ⅰ /B1、铁带钩 1	西汉晚期	盗扰
扁腹陶罐 Aa Ⅰ 1、陶盂 Bc Ⅰ 1、铜带钩 Ab1	战国晚期（早）	
无		
连弧纹铜镜 Aa1、玉片 1		
陶盘 A1、小口陶罐 Aa Ⅴ 1、扁腹陶罐 Bb Ⅳ 1、铜器残片 1、铁削 1、铁熨斗 1	西汉中期	盗扰
单耳陶罐 C1、小口旋纹陶罐 Aa Ⅰ 1	战国晚期（晚）	盗扰
陶鼎 Ca1、陶豆 Bb2、陶豆 1、扁腹陶罐 1、陶深腹罐 B Ⅰ 1、陶器盖 2	春秋晚期— 战国早期	盗扰
陶鼎 Ba Ⅲ 1、陶钫 1、篮形陶甑 Ⅰ 1	西汉早期（晚）	盗扰 二层台
无		盗扰
无		盗扰
大口陶罐 Aa Ⅱ 1、大口陶罐 1		盗扰 二层台

墓号	方向	形制与尺寸（长 × 宽 – 深）（单位：米）	封门	葬具	葬式
M413	170°	竖穴土坑墓 3.00 × 1.70 – 2.60			
M414	160°	竖穴土坑墓 2.32 × 0.96 – 1.40			
M415	180°	竖穴土坑墓 2.70 × 1.56 – 1.40			
M416	170°	竖穴土坑墓 3.46 × 1.46 – 3.80			
M417	80°	竖穴土坑墓 1.90 × 1.35 – 1.00			
M418	185°	斜坡墓道土坑墓 墓道 3.70 ×（0.90 ～ 1.90）–（0.30 ～ 2.50） 墓室 3.50 × 2.26 – 3.20			
M419	95°	竖穴土坑墓 3.30 × 2.40 – 4.80			
M420	90°	竖穴土坑墓 3.60 × 2.46 – 3.78		一棺一椁	仰身直肢
M421	180°	竖穴土坑墓 4.50 × 5.20 –（3.90 ～ 4.80）		一椁	
M422	170°	竖穴土坑墓 3.10 × 2.00 – 2.16			
M423	160°	竖穴土坑墓 3.10 × 2.20 – 3.36		一椁	
M424	175°	竖穴土坑墓 3.68 × 2.80 – 3.76			
M425	120°	竖穴土坑墓 2.20 × 1.40 –（0.20 ～ 1.50）			
M426	195°	竖穴墓道土洞墓 墓道 2.20 × 1.10 – 0.30 墓室 1.26 × 2.00 – 0.30			
M427	225°	竖穴墓道土洞墓 墓道 2.74 × 1.74 – 1.80 墓室 1.38 × 1.90 – 1.04			
M428	355°	竖穴土坑墓 3.00 ×（2.00 ～ 2.08）– 3.20			
M429	355°	竖穴土坑墓 3.64 × 2.40 –（1.20 ～ 2.70）			

续表

随葬品	时代	备注
陶盂 Bc Ⅰ 1		
小口旋纹陶罐 Ab Ⅱ 1、扁腹陶罐 Bb Ⅰ 1、瓶形陶罐 2、铜带钩 Aa1、铜弩机 1	战国晚期（早）	二层台
无		二层台
陶鼎 Aa Ⅲ 1、陶钫 Ⅱ 1、陶锜 Aa Ⅱ 1、篮形陶甑 Ⅱ 1、小口陶罐 B Ⅲ 1、大口陶罐 B Ⅲ 2、蟠螭纹铜镜 C1	西汉早期（晚）	二层台
无		
铜带钩 Aa1		二层台
陶盂 Bc Ⅰ 1、玉环 1		盗扰
陶鼎 Bb2、陶豆 Bb2、陶豆 Ab Ⅱ 1、假圈足陶壶 A2、大陶盆 1、陶器盖 1、铜饰件 1	战国晚期（早）	
无		盗扰 二层台
大口陶罐 Ab Ⅲ 1		
铁剑 1		盗扰
陶鼎 Ba Ⅱ 1、扁腹陶罐 Aa Ⅰ 1、扁腹陶罐 Aa Ⅱ 1	秦	盗扰 二层台
无		
陶豆 Aa Ⅲ 1、陶豆 Aa Ⅰ 1、陶豆 Aa Ⅱ 1、双耳陶罐 B Ⅱ 3、大口陶罐 Cb Ⅱ 1	战国晚期（早）	盗扰
大口陶罐 Cb Ⅲ 1、玉环 1		
壶形陶罐 B1、陶器盖 1、铜带钩 B1		
陶盒 B Ⅲ 1、玉璧 1、骨质棋子 1		盗扰 二层台

墓号	方向	形制与尺寸（长 × 宽－深）（单位：米）	封门	葬具	葬式
M430	13°	竖穴土坑墓 2.80×1.80 －（1.70 ～ 2.13）			
M431	345°	竖穴土坑墓 4.38×4.10 －（0.70 ～ 2.40）			
M432	345°	竖穴土坑墓 （3.00 ～ 3.10）×2.66 －（1.80 ～ 3.84）			
M433	350°	竖穴墓道土坑墓 墓道（1.26 ～ 1.44）×0.50 －（0.20 ～ 0.32） 墓室 1.66×0.90 －（0.32 ～ 0.60）			
M434	35°	竖穴土坑墓 3.00×1.80 － 1.88			
M435	106°	竖穴土坑墓 （0.82 ～ 2.60）×2.10 －（1.60 ～ 3.90）			
M436	355°	竖穴土坑墓 2.70×1.60 －（1.00 ～ 1.40）			
M438	20°	竖穴土坑墓 2.90×1.64 －（1.30 ～ 1.60）			
M439	105°	竖穴土坑墓 2.70×1.30 －（1.00 ～ 1.20）			
M440	190°	竖穴墓道土洞墓 墓道 3.00×（1.96 ～ 2.32）－（2.70 ～ 2.92） 墓室 2.56×（1.60 ～ 2.08）－ 1.20			
M441	0°	竖穴墓道土洞墓 墓道 2.50×1.80 －（1.00 ～ 2.00） 墓室 2.10×1.20 － 1.08			
M442	340°	竖穴土坑墓 3.76×2.80 － 1.88			
M443	195°	竖穴墓道土洞墓 墓道（0.30 ～ 1.88）×2.00 － 2.90 墓室 2.30×1.26 － 1.10			
M444	270°	竖穴墓道土坑墓 墓道（1.65 ～ 1.70）×.084 － 0.64 墓室（2.70～2.82）×（1.32～1.40）－（0.80～1.63）			
M445	175°	竖穴土坑墓 3.24×2.10 －（1.90 ～ 2.10）			
M446	170°	竖穴土坑墓 3.20×1.80 － 1.70			

续表

随葬品	时代	备注
陶豆 Bb1、陶豆 A1、陶豆 Ab Ⅱ 1、陶豆 Aa Ⅰ 1、平底陶壶 Ab1、深腹陶罐 B Ⅰ 1、铜鼎 1、玉残片 1、砺石 1	战国晚期（早）	
铜锜（残）1、铜镜 1、铜釦器 2、铁削 1		盗扰 二层台
陶鼎 Ba Ⅰ 2、陶豆 Bb4、陶豆 Ab Ⅱ 1、陶豆 Aa Ⅰ 2、陶豆 1、平底陶壶 Ab1、陶盂 A1、盆状陶器 2	战国中期	盗扰
无		盗扰
大口陶罐 Ab Ⅲ 1、陶盂 Bc Ⅱ 1	西汉早期（早）	盗扰
平底陶壶 Aa Ⅰ 1、陶器盖 1	战国中期	盗扰
无		盗扰
陶罐 1、铜带钩 Ab1		
大口陶罐 Ab Ⅰ 1、大口陶罐 Ca Ⅰ 1、小口陶罐 B Ⅱ 1	战国晚期（早）	盗扰
陶鼎 Ca1、陶鼎 Ac1、陶豆 Aa Ⅲ 2、陶豆 1、平底陶壶 Aa Ⅱ 2、大口陶罐 Aa Ⅰ 1	战国晚期（早）	
无		
无		盗扰
陶鼎 Bb1、陶豆 Bb3、陶豆 Aa Ⅱ 2、无耳无鋬陶鍪 A Ⅱ 1、陶器盖 1	战国晚期（早）	
无		
无		
陶罐 1		

墓号	方向	形制与尺寸（长 × 宽－深）（单位：米）	封门	葬具	葬式
M447	180°	竖穴土坑墓 3.00×1.90 － 3.80			
M448	350°	斜坡墓道洞室墓 墓道 2.80×2.00 －（1.50 ～ 2.00） 墓室 1.88×1.06 － 1.10			
M449	95°	竖穴土坑墓 3.30×1.70 － 3.60			
M450	95°	竖穴土坑墓 3.30×1.70 － 1.50			
M451	180°	竖穴土坑墓 2.60×1.50 － 1.50			
M452	113°	竖穴土坑墓 2.30×1.50 － 1.15		一椁	
M453	101°	竖穴土坑墓 （2.16 ～ 2.36）×1.48 － 3.14			
M454	69°	竖穴土坑墓 2.88×（1.82 ～ 2.24）－（0.95 ～ 4.32）		一棺一椁	仰身直肢
M455	100°	竖穴土坑墓 3.34×2.32 －（2.20 ～ 4.70）			
M456	252°	竖穴土坑墓 3.00×（1.40 ～ 2.04）－ 0.40		一棺一椁	
M457	187°	竖穴墓道土洞墓 墓道 2.04×1.08 －（0.50 ～ 0.72） 墓室 2.76×1.64 －（1.00 ～ 1.20）		一棺一椁	仰身直肢
M458	270°	竖穴土坑墓 3.20×2.80 －（1.20 ～ 1.60）		一棺	
M459	95°	竖穴土坑墓 2.60×0.50 － 0.90		一棺	仰身屈肢
M460	8°	竖穴土坑墓 3.20×2.80 －（1.96 ～ 2.52）		一椁	仰身屈肢
M461	275°	竖穴土坑墓 （1.10 ～ 2.00）×2.10 －（1.02 ～ 2.16）		一棺	仰身屈肢
M462	278°	竖穴土坑墓 3.10×（0.22 ～ 1.04）－（1.00 ～ 2.80）			
M463	97°	竖穴土坑墓 2.12×0.94 － 0.78		一棺	仰身直肢

续表

随葬品	时代	备注
陶鼎 Ca1、陶豆 Ba1、敞口小陶罐 Ab1	战国晚期（早）	盗扰 壁龛
大口陶罐 B Ⅲ 1	西汉早期（晚）	盗扰
陶豆 Ab Ⅱ 1、平底陶壶 Aa Ⅰ 1、陶器盖 7、陶匜 1、陶鸽 2、铜带钩 Ab1	战国晚期（早）	盗扰
无		
大口陶罐 Ab Ⅲ 1、铁带钩 1	西汉早期（晚）	盗扰
单耳陶罐 B1	战国中期	
大口陶罐 B Ⅴ 1、异形陶罐 1	西汉中期	
双耳陶罐 B Ⅰ 1、陶盆 Bb1	春秋晚期— 战国早期	盗扰
陶器盖 4、陶鸽 1		
陶鼎 Aa Ⅰ 1、单耳陶罐 A1、陶器盖 1、蟠螭纹铜镜 A1	战国晚期（晚）	
大口陶罐 Ab Ⅲ 1、大口陶罐 B Ⅳ 1	西汉中期	
陶鬲 1、陶盘 A1、陶器盖 1、陶汲水罐 1	战国中期	壁龛 二层台
无		
无耳陶釜 Aa Ⅲ 1、铁鏊 1		盗扰 壁龛 二层台
铜带钩 C1、铜环 2		二层台
双耳陶罐 Ab Ⅲ 1、单耳陶罐 A1、小口旋纹陶罐 Aa Ⅱ 1	秦	二层台
双耳陶罐 Ab Ⅱ 2、双耳陶罐 Aa Ⅲ 1、铜带钩 Ab1	战国晚期（早）	

墓号	方向	形制与尺寸（长 × 宽－深）（单位：米）	封门	葬具	葬式
M464	270°	竖穴土坑墓 2.88×2.00 －（1.40 ～ 1.60）			仰身屈肢
M465	185°	斜坡墓道土洞墓 墓道 4.00×（1.02 ～ 1.60）－ 1.56 墓室 2.42×1.54 － 1.56			
M466	85°	竖穴土坑墓 3.60×（2.70 ～ 2.80）－ 2.40		一棺	仰身直肢
M468	165°	斜坡墓道土洞墓 墓道 3.20×（0.92 ～ 1.00）－ 0.76 墓室 2.96×（1.40 ～ 2.00）－ 0.70		一棺一椁	
M469	170°	斜坡墓道土坑墓 墓道（3.80 ～ 4.00）×1.80 －（0.10 ～ 1.60） 墓室 3.20×1.80 － 1.60		一椁	
M470	210°	竖穴墓道土洞墓 墓道 3.76×3.00 － 2.80 墓室 3.00×（1.20 ～ 1.56）－ 1.60			
M473	30°	竖穴土坑墓 2.30×1.66 －（1.20 ～ 2.40）			
M474	35°	竖穴土坑墓 3.66×2.54 － 4.62		一椁	
M475	18°	竖穴墓道土洞墓 墓道 0.80×（1.04 ～ 1.10）－ 1.10 墓室 2.60×1.30 － 1.30			
M476	20°	斜坡墓道土坑墓 墓道 1.20×1.20 －（1.00 ～ 1.40） 墓室 3.10×1.40 － 1.60			
M479	35°	竖穴土坑墓 2.00×1.00 － 0.70			
M480	120°	竖穴土坑墓 3.60×2.60 － 4.24			
M481	35°	竖穴土坑墓 3.66×2.90 － 4.74		一棺一椁	
M482	90°	竖穴土坑墓 2.88×2.10 －（2.50 ～ 2.76）			
M483	100°	竖穴土坑墓 （2.40 ～ 3.00）×1.40 －（0.54 ～ 1.20）		一棺	

续表

随葬品	时代	备注
小口旋纹陶罐 B Ⅰ 2、陶盆 Ab2、无耳陶釜 Aa Ⅱ 1、	战国晚期（早）	盗扰 壁龛
壶形陶罐 A Ⅴ 1、小口素面小陶罐 B2	西汉早期（晚）	盗扰
双耳陶罐 Ab Ⅱ 2、陶盆 Bb1、铜带钩 Ab1	战国中期	二层台
陶鼎 Ab1、陶钫Ⅳ 1、陶盘 B1、带盖小陶罐 1、异形陶罐 1、陶盂 Ba Ⅲ 1、陶灶 A1、陶灯 A1、陶熏炉 C1、陶砚 1	西汉晚期	
陶鼎 Ab1、陶钫Ⅳ 1、大口陶罐 Ba Ⅴ 1、扁腹陶罐 Ba Ⅴ 1、陶盆 Ba Ⅱ 1、陶盆 1、陶盂 Bb Ⅱ 1、陶盘 B2、陶灶 A1、陶灯 B1、陶器盖 1、铜釦器 1、骨管 1	西汉晚期	盗扰
铜带钩 1、铜环 1、玻璃串珠 1		盗扰
小口陶罐 B Ⅲ 1、无耳无鋬陶鍪 A Ⅱ 1	西汉早期（早）	
扁腹陶罐 Ba Ⅲ 1、陶灯 B1、陶器盖 1	西汉早期（晚）	
大口陶罐 Ab Ⅰ 1、大口陶罐 Aa Ⅰ 1、无耳无鋬陶鍪 A Ⅱ 1	战国晚期（早）	盗扰
小口陶罐 B Ⅵ 1	西汉中期	
无		
陶鼎 Ba Ⅳ 1、陶盒 B Ⅱ 1、陶锜 Aa Ⅱ 1、篮形陶甑Ⅱ 1、扁腹陶罐 Ba Ⅲ 1	西汉早期（晚）	
小口陶罐 B Ⅱ 1、铜带钩 Aa1、铜环 1		二层台
陶钫 1、篮形陶甑Ⅱ 1		
铜镦 1		盗扰

墓号	方向	形制与尺寸（长 × 宽－深）（单位：米）	封门	葬具	葬式
M484	278°	竖穴土坑墓 3.60×2.60 －（2.60 ～ 2.90）		一椁	
M485	340°	竖穴土坑墓 （3.40 ～ 3.60）×2.55 － 3.60		一椁	
M489	255°	竖穴土坑墓 2.60×1.50 － 2.30			
M492	90°	竖穴土坑墓 2.10×1.40 － 1.60			
M493	88°	竖穴土坑墓 2.00×（1.00 ～ 1.20）－（1.00 ～ 1.10）			
M495	278°	竖穴土坑墓 3.70×2.80 －（3.40 ～ 3.54）			
M497	0°	竖穴土坑墓 （3.50 ～ 3.65）×（2.58 ～ 2.84）－ 3.10			
M501	0°	竖穴土坑墓 3.00×2.44 －（4.00 ～ 4.20）			
M507	8°	竖穴土坑墓 3.70×2.80 － 4.56		一棺一椁带头箱	
M510	90°	竖穴土坑墓 （1.95 ～ 2.10）×（1.22 ～ 1.30）－ 1.00			
M511	100°	竖穴土坑墓 2.70×1.00 － 0.70			
M512	80°	竖穴土坑墓 2.60×（1.00 ～ 1.44）－ 1.30			
M513	90°	竖穴土坑墓 2.90×1.56 －（1.20 ～ 1.30）			
M514	95°	竖穴土坑墓 2.30×1.30 － 0.88			
M515	95°	竖穴土坑墓 2.60×1.40 － 1.00			
M516	280°	竖穴土坑墓 （2.76 ～ 2.80）×1.40 －（1.20 ～ 2.90）			

续表

随葬品	时代	备注
小口陶罐 Ab Ⅱ 1、小口陶罐 B Ⅱ 1、小口旋纹陶罐 B Ⅰ 1、带鋬陶釜 Ⅰ 1、骨饰件 1	秦	盗扰 壁龛 二层台
小口陶罐 B Ⅲ 1、带鋬陶鍪 B1、铜环 1	西汉早期（早）	盗扰 壁龛 二层台
大口陶罐 Ab Ⅳ 1、无耳无鋬陶鍪 A Ⅰ 1、	西汉早期（早）	
无		
无		
小口陶罐 B Ⅴ 1、小口旋纹陶罐 Aa Ⅲ 1、陶片 1	西汉中期	盗扰 壁龛 二层台
陶鼎 Bb1、圈足陶壶 B1、小口陶罐 Aa Ⅰ 1	西汉早期（早）	二层台
陶钫 Ⅱ 1、陶甗 1、小口陶罐 B Ⅳ 1、大口陶罐 B Ⅲ 1、大口陶罐 Ab Ⅳ 1、陶熏炉 B Ⅰ 1、铜盆 1、铜鍪 Ⅲ 1、蟠螭纹铜镜 B1、半两钱 B1、铁鍪 1、骨饰件 1	西汉早期（早）	壁龛 二层台
陶鼎 Ba Ⅳ 1、陶盒 B Ⅱ 1、陶钫 Ⅲ 1、陶甗 1、小口陶罐 Ab Ⅲ 1、扁腹陶罐 Aa Ⅲ 1、扁腹陶罐 Bb Ⅱ 1、玉片 1、玉环 1	西汉早期（晚）	二层台
小口陶罐 Ab Ⅳ 1	西汉早期（晚）	盗扰
带耳陶鍪 A Ⅱ 1	西汉早期	
无		盗扰
带耳陶鍪 A Ⅱ 1	西汉早期	
铁釜 1		盗扰
无		盗扰
无		盗扰

墓号	方向	形制与尺寸（长 × 宽－深）（单位：米）	封门	葬具	葬式
M517	260°	竖穴土坑墓 2.84 × 2.60 － 1.28			
M518	247°	竖穴土坑墓 3.00 × 1.70 － 1.20			
M519	200°	竖穴土坑墓 2.20 × 1.70 － 0.48			
M520	53°	竖穴土坑墓 3.08 × 1.50 － 0.80			
M521	30°	竖穴土坑墓 2.60 × 1.20 － 0.36			
M523	335°	竖穴土坑墓 4.30 × 4.00 －（4.00 ～ 4.80）			
M524	90°	竖穴土坑墓 2.90 × 1.50 － 0.80			
M528	260°	斜坡墓道土洞墓 墓道 5.16 ×（1.40 ～ 1.00）－（1.00 ～ 2.20） 墓室 2.45 × 1.32 － 2.30			
M530	265°	竖穴土坑墓 2.68 × 2.00 －（2.20 ～ 2.70）			
M535	265°	竖穴土坑墓 3.20 ×（2.30 ～ 2.50）－ 2.20			
M536	93°	竖穴土坑墓 2.40 × 1.48 －（1.80 ～ 2.72）			

续表

随葬品	时代	备注
无		二层台
无		
小口陶罐 Ab Ⅲ 1、小口旋纹陶罐 B Ⅳ 1、带耳陶釜 A1	西汉早期（晚）	
大口陶罐 Cc1、铁鍪 1		
敞口小陶罐 B1		
玻璃串珠 1		二层台
大口陶罐 Ab Ⅳ 2		
小口陶罐 Aa Ⅴ 1、小口旋纹陶罐 B Ⅵ 1、扁腹陶罐 Ba Ⅳ 1、无耳无鋬陶鍪 A Ⅱ 1、铜饰件 1、铁削 1、漆器 1	西汉中期	
小口陶罐 B Ⅳ 1、大口陶罐 Ac1、无耳无鋬陶鍪 B Ⅱ 1	西汉早期（早）	
小口陶罐 Aa Ⅲ 1、大口陶罐 Ab Ⅲ 1、扁腹陶罐 Bb Ⅱ 1、带耳陶鍪 A Ⅱ 1	西汉早期（早）	二层台
小口陶罐 B Ⅳ 1、大口陶罐 B Ⅲ 1、扁腹陶罐 Aa Ⅲ 2	西汉早期（晚）	

附表二　米脂卧虎湾墓地出土铜钱统计表

种类	编号	钱径（毫米）	穿宽（毫米）	重量（克）
半两钱	M5：8	25	9	2.3
	M21：6-1	24	9	2.5
	M21：6-2	25	6	2.0
	M21：6-3	24	8	2.7
	M21：6-4	24	8	2.4
	M21：6-5	23	7	2.3
	M21：6-6	24	7	2.7
	M21：6-7	24	9	2.4
	M106：1	22	7	3.2
	M123：2-1	24	7	2.3
	M123：2-2	23	8	2.7
	M205：1-1	23	7	1.5
	M205：1-2	23	8.	1.4
	M255：2-2	23	8	2.5
	M301：2-1	23	7	2.3
	M301：2-2	24	8	2.6
	M301：2-3	24	7	2.3
	M301：2-4	23	9	1.9
	M301：2-5	23	7	2.4
	M301：2-6	24	7	2.9
	M301：2-7	23	8	2.7

文字	记号	附着物	备注
文字略凸起，字等于穿，“半”字头部转折，下横线较长，竖线出于下横线；“两”字上横线与肩等长，折肩，为“双人两”			
文字凸起，字略小于穿，“半”字头部转折，两横线等长，竖线出于下横线；“两”字上横线与肩等长，折肩，右侧折线微外撇，为“连山两”			
文字略凸起，字等于穿，“半”字头部转折，无下横线，竖线微出于上横线；“两”字上横线与肩等长，折肩，为“十字两”			外缘正面有郭，穿不甚规则
文字略凸起，字略大于穿，“半”字头部转折，两横线等长，竖线出于下横线；“两”字上横线与肩等长，折肩，为“双人两”			穿不甚规则
文字略凸起，字略大于穿，“半”字头部呈“八”字状，两横线等长，竖线出于下横线；“两”字上横线比肩略短，折肩，为“双人两”，人字首部较长			穿不甚规则
文字略凸起，字等于穿，“半”字头部转折，两横线等长，竖线出于下横线；“两”字上横线与肩等长，折肩，为“双人两”			
字迹不清			
文字略凸起，字等于穿，“半”字头部转折，两横线等长，竖线出于下横线；“两”字上横线与肩等长，折肩，为“双人两”			
“半”字字迹不清；“两”字上横线与肩等长，折肩，为“双人两”			郭不规则
文字略凸起，字略大于穿，“半”字头部转折，两横线等长，竖线出于下横线；“两”字上横线比肩略短，折肩，为“双人两”			
文字略凸起，字等于穿，“半”字字迹不清；“两”字上横线与肩等长，折肩，为“十字两”			
字迹不清			
字迹不清			
文字略凸起，笔画较粗，“半”字大于穿，“两”字等于穿，“半”字头部转折，与下部距离较大，下横线较短，竖线出于下横线；“两”字上横线比肩略短，折肩，为“双人两”，人字首部较长			
文字凸起略宽扁，字等于穿，“半”字头部较小，呈转折状且间距较大，与下部距离较大；下横线较短，竖线出于下横线；“两”字上横线比肩略短，折肩，为“双人两”			
文字略凸起，字略大于穿，“半”字头部转折，下横线较长，竖线出于下横线；“两”字上横线与肩等长，折肩，为“双人两”，人字首部较长			
文字略凸起，字等于穿，“半”字头部转折，两横线等长，竖线出于下横线；“两”字上横线与肩等长，折肩，为“连山两”			穿不甚规则
文字略凸起，字等于穿，“半”字字迹不清；“两”字上横线比肩略短，折肩，为“十字两”			肉上有1圆孔
文字略凸起，笔画较细，字明显大于穿，“半”字头部转折，两横线等长，竖线出于下横线；“两”字上横线比肩略长，折肩，为“双人两”，人字首部较长			
文字略凸起，字等于穿，“半”字字迹不清；“两”字上横线比肩略长，折肩，为“连山两”			
文字略凸起，字等于穿，“半”字字迹不清；“两”字上横线比肩略短，折肩，为“十字两”			

种类	编号	钱径（毫米）	穿宽（毫米）	重量（克）
半两钱	M301：2-8	23	7	2.5
	M301：2-9	23	8	2.7
	M301：2-10	23	9	2.3
	M301：2-11	22	7	2.0
	M301：2-12	23	7	2.2
	M301：2-13	24	7	2.8
	M301：2-14	25	7	4.6
	M301：2-15	24	9	2.1
	M301：2-16	23	7	1.6
	M301：2-17	24	9	2.7
	M301：2-18	234	7	4.1
	M301：2-19	23	7	1.6
	M301：2-20	23.	7	1.7
	M301：2-21	23	8	1.3
	M301：2-22	24	7	2.6
	M301：2-23	23	7	1.8
	M301：2-24	24	7	2.5
	M301：2-25	21	8	1.4
	M301：2-26	23	8	2.3
	M301：2-27	23	7	4.5
	M301：2-28	23	6	1.8
	M301：2-29	24	9	2.9

续表

文字	记号	附着物	备注
文字略凸起，字略大于穿，“半”字头部转折，两横线等长，竖线出于下横线；“两”字上横线与肩等长，折肩，为“十字两”			
文字略凸起，字等于穿，“半”字字迹不清；“两”字上横线比肩略短，折肩，为“双人两”			
文字略凸起，字小于上部穿，“半”字字迹不清，两横线等长，竖线出于下横线；“两”字上横线与肩等长，折肩，为“十字两”，			两字内右侧有1圆孔
文字略凸起，字略小于穿，“半”字头部字迹不清，两横线等长，竖线出于下横线；“两”字上横线与肩等长，折肩，为“十字两”			
字迹不清			
字迹不清			
字迹不清			两枚粘合
字迹不清			
字迹不清			
字迹不清			
字迹不清			两枚粘合
字迹不清			
字迹不清			穿不甚规则
字迹不清			穿不甚规则
字迹不清			
字迹不清			穿不甚规则
字迹不清			
字迹不清			
字迹不清			
字迹不清			两枚粘合
字迹不清			
字迹不清			

种类	编号	钱径（毫米）	穿宽（毫米）	重量（克）
半两钱	M301：2-30	23	7	2.1
	M301：2-31	23	7	4.0
	M301：2-32	26	9	1.4
	M301：2-33	25	9	1.6
	M331：4-1	23	7	2.8
	M331：4-2	24	9	2.5
	M331：4-3	24	9	2.7
	M331：4-4	25	8	2.7
	M331：4-5	24	5	3.4
	M331：4-6	24	8	2.5
	M331：4-7	24	7	2.8
	M331：4-8	24	6	2.7
	M331：4-9	24	8	2.7
	M331：4-10	24	9	2.6
	M341：1-1	23	7	2.4
	M345：5-1	24	7	5.3
	M345：5-2	23	7	6.6
	M345：5-3	24	8	2.2
	M345：5-4	23	8	2.1
	M345：4-5	24	6	1.3
	M345：4-6	残损	残损	0.8

续表

文字	记号	附着物	备注
字迹不清			
字迹不清			两枚粘合
字迹不清			残损
字迹不清			残损
文字扁平，字等于穿，“半”字头部转折，下横线较短，竖线出于下横线；“两”字上横线与肩等长，折肩微弧，为“十字两”			
文字略凸起，字略小于穿，“半”字头部转折，两横线等长，竖线出于下横线；“两”字上横线与肩等长，折肩，为“十字两”			
文字略凸起，字略小于穿，“半”字头部转折，两横线等长，竖线上接于上横线，下出于下横线；“两”字字迹不清			穿不甚规则
文字略凸起，字略大于穿，“半”字头部转折，两横线等长，竖线出于下横线；“两”字上横线与肩等长，折肩，为“双人两”，人字首部较长			
文字凸起，字明显大于穿，“半”字头部转折，两横线等长，竖线出于下横线；“两”字上横线与肩等长，折肩，为“双人两”，人字首部较长			
文字略凸起，字等于穿，“半”字头部转折，两横线等长，竖线出于下横线；“两”字字迹不清			
字迹不清			外缘残损
字迹不清			
字迹不清			
字迹不清			
文字略凸起，字等于穿，“半”字头部转折，两横线等长，竖线出于下横线；“两”字上横线比肩略长，折肩，为“十字两”			
两枚粘合，一面文字略凸起，字等于穿，“半”字头部转折，两横线等长，竖线出于下横线；“两”字上横线与肩等长，折肩，为“双人两”，人字首部较长；另一面文字略凸起，字等于穿，“半”字头部转折，下横线较短，竖线出于下横线；“两”字上横线与肩等长，折肩，内部锈蚀			
字迹不清			两枚粘合
字迹不清			肉上有 1 圆孔
字迹不清			
字迹不清			残损严重
字迹不清			残损严重 两面均残留织物痕迹

种类	编号	钱径（毫米）	穿宽（毫米）	重量（克）
半两钱	M345：4-7	残	残	0.6
	M389：7-1	29	9	2.8
	M389：7-1	29	7	6.8
	M389：7-1	31	8	6.5
	M389：7-1	31	9	4.5
	M389：7-1	28	8	3.4
	M389：7-1	28	8	3.5
	M389：7-1	27	8	3.8
	M389：7-1	28	8	3.3
	M389：7-1	29	7	3.1
	M389：7-2	36	12	6.7
	M389：7-2	33	9	6.6
	M399：2-1	25	8	3.1
	M399：2-2	24	10	2.4
	M399：2-3	24	8	2.6
	M399：2-4	25	8	2.3
	M501：10-1	36	11	9.4
	M501：10-2	33	4	6.1
五铢钱	M10：1	24	10	3.4
	M119：6	25	10	3.7
	M192：1	26	10	3.8
	M228：4-1	26	9	4.2

续表

文字	记号	附着物	备注
字迹不清			残损 一面残留织物痕迹
文字扁平，字大于穿，“半”字头部转折，下横线较短，竖线出于下横线；“两”字上横线比肩短，折肩微弧，右侧竖线外撇，为“双人两”，人字首部较长			
文字宽扁，字等于穿，“半”字头部转折，两横线等长，竖线出于下横线；“两”字上横线与肩等长，折肩，为“双人两”			穿不甚规则
字迹不清			有 1 铸口
文字略凸起，字大于穿，“半”字头部转折，下横线较短，竖线出于下横线；“两”字上横线比肩短，折肩，为“双人两”，人字首部较长			穿不甚规则
文字略凸起，字等大于穿，“半”字头部呈“八”字状，下横线较短，竖线出于下横线；“两”字上横线不清，折肩微弧，为“双人两”，人字首部较长			肉上有 2 小圆孔
文字略凸起，字大于穿，“半”字头部转折且间距较大，两横线等长，竖线略出于下横线；“两”字上横线比肩短，折肩，为“双人两”，人字首部较长			
文字略凸起，笔画较细，字大于穿，“半”字头部转折且间距略大，下横线较短，竖线出于下横线；“两”字上横线比肩短，折肩微弧，为“双人两”			
文字略凸起，字大于穿，“半”字头部呈“八”字状，两横线等长，竖线微出于下横线；“两”字上横线不清，折肩微弧，为“双人两”，人字首部较长			
字迹不清			
文字略凸起，字等于穿，“半”字头部转折且间距较大，下横线较长，竖线出于下横线；“两”字上横线比肩短，折肩微弧，为“双人两”，人字首部较长			“半”字右下侧有 1 不规则长孔
文字略凸起，字明显大于穿，“半”字头部转折，两横线等长，竖线出于下横线；“两”字上横线比肩短，折肩微弧，两竖线外撇，为“双人两”，人字首部较长			“半”字头部中间有 1 圆孔
文字略凸起，字等于穿，“半”字头部不清，两横线等长，竖线出于下横线；“两”字上横线与肩等长，折肩，为“双人两”，人字首部较长			
文字瘦长，字等于穿，“半”字头部转折，两横线等长，竖线出于下横线；“两”字上横线与肩等长，折肩，为“十字两”			
文字略凸起，字等于穿，“半”字头部转折，两横线等长，竖线出于下横线；“两”字字迹不清			
字迹不清			
文字凸起，字大于穿，“半”字头部转折，下横线较短，竖线出于下横线；“两”字上横线比肩短，折肩微弧，为“双人两”，人字首部较长			
文字略凸起，字大于穿，“半”字头部转折，两横线等长，竖线出于下横线；“两”字上横线与肩等长，折肩微弧，为“双人两”，人字首部较长			
“五”字交笔近斜直，对接三角形呈等腰三角形；“铢”字金字旁头部呈三角形，下部四短竖线，“朱”字上横方折，下横圆折			外缘有郭
“五”字交笔近斜直，对接三角形呈等腰三角形；“铢”字金字旁头部呈三角形，下部四短竖线，“朱”字上横方折，下横圆折			外缘有郭
“五”字交笔近斜直，对接三角形呈等腰三角形；“铢”字金字旁字迹不清，“朱”字上下横方折			外缘有郭
“五”字交笔斜直，对接三角形呈等腰三角形；“铢”字金字旁字迹不清，“朱”字上横方折，下横圆折			外缘有郭

种类	编号	钱径（毫米）	穿宽（毫米）	重量（克）
五铢钱	M228：4-1	26	10	3.2
	M228：4-1	26	9	4.0
	M228：4-1	26	9	4.5
	M228：4-1	26	9	3.2
	M228：4-1	26	10	3.9
	M228：4-1	26	10	3.2
	M228：4-1	26	10	3.9
	M228：4-1	26	10	4.7
	M228：4-1	26	10	4.0
	M228：4-1	26	10	4.2
	M228：4-1	26	10	3.8
	M228：4-1	26	10	3.7
	M228：4-2	26	9	4.4
	M228：4-2	26	10	3.5
	M228：4-3	25	9	3.8
	M228：4-3	25	9	3.7
	M255：2-2	25	10	3.5
	M255：2-2	26	9	3.1
	M255：2-2	25	9	3.5
	M394：5-1	26	10	4
	M394：5-2	26	9	3.5
	M394：5-2	26	9	3.9

续表

文字	记号	附着物	备注
“五”字交笔斜直，对接三角形呈等腰三角形；“铢”字金字旁头部呈三角形，下部四短竖线，“朱”字上横方折，下横圆折			外缘有郭
“五”字交笔斜直，对接三角形呈等腰三角形；“铢”字金字旁头部呈三角形，下部四短竖线，“朱”字上横方折，下横圆折			外缘有郭 背面残留织物痕迹
“五”字交笔斜直，对接三角形呈等腰三角形；“铢”字金字旁头部呈三角形，下部四短竖线，“朱”字上横方折，下横圆折			外缘有郭
“五”字交笔斜直，对接三角形呈等腰三角形；“铢”字金字旁头部呈三角形，下部四短竖线，“朱”字上横方折，下横圆折			外缘有郭
“五”字交笔斜直，对接三角形呈等腰三角形；“铢”字金字旁字迹不清，“朱”字上横方折，下横微圆折			外缘有郭
“五”字交笔斜直，对接三角形呈等腰三角形；“铢”字金字旁头部呈三角形，下部四短竖线，“朱”字上下横方折			外缘有郭
“五”字交笔斜直，对接三角形呈等腰三角形；“铢”字字迹不清			外缘有郭
“五”字交笔斜直，对接三角形呈等腰三角形；“铢”字金字旁头部呈三角形，下部四短竖线，“朱”字上横方折，下横圆折			外缘有郭
“五”字交笔斜直，对接三角形呈等腰三角形；“铢”字金字旁头部呈三角形，下部四短竖线，“朱”字上下横方折			外缘有郭
“五”字交笔斜直，对接三角形呈等腰三角形；“铢”字金字旁头部呈三角形，下部四短竖线，“朱”字字迹不清			外缘有郭 正面残留织物痕迹
“五”字交笔斜直，对接三角形呈等腰三角形；“铢”字金字旁头部呈三角形，下部四短竖线，“朱”字上横方折，下横圆折			外缘有郭
“五”字交笔斜直，对接三角形呈等腰三角形；“铢”字金字旁头部呈三角形，下部四短竖线，“朱”字上横方折，下横微圆折			外缘有郭
“五”字交笔近斜直，对接三角形呈等腰三角形；“铢”字金字旁头部呈三角形，下部四短竖线，“朱”字上横方折，下横圆折			外缘有郭
“五”字交笔近斜直，对接三角形呈等腰三角形；“铢”字金字旁头部呈三角形，下部四短竖线，“朱”字上横方折，下横圆折			外缘有郭
“五”字交笔缓曲，对接三角形饱满；“铢”字金字旁头部呈三角形，下部四短竖线，“朱”字上横方折，下横圆折			外缘有郭
“五”字交笔缓曲，对接三角形饱满；“铢”字金字旁头部呈三角形，下部四短竖线，“朱”字上横方折，下横圆折			外缘有郭
“五”字交笔近斜直，对接三角形呈等腰三角形；“铢”字金字旁头部呈三角形，下部四短竖线，“朱”字上横方折，下横圆折			外缘有郭
“五”字交笔近斜直，对接三角形呈等腰三角形；“铢”字金字旁头部呈三角形，下部右侧两短竖线，“朱”字上横方折，下横微圆折			外缘有郭
“五”字交笔缓曲，对接三角形饱满；“铢”字金字旁头部呈三角形，下部右侧两短竖线，“朱”字上横方折，下横微圆折			外缘有郭
“五”字交笔缓曲，对接三角形饱满；“铢”字金字旁头部呈三角形，下部四短竖线，“朱”字上横方折，下横微圆折			外缘有郭
“五”字交笔斜直，对接三角形呈等腰三角形；“铢”字金字旁字迹不清，“朱”字上横方折，下横圆折			外缘有郭
“五”字交笔斜直，对接三角形呈等腰三角形；“铢”字字迹不清			外缘有郭

种类	编号	钱径（毫米）	穿宽（毫米）	重量（克）
五铢钱	M394：5-2	25	10	3.5
	M394：5-2	26	9	3.5
	M394：5-2	26	9	12
	M394：5-3	25	9	4.1
	M394：5-3	26	9	2.8
	M394：5-3	25	9	3.9
	M394：5-3	25	9	3.5
	M394：5-3	26	9	9.1
	M394：5-4	26	9	4.2
	M394：5-4	26	9	4.1
	M394：5-4	26	10	3.7
	M394：5-4	26	10	6.5
	M394：5-4	26	9	8.4
圜钱	M197：1	39	10	5.8

续表

文字	记号	附着物	备注
“五”字交笔斜直，对接三角形呈等腰三角形；“铢”字字迹不清			外缘有郭
“五”字交笔斜直，对接三角形呈等腰三角形；“铢”字字迹不清			外缘有郭
“五”字交笔斜直，对接三角形呈等腰三角形；“铢”字字迹不清			外缘有郭 三枚粘合
“五”字交笔近斜直，对接三角形呈等腰三角形；“铢”字金字旁头部呈三角形，下部四短竖线，“朱”字上横方折，下横微圆折			外缘有郭
“五”字交笔近斜直，对接三角形呈等腰三角形；“铢”字字迹不清			外缘有郭 外缘略残
“五”字交笔近斜直，对接三角形呈等腰三角形；“铢”字金字旁字迹不清，“朱”字上横方折，下横微圆折			外缘有郭
字迹不清			外缘有郭
“五”字交笔近斜直，对接三角形呈等腰三角形；“铢”字金字旁字迹不清线，“朱”字上横方折，下横微圆折			外缘有郭 两枚粘合
字迹不清			
字迹不清			
字迹不清			外缘有郭 两枚粘合
字迹不清			外缘有郭 两枚粘合
字迹不清			外缘有郭 两枚粘合
字迹不清			圆穿，外缘有一三角形豁口

附表三　M103出土玉覆面信息统计表

玉覆面第一层玉片号

玉覆面第二层玉片号

长度：厘米

玉覆面			信息	尺寸	备注
玉覆面第一层	1	反	白色结晶物	长：4.3　厚：一边0.6 一边0.3	不规则（两边宽2.1、2.3） 中间宽2.4
		正	表面凹凸不平		
	2	反	白色结晶物、骨头残留	长：4.8　宽：2.9 厚：0.45	
		正	黄色疑似丝织品痕迹、有残损		
	3	反	无痕迹信息	长：4.6　宽：2 厚：0.55	
		正	无痕迹信息		
	4	反	白色结晶物、白色结晶物上有纹、骨头残留	长：3.8　厚：0.5	侧面是梯形 （边长：2.3、1.9 高0.5　斜边：0.7）
		正	无痕迹信息		
	5	反	无痕迹信息	长：4.7　宽：1.9 厚：0.7	
		正	有裂痕、有细小的平行的划痕		

续表

玉覆面			信息	尺寸	备注
玉覆面第一层	6	反	无痕迹信息	长：5　厚：0.4	侧面是梯形（边长：1.8、2　高：0.4　斜边：0.5）
		正	白色结晶物		
	7	反	无痕迹信息	长：4.8　宽：2.5　厚：0.5	
		正	无痕迹信息		
	8	反	黑色纹路、有腐蚀痕迹	长：4.5　宽：1.9　厚：0.5	
		正	有划痕		
	9	反	黑色纹路、有腐蚀痕迹	长：4.9　宽：2.5　厚：0.6	
		正	有腐蚀痕迹		
	10	反	白色透明疑似丝线痕迹	长：4.5　宽：2.2　厚：0.6	
		正	无痕迹信息		
	11	反	白色结晶物、黄色疑似丝线	长：4.7　厚：0.55	不规则（宽：1.9、2.2　另一侧的长：3.2、1.5）
		正	无痕迹信息		
	12	反	有纹饰	长：3.9　宽：2.5　厚：0.6	
		正	有纹饰		
	13	反	骨头残留、白色结晶物	长：4　宽：2.4　厚：0.7	
		正	表面凹凸不平		
	14	反	白色结晶物、骨头残留	长：3.6　厚：0.75	两侧面为梯形（一侧面边长：1.2、2　斜边 1.2　另一侧面边长：1.4、2　斜边 0.5）
		正	有残损		
	15	反	骨头残留	长：3.8　宽：2.3　厚：0.3	
		正	无痕迹信息		
	16	反	白色结晶物、黑色纹路	长：3.3　宽：2.3　厚：0.5	
		正	有残损		
	17	反	白色结晶物	长：4　厚：0.5	梯形（最宽：2.6　窄：2.4）
		正	无痕迹信息		
	18	反	无痕迹信息	长：4　宽：2.1　厚：0.85	
		正	无痕迹信息		
	19	反	黄色疑似丝线痕迹、黑色纹路	长：4　宽：1.7　厚：0.4	
		正	无痕迹信息		
	20	反	无痕迹信息	长：4　宽：1.8　厚：0.3	
		正	无痕迹信息		
	21	反	骨头残留、白色结晶物、有纹饰	长：3.8　宽：2.5　厚：0.55	
		正	有纹饰		

续表

玉覆面			信息	尺寸	备注
玉覆面第一层	22	反	无痕迹信息	长：3.9 宽：1.9 厚：0.6	
		正	白色结晶物		
	23	反	无痕迹信息	长：3.1 宽：2.5 厚：0.7	
		正	无痕迹信息		
	24	反	白色结晶物	长：3.3 宽：2.4 厚：0.7	
		正	表面凹凸不平		
	25	反	黑色纹路、黄色疑似丝线痕迹	长：3 宽：1.8 厚：0.45	
		正	无痕迹信息		
	26	反	骨头残留、黑色纹路、红色痕迹	长：3.2 宽：2.2 厚：0.25	
		正	有一道棱		
	27	反	骨头残留、黑色纹路、螺旋纹	长：3.1 厚：0.3	最宽：1.6 窄：1.1
		正	螺旋纹		
	28	反	泥土上略带红色痕迹	长：3.2 宽：2.6 厚：0.7	
		正	无痕迹信息		
	29	反	无痕迹信息	长：3.1 宽：2.4 厚：0.8	
		正	红色痕迹		
	30	反	无信息痕迹	长：3.3 宽：1.7 厚：0.55	
		正	红色痕迹、黑色纹路		
	31	反	白色结晶物、黑色纹路	长：3.2 宽：2.2 厚：0.5	
		正	白色结晶物、红色痕迹、黄色疑似丝线痕迹		
	32	反	白色结晶物、黑色痕迹	长：3.1	最宽：1.9 窄：1.6 棱长：2.1
		正	有棱		
	33	反	黑色纹路、白色结晶物	长：4 宽：2.7 厚：0.6	
		正	玉片有腐蚀痕迹、有棱		
	34	反	白色结晶物、黑色纹路、螺旋纹、黄色疑似丝线痕迹	长：3.4 厚：0.4	玉片边有弧度（一边宽：1.7 一边宽：1.8）
		正	螺旋纹		
	35	反	黑色纹路、白色结晶物	长：3.7 宽：2.1 厚：0.8	
		正	红色痕迹		
	36	反	黑色纹路、黄色疑似丝线痕迹	长：3 厚：0.5	最宽：1.7 窄：1.6
		正	有点泛红		
	37	反	红色痕迹、黑色纹路	长：2.9 宽：2.7 厚：0.4	
		正	无痕迹信息		

续表

玉覆面			信息	尺寸	备注
玉覆面第一层	38	反	白色结晶物	长：2.6　宽：1.9 厚：0.4	
		正	无痕迹信息		
	39	反	黑色纹路、白色结晶物	长：2.9　宽：2.2	最厚：0.55　最薄：0.3
		正	无痕迹信息		
	40	反	骨头残留、黄色疑似丝织品痕迹	长：2.5　宽：1.7	两侧面为梯形（一侧面边长：1.5、0.3　斜边：1　另一侧面边长：1.2、1.6　斜边：0.4）
		正	有残损		
	41	反	黑色纹路、白色结晶物	长：3　厚：0.6	侧面有腐蚀痕迹 最宽：2　窄：1.7
		正	黑色纹路、白色结晶物		
	42	反	无痕迹信息	长：3.5　宽：1.7 厚：0.8	
		正	白色结晶物		
	43	反	黑色纹路、白色结晶物	厚：0.5	玉片为三角形（斜边：3.5　两侧边为：3.1、2.2）
		正	黑色纹路、白色结晶物		
	44	反	无痕迹信息	长：2.9	最宽：1.6　窄：1.3， 最厚：0.55　最薄：0.3
		正	无痕迹信息		
	45	反	螺旋纹	长：2　宽：1.7 厚：0.45	
		正	黄色疑似丝织品痕迹		
	46	反	螺旋纹、黑色纹路	厚：0.3	玉片为三角形 （斜边：2.5　两侧边为：1.8、1.9）
		正	螺旋纹		
	47	反	白色结晶物	长：8.8　厚：0.7	不规则（玉片一头是尖的，一头宽：1.7）
		正	无痕迹信息		
	48	反	白色＋红色痕迹	长：9	最宽：2.8　窄：2.6 最厚：0.65　薄：0.45
		正	无痕迹信息		
	49	反	黑色痕迹	长：9.2　厚：0.6	不规则（玉片一头是尖的，一头宽：1.8）
		正	无痕迹信息		
	50	反	红色痕迹	厚：0.7	侧面有红色痕迹，玉片为半圆形 （底长：3.2　高：1.7）
		正	无痕迹信息		
	51	反	白色结晶物、黑色纹路、骨头残留	长：4.35　宽：2.75 厚：0.45	
		正	红色痕迹、白色结晶物		
	52	反	红色痕迹	长：4.3　宽：1.5 厚：0.45	
		正	黄色疑似丝织物痕迹、白色＋红色痕迹		
	53	反	黄色疑似丝织物痕迹	长：2.1　宽：2 厚：0.6	
		正	黑色纹路		

续表

<table>
<tr><th colspan="3">玉覆面</th><th>信息</th><th>尺寸</th><th>备注</th></tr>
<tr><td rowspan="32">玉覆面第一层</td><td rowspan="2">54</td><td>反</td><td>白色结晶物、黑色纹路</td><td rowspan="2">长：1.85　宽：1.6
厚：0.5</td><td rowspan="2"></td></tr>
<tr><td>正</td><td>白色＋红色痕迹</td></tr>
<tr><td rowspan="2">55</td><td>反</td><td>无痕迹信息</td><td rowspan="2">长：2.3　宽：2
厚：0.45</td><td rowspan="2"></td></tr>
<tr><td>正</td><td>无痕迹信息</td></tr>
<tr><td rowspan="2">56</td><td>反</td><td>白色结晶物、黑色纹路</td><td rowspan="2">长：2.05　宽：1.65
厚：0.45</td><td rowspan="2"></td></tr>
<tr><td>正</td><td>白色＋红色痕迹</td></tr>
<tr><td rowspan="2">57</td><td>反</td><td>白色结晶物、红色纹路</td><td rowspan="2">长：2.1　宽：1.85</td><td rowspan="2">厚度不一，凹凸不平</td></tr>
<tr><td>正</td><td>无痕迹信息</td></tr>
<tr><td rowspan="2">58</td><td>反</td><td>有一道纹</td><td rowspan="2">长：1.75　厚：0.25</td><td rowspan="2">玉片上有四个小洞，四个边长不一样：1.75、17、1.8、1.55</td></tr>
<tr><td>正</td><td>白色＋红色痕迹、黑色纹路</td></tr>
<tr><td rowspan="2">59</td><td>反</td><td>白色结晶物</td><td rowspan="2">长：2.1　宽：2
厚：0.55</td><td rowspan="2"></td></tr>
<tr><td>正</td><td>白色＋红色痕迹、黑色纹路</td></tr>
<tr><td rowspan="2">60</td><td>反</td><td>白色＋红色痕迹</td><td rowspan="2">长：2.2　宽：1.85
厚：0.6</td><td rowspan="2"></td></tr>
<tr><td>正</td><td>有划痕</td></tr>
<tr><td rowspan="2">61</td><td>反</td><td>无痕迹信息</td><td rowspan="2">长：3.5　厚：0.6</td><td rowspan="2">最宽：2.3　窄：2.1</td></tr>
<tr><td>正</td><td>有划痕</td></tr>
<tr><td rowspan="2">62</td><td>反</td><td>白色结晶物、黑色纹路</td><td rowspan="2">长：3.2　宽：2
厚：0.7</td><td rowspan="2"></td></tr>
<tr><td>正</td><td>白色＋红色痕迹</td></tr>
<tr><td rowspan="2">63</td><td>反</td><td>白色结晶物、黑色纹路、黄色疑似丝线痕迹</td><td rowspan="2">长：3　宽：1.5</td><td rowspan="2">最厚：0.5　薄：0.2</td></tr>
<tr><td>正</td><td>无痕迹信息</td></tr>
<tr><td rowspan="2">64</td><td>反</td><td>黄色疑似丝线痕迹</td><td rowspan="2">长：3.4　宽：1.35
厚：0.55</td><td rowspan="2"></td></tr>
<tr><td>正</td><td>无痕迹信息</td></tr>
<tr><td rowspan="2">65</td><td>反</td><td>无痕迹信息</td><td rowspan="2">长：3.5　宽：3.2
厚：0.8</td><td rowspan="2"></td></tr>
<tr><td>正</td><td>无痕迹信息</td></tr>
<tr><td rowspan="2">66</td><td>反</td><td>白色结晶物、黑色纹路</td><td rowspan="2">长：3.5　厚：0.45</td><td rowspan="2">最宽：1.95　窄：1.8</td></tr>
<tr><td>正</td><td>黄色疑似丝线痕迹</td></tr>
<tr><td rowspan="2">67</td><td>反</td><td>黄色疑似丝线痕迹、黑色纹路</td><td rowspan="2">长：2.9　宽：2.05
厚：0.25</td><td rowspan="2"></td></tr>
<tr><td>正</td><td>无痕迹信息</td></tr>
<tr><td rowspan="2">68</td><td>反</td><td>有很多条纹</td><td rowspan="2">长：3.2　宽：2.35
厚：0.45</td><td rowspan="2"></td></tr>
<tr><td>正</td><td>黄色疑似丝线痕迹</td></tr>
<tr><td rowspan="2">69</td><td>反</td><td>黑色纹路、白色结晶物</td><td rowspan="2">长：3.2　宽：2.8
厚：0.75</td><td rowspan="2">不规则</td></tr>
<tr><td>正</td><td>无痕迹信息</td></tr>
</table>

续表

玉覆面			信息	尺寸	备注
玉覆面第一层	70	反	白色结晶物	长：2.8　厚：0.65	最宽：1.8　窄：1.6
		正	红色痕迹		
	71	反	白色结晶物、黑色纹路、白色透明线	长：2.6　宽：1.8 厚：0.4	
		正	无痕迹信息		
	72	反	黑色纹路	长：2.7　宽：2.5 厚：0.3	
		正	黑色纹路		
	73	反	黑色纹路、白色结晶物	长：3.2　厚：0.7	不规则
		正	白色＋红色痕迹		
	74	反	白色结晶物、黑色纹路	长：2.9　宽：2 厚：0.8	
		正	黄色疑似丝线痕迹、黑色纹路		
	75	反	无痕迹信息	长：2.9　宽：2.3 厚：0.35	
		正	无痕迹信息		
	76	反	白色＋红色痕迹、黑色纹路	长：3　宽：1.6 厚：0.6	
		正	黑色纹路		
	77	反	黑色纹路、白色结晶物	长：3　厚：0.6	玉片为三角形（斜边：3.5 两侧边为：3、2.1）
		正	无痕迹信息		
	78	反	黑色纹路、白色结晶物	长：3　宽：1.5 厚：0.5	
		正	无痕迹信息		
	79	反	无痕迹信息	长：3.25　宽：2 厚：0.25	
		正	红色痕迹		
	80	反	红色痕迹、白色结晶物	厚：0.4	玉片为三角形（底边长： 1.8　高：1.9
		正	黑色纹路、红色痕迹		
	81	反	白色结晶物、黑色纹路	长：2.5　宽：2.1 厚：0.3	
		正	红色痕迹、白色＋红色痕迹、黑色纹路		
	82	反	骨头残留、白色结晶物、黑色纹路	长：3.2　宽：2 厚：0.25	玉片正面还粘有另外一 片玉
		正	红色痕迹、黑色纹路		
	83	反	无痕迹信息	长：3.8　宽：1.8 厚：0.2	
		正	无痕迹信息		
玉覆面第二层	1	反	黑色纹路、有一点弧度	长：3.1　宽：1.4 厚：0.5	
		正	白色结晶物、黑色纹路		
	2	反	无痕迹信息	长：2.5　宽：1.3 厚：0.6	侧面有黑色纹路
		正	白色结晶物、黑色纹路		

续表

<table>
<tr><th colspan="3">玉覆面</th><th>信息</th><th>尺寸</th><th>备注</th></tr>
<tr><td rowspan="24">玉覆面第二层</td><td rowspan="2">3</td><td>反</td><td>白色结晶物、黑色纹路</td><td rowspan="2">长：3　宽：2.2
厚：0.4</td><td rowspan="2"></td></tr>
<tr><td>正</td><td>黑色纹路</td></tr>
<tr><td rowspan="2">4</td><td>反</td><td rowspan="2">玉片已碎</td><td rowspan="2"></td><td rowspan="2"></td></tr>
<tr><td>正</td></tr>
<tr><td rowspan="2">5</td><td>反</td><td>白色结晶物、红色痕迹、黑色纹路、骨头残留</td><td rowspan="2">长：3.3　宽：1.7
厚：0.4</td><td rowspan="2">侧面有褐色痕迹</td></tr>
<tr><td>正</td><td>无痕迹信息</td></tr>
<tr><td rowspan="2">6</td><td>反</td><td>白色结晶物、褐色痕迹、骨头残留</td><td rowspan="2">长：3.5　宽：1.7
厚：0.5</td><td rowspan="2"></td></tr>
<tr><td>正</td><td>无痕迹信息</td></tr>
<tr><td rowspan="2">7</td><td>反</td><td>白色结晶物、黑色纹路、骨头残留</td><td rowspan="2">长：3.1　宽：1.6
厚：0.25</td><td rowspan="2"></td></tr>
<tr><td>正</td><td>无痕迹信息</td></tr>
<tr><td rowspan="2">8</td><td>反</td><td>白色结晶物、黑色纹路</td><td rowspan="2">长：3.3　宽：1.7</td><td rowspan="2">有棱处厚：0.3
无棱处厚：0.15</td></tr>
<tr><td>正</td><td>两道棱，两棱之间相距 0.7cm</td></tr>
<tr><td rowspan="2">9</td><td>反</td><td>无痕迹信息</td><td rowspan="2" colspan="2">该玉片形状不规则，</td></tr>
<tr><td>正</td><td>无痕迹信息</td></tr>
<tr><td rowspan="2">10</td><td>反</td><td>白色结晶物、黑色纹路、疑似丝织品痕迹</td><td rowspan="2">长：3.6　宽：2.8</td><td rowspan="2">最厚：0.6　薄：0.3</td></tr>
<tr><td>正</td><td>有残损</td></tr>
<tr><td rowspan="2">11</td><td>反</td><td rowspan="2">未提取</td><td rowspan="2"></td><td rowspan="2"></td></tr>
<tr><td>正</td></tr>
<tr><td rowspan="2">12</td><td>反</td><td>白色结晶物、黑色纹路</td><td rowspan="2">长：2.4　宽：1.5
厚：0.4</td><td rowspan="2"></td></tr>
<tr><td>正</td><td>黑色纹路</td></tr>
<tr><td rowspan="2">13</td><td>反</td><td>白色结晶物、螺旋纹</td><td rowspan="2">长：2.9　宽：2.7
厚：0. 5</td><td rowspan="2"></td></tr>
<tr><td>正</td><td>疑似丝织物痕迹、螺旋纹</td></tr>
<tr><td rowspan="2">14</td><td>反</td><td>白色结晶物、黑色纹路</td><td rowspan="2">长：2.7　宽：2.3
厚：0.4</td><td rowspan="2"></td></tr>
<tr><td>正</td><td>白色结晶物、黑色纹路</td></tr>
</table>

附表四　M103 出土玉鞋信息统计表

第一层

第二层

第三层

第四层

第五层

玉鞋左脚玉片号

第六层

第七层

第八层

第九层

第十层

玉鞋左脚玉片号

第一层

第二层

第三层

第四层

第五层

第六层

玉鞋右脚玉片号

<table>
<tr><th colspan="4">玉鞋</th><th>信息</th><th>尺寸</th><th>备注</th></tr>
<tr><td rowspan="22">第一层</td><td rowspan="10">左脚</td><td rowspan="2">1</td><td>反</td><td>黑色纹路、白色结晶物、螺旋纹</td><td rowspan="2">长：5 宽：2.3
厚：0.4</td><td rowspan="2"></td></tr>
<tr><td>正</td><td>有凸起的螺旋纹、红色痕迹</td></tr>
<tr><td rowspan="2">2</td><td>反</td><td>螺旋纹</td><td rowspan="2">长：5.5 宽：3.5
厚：0.6</td><td rowspan="2"></td></tr>
<tr><td>正</td><td>红色痕迹、螺旋纹</td></tr>
<tr><td rowspan="2">3</td><td>反</td><td>白色结晶物、红色痕迹、螺旋纹</td><td rowspan="2">长：5.5 宽：5
厚：0.6</td><td rowspan="2">螺旋纹旋的方向不同</td></tr>
<tr><td>正</td><td>红色疑似丝织物痕迹、有凸起的螺旋纹</td></tr>
<tr><td rowspan="2">4</td><td>反</td><td>有绿色痕迹、螺旋纹</td><td rowspan="2">长：3 宽：2.5
厚：0.4</td><td rowspan="2"></td></tr>
<tr><td>正</td><td>红色痕迹、螺旋纹、局部残损、有点泛绿、黑色纹路</td></tr>
<tr><td rowspan="2">5</td><td>反</td><td>红色痕迹、螺旋纹</td><td rowspan="2">长：2.7 宽：2.3
厚：0.4</td><td rowspan="2"></td></tr>
<tr><td>正</td><td>螺旋纹</td></tr>
<tr><td rowspan="12">右脚</td><td rowspan="2">1</td><td>反</td><td>黑色纹路、红色痕迹、白色结晶物、有纹饰</td><td rowspan="2">长：10.2 宽：3.8
厚：0.5</td><td rowspan="2">不规则（半圆状）</td></tr>
<tr><td>正</td><td>白色疑似腐蚀痕迹、红色痕迹、有纹饰</td></tr>
<tr><td rowspan="2">2</td><td>反</td><td>红色痕迹、黑色纹路、螺旋纹</td><td rowspan="2">长：4.8 宽：4
厚：0.4</td><td rowspan="2"></td></tr>
<tr><td>正</td><td>螺旋纹</td></tr>
<tr><td rowspan="2">3</td><td>反</td><td>凸起的螺旋纹、玉片两侧各有一条棱</td><td rowspan="2">长：3.5 宽：2.3
厚：0.5</td><td rowspan="2"></td></tr>
<tr><td>正</td><td>螺旋纹、红色痕迹</td></tr>
<tr><td rowspan="2">4</td><td>反</td><td>黑色纹路</td><td rowspan="2">长：8.5 宽：2.3
厚：0.4</td><td rowspan="2"></td></tr>
<tr><td>正</td><td>黑色纹路、红色痕迹</td></tr>
<tr><td rowspan="2">5</td><td>反</td><td>红色痕迹</td><td rowspan="2">长：4 宽：3.5
厚：0.5</td><td rowspan="2"></td></tr>
<tr><td>正</td><td>黑色纹路、红色痕迹</td></tr>
<tr><td rowspan="2">6</td><td>反</td><td>白色结晶物、黑色纹路、红色痕迹</td><td rowspan="2">长：4.1 宽：3.6
厚：0.5</td><td rowspan="2"></td></tr>
<tr><td>正</td><td>红色痕迹</td></tr>
<tr><td rowspan="6">第二层</td><td rowspan="6">左脚</td><td rowspan="2">1</td><td>反</td><td>白色结晶物、黑色痕迹</td><td rowspan="2">长：10 宽：3.5
厚：0.5</td><td rowspan="2">不规则</td></tr>
<tr><td>正</td><td>螺旋纹、白色结晶物、红色痕迹</td></tr>
<tr><td rowspan="2">2</td><td>反</td><td>黑色纹路、螺旋纹</td><td rowspan="2">长：5.5 宽：3
厚：0.5</td><td rowspan="2"></td></tr>
<tr><td>正</td><td>红色痕迹、黑色纹路、白色结晶物</td></tr>
<tr><td rowspan="2">3</td><td>反</td><td>螺旋纹、红色痕迹、有几种不同纹饰</td><td rowspan="2">长：5.5 宽：4.8
厚：0.5</td><td rowspan="2"></td></tr>
<tr><td>正</td><td>螺旋纹、红色痕迹、有几种不同纹饰</td></tr>
</table>

续表

玉鞋				信息	尺寸	备注
第二层	左脚	4	反	白色结晶物、红色痕迹	长：3　宽：2.1 厚：0.4	
			正	红色痕迹、黑色纹路		
		5	反	白色结晶物	长：3　宽：2.2 厚：0.4	
			正	螺旋纹		
	右脚	1	反	红色痕迹、黑色纹路、螺旋纹、白色结晶物	长：3.4　宽：3 厚：0.5	
			正	红色痕迹		
		2	反	黑色纹路	长：2.5　宽：2 厚：0.4	
			正	有纹饰		
		3	反	螺旋纹、红色痕迹	长：2.4　宽：2.2 厚：0.4	
			正	螺旋纹		
		4	反	黑色纹路、螺旋纹	长：2.7　宽：2.4 厚：0.5	
			正	螺旋纹		
		5	反	白色结晶物、黑色纹路、螺旋纹	长：2.7　宽：1.9 厚：0.4	
			正	玉片上有裂痕		
		6	反	黑色纹路、白色结晶物、玉片表面有一条棱	长：4.3　宽：3.3	无棱处厚：0.4 有棱处厚：0.6
			正	红色痕迹、白色结晶物		
		7	反	黑色纹路、红色痕迹、螺旋纹	长：3.1　宽：2.3 厚：0.5	
			正	螺旋纹		
		8	反	螺旋纹	长：2.8　宽：2.3 厚：0.5	
			正	螺旋纹		
		9	反	红色痕迹、白色结晶物、螺旋纹	长：3.5　宽：2.8 厚：0.4	
			正	红色痕迹、螺旋纹		
		10	反	红色痕迹、白色结晶物、黑色纹路、玉片一半青一半白	长：2.4　宽：2.3 厚：0.4	
			正	黑色纹路		
		11	反	红色痕迹、螺旋纹	长：3　宽：2.5 厚：0.6	
			正	白色结晶物、螺旋纹		
		12	反	白色结晶物、玉片淤土上有红色痕迹	长：2.5　宽：1.5 厚：0.3	
			正	螺旋纹		

续表

玉鞋				信息	尺寸	备注
第三层	左脚	1	反	螺旋纹、白色结晶物	长：2.8 宽：1.9 厚：0.4	
			正	螺旋纹、		
		2	反	骨头残留、黑色纹路、螺旋纹、白色结晶物	长：3.6 宽：1.9 厚：0.4	
			正	红色痕迹、螺旋纹		
		3	反	螺旋纹、还有别的纹饰	长：3 宽：2.3 厚：0.4	
			正	红色痕迹		
		4	反	红色痕迹、白色结晶物	长：2.7 宽：2 厚：0.4	
			正	红色痕迹、黑色痕迹		
		5	反	红色痕迹、黑色纹路、螺旋纹、白色结晶物	长：2.5 宽：2 厚：0.5	
			正	红色疑似丝织品痕迹、螺旋纹		
		6	反	黑色纹路、骨头残留	长：3.2 宽：3 厚：0.5	
			正	红色痕迹、螺旋纹		
		7	反	玉片腐蚀痕迹、骨头残留、白色结晶物、黄色纤维痕迹	长：3 宽：3 厚：0.6	
			正	红色痕迹、黑色纹路		
		8	反	白色结晶物、黑色纹路	最长：3.2 厚：0.9	玉片为梯形（最长边：3.2 下边长：2.3，斜边长：2.3 另一边长：1.8
			正	无痕迹信息		
		9	反	白色结晶物、黑色纹路、螺旋纹、黄色纤维痕迹	长：3.5 宽：2.5 厚：0.5	
			正	红色痕迹、螺旋纹		
		10	反	黄色疑似胶粘痕迹、黑色纹路、白色结晶物	长：3.8 宽：1.7 厚：0.7	
			正	红色痕迹、白色纹路（未知）		
	右脚	1	反	无痕迹信息	长：2.2 宽：1.9 厚：0.8	
			正	黑色纹路、红色痕迹		
		2	反	螺旋纹	长：2.7 宽：1.8 厚：0.4	
			正	红色疑似丝织品痕迹、螺旋纹		
		3	反	玉片腐蚀痕迹	长：2.8 宽：2 厚：0.3	
			正	红色痕迹、玉片腐蚀痕迹		
		4	反	黑色纹路、螺旋纹、白色结晶物	长：3 宽：2.3 厚：0.5	
			正	白色疑似石膏痕迹、螺旋纹		

续表

玉鞋				信息	尺寸	备注
第三层	右脚	5	反	有棱（棱长：1.5cm）	长：2.2　宽：2.2	有棱处厚：0.2 无棱处厚：0.1
			正	无痕迹信息		
		6	反	红色痕迹、有棱（棱长 2.1m）	长：2.4　宽：2.1	有棱处厚：0.2 无棱处厚：0.1
			正	黑色纹路		
		7	反	骨头残留、白色结晶物	长：3.1　宽 24 厚：0.5	
			正	红色痕迹		
		8	反	白色结晶物	长：2　宽：1.8 厚：0.5	
			正	红色痕迹		
		9	反	螺旋纹、白色结晶物	厚：0.4	玉片为三角形（斜边：4.8，两侧边为：3.5、3）
			正	螺旋纹、红色痕迹（红色痕迹在螺旋纹里）		
		10	反	玉片有腐蚀痕迹、白色结晶物	长：2.5　宽：1.8 厚：0.4	
			正	玉片有腐蚀痕迹、红色痕迹		
		11	反	白色结晶物、螺旋纹	长：3.3　宽：2.2 厚：0.5	
			正	红色痕迹、螺旋纹		
		12	反	玉片腐蚀痕迹	长：3.3　宽：2 厚：0.5	
			正	无信息痕迹		
		13	反	白色结晶物、螺旋纹	厚 0.5	玉片为三角形（斜边：4，两侧边为：3、2.2）
			正	红色痕迹、螺旋纹		
		14	反	红色痕迹、黑色纹路、纹饰、白色结晶物	长：3.3　宽：1.3 厚：0.5	
			正	有划痕		
		15	反	红色痕迹、白色结晶物	长：3　宽：1.7 厚：0.3	
			正	白色结晶物		
		16	反	白色结晶物	长：2.7　宽：2.3 厚：0.5	
			正	红色疑似丝织品痕迹、黑色纹路		
		17	反	螺旋纹	长：2.7　宽：2.5 厚：0.4	
			正	红色疑似丝织品痕迹		
		18	反	红色痕迹、螺旋纹	长：2.3　宽：2 厚：0.6	侧面有红色痕迹
			正	螺旋纹		

续表

玉鞋				信息	尺寸	备注
第三层	右脚	19	反	黑色纹路	长：2.8　宽：2.6 厚：0.5	
			正	无痕迹信息		
		20	反	骨头残留、白色结晶物	长：2.4　宽：1.7 厚：0.4	
			正	无痕迹信息		
		21	反	玉片面有一道纹	长：5　厚：0.7	侧面有腐蚀痕迹，梯形（最宽：1.3 窄：1.1）
			正	无痕迹信息		
第四层	左脚	1	反	白色结晶物、螺旋纹、局部有纤维痕迹	长：2.9　宽：1.3 厚：0.5	
			正	红色痕迹、螺旋纹（纹饰都是半个）		
		2	反	白色结晶物、骨头残留、黑色纹路、疑似丝线痕迹、螺旋纹	长：3.1　宽：2.4 厚：0.4	
			正	螺旋纹		
		3	反	白色结晶物、骨头残留	长：3　宽：2.1 厚：0.3	
			正	红色痕迹		
		4	反	红色痕迹、白色结晶物	长：3.2　宽：2.3 厚：0.3	
			正	有纹饰		
		5	反	红色痕迹（疑似丝织品痕迹）、白色结晶物、黑色纹路	长：3.3　厚：0.5	梯形（最宽：1.8 窄：1.4）
			正	白色结晶物、红色痕迹、黑色纹路		
		6	反	白色结晶物、红色痕迹、黑色纹路、骨头残留	长：3.8　宽：2 厚：0.4	
			正	螺旋纹		
	右脚	1	反	白色结晶物、骨头残留	长：2.5　宽：1.5 厚：0.6	
			正	螺旋纹		
		2	反	螺旋纹	长：2.6　宽：1.5 厚：0.35	
			正	螺旋纹		
		3	反	白色结晶物、螺旋纹	长：3.2　宽：2 厚：0.5	
			正	红色痕迹		
		4	反	无痕迹信息	长：2.3　宽：1.7 厚：0.3	
			正	白色结晶物、黑色纹路		
		5	反	白色结晶物、黄色纤维痕迹	长：2.6　宽：2 厚：0.25	
			正	螺旋纹、有裂痕		

续表

玉鞋				信息	尺寸	备注
第四层	右脚	6	反	白色结晶物、骨头残留、纤维痕迹	长：3.1 厚：0.45	最宽：1.5 窄：1.3
			正	红色痕迹		
		7	反	白色结晶物	长：3.3 厚：0.5	最宽：1.9 窄：1.7
			正	白色结晶物		
		8	反	红色痕迹、玉片腐蚀痕迹、白色结晶物	长：3.1 厚：0.6	该玉片边上一头是尖的（最宽：1.4 窄：0.8）
			正	玉片腐蚀痕迹		
		9	反	白色结晶物、骨头残留	长：2 厚：0.5	最宽：1.9 窄：1.4
			正	无痕迹信息		
		10	反	白色结晶物、黑色纹路	厚：0.6	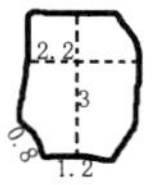
			正	红色痕迹		
		11	反	白色结晶物	长：3.1 宽：1.9 厚 0.2	
			正	无痕迹信息		
		12	反	红色痕迹、有裂痕	长 3.6 厚：0.5	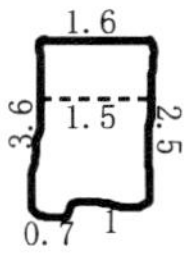
			正	白色结晶物、划痕		
		13	反	白色结晶物	长：6.2 宽：1.5 厚：0.7	
			正	红色痕迹		
			侧	红色痕迹		
		14	反	白色结晶物、红色痕迹	长：8.2 宽：2.35	最厚：0.55 薄：0.35
			正	无痕迹信息		
		15	反	骨头残留、螺旋纹、白色结晶物	长：2.4 厚：0.3	最宽：1.5 窄：0.3
			正	螺旋纹		
第五层	左脚	1	反	白色结晶物、螺旋纹	厚：0.4	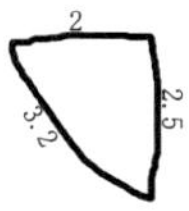
			正	螺旋纹		
		2	反	白色结晶物、纺织品痕迹、黄色疑似胶粘物	长：3.4 宽：3 厚：0.3	
			正	红色痕迹		
		3	反	白色结晶物、骨头残留、螺旋纹	长：3.6 宽：3.1 厚：0.6	
			正	白色结晶物、红色痕迹、螺旋纹		

续表

<table>
<tr><th colspan="4">玉鞋</th><th>信息</th><th>尺寸</th><th>备注</th></tr>
<tr><td rowspan="28">第五层</td><td rowspan="14">左脚</td><td rowspan="2">4</td><td>反</td><td>白色结晶物、黄色疑似胶粘痕迹、有纹饰</td><td rowspan="2">长：3.8　宽：0.5
厚：0.5</td><td rowspan="2"></td></tr>
<tr><td>正</td><td>白色结晶物、黑色纹路、红色痕迹、有纹饰</td></tr>
<tr><td rowspan="2">5</td><td>反</td><td>白色结晶物、骨头残留、有纹饰</td><td rowspan="2">长：3.6　宽：2.7
厚：0.7</td><td rowspan="2"></td></tr>
<tr><td>正</td><td>白色结晶物、红色痕迹、有纹饰</td></tr>
<tr><td rowspan="2">6</td><td>反</td><td>白色结晶物</td><td rowspan="2">长：3.2　宽：2.6</td><td rowspan="2">最厚：0.4　薄：0.2
棱长：3.2</td></tr>
<tr><td>正</td><td>有棱</td></tr>
<tr><td rowspan="2">7</td><td>反</td><td>白色结晶物、骨头残留、玉片腐蚀痕迹</td><td rowspan="2">长：3.6　厚：0.3</td><td rowspan="2">最宽：2.4　窄：1.8</td></tr>
<tr><td>正</td><td>白色结晶物、玉片腐蚀痕迹、红色痕迹</td></tr>
<tr><td rowspan="2">8</td><td>反</td><td>白色结晶物、螺旋纹</td><td rowspan="2">长：3.7　宽：2.2</td><td rowspan="2">最厚：0.65　薄：0.5</td></tr>
<tr><td>正</td><td>螺旋纹</td></tr>
<tr><td rowspan="2">9</td><td>反</td><td>白色结晶物、螺旋纹</td><td rowspan="2">长：3.5　宽：2.1
厚：0.3</td><td rowspan="2"></td></tr>
<tr><td>正</td><td>螺旋纹</td></tr>
<tr><td rowspan="2">10</td><td>反</td><td>螺旋纹</td><td rowspan="2">长：3.8　宽：2.4
厚：0.5</td><td rowspan="2"></td></tr>
<tr><td>正</td><td>白色结晶物、螺旋纹（螺旋纹的凹槽里有黑色物质，疑似颜料）</td></tr>
<tr><td rowspan="14">右脚</td><td rowspan="2">1</td><td>反</td><td>白色结晶物</td><td rowspan="2">长：2.7　最厚：
0.9　薄：0.7</td><td rowspan="2"> 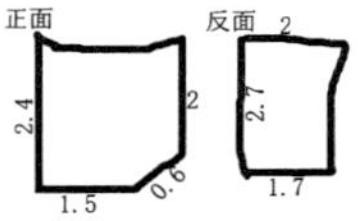正面 2.4 2 1.5 0.6
反面 2 2.7 1.7</td></tr>
<tr><td>正</td><td>打磨痕迹</td></tr>
<tr><td rowspan="3">2</td><td>反</td><td>白色结晶物</td><td rowspan="3">长：4.9　厚：0.8</td><td rowspan="3"> 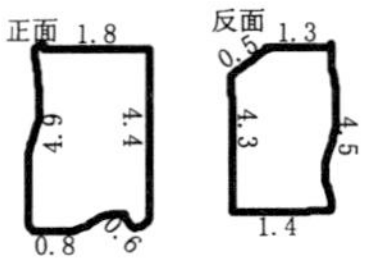正面 1.8 4.9 4.4 0.8 0.6
反面 1.3 0.5 4.3 4.5 1.4</td></tr>
<tr><td>正</td><td>白色结晶物</td></tr>
<tr><td>侧</td><td>红色痕迹</td></tr>
<tr><td rowspan="2">3</td><td>反</td><td>白色结晶物</td><td rowspan="2">长：2.5　宽：1.6
厚：0.8</td><td rowspan="2">玉片表面凹凸不平</td></tr>
<tr><td>正</td><td>白色结晶物</td></tr>
<tr><td rowspan="2">4</td><td>反</td><td>白色结晶物、骨头残留</td><td rowspan="2">长 2.9　宽：1.6
厚：0.2</td><td rowspan="2"></td></tr>
<tr><td>正</td><td>白色结晶物</td></tr>
<tr><td rowspan="2">5</td><td>反</td><td>无痕迹信息</td><td rowspan="2">长：4.6　宽：2.5
厚：0.4</td><td rowspan="2"></td></tr>
<tr><td>正</td><td>白色结晶物</td></tr>
<tr><td rowspan="3">6</td><td>反</td><td>白色结晶物</td><td rowspan="3">长：2.4　厚：0.4</td><td rowspan="3">最宽：1.7　窄：1.4</td></tr>
<tr><td>正</td><td>红色痕迹</td></tr>
<tr><td>侧</td><td>红色痕迹</td></tr>
</table>

续表

玉鞋				信息	尺寸	备注
第五层	右脚	7	反	白色结晶物、螺旋纹	长：2.7　宽：2.4 厚：0.45	
			正	螺旋纹		
		8	反	白色结晶物、螺旋纹	长：3　宽：2.7 厚：0.4	
			正	红色痕迹、螺旋纹		
		9	反	无痕迹信息	长：7.2　宽：1.5 厚：0.8	该玉片为三角形
			正	红色痕迹		
第六层	左脚	1	反	白色结晶物、红色痕迹	长：2.3　宽：2.2. 厚：0.5	
			正	无痕迹信息		
		2	反	白色结晶物、打磨痕迹、螺旋纹	长：2.4　宽：2 厚：0.5	
			正	打磨痕迹、螺旋纹		
		3	反	白色结晶物、红色痕迹、黄色疑似胶粘物、螺旋纹	长：2.5　宽：2.2 厚：0.4	
			正	螺旋纹		
		4	反	无痕迹信息	长：3.2　宽：2 厚：0.4	
			正	打磨痕迹		
			侧	红色痕迹		
		5	反	白色结晶物、打磨痕迹	长：5.9　厚：0.65	最宽：2　窄：1.8
			正	打磨痕迹		
		6	反	白色结晶物、骨头残留	长：4　宽：2.6 厚：0.3	
			正	凹凸不平、黄色疑似胶粘物		
		7	反	白色结晶物、黄色疑似胶粘物、黑色纹路、螺旋纹	长：3.8　宽：2.1 厚：0.6	
			正	螺旋纹		
	右脚	1	反	红色痕迹	长：2.4　宽：2 厚：0.2	
			正	白色结晶物、打磨痕迹、红色痕迹		
		2	反	打磨痕迹	长：2.3　宽：2 厚：0.7	
			正	红色痕迹		
		3	反	白色结晶物、红色痕迹、螺旋纹	长：2.8　宽：2 厚：0.5	
			正	螺旋纹		

续表

玉鞋				信息	尺寸	备注
第六层	右脚	4	反	白色结晶物、红色痕迹、黑色纹路、螺旋纹	长：2.5　宽：1.8　厚：0.5	
			正	螺旋纹		
		5	反	白色结晶物、红色痕迹、黑色纹路、螺旋纹	长：2.5　厚：0.5	最宽：2　窄：1.4
			正	螺旋纹		
		6	反	白色结晶物、黑色痕迹	长：3.3　厚：0.6	最宽：1.7　薄：1.2
			正	无痕迹信息		
		7	反	白色结晶物、黑色纹路	长：3.2　宽：1.8	最厚：0.2　薄：0.1
			正	无痕迹信息		
		8	反	白色结晶物、黑色纹路、红色痕迹	长：3.4　宽：3　厚：0.5	
			正	有划痕		
		9	反	白色结晶物、红色痕迹、黑色纹路、螺旋纹	长：3.3　宽：2.3　厚：0.5	
			正	螺旋纹		
		10	反	白色结晶物、红色痕迹、黑色纹路	长：3.4　宽：2.2　厚：0.1	
			正	无痕迹信息		
		11	反	白色结晶物、红色痕迹、螺旋纹	长：2.7　宽：1.7　厚：0.4	
			正	螺旋纹		
		12	反	白色结晶物、黑色纹路	长：2.9　宽：1.6　厚：0.2	
			正	无痕迹信息		
		13	反	白色结晶物、黑色纹路、红色痕迹、丝织品痕迹、裂痕、有小孔	长：2.7　宽：1.7　厚：0.4	
			正	有划痕、有小孔		
		14	反	白色结晶物、红色痕迹	长：3.6　厚：0.5	最宽：2.2　窄：2
			正	打磨痕迹		
		15	反	白色结晶物	长：3.5　宽：2.1	最厚：0.2　窄：0.1
			正	白色结晶物、打磨痕迹		
		16	反	白色结晶物、红色痕迹、螺旋纹	长：3.3　宽：1.7　厚：0.4	
			正	黑色纹路、打磨痕迹、螺旋纹		
		17	反	白色结晶物、红色痕迹、螺旋纹	长：2.8　宽：1.9　厚：0.4	
			正	螺旋纹		

续表

<table>
<tr><th colspan="4">玉鞋</th><th>信息</th><th>尺寸</th><th>备注</th></tr>
<tr><td rowspan="28">第六层</td><td rowspan="28">右脚</td><td rowspan="2">18</td><td>反</td><td>白色结晶物、红色痕迹、黑色纹路</td><td rowspan="2">长：2.8　宽：1.9
厚：0.4</td><td rowspan="2"></td></tr>
<tr><td>正</td><td>无痕迹信息</td></tr>
<tr><td rowspan="2">19</td><td>反</td><td>白色结晶物、红色痕迹、螺旋纹</td><td rowspan="2">长：2.8　宽：2.5
厚：0.4</td><td rowspan="2"></td></tr>
<tr><td>正</td><td>螺旋纹、裂痕</td></tr>
<tr><td rowspan="2">20</td><td>反</td><td>红色痕迹、玉片腐蚀痕迹、螺旋纹</td><td rowspan="2">长：2.8　宽：2.2
厚：0.5</td><td rowspan="2"></td></tr>
<tr><td>正</td><td>螺旋纹</td></tr>
<tr><td rowspan="2">21</td><td>反</td><td>白色结晶物、红色痕迹、螺旋纹</td><td rowspan="2">长：2.8　宽：2
厚：0.3</td><td rowspan="2"></td></tr>
<tr><td>正</td><td>白色结晶物、螺旋纹</td></tr>
<tr><td rowspan="2">22</td><td>反</td><td>无痕迹信息</td><td rowspan="2">长：3　宽：2.1
厚：0.3</td><td rowspan="2"></td></tr>
<tr><td>正</td><td>无痕迹信息</td></tr>
<tr><td rowspan="2">23</td><td>反</td><td>白色结晶物、黄色疑似胶粘物、红色痕迹、有纹饰</td><td rowspan="2">长：2.8　宽：2.1
厚：0.5</td><td rowspan="2"></td></tr>
<tr><td>正</td><td>有纹饰</td></tr>
<tr><td rowspan="2">24</td><td>反</td><td>红色痕迹、有两个小孔</td><td rowspan="2">长：2.8　宽：2.1
厚：0.5</td><td rowspan="2"></td></tr>
<tr><td>正</td><td>有两个小孔</td></tr>
<tr><td rowspan="2">25</td><td>反</td><td>白色结晶物、玉片腐蚀痕迹</td><td rowspan="2">长：3.5　宽：2
厚：0.1</td><td rowspan="2"></td></tr>
<tr><td>正</td><td>无痕迹信息</td></tr>
<tr><td rowspan="2">26</td><td>反</td><td>白色结晶物、有残损</td><td rowspan="2">长：3.2　宽：2.3
厚 0.4</td><td rowspan="2">残损处厚：0.2</td></tr>
<tr><td>正</td><td>无痕迹信息</td></tr>
<tr><td rowspan="2">27</td><td>反</td><td>白色结晶物、红色痕迹、螺旋纹</td><td rowspan="2">长：3.1　宽：2.3
厚：0.6</td><td rowspan="2"></td></tr>
<tr><td>正</td><td>黑色纹路、螺旋纹</td></tr>
<tr><td rowspan="2">28</td><td>反</td><td>白色结晶物、红色痕迹</td><td rowspan="2">长：4.2　宽：2.5
厚：0.4</td><td rowspan="2"></td></tr>
<tr><td>正</td><td>无痕迹信息</td></tr>
<tr><td rowspan="2">29</td><td>反</td><td>白色结晶物、黑色纹路</td><td rowspan="2">长：3.5　宽：1.7
厚：0.3</td><td rowspan="2"></td></tr>
<tr><td>正</td><td>无痕迹信息</td></tr>
<tr><td rowspan="2">30</td><td>反</td><td>白色结晶物、红色结晶物、螺旋纹</td><td rowspan="2">长：3.7　宽：2.1
厚：0.4</td><td rowspan="2"></td></tr>
<tr><td>正</td><td>螺旋纹</td></tr>
<tr><td rowspan="2">31</td><td>反</td><td>白色结晶物、红色痕迹、黑色纹路、螺旋纹</td><td rowspan="2">长：1.7　宽：1.6
厚：0.3</td><td rowspan="2"></td></tr>
<tr><td>正</td><td>螺旋纹</td></tr>
</table>

续表

玉鞋				信息	尺寸	备注
第六层	右脚	32	反	白色结晶物、红色痕迹、黑色纹路	长：2　宽：1.4 厚：0.4	
			正	无痕迹信息		
		33	反	白色结晶物、红色痕迹	长：5.5　厚：0.6	该玉片为三角形
			正	无痕迹信息		
		34	反	白色结晶物、红色痕迹	长：8.8　厚：0.4	最宽：3　窄：1.8
			正	白色结晶物		
		35	反	白色结晶物、黑色纹路、红色痕迹	长：8.8　厚：0.8	最宽：3.9　薄：3.5
			正	有裂痕		
		36	反	白色结晶物、红色痕迹、螺旋纹	长：5　宽：4 厚：0.3	
			正	螺旋纹		
		37	反	白色结晶物、纹饰凹槽内有黄色疑似胶粘物、红色痕迹、有纹饰	长：4　宽：3.3 厚：0.5	
			正	有纹饰		
第七层	左脚	1	反	白色结晶物、黑色纹路、红色痕迹、有小孔、螺旋纹	长：4　宽：3 厚：0.4	
			正	有小孔、螺旋纹		
		2	反	白色结晶物、红色丝织品痕迹、螺旋纹	长：3.1　宽：3.1 厚：0.4	
			正	螺旋纹		
第八层	左脚	1	反	红色痕迹、黑色痕迹、白色结晶物、螺旋纹	长：7.6　宽：5.5 厚：0.6	
			正	螺旋纹		
		2	反	红色痕迹、有纹饰	长：3.4　宽：2.6 厚：0.45	
			正	有纹饰		
			侧	红色痕迹		
第九层	左脚	1	反	红色痕迹、螺旋纹	长：3.8　厚：0.4	该玉片为不规则三角形
			正	螺旋纹		
		2	反	白色结晶物、红色丝织品痕迹、黄色疑似胶粘物、螺旋纹	长：4　宽：2.2 厚：0.7	
			正	螺旋纹		
		3	反	白色结晶物、螺旋纹	长：3.5　宽：2.3 厚：0.45	
			正	螺旋纹		

续表

玉鞋				信息	尺寸	备注
第九层	左脚	4	反	白色结晶物、螺旋纹	长：3.5　宽：2.4 厚：0.4	
			正	螺旋纹		
		5	反	白色结晶物、红色痕迹、玉片腐蚀痕迹	长：3.5　宽：2.4 厚：0.4	
			正	玉片腐蚀痕迹、螺旋纹		
		6	反	白色结晶物、红色痕迹、螺旋纹	长：3.3　宽：1.5 厚：0.4	
			正	螺旋纹		
第十层	左脚	1	反	白色结晶物、红色丝织品痕迹、黑色纹路	长：3.4　宽：1.6 厚：0.45	
			正	螺旋纹		
		2	反	螺旋纹	长：4.2　宽：2.7 厚：0.5	
			正	螺旋纹		
		3	反	白色结晶物、黄色疑似胶粘痕迹、褐色纤维痕迹、黑色痕迹、红色痕迹、螺旋纹	长：4.2　宽：3.1 厚：0.4	
			正	凹槽内有黄色疑似胶粘痕迹、螺旋纹		
		4	反	白色结晶物、黑色痕迹、红色痕迹、有纹饰	长：4.1　宽：2.6 厚：0.45	
			正	凹槽内有黄色疑似胶粘物、有纹饰		
		5	反	白色结晶物、玉片腐蚀痕迹、螺旋纹	长：3.4　宽：2.5 厚：0.5	
			正	玉片腐蚀痕迹、螺旋纹		
		6	反	白色结晶物、红色痕迹	长：3.3　宽：2.3 厚：0.1	
			正	无痕迹信息		
		7	反	白色结晶物、红色痕迹、螺旋纹	长：4.5　宽：3.1 厚：0.5	
			正	黑色痕迹、螺旋纹		
		8	反	白色结晶物、红色痕迹、螺旋纹	长：4.1　宽：3 厚：0.6	
			正	凹槽内有黄色疑似胶粘物、螺旋纹		
		9	反	白色结晶物、红色痕迹	长：3.5　宽：1.6 厚：0.85	
			正	无痕迹信息		
		10	反	白色结晶物、凹槽内有黄色疑似胶粘物、红色痕迹、螺旋纹、有划痕	长：3.6　宽：2.2 厚：0.2	
			正	螺旋纹、有划痕		
		11	反	有纹饰	长：3.6　宽：1.9 厚：0.6	
			正	有纹饰		

续表

玉鞋				信息	尺寸	备注
第十层	左脚	12	反	无痕迹信息	长：3.4 宽：1.8 厚：0.7	
			正	红色痕迹		
		13	反	白色结晶物、黑色纹路、红色痕迹、螺旋纹、有划痕	长：3 宽：1.5 厚：0.35	
			正	螺旋纹、有划痕		
		14	反	白色结晶物、黑色痕迹	长：3.5 宽：2.3 厚：0.5	
			正	白色结晶物、黑色痕迹		
		15	反	白色结晶物、红色痕迹、有纹饰	长：2.8 厚：1.3	最宽：1.5 窄：1.3
			正	有纹饰		
		16	反	白色结晶物、红色痕迹、有划痕	长：5.1 厚：0.45	该玉片为三角形
			正	无痕迹信息		
		17	反	白色结晶物、红色痕迹、玉片腐蚀痕迹	长：2.8 宽：2.5 厚：0.55	玉片已碎
			正	玉片腐蚀痕迹		
		18	反	白色结晶物、红色痕迹、有纹饰	长：2.7 宽：2 厚：0.4	
			正	有纹饰		
		19	反	白色结晶物、红色痕迹	长：4.3 宽：3.3 厚：0.5	
			正	黑色痕迹		
		20	反	白色结晶物、红色痕迹、螺旋纹	长：2.5 宽：2.3 厚：0.4	
			正	黑色痕迹、螺旋纹		
		21	反	白色结晶物、黑色痕迹、红色痕迹、玉片腐蚀痕迹	长：3 宽：2.4 厚：0.3	
			正	玉片腐蚀痕迹		
		22	反	白色结晶物	长：5 宽：2 厚：0.3	
			正	无痕迹信息		
		23	反	白色结晶物、红色痕迹、黑色痕迹	长：4 厚：0.8	最宽：2.6 窄：2.2
			正	无痕迹信息		
		24	反	白色结晶物、红色痕迹、螺旋纹	长：3.1 宽：2.7 厚：0.4	
			正	螺旋纹		
		25	反	黑色痕迹、红色丝织品痕迹	长：3.1 宽：2.4 厚：0.4	
			正	黑色痕迹		

续表

玉鞋				信息	尺寸	备注
第十层	左脚	26	反	无痕迹信息	长：3.5 宽：1.7 厚：0.6	
			正	无痕迹信息		
		27	反	白色结晶物、红色丝织品痕迹、螺旋纹	长：5 宽：3 厚：0.3	
			正	螺旋纹		
		28	反	白色结晶物、红色丝织品痕迹、螺旋纹	长：5.8 厚：0.5	最宽：3.4 窄：2.8
			正	螺旋纹		
		29	反	白色结晶物	长：3.2 宽：2.1 厚：0.3	
			正	白色结晶物		

附录一　米脂卧虎湾墓地出土人骨研究

赵东月 孙辰爽 张旭慧
（西北大学文化遗产学院）

卧虎湾墓地经2013～2017年三次发掘，共发现墓葬463座，采集保存较好的人骨30例，本文即是对这30例人骨标本进行古人口学、颅面形态、肢骨特征及古病理学的综合研究。

一　性别、年龄分布

本文共鉴定个体30例，其中男性及疑似男性12例，女性及疑似女性15例，性别不明者3例。年代明确的个体共18例，其中战国、秦10例，男性3例，女性7例；西汉时期个体8例，男性2例，女性4例，性别不明2例（表1）。未见年龄小于14岁的未成年个体，年龄不明的成年个体有3例，其余个体可分为青年期（15～23岁）、壮年期（24～35岁）、中年期（36～55岁）、老年期（>55岁）四个阶段。总体来看，人口死亡年龄集中分布在中年期，其次为壮年期（图1、表2）。

表1　卧虎湾墓地出土人骨性别、年龄鉴定表

编号	性别	年龄	年代
M9	女	30±	西汉早
M41	女?	35～39	秦
M61	女	25～30	春秋晚—战国早
M65：R1	女	40～50	秦
M65：R2	男?	成年	秦
M70	男	45～50	-
M96	男	50+	-
M117：R1	男	35～39	-
M117：R2	女?	25～30	-
M130：1	男	45～50	西汉早
M130：2	不详	不详	西汉早
M378	女	30～34	春秋晚—战国早

续表

编号	性别	年龄	年代
M399	女	18～19	西汉中
M405	女	17～18	-
M407	女	35～39	战国晚
M420	男	55+	战国晚
M457	男	30～34	西汉中
M458	女?	36～39	战国中
M459	男	40～44	-
M460	男	40～44	-
M464	女	55+	战国晚
M466	男?	30～34	战国中
M501	女	30～34	西汉早
M528：R1	女	55+	西汉中
M528：R2	不详	28～29	西汉中
佚号 1	男?	22～25	–
佚号 2	女	20～25	–
佚号 3：R1	女	45～50	–
佚号 3：R2	不详	不详	–
佚号 4	男	40 +	–

表 2　卧虎湾墓地古代居民性别、年龄分布表

年龄	男性		女性		性别不明		总体	
	N	(%)	N	(%)	N	(%)	N	(%)
未成年期（0～14 岁）	0	(0.00)	0	(0.00)	0	(0.00)	0	(0.00)
青年期（15～23 岁）	1	(8.33)	3	(20.00)	0	(0.00)	4	(13.33)
壮年期（24～35 岁）	2	(16.67)	5	(33.33)	1	(33.33)	8	(26.67)
中年期（36～55 岁）	7	(58.33)	5	(33.33)	0	(0.00)	12	(40.00)
老年期（> 55 岁）	1	(8.33)	2	(13.33)	0	(0.00)	3	(10.00)
不详	1	(8.33)	0	(0.00)	2	(66.67)	3	(10.00)
合计	12	(40.00)	15	(50.00)	3	(10.00)	30	(100.00)

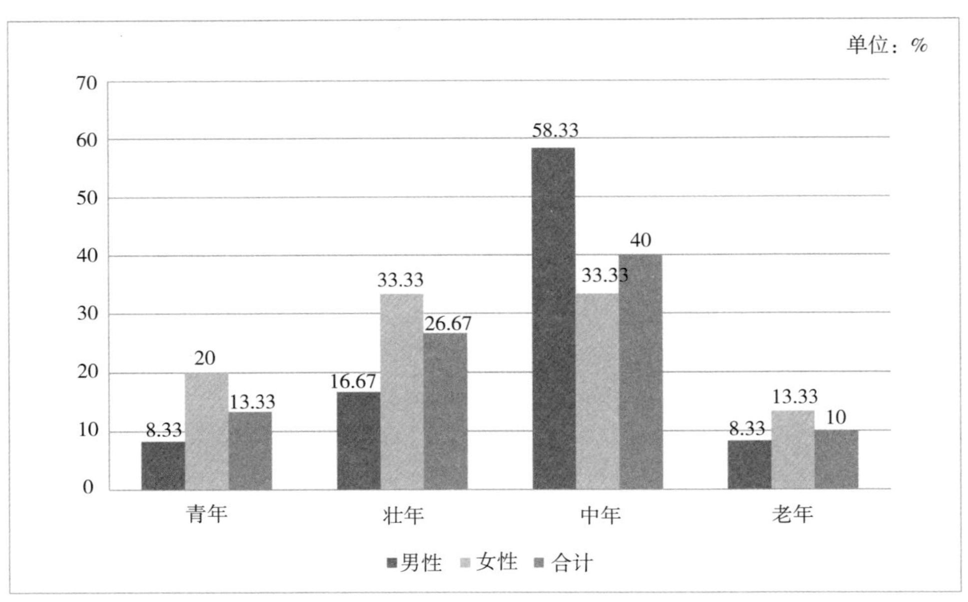

图 1　卧虎湾墓地古代成年居民性别、年龄分布图

二　颅面形态特征观察与测量

对卧虎湾墓地出土人骨进行颅面特征研究，有助于我们了解卧虎湾古代居民的体质特征和人种类型，主要包括颅骨的非测量性形态特征观察和测量形态研究。

1. 非测量性形态特征观察

颅骨非测量性形态特征观察的标准主要依据吴汝康[1]和邵象清[2]等人的著述，选择颅型、眉间突度、眉弓范围、颅顶缝、乳突、枕外隆突、眶形、梨状孔、梨状孔下缘、鼻前棘、犬齿窝、鼻根凹陷、翼区、额鼻缝、鼻梁、鼻骨、顶孔、矢状嵴、额中缝、腭形、腭圆枕、颏型、下颌角区、颏孔位置、下颌圆枕、摇椅下颌等 26 项观察指标（表 3）。

表 3　卧虎湾墓地出土颅骨非测量性形态特征（男女两性）

项目	性别	例数	形态分类及其出现率					
颅型	总数	14	椭圆形	卵圆形	圆形	五角形	楔形	菱形
	男	6	1（16.7%）	2（33.3%）	0	1（16.7%）	1（16.7%）	1（16.7%）
	女	8	2（25.0%）	2（25.0%）	0	1（12.5%）	1（12.5%）	2（12.5%）
眉间突度	总数	17	弱	中等	显著	特显著	粗壮	
	男	8	2（25.0%）	1（12.5%）	5（62.5%）	0	0	
	女	9	8（88.9%）	1（11.1%）	0	0	0	

续表

项目		性别	例数	形态分类及其出现率					
眉弓范围		总数	17	缺如	<1/2	=或>1/2	全长		
		男	8	0	4（50.0%）	4（50.0%）	0		
		女	9	%	7（77.8%）	1（11.1%）	0		
颅顶缝		总数	17	微波	深波	锯齿	复杂		
	前囟段	男	7	5（71.4%）	2（28.6%）	0	0		
		女	10	7（70.0%）	3（30.0%）	0	0		
	顶段	男	8	1（12.5%）	2（25.0%）	5（62.5%）	0		
		女	9	0	2（22.2%）	7（77.8%）	0		
	顶孔段	男	6	4（66.7%）	2（33.3%）	0	0		
		女	6	2（33.3%）	3（50.0%）	1（16.7%）	0		
	后段	男	7	1（14.3%）	2（28.6%）	4（57.1%）	0		
		女	7	1（14.3%）	5（71.4%）	1（14.3%）	0		
乳突		总数	16	极小	小	中等	大	特大	
		男	6	0	2（33.3%）	1（16.7%）	3（50.0%）	0	
		女	10	1（10.0%）	7（70.0%）	2（20.0%）	0	0	
枕外隆突		总数	18	缺	稍显	中等	显著	极显	喙状
		男	7	0	2（28.6%）	2（28.6%）	1（14.2%）	0	2（28.6%）
		女	11	4（36.3%）	3（27.3%）	1（9.1%）	3（27.3%）	0	0
眶形		总数	13	圆形	椭圆形	方形	长方形	斜方形	
		男	8	2（25.0%）	0	1（12.5%）	2（25.0%）	3（37.5%）	
		女	5	2（40.0%）	0	1（20.0%）	0	2（40.0%）	
梨状孔		总数	6	心形	梨形	三角形			
		男	2	0	2（100.0%）	0			
		女	4	2（50.0%）	2（50.0%）	0			
梨状孔下缘		总数	12	锐形	钝形	鼻前窝形	鼻前沟形		
		男	6	2（33.3%）	1（16.7%）	3（50.0%）	0		
		女	6	1（16.7%）	4（66.6%）	0	1（16.7%）		

续表

项目	性别	例数	形态分类及其出现率					
鼻前棘	总数	4	Ⅰ型	Ⅱ型	Ⅲ型	Ⅳ型	Ⅴ型	
	男	4	1（25.0%）	2（50.0%）	1（25.0%）	0	0	
	女	-	0	0	0	0	0	
犬齿窝	总数	10	无	弱	中等	显著	极显著	
	男	5	3（60.0%）	2（40.0%）	0	0	0	
	女	5	3（60.0%）	2（40.0%）	0	0	0	
鼻根凹陷	总数	14	无	浅	深			
	男	6	0	4（66.7%）	2（33.3%）			
	女	8	4（50.0%）	4（50.0%）	0			
翼区	总数	10	H型	I型	X型	翼上骨		
	男	4	4（100.0%）	0	0	0		
	女	6	4（66.6%）	0	1（16.7%）	1（16.7%）		
额鼻缝	总数	12	直线形	弧线形	方凸形			
	男	6	2（33.3%）	3（50.0%）	1（16.7%）			
	女	6	3（50.0%）	1（16.7%）	2（33.3%）			
鼻梁	总数	7	凹凸型	凹型	直型			
	男	4	0	4（100.0%）	0			
	女	3	0	3（100.0%）	0			
鼻骨	总数	8	上窄型	中窄型	等宽型			
	男	3	0	3（100.0%）	0			
	女	5	0	5（100.0%）	0			
顶孔	总数	13	无	仅左孔	仅右孔	左右全	附加孔	
	男	7	1（14.3%）	0	2（28.6%）	3（42.8%）	1（14.3%）	
	女	6	1（16.7%）	2（33.3%）	0	3（50.0%）	0	
矢状嵴	总数	13	弱	中等	显著			
	男	7	4（57.1%）	3（42.9%）	0			
	女	6	4（66.7%）	2（33.3%）	0			

续表

项目	性别	例数	形态分类及其出现率					
额中缝	总数	13	无	= 或 <1/3	1/3-2/3	= 或 >2/3		
	男	7	6（85.7%）	0	0	1（14.3%）		
	女	6	5（83.3%）	0	0	1（16.7%）		
腭形	总数	12	U 形	V 形	椭圆形	抛物线形		
	男	5	2（40.0%）	1（20.0%）	0	2（40.0%）		
	女	7	0	2（28.6%）	1（14.3%）	4（57.1%）		
腭圆枕	总数	11	无	嵴状	丘状	瘤状		
	男	5	4（80.0%）	0	0	1（20.0%）		
	女	6	5（83.3%）	1（16.7%）	0	0		
颏型	总数	16	方形	圆形	尖形	角形	杂形	
	男	6	5（83.3%）	1（16.7%）	0	0	0	
	女	10	0	5（50.0%）	5（50.0%）	0	0	
下颌角区	总数	20	外翻	直型	内翻			
	男	7	6（85.7%）	0	1（14.3%）			
	女	13	5（38.5%）	6（46.1%）	2（15.4%）			
颏孔位置	总数	22	P_1P_2 位	P_2 位	P_2M_1 位	M_1 位		
	男	9	2（22.2%）	5（55.6%）	2（22.2%）	0		
	女	13	4（30.8%）	4（30.8%）	4（30.8%）	1（7.6%）		
下颌圆枕	总数	18	无	小	中	大		
	男	6	5（83.3%）	1（16.7%）	0	0		
	女	12	12（100.0%）	0	0	0		
摇椅下颌	总数	14	无	轻	显著			
	男	5	1（20.0%）	2（40.0%）	2（40.0%）			
	女	9	2（22.2%）	3（33.3%）	4（44.5%）			

从表 3 可以看出，卧虎湾墓地出土颅骨非测量性形态特征有以下特点：男性眉间突度显著为主，眉弓范围有超过眶上缘 1/2 及不达 1/2 两种。颅顶缝前囟段、顶孔段主要为微波型，顶段及后段主要为锯齿形。乳突较大为主。眶形主要为斜方形，圆形、长方形次之。可观察梨状孔皆为梨形，梨状孔下缘鼻前窝形为主，锐形次之。大部分无犬齿窝，或犬齿窝较弱。鼻根凹陷较浅为主，深次之。

额鼻缝弧线形较多，直线形次之，鼻梁全为凹形，鼻骨全为中窄型。翼区全为 H 型。顶孔大多数为左右全，仅右孔次之，附加孔和无顶孔仅 1 例。矢状嵴较弱占主体，中等矢状嵴次之。很少有保留有额中缝（仅 1 例）。腭形多为 U 形及抛物线形，多数无腭圆枕，仅 1 例为瘤状。颏型多为方形，圆形仅 1 例，下颌角区多外翻，颏孔位于 P_2 位为主，P_1P_2 位及 P_2M_1 位次之，多数无下颌圆枕，轻微及显著摇椅下颌比例相同，仅 1 例无摇椅下颌。因样本量较少，颅型、鼻前棘、枕外隆突无明显倾向性。

女性个体的颅形主要为卵圆形及椭圆形，眉弓突度以弱为主，仅 1 例为中等，眉弓范围多数不达眶上缘 1/2。颅顶缝前囟段以微波型为主，顶段以锯齿形为主，顶孔段和后段以深波型为主。乳突多数为小。枕外隆突多数缺失，稍显次之。梨状孔分为心形和梨形两种，比例相同，梨状孔下缘主要为钝形。无保存完好的鼻前棘可观察。鼻根凹陷为无鼻根凹陷和鼻根凹陷较浅两种。额鼻缝直线形为主，方凸形次之。翼区 H 型为主，X 型和翼上骨各 1 例。顶孔多数左右全，仅左孔次之，仅 1 例无顶孔。腭形主要以抛物型为主，V 形次之，无腭圆枕，仅 1 例嵴状。颏型分为圆形和尖形，下颌角区直型为主，外翻次之，颏孔位于 P_2 位、P_1P_2 位及 P_2M_1 位比例相同，全无下颌圆枕，显著摇椅下颌为主，轻微次之。因样本量较少，眶形没有明显倾向性。犬齿窝、鼻梁、鼻骨、矢状嵴、额中缝等特征与男性相近。

2. 颅骨测量特征

颅骨测量数据的采集同样依据吴汝康[1]和邵象清[2]等人方法，具体测量项目见表 4、表 5，测量特征分布见表 6。

表 4 卧虎湾墓地出土颅骨测量数据表

长度：毫米；角度：度

马丁号	项目	性别	平均值（例数）	变异范围	标准差
1	颅最大长 g-op	男	174.88（5）	163.00 ~ 183.10	7.83
		女	169.07（7）	160.10 ~ 172.00	2.16
8	颅宽 eu-eu	男	138.60（5）	129.80 ~ 152.00	9.84
		女	137.78（5）	132.00 ~ 145.00	5.43
17	颅高 b-ba	男	134.60（4）	128.00 ~ 142.00	5.98
		女	133.32（6）	130.30 ~ 137.50	2.89
21	耳上颅高 po-po	男	115.80（4）	106.40 ~ 121.90	7.22
		女	112.20（4）	111.00 ~ 113.10	0.88
9	额最小宽 ft-ft	男	94.96（5）	91.59 ~ 97.99	2.53
		女	91.20（7）	84.97 ~ 99.47	5.86
11	耳点间宽 au-au	男	120.83（4）	116.30 ~ 123.00	3.05
		女	119.65（6）	109.06 ~ 134.00	10.67

续表

马丁号	项目	性别	平均值（例数）	变异范围	标准差
25	颅矢状弧 n-o	男	371.00（5）	342.30 ～ 383.30	16.76
		女	356.22（6）	345.30 ～ 368.40	7.94
26	额矢状弧 n-b	男	127.08（6）	122.00 ～ 131.50	3.18
		女	120.46（9）	115.00 ～ 124.50	3.03
27	顶矢状弧 b-l	男	130.77（6）	115.00 ～ 142.00	9.79
		女	126.53（8）	118.00 ～ 135.50	5.88
28	枕矢状弧 l-o	男	115.28（5）	105.30 ～ 127.30	9.09
		女	112.17（6）	101.80 ～ 118.20	6.62
29	额矢状弦 n-b	男	113.65（6）	109.53 ～ 117.43	2.81
		女	107.59（9）	104.42 ～ 114.58	2.82
30	顶矢状弦 b-l	男	115.87（6）	102.30 ～ 124.47	7.86
		女	110.83（9）	102.88 ～ 121.98	6.04
31	枕矢状弦 l-o	男	92.21（5）	92.21 ～ 104.48	4.90
		女	94.23（6）	86.17 ～ 100.76	4.94
43（1）	上面宽 fmt-fmt	男	104.59（5）	101.24 ～ 106.83	2.10
		女	101.97（5）	94.68 ～ 109.35	7.11
44	两眶宽 ek-ek	男	99.75（2）	95.62 ～ 103.88	5.84
		女	97.16（5）	88.55 ～ 109.22	9.50
23	颅周长 g-op-g	男	525.10（3）	523.00 ～ 529.00	3.38
		女	493.75（4）	492.50 ～ 503.00	7.01
24	颅横弧 po-b-po	男	328.88（4）	302.00 ～ 346.50	19.67
		女	309.30（5）	298.00 ～ 322.50	10.10
5	颅基底长 n-enba	男	96.03（3）	88.10 ～ 102.00	7.16
		女	97.08（5）	95.00 ～ 100.00	1.96
40	面基底长 pr-enba	男	91.05（2）	82.00 ～ 100.10	12.80
		女	87.34（3）	84.00 ～ 89.91	3.03

续表

马丁号	项目	性别	平均值（例数）	变异范围	标准差
48pr	上面高 n-pr	男	72.91（2）	72.53 ～ 73.28	0.53
		女	65.76（3）	57.96 ～ 70.98	6.88
48sd	上面高 n-sd	男	75.50（2）	75.25 ～ 75.75	0.35
		女	69.31（4）	59.70 ～ 74.51	6.57
45	颧宽 zy-zy	男	137.20（1）	-	-
		女	130.33（3）	127.00 ～ 132.00	2.89
46	中面宽Ⅰ zm-zm	男	105.33（2）	103.79 ～ 106.87	2.18
		女	98.49（4）	91.10 ～ 112.21	9.37
46	中面宽Ⅱ zm1-zm1	男	120.13（2）	119.76 ～ 120.50	0.52
		女	100.12（3）	90.42 ～ 105.49	8.41
O3	眶中宽	男	78.30（2）	71.80 ～ 84.79	9.19
		女	76.07（5）	66.38 ～ 90.57	9.92
SR	鼻尖高	男	24.00（1）	-	-
		女	16.23（3）	13.20 ～ 22.00	5.00
54	鼻宽	男	27.44（2）	26.02 ～ 28.86	2.01
		女	26.74（7）	23.62 ～ 29.13	2.10
55	鼻高 n-ns	男	54.22（3）	51.32 ～ 55.79	2.51
		女	48.54（2）	43.70 ～ 53.37	6.84
SC	鼻最小宽	男	7.73（3）	6.33 ～ 9.22	1.45
		女	7.78（6）	3.14 ～ 11.71	2.80
SS	鼻最小宽高	男	3.00（3）	2.00 ～ 3.90	0.95
		女	1.34（5）	0.00 ～ 2.50	1.24
51L	眶宽Ⅰ mf-ec	男	41.98（2）	41.67 ～ 42.29	0.44
		女	39.45（8）	35.54 ～ 41.55	2.32
51R	眶宽Ⅰ mf-ec	男	41.21（3）	39.43 ～ 42.42	1.58
		女	39.38（7）	34.84 ～ 43.31	3.08

续表

马丁号	项目	性别	平均值（例数）	变异范围	标准差
51aL	眶宽Ⅱ d-ec	男	39.55（2）	38.94 ~ 40.15	0.86
		女	37.69（5）	36.16 ~ 39.21	1.28
51aR	眶宽Ⅱ d-ec	男	39.53（1）	-	-
		女	37.75（5）	35.99 ~ 40.98	2.04
52L	眶高	男	33.86（2）	32.79 ~ 34.93	1.51
		女	33.60（8）	29.86 ~ 37.42	2.42
52R	眶高	男	34.16（4）	32.68 ~ 35.83	1.36
		女	33.85（7）	29.90 ~ 37.01	2.64
50	眶间宽 mf-mf	男	19.89（2）	17.99 ~ 21.79	2.69
		女	20.08（8）	15.92 ~ 22.99	2.70
DC	眶间宽 d-d	男	20.62（1）	-	-
		女	22.11（5）	20.20 ~ 25.47	2.48
FC	两眶内宽 fmo-fmo	男	98.58（4）	95.86 ~ 102.17	2.75
		女	94.89（5）	88.20 ~ 102.56	6.54
60	齿槽弓长 pr-alv	男	49.48（3）	48.04 ~ 50.39	1.26
		女	43.47（3）	41.27 ~ 46.56	2.75
61	齿槽弓宽 ekm-ekm	男	65.69（4）	64.34 ~ 67.93	1.68
		女	64.34（7）	56.65 ~ 66.79	3.43
62	腭长 ol-sta	男	41.69（3）	38.84 ~ 43.69	2.53
		女	39.39（5）	37.58 ~ 43.10	2.54
63	腭宽 enm-enm	男	38.94（4）	34.56 ~ 41.99	3.25
		女	32.92（8）	28.69 ~ 36.38	2.63
MH L	颧骨高 fmo-zm	男	43.68（2）	41.15 ~ 46.20	3.57
		女	42.81（6）	36.37 ~ 47.07	4.54
MH R	颧骨高 fmo-zm	男	45.80（4）	43.26 ~ 46.94	1.74
		女	43.99（5）	39.40 ~ 47.35	3.01

续表

马丁号	项目	性别	平均值（例数）	变异范围	标准差
MB L	颧骨宽 zm-rim.orb	男	28.05（2）	26.70 ～ 29.40	1.91
		女	26.65（6）	23.66 ～ 33.61	3.63
MB R	颧骨宽 zm-rim.orb	男	27.82（4）	22.84 ～ 30.56	3.59
		女	24.84（5）	22.90 ～ 29.93	2.91
7	枕大孔长	男	37.95（4）	36.33 ～ 39.61	1.35
		女	33.71（6）	31.75 ～ 36.25	1.71
16	枕大孔宽	男	27.98（4）	25.29 ～ 31.79	2.88
		女	27.88（6）	24.73 ～ 31.07	2.47
DN	眶内缘鼻根突度	男	7.10（2）	6.20 ～ 8.00	1.27
		女	5.37（7）	2.10 ～ 9.90	2.78
DS	鼻梁眶内缘宽高	男	13.00（1）	-	-
		女	9.88（5）	7.00 ～ 15.90	3.49
47	全面高 n-gn	男	119.63（3）	110.07 ～ 125.45	8.34
		女	112.43（3）	99.94 ～ 118.94	10.82
	耳门上点宽 po-po	男	115.53（4）	106.10 ～ 133.90	12.47
		女	115.73（6）	102.00 ～ 132.00	10.27
NL’	鼻骨长 n-rhi	男	21.66（3）	20.37 ～ 23.14	1.40
		女	23.70（4）	17.94 ～ 30.03	4.95
RP	rhi-pr	男	52.03（2）	50.88 ～ 53.18	1.63
		女	42.71（2）	42.51 ～ 42.90	0.28
12	枕骨最大宽 ast-ast	男	109.59（5）	101.04 ～ 117.25	6.36
		女	107.99（6）	102.01 ～ 120.62	6.77
72	总面角 n-pr FH	男	84.00（1）	-	-
		女	86.71（2）	85.30-88.12	1.99
73	鼻面角 n-ns FH	男	89.15（2）	81.30-97.00	11.10
		女	87.30（1）	-	-

续表

马丁号	项目	性别	平均值（例数）	变异范围	标准差
74	齿槽面角 ns-pr FH	男	89.45（2）	88.10 ～ 90.80	1.91
		女	83.20（1）	-	-
32	额侧角Ⅰ n-m FH	男	74.63（4）	68.60 ～ 78.20	4.27
		女	82.76（5）	78.70 ～ 85.10	2.46
	额侧角Ⅱ g-m FH	男	81.38（4）	74.80 ～ 85.80	4.67
		女	86.78（5）	83.00 ～ 91.80	3.35
	前囟角 g-b FH	男	47.00（4）	44.00 ～ 50.10	2.61
		女	48.84（5）	46.70 ～ 52.90	2.47
75	鼻梁侧角 n-rhi FH	男	70.37（3）	66.80 ～ 74.50	3.88
		女	74.03（3）	73.00 ～ 75.10	1.05
75（1）	鼻骨角∠ pr-n-rhi	男	16.86（2）	12.05 ～ 21.67	6.80
		女	20.80（2）	15.92 ～ 25.69	6.91
77	鼻颧角∠ fmo-n-fmo	男	153.21（3）	144.72 ～ 158.44	7.42
		女	145.59（1）	-	-
SSA	颧上颌角∠ zm-ss-zm	男	126.66（1）	-	-
		女	125.90（2）	123.74 ～ 128.06	3.05
	面三角Ⅰ∠ n-pr-ba	男	69.67（2）	69.21 ～ 70.13	0.66
		女	76.89（3）	73.99 ～ 79.24	2.67
	面三角Ⅱ∠ pr-n-ba	男	63.92（2）	60.47 ～ 67.36	4.87
		女	61.65（3）	57.45 ～ 66.36	4.48
	面三角Ⅲ∠ n-ba-pr	男	46.41（2）	42.51 ～ 50.32	5.53
		女	41.46（2）	36.20 ～ 44.87	4.63
72-75	鼻梁角	男	13.35（2）	9.50 ～ 17.20	5.44
		女	11.30（1）	-	-

表5 卧虎湾墓地颅骨测量指数平均值及标准差

指数：%

马丁号	项目	性别	平均值（例数）	标准差	马丁号	项目	性别	平均值（例数）	标准差
8：1	颅指数	男	79.27（5）	4.57	43：46	颧颌突指数	男	100.79（2）	1.16
		女	80.53（4）	2.08			女	104.19（3）	6.87
17：1	颅长高指数	男	77.93（4）	3.35	21：1	颅长耳高指数	男	67.01（4）	3.39
		女	78.01（5）	2.04			女	66.45（4）	0.78
21：8	颅宽耳高指数	男	84.88（4）	5.55	SR：O_3	鼻尖点指数	男	33.43（1）	-
		女	82.57（4）	2.54			女	22.59（3）	4.51
17：8	颅宽高指数	男	98.64（4）	4.24	SS：SC	鼻根指数	男	40.57（3）	16.38
		女	96.23（5）	2.56			女	26.79（5）	15.82
54：55	鼻指数	男	51.54（2）	6.64	48：17	垂直颅面指数	男	55.21（2）	2.05
		女	49.71（2）	3.07			女	52.37（3）	6.06
45：8	颅面宽指数	男	103.08（1）	-	48：45	上面指数	男	53.41（1）	-
		女	93.36（3）	2.20			女	53.84（2）	2.91
47：45	全面指数	男	91.44（1）	-	63：62	腭指数	男	91.96（3）	5.88
		女	91.68（2）	2.79			女	84.42（4）	8.32
48：46	中上面指数	男	68.57（1）	-	52：51	眶指数（R）	男	83.53（3）	6.57
		女	73.08（2）	1.34			女	84.59（6）	5.50
9：8	额宽指数	男	69.73（3）	6.54	61：60	齿槽弓指数	男	132.55（3）	3.19
		女	66.73（4）	3.82			女	137.98（3）	10.54
40：5	面突指数	男	95.61（2）	3.58	SS：03	鼻尖指数	男	3.90（2）	2.17
		女	88.45（3）	4.09			女	3.17（4）	1.64

表6　卧虎湾古代居民部分测量特征分布

马丁号	项目	性别	例数	形态类型及出现率						
8：1	颅指数	总数	9	超长颅型	特长颅型	长颅型	中颅型	圆颅型	特圆颅型	超圆颅型
		男	5	0	0	1（20.0%）	3（60.0%）	0	1（20.0%）	0
		女	4	0	0	0	2（50.0%）	2（50.0%）	0	0
17：1	颅长高指数	总数	9	低颅型	正颅型	高颅型				
		男	4	0	1（25.0%）	3（75.0%）				
		女	5	0	0	5（100.0%）				
17：8	颅宽高指数	总数	9	阔颅型	中颅型	狭颅型				
		男	4	0	2（50.0%）	2（50.0%）				
		女	5	0	3（60.0%）	2（40.0%）				
9：8	额宽指数	总数	7	狭额型	中额型	阔额型				
		男	3	1（33.3%）	0	2（66.7%）				
		女	4	3（75.0%）	0	1（25.0%）				
54：55	鼻指数	总数	4	狭鼻型	中鼻型	阔鼻型	特阔鼻型			
		男	2	1（50.0%）	0	1（50.0%）	0			
		女	2	0	1（50.0%）	1（50.0%）	0			
48：45	上面指数	总数	3	特阔上面型	阔上面型	中上面型	狭上面型	特狭上面型		
		男	1	0	0	1（100.0%）	0	0		
		女	2	0	0	1（50.0%）	1（50.0%）	0		
52：51	眶指数（R）	总数	9	低眶型	中眶型	高眶型				
		男	3	0	2（66.7%）	1（33.3%）				
		女	6	0	3（50.0%）	3（50.0%）				
63：62	腭指数	总数	7	狭腭型	中腭型	阔腭型				
		男	3	0	0	3（100.0%）				
		女	4	1（25.0%）	0	3（75.0%）				
40：5	面突指数	总数	5	正颌型	中颌型	突颌型				
		男	2	1（50.0%）	1（50.0%）	0				
		女	3	3（100.0%）	0	0				

<table>
<tr><th>马丁号</th><th>项目</th><th>性别</th><th>例数</th><th colspan="10">形态类型及出现率</th></tr>
<tr><td rowspan="3">68：65</td><td rowspan="3">下颌骨指数</td><td>总数</td><td>6</td><td colspan="3">长狭下颌型</td><td colspan="4">中下颌型</td><td colspan="3">短阔下颌型</td></tr>
<tr><td>男</td><td>4</td><td colspan="3">4（100.0%）</td><td colspan="4">0</td><td colspan="3">0</td></tr>
<tr><td>女</td><td>2</td><td colspan="3">1（50.0%）</td><td colspan="4">0</td><td colspan="3">1（50.0%）</td></tr>
<tr><td rowspan="3">72</td><td rowspan="3">总面角</td><td>总数</td><td>4</td><td colspan="2">特突颌型</td><td colspan="2">突颌型</td><td colspan="2">中颌型</td><td colspan="2">平颌型</td><td colspan="2">特平颌型</td></tr>
<tr><td>男</td><td>2</td><td colspan="2">0</td><td colspan="2">0</td><td colspan="2">2（100.0%）</td><td colspan="2">0</td><td colspan="2">0</td></tr>
<tr><td>女</td><td>2</td><td colspan="2">0</td><td colspan="2">0</td><td colspan="2">0</td><td colspan="2">2（100.0%）</td><td colspan="2">0</td></tr>
<tr><td rowspan="3">74</td><td rowspan="3">齿槽面角</td><td>总数</td><td>3</td><td>超突颌型</td><td colspan="2">特突颌型</td><td colspan="2">突颌型</td><td colspan="2">中颌型</td><td colspan="2">平颌型</td><td>特平颌型</td></tr>
<tr><td>男</td><td>2</td><td>0</td><td colspan="2">0</td><td colspan="2">0</td><td colspan="2">0</td><td colspan="2">2（100.0%）</td><td>0</td></tr>
<tr><td>女</td><td>1</td><td>0</td><td colspan="2">0</td><td colspan="2">0</td><td colspan="2">1（100.0%）</td><td colspan="2">0</td><td>0</td></tr>
</table>

卧虎湾墓地出土颅骨的测量性状，具有以下特点：男性个体颅指数以中颅型为主，其次为长颅型和特圆颅型；颅长高指数以高颅型为主，正颅型仅 1 例；颅宽高指数为中颅型和狭颅型；额宽指数为阔额型和狭额型，比率相差不大；鼻指数为狭鼻型和阔鼻型；上面指数仅 1 例为中上面型；眶指数以中眶型居多；腭指数全部为阔腭型；面突指数为正颌型和中颌型；总面角均为中颌型；齿槽面角均为平颌型；下颌骨指数全部为长狭颌型。

女性个体颅指数为中颅型和圆颅型；颅长高指数均为高颅型；颅宽高指数为中颅型和狭颅型；额宽指数以狭额型为主，阔额型仅 1 例；鼻指数为中鼻型和阔鼻型；上面指数为中上面型 1 例，狭上面型 1 例；眶指数为中眶型和高眶型；腭指数阔腭型居多；面突指数均为正颌型；总面角均为平颌型；齿槽面角仅 1 例为中颌型；下颌骨指数为长狭颌型和短阔下颌型。

三　颅骨种系分析

1. 与三大人种比较

从颅骨的观察性状来看，卧虎湾古代居民具有简单的颅顶缝、较浅的鼻根凹陷，梨状孔下缘以钝型和鼻前窝型为主，犬齿窝发育很弱，等等，具有明显的亚洲蒙古人种的倾向性。我们将卧虎湾男性居民的颅面数据与现代三大种进行比较，进一步确认其种系类型归属（表 7）。

表 7　卧虎湾出土颅骨与三大人种颅面测量特征的比较（男性）

长度：毫米；角度：度；指数：%

马丁号	项目	卧虎湾组均值（例数）	蒙古人种 [3]	欧罗巴人种 [3]	尼格罗人种 [3]
54：44	鼻指数	51.54（2）	43 ～ 53	43 ～ 49	51 ～ 60
SS：O3	鼻尖点指数	33.43（1）	30 ～ 39	40 ～ 48	20 ～ 35

续表

马丁号	项目	卧虎湾组均值（例数）	蒙古人种[3]	欧罗巴人种[3]	尼格罗人种[3]
SS：SC	鼻根指数	40.57（3）	31～49	46～53	20～45
74	齿槽面角	89.45（2）	73～81	82～86	61～72
77	鼻颧角	153.21（3）	145～149	132～145	140～142
48	上面高	72.91（2）	70～80	66～74	62～71
45	颧宽	137.20（1）	131～145	124～139	121～138
52	眶高	34.16（4）	34～37	33～34	30～34
61：60	齿槽弓指数	132.55（3）	115～120	116～118	109～116
48：17	垂直颅面指数	55.21（2）	52～60	50～54	47～53

由上表可见，10项指标中，卧虎湾男性居民的鼻指数、鼻尖点指数、鼻根指数、上面高、颧宽、眶高、垂直颅面指数等7项指标落入现代亚洲蒙古人种的变异范围，并且鼻颧角、齿槽弓指数2项相对更接近蒙古人种的上限。有鼻根指数、上面高和颧宽3项指标落入欧罗巴人种变异范围，鼻指数、鼻尖点指数、鼻根指数和颧宽等4项指标落入尼格罗人种变异范围，但这几项指数同时也在蒙古人种的范围之内。从与三大人种的数据比较来看，卧虎湾男性居民与现代亚洲蒙古人种有更多的相似性。

2. 种系纯度检验

考虑到卧虎湾墓地位于人群往来频繁的北方农牧交界地带，且使用年代从春秋战国时代延续到秦汉时期，在对卧虎湾古代人群进行古人种类型分析之前，种系纯度的检验是很有必要的。本文首先采用皮尔逊[4]和莫兰特[5]的种系纯度检验标准，即如果颅长和颅宽的标准差大于6.5，这组头骨可能是异种系人群，如果颅长的标准差小于5.5，颅宽的标准差小于3.3，则该组头骨可能属于同种系人群。另外增加了殷墟祭祀坑组[6]、殷墟中小墓组[7]、甘肃火烧沟组[8]、曲村组[9]、大甸子组[10]等中国古代组数据进行对比。

由于保存较好的颅骨数量不多，我们未按照年代细分，仅将卧虎湾古代居民分为男女两组，在颅长标准差、颅宽标准差和颅指数标准差三个方面与10个同种系组进行比较（表8）。

表8　卧虎湾组颅长、颅宽和颅指数标准差与其他各组比较

	颅长标准差	颅宽标准差	颅指数标准差
卧虎湾组（男）	7.83（5）	9.84（5）	4.57（5）
卧虎湾组（女）	3.92（7）	5.43（5）	2.08（4）
阿伊努组[4]	5.94（76）	3.90（76）	
巴伐利亚组[4]	6.01（100）	5.85（100）	
帕里西安组[4]	5.94（77）	5.21（77）	

续表

	颅长标准差	颅宽标准差	颅指数标准差
纳夸达组[4]	5.72（139）	4.62（139）	
英国组[4]	6.09（136）	4.80（136）	
埃及E组[5]	5.73	4.76	2.67
纳夸达组[5]	6.03	4.60	2.88
维特卡普组[5]	6.17	5.28	2.97
莫菲尔德组[5]	5.90	5.31	3.27
刚果尼格罗组[5]	6.55	5.00	2.88
殷墟祭祀坑组[6]	6.20（319）	5.90（317）	3.98（316）
殷墟中小墓组（男）[7]	5.79（42）	4.44（39）	2.85（135）
殷墟中小墓组（女）[7]	4.95（21）	4.58（20）	2.74（20）
甘肃火烧沟组（男）[8]	5.94（57）	4.78（50）	3.14（49）
甘肃火烧沟组（女）[8]	5.40（60）	4.40（55）	3.33（55）
曲村组[9]	5.46（20）	4.35（20）	2.52（20）
大甸子组[10]	8.09（66）	7.29（65）	6.86（64）
大甸子一组[10]	5.19（30）	4.91（29）	3.06（29）
大甸子二组[10]	4.86（21）	4.16（20）	2.12（21）

表中数据可见，米脂卧虎湾男性组中，颅长和颅指数标准差仅小于大甸子组，大于其余所有对比组数据，颅宽标准差在所有组别中最大，且颅长和颅宽标准差大于6.5，表现卧虎湾男性组可能存在种系差异；米脂卧虎湾女性组颅长、颅指数标准差小于所有对比组数据，颅宽小于皮尔逊的巴伐利亚组、殷墟祭祀坑组和大甸子组外，大于其他对比组数据，但是小于6.5，应该属于同种系人群。

为进一步检测卧虎湾人群的种系纯度，我们将豪厄尔斯设置的34项欧洲同种系标准差，与卧虎湾数据进行对比（表9）。如果所测组与对比组标准差比值小于100，说明为同种系人群的可能性较大，反之，异种系人群可能性较大[11]。从比较结果来看，卧虎湾男性组的弧线测量、指数测量以及全部项目的平均标准差百分比，均远远大于100，表明卧虎湾男性居民个体颅面形态变异度较大，这种差异在颅型方面表现突出。卧虎湾女性组的弧线测量平均标准差百分比略大于100，指数平均标准差远小于100，全部项目计算结果小于100。相对于男性来说，卧虎湾女性居民颅面特征的离散程度较小。

综上，卧虎湾墓地男性颅骨之间的形态差异较大，可能存在不同的古人种类型，女性颅骨的变异较小。

表 9　卧虎湾组颅骨测量值及指数的标准差与欧洲同种系平均标准差百分比

指数：%

项目	同种系欧洲 δ_0	卧虎湾组（男）δ_1	卧虎湾组（女）δ_2	δ_1/δ_0	δ_2/δ_0
颅长	6.09	7.83	3.92	128.57	64.37
颅宽	5.03	9.84	5.43	195.63	107.95
颅高	5.12	5.98	2.89	116.80	56.45
耳上颅高	4.24	7.22	0.88	170.28	20.75
最小额宽	4.32	2.53	5.90	58.56	136.57
颅矢状弧	12.71	16.76	7.94	131.86	62.47
额矢状弧	6.01	3.18	3.03	52.91	50.42
顶矢状弧	7.65	9.79	5.88	127.97	76.86
枕矢状弧	7.46	9.09	6.62	121.85	88.74
颅周长	14.14	3.38	7.01	23.90	49.58
颅横弧	10.02	19.67	10.10	196.31	100.80
颅基底长	4.22	7.16	1.96	169.67	46.45
面底长	4.88	12.80	3.03	262.30	62.09
上面高	4.28	0.53	6.88	12.38	160.75
面宽	5.10	2.18	9.37	42.75	183.73
鼻宽	1.81	2.01	2.10	111.05	116.02
鼻高	3.03	2.51	6.84	82.84	225.74
眶宽	1.82	1.58	3.08	86.81	169.23
眶高	2.01	1.36	2.64	67.66	131.34
腭长	2.93	2.53	2.75	86.35	93.86
腭宽	3.19	3.25	2.59	101.88	81.19
下颌髁突间宽	5.58	6.39	12.25	114.52	219.53
下颌角间宽	6.62	5.01	7.63	75.68	115.26
下颌联合高	2.84	2.17	1.80	76.41	63.38
下颌枝最小宽	2.71	1.52	2.92	56.09	107.75
全面高	6.33	8.34	10.82	131.75	170.93

续表

项目	同种系欧洲 δ_0	卧虎湾组（男） δ_1	卧虎湾组（女） δ_2	δ_1/δ_0	δ_2/δ_0
线弧测量平均标准差百分比				107.80	106.24
颅指数	3.22	4.57	2.08	141.93	64.60
颅长高指数	3.05	3.35	2.04	109.84	66.89
颅宽高指数	4.61	4.24	2.56	91.97	55.53
额宽指数	3.23	6.54	3.82	202.48	118.27
上面指数	3.30	–	2.91	–	88.18
鼻指数	4.49	6.64	3.07	147.88	68.37
眶指数	5.33	6.57	5.50	123.26	103.19
腭指数	6.61	5.88	8.32	88.96	125.87
指数平均标准差百分比				129.47	86.36
全部项目平均标准差百分比				118.64	96.30

3. 与现代亚洲蒙古人种地区类型比较分析

卧虎湾墓地可供测量分析的男性颅骨共计 7 例，年代明确且保存状况较好的仅有 3 例，春秋—战国时期 1 例，西汉时期 2 例。通过前文的颅面形态观察和种系分析得知，卧虎湾居民与现代亚洲蒙古人种最为接近，但男性居民存在明显的个体差异，可能存在不同的古人种类型。我们进一步将卧虎湾年代明确的 3 件男性个体与现代亚洲蒙古人种各亚型[7]进行比较（表 10）。

表 10　卧虎湾组与现代亚洲蒙古人种各类型的比较（男性）

长度：毫米；角度：度；指数：%

马丁号	项目（单位）	卧虎湾组（例数）		北亚类型[7]	东北亚类型[7]	东亚类型[7]	南亚类型[7]
		春秋—战国	西汉				
1	颅长	176.30（1）	172.00（1）	174.90 ～ 192.70	180.70 ～ 192.40	170.50 ～ 182.20	169.90 ～ 181.30
8	颅宽	152.00（1）	132.00（1）	144.40 ～ 151.50	134.30 ～ 142.60	137.60 ～ 143.90	137.90 ～ 143.90
8：1	颅指数	86.22（1）	76.74（1）	75.40 ～ 85.90	69.80 ～ 79.00	76.90 ～ 81.50	76.90 ～ 83.30
17	颅高	142.00（1）	128.00（1）	127.10 ～ 132.40	132.90 ～ 141.10	135.30 ～ 140.20	134.40 ～ 137.80
17：1	颅长高指数	80.54（1）	74.42（1）	67.40 ～ 73.50	72.60 ～ 75.20	74.30 ～ 80.10	76.50 ～ 79.50
17：8	颅宽高指数	93.42（1）	96.97（1）	85.20 ～ 91.70	93.30 ～ 102.80	94.40 ～ 100.30	95.00 ～ 101.30
9	最小额宽	94.51（1）	94.23（2）	90.60 ～ 95.80	94.20 ～ 96.60	89.00 ～ 93.70	89.70 ～ 95.40
32	额侧角	82.80（1）	85.80（1）	77.30 ～ 85.10	77.00 ～ 79.00	83.30 ～ 86.90	84.20 ～ 87.00

续表

马丁号	项目（单位）	卧虎湾组（例数）		北亚类型[7]	东北亚类型[7]	东亚类型[7]	南亚类型[7]
		春秋—战国	西汉				
48	上面高	–	72.53（1）	72.10 ~ 77.60	74.00 ~ 79.40	70.20 ~ 76.60	66.10 ~ 71.50
48：17	垂直颅面指数	–	56.66（1）	55.80 ~ 59.20	53.00 ~ 58.00	52.00 ~ 54.90	48.00 ~ 52.50
77	鼻颧角	–	158.44（1）	147.00 ~ 151.40	149.00 ~ 152.0	145.00 ~ 146.60	142.10 ~ 146.00
72	总面角	–	84.00（1）	85.30 ~ 88.10	80.50 ~ 86.30	80.60 ~ 86.50	81.10 ~ 84.20
52：51	眶指数	–	81.52（1）	79.30 ~ 85.70	81.40 ~ 84.90	80.70 ~ 85.00	78.20 ~ 81.00
54：44	鼻指数	–	56.24（1）	45.00 ~ 50.70	42.60 ~ 47.60	45.20 ~ 50.20	50.30 ~ 55.50
SS：SC	鼻根指数	21.69（1）	48.97（1）	26.90 ~ 38.50	34.70 ~ 42.50	31.00 ~ 35.00	26.10 ~ 36.10

卧虎湾春秋—战国个体有9项指标可以进行比较，其中颅长、最小额宽和额侧角3项落入北亚类型范围之内，颅宽和颅指数2项接近北亚类型的上限。颅宽高指数和最小额宽2项落入东北亚类型范围。颅长1项落入东亚类型范围，颅长高指数最接近东亚类型上限。颅长、最小额宽2项落入南亚类型范围。总体来说，卧虎湾春秋—战国时期个体与北亚类型有最多的相似性。

卧虎湾西汉时期个体有15项指标可以进行比较，其中颅指数、颅高、最小额宽、上面高、垂直颅面指数、眶指数6项落入北亚类型变异范围。颅指数、颅长高指数、颅宽高指数、最小额宽、垂直颅面指数、总面角、眶指数7项落入东北亚类型范围，鼻颧角和鼻根指数最接近东北亚类型范围上限。颅长、颅长高指数、颅宽高指数、最小额宽、垂直颅面指数、总面角、眶指数7项落入东亚类型范围，且颅宽和颅指数2项也接近东亚类型的范围下限。颅长、颅宽高指数、最小额宽、额侧角、总面角5项落入南亚类型变异范围，鼻指数最接近南亚类型范围上限。总体看来，卧虎湾西汉时期男性个体似乎表现出不同古人种类型混合的特征，最接近现代亚洲蒙古人种东亚类型和东北亚类型。

4. 与相关古代居民的关系

（1）卧虎湾墓地春秋—战国时期居民与先秦时期各古代组的比较

通过颅面形态观察和种系分析得知，卧虎湾居民与现代亚洲蒙古人种最为接近，但男性居民存在明显的个体差异，战国秦汉时期男性个体与现代亚洲蒙古人种北亚类型有更多的相似性，西汉时期男性个体则更偏向于东亚类型和东北亚类型。因此我们按照不同的年代，对卧虎湾古代居民的种系特征进行进一步分析。为了解春秋—战国时期卧虎湾居民与周边古代人群的亲缘关系，按性别分别选取典型的史前时期、青铜—早期铁器时代各组与卧虎湾组进行比较。

男性对比组选择庙子沟组[12]、姜家梁组[13]、柳湾合并组[14]、仰韶合并组[15]、庙底沟组[16]、河宕组[17]、甑皮岩组[18]、后套木嘎一期组[19]、宁夏彭堡组[20]、内蒙古大甸子三组[10]、内蒙古毛饮合并组A和B组[21]、陕西凤翔孙家南头组[22]、山西忻州游邀夏代组[23]、陕西临潼零口组[24]、山西侯马上马组[25]、山西曲沃县天马-曲村周代组[9]、河北宣化白庙Ⅰ组和Ⅱ组[26]、山西浮山桥北组[27]、山西乡宁内阳垣组[27]、河南安阳殷墟中小墓Ⅱ组、Ⅲ组[7]。选取颅长、颅宽、颅高、眶高、鼻高、颅指数、颅长高指数、颅宽高指数等8项指标进行比较（表11），进行欧氏距离分析，并生成聚类图（图2）

表 11 卧虎湾春秋—战国组与各古代组对比（男性）

长度：毫米；角度：度；指数：%

组别 \ 项目	颅长	颅宽	颅高	眶高	鼻高	颅指数	颅长高指数	颅宽高指数
卧虎湾春秋—战国组	176.30	152	142	33.5	55.79	86.22	80.54	93.42
庙子沟组 [12]	177.63	137.03	140.93	32.93	52.63	77.22	79.57	102.95
姜家梁组 [13]	178.27	134.2	138.1	33.39	55.58	75.76	78.74	102.83
柳湾合并组 [14]	185.93	136.4	139.38	34.27	55.77	73.92	74.74	101
仰韶合并组 [15]	180.7	142.56	142.53	33.48	53.36	79.1	78.62	99.41
庙底沟组 [16]	179.4	143.8	143.2	32.42	53.99	80.3	77.6	99.5
河宕组 [17]	181.4	132.5	142.5	33	51.9	73.1	78.4	106.2
甑皮岩组 [18]	193.3	143.2	140.9	34.4	53.1	73.2	70.5	97.9
后套木嘎一期组 [19]	183.7	135.3	138.3	36.74	61.4	73.65	75.29	102.22
彭堡组 [20]	182.2	146.8	131.9	33.8	58.6	81.1	72.4	89.7
大甸子三组 [10]	174.59	145.38	141.36	33.29	53.15	83.27	80.97	97.23
毛饮合并组 A 组 [21]	182.04	142.02	136.88	33.88	55.1	78.1	75.54	96.63
毛饮合并组 B 组 [21]	182.2	139.76	142.72	33.7	54.7	76.79	78.38	101.57
孙家南头组 [22]	181.6	142	139.2	33.88	53.75	78.36	76.74	98.06
游邀组 [23]	183.65	140.65	142.13	34.08	44.42	76.73	77.15	101.02
零口组 [24]	180.8	142.8	139.25	34.5	55.77	79.66	76.06	95.31
上马组 [25]	181.62	143.41	141.11	33.57	54.41	78.55	77.69	98.62
天马—曲村组 [9]	183.26	141.56	141.3	34.21	53.99	77.3	77.18	99.68
白庙Ⅰ组 [26]	185.38	139.88	146.5	33.13	54.63	75.32	79.09	104.83
白庙Ⅱ组 [26]	181.13	149.25	140	33.15	54.5	82.54	77.31	93.84
浮山桥北组 [27]	184	139.14	145.53	35.25	54.82	75.65	78.84	101.53
乡宁内阳垣组 [27]	181.64	142.71	139.68	33.44	53.44	78.58	76.89	97.95
殷墟中小墓Ⅱ组 [7]	184.03	140.13	140.32	33.55	53.38	76.5	76.09	99.35
殷墟中小墓Ⅲ组 [7]	187.18	142.67	134.83	33.52	56.52	76.27	72.08	94.53

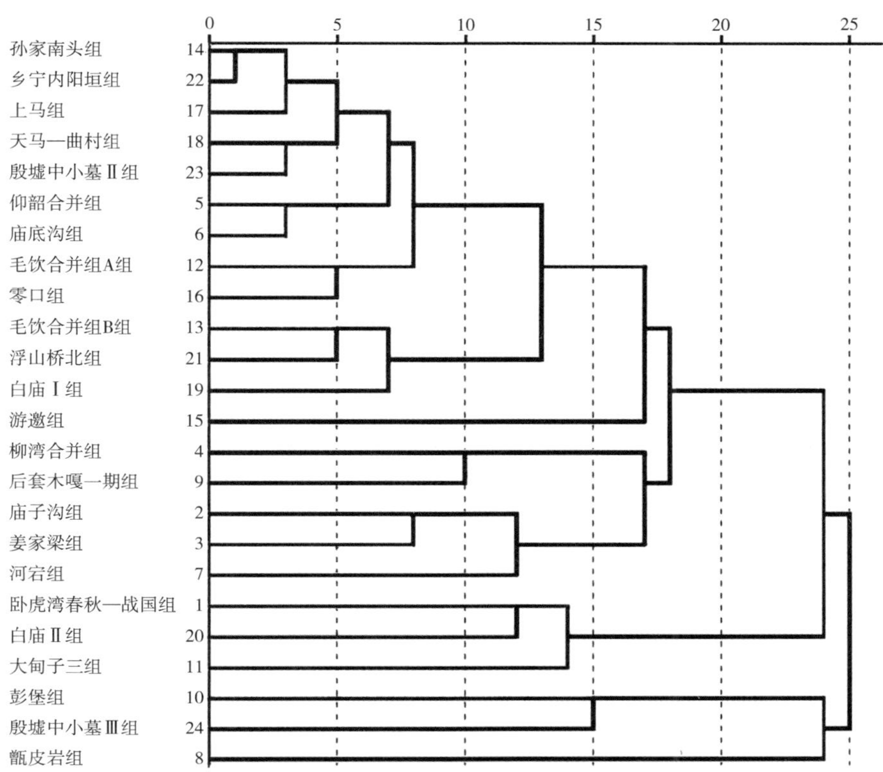

图 2 卧虎湾春秋—战国男性组与先秦时期各组 Dij 值聚类图

卧虎湾春秋—战国组为 M420 个体，由于保存情况所限，对比项目以脑颅为主，面部有眶高和鼻高两项测量指标。由聚类图可见，卧虎湾春秋—战国时期男性组与白庙Ⅱ组、大甸子三组关系最为密切，聚为一类。卧虎湾春秋—战国男性个体具有特圆颅型、高颅型和偏阔的中颅型，与亚洲蒙古人种的北亚类型较为相似。白庙Ⅱ组具有圆颅、高颅和中颅型，形态上最接近北亚蒙古人种，其次为东亚蒙古人种，研究认为白庙Ⅱ组可能是狄人的一支 [26]。大甸子三组也兼具蒙古人种东亚类型和北亚类型因素，可能与长城地带前期居民相关联。聚类结果表明卧虎湾 M420 个体与农牧交错地带的北方民族关系密切。

同时，卧虎湾春秋—战国时期个体与代表晋地吕梁山一带戎狄人群的山西浮山桥北组和山西乡宁内阳垣组表现出明显的差异。浮山桥北组和乡宁内阳垣组居民颅型主要为中颅型、高颅型和狭颅型，偏向于古华北人群 [27]，卧虎湾个体颅骨则明显更短、更阔。由于春秋—战国时期可测量个体仅有 1 件，且面部数据不多，不能排除个体差异，但也可能从体质特征方面表明戎狄人群来源和构成的复杂性，卧虎湾居民与白庙组所代表的狄人以及山西地区的戎狄可能有不同来源。

卧虎湾墓地春秋—战国时期可进行测量性状研究的女性个体有 4 件。女性对比组选取宁夏固原彭堡组 [20]、内蒙古板城 A 组和 B 组 [21]、甘肃夏代东灰山组 [28]、内蒙古毛饮合并组 A 组和 B 组 [21]、甘肃三角城组 [29]、陕西临潼零口组 [24]、吉林关马山组 [30]、山西曲沃县天马—曲村周代组 [9]、甘肃酒泉干骨崖组 [31]、山西浮山桥北组 [27]、山西乡宁内阳垣组 [27]、内蒙古大甸子三组 [10]。选取颅长、颅宽、颅高、颧宽、最小额宽、眶宽、眶高、鼻宽、鼻高、上面高、面角、颅指数、颅长高指数、颅宽高指数、上面指数、垂直颅面指数、眶指数 R、鼻指数、额宽指数等 19 项指标进行比较（表 12）并生成聚类图（图 3）

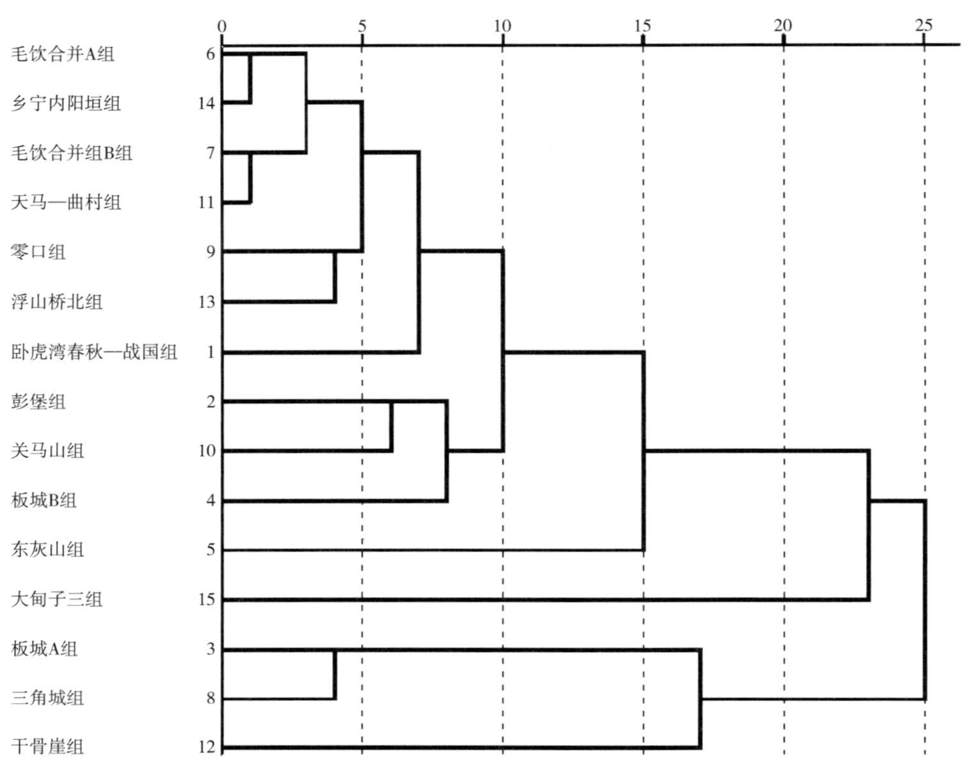

图 3 卧虎湾春秋—战国女性组与先秦时期个组 Dij 值聚类图

通过聚类分析图可见，卧虎湾春秋—战国女性组与零口组、浮山桥北组、毛饮合并 A 组、乡宁内阳垣组、毛饮合并 B 组、曲村组聚为一类，这一类人群主要分布在晋陕地区。卧虎湾春秋战国时期女性的颅型表现为中颅型、高颅型伴以狭颅型，具有狭上面型、低眶型、阔鼻型等面部形态特征。山西地区的浮山桥北组、曲村组、乡宁内阳垣组与卧虎湾春秋战国时期女性最为相似，皆拥有中颅型、高颅型、狭颅型以及中狭上面型、阔鼻型，但眼眶部较卧虎湾高。与陕西零口组、内蒙古毛饮合并 B 组相比，卧虎湾组具有更狭的上面、更低的眶部及更阔的鼻部。与毛饮合并 A 组的颅型亦不相同。卧虎湾春秋战国时期女性组主要表现为古中原类型的形态特征，与关中东部—晋中南地区人群更为相近，与西北地区的彭堡组、三角城组、东灰山组、干骨崖组，内蒙古地区的板城 A 组、B 组，东北地区的关马山组距离较远。但是其较狭的上面型可能受到古西北类型或古华北类型人群的影响。

表 12　卧虎湾春秋—战国组与先秦时期各古代组对比（女性）

长度：毫米；角度：度；指数：%

组别 项目	卧虎湾春秋—战国组	彭堡组[20]	板城A组[21]	板城B组[21]	东灰山组[28]	毛饮合并A组[21]	毛饮合并B组[21]	三角城组[28]	零口组[24]	关马山组[30]	天马—曲村组[9]	干骨崖组[31]	浮山桥北组[27]	乡宁内阳垣组[27]	大甸子三组[10]
颅长	168.55	177.50	174.71	178.00	164.00	172.51	173.90	171.90	174.50	172.19	173.97	175.40	176.95	174.99	162.77
颅宽	133.10	140.60	141.70	135.25	135.20	137.60	134.70	136.50	136.65	138.61	134.19	136.00	136.38	137.42	146.34
颅高	134.75	130.60	122.28	134.25	131.58	132.00	137.96	123.40	136.50	134.10	135.95	126.20	134.38	135.49	136.11
颧宽	127.00	134.00	129.00	129.25	120.00	127.10	128.10	127.80	127.08	133.95	127.50	126.10	128.35	125.88	132.25
最小额宽	93.62	90.70	87.71	87.80	89.63	89.23	88.62	87.60	94.80	92.06	89.89	88.10	94.73	88.89	90.7
眶宽	43.40	43.20	41.20	43.50	42.00	41.83	41.82	41.00	38.75	45.50	42.31	38.70	42.17	40.60	42.48
眶高	33.70	33.10	32.20	33.55	32.40	33.80	33.97	32.80	32.15	33.83	32.71	33.80	33.23	33.67	33.63
鼻宽	26.39	26.50	26.40	29.00	27.00	25.89	26.91	24.90	25.10	27.83	26.03	26.00	26.18	26.43	27.17
鼻高	48.54	50.00	52.00	52.45	50.00	50.86	51.99	52.30	49.85	52.83	48.75	51.10	50.05	50.66	50.07
上面高	67.11	67.50	71.38	72.00	69.80	69.51	69.24	70.80	66.20	71.85	67.70	66.90	66.80	68.24	70.16
面角	85.30	85.70	85.50	85.00	83.00	84.67	87.19	87.60	85.75	87.00	83.27	83.30	83.50	81.29	86.72
颅指数	78.25	79.80	81.16	75.98	82.44	80.01	77.48	79.40	78.16	80.50	77.15	77.70	77.08	78.67	91.11
颅长高指数	79.97	74.09	70.03	75.43	80.23	76.52	79.32	71.80	79.13	78.06	78.34	72.80	75.99	77.54	83.86
颅宽高指数	99.17	93.01	86.28	99.27	97.32	96.00	102.50	90.50	102.79	97.41	101.47	74.00	98.59	99.16	93.68
上面指数	55.89	50.90	55.65	55.57	58.14	54.75	54.19	55.50	52.09	53.89	52.78	56.90	54.91	54.36	53.26
垂直颅面指数	47.96	51.79	58.37	53.63	53.05	52.66	50.19	55.30	47.03	53.06	49.83	57.50	50.14	50.08	50.84
眶指数 R	82.21	76.65	78.25	77.15	77.14	80.41	81.33	79.90	82.98	74.40	77.38	87.40	78.76	82.03	79.12
鼻指数	51.88	52.98	50.94	55.28	54.00	50.97	51.93	47.50	50.43	52.76	53.53	49.70	52.36	52.19	54.56
额宽指数	72.44	64.64	61.87	64.93	66.43	64.83	65.76	64.20	69.36	66.14	67.34	64.78	69.45	64.08	62.01

（2）卧虎湾西汉时期居民与其他汉代各组的比较

通过卧虎湾居民与现代亚洲蒙古人种各类型的比较，已经了解到卧虎湾春秋—战国时期男性居民与西汉时期男性居民在颅面形态上存在差异。为进一步明确卧虎湾人群体质特征在时代上的变化，以及卧虎湾人群与汉代其他地区古代人群的关系，按照性别分别选择具有代表性的古代组进行对比分析。

卧虎湾墓地西汉时期可观察测量的男性颅骨有 2 例，男性对比组包括内蒙古三道湾组[32]、内蒙古南杨家营子组[22]、内蒙古姑姑庵组[33]、内蒙古完工组[34]、新疆营盘组[35]、新疆黑沟梁 A 组和 B 组[36]、青海大通匈奴组[37]、陕西良辅组[38]、西屯汉代组[39]、郑州汉代组[40]、中卫常乐组[41]、楼兰城郊组[42]。选取颅长、颅宽、颅高、最小额宽、眶宽、眶高、鼻宽、鼻高、上面高、面角、颅指数、颅长高指数、颅宽高指数、垂直颅面指数、眶指数、鼻指数等 15 项指标（表 13），进行欧氏距离计算并生成聚类图（图 4）。

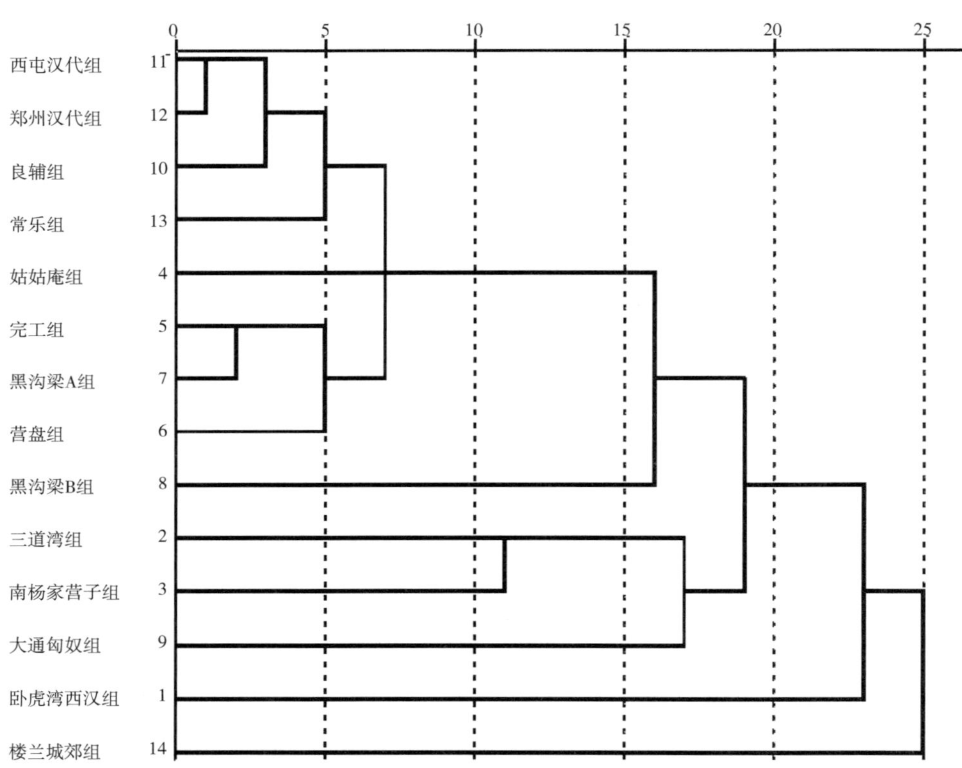

图 4　卧虎湾西汉组与其他汉代组 Dij 值聚类图（男性）

由图 4 可以观察到，卧虎湾西汉组与其他各对比组的聚类都很远，可能与其颅长、颅宽、颅高都远远小于其他各组有关。为了进一步了解卧虎湾西汉男性组与各古代组的关系。采用平均数组间差异均方根值及欧氏距离系数来进行比较。

组间差异均方根的计算公式为：$R=\sqrt{\dfrac{1}{n}\sum_{k=1}^{n}\dfrac{\left(X_{ik}-X_{jk}\right)^{2}}{ä^{2}}}$

表 13 卧虎湾西汉组与汉代各组对比（男性）

长度：毫米；角度：度；指数：%

组别 项目	颅长	颅宽	颅高	最小额宽	眶宽	眶高	鼻宽	鼻高	上面高	面角	颅指数	颅长高指数	颅宽高指数	垂直颅面指数	眶指数	鼻指数
卧虎湾西汉组	172.00	132.00	128.00	94.23	42.42	34.58	28.86	51.32	75.25	84.00	76.74	74.42	96.97	56.66	81.52	56.24
三道湾组 [32]	181.69	148.51	130.65	93.36	43.24	34.20	27.43	56.38	78.91	87.50	81.88	72.00	88.02	60.60	78.22	48.86
南杨家营子组 [22]	179.63	140.60	139.00	90.00	41.38	34.07	27.00	57.50	76.75	91.17	79.90	70.20	87.06	60.72	81.34	47.16
姑姑庵组 [33]	177.10	138.40	139.60	91.80	42.10	33.30	25.70	54.20	72.30	86.50	78.20	78.80	100.90	54.40	79.10	47.50
完工组 [34]	184.25	140.60	139.00	91.00	43.25	33.75	26.75	59.00	77.50	88.00	76.44	75.54	98.94	55.75	78.01	45.41
营盘组 [35]	183.60	140.80	140.90	95.20	42.60	34.70	24.80	55.10	77.20	87.20	77.30	77.30	100.20	55.20	81.30	45.30
黑沟梁 A 组 [36]	184.17	138.17	136.37	90.83	44.10	33.40	25.27	55.77	74.37	86.33	75.06	74.03	98.83	54.61	75.71	45.39
黑沟梁 B 组 [36]	183.27	137.29	130.96	92.67	43.84	31.81	25.47	50.69	66.67	88.29	74.96	71.53	95.45	51.02	72.59	50.34
大通匈奴组 [37]	188.00	149.00	137.50	97.00	46.00	40.00	29.00	58.50	76.00	87.00	79.26	73.14	92.28	55.28	86.96	49.57
良辅组 [38]	184.93	141.23	137.58	93.23	45.53	35.26	26.14	52.65	74.67	84.75	77.31	76.93	97.54	50.30	77.44	50.30
西屯汉代组 [39]	181.79	140.28	139.78	93.93	44.30	35.20	27.23	54.58	74.10	82.03	77.24	76.88	99.60	53.29	79.34	49.86
郑州汉代组 [40]	179.90	141.20	138.50	93.46	44.32	35.79	27.33	54.76	75.40	85.75	79.22	76.59	97.41	55.56	80.95	49.96
常乐组 [41]	181.78	142.18	137.68	93.61	43.49	35.38	27.36	54.57	73.95	84.88	78.34	75.85	90.74	51.81	81.48	50.16
楼兰城郊组 [42]	193.80	138.00	145.30	94.50	41.70	35.00	25.50	56.20	79.70	92.50	71.10	74.90	105.40	55.00	83.80	45.20

欧氏距离系数计算公式为：$Dij=\sqrt{\sum_{k=1}^{m}\left(X_{ik}-X_{jk}\right)^2}$

得到卧虎湾西汉组与其他古代对比组的组间差异均方根和欧氏距离系数（表 14）。由表可知，卧虎湾西汉组距离郑州汉代组最近，其次为姑姑庵组和西屯汉代组，这三组人群的主体特征均属于古中原类型。与具有北亚游牧民族血统的黑沟梁 B 组、A 组距离稍远，与代表古蒙古高原类型的大通匈奴组、三道湾等组距离很远，与欧洲人种地中海类型的楼兰城郊组距离最远。郑州汉代组具有中颅型、高颅型结合中颅型，中等偏大的鼻颧角，但偏阔的中鼻型，偏大的垂直颅面指数、中眶型等特点可能也混入了西北羌系和北方游牧民族的血液。卧虎湾西汉组具有中颅型、偏高的正颅型和中颅型，非常阔的鼻型，这些都是古中原类型的典型特征，但眶型和垂直颅面指数与郑州汉代在非常接近，不排除同样受到北方和西北人群的影响。

与春秋—战国时期相比，卧虎湾西汉时期男性居民的颅面形态发生了变化，由古蒙古高原类型为主体特征，转变为古中原类型为主，同时可能包含北方游牧人群和西北地区人群的因素。

卧虎湾可观察测量的西汉时期女性颅骨有 2 例，进行对比分析的古代女性组包括:内蒙古三道湾组 [32]、内蒙古南杨家营子组 [22]、内蒙古姑姑庵组 [33]、北京老山汉墓组 [43]、青海大通匈奴组 [37]、陕西良辅组 [38]、郑州汉代组 [40]、大槽子组 [44]、中卫常乐组 [41]、楼兰城郊组 [42]。同时，经种系纯度检验的分析，卧虎湾女性变异较小，为了更好地验证卧虎湾女性春秋战国至西汉时期的延续性，对比组增加卧虎湾春秋—战国组。对比项目选择颅长、颅宽、颅高、最小额宽、眶宽、眶高、鼻宽、上面高、颅指数、颅长高指数、颅宽高指数、眶指数、额宽指数等 13 项指标，对比数据见表 15，聚类图见图 5。

表 14　卧虎湾西汉组与其他对比组之间的组差均方根及欧氏距离系数（男性）

	三道湾组	南杨家营子组	姑姑庵组	完工组	营盘组	黑沟梁 A 组	黑沟梁 B 组
组差均方根	1.504	1.535	1.202	1.453	1.429	1.353	1.295
Dij 值	25.704	25.638	25.897	26.093	30.395	24.391	25.945
	大通匈奴组	良辅组	西屯汉代组	郑州汉代组	常乐组	楼兰城郊组	
组差均方根	1.823	1.207	1.103	1.075	1.106	1.947	
Dij 值	32.569	26.810	24.080	24.500	25.161	40.584	

聚类图可见，卧虎湾西汉组与姑姑庵组、常乐组、郑州汉代组、老山汉墓组、良辅组、卧虎湾春秋—战国组、大槽子组聚为一类。常乐组等汉代对比组主要表现为古中原类型的颅面特征。卧虎湾西汉时期女性居民具有中颅型、高颅型结合狭颅型，中眶型、鼻宽较大，整体符合古中原类型特点。欧式距离系数和组间差异均方根也表明卧虎湾西汉组与宁夏中卫常乐组、郑州汉代组最为接近（表

16）。从目前保存的人骨标本来看，自春秋—战国时期至西汉时期，卧虎湾女性居民的体质特征保持了相似性和延续性。

大通匈奴组与南杨家营子组都以古蒙古高原类型为主，但兼具亚洲蒙古人种东亚类型的因素，因此两者在首先聚为一类，在稍远的刻度内与卧虎湾西汉组等各组聚在一起。三道湾组为古蒙古高原类型，楼兰城郊组数据属于一例欧洲人种地中海类型个体，因此与其他各组的距离均较远。

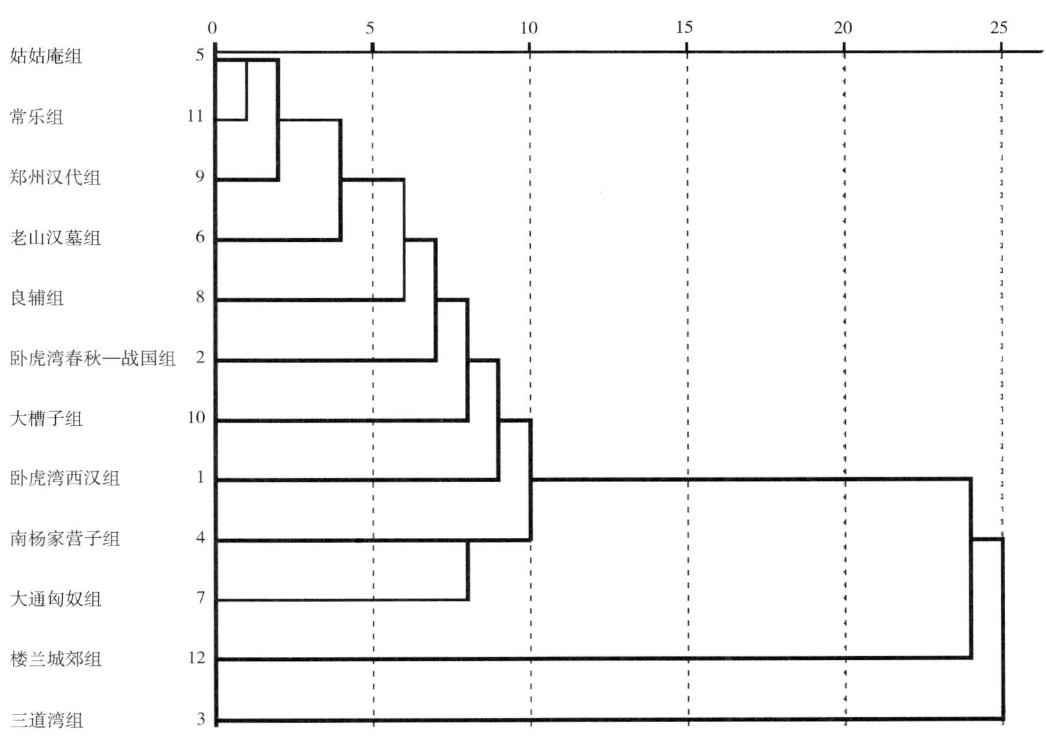

图 5　卧虎湾西汉组与其他汉代组 Dij 值聚类图（女性）

表 15 卧虎湾西汉组与汉代各组对比（女性）

长度：毫米；角度：度；指数：%

项目＼组别	卧虎湾西汉组	卧虎湾春秋—战国组	三道湾组 [32]	南杨家营子组 [22]	姑姑庵组 [33]	老山汉墓组 [43]
颅长	166.20	168.55	179.25	175.00	172.00	178.00
颅宽	132.00	133.10	148.85	136.70	138.30	138.00
颅高	130.30	134.75	120.00	128.00	133.40	131.00
最小额宽	85.70	93.62	88.25	82.75	92.80	94.00
眶宽	39.22	43.40	45.00	39.75	40.40	42.00
眶高	31.82	33.70	35.35	34.10	33.00	34.00
鼻宽	27.20	26.39	27.10	25.50	25.60	24.00
上面高	72.08	67.11	72.15	68.00	66.90	69.00
颅指数	79.42	78.25	83.05	78.73	80.40	77.53
颅长高指数	78.40	79.97	66.48	77.58	77.60	73.60
颅宽高指数	98.71	99.17	80.79	94.82	96.60	94.92
眶指数	81.13	82.21	78.61	85.80	81.70	81.00
额宽指数	64.92	72.44	59.30	60.58	67.50	68.14

表 16 卧虎湾西汉组与其他对比组之间的组差均方根及欧氏距离系数（女性）

卧虎湾西汉组	卧虎湾春秋—战国组	三道湾组	南杨家营子组	姑姑庵组	老山汉墓组
组差均方根	1.083	2.461	0.878	0.907	1.350
Dij 值	14.049	33.571	13.981	13.363	18.116

大通匈奴组 [37]	良辅组 [38]	郑州汉代组 [40]	大槽子组 [44]	常乐组 [41]	楼兰城郊组 [42]
176.00	172.49	174.44	173.12	173.58	191.00
140.75	137.60	138.08	134.86	136.23	133.00
135.10	135.62	133.94	128.32	132.15	128.50
88.25	90.55	90.09	92.35	89.59	100.80
43.75	41.55	43.15	41.22	41.40	40.00
38.50	31.77	34.03	35.11	33.75	33.20
24.50	25.78	26.86	25.10	27.34	24.10
71.60	65.16	72.14	76.04	67.51	69.00
79.97	80.44	78.65	77.90	78.54	69.60
76.76	75.94	76.57	74.15	76.18	67.30
96.07	97.90	98.03	95.20	97.10	96.60
87.82	72.80	79.23	85.23	81.57	83.00
62.79	66.81	65.50	68.35	65.78	75.80

大通匈奴组	良辅组	郑州汉代组	大槽子组	常乐组	楼兰城郊组
1.629	1.075	1.034	1.122	0.829	2.333
18.277	16.087	12.891	14.156	11.381	34.855

四 肢骨测量及身高分析

1. 肢骨测量结果统计

肢骨测量使用邵象清《人体测量手册》[2] 中介绍的方法。分别统计男性个体和女性个体各测量项及相应指数的均值和标准差。由于肢骨保存较差，且部分个体年代不详，本文暂未分时代讨论。

（1）肱骨

肱骨各测量项及相应指数值见表 17。肱骨粗壮指数反映了肱骨整体的粗壮程度和肌肉的发达程度。卧虎湾人群男性个体肱骨粗壮指数的均值为 21.68［（左侧均值 + 右侧均值）/2，下同］，女性均值为 20.57（仅有右侧），男性较女性粗壮。男性肱骨粗壮指数显示左侧比右侧更粗壮，但实际测量结果中，只有一件男性个体的双侧肱骨粗壮指数都存在，且显示左侧偏大，其余均值只有单侧数据，整体数据偏少，不一定能反映该人群真实的上肢偏侧性。

表 17 卧虎湾墓地肱骨测量结果统计

项目	侧别	男性			女性		
		N	X	S	N	X	S
最大长	L	3	311.03	13.80	0	–	–
	R	4	326.50	14.50	2	297.50	9.19
全长	L	3	303.97	14.94	0	–	–
	R	4	319.50	12.26	2	294.50	10.61
中部最大径	L	7	23.68	1.74	1	21.01	–
	R	8	24.24	2.13	5	21.50	2.91
中部最小径	L	7	19.26	1.94	1	14.35	–
	R	8	18.88	1.43	5	17.50	3.26
体中部横径	L	7	22.36	1.84	1	20.69	–
	R	8	23.15	2.15	5	22.03	1.25
体中部矢径	L	7	22.07	1.67	1	18.83	–
	R	8	22.50	1.46	6	20.62	1.70
下端宽	L	4	63.02	5.49	2	56.34	3.22
	R	4	65.27	4.65	5	56.52	4.21
头纵径	L	3	44.16	3.87	0	–	–
	R	4	47.40	2.81	2	40.46	1.94

续表

项目	侧别	男性			女性		
		N	X	S	N	X	S
头横径	L	3	42.27	0.63	0	–	–
	R	3	42.30	1.70	1	37.15	–
体最小周长	L	8	67.48	3.91	5	57.30	3.99
	R	8	67.64	4.15	9	60.33	4.07
头周长	L	2	130.65	0.49	0	–	–
	R	2	138.40	8.63	1	120.10	–
髁干角	L	7	83.49	2.70	2	84.50	0.71
	R	7	80.97	3.16	5	83.80	4.18
肱骨粗壮指数	L	3	22.03	1.93	0	–	–
	R	4	21.33	1.31	2	20.57	1.38
肱骨干横断面指数	L	7	81.35	5.44	1	68.30	–
	R	8	78.20	6.39	5	70.87	3.29

注：N 表示可测量的肢骨数；X 表示均值，单位：mm；S 表示标准差，下同

（2）股骨

股骨各测量项及相应指数值见表 18。股骨粗壮指数体现了股骨整体的发育水平，反映了股骨的粗壮程度。卧虎湾男性居民股骨粗壮指数的均值为 12.92，女性的均值为 13.73，但女性两侧都只有一个数据。男性的 6 对数据属于 6 个双侧均可测量的个体，左侧偏大和右侧偏大的各三件。女性左右侧数据不属于同一个体，无法判断其偏侧性。股骨扁平指数反映的是骨干上部的发育程度，卧虎湾男性股骨扁平指数的均值为 81.98，女性均值为 79.26，都落入扁型（75.0 ～ 84.9）的变化范围内，且女性较男性更为扁平。男性左侧扁平指数大于右侧，而女性则为右侧扁平指数大于左侧。股骨嵴指数，即股骨干中部横断面指数，体现了股骨骨干中部的发育状况，卧虎湾男性股骨嵴指数的均值为 104.74，女性的均值为 100.73，男性较女性更为发达。男女两性的股骨嵴指数均为右侧大于左侧。

表 18　卧虎湾人群股骨测量结果统计

测量项	侧别	男			女		
		N	X	S	N	X	S
最大长	L	6	450.22	22.16	1	417.00	–
	R	6	450.75	20.20	1	381.00	–

续表

测量项	侧别	男			女		
		N	X	S	N	X	S
全长	L	7	446.58	21.94	1	411.00	–
	R	6	445.63	20.57	1	376.60	–
体上部矢径	L	10	27.03	1.65	6	23.81	1.59
	R	10	26.19	1.91	8	25.47	2.10
体上部横径	L	10	32.68	2.29	6	32.50	2.00
	R	10	32.50	2.63	8	30.20	2.84
体中部矢径	L	9	29.54	2.02	6	27.67	2.45
	R	9	29.94	2.21	8	27.28	2.03
体中部横径	L	9	28.88	1.99	6	27.94	2.74
	R	9	28.03	2.06	8	26.88	2.22
体中部周长	L	9	91.96	4.93	6	87.25	8.33
	R	8	91.70	5.38	8	84.83	5.84
体下部矢径	L	7	30.97	1.83	3	30.76	5.14
	R	8	32.17	2.38	1	30.31	–
体下部横径	L	7	40.59	4.38	3	42.32	2.53
	R	8	40.70	3.81	1	38.94	–
颈垂直径	L	10	36.53	3.31	4	32.49	1.23
	R	7	34.88	3.02	5	31.99	0.84
颈矢径	L	9	27.83	2.69	5	25.05	2.79
	R	7	26.82	3.05	6	24.30	1.91
头最大径	L	8	48.07	2.10	4	43.77	1.70
	R	7	48.49	2.22	6	43.61	1.25
头周长	L	3	149.17	8.52	1	138.20	–
	R	6	150.75	7.27	2	136.00	1.41
上髁宽	L	3	81.85	3.92	0	–	–
	R	2	80.78	3.41	1	69.96	–

续表

测量项	侧别	男			女		
		N	X	S	N	X	S
外侧髁长	L	1	64.59	–	2	56.87	0.08
	R	3	60.95	3.66	1	51.08	–
内侧髁长	L	4	61.53	2.53	0	–	–
	R	1	63.88	–	0	–	–
颈干角	L	7	121.79	2.00	4	122.63	3.40
	R	7	122.51	3.67	3	122.33	4.04
股骨长厚指数	L	6	20.35	1.32	1	20.44	–
	R	6	20.63	1.54	1	22.70	–
股骨粗壮指数	L	6	12.90	1.00	1	13.12	–
	R	6	12.93	1.14	1	14.34	–
扁平指数	L	10	82.95	5.84	6	73.40	5.25
	R	10	81.00	8.24	8	85.12	11.87
股骨嵴指数	L	9	102.59	8.45	6	99.55	9.69
	R	9	106.89	3.78	8	101.91	8.63

（3）胫骨

胫骨各测量项及相应指数值见表19。胫骨指数反映了胫骨上部的扁平程度，卧虎湾男性胫骨指数的均值70.79，女性均值为74.15，都落入宽胫型的变化范围内（70.0～X），男性较女性更扁平。男性均值为右侧大于左侧，女性均值为左侧大于右侧，其中男性左侧均值处于中胫和宽胫的临界处，其余均值都在宽胫范围内。

表19　卧虎湾人群胫骨测量结果统计

测量项	侧别	男性			女性		
		N	X	S	N	X	S
最大长	L	4	377.88	18.69	1	318.00	–
	R	3	378.47	20.55	1	–	–
全长	L	4	368.75	20.93	1	313.00	–
	R	3	375.13	20.72	1	314.00	–

续表

测量项	侧别	男性			女性		
		N	X	S	N	X	S
体中部横径	L	7	21.65	1.51	5	20.71	1.61
	R	8	22.44	1.56	5	21.87	1.30
体中部最大径	L	7	31.68	2.15	5	29.17	2.48
	R	8	31.86	2.57	5	28.54	2.78
下段矢径	L	4	38.90	1.34	2	31.15	8.54
	R	4	37.36	2.40	3	32.21	6.17
下段宽	L	3	47.78	1.70	3	42.15	1.45
	R	5	47.08	2.07	3	41.64	2.41
滋养孔处矢径	L	9	36.21	2.49	6	31.93	3.87
	R	9	35.71	2.96	6	32.79	3.60
滋养孔处横径	L	9	25.32	2.51	5	22.97	1.20
	R	9	25.48	2.02	6	23.67	0.88
体最小周长	L	8	77.78	4.49	2	67.75	1.77
	R	7	77.36	3.97	4	72.28	6.03
胫骨指数	L	9	69.98	5.89	5	75.58	7.61
	R	9	71.59	5.78	6	72.72	6.03
胫骨中部横断面指数	L	7	68.56	5.86	5	71.07	2.82
	R	8	70.75	6.29	5	76.88	3.44

为进一步比较卧虎湾人群肢骨发育的相对情况，本文选取了周边区域时代相近的6组古代对比组，包括黄陵寨头河组[45]、西安马腾空组[46]、临潼湾李组[47]、中卫常乐组[41]和林格尔大堡山组[48]以及准格尔旗川掌组[49]，对肱骨、股骨和胫骨的相关指数进行了比较。各对比组的具体情况见表20。对比数据显示卧虎湾男性上肢在对比组中表现出较明显的优势，肱骨粗壮指数和肱骨骨干横断面指数均为7组中最高的。女性的肱骨粗壮指数也较高，仅次于马腾空组，但卧虎湾女性仅有两件数据，可能有一定的偶然性，女性的肱骨骨干横断面指数则明显低于其他各组（表21）。

表 20　卧虎湾组与各对比组的基本情况

组别	年代	位置	生业
卧虎湾组	战国—汉	陕西	-
寨头河组 [45]	战国	陕西	牧业经济
马腾空 [46]	东周	陕西	农业较发达的混合经济
湾李组 [47]	战国	陕西	农业经济
常乐组 [41]	西汉早中—东汉早中	宁夏	戍边屯垦
大堡山组 [48]	战国晚期	内蒙古	农业经济为主
川掌组 [49]	战国—汉	内蒙古	农业经济为主

在下肢各指数中，卧虎湾男性则没有表现出明显的优势，股骨粗壮指数、股骨嵴指数都处于较低的水平，股骨扁平指数中等，胫骨指数处于较高水平，胫骨中部横断面指数处于中等偏下水平。女性各值，除了股骨粗壮指数和胫骨指数偏高，其余多处于中等水平，而股骨粗壮指数由于数据偏少，可能缺乏代表性（表 21）。

总体来看，卧虎湾男性的上肢明显较发达，下肢则相对偏弱，女性上肢偏弱，下肢中等。但由于可观测的数据有限，尤其是女性数据，可能难以反映卧虎湾人群的真实情况，且不便于开展分期比较。肢骨的发育程度可能受遗传因素、生业模式、行为习惯以及外部环境等多种因素的影响。卧虎湾男性上肢发达可能表明，相对于其他古代对比组，该人群男性对上肢的使用频率较高，上肢负担较重，其日常生产活动和行为方式更依赖上肢而非下肢。而女性上下肢的压力则中等甚至较弱。这种男女肢骨发育上的差异或许反映了该人群的性别分工。例如，从事农业生产的群体中，男性通常负担较多的耕作劳动，对上肢的使用频率较高且使用强度大，上肢可能相对更加发达。而女性通常负责纺织等体力劳动较轻的活动，虽然也会频繁地使用上肢，但压力相对较小，相应的肢骨发育程度也处于中等甚至偏下的水平。各对比组中，寨头河戎人可能以牧业经济为主，其男性的肱骨骨干横断面指数在各组中最低，肱骨粗壮指数也仅高于马腾空组。其次，混合经济的马腾空组，男性上肢也偏弱。此外，值得注意的是，常乐组男性上肢较发达可能与其戍边的性质有关，男性需从事一定的军事训练，对上肢的使用频率较高。卧虎湾男性的上肢不仅比畜牧经济和混合经济下的对比组都发达，也超过了其他农业对比组，可见卧虎湾男性的上肢使用强度即使在农业人群中也是偏高的，该人群的男性很可能有着较大的经济生产压力或从事着其他对上肢有着较高使用要求的特殊工作，例如军事训练等并且有着较高的训练或工作压力。

表 21 卧虎湾与各古代对比组的肢骨对比情况

		卧虎湾组	寨头河组 [45]	马腾空组 [46]	临潼湾李组 [45]	常乐组 [41]	大堡山组 [48]	川掌组 [49]
肱骨粗壮指数	男	21.68	20.13	19.57	21.49	21.36	20.79	20.40
	女	20.57	19.06	20.81	19.89	19.97	19.75	19.85
肱骨骨干横断面指数	男	79.78	73.33	75.06	76.38	76.31	77.42	75.39
	女	69.59	73.60	74.01	73.90	73.49	78.25	73.73
股骨粗壮指数	男	12.92	13.47	13.46	13.17	13.09	12.87	13.16
	女	13.73	12.88	12.47	13.11	13.21	12.71	13.11
股骨扁平指数	男	81.98	82.47	80.44	78.62	79.23	86.29	84.59
	女	79.26	74.67	75.38	74.59	77.37	83.60	83.03
股骨嵴指数	男	104.74	115.02	103.80	105.90	108.68	110.08	114.37
	女	100.73	100.76	98.58	96.02	101.02	99.79	103.75
胫骨指数	男	70.79	66.67	65.29	69.23	70.16	89.38	67.99
	女	74.15	70.61	69.43	–	70.88	97.57	69.25
胫骨中部横断面指数	男	69.66	67.65	68.50	73.64	73.02	72.02	–
	女	73.98	69.02	71.95	74.10	73.47	74.88	–

2. 身高推算

通常使用下肢最大长，尤其是股骨最大长，估算身高较为准确。但该批人骨保存情况较差，完整的股骨保存少，因此推算个体身高时使用所有保存完好的肢骨，分别计算，取平均值代表个体身高。男性各肢骨均有可测量最大长的，女性仅双侧股骨、胫骨和右侧肱骨可测最大长。男性个体使用邵象清的中国汉族男性身高推算公式 [2]，女性个体使用张继宗的中国汉族女性身高推算公式 [50]。男性平均身高约为 168.92 厘米，女性平均身高约为 155.90 厘米（表 22、23）。为了解卧虎湾先民身高的相对情况，本文选取了周边地区时代相近的 7 组古代对比组，除了前述的寨头河组、马腾空组、临潼湾李组、常乐组及大堡山组外，还选用了榆次高校先秦墓中的小南庄组和聂店组 [51]（表 24）。为减少不同身高推算公式可能造成的偏差，本文只对比了使用邵象清计算公式的男性数据和使用张继宗计算公式的女性数据。对比数据显示，卧虎湾男性平均身高较高，仅次于马腾空组，卧虎湾女性平均身高在各对比组中偏低，但女性仅有四个个体可以计算身高。由于各对比组在计算身高时使用的肢骨有所不同，对比结果可能仍有一定的偏差。

表 22 卧虎湾男性个体身高推算

长度：毫米

		M70	M96	M117 ：R1	M130	M420	M457	佚号 1	佚号 4
肱骨最大长	L	–	–	1616.05	–	–	1698.71	1645.67	–
	R	–	–	1636.22	1750.16	1683.81	–		1709.11
尺骨最大长	L	–	1717.08	–	–	–	–	–	–
	R	–	–	1642.87	1721.82	1689.37	–	1669.81	–
桡骨最大长	L	–	–	1607.37	–	–	–	1665.03	–
	R	–	1708.17	1629.73	–	–	–	1656.82	–
股骨最大长	L	1717.95	1715.03	1644.77	–	1687.59	1684.21	1600.42	–
	R	1723.77	1712.77	1650.36	–	1683.27	1686.70	1614.58	–
胫骨最大长	L	1681.97	1748.34	–	–	1696.61	1647.42	–	–
	R	1677.05	1746.63	–	–	–	–	1652.08	–
腓骨最大长	L	–	–	–	–	–	–	–	–
	R	–	–	–	–	1689.26	–	–	–
个体平均身高		1700.19	1724.67	1632.48	1735.99	1688.32	1679.26	1643.49	1709.11
男性平均身高						1689.19			

表 23 米脂卧虎湾女性个体身高推算

长度：毫米

	编号	M117 ：R2	M407	M501	佚号 3-1
肱骨最大长	R	–	1577.91	–	1615.29
股骨最大长	L	–	1597.72	–	–
	R	–	–	1507.80	–
胫骨最大长	L	1519.20	–	–	–
	R	1530.72	–	–	–
个体平均身高		1524.96	1587.82	1507.80	1615.29
女性平均身高			1558.97		

表 24 卧虎湾组与其他古代对比组的身高对比

长度：厘米

对比组	男	女	使用肢骨
卧虎湾组	168.92	155.90	全部肢骨
寨头河组 [45]	165.59	157.84	股骨、胫骨
马腾空 [46]	168.97	156.35	股骨
临潼湾李组 [47]	167.90	160.85	全部肢骨
常乐组 *	167.26	158.38	股骨
大堡山组 [48]	167.06	157.01	股骨
榆次高校聂店组 [51]	162.41	154.57	股骨
榆次高校小南庄组 [51]	166.07	165.73	股骨

* 常乐组身高依原文提供的数据重新计算得到 [41]。

五 古病理分析

1. 口腔疾病

卧虎湾人骨中，常见的口腔疾病包括龋齿、根尖脓肿、齿槽吸收及线性牙釉质发育不全（LEH）等，牙齿生前脱落的现象也较为多见（图 6 ）。上述疾病和现象的统计情况见表 25。

表 25 卧虎湾古代居民口腔健康状况统计表

项目		龋齿	根尖脓肿	齿槽吸收	LEH	生前脱落
青年	P	0	1	0	1	0
	N	3	3	3	3	3
	%P	0.00%	33.33%	0.00%	33.33%	0.00%
壮年	P	3	2	4	3	2
	N	8	7	7	8	7
	%P	37.50%	28.57%	57.14%	37.50%	28.57%
中年	P	4	3	5	2	3
	N	11	11	11	11	11
	%P	36.36%	27.27%	45.45%	18.18%	27.27%

续表

项目		龋齿	根尖脓肿	齿槽吸收	LEH	生前脱落
老年	P	2	1	3	0	1
	N	3	3	3	3	3
	%P	66.67%	33.33%	100.00%	0.00%	33.33%
男性	P	3	3	6	2	3
	N	9	9	9	9	9
	%P	33.33%	33.33%	66.67%	22.22%	33.33%
女性	P	5	4	6	4	3
	N	15	15	15	15	15
	%P	33.33%	26.67%	40.00%	26.67%	20.00%
性别不明	P	1	0	0	0	0
	N	1	0	0	1	0
	%P	100%	–	–	0%	–
总计	P	9	7	12	6	6
	N	25	24	24	25	24
	%P	36.00%	29.17%	50.00%	24.00%	25.00%

注：P 表示出现某种疾病或现象的个体数；N 表示可观察的个体数；%P=P/N，代表某种疾病（现象）的患病率（出现率）。

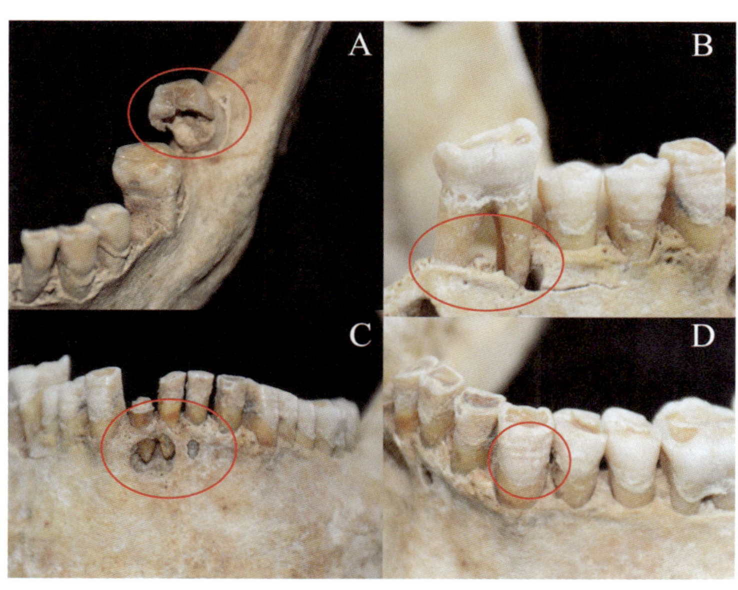

图 6　口腔疾病示例

A. 龋齿　B. 齿槽吸收　C. 根尖脓肿　D. 牙釉质发育不全

（1）龋齿

龋病是牙体硬组织在细菌等多种因素影响下发生慢性进行性破坏的一种疾病。卧虎湾样本中，患龋个体的出现率总计达到 36%，其中男性和女性的出现率均为 33.33%，另有一例性别不详的壮年个体也见龋齿。龋齿的出现率基本随着年龄的增长而增加，在老年阶段达到高峰，为 66.67%，青年阶段不见患龋个体，中年和壮年阶段出现率相近（表 26）。在各类牙齿中，下颌牙齿龋牙率（5.83%）高于上颌（4.39%），后牙龋牙率（6.56%）高于前牙（2.03%）（表 27）。

龋齿的发生通常被认为与饮食结构和生业模式有密切联系，含有蔗糖或者其他糖类的食物会增加罹患龋病的风险。何嘉宁在对中国北方古代居民龋牙率的研究中指出，相对较发达的农业人群龋牙率高，平均值约为 9.2%，变化范围为 4.3%～14.8%；以游牧为主的人群龋牙率低，约为 0.2%～0.9%；原始农业经济的龋牙率居中，范围为 1.2～8.3%，一般 5%左右。半农半牧人群的变异范围则很大，介于 0.5～10.7%之间，平均值约 6%[52]。在卧虎湾可观察的 25 个个体中，共有 468 颗牙齿留存，其中患龋病的有 24 颗，龋牙率为 5.13%，更接近原始农业经济的均值。此外，由于龋病过度发展可能导致牙齿脱落，人群实际的患病率或高于观察到的出现率。

在所观察的个体中，明确属于战国到秦代的共 9 例，观察牙齿 193 颗，其中有 4 例出现龋病，可见龋齿 12 颗，个体患龋率 44.44%，龋牙率 6.22%。属于西汉的共 7 例，观察牙齿 135 颗，其中有 4 例出现龋齿，可见龋齿 9 颗，个体患龋率 57.14%，龋牙率 6.67%。两个时期的龋牙率无明显差异，西汉时期略高。但与整体样本相比，年代明确的部分龋牙率偏高，更接近半农半牧人群的均值。

表 26 卧虎湾古代居民龋牙率性别年龄统计表

项目	患牙数	观察数	龋牙率
青年	0	60	0.00%
壮年	8	145	5.52%
中年	10	209	4.78%
老年	6	54	11.11%
男性	9	179	5.03%
女性	12	286	4.20%
性别不明	3	3	100%
合计	24	468	5.13%

表 27 卧虎湾古代居民龋牙率牙位分布统计表

牙位	患牙数	观察数	龋牙率
上颌合计	10	228	4.39%
下颌合计	14	240	5.83%
前牙合计	3	148	2.03%

续表

牙位	患牙数	观察数	龋牙率
后牙合计	21	320	6.56%
M_1	2	39	5.13%
M_2	4	34	11.76%
M^1	2	37	5.41%
M^2	1	32	3.13%
M3	4	40	10.00%
P	8	138	5.80%
合计	24	468	5.13%

（2）牙齿釉质发育不全

在各种类型的牙釉质发育不全中，线性牙釉质发育不全（Linear enamel hypoplasia, 简记为LEH）是最常见的，此外，牙釉质发育不全还可能表现为凹坑状、平面型或局部发育不全等[53]。本文主要统计的是LEH的出现情况，这类牙釉质发育不全可能与生长发育期的营养缺陷有关，对了解样本群体在幼年时期的健康情况有重要意义。卧虎湾人群中LEH的个体出现率约为24.00%，女性出现率略高于男性（表28）。在全部可观察的468颗牙齿中，出现牙釉质发育不全的共38颗，患牙率为8.12%。患病的牙齿多为前牙，其中犬齿最高，达18.79%，其次为门齿，出现率11.11%，臼齿患病率最低（表29）。

所观察的个体中，明确属于战国到秦代的共9例，观察牙齿193颗，其中有2例个体共8颗牙齿出现LEH，个体患病率22.22%，患牙率4.15%。属于西汉的共7例，观察牙齿135颗，其中有2例个体共16颗牙齿出现LEH，个体患病率28.57%，患牙率11.85%。

表 28 卧虎湾古代居民LEH性别年龄分布统计表

项目	患牙数	观察数	患牙率
青年	8	60	13.33%
壮年	23	145	15.86%
中年	7	209	3.35%
老年	0	54	0.00%
男性	14	179	7.82%
女性	24	286	8.39%
性别不明	0	3	0.00%
合计	38	468	8.12%

表 29 卧虎湾古代居民 LEH 牙位分布统计表

牙位	患牙数	观察数	患牙率
上颌	21	228	9.21%
下颌	17	240	7.08%
门齿	10	90	11.11%
犬齿	11	58	18.97%
前臼齿	11	138	7.97%
臼齿	6	182	3.30%
M1	2	76	2.63%
M2	2	66	3.03%
M3	2	40	5.00%
合计	38	468	8.12%

（3）牙齿生前脱落

卧虎湾样本中，有 25% 的个体因年龄或疾病等各种原因出现了牙齿生前脱落的现象，其中男性出现率（33.33%）高于女性（20.00%）。青年阶段不见生前脱落，老年阶段出现率最高，中年和壮年介于两者之间，生前脱落的出现率基本随年龄的增长而增加（表 30）。在全部可观察的 652 个齿槽中，出现生前脱落且愈合的共计 27 个，牙齿脱落率为 4.14%，其中下颌的脱落率（4.40%）高于上颌（3.86%），后牙的脱落率（4.37%）高于前牙（3.75%）（表 31）。

年代明确的个体中，属于战国到秦代的共 9 个个体，可观察齿槽 268 个，共有 3 个个体出现生前脱落现象，脱落牙齿 17 颗，个体出现率 33.33%，牙齿脱落率 6.34%。属于西汉的个体共 6 个，可观察齿槽 175 个，共 2 个个体出现生前脱落，脱落牙齿 8 颗，个体出现率 33.33%，牙齿脱落率 4.57%。

表 30 卧虎湾古代居民牙齿生前脱落性别年龄分布统计表

项目	脱落牙数	观察数	牙齿脱落率
青年	0	92	0.00%
壮年	2	200	1.00%
中年	9	270	3.33%
老年	16	90	17.78%
男性	12	240	5.00%
女性	15	409	3.67%
不明	0	3	0.00%
合计	27	652	4.14%

表 31 卧虎湾古代居民牙齿生前脱落牙位分布统计表

牙位	脱落牙数	观察数	牙齿脱落率
上颌合计	12	311	3.86%
下颌合计	15	341	4.40%
前牙合计	9	240	3.75%
后牙合计	18	412	4.37%
M_1	1	44	2.27%
M_2	5	43	11.63%
M^1	0	43	0.00%
M^2	4	41	9.76%
M3	5	78	6.41%
P	3	163	1.84%
合计	27	652	4.14%

（4）根尖脓肿

根尖脓肿通常是由继发于牙髓感染的根尖周感染引起，而龋病、外伤以及过度磨耗等原因都可能导致牙髓感染[54]。脓肿积压可能会在齿槽薄弱处形成瘘孔，这种瘘孔是在骨骼上判断根尖脓肿的重要标志。卧虎湾可观察齿槽的个体数共计 24 例，其中出现瘘孔的有 7 例，出现率 29.17%。男性出现率高于女性，分别为 33.33% 和 26.67%。老年期和青年期的出现率都偏高，但不排除是由统计数量较少引起的。可观察的齿槽总计有 652 个，出现瘘孔的有 28 个，出现率为 4.29%（表 32）。在年代明确的个体中，根尖脓肿有 3 件出现在西汉时期，1 件出现在秦代。西汉时期个体患病率为 50.00%，患牙率为 6.29%；战国到秦代个体患病率为 11.11%，患牙率 1.87%，明显低于西汉时期。由于尚未形成瘘孔的脓肿通常难以在骨骼表面观察到，因此实际的患病率可能会高于文中统计的出现率。

表 32 卧虎湾古代居民根尖脓肿性别年龄分布统计表

项目	患牙数	观察数	患牙率
青年	2	92	2.17%
壮年	8	200	4.00%
中年	15	270	5.56%
老年	3	90	3.33%
男性	12	240	5.00%
女性	16	409	3.91%

续表

项目	患牙数	观察数	患牙率
性别不明	0	3	0.00%
合计	28	652	4.29%

（5）齿槽吸收

齿槽吸收是牙周炎的一种病理表现，炎症、外伤、老年性萎缩都可能使得牙槽嵴退行至超过釉牙骨质界以下 2 毫米的位置[55]。在卧虎湾样本的观察中，24 例可观察牙槽骨的个体里有 12 例出现了齿槽骨吸收的现象，出现率达 50%。男性出现率大于女性，分别为 66.67% 和 40.00%。在各年龄段中，老年阶段的出现率最高，青年阶段则不见这一现象。其中，战国到秦出现率为 33.33%，西汉出现率为 66.67%。

总体来看，卧虎湾样本的口腔疾病应与该人群偏农业的经济类型和饮食结构以及较大的生存压力有关。除线性牙釉质发育不全，各类疾病基本上都随年龄的增长而增加，可见年龄增长带来的退行性变化也是该人群口腔健康状况恶化的主要原因。但例外的是，壮年期各类疾病和现象的出现率均高于中年期，可能与壮年期人群的生存压力更大有关。不同年代各类疾病和现象的出现率有一定的差异，西汉时期各类口腔疾病的出现率普遍高于战国到秦，但牙齿生前缺失的个体出现率无差异，牙齿脱落率在战国到秦时期偏高，这可能表明战国到秦各类口腔疾病出现率偏低并非由于其口腔健康状况好于西汉时期，而是与该时期生前缺失率偏高有关。考虑到这一时期个体年龄较西汉时期偏大，中老年占比更高，一些疾病可能已经发展至牙齿脱落并愈合的阶段，导致观察到的患病情况少于实际情况。当然，由于年代明确的样本量较少，这一统计结果可能有一定的偏差，有待获取更丰富的信息后再做进一步研究。

2. 颅骨多孔性病变

眶顶筛变和多孔性骨肥厚是常见的颅骨多孔病变，可能与众多疾病相关，包括各种类型的贫血、坏血病、感染以及营养不良等，常被用做非特异性生理应力指标[56]。卧虎湾样本中眶部保存较好可以观察的共计 11 例个体，其中秦 1 例，西汉 3 例，战国晚期 2 例，其余年代未知。出现眶顶筛变的个体共 3 例，秦和西汉中期各一例，另一例年代未知，均为女性，其中两例为青年。依据 Stature（1991 年）提供的分级标准记录[57]，卧虎湾样本的病变程度集中在 3 级，以独立分布的小孔为主，多位于眶上缘，具体情况见表 33。另有一例墓号未知的男性个体表现出较明显的颅顶多孔样变，年龄在 22 ～ 25 岁，可见大小不一但独立分布的孔隙聚集于前囟周围，分布较密集（图 7）。

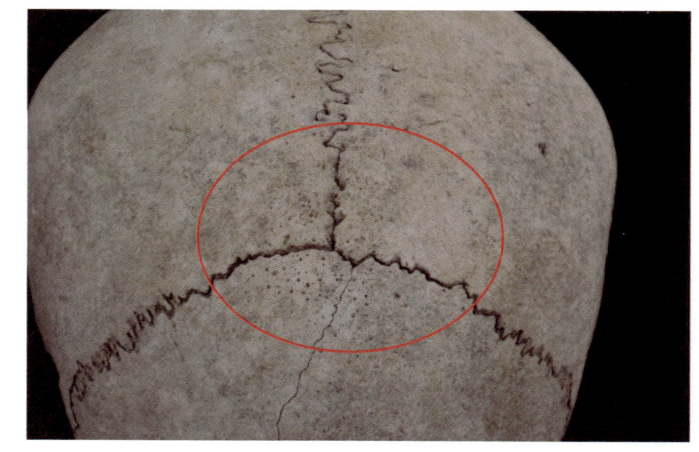

图 7　颅顶多孔样变示例

表 33　卧虎湾古代居民眶上筛孔统计表

编号	性别	年龄	L		R	
			分区	分级	分区	分级
M41	女?	35 ～ 39	1，2，3	3	1，2，3	3
M399	女	18 ～ 19	4	3	1	2
M405	女	17 ～ 18	1，2	3	1，2	3

3. 关节炎及关节磨耗

骨性关节炎通常是由年龄增长、外部压力以及损伤等原因导致关节部位持续磨损而发生的退行性变化，可以反映特定群体生活劳动的强度。通常，只有在关节表面出现骨质象牙质化或同时出现多孔性病变和骨质增生，才会被认定为骨关节炎。但单独出现的多孔或增生仍旧表明关节部位的磨损程度可能相对较重。卧虎湾样本中出现骨关节炎以及关节磨耗的个体有 8 例，西汉和春秋战国各两例，其余年代未知，患病个体多为中老年人，具体情况见表 34（图 8）。

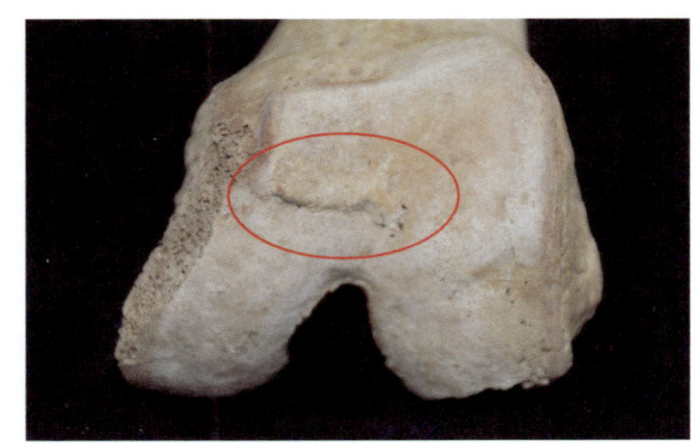

图 8　关节增生示例

表 34　卧虎湾古代居民关节炎及关节磨耗统计表

编号	性别	年龄	描述
M117：R1	男	35 ～ 39	左股骨远端关节面内侧骨质增生
M130-1	男	45 ～ 50	右侧尺骨鹰嘴处增生；左侧肩胛骨关节盂处增生；T11 左侧肋凹处增生；第 7/8 肋骨肋结节处增生严重
M378	女	30 ～ 34	右侧舟状骨、大多角骨关节面增生严重
M420	男	55+	右侧桡骨头边缘增生，肱骨头边缘增生，双侧股骨远端关节面增；C2，C3 右下关节面增生严重
M459	男	40 ～ 44	股骨头上可见大量密集的孔洞，周缘增生
M9	女	30±	右肱骨滑车和肱骨小头之间可见轻微的骨质增生，滑车后面可见多孔样变
佚号 1	男？	22 ～ 25	右侧足舟骨结节处有缺损，病灶处增生且多孔
佚号 4	男	40 +	右股骨远端关节面中部有轻微的骨质增生，并伴有疏松的孔隙。左胫骨近端关节面外侧后部可见骨质增生

4. 股骨颈小平面

股骨颈小平面的出现可能与某些特定的活动相关，如骑马、盘腿、下蹲、跑步或下坡等，也常被称作“骑马人小平面”。Radi 等人曾对小平面的不同表现形态进行分类，包括典型的骑马人小平面、类似小平面的斑块以及同一位置可能出现的筛孔样变 [58]。卧虎湾中共有 5 件个体出现不同程度的这类病变，两例为西汉早期，一例为战国晚期，另有两例年代未知，其中三例为男性两例为女性，主要表现为程度较轻的类似小平面的斑块（图9）。

5. 脊柱强直

脊柱强直通常是强直性脊柱炎的一种表现，属于自身免疫关节病，有一定的遗传因素，一般男性患者多于女性，男女比例约为 5 : 1[59]。卧虎湾样本仅在 M420 的老年男性个体上发现 C2-C3 融合的现象，年代属于战国晚期。

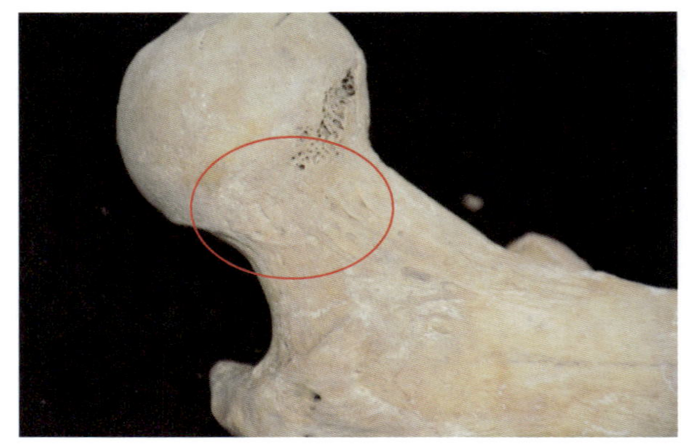

图 9　股骨颈小平面示例

六　结语

卧虎湾墓地出土人骨共鉴定个体 30 例，其中男性及疑似男性的 12 例，女性及疑似女性的 15 例，性别不明 3 例。未见年龄小于 14 岁的未成年个体，年龄不明的个体有 3 例，人口年龄均集中分布在中年期，其次为壮年期。

颅骨可进行观察测量 20 例，其中保存较好的 10 例。卧虎湾居民整体来说具有与现代亚洲蒙古人种相近的特点，男性居民表现出不同的古人种类型特征，女性居民的体质特征较为一致。春秋战国时期男性个体与现代亚洲蒙古人种的北亚类型有最多的相似性，在古人种类型中与古蒙古高原类型最为接近。西汉时期男性则更偏向于东亚人种，具有明显古中原类型特征，但偏高的眶部和较大的垂直颅面指数可能受到西北地区和北方游牧人群的影响。女性居民从春秋战国时期到西汉时期，都主要体现了古中原类型的特点。

将卧虎湾人群与其他古代组进行比较，使得当时人群构成与迁徙的历史更加清晰。从目前的颅骨数据来看，随着年代的变化，卧虎湾男性居民的颅面特征发生了变化。春秋战国时期卧虎湾男性居民可进行测量性颅面形态分析是战国晚期的 M420 个体，主要表现为古蒙古高原类型，与河北宣化的狄人较为相似，但与山西吕梁山一带的戎狄人群有明显的差异，表明作为人群集团的戎狄来源和构成的复杂性。

考古学分析表明，卧虎湾墓地位于东周时期白狄活动的区域，在战国早期，卧虎湾墓地以三晋文化和北方草原文化因素为代表，战国中期出现了戎文化因素，战国晚期开始，三晋文化因素逐渐减少至不见，北方草原文化因素仍然延续，秦文化因素和与之相关的巴蜀文化因素、戎文化因素并存。战国晚期的 M420 个体颅面特征具有北方草原人群的特点，表明北方草原文化因素的出现是和人群相伴随的。但 M420 的随葬品陶鼎 Bb_2、陶豆 Bb_2、陶豆 $AbII_1$、陶假圈足壶 A_2、大陶盆 $_1$、陶器盖、铜饰件 $_1$, 又是三晋文化的代表器物组合，表明人群和文化融合的复杂性。

到了西汉时期，卧虎湾男性居民颅面特征以古中原类型为主，同时可能受到北方人群和西北人群的影响。这一时期卧虎湾墓地的考古学文化也分为战国晚期以来本地的秦、戎文化与汉文化。结合出土的随葬器物，现存的卧虎湾西汉男性颅骨应该代表了来自关中地区西部迁徙戍边的人群。

相比男性居民，卧虎湾女性人群的体质特征较为稳定。春秋战国时期，卧虎湾女性居民与关中东部地区以及晋中南地区人群最为相似，属于古中原类型。其中春秋晚—战国早期的 M61 个体，随葬器物为陶双耳罐 BⅡ$_1$、陶双耳罐 BⅢ$_1$、陶盂 BcⅡ$_1$，体现了北方草原文化因素；战国中期的 M458 个体，随葬器物为陶鬲$_1$、陶盘 A_2、陶汲水罐$_1$，反映了戎文化特点；战国晚期的 M407 个体随葬器物有陶单耳罐 C_1、陶小口旋纹罐 AaI_1，同样是战国晚期的 M464 个体，出土器物有陶小口旋纹罐 BI_2、陶盆 Ab_2 和陶无耳釜 $AaII_1$，文化面貌与 M407 个体相近，都体现秦文化因素。在卧虎湾墓地早期阶段，文化因素的变化并没有影响女性居民的体质特征。到了西汉时期，卧虎湾女性延续了前期的体质特点，与中原地区的郑州汉代组、可能同为汉代屯垦实边的中卫常乐组最为接近。2 例个体中，M9 随葬器物为陶圈足壶 AⅡ$_1$、陶大口罐 Ac_2、铜鍪 III_1、铜环$_1$、六博棋具$_{10}$，M399 出土了铜草叶纹镜 A_1 和铜半两钱 B/C_1 与，关中地区汉墓出土器物相似，反映了汉文化的传播以及西汉早中期的移民情况。

肢骨测量结果显示，卧虎湾男性的上肢较发达，下肢则相对偏弱，女性上肢偏弱，下肢中等。可见该人群男性对上肢的使用频率较高，上肢负担较重，而女性上下肢压力处于中等甚至偏弱的水平。这种男女肢骨发育上的差异或许与农业分工和一定的戍边性质相关。但考虑到可观测的数据有限，尤其是女性数据较少，不便于开展分期比较，且现有数据可能也无法准确反映卧虎湾人群的真实情况，有待获取丰富的资料后再做进一步研究。

卧虎湾男性平均身高约为 168.92 厘米，女性平均身高约为 155.90 厘米。与各古代对比组比较显示男性平均身高较高，女性平均身高偏低，这可能也与人群迁徙造成的两性差异有关。但由于部分数据缺乏年代信息，这一推论还有待验证。

古病理分析显示，卧虎湾人群的口腔疾病多发，可见龋齿、根尖脓肿、齿槽吸收及线性牙釉质发育不全等，牙齿生前脱落的现象也较为多见。这应与该人群偏农业的饮食结构以及较大的生存压力有关。此外，年龄增长带来的退行性变化也是该人群口腔健康状况恶化的主要原因。壮年期各类口腔疾病和现象的出现率均高于中年期，可能与壮年期人群的生存压力更大有关。西汉时期各类口腔疾病的出现率普遍高于战国—秦时期，但战国到秦的牙齿缺失率偏高，可能对该时期病理现象的观察有一定的影响。此外，颅骨多孔病变、骨关节炎、股骨颈小平面以及脊柱强直也有所发现。

注释：

[1] 吴汝康、吴新智、张振标：《人体测量方法》，科学出版社，1984 年。

[2] 邵象清：《人体测量手册》，上海辞书出版社， 1985 年。

[3] 韩康信、潘其风：《新疆昭苏土墩墓古人类学材料的研究》，《考古学报》1987 年第 4 期。

[4]Karl P.II. Homogeneity and Heterogeneity in Collections of Crania.*Biometrika*, 1903（3）.

[5]Howells W W. The Early Christian Irish: The Skeletons at Gallen Priory. *Proceedings of the Royal Irish Academy*, 1940（46）.

[6] 杨希枚：《卅年来关于殷墟头骨及殷代民族种系的研究》，中国社会科学院历史研究所、中国社会科学院考古研究所：《安阳殷墟头骨研究》，文物出版社，1985 年。

[7] 韩康信、潘其风：《安阳殷墟中小墓人骨的研究》，中国社会科学院历史研究所、中国社会科学院考古研究所：《安阳殷墟头骨研究》，文物出版社，1985 年。

[8] 韩康信、谭婧泽、张帆：《中国西北地区古代居民种族研究》，复旦大学出版社，2005 年。

[9] 潘其风：《天马—曲村遗址西周墓地出土人骨的研究报告》，北京大学考古学系商周组、山西省考古研究所编著，邹衡主编：《天马—曲村（1980-1989）》，科学出版社，2000 年。

[10] 潘其风：《大甸子墓葬出土人骨的研究》，中国社会科学院考古研究所：《大甸子：夏家店下层文化遗址与墓地发掘报告》，科学出版社，1996 年。

[11] 杨希枚：《河南安阳殷墟墓葬中人体骨骼的整理和研究》，中国社会科学院历史研究所、中国社会科学院考古研究所：《安阳殷墟头骨研究》，文物出版社，1985 年。

[12] 朱泓：《内蒙古察右前旗庙子沟新石器时代颅骨的人类学特征》，《人类学学报》1994 年第 2 期。

[13] 李法军：《河北阳原姜家梁新石器时代人骨研究》，吉林大学博士论文，2004 年。

[14] 潘其风、韩康信：《柳湾墓地的人骨研究》，青海省文物管理处考古队、中国社会科学院考古研究所：《青海柳湾——乐都柳湾原始社会墓地》，文物出版社，1984 年。

[15] 韩康信、潘其风：《陕县庙底沟二期文化墓葬人骨的研究》，《考古学报》1979 年第 2 期。

[17] 韩康信、潘其风：《广东佛山河宕新石器时代晚期墓葬人骨》，《人类学学报》1982 年第 1 期。

[18] 张银运、王令红、董兴仁：《广西桂林甑皮岩新石器时代遗址的人类头骨》，《古脊椎动物与古人类》1977 年第 1 期。

[19] 肖晓鸣：《吉林大安后套木嘎遗址人骨研究》，吉林大学博士论文，2014 年。

[20] 韩康信：《宁夏彭堡于家庄墓地人骨种系特点之研究》，《考古学报》1995 年第 1 期。

[21] 张全超：《内蒙古和林格尔县新店子墓地人骨研究》，科学出版社，2010 年

[22] 陈靓、田亚岐：《陕西凤翔孙家南头秦墓人骨的种系研究》，《西部考古》2008 年第 1 期。

[23] 朱泓：《游邀遗址夏代居民的人类学特征》，吉林大学边疆考古研究中心、山西省考古研究所等：《忻州游邀考古》，科学出版社，2004 年

[24] 周春茂：《零口战国墓颅骨的人类学特征》，《人类学学报》2002 年第 3 期。

[25] 潘其风：《上马墓地出土人骨的初步研究》，山西省考古研究所：《上马墓地》，文物出版社，1994 年。

[26] 易振华：《河北宣化白庙墓地青铜时代居民的人种学研究》，《北方文物》，1998 年第 4 期。

[27] 贾莹：《山西浮山桥北及乡宁内阳垣先秦时期人骨研究》，吉林大学博士论文，2006 年。

[28] 甘肃省文物考古研究所、吉林大学北方考古研究室：《民乐东灰山考古——四坝文化墓地的揭示与研究》，科学出版社，1998 年。

[29] 甘肃省文物考古研究所：《永昌西岗柴湾岗——沙井文化墓葬发掘报告》，甘肃人民出版社，2001 年。

[30] 朱泓、 贾莹：《九台关马山石棺墓颅骨的人种学研究》，《考古》1991 年第 2 期。

[31] 郑晓瑛：《甘肃酒泉青铜时代人类头骨种系类型的研究》，《人类学学报》1993 年第 4 期。

[32] 朱泓：《察右后旗三道湾汉代鲜卑族颅骨的人种学研究》，朱泓：《中国古代居民体质人类学研究》，科学出版社，2014 年。

[33] 张全超、曹建恩、朱泓：《内蒙古清水河县姑姑庵汉代墓地人骨研究》，《人类学学报》2011 年第 1 期。

[34] 潘其风、韩康信：《东汉北方草原游牧民族人骨的研究》，《考古学报》1982 年第 1 期。

[35] 陈靓：《新疆尉犁县营盘墓地古人骨的研究》，《边疆考古研究》（第 1 辑），科学出版社，

2002 年。

[36] 魏东：《青铜时代至早期铁器时代新疆哈密地区古代人群的变迁与交流模式研究》，科学出版社，2017 年。

[37] 潘其风、韩康信：《内蒙古桃红巴拉古墓和青海大通匈奴墓人骨的研究》，《考古》1984 年第 4 期。

[38] 韩巍：《陕西澄城良辅墓地汉代人骨研究》，吉林大学博士论文，2004 年。

[39] 周亚威：《北京延庆西屯墓地人骨研究》，吉林大学博士论文，2014 年。

[40] 孙蕾：《郑州汉唐宋墓葬出土人骨研究——以荥阳薛村遗址和新郑多处遗址为例》，吉林大学博士论文，2013 年。

[41] 张群：《宁夏中卫常乐墓地人骨研究》，吉林大学博士论文，2018 年。

[42] 韩康信：《新疆楼兰城郊古墓人骨人类学特征的研究》，《人类学学报》1986 年第 3 期。

[43] 朱泓、潘其风、赵福生等：《北京市石景山区老山汉墓出土人骨的研究报告》，《文物》2004 年第 8 期。

[44] 李墨岑：《青海平安大槽子东汉墓地人骨研究》，吉林大学博士论文，2015 年。

[45] 郭辉：《黄陵寨头河战国时期戎人墓地出土人骨的肢骨研究》，西北大学博士论文，2013 年。

[46] 王一如：《陕西西安马腾空遗址东周时期墓葬出土人骨研究》，吉林大学博士论文，2019 年。

[47] 高小伟：《临潼湾李墓地 2009 ～ 2010 年出土战国至秦代墓葬人骨研究》，西北大学博士论文，2012 年。

[48] 张旭：《内蒙古和林格尔县大堡山墓地人骨研究》，吉林大学博士论文，2015 年。

[49] 阿娜尔：《内蒙古准格尔旗川掌遗址人骨研究》，吉林大学博士论文，2018 年。

[50] 张继宗：《中国汉族女性长骨推断身高的研究》，《人类学学报》2001 年第 4 期。

[51] 侯侃：《山西榆次高校园区先秦墓葬人骨研究》，吉林大学博士论文，2017 年。

[52] 何嘉宁：《中国北方古代人群龋病及与经济类型的关系》，《人类学学报》2004 年增刊。

[53]Towle I. Irish J.D. Recording and Interpreting Enamel Hypoplasia in Samples from Archaeological and Palaeoanthropological Contexts. *Journal of Archaeological Science*, 2020.

[54] 樊明文、周学东：《牙体牙髓病学（第 4 版）》，人民卫生出版社，2013 年。

[55] 孟焕新、束蓉、闫福华：《牙周病学（第 5 版）》，人民卫生出版社，2020 年。

[56] Kyle B, Shehi E, Koçi M, et al. Bioarchaeological Reconstruction of Physiological Stress During Social Transition in Albania. *International Journal of Paleopathology* , 2020. 30.

[57]Stuart-Macadam. P. Porotic hyperostosis：Changing interpretations.In Ortner D. J., Aufderheide A. C.（eds.）, *Human Paleopathology ：Current Syntheses and Future Options*.Smithsonian Institution Press. Washington DC.1991.

[58]Nico R., Valentina M, Riga A, et al、Variation of the Anterior Aspect of the Femoral Head-Neck Junction in a Modern Human Identified Skeletal Collection.*American Journal of Physical Anthropology*, 2013.

[59]〔英〕夏洛特·罗伯茨、基思·曼彻斯特（著）、张桦（译）：《疾病考古学》，山东画报出版社，2010 年。

附录二　米脂卧虎湾墓地出土玻璃制品、宝石、玉石的科技分析

王文轩
（西北大学文化遗产学院）

卧虎湾墓地经2013～2017年三次发掘，共发现墓葬463座，选取其中有代表性的玻璃制品、宝石、玉石类共22组40件（详细信息见附表1），本文即对这22组样品进行显微形貌、成分与结构的科技分析。

显微形貌分析利用日本基恩士VHX-600型超景深三维显微系统（日本浩视公司），MX-5040RZ型镜头、金属卤素冷光源，观察样品形貌特征，拍摄不同倍率与不同部位的显微照片。

化学成分分析使用ARTAX-400型X射线荧光光谱仪（德国Bruker公司），采用30kV电压，900μA电流；侧窗铑（Rh）靶，No filter，Optic为Collimator1.000，Helium模式；测量时间为300秒；光斑直径为2毫米；选用corningglass BCD标准曲线对样品成分进行定性定量分析。

结构分析使用InVia Reflex显微拉曼光谱仪（英国Renishaw公司），测试参数选用激光波长532纳米，激光能量10%，成像光栅1800 gr/mm与100倍物镜配合进行样品分析测试，空间分辨率横向好于0.5微米，纵向好于2微米，测试样品前采用单晶硅标样进行校正。

一　显微形貌

1. 玻璃类

根据显微观察结果，M17：9、M155：5、M282：5与M470：2为玻璃制品；M20：6、M65：2、M296：9-1、M345：2为陶胎蜻蜓眼。

玻璃制品中，M17：9一组13件串珠穿孔内壁的轮廓线近乎一条直线，横截面呈近圆形，说明这些玻璃制品是在圆柱形的内芯上进行塑型的，该批珠饰采用的成型工艺可能为内芯法。另观察到串珠侧面有明显的台阶痕迹（图1），应是成串烧成后再截断所致。M17：9、M155：5与M282：5样品应为一次烧成（图1～3），而M470：2较为特殊，是在深蓝色球体烧成后再上浅蓝色釉作为凸起的眼睛部分，应属二次烧成（图4）。此外，在M17：9、M155：5、M282：5与M470：2样品上均可观察到明显的风化剥蚀痕迹。

M20：6、M65：2、M296：9-1、M345：2在镜下可观察到明显的二元结构：蜻蜓眼珠在穿孔处仍保留已烧结的黄色泥芯，芯层材料应为陶土，外部有颜料层，推测这些制品的成型至少经过芯层

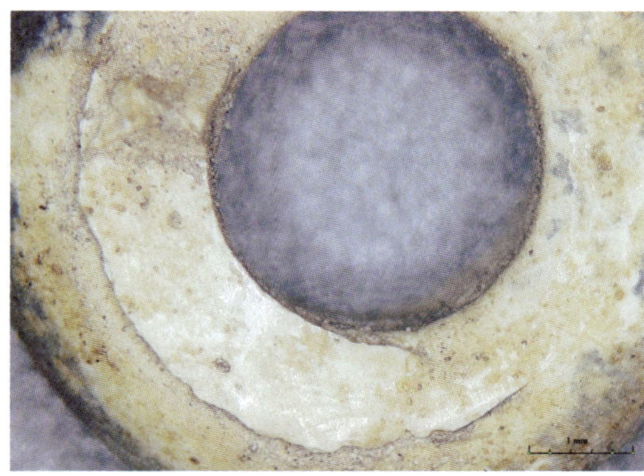

图 1　M17：9 玻璃串珠照片与显微图像（×50 倍）

图 2　M155：5 玻璃饰件照片与显微图像（×50 倍）

图 3　M282：5 玻璃珠照片与显微图像（×50 倍）

图 4　M470：2 玻璃蜻蜓眼照片与显微图像（×50 倍）

制作和表面涂覆富含助熔剂的釉层两个工序，与瓷器胎体制作和施釉的工序类似，应属于陶胎蜻蜓眼。M65：2、M296：9-1 与 M345：2 样品较为类似，胎体质地疏松，釉层存在大量气泡，颜色主要有红，白，蓝，黑，棕五种。从图 5 至图 7 中可直观看到釉层的叠压关系，蜻蜓眼多以红色与白色为底，红底之上以白色、蓝色依次叠压形成眼睛状的效果；白底之上则以红，蓝，棕或蓝，黑为装饰形成眼睛状的效果。M20：6 样品与前者稍显不同，青褐釉玻璃化程度更高（图 8）。

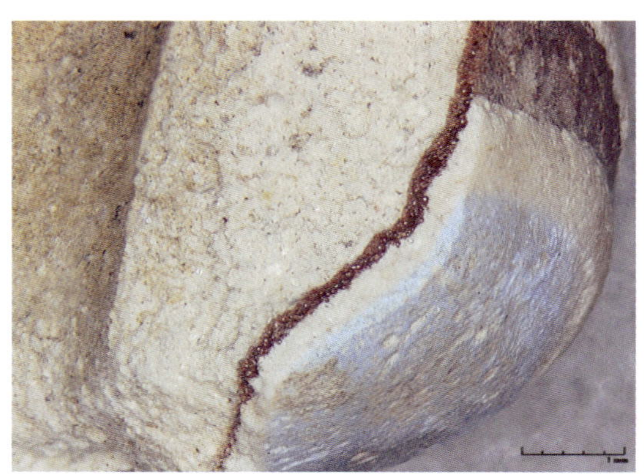

图 5　M65：2 陶胎蜻蜓眼照片与显微图像（×50 倍）

图 6　M296：9-1 玻璃珠照片与显微图像（×50 倍）

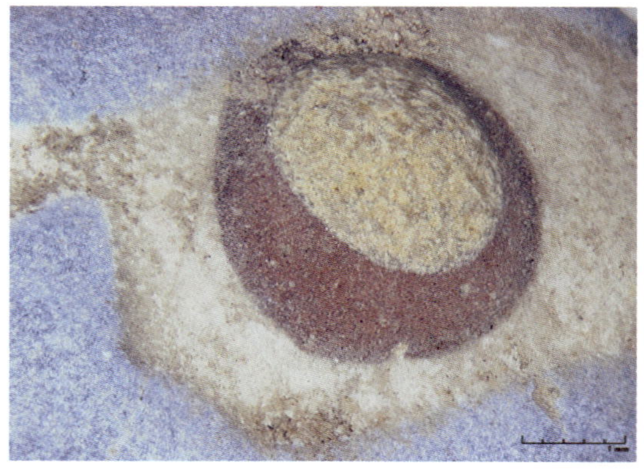

图 7　M345：2 玻璃珠照片与显微图像（×50 倍）

图 8　M20：6 陶胎蜻蜓眼照片与显微图像（×50 倍）

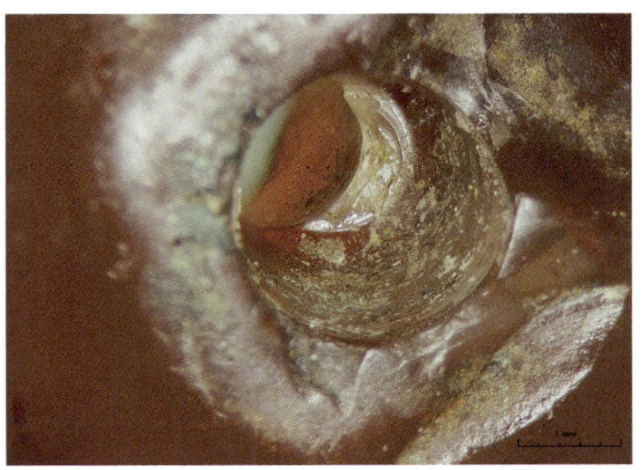

图 9　M69：8 玛瑙珠照片与显微图像（×50 倍）

2. 宝玉石类

通过显微观察，可推测出卧虎湾墓地出土玉石类器物使用的部分加工工艺。从新石器晚期开始，由于砣具的出现，玉器钻孔的孔洞内会出现研磨砂留下的粗细不一、相互不平行的旋纹。又由于孔洞很难一次完成，孔中会出现一个或多个台痕，对钻的还会出现严重的错台现象。到了春秋晚期开始，孔洞大多是对钻的直孔。管钻对钻形成的穿孔，除了孔壁有不规则的螺旋纹外，几乎中间结合部分，都会形成明显的台痕。有的还会呈现孔径尺寸不一，不垂直的现象。通过观察卧虎湾出土串珠类玉器的孔壁构造，我们发现绝大多数串珠孔洞内壁均存在不同程度的台痕与错位现象，说明这类串珠的穿孔应为管钻对钻而成（图 9）。此外，我们发现样品中的红色串珠多有风化形成的“鱼鳞纹”、“指甲印”等，这种现象时常出现在老玛瑙珠珠体表面。玛瑙的主要成分为 SiO_2，在人为碰撞，物质冲刷，温湿度变化等多重因素作用下，珠子表面 SiO_2 矿物晶体之间的缝隙会发生崩裂和剥落，使得本来咬合紧密的六边形晶体边缘棱角渐渐消失，形成圆状残坏晶体（仅存于表面）。如图 10 中的呈扁桃状串珠，孔洞两端向内凹陷，放大凹陷边缘可看到数个圆弧形痕迹，应是风化所致。

根据图 10 中 M185：3 样品上的雕刻微痕，我们推测该样品在加工过程中使用了砣切割工艺。砣切割是一种需要旋转机械带动硬质圆盘的复杂工艺，通过高速旋转直接（或加砂间接）在玉石上进行切割。砣切割在雕刻时只能形成短线，呈现出中间深而宽，两端浅而窄的特征，这与在 M185：3 样品中观测到的微痕特征一致（图 11）。

图 10　M296：9-2 玛瑙珠照片与显微图像（×50 倍）

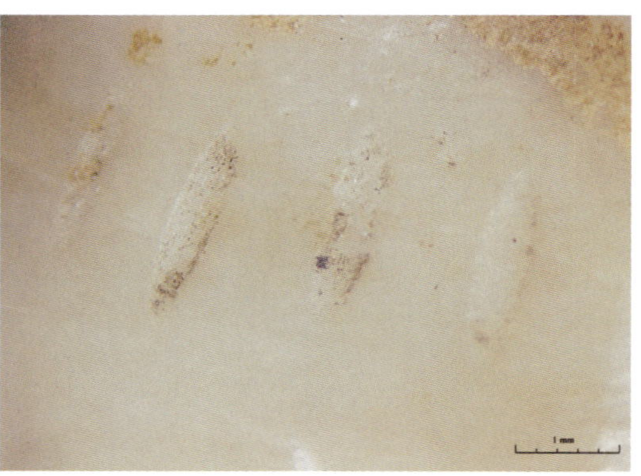

图 11　M185：3 玉蝙蝠照片与显微图像（×50 倍）

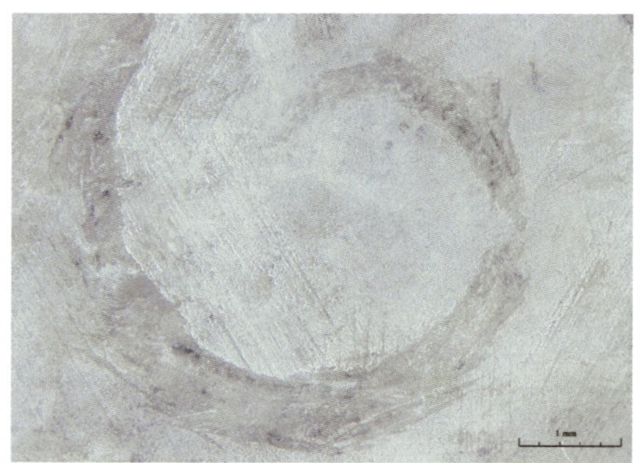

图 12　M194：4 玉璧照片与显微图像（×50 倍）

在 M194：4 样品中，我们也发现了砣片雕刻的痕迹（图 12）。由于砣片无法实现拐弯雕刻，只能以小短线相接形成有弧度的弧线，所以在弯曲的阴线处常会出现“扫把尾”的现象，而 M194：4 玉璧上形似逗号的云纹就具有这种特征，再次说明砣切割工艺在该批玉器中的大量使用。

二　成分与结构分析

1. 玻璃类

表 1、2 为卧虎湾出土战国玻璃制品的化学成分分析结果。结果显示，这批制品中玻璃态釉层的 Pb 含量在 3.98% ～ 33.41%，Ba 含量在 0.06% ～ 15.74%，均属 PbO-BaO-SiO_2 系统。铅钡硅酸盐玻璃（PbO-BaO-SiO_2）系统是我国自创的玻璃体系。使用该体系的镶嵌玻璃珠和其他玻璃制品出现的时间相对较晚，主要集中出现在战国中期或更晚的湖南、河南、重庆、四川、河北、陕西等地，最迟到战国中期 PbO-BaO-SiO_2 镶嵌玻璃珠在我国已经比较普遍，其助熔剂可能来自方铅矿（PbS）和重晶石（$BaSO_4$）[1-3]。此外，对比不同颜色的釉层可发现，样品蓝色釉层中都发现有较高的 CuO（约 2% ～ 6%），应是铜致色；黑色，棕褐色，红色中含有较高的 Fe（约 4% ～ 15%），应为铁致色。

表 1　卧虎湾墓地出土玻璃类器物主量元素含量表（wt%）

样品测试区域	Na	Mg	Al	Si	P	K	Ca	Ti	Fe	Cu	Ba	Pb
M17：9	1.69	0.33	2.36	66.60	1.71	0.00	2.16	0.31	0.30	0.57	3.18	19.54
M155：5	1.74	0.71	7.85	74.88	0.00	0.00	1.00	0.04	0.23	0.31	3.49	9.11
M282：5	3.29	1.07	7.04	77.95	0.00	0.00	1.82	0.74	0.67	0.58	1.01	3.98
M470：2 深蓝	1.19	1.27	8.84	46.58	0.18	0.03	1.40	0.00	0.29	0.62	5.94	33.41
M470：2 浅蓝	1.12	2.33	8.04	55.84	1.47	0.01	1.92	0.00	0.41	0.94	2.55	24.95
M20：6 青褐釉	0.27	1.03	3.61	53.85	3.91	0.00	3.81	0.07	6.80	0.30	8.79	17.12
M20：6 白	0.51	0.32	11.64	55.39	1.01	0.01	0.78	0.02	1.04	0.14	13.73	15.25
M65：2 蓝	2.20	0.23	4.97	63.82	1.50	0.15	2.24	0.63	0.39	5.94	4.03	12.84
M65：2 红	1.10	1.68	6.08	55.92	1.64	0.93	5.22	0.30	15.29	0.11	0.07	11.05
M65：2 白	0.24	2.22	10.72	71.34	2.35	0.61	4.30	0.33	2.17	0.14	0.06	5.04
M296：9-1b 黑	1.71	0.22	8.72	34.76	4.90	3.53	2.82	0.98	14.58	1.97	15.58	9.46
M296：9-1b 蓝	0.61	1.00	4.88	55.84	1.18	5.41	2.67	0.25	1.09	1.99	15.74	9.02
M296：9-1b 白	1.21	0.40	6.62	63.14	3.61	2.06	1.87	0.80	2.40	0.55	11.88	4.55
M296：9-1c 蓝	1.01	0.69	5.63	51.54	2.52	1.21	2.48	0.93	1.73	3.98	15.29	12.03
M296：9-1c 棕	0.82	1.43	11.50	41.02	5.17	1.72	4.39	0.90	3.90	0.35	12.84	15.34
M296：9-1c 红	1.81	1.51	8.97	45.55	0.76	0.55	1.15	0.36	16.43	0.16	14.44	7.67
M296：9-1c 白	0.20	0.01	11.65	48.96	4.64	2.34	2.29	0.54	0.37	0.06	13.22	15.12

表2　卧虎湾墓地出土玻璃类器物微量元素含量表（wt%）

样品	V	Mn	Co	Zn	Sr	Sn	Sb
M17：9	0.17	0.04	0.00	0.01	0.11	0.76	0.15
M155：5	0.28	0.04	0.00	0.00	0.10	0.18	0.06
M282：5	0.50	0.06	0.01	0.00	0.11	1.13	0.05
M470：2 深蓝	0.11	0.02	0.00	0.01	0.04	0.05	0.03
M470：2 浅蓝	0.17	0.02	0.00	0.01	0.06	0.13	0.01
M20：6 青褐釉	0.10	0.03	0.04	0.01	0.03	0.18	0.05
M20：6 白	0.03	0.01	0.01	0.00	0.01	0.05	0.03
M65：2 蓝	0.83	0.08	0.01	0.01	0.11	0.00	0.01
M65：2 红	0.07	0.04	0.05	0.00	0.04	0.26	0.15
M65：2 白	0.18	0.03	0.01	0.01	0.08	0.11	0.07
M296：9-1b 黑	0.48	0.06	0.04	0.01	0.04	0.08	0.07
M296：9-1b 蓝	0.14	0.03	0.00	0.01	0.07	0.06	0.00
M296：9-1b 白	0.47	0.05	0.01	0.01	0.19	0.11	0.07
M296：9-1c 蓝	0.60	0.07	0.01	0.01	0.12	0.10	0.05
M296：9-1c 棕	0.28	0.04	0.01	0.00	0.06	0.22	0.00
M296：9-1c 红	0.20	0.04	0.04	0.00	0.07	0.17	0.10
M296：9-1c 白	0.29	0.03	0.00	0.00	0.13	0.15	0.01

2. 宝玉石类

表3为卧虎湾出土战国宝玉石类样品的化学成分分析结果。结果显示，M46：1、M65：1、M69：7a、M69：7b、M69：8、M145：3、M218：2、M296：9-2的Si含量均在96.82%以上，说明该类样品应属于石英族宝石；M194：1、M194：2、M194：4、M342：2化学组分相似，Mg含量在35.41%～37.93%、Si含量在47.2%～48.3%、Ca含量在12.04%～12.71%，与透闪石元素组分比例近似，应属软玉一类。M69：5样品从外观上类似绿松石［$CuAl_6(PO_4)_4(OH)_8 \cdot 5H_2O$］，但从成分上看，该样品不含Cu，Al含量也只有0.64%应不属于绿松石，但属于磷酸盐类矿物。M185：3样品与M427：1成分较为复杂，有待进一步探究。

表 3　卧虎湾墓地出土宝玉石类器物的化学组成（wt%）

样品	Na	Mg	Al	Si	P	K	Ca	Ti	Mn	Fe
M46：1	0.21	0.01	1.42	97.82	0.05	0.00	0.07	0.00	0.02	0.03
M65：1	0.31	0.18	1.14	98.10	0.00	0.01	0.02	0.01	0.02	0.02
M69：5	0.37	0.01	0.64	1.54	64.29	0.00	33.00	0.00	0.01	0.14
M69：7a	0.17	0.02	1.33	98.13	0.01	0.00	0.00	0.00	0.02	0.04
M69：7b	0.51	0.01	1.16	97.97	0.00	0.00	0.01	0.00	0.02	0.04
M69：8	0.01	0.04	0.97	98.61	0.00	0.00	0.00	0.00	0.02	0.08
M145：3	0.04	0.30	1.81	96.82	0.00	0.08	0.16	0.01	0.60	0.03
M185：3 身	0.12	66.47	0.83	31.64	0.09	0.00	0.06	0.03	0.01	0.55
M185：3 翅	5.54	0.68	6.06	73.04	0.00	1.90	10.50	0.24	0.01	1.32
M194：1	0.37	37.70	1.05	47.20	0.24	0.26	12.52	0.01	0.04	0.46
M194：2	0.13	35.41	1.38	47.79	0.29	0.60	12.71	0.04	0.12	1.29
M194：4	0.01	37.47	1.02	47.83	0.02	0.19	12.04	0.01	0.10	1.05
M218：2	0.01	0.20	1.07	98.45	0.01	0.00	0.00	0.00	0.02	0.01
M296：9-2	0.35	0.10	1.27	97.70	0.10	0.03	0.01	0.02	0.03	0.17
M342：2	0.03	37.93	0.90	48.30	0.02	0.00	12.27	0.01	0.02	0.36
M427：1 红	0.36	2.38	8.09	51.03	1.08	4.03	25.82	0.35	0.13	6.41
M427：1 白	0.54	2.03	5.00	26.94	0.79	2.41	60.73	0.13	0.05	1.16

为明确样品类别，对样品进行拉曼光谱结构分析，现根据分析结果将宝玉石类样品分为四大类：

首先是玉髓（玛瑙）与水晶类（图 13）。玉髓类样品主要包括呈红色与青白色的玛瑙珠，环等（M46：1、M69：7a、M69：7b、M69：8、M145：3、M296：9-2）。该类样本的拉曼光谱散射峰主要分布在 1162cm^{-1}、503cm^{-1}、464cm^{-1}、208cm^{-1}、129cm^{-1} 处。1162cm^{-1} 处属 Si-O 非对称伸缩振动。其中 464cm^{-1} 处的散射峰最为尖锐，强度最大，属 Si-O 弯曲振动。208cm^{-1} 处的谱峰与 [SiO_4] 的旋转振动或平移振动有关。600 ～ 800cm^{-1} 范围有强度较弱的窄带，属 Si-O-Si 对称伸缩振动。503cm^{-1} 拉曼峰指示了玉髓中斜硅石的存在。

水晶类样品包括 M65：1 与 M145：3。水晶与玉髓主要成分均为二氧化硅，但结构有所不同，玉髓是隐晶质石英或微晶质石英构成，而水晶的晶体是无结晶的单晶质体，属于显晶。与玉髓拉曼谱图相似，谱图中 1000 ～ 1200cm^{-1} 内拉曼峰归属于 Si-O 非对称伸缩振动，600 ～ 800cm^{-1} 内拉曼峰归属于 Si-O-Si 对称伸缩振动，200 ～ 300cm^{-1} 内拉曼峰与硅氧四面体旋转振动或平移振动有关。466cm^{-1} 附近强且尖锐的拉曼峰是由 α - 石英钟 Si-O 对称弯曲振动引起。不同之处在于水晶不会在 503 cm^{-1} 出现代表斜硅石的峰。

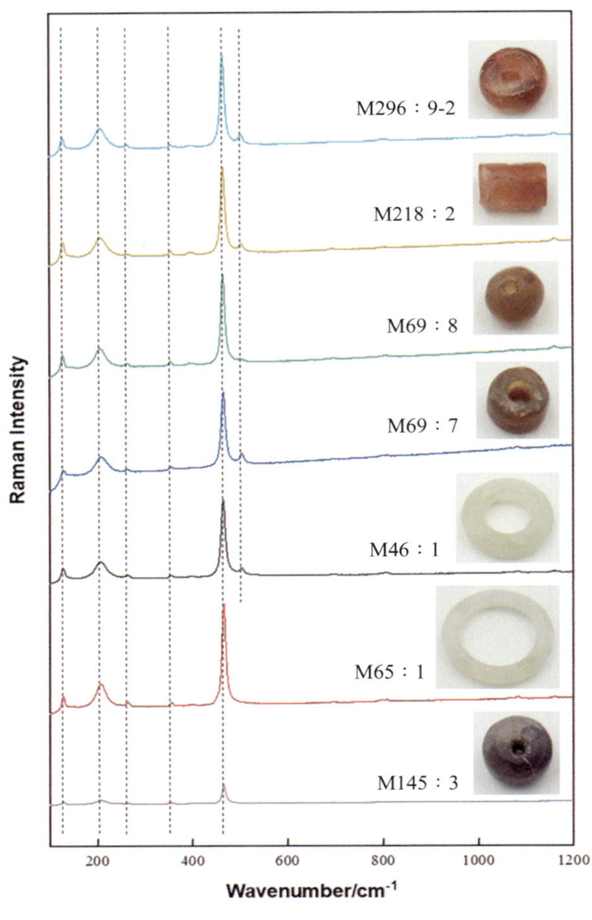

图 13 玉髓与水晶类样品拉曼谱图

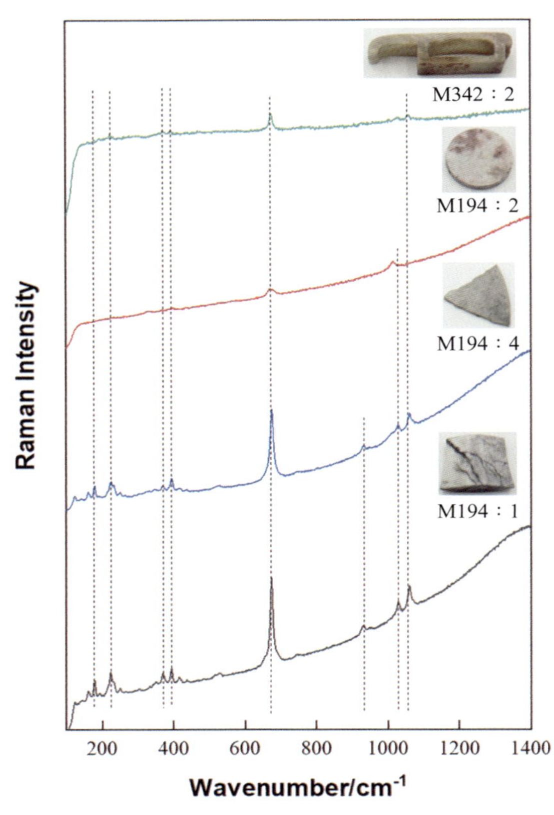

图 14 透闪石类样品拉曼谱图

其次是透闪石类（图 14）。样品中 M194：1、M194：2、M194：4、M342：2 均属于这一类。不同颜色的透闪石呈现的拉曼光谱特征比较接近，600 ～ 1200cm^{-1} 区域内的 1060cm^{-1}、1029cm^{-1}、932cm^{-1} 拉曼峰归属于 $[Si_4O_{11}]^{6-}$ 的伸缩振动，675cm^{-1} 归属于 Si-O-Si 伸缩振动，400 ～ 600cm^{-1} 区域内的 528cm^{-1} 拉曼峰归属于 Si-O 的弯曲振动，而低于 400cm^{-1} 的振动则是由阳离子及其大骨架振动引起的 M-O 弯曲振动和晶格振动。

最后两类样品情况较为复杂，一类属钠钙长石玉。出土玉石类样品中，M185：3 较为接近钠长石玉的拉曼光谱，钠长石玉拉曼标准谱图以 479cm^{-1}、506cm^{-1} 为最强的特征峰，600 ～ 1300cm^{-1} 区域内的 977cm^{-1}、1099cm^{-1} 拉曼峰归属于 Si-O 伸缩振动，低于 450cm^{-1} 的拉曼峰则归属于晶格振动。对比图 15 中的样品拉曼光谱，基本吻合。结合该样品化学成分（表 3）可发现，除了 Na、Al、Si 等钠长石所含元素，还有约 10.5% 的 Ca，而 561cm^{-1} 处的峰位在钙长石的拉曼谱图也可观测到，推测该样品不是完全的钠长石玉，应是混有钙长石的钠长石玉。另一类属于磷灰石。磷灰石的拉曼光谱中可见 1052cm^{-1}、964cm^{-1}、590cm^{-1}、431cm^{-1} 等拉曼峰。对比图 16 中 M69：5 拉曼谱图，可发现 M69：5 样品的拉曼光谱稍有偏移。根据成分来看，M69：5 样品含有 64.29% 的 P 和 33% 的 Ca，

Ca/P 比为 0.51，小于磷灰石的 Ca/P，推测这可能是样品拉曼谱图发生偏移的主要原因。M427：1 样品未能获得较好的拉曼谱图，还有待今后进一步研究。

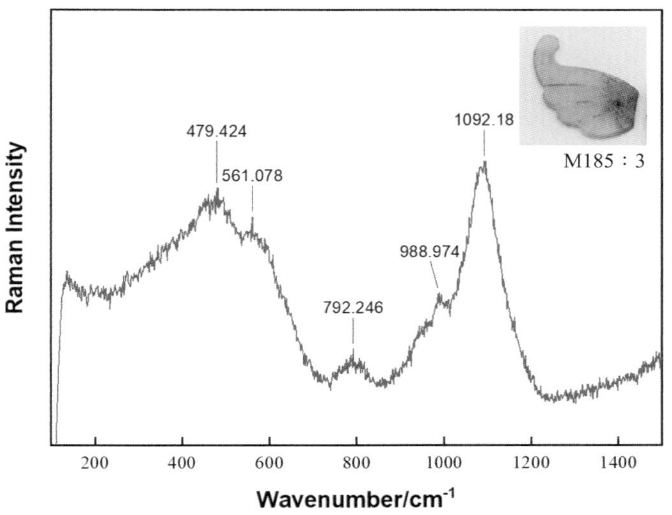

图 15　M185：3 样品拉曼谱图

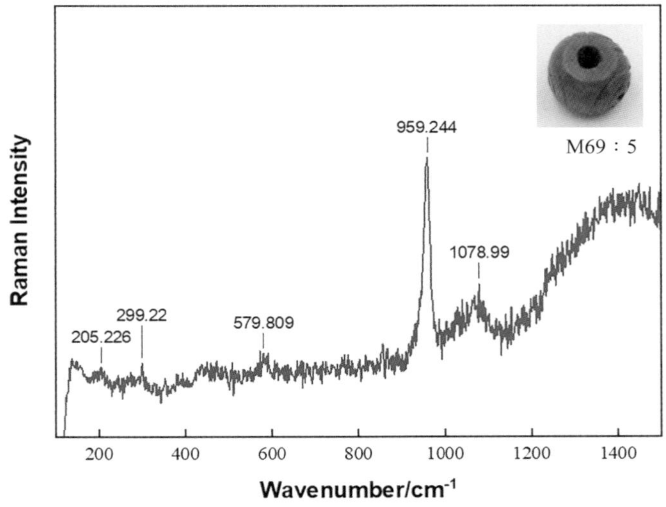

图 16　M69：5 样品拉曼谱图

注释：

[1] 干福熹等：《中国古代玻璃技术的发展》，上海科学技术出版社，2005 年。

[2] Fuxi Gan, Huansheng Cheng, Qinghui Li. Origin of Chineseancient glasses-study on the earliest Chinese ancientglasses. *Science in China Series E: Technological Science*. 2006, 49（6）.

[3] 李青会、黄教珍、李飞等：《中国出土的一批战国古玻璃样品化学成分的检测》，《文物保护与考古科学》2006 年第 2 期。

附表 卧虎湾墓地出土料珠、玉器概述表

编号	器类	件数	描述
M17：9	玻璃珠	13	青白色，不透亮，圆环状，截面呈半圆形，素面
M20：6	陶胎蜻蜓眼	1	褐釉，器表镶以白色乳钉，间以菱形纹
M65：2	陶胎蜻蜓眼	3	串珠，器表饰由白色圆圈、蓝色乳点组成的图案
M155：5	玻璃饰件	1	浅蓝，蓝色，螺丝状，素面
M282：5	玻璃珠	1	青白色，半透，圆环状，素面
M296：9-1	陶胎蜻蜓眼	4	形制相同，扁体圆柱形，中部有穿孔，器表饰由白色圆圈、蓝色乳点组成的图案
M345：2	陶胎蜻蜓眼	1	扁体圆柱形，中部有穿孔，器表饰由蓝色圆圈、白色乳点组成图案
M470：2	蜻蜓眼	1	青色，扁圆柱状，中部有穿孔，器表有阴刻圆形图案
M46：1	玉环	1	青白色，玉质纯净、透亮，磨制光滑，平面呈圆环状，截面略呈菱形，素面
M65：1	玉环	1	乳白色，玉质纯净、温润，透亮，磨制光滑，平面呈圆形，截面呈菱形，素面
M69：5	绿松石珠	1	绿色，不透亮，磨制光滑，扁体圆柱形，中部有穿孔，器表饰圆形刻划纹，间以戳刺纹
M69：7	玛瑙珠	2	质地纯净，透亮，磨制光滑，圆柱形，中部有穿孔，素面
M69：8	玛瑙珠	1	红色，质地纯净，透亮，磨制光滑，圆柱形，中部有穿孔，素面
M145：3	水晶	1	紫，质地似紫晶，扁圆形
M185：3	玉蝙蝠	1	蝙蝠身为灰黄色，两翅为青绿色，器身两耳直竖，嘴尖突出；两翅正面饰羽翼纹，末端向上弯曲，一翅部分缺失，两翅与器身以索相连
M194：1	玉剑珌	1	磨制光滑，乳白色夹杂墨色纹，体近梯形；两侧棱中部略内弧，顶、末两端中部厚、两侧薄，顶有三孔相通，中间大，两边小，素面
M194：2	玉片	1	磨制光滑，平面呈圆饼状，截面或呈长方形或呈梯形，素面，质地温润，不透亮
M194：4	玉璧	1	残损，半乳白半青灰，玉质不透亮；平面呈圆形，中有圆孔，截面呈长方形，内外缘各饰一道凹弦纹，弦纹之内饰云纹，形似逗点
M218：2	玛瑙塞	1	红色，圆柱状，素面
M296：9-2	玛瑙珠	1	红色，质地纯净，透亮，磨制光滑，球形，中部有穿孔，素面
M342：2	玉剑璏	1	青灰色，不透亮，湿润，正面呈长方形，截面略弧，两端微曲，系带孔位于背面呈长方形，表面饰两道凹弦纹
M427：1	玛瑙环	1	截面呈菱形，灰白色，素面

附录三　基于极少量采样的彩绘文物颜料成分分析 *

孙凤 [1,2]　许惠攀 [1]　王若苏 [1]　同杨阳 [1]　康宁武 [3]　艾健 [4]
（1. 西北大学文化遗产学院　2. 文化遗产研究与保护技术教育部重点实验室
3. 榆林市文物考古勘察队　4. 米脂县博物馆）

一　引　言

文物是一类特殊的分析样品，在获取文物信息时，由于其珍贵性、不可再生性和价值极高等性质，进行取样和检测的基本前提是最小的本体影响和最少的价值损害。同时，漫长的时间带来的物理、化学变化又对相关分析造成巨大的阻碍，这对化学分析技术提出了更加严苛的要求 [1]。

彩绘类文物的颜料分析通常使用 X 射线衍射（XRD）[2]、X 射线荧光光谱（XRF）[3]、拉曼光谱（Raman）[4]、偏光显微镜（PLM）[5]、扫描电子显微镜能谱（SEM-EDS）[6] 等技术或多种技术的组合进行。XRD 测试操作简单、数据库全，但对样品量有一定的需求，且对样品成分的结晶度要求高。XRF 对样品破坏小，但只限于元素分析，且对元素周期表中排在钠之前的元素的检测效果不好。Raman 光谱法所需样品量少，检测快速准确性高，但高强度的激光易对颜料表面造成破坏，且常受荧光效应干扰。PLM 法检测快速，样品用量少，但对于部分样品制样严苛，且样品分析大多依赖经验。SEM-EDS 放大倍率高，所需样品量少，但对于导电性较差的样品需要进行喷镀处理，否则极易造成电荷淤积，干扰观察。

课题组近年来分析了大量彩绘文物的颜料样品 [7-9]，通过总结以往经验教训，结合各项分析方法的优缺点，科学排列组合，提出一套在极少量采样的情况下，针对彩绘文物颜料分析的方法与基本步骤。（1）表观形貌观察，可采用光学显微镜或联合电子显微镜，观察文物样品表面颜料的附着情况。（2）元素定性分析。目前文物颜料样品常采用的元素分析手段为 X 射线荧光光谱分析（XRF）和扫描电子显微镜能谱分析，在定性分析方面，均能初步指认颜料的致色元素，对致色化合物具有较强指认性。（3）微区 XRD 分析。众所周知，XRD 对晶体材料的物相检索具有不可比拟的优越性，但是由于文物样品年代久远，老化严重，加之分析样品面积微小，XRD 衍射强度普遍偏低，信噪比不高，对解谱工作带来不便。因此，在对颜料样品给出定性分析结果以前，元素分析对结果有着明显的指认性。故该步骤常常采用目标对照法，进行分析比对，且多数样品在本阶段均能得到可信的结论。（4）显微激光拉曼光谱分析。对于样品量极少，或 XRD 结果衍射强度过低的情况，则需要进一步使用显微激光拉曼光谱进行精细分析；且一般情况下，也是以验证某种结论为目的，带着目标结果的标准

* 本文发表于《分析化学》2022年第3期。

拉曼光谱图进行对照分析，进而判断分析结果。

本研究根据课题组提出的上述极少量文物样品分析策略，以陕西榆林卧虎湾墓出土陶器 M30：1 及 M105:8 器身彩绘颜料分析为例，拟采用超景深三维视频显微系统（OM）、扫描电子显微镜能谱（SEM-EDS）、微区 X 射线衍射（μ-XRD）和显微激光拉曼光谱（MLRM）等多种技术手段，采集极少量的文物样品，对其彩绘颜料进行科学分析鉴定，验证上述策略的可行性，以期为相关文物分析提供借鉴。

二　实验部分

1. 样品介绍

2013 ～ 2014 年，陕西省考古研究院和榆林市文物考古勘察队联合对卧虎湾墓地进行了考古调查和发掘 [10]，在墓葬中发现了 500 余件彩绘陶器，数量较大，种类齐全。尤其是陶钫和陶甗上彩绘鲜艳，大部分器物上保留红、白、绿和紫色等彩绘，为研究汉代制陶工艺和彩绘工艺提供了珍贵的实物资料。本研究以陕西榆林卧虎湾墓 M30 和 M105 出土的两件彩绘陶器为研究对象，对其颜料进行分析。

墓葬 M30 属西汉早期墓地，M30：1 为一彩绘陶甗。泥质灰陶，腹部有一隔棱，最大径位于隔棱处，肩部对称处附加两兽形铺首衔环，领下端、隔棱上端各施一道红色彩绘，两彩带之间区域饰用红、白、紫、绿四彩绘卷云纹样，蹄足与器身相接处绘有一周红彩，蹄足上部以红彩绘水滴纹，足跟处以红彩绘一道弦纹，回旋流转（图 1A）。选取具有起翘病害的部分彩绘层，以镊子夹取约 $5mm^2$ 的颜料块，此件器物共取绿色和蓝紫色两块颜料样品。

墓葬 M105 属西汉中期墓地，M105：8 为一彩绘陶钫，泥质灰陶。作为装饰的云纹与陶钫的造型特征集合紧密。正方覆斗形子母口器盖，器身呈侈口、方唇、高领、鼓腹、平底，下接方形高圈足，腹部两侧对称处附加两兽形铺首衔环。盖以红、白两彩绘“回”字形纹，顶部绘水滴纹，器身领部上端以红、白两彩绘“回”字形纹，之下以红彩绘三角纹，三角内施以白彩，三角纹之下以红、白、绿三彩绘云纹、水滴纹，上腹部先以红、白两彩绘三道“回”字纹，腹中下部以红彩绘一道“回”字纹，“回”字纹区域内以白、绿、紫三彩绘云纹，铺手周边施红彩，环中以红、白两彩绘一环，圈足中

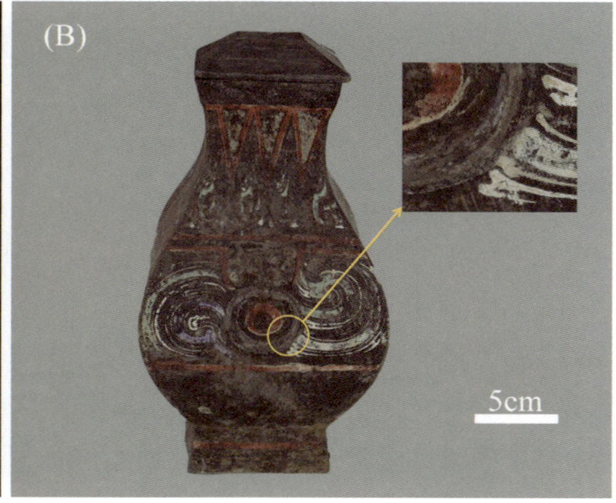

图 1　（A）M30：1 和（B）M105：8 的取样位置

部以红彩绘“回”字纹（图 1B）。选取具有起翘病害的部分彩绘层，以镊子夹取约 5mm^2 的颜料块，此件器物共取白色和红色两块颜料样品。

2. 测试仪器

KH － 7700 型超景深三维视频显微系统（日本浩视公司）；FEI Quanta 400 FEG 扫描电子显微镜系统（美国 FEI 公司）、OXFORD IE 350 能谱仪（英国 OXFORD 公司）；Smart Lab 转靶型 X 射线衍射仪（日本理学株式会社）；Invia 激光拉曼光谱仪（英国 Renishaw 公司）。

3. 测试方法

（1） 超景深三维视频显微系统

将颜料样品分别水平放置于载物台上，采用先进的金属卤素冷光源，放大倍数 50 ～ 400 倍，观察颜料样品整体形貌及表面细节。

（2）扫描电子显微镜能谱

取极少量颜料样品放在粘有导电胶的样品座上，装入样品仓，抽真空后观察样品微观表面及颜料的元素定性、定量分析。为防止污染样品，实验时未进行金属膜喷镀直接进行观察。测试条件为：电压 20kV，工作距离 15mm，使用二次电子探头。

（3）X 射线衍射分析

将样品直接放置于有槽单晶硅样品台上进行微区打点测试。采用 XRD 的微区模式，即以仪器最大功率 9kW，在 CCD 视野范围内，以打点方式进行分析测试，最小点覆盖面积为 1mm^2。测试条件为：金属铜转靶，扫描范围 5° ～ 90° ，步长 0.01° ，扫描速度 10s，电压 45kV，电流 200mA。

（4）显微激光拉曼光谱分析

测试时将颜料置于载玻片上，再置于拉曼光谱仪的样品台上，在显微镜下，选中区域可以进行空间分辨的原位无损检测。测试条件为：配备 514.5 nmAr 离子激光器，显微镜目镜放大倍率 10 倍，物镜放大倍率 50 倍，光栅狭缝 20 μm，强度为 100 MW。

三　结果与讨论

1. 超景深显微镜观察

以超景深显微镜观察颜料层正面微观形态，每块颜料选取放大倍数为 200 倍的表面特征照片，如图 2 所示。对于白色颜料（图 2A），清晰可见其包含深色杂质，颜料质地松散，表面有粉末质感，具有明显的色料脱落造成的凹陷。红色颜料（图 2B）表面粗糙，但结合较紧密，颜料为暗红色夹杂大量深色杂质，略有反光。绿色颜料（图 2C）表面总体平整，结合致密，略有反光，并夹杂有少量白色物质。蓝紫色颜料（图 2D）表面略粗糙，色料总体为浅蓝色夹杂少量深蓝色。

2. 能谱分析元素组成

颜料样品的能谱分析结果见表 1。1 号白色颜料样品中含有大量 Ca、P 和 O 元素，推测是羟基磷灰石。2 号红色颜料样品中含有大量的 Hg 和 S 元素，Hg 元素的重量百分比高达 64.62%，判断其显色物质为朱砂，且纯度较高。3 号绿色颜料样品中含有 O、Ca、S、Cu，其中 Cu 应为致色元素，可能还混有石膏（$CaSO_4$）。4 号蓝紫色颜料样品中包含 Cu、Si、Ba 和 Pb 等多种元素，推测与中国秦汉时期比较活跃的人工合成颜料硅酸铜钡有关。

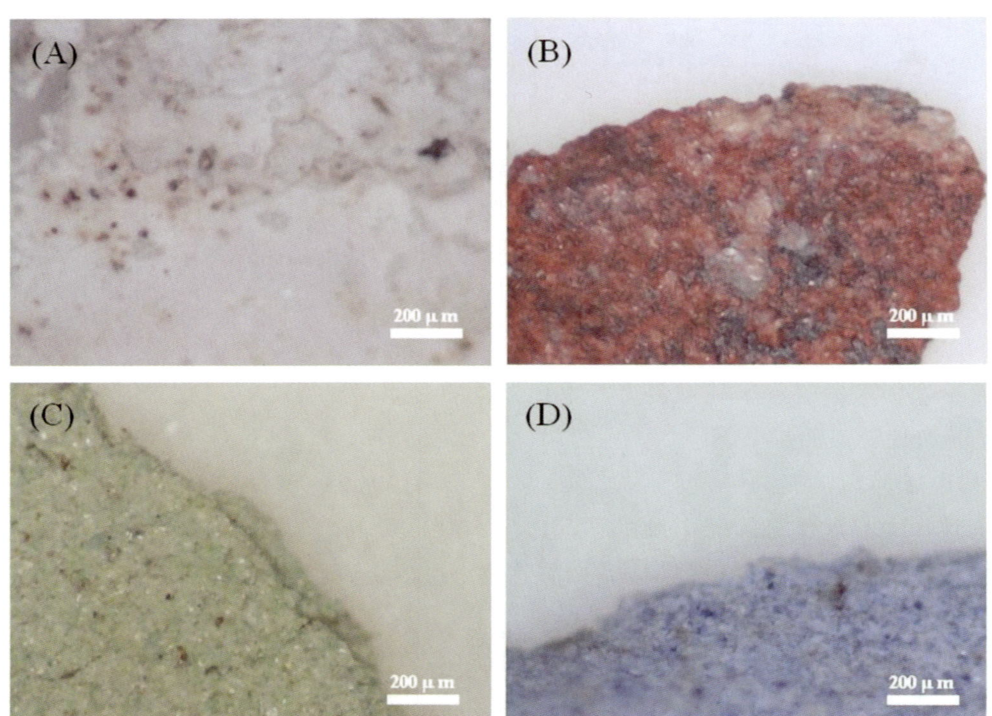

图 2 超景深显微镜下观测的颜料样品图片（放大 200 倍）

A.白色颜料　B.红色颜料　C.绿色颜料　D.紫色颜料

表 1　颜料样品的能谱分析结果

指数：%

编号	C	O	Al	Si	Ca	Cu	Ba	Hg	Mg	S	P	Pb
1	10.62	57.85	0.42	0.75	19.37	–	–	–	–	–	10.99	–
2	22.82	1.75	0.22	–	–	–	–	64.62	–	10.59	–	–
3	11.22	53.28	1.09	1.84	16.7	1.15	–	–	0.45	14.27	–	–
4	5.53	20.6	0.76	11.1	1.12	3.34	33.47	–	–	2.88	0.42	20.78

（3）X 射线衍射分析

XRD 测试数据使用 Jade6.0 软件进行物相检索，结果表明：白色颜料为羟基磷灰石（$Ca_{10}[PO_4]_6[OH]_2$），即骨白；红色颜料显色物质为朱砂（HgS）；绿色颜料的主要成分为孔雀石（$Cu_2[OH]_2CO_3$）、石膏（$CaSO_4$）和 SiO_2；紫色颜料显色物质为中国古代人工合成颜料中国紫（$BaCuSi_2O_6$）（图 3）。

在古代颜料中，白色颜料来源最为丰富，包括石膏、方解石、骨白等。其中，骨白是由动物的骨骼灼烧而成，在秦代的关中地区使用广泛 [11]，在汉代彩绘铜镜中也有发现 [12]。

朱砂又称辰砂、丹砂、汞砂，在自然界分布较广，是中国古代尤其是两汉时期常见的红色颜料。朱砂作为颜料使用最早出现在新石器时期彩陶中 [13]，先秦两汉时期朱砂的使用更加广泛 [14]。研究表明，天然朱砂通常与 SiO_2 等矿物伴生 [15]，但能谱结果中并未检测到 Si 元素。红色颜料所含杂质极少、纯度高，并非天然朱砂，而人工合成朱砂的工艺在东汉时期才开始出现[16]。因此，推测可能在西汉时期古代先民就已经掌握了人工合成朱砂的技术，但仍需做进一步研究以及相关考古资料的证实。

绿色颜料中的 SiO_2 应为陶器表层黏土颗粒。颜料所显现的绿色为绿色孔雀石（$Cu_2[OH]_2CO_3$）与白色石膏（$CaSO_4$）混合调制而成。其中，孔雀石是一种含铜的碳酸盐矿物，是中国古代所有蓝绿色颜料中使用最为广泛的一类。最早的孔雀石颜料可以追溯到陶寺遗址[17]（新石器时代晚期），在秦汉时期，使用更为广泛[18]。硫酸钙即石膏也是常用的白色颜料之一，也可与其他矿物颜料混合使用[19]。

根据文献报道的中国古代颜料分析结果，紫色颜料可分为两类：一类是红蓝复合色[20]，一类是单质色。中国紫为单质色，其作为中国古代首例人工合成颜料，是中国古代科技史中独树一帜的文明成果，代表了当时高超的科技水平和科技成就。其中铅盐添加物的存在[21]，是其典型的人造特征。但采用 XRD 分析未发现含铅化合物，可能与其量少或结晶度低有关。目前已知最早的中国紫出现在春秋战国时期的甘肃礼县大堡子山遗址的一颗纺锤形料珠上，随后在战国中晚期至西汉时期到达使

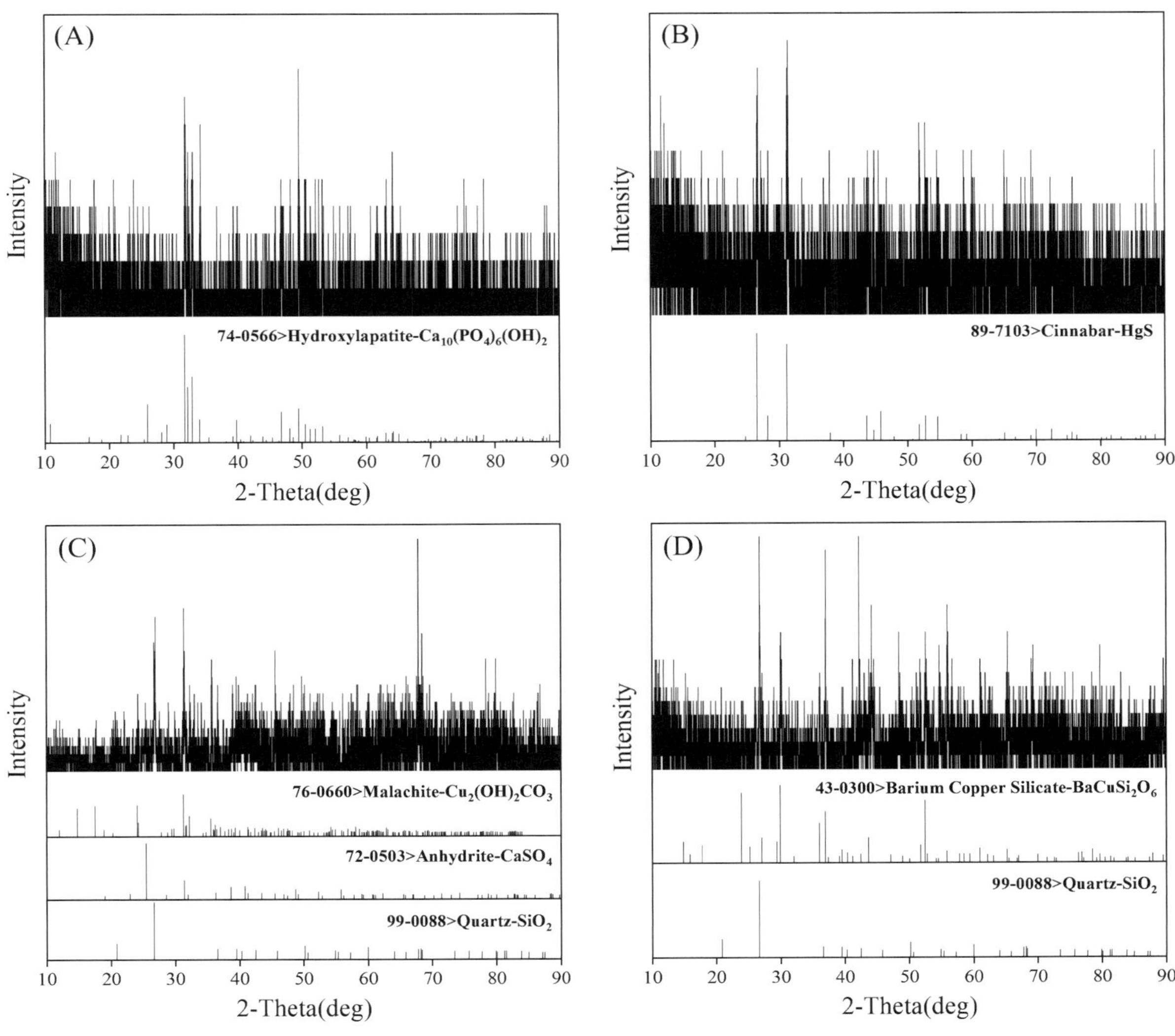

图 3　颜料样品 XRD 分析结果

A.白色颜料　B.红色颜料　C.绿色颜料　D.紫色颜料

用高峰[22]，东汉之后逐渐消失，不复存在。

4. 显微激光拉曼分析

为了进一步验证是否存在中国紫，进行了显微激光拉曼光谱分析（图 4），图 4a 是中国紫（$BaCuSi_2O_6$）在 532 mN 激光下的标准拉曼谱图，图 4b 是紫色颜料样品的拉曼谱图。其中，紫色颜料样品在 1056cm^{-1}、984cm^{-1}、586cm^{-1}、510cm^{-1}、268cm^{-1} 处有拉曼吸收峰，与纯中国紫（$BaCuSi_2O_6$）的标准拉曼特征峰基本一致。因此判定紫色颜料确为中国紫。

进一步，采用显微激光拉曼光谱技术进行铅盐添加物的鉴定。选取视野下一颗白色透亮的晶体颗粒，测量结果见图 5。主要峰位于 983 和 455cm^{-1}，与 $PbSO_4$ 的标准拉曼谱图完全匹配，因而确定为硫酸铅。铅盐添加物的鉴定，也进一步证明此为人造颜料。由于中国紫是人工合成颜料，成分不单一，因此在测试时会有部分拉曼信号受到干扰，造成与标准谱图之间存在细微差异。

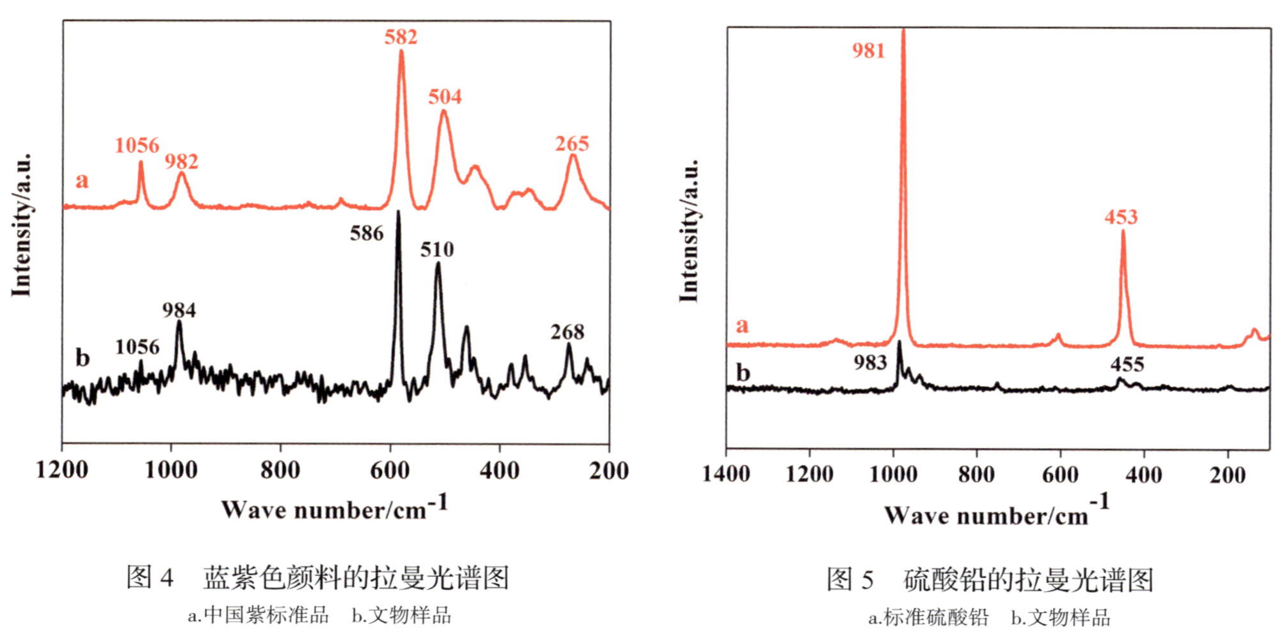

图 4 蓝紫色颜料的拉曼光谱图
a.中国紫标准品 b.文物样品

图 5 硫酸铅的拉曼光谱图
a.标准硫酸铅 b.文物样品

四 结 论

本研究在极少量取样的前提下，结合 OM、SEM-EDS、μ-XRD 和 MLRM 等多种技术手段，确定了汉代卧虎湾墓出土彩绘陶器上所使用的白色颜料是骨白（$Ca_{10}[PO_4]_6[OH]_2$），红色颜料是朱砂（HgS），绿色颜料为孔雀石（$Cu_2[OH]_2CO_3$）与石膏（$CaSO_4$）两种矿物颜料混合调制而成，紫色颜料是中国古代硅酸铜钡颜料中国紫（$BaCuSi_2O_6$）。由于样品量非常少，但并不影响扫描电镜能谱分析指认颜料的致色元素，微弱的 XRD 信号解析大多取得满意结果，再在显微激光拉曼的确认下，给出科学合理的结论。

按照上述分析步骤，能够对文物颜料样品进行可信的分析研究。值得一提的是，上述四个步骤，除了扫描电镜能谱元素分析，需要把样品粘在导电胶上，无法回收，存在些许损耗，其余方法均是完全无损。且原则上，只要保证采样面积大于 1mm^2，即能通过上述步骤，得出圆满结论。一方面为他人分析类似文物样品提供借鉴依据，一方面指导采样工作者采集所需样品的最小量，更大程度的避免文物的“保护性破坏”。

注释：

[1] 杨璐、黄建华、申茂盛等：《秦始皇兵马俑彩绘胶料的气相色谱—质谱联用分析》，《分析化学》2019 年第 5 期。

[2] Hussein A M, Madkour F S, Afifi H M, Ghani M A, El-fatah M A. Comprehensive study of an ancient Egyptian foot case cartonnage using Raman, ESEM-EDS, XRD and FTIR. *Vib. Spectrosc.*, 2020, 106（C）: 102987.

[3] Michaowski A, Niedzielski P, Kozak L, Teska M, Ókiewski M. Meas., *The XRF mapping of archaeological artefacts as the key to understanding of the past.* 2020, 159（3）: 107758.

[4] Botteon A, Colombo C, Realini M, Castiglioni C, Piccirillo A, Matousek P, Conti C. J . Non-invasive and in situ investigation of layers sequence in panel paintings by portable micro-spatially offset Raman spectroscopy. *Raman Spectrosc.*, 2020, 51（9）: 2016-2021.

[5] 夏寅：《遗彩寻微——中国古代颜料偏光显微分析研究》，科学出版社，2017 年。

[6] 陆海通、许乾慰：《环境扫描电镜工作原理及应用》，《上海塑料》2019 年第 3 期。

[7] 孙凤、孙满利、赵西晨：《汉阳陵东阙门出土蓝紫色颜料的科学分析》，《光谱学与光谱分析》，2018 年第 5 期。

[8] 孙凤、吴萌蕾、孙满利等：《汉阳陵东阙门出土黑色颜料的科学分析》，《文物保护与考古科学》，2020 年第 5 期。

[9] 孙凤、王若苏、许惠攀等：《辽代绿琉璃瓦残块的分析研究》，《光谱学与光谱分析》2019 年第 12 期。

[10] 邢福来、周健、李平乐：《陕西米脂卧虎湾战国秦汉墓葬发掘简报》，《考古与文物》2019 年第 3 期。

[11] 张尚欣、付倩丽、杨璐：《秦陵 K9901 坑出土百戏俑彩绘颜料及胶结材料的分析研究》，《文物保护与考古科学》2020 年第 4 期。

[12] 罗黎：《汉代彩绘铜镜的绘制工艺及颜料研究》，《考古与文物》2002 年第 4 期。

[13] 宋姝、刘斌：《良渚古城：中华 5000 多年文明史的实证之城》，《自然与文化遗产研究》2020 年第 3 期。

[14] 赵志强、周珺、景博文等:《湖南桃源出土战国彩绘陶器的科学分析》,《文物保护与考古科学》2020 年第 5 期。

[15] 左健、赵西晨、吴若：《汉阳陵陶俑彩绘颜料的拉曼光谱分析》，《光散射学报》2002 年第 3 期。

[16] 周国信：《中国的辰砂及其发展史》，《敦煌研究》2010 年第 2 期。

[17] 张勇剑、夏寅、苗轶飞：《陕西横山县高镇罗圪台元代墓葬壁画工艺分析研究》，《考古与文物》2017 年第 4 期。

[18] 李雅梅、陈天娇：《汉墓壁画四神云气图的艺术特征探析》，《艺术研究》2020 年第 3 期。

[19] 徐莉娜、郭宏：《陕西省寿峰寺壁画制作材料与工艺研究》，《遗产与保护研究》2018 年第

8 期。

[20] 詹建平、李亚萍、张璞：《古彩颜料研究状况及无铅化》，《中国陶瓷工业》2020 年第 6 期。

[21] 陈斌、赵凤燕、柴怡：《西安北郊出土一件战国铜带钩的无损分析》，《文博》2014 年第 3 期。

[22] ZAHNG Z G, MA Q L, Heinz B. Man-made blue and purple barium copper silicate pigments and the pabstite （BaSnSi3O9） mystery of ancient Chinese wall paintings from Luoyang. *Herit. Sci*., 2019, 7（1）: 1-9.

后 记

本报告是对陕西省榆林市米脂卧虎湾墓地考古发掘与资料整理后形成的成果。这次田野考古工作是配合米脂县政府银南新区开发基本建设的抢救性发掘，出乎意料的是，揭示出了陕北地区目前规模最大、时代跨跃性最长、随葬品最丰富的战国、秦汉中小型墓墓地。

卧虎湾墓地整体年代范围晚于李家崖、寨头河和史家河墓地，为完善陕北地区战国至汉代的考古学文化序列提供了新资料；卧虎湾墓地经过科学地整体揭露，既有以出土了玉覆面和青铜器等随葬品为代表的较高等级的墓葬，也有一般等级的墓葬，全面再现了陕北地区战国至汉代的丧葬礼俗和社会文化面貌；此外，卧虎湾墓地随葬大量双耳罐、车马器及铁质农具等器物，为研究战国时期不同政权的迁徙和流布提供了新线索，为研究秦汉时期农业民族和游牧民族互动交流提供了新证据。该墓地对于讨论陕北高原东周族群分布与秦汉文化的形成与发展意义重大。

2013 ～ 2017 年，陕西省考古研究院与榆林市文物考古勘探工作队联合对卧虎湾墓地进行抢救性发掘。随后西北大学文化遗产学院和米脂县博物馆加入，参与后期的资料整理与研究工作。该墓地在陕西省考古研究院邢福来研究员的主持下发掘，参加考古发掘的人员主要有陕西省考古研究院张鹏程；榆林市文物考古勘探工作队康宁武、周健、李平乐和杨帆。

在榆林市文物考古勘探工作队和西北大学文化遗产学院的悉心组织下，本报告的整理和编写工作得以顺利开展，同时该墓地的发掘资料整理于 2020 年亦成功获批教育部人文社会科学研究青年基金项目（项目号：20XJC780001）。总的来讲，本报告是一部集体智慧的结晶，其中第一章是由康宁武、同杨阳撰写，第二章由康宁武、周健、李平乐、曹美玲、艾剑、马林军和杜润兵撰写，第三～六章和附表由同杨阳、周敏和张琦撰写、制作，图录由李平乐整理制作，线图由申宝发绘制，摄影资料由乔建军完成。此外，在报告的出版阶段，由康宁武、同杨阳、曹美玲、马小宁和李俏妮配合出版社完成报告的校对、修订与完善。

在考古发掘和资料整理、报告编写的过程中，西北大学文化遗产学院段清波教授、马健教授，陕西省考古研究院田亚岐研究员、张鹏程副研究员多次给予指导，提出了诸多宝贵的意见，在此向他们表示深深谢意！也衷心感谢文物出版社编辑彭家宇在报告编辑、校对过程中的辛苦付出。感谢四川大学艺术学院副研究员胡听汀为本书翻译英文摘要。同时感谢对考古发掘和报告编写提供支持的米脂县政府及各兄弟单位。

由于我们学术能力有限，呈现在各位面前的这部报告难免会存在各种谬误和瑕疵，不当之处，敬请学术界指正。

编者

2022 年 6 月